AF238402

ACCESO GRATIS *a la Lectura en la Nube*

Para visualizar el libro electrónico en la nube de lectura envíe junto a su nombre y apellidos una fotografía del código de barras situado en la contraportada del libro y otra del ticket de compra a la dirección:

ebooktirant@tirant.com

En un máximo de 72 horas laborales le enviaremos el código de acceso con sus instrucciones.

La visualización del libro en **NUBE DE LECTURA** excluye los usos bibliotecarios y públicos que puedan poner el archivo electrónico a disposición de una comunidad de lectores. Se permite tan solo un uso individual y privado

DERECHO PENAL ECONÓMICO

Parte especial

"Actualizado a la Ley 21.595 de delitos económicos"

DERECHO PENAL ECONÓMICO

Parte especial

"Actualizado a la Ley 21.595 de delitos económicos"

IVÁN NAVAS MONDACA
Profesor Asociado de Derecho Penal
Universidad San Sebastián.
(Director)

tirant lo blanch
Valencia, 2024

© VV.AA.

© TIRANT LO BLANCH
EDITA: TIRANT LO BLANCH
C/ Artes Gráficas, 14 - 46010 - Valencia
TELFS.: 96/361 00 48 - 50
FAX: 96/369 41 51
Email: tlb@tirant.com
www.tirant.com/cl
Librería virtual: https://editorial.tirant.com/cl/
ISBN: 978-84-1056-012-3
MAQUETA: Innovatext

Si tiene alguna queja o sugerencia, envíenos un mail a: *atencioncliente@tirant.com*. En caso de no ser atendida su sugerencia, por favor, lea en *www.tirant.net/index.php/empresa/politicas-de-empresa* nuestro procedimiento de quejas.

Responsabilidad Social Corporativa: http://www.tirant.net/Docs/RSCTirant.pdf

Osvaldo Artaza Varela

Antonio Bascuñán Rodríguez

Raúl Carnevali R.

Marcos Contreras Enos

Gonzalo García Palominos

Manuel Guerra Fuenzalida

Marcelo Hadwa Issa Jean Pierre Matus Acuña

Laura Mayer Lux

Daniel Medina Berrocal

Iván Navas Mondaca

María Cecilia Ramírez Guzmán

Jaime Retamal Herrera

Luis Emilio Rojas A.

Juan Ignacio Rosas Oliva

Javier Tapia Canales

Tatiana Vargas Pinto

Índice

Capítulo III

**Delitos de manejo indebido de información privilegiada
en el mercado de valores**

Antonio Bascuñán Rodríguez

Capítulo V

El delito de corrupción entre particulares
(artículos 287 bis y ter del Código Penal)
Osvaldo Artaza Varela

Capítulo VI

El delito de fraude al fisco

Daniel Medina Berrocal

Capítulo VII

Los delitos de cohecho

Raúl Carnevali R.

Capítulo VIII

El delito de enriquecimiento ilícito

Manuel Guerra Fuenzalida

Capítulo IX

Participación en asociaciones delictivas
y en asociaciones criminales (arts. 292-295 CP)

Juan Ignacio Rosas Oliva

Capítulo X
**La protección del medio ambiente en Chile
y sus implicancias penales. Visión general**
María Cecilia Ramírez Guzmán
Jean Pierre Matus Acuña

Capítulo XI
Administración desleal (art. 470.11)
Luis Emilio Rojas A.

Capítulo XII
Delitos concursales (art. 463-465)
Iván Navas Mondaca

Capítulo XIII
El delito de fraude de subvenciones (art. 470 N° 8)
Laura Mayer Lux

Capítulo XIV
Usura y explotación (arts. 472 y 472 bis)
LAURA MAYER LUX

Capítulo XV
El delito de lavado de dinero
MARCOS CONTRERAS ENOS

Capítulo XVI
Los delitos tributarios y contables
Marcelo Hadwa Issa

Presentación

Al igual que con el tomo de parte general que conforma esta obra, el fenómeno de la expansión se puede observar también en un importante aumento de nuevos tipos penales y una permanente modificación de algunos delitos considerados económicos. Basta con percatarse de las reforma que introdujo la Ley de Delitos Económicos en 2023 en figuras como los delitos contra el mercado de valores, las profundas modificaciones en materia de insolvencias punibles o los nuevos delitos contra el medio ambiente.

El aumento de figuras penales en esta materia trae consigo una serie de problemas que se suman al desafío y tensión que representa, por sí misma, la aplicación de la teoría del delito a los casos del derecho penal económico y a la atribución de responsabilidad de la misma persona jurídica. La realidad —siempre más compleja que los casos "de laboratorio"— planteaba hace ya tiempo el desafío de contar con un texto que pudiera entregar un análisis de los principales elementos de algunas figuras de relevancia tanto teórica como práctica. En ese aspecto el reto siempre es doble: contar con trabajos de un profundo análisis académico pero orientado siempre a describir y resolver problemas prácticos. Para conseguir este objetivo siempre me pareció ideal contar con destacados juristas que, teniendo una sólida formación académica, hayan podido conocer las dificultades prácticas que surgen en la aplicación de estos delitos por el ejercicio de diversos roles en el sistema judicial. Finalmente ese objetivo se ha logrado superando toda expectativa inicial.

En relación con el contenido de este tomo de parte especial he querido seleccionar algunas figuras específicas de importante discusión teórica pero fundamentalmente de gran relevancia para la práctica. Particular interés generó entre nosotros algunos delitos introducidos y modificados por la Ley de Delitos Económicos de agosto de 2023. No haré una presentación detallada de cada uno de ellos pero no puedo dejar de nombrar alguno d ellos por la importancia que tienen. Así, esta obra la conforman los capítulos donde se analizan los delitos de alteración de precios; de colusión, el uso de información privilegiada, algunas figuras de corrupción (entre particulares, fraude al fisco y cohecho), la nueva regulación de las asociaciones criminales y delictivas, los nuevos delitos contra el medio ambiente, el delito de administración desleal, los delitos concursales, las nuevas regulaciones del fraude de subvenciones, de la usura y de la explotación. Por último, dos delitos económicos de suma importancia que están tipificados fuera del CP como son el grupo de los delitos tributarios y el delito de lavado de activos.

El análisis de la parte especial del derecho penal económico que contiene esta obra, sumado al tomo de la parte general, representa un auténtico hito en el análisis del derecho penal económico chileno. Me parece que era una "deuda pendiente" de nuestra ciencia jurídico-penal (internacionalmente reconocida como una de las más productivas) que no contara todavía con una publicación sistemática en esta materia. Estos dos tomos (en particular el de parte especial), representan la primera obra con una pretensión sistemática del derecho penal económico chileno que difícilmente encuentra comparación dada la profundidad con que se tratan aquí tantos aspectos de la parte general y del conjunto de delitos analizados en esta publicación. Todo ello, por cierto, es obra y mérito del grupo de académicos que con nuestro esfuerzo y trabajo pudimos dar forma a estos dos formidables tomos que ahora ven la luz a la comunidad jurídica.

Quisiera agradecer sincera y profundamente a cada uno de los autores que aceptaron el desafío y que han contribuido con sus excelentes trabajos a dar forma a esta obra. Particular agradecimiento se lleva la editorial Tirant lo Blanch por el apoyo y la paciencia que tuvo a la espera de los manuscritos. Por último, creo hablar aquí por todos los autores, estamos seguros que esta obra será de consulta obligatoria tanto para quienes deseen conocer y profundizar en algunos de los principales delitos de la parte especial del derecho penal económico.

IVÁN NAVAS MONDACA
Santiago de Chile, 2024

Capítulo I

Delito de alteracion de precios (art. 285 y 286 CP)

Jaime Retamal Herrera
Máster en Derecho. Abogado
Profesor de Derecho Penal
Universidad Alberto Hurtado

1. CONSIDERACIONES GENERALES

La figura penal se encuentra descrita en el Código Penal Chileno, específicamente en el párrafo 7, denominado Crímenes y simples delitos relativos a la industria, al comercio, y a las subastas públicas, ubicado dentro del Título VI, de los Crímenes y simples delitos contra el orden y seguridad públicos cometidos por particulares. Históricamente se ubicó junto con la figura de comunicación fraudulenta de secretos de fábrica (antiguo art. 284 CP), y con el tipo penal que sanciona la amenaza u otros medios fraudulentos para alejar postores de una subasta pública (art. 287 CP). Actualmente su ubicación sistemática se sitúa a continuación de delitos de acceso ilegal (art. 284 CP), revelación (art. 284 bis CP) o aprovechamiento de secretos comerciales (art. 284 ter CP), tras la incorporación y reforma legal acaecida por le Ley N°21.595.

La historia legislativa precisó su origen en el Código Español, cuya regulación refería el esparcir falsos rumores u otros artificios para alterar el precio de la libre concurrencia. Refiere Etcheberry que la Comisión Redactora acordó originalmente sancionar la "coalición industrial" para encarecer o abaratar abusivamente el precio del trabajo. Posteriormente, la Comisión pensó que sancionar tal conducta era contrario a la "libertad de industria", y acordó suprimir la disposición, y, en cambio, añadir "el trabajo" a los objetos que pueden ser objeto de contratación, y sancionar respecto de los precios solamente las alteraciones de los "precios naturales" que se lograran con medios fraudulentos (Etcheberry, 1998, p.280).

Las figuras penales bajo análisis se mantuvieron inalterables desde la dictación del Código Penal Chileno, hasta la publicación, con fecha 17 de agosto de 2023, de la Ley N°21.595, que modificó el delito de altera-

ción de precios, tanto en la figura básica del art. 285, como en la figura
agravada del artículo 286, ambos del Código Penal. Lo anterior, en el
contexto de una profunda reforma al Código Penal Chileno en materia
de delitos económicos, creando diversas categorías de dichos delitos, estableciendo un sistema diferenciado de penas y consecuencias jurídicas,
modificando diversos cuerpos legales, e incluso introduciendo nuevas figuras penales. Conforme al artículo 1° N°10, de la citada reforma legal,
las dos figuras bajo análisis constituyen un delito económico bajo toda
circunstancia, o de primera categoría, lo que acarrea reglas especiales en
materia de penas y consecuencias adicionales conforme a los artículos 8 y
siguientes de la citada Ley, reglas especiales en materia de determinación
de penas privativas de libertad, atenuantes, agravantes, penas sustitutivas,
multa, e inhabilitaciones conforme los artículos 12 y siguientes. Junto a lo
anterior, la condena por delito económico acarrea comiso de las ganancias con o sin condena previa, conforme a los artículos 40 y siguientes de
la Ley señalada.

La historia legislativa de la Ley N°21.595, en relación con estas figuras
penales, se concentra exclusivamente en primer trámite constitucional en
la Cámara de Diputados, en que se advierte que el proyecto de ley que cris-
talizó en la reforma legal precisada, buscaba mejorar la redacción de ambas
disposiciones, aumentar las penas y perfeccionar la regulación que databa
del siglo XIX, buscándose modernizar el lenguaje. En dicho trámite legislativo, se indicó además, que la alteración fraudulenta es un concepto más
amplio que la colusión, que redunda en el acuerdo de fijación de precios.
Sometidos a votación, los artículos 285 y 286 contenidos en el numeral 9 del
artículo 48 son aprobados por la unanimidad de los presentes, diputados
señores Matías Walker (Presidente de la Comisión); Jorge Alessandri; Juan
Antonio Coloma; Hugo Gutiérrez; Diego Ibáñez; Marcos Ilabaca, y René Sa-
ffirio. (7-0-0).

2. BIEN JURÍDICO PROTEGIDO

Libre competencia o libre concurrencia. Etcheberry sostuvo conforme
al texto legal original, que el tenor y antecedentes históricos de la disposición son indicativos de un legislador convencido en la protección de la
libre "concurrencia" como medio para obtener el precio "equitativo" o
"natural" de las cosas (Etcheberry, 1998, p. 280). En sentido similar, Labatut precisó que persigue la disposición legal como finalidad el asegurar
el libre juego de la oferta y de la demanda, e impedir alzas o bajas injus-

tificadas del precio de la mano de obra y cosas comerciables. (LABATUT, 1977, p.117).

Por su parte, en relación al mismo texto, Hernández sostuvo que el artículo 285 constituye un tipo genérico de atentado contra la libre competencia como factor determinante de la formación de precios en la economía, caracterizado por el empleo para ese fin de unos "medios fraudulentos" cuyo sentido y alcance, si bien no se opone ni excluye el contenido tradicional de los llamados fraudes por engaño, sí lo excede y se identifica, en general, con el empleo de medios ilícitos. (HERNÁNDEZ, 2012, p. 154). En el mismo sentido, Salazar por los precedentes legislativos de la Europa medieval o moderna (SALAZAR, 2016 p.422). En sentido contrario, Matus quien sostuvo que la disposición no sanciona los acuerdos de precios entre oferentes u otros atentados contra la libre competencia, "sino exclusivamente los agios o cualesquiera otras maniobras fraudulentas que afecten la libre concurrencia entre oferentes y demandantes, provocando con ello una alteración del precio natural de las mercaderías, entendido como el que se acordaría entre ellos de no mediar dicho fraude" (MATUS, 2013, p. 315), refiriendo a Domingo Valdés para comprender el anterior concepto al señalar que: "La libre concurrencia requiere una estructura de mercado en la que participen pluralidad de oferentes, en tanto que la libre competencia opera toda vez que existe disputa entre dos o más personas que aspiran a obtener la misma cosa". (MATUS, 2013, p.316). Por su parte, Salazar sostuvo con argumentos históricos que no existe una separación conceptual entre libre competencia y libre concurrencia, desestimando la tesis de Matus, y precisa en relación con la tesis de Hernández que la figura en análisis gira en torno a la protección de los consumidores, y no en torno a concepciones sistémicas de una libre competencia moderna (SALAZAR, 2016, p. 420, 421).

Según Piña, se trata de un bien jurídico supraindividual, que protege el modo de funcionamiento del orden económico, en su vertiente de fijación de precios, fundado en la existencia de un precio natural de las cosas, lo que permite la protección de un determinado sistema de fijación de precios (PIÑA, 2016, p. 971).

La reforma legal de la Ley N°21.595 no parece influir en modo alguno, en la discusión del bien jurídico, de cara a la simplificación de las exigencias típicas, y debido a la mantención de la estructura original de atentado contra la formación del precio de bienes, en que el núcleo de la conducta reside en el uso de medios fraudulentos y en la alteración del precio de bienes y servicios.

3. TIPO OBJETIVO

3.1. Sujeto activo

La dogmática de la figura original, consideró que se trataba de un delito común, ya que la descripción típica no exigía ninguna calidad especial para su realización por parte del sujeto activo. Según Salazar, no se trataba de una figura de participación necesaria o que requiera sujeto activo plural (SALAZAR, 2016, p. 421). La reforma legal de la Ley N°21.595, consolidó gramaticalmente esta visión dogmática, conforme la cual nunca fue un delito de participación necesaria. Este criterio interpretativo resulta ahora irrebatible, de cara a la sustitución de la antigua expresión plural "Los que", por la expresión singular actual "El que", en la referencia al sujeto activo de la conducta, esclareciendo aún más que basta para la consumación, la realización individual de la conducta típica. Lo anterior aparece también en la historia legislativa del primer trámite constitucional en la Cámara de Diputados de la reforma legal de la Ley N°21.595, en que se refiere que el cambio obedecía a descartar que se considerara como un delito de participación necesaria, de dos o más personas concertadas. Si bien por su escasa frecuencia comisiva de la figura, esta discusión dogmática sobre intervención delictiva nunca se presentó, la reforma legal resulta valorable en forma positiva, ya que despeja un debate innecesario de cara al bien jurídico tutelado, el que siempre ha podido ser afectado por una conducta individual, o plural, indistintamente.

3.2. La conducta típica: Los medios fraudulentos

Conforme a la descripción típica original, la conducta exigía el empleo de medios fraudulentos y alcanzar la alteración del precio natural de cosas que fueren objetos de contratación, señalando por vía ejemplar el trabajo, géneros o mercaderías, acciones, y rentas públicas o privadas.

Del Rio, sostuvo que "Por fraudulento debe entenderse todo procedimiento engañoso o falaz. Quedan incluidas en estos medios las maquinaciones capaces de turbar las condiciones normales de un mercado, impidiendo la regulación automática de los valores por la ley de la oferta y la demanda y obteniendo una regulación ficticia por medio de ofertas y demandas irreales". (DEL RÍO, 1935, TIII, p. 242)

Sostiene Etcheberry sobre el particular que la expresión "medios fraudulentos" comprende cualesquiera artificios engañosos, conforme a los fraudes por engaño, entre los cuales estará el esparcir falsos rumores, constituyendo una conducta semejante al agio, esto es, hacer variar los precios del mercado artificialmente y con engaño para lucrar con ello (ETCHEBE-RRY, 1998, p. 280).

Por su parte, Hernández sostiene un concepto amplio y comprensivo de "medio fraudulento" que no se agota en el posible engaño, sobre la base de la historia de la disposición, revisando los artículos 461 a 463 del Código Español de 1850 y la actividad de la Comisión Redactora del Código Penal, en cuanto usó la fórmula genérica de "medios fraudulentos" y no la expresión original de "artificios", razonando que la supresión del original artículo 275 del proyecto de Código Penal Chileno al referirse a las coligaciones del precio del trabajo confirmarían lo anterior, y recordando que el artículo 419 del Código Penal Francés contemplaba precisamente los acuerdos de precios, destacando una comprensión amplia de los medios fraudulentos dentro de la literatura jurídico penal chilena. Finaliza señalando que la colusión de precios satisface las exigencias del engaño concluyente. (HERNÁNDEZ, 2012, p.149 a 154).

En contra de este concepto amplio de medio fraudulento se encuentra Matus, quien sostiene que las expresiones no incluyen los acuerdos de precios, conforme la historia de la disposición en relación con las coligaciones del Código Español de 1848 (MATUS, 2012, p. 322). Precisando más tarde Matus, y conforme al bien jurídico sostenido por él, que el fraude típico es aquél que afecta a una parte significativa de unos y otros, de manera que, en su concurrencia, mediada por el engaño de que son víctimas, acuerden un precio diferente del que habrían acordado sin mediar el engaño, tal como sucede ejemplarmente en el agio, vgr. una noticia falsa hábilmente publicada en el periódico acerca de la existencia o no de determinadas reservas o stock de una mercancía determinada. (MATUS, 2012, p. 330).

Señala Piña, que el verbo rector es el futuro del subjuntivo consiguieren alterar, es decir, "producir un cambio efectivo entre el precio en que se comercializan las mercaderías y el precio natural de ellas" (PIÑA, 2016, p. 970). Agrega también Piña, sobre la base de la exégesis de las expresiones medios fraudulentos en todo el Código Penal, que no resulta posible sostener su interpretación como medios ilícitos como pretende Hernández, pues a ello obsta el sentido natural y obvio de la expresión, el uso generalizado que le otorga nuestro legislador penal a dichas expresiones, y la historia legislativa y antecedentes históricos, concluyendo que con las exigencias análogas a todos los engaños, es necesario bien que se ponga en escena un contexto falaz que altere los precios o bien que, existiendo deberes especiales de veracidad por parte de quien comercia, falte a la verdad respecto de los productos, exigiendo entonces alguna forma de engaño para que la alteración de precios obtenida sea típica (Piña, 2016, p. 975 a 977). Más adelante, Piña desestima la posibilidad de que la colusión de precios sea subsumible en esta figura sobre la base del engaño concluyente, y bajo la forma de fraude de consumo o en las licitaciones (Piña, 2016, p. 979). En el mismo sentido, Bascuñán, quién por razones históricas, particularmente el origen belga de la expresión con referencias el Código Penal Francés de 1810, sostiene que la expresión legal "medios fraudulentos" sólo puede corresponder al sentido de la concepción clásica de la competencia asumida por la Codificación Belga (Bascuñán, 2016, p. 340). Sobre los orígenes de la disposición en relación con la teoría económica escolástica, y una completa revisión histórica véase especialmente el trabajo de Salazar, quien precisa que la colusión fue considerada y tratada como un fraude contra los consumidores (Salazar, 2016, p. 397).

El nuevo texto de la figura básica reformada por la Ley N°21.595 mantiene la conducta típica de la figura original, manteniéndose vigentes las reflexiones dogmáticas precisadas, al preservar la exigencia de medios fraudulentos como elemento estructural de la figura.

3.3. El objeto material

La dogmática tradicional de la figura original consideró que los objetos de la acción típica eran el trabajo, los géneros o mercaderías, acciones, rentas públicas o privadas o de cualesquiera otras cosas que fueran objeto de contratación. (En este sentido, Piña, 2016, p.971). La reforma legal de la Ley N°21.595, confirma aún más dicha visión interpretativa, al simplemente describir como objeto bienes, sin cualificación adicional, e incluir la expresión servicios, incluso de mayor amplitud que una relación laboral asalariada.

3.4. Resultado: del precio natural al precio sin adjetivos

La dogmática asociada a la figura original razonaba que, en cuanto al resultado, las expresiones legales eran indicativas de un resultado exigido, al expresar que los referidos medios "consiguieren alterar el precio natural". Etcheberry precisaba que requiere perjuicio, debido a que en toda alteración del "precio natural" hay quien sale perdiendo, sea el público o el contratante (Etcheberry, 1998, p. 280).

En el mismo sentido, Hernández, quien precisa que es manifiesto su carácter de delito de resultado, ya que "no basta con el empleo de medios fraudulentos para su consumación, sino que se requiere que por esa vía se consiguiere alterar el precio natural de los productos o servicios". Agregando, además, que "precio natural es el que resulta de la libre competencia, del libre juego de la oferta y la demanda", entendiendo que siempre existe un "ámbito mayor o menor de competencia susceptible de ser alterada mediante acuerdos de precios u otros medios fraudulentos". De esta forma, habrá alteración del precio natural de un producto o servicio cada vez que el precio no se haya obtenido bajo condiciones efectivas de competencia relativa (HERNÁNDEZ, 2012, p. 163 y 164).

También en este sentido, Piña, quien indica que la conducta típica debe concretarse en un resultado consistente en la alteración de precios (PIÑA, 2016, p. 970).

Por su parte, Piña nos recuerda que el concepto de precio natural ha sido abandonado en prácticamente todos los manuales de economía, ligado a la historia del pensamiento económico, tratándose de un concepto abandonado (PIÑA, 2016, p. 981), y luego de una revisión de la literatura económica sobre precio natural, Piña sostiene que es posible extraer algunas conclusiones, entre ellas, que el concepto de precio natural es imposible de equiparar al precio de mercado, ya que los economistas que los han utilizado están de acuerdo en que son conceptos diferentes, sosteniendo que intentar entender por precio natural un precio de mercado, implicaría una integración analógica encubierta, que atenta contra el principio de legalidad (PIÑA, 2016, p. 987). En contra, Salazar, quien haciendo una extensa revisión histórica de la noción hasta la escolástica, sostiene que el precio natural definido por los escolásticos resulta ser equivalente a los que hoy denominamos precio competitivo o de mercado (SALAZAR, 2016, p. 402).

El nuevo texto de la figura básica reformada por la Ley N°21.595, continúa exigiendo como resultado la alteración del precio de bienes, agregando la expresión servicios como posible resultado típico, y suprimiendo el adjetivo "natural", resultando de ello una simplificación del resultado exigido, al prescindirse de la restricción típica asociada a la expresión, de forma tal que bastará ahora la pura y simple modificación del precio, de resultas del uso fraudulento de medios, al margen de si se tratase o no de un precio forjado al margen del mercado. Con todo, el efecto reformatorio legal parece ser bastante atenuado o nulo, de cara a la discusión dogmática preexistente ya revisada, por la sencilla razón que todo precio fijado por el mero acuerdo de voluntades sin adjetivos adicionales, como ocurre actualmente, necesariamente se formaba al margen de la oferta y la demanda.

3.5. Problemas probatorios

Históricamente, Piña precisó que la exigencia típica imponía la obligación de acreditar que los precios a los que se vendieron las mercancías son distintos del hipotético precio natural, el cual es distinto del precio de mercado, poniendo como ejemplo la denominada guerra de precios, la cual no puede entenderse como un precio natural, ya que los precios de liquidación de stocks son precios antinaturales, pues están al costo o bajo él (PIÑA, 2016, p. 989). La supresión legal del referido adjetivo, da por superada esta exigencia probatoria.

3.6. Tipo subjetivo

La figura penal requiere dolo conforme las exigencias generales, sin expresarse una sanción por una conducta imprudente. Más aún, la expresión verbal utilizada "consiguieren alterar", descarta a todas luces formas comisivas culposas. Naturalmente, esa misma forma verbal parece excluir la posibilidad del dolo eventual, reservando la imputación subjetiva al dolo directo e indirecto, sobre la base que el sujeto activo pretende obtener un determinado resultado, lo que sería compatible con estas formas de imputación. Desde el punto de vista subjetivo, tras la reforma legal de la Ley N°21.595, se mantiene la imputación subjetiva a titulo de dolo, derivada de la exigencia resultativa de provocar una alteración del precio, usada por la forma verbal "alterare", que guarda una equivalencia semántica con la original forma verbal "consiguieren alterar".

4. *ITER CRIMINIS*. CONSUMACIÓN Y TENTATIVA

Al tratarse de un delito de resultado, conforme las normas generales, serán posibles en principio formas imperfectas de ejecución, sobre la base de la realización de conductas que constituyan medios fraudulentos, no obstante, lo cual, no consigan la alteración del precio. Por cierto, que la consumación típica estará dada por la referida alteración del precio de bienes o servicios.

5. CUESTIONES CONCURSALES

Mercado de Valores. La ley sobre Mercado de Valores N°18.045, en sus artículos 52 y 53, señala que es contrario a la ley la manipulación de precios, "entendiendo por tal aquella acción que se efectúa con el objeto de estabilizar, fijar o hacer variar artificialmente los precios de valores de la oferta pública", agregando que es contrario a la ley "efectuar cotizaciones o transacciones ficticias respecto de cualquier valor, ya sea que las transacciones se lleven a cabo en el mercado de valores o a través de negociaciones privadas" y añadiendo que "ninguna persona podrá efectuar transacciones o inducir o intentar inducir a la compra o venta de valores, regidos o no por esta ley, por medio de cualquier acto, práctica, mecanismo o artificio engañoso o fraudulento", sancionándose dichas conductas con penas de presidio menor en su grado máximo a mayor en su grado mínimo conforme al artículo 59 e) de la citada ley, desplazándose entonces por especialidad en favor de estas disposiciones, la alteración por medios fraudulentos del precio natural de valores, definidos legalmente como cualesquiera títulos transferibles, incluyendo acciones, bonos, debentures, cuotas de fondos mutuos, planes de ahorro, afectos de comercio, y en general, todo título de crédito o inversión. (En este sentido, (ETCHEBERRY, 1998, p. 281).

Seguridad del Estado. Más discutible es la forma concursal posible con el tipo penal contemplado en el artículo 4 letra g) de la Ley N°12.927 sobre Seguridad del Estado, que sanciona a los que de cualquier forma o medio se alzaren contra el gobierno constituido, o provocaren la guerra civil, y especialmente: g) Los que propaguen de palabra o por escrito o por cualquier otro medio en el interior, o envíen al exterior, noticias o informaciones tendenciosas o falsas destinadas a destruir el régimen republicano y democrático de Gobierno, o a perturbar el orden constitucional, la seguridad del país, el régimen económico o monetario, la normalidad de los precios, la estabilidad de los valores y efectos públicos y el abastecimiento de las poblaciones, y los chilenos que, encontrándose fuera del país, divulguen en el exterior tales noticias.

Delito de colusión del DL N°211. La actual regulación del art. 62 describe y sanciona a quien celebre u ordene celebrar, ejecute u organice un acuerdo que involucre a dos o más competidores entre si, para fijar precios de venta o de compra de bienes o servicios en uno o más mercados; entre otras conductas, todas incorporadas al DL N°211 por la Ley N°20.945. Tras la reforma legal de la Ley 21.595, la figura del art. 285, se aproxima aún mas a la figura de colusión, de forma tal que una conducta de colusión solamente acordada y típica, conforme al art. 62, y que además efectivamente logre su objetivo en los precios, podrá ser subsumida, dado el resultado producido, también por el delito de alteración de precios, apreciándose un concurso material en la concurrencia de ambas figuras, debido al carácter de delito de peligro abstracto de la colusión (En este sentido, ARTAZA, BELMONTE Y ACEVEDO, 2018, p.553), y al de delito de resultado, de la figura de la alteración de precios. Por su parte, los supuestos de colusión en que junto con acordar, también se ejecute el acuerdo de precios, generarán naturalmente un concurso aparente con el delito de alteración de precios, situación que podría resolverse conforme al principio de especialidad. En todo caso, la decisión del legislador reformista de la Ley N°21.595 no solo de mantener el antiguo delito de alteración de precios del Código Penal, pudiendo haber optado por su derogación, sino también de darle un tratamiento de delito económico de primera categoría, con las consecuencias ya anotadas, mantendrá los problemas sistemáticos ya advertidos por la existencia de un sistema diferenciado de protección de la libre competencia en el citado DL N°211, que capta punitivamente los acuerdos de precios entre competidores.

6. PENALIDAD DE FIGURAS BÁSICA Y AGRAVADA

EL tipo penal reformado contemplado en el artículo 285 sustituyó las penas originales de reclusión menor en su grado mínimo a medio y multa, por penas de presidio o reclusión menor en sus grados medio a máximo, reflejando el mayor disvalor considerado por el legislador para este tipo de atentados.

El artículo 286 del CP original impuso adicionalmente y en forma expresa, la pena de comiso de los géneros que fueren objeto del fraude, cuando recayere sobre objetos de primera necesidad, ampliando de esta forma, la norma general del artículo 30 del Código Penal. La reforma legal de la Ley 21.595 reemplazó totalmente la figura agravada, de forma tal que, tras ella, se exaspera la pena cuando el fraude recae sobre bienes o servicios de primera necesidad o consumo masivo, aumentando el marco penal al rango de presidio o reclusión menor en su grado máximo al mayor en grado mínimo.

7. SENTENCIA RELEVANTE

Con fecha 28 de Julio de 2015 el 4° Tribunal Oral en lo Penal de Santiago emitió sentencia definitiva en causa RIT 531-2014, en el caso seguido contra Roberto Belloni y otros, conocido como "Caso Farmacias", por el delito en análisis, la cual en voto de mayoría absolvió a los acusados, en tanto que el voto disidente estuvo por condenar a cuatro de los acusados como autores del delito, en carácter de reiterado. Dicha sentencia fue confirmada al ser rechazados los recursos de nulidad interpuestos por el Ministerio Público y querellantes, por la sentencia de la Corte de Apelaciones de Santiago de 29 de diciembre de 2015, Rol 3.139-2015. Sobre ambas sentencias, véase los detallados comentarios de BASCUÑAN y VAN WEEZEL. (Bascuñan, 2016, p. 371, Van Weezel, 2019, p. 257).

Bibliografía

ARTAZA, Osvaldo; Belmonte, Matías; Acevedo, German (2018), *El delito de colusión en Chile: Propuesta analítica de la conducta prohibida a través de su interpretación como un acuerdo anticompetitivo.* Ius et Praxis, Año 24, N°2, 2018.

BASCUÑÁN, Antonio: *Estudios sobre la colusión*, Primera Edición. Editorial Legal Thomson Reuters, 2016.

DEL RÍO, Raimundo: *Derecho penal.* Santiago, Editorial Nascimento, 1935.

ETCHEBERRY, Alfredo: *Derecho Penal. Parte Especial*, Tercera Edición. Editorial Jurídica de Chile, 1998.

HERNÁNDEZ, Héctor: *La punibilidad de la colusión (secreta) de precios en el derecho chileno*, Política Criminal, Vol 7. N°3. Disponible en https://www.scielo.cl/pdf/politcrim/v7n13/art04.pdf, 2012.

LABATUT, Gustavo: *Derecho Penal, sexta edición, tomo II.* Editorial Jurídica de Chile, 1977.

MATUS, Jean Pierre: *Acerca de la actual falta de punibilidad en Chile de los acuerdos de precios*, Política Criminal, Vol 14. N°3. Disponible en https://scielo.conicyt.cl/pdf/politcrim/v7n14/art03.pdf, 2021.

MATUS, Jean Pierre (2013), *De nuevo sobre la falta de punibilidad de los atentados contra la libre competencia, de conformidad con el Art. 285 del Código penal. Algunos aspectos de la discusión con Héctor Hernández en Política Criminal*, Política Criminal. Vol. 8. N° 15. Disponible en https://www.scielo.cl/pdf/politcrim/v8n15/art08.pdf

PIÑA, Juan Ignacio (2016), *La alteración "fraudulenta" del "precio natural" de las cosas: otra vez sobre el alcance del artículo 285 del Código Penal, en la hipótesis de colusión de precios en Chile*, En CARDENAS/FERDMAN, *El Derecho Penal como teoría y como práctica. Libro en Homenaje a Alfredo Etcheberry Orthusteguy*, Editorial Thomson Reuters La Ley, 1ª edición, 2016.

SALAZAR, Andrés (2016), *La alteración de precios como fraude. Comentarios acerca del origen histórico del artículo 285 del Código Penal chileno y su interpretación*, Política Criminal. Vol. 11. N°22.

VAN WEEZEL, Alex (2019), *"El Caso Farmacias" Alteración Fraudulenta del Precio Natural de las Mercancías.* STOP (4°, Santiago) 28/07/2015, RUC N°0900281513-0 y SCA de Santiago, 29/12/2015, Rol N°3.139-2015. TATIANA VARGAS PINTO. *En Casos Destacados. Derecho Penal. Parte Especial, Ediciones DER, 2019.*

Capítulo II

El delito de colusión del Art. 62 DL. 211

Gonzalo García Palominos
Doctor en Derecho
Profesor de Derecho Penal
Universidad de Los Andes (Chile)

Javier Tapia Canales
Doctor en Derecho
University College London

NOTA PREVIA: Este artículo es parte de un trabajo más amplio desarrollado por los autores en conjunto al Prof. Jorge Grunberg, por lo que utiliza con la autorización respectiva, análisis que provienen de dichos estudios científicos previos. Valgan los agradecimientos para él. Los autores agradecen también a la ayudante de la cátedra de Derecho Penal de la Universidad de los Andes, Macarena Griffin por sus valiosa revisión formal al manuscrito.

1. INTRODUCCIÓN

La Ley N°20.945 de 2016 reintrodujo en el art. 62 del DL. 211 el tipo penal de "colusión". Se trató de un cambio sustantivo que no sólo significó el cambio de una estrategia preventiva radicada exclusivamente en el derecho administrativo sancionador (regulatorio) a una que suma al derecho penal (de manera limitada y fragmentaria), sino que además a una que reformuló el contenido de la norma de conducta administrativa (art. 3°, letra a. del DL. 211). Este nuevo sistema y técnica de tipificación *ad hoc* elegida por el legislador, adopta ciertas características especiales que generan desafíos necesarios de analizar y solucionar.

El presente artículo busca explicar el contenido material del "injusto" del delito de colusión y su configuración típica. Para aquello el artículo se divide en tres partes. Una primera parte, tiene por objetivo determinar el contenido del ilícito administrativo de la colusión que sirve de base al penal (*infra* 2); una segunda parte tiene por objetivo tomar posición respecto a la discusión eminentemente dogmático-penal, relativa al bien jurídico protegido y la lesividad social (*infra* 3.); finalmente, este trabajo propone una interpretación de los elementos objetivos del tipo legal del art. 62 DL. 211 y criterios de imputación general, sin pretensiones de formular o proponer consideraciones de política regulatoria ni criminal (*infra* 4.).

2. ACCESORIEDAD ADMINISTRATIVA: RELACIÓN ENTRE LA NORMA DE CONDUCTA DEL ART. 3 DL. 211 Y EL TIPO PENAL DEL ART. 62 DEL DL. 211

2.1. *Cuestiones generales*

La propuesta dogmática que acá se desarrollará parte del supuesto teórico de que el derecho penal protege bienes jurídicos de relevancia social, en la medida que protege, a su vez, la validez de la norma de conducta extrapenal que ha sido diseñada por el legislador como una regla de comportamiento dirigida al ciudadano y que limita su libertad de decisión con dicho objetivo protector (Rudolphi, 1997; Kindhauser, 1989; Vogel, 1993). Sólo a modo de presupuesto inicial para el análisis penal, es necesario reconocer que el tipo penal del art. 62 del DL. 211 selecciona dentro de las reglas de interacción institucional —fundadas primariamente en consideraciones de eficiencia económica en el art. 3 DL. 211— aquellas merecedoras de pena por razones ético-sociales.

2.2. *Estrategias regulativas en el derecho administrativo y libre competencia*

(aa) La competencia económica representa un interés organizado y protegido esencialmente porque constituye un instrumento conductor y "vertebrador" de la vida económica moderna (Tiedemann, 2012, pp. 183) y ss.), lo que supone la necesidad de organización de las interacciones económicas y la tutela del ejercicio de la autonomía privada. Esto ha obligado al derecho y la economía a identificar modos conductuales que pueden afectar el funcionamiento de aquel mecanismo de interacción, de manera de adoptar estrategias correctivas, disuasivas y preventivas contra ellos. Entre aquellas conductas se pueden nombrar los acuerdos restrictivos de la competencia, las prácticas predatorias, abusos de posición dominante, etc. El principal y ciertamente el más antiguo de los modos de comportamiento desvalorados en el ámbito del derecho de la competencia es la colusión (BORK, 1978, p. 263). Su forma más característica son los "carteles duros" (*hardcore cartels*) consistentes en el acuerdo *entre competidores* para fijar los precios, limitar la producción o repartirse mercados o cuotas de participación en éstos. Actuando conjuntamente, los miembros de un cartel pueden llegar a generar resultados muy cercanos a los de una industria monopólica, no sólo incrementando sus propios beneficios, sino generando al mismo tiempo un daño social sistémico (CRYCRAFT/CRYCRAFT/GALLO, 1997; FURSE/NASH, 2004, p. 27; (LAMED/et al 2018, p. 119).

Otro grupo de conductas colusorias —en tanto constituyen acuerdos destinados a eliminar la competencia—, comúnmente consideradas anticompetitivas, bajo ciertas circunstancias, son los denominados "boicots" (*group boycotts*), esto es, aquellos acuerdos tendientes a no pactar con una firma y/o aislarla en el mercado. Este concepto, sin embargo, agrupa una amplia gama de prácticas diversas: competidores que se niegan a pactar con rivales; competidores que se niegan a contratar con terceras partes que a su vez pactan con rivales; competidores que se niegan a pactar con consumidores o proveedores, o que acuerdan hacerlo solo bajo ciertas condiciones; etc. (TAPIA, 2010a pp. 69; TAPIA, 2010b).

Junto a esta clase de conductas colusorias coexisten otras que comparten ciertos aspectos generales —en especial, el de tratarse de acuerdos—, pero que no generan únicamente efectos o riesgos anticompetitivos, aunque se mantienen en un ámbito de riesgo para la competencia. Se trata de acuerdos expresos que tienen por objetivo promover modos más eficientes de organización a través de la colaboración o cooperación entre rivales para facilitar el desarrollo de nuevos productos y servicios, también conocidos como acuerdos de colaboración o cooperación entre competidores (BENNETT/GONZÁLEZ/LEUPOLD/VERNET/WOODS, 2014, p. 884). Ejemplos de ellos son los *joint ventures* para efectuar una actividad en conjunto entre dos competidores, los consorcios para participar en concretas licitaciones o los créditos bancarios sindicados para el financiamiento de obras públicas (ej.: autopistas o aeropuertos).

(bb) De lo ya analizado, se puede observar que uno de los desafíos más importantes en materia de derecho de la libre competencia (y, con ello también, para el derecho penal) consiste en asegurar que el sistema normativo-institucional sea capaz de distinguir entre aquellos acuerdos cuya naturaleza es puramente anticompetitiva (*naked agreements*) de aquellos acuerdos de colaboración que persiguen fines legítimos y socialmente beneficiosos, o simplemente no dañan la competencia por no tener la entidad suficiente para hacerlo (*ancillary restraints*) (Bork, 1978 p. 263; Hovenkamp, 2005,).

Las legislaciones se ven enfrentadas entonces a la decisión de optar por diferentes estrategias que posibiliten la diferenciación, tanto a nivel de normas de conducta como de normas de sanción (administrativas y penales). Es posible —al menos, desde una perspectiva científica— identificar dos modelos regulatorios puros de administración de justicia de la competencia.

El primero establece una prohibición echando mano a una "prohibición general", que debe ser corregida por el juez o aplicador del derecho (o el regulador), quien debe analizar la razonabilidad de la práctica, y su capacidad para afectar o no a la competencia. Se trata de un modelo flexible que normalmente utiliza expresiones "vagas, genéricas e imprecisas" (Fonseca, 2017, p.37) que transfiere al aplicador del derecho (al juez) la definición de "anticompetitiva" de una conducta (Handler, 1957, p. 39). Para algunos genera una especie de "cheque en blanco" para el adjudicador (Easterbrook, 1986, p. 1702). El desarrollo de la *"rule of reason"* implica, entonces, que el aplicador del derecho debe determinar la legalidad de la conducta a través de un ejercicio de balance o ponderación entre las eficiencias procompetitivas y los riesgos o efectos anticompetitivos que ella genera (Tiedemann, 1976, p. 166; Crane, 2014, pp. 52–56.). No cabe duda de que, en un modelo de estas características, la función de la autoridad supervigiladora y reguladora debe ser más activa y explícita, en la medida que debe ir definiendo criterios generales que orienten los comportamientos "ex ante" (o sistematizando hipótesis) y controlando activamente a los regulados. Precisamente el surgimiento y masificación del uso de *guidelines* —recomendaciones dirigidas a aplicadores del derecho— tiene por objetivo adecuar dichas normas a criterios económicos (Fonseca, 2017, p. 43).

A este modo de analizar una conducta de mercado se suele contraponer un segundo modelo, que se sirve de la denominada regla *"per se"*. Se trata de la incorporación de una norma que describe el modo conductual específico, sin considerar la prueba de la aptitud de la conducta para atentar en contra de la competencia (ex post); esto es, sin necesidad de probar los efectos anticompetitivos que ella produce, ni tampoco admitiendo defensas de eficiencia, pues considera que estaría demostrado *de modo empírico*, por práctica judicial y científica, que dichas hipótesis siempre generan tales efectos perniciosos (Melamed/ Picker/ Weiser,/Wood, 2018, p. 119; Krattenmaker, 1988, p. 165). Este segundo modelo es seleccionado normalmente para los carteles duros. Nótese, que en el ámbito regulatorio no se trata necesariamente de una regla sustantiva, sino de administrabilidad del sistema. Se trata de una estrategia que simplifica el análisis de las autoridades reguladoras y supervigiladoras, en la medida que no deben analizar las motivaciones ni los efectos de un determinado acuerdo ni deben probar, verificar o acreditar dichas consecuencias. Grunberg ha señalado recientemente que un modelo de regulación basado en la regla *per se* genera importantes beneficios para la política de competencia, tales como el efecto disuasorio para quienes puedan estar considerando participar de un cartel duro o el ahorro en los costos administrativos destinados a la persecución de los carteles duros por la agencia de competencia (GRUNBERG, 2020, p. 4).

(cc) ¿Cuál de las estructuras sigue el art. 3 letra a) del DL 211 referida a la colusión?

Si bien en nuestro país, tanto el Tribunal de Libre Competencia (NC-434-2016, Resolución TDLC N° 54/2018 (2018), c. 13 y c. 14; C-361-2018, Sentencia TDLC N° 175/2020 (2020), c. 64 a c. 76) como la Corte Suprema (Sentencia Corte Suprema, Rol N° 31.502-2018 (2019), c. 18) han interpretado con contundencia la opción del legislador por la regla *per se* en el art. 3 letra a) del DL. 211 —aunque señalando, de todos modos, la necesidad de distinguir entre "carteles duros" y acuerdos de colaboración entre competidores—, otra parte de la literatura (VÁSQUEZ, 2020; LIZANA/ APPELGREN, 2021) e, incluso, algunos actuales ministros economistas del TDLC, han rechazado dicha interpretación. En un voto minoritario, estos ministros desarrollaron un planteamiento que abandona como referencia el art. 3 y opta por una interpretación sui generis de la jurisprudencia norteamericana y su método (caso NCAA v. Board of Regents). Proponen conciliar la interpretación de la regla per se con la regla de la razón, lo que supondría la posibilidad de identificar en algunos acuerdos sobre precios y producción efectos potencialmente procompetitivos (considerando 8). La interpretación, al mismo tiempo, entiende que debería siempre mantenerse en manos del aplicador de las potestades administrativas —recaiga o no en variables de las denominadas duras— la posibilidad de ponderar la conducta y sus consecuencias para la libre competencia (considerando 10). Aquello, como modelo regulativo, permitiría evitar errores o falsos positivos (considerando 11). Siguiendo dicha lógica, Artaza/Belmonte/ Acevedo han defendido la idea de que la norma de conducta del art. 3 letra a) DL. 211 no impediría que fuera interpretada como un modelo del *"quick look"* (ARTAZA/BELMONTE/ACEVEDO, 2018, p. 573). Aquello significaría que siempre sería necesario analizar la participación en el mercado de los agentes económicos involucrados y otros antecedentes de contexto

(Artaza/Belmonte/Acevedo, 2018, p. 574). La opción por la interpretación de un modelo de norma *per se* atenuada o de análisis *"quick look"* genera efectos penales relevantes, en la medida que abre la posibilidad de que el acuerdo colusorio entre competidores del art. 62 sea reconocido sólo como "una conducta riesgosa" que no signifique inmediatamente la vulneración de la regla de comportamiento y el cumplimiento de los requisitos típicos.

La disyuntiva generada en el ámbito regulatorio exige de nosotros una toma de postura basada en aspectos estructurales de la norma.

2.3. Estructura de la norma regulatoria en la ley chilena: la opción final por la regla per se

El diseño y configuración normativa de las conductas prohibidas en la regulación de la libre competencia y, particularmente de la colusión, muestra un desarrollo histórico zigzagueante. Dos aspectos, sin embargo, han de ser reconocidos como permanentes:

En *primer lugar*, el sistema regulatorio nacional, a diferencia del europeo, ha tendido a describir los comportamientos prohibidos (X está prohibido, absténgase de X) siempre insertos en los presupuestos de sus normas de "sanción" y, por lo tanto, utilizando una fórmula condicional: "*si el sujeto activo ejecuta X (+R), entonces el juez puede aplicar P*" (+R es cualquier presupuesto de la sanción adicional a la infracción a la norma prohibitiva, como el resultado o un peligro concreto que debe probarse ex post). Esta estrategia le permite al sistema regulativo acentuar el carácter desvalorativo de la conducta prohibida por su tendencia a la lesión (X→r) o por generar un resultado lesivo (X+r). Sin embargo, es una fórmula que tiende a confundir el contenido de la prohibición (X), con los elementos cualificadores (+r o →r). En *segundo lugar*, ha sido permanente la disposición de una estructura dual, compuesta por dos fórmulas regulativas (o mezclas de ambas).

Una *primera fórmula* diseñada a partir de un supuesto de hecho (X) genérico y residual que no describe conducta o es muy genérica (ej. X = cualquier hecho o convención), pero que se construye de dos formas alternativas: i) ya sea exigiendo la acreditación *ex post* de que X es capaz o idónea para generar un "acontecer lesivo" (ej. *tender a o ser capaz de = X→r*) o exigiendo acreditación de la lesión (ej. impedir, restringir o falsear = X + r); o ii) por exigir la acreditación de un elemento subjetivo vinculado con la lesión o resultado (X^r): "Quien realiza X *con motivo de afectar R, entonces P*".

En una *segunda fórmula* el legislador sí describe conductas específicas en base a su particular desvalor conductual (*XYr está prohibido, abténgase de XYr*) —como la colusión o el interlocking— en que el legislador ya ponderó especialmente el peligro o la lesión al bien jurídico para libre competencia. Esta estructura normativa al optar por el diseño de una norma de sanción adopta la fórmula: "Ya que XYr afecta R o es idónea para afectar R, entonces quien ejecuta XYr, *debe recibir* P").

La fórmula dual no fue claramente adoptada en la primera Ley de Defensa de la Libre Competencia, N°13.305 (Título V., arts. 172 y ss.), de 1959, aunque sí algunos aspectos embrionarios. Esta estructuró un sistema regulatorio con base en una norma de sanción (*si el sujeto activo ejecuta* X, entonces *el juez* puede aplicar P) de naturaleza penal —el art. 173 inc. 1° — desde donde se debía deducir el contenido de las normas de conductas prohibidas (X). El diseño de la norma penal del art. 173, contenía copulativamente una cláusula base con una conducta muy general ("todo acto o convención" =X) y una cláusula de *idoneidad lesiva* (X→r) que exigía que tuvieran una capacidad real de "impedir la libre competencia" (criterio consecuencialista). Luego, se establecían dos subhipótesis alternativas que serían modos cerrados de la fórmula base (sea del tipo *XYr* o sea del tipo X^r). La primera subhipótesis era específica y describía taxativamente modos conductuales específicos (*XYr*) tales como *los convenios* de fijación de precios o repartos de cuotas de producción, etc. La segunda subhipótesis, se construía como una cláusula residual (y general), que no limitaba mucho la formula base ("cualquier otro *arbitrio*"), pero que lo compensaba agregando un elemento subjetivo que se vinculaba con un elemento no exigido objetivamente como resultado: *que tenga por finalidad la impedición* o eliminación de la libre competencia (del tipo X^r). El sistema interpretó la norma de prohibición subyacente (X) desde la lógica de la regla de la razón o "por sus efectos" (BERMEDO, 2013, p. 43).

La fórmula dual que conocemos hasta hoy se adoptó en el art. 1 del Decreto Ley N°211, de 22 de diciembre de 1973. Si bien el estatus normativo de la regulación no varió sustancialmente, en la medida en que siguió siendo una norma de sanción penal, separó claramente formas abiertas y cerradas de regulación. En concreto, originalmente el tipo penal del art. 1° incorporó una primera fórmula genérica ("El que ejecute o celebre, individual o colectivamente, cualquier hecho, acto o convención) al que le agregó un elemento de idoneidad lesiva (tendencia) para la libre competencia ("tender a" = X→r) que servía de configurador de la prohibición. Por su parte, el artículo 2° —describiendo una generalidad de conductas "hechos, actos o convenciones"— incorporó un elemento que podía ser interpretado ya sea como una especie de presunción simplemente legal de la idoneidad del art. 1, hipótesis ejemplificadoras o como hipótesis específicas autónomas (Bascuñán, 2016, p. 47), del tipo "se entiende que XYr cumple con X→r"; Si XYr, entonces P".

La Ley N° 19.911, de 2003, modificó en gran parte la institucionalidad de defensa de la libre competencia y, junto con modificar completamente la institucionalidad, creó un sistema sancionador esencialmente administrativo, despenalizando absolutamente las conductas anticompetitivas (Depolo, 1997, pp. 435-441). En este nuevo sistema, la norma de sanción administrativa —única norma desde donde se podía extraer (deducir) el contenido de las normas de conductas prohibitivas— quedó radicada en el art. 3°. Aquí, al igual que las leyes anteriores, también se presenta una estructura dual. *En la primera* fórmula, la conducta es genérica (X= ejecute o celebre, individual o colectivamente, cualquier hecho, acto o convención), pero se compensa exigiendo ya sea un resultado ("X + r= "que impida, restrinja o entorpezca la libre competencia") o una cláusula de idoneidad ("tienda a") del tipo "X→r". Esto es, al mismo tiempo, se establecía una infracción tanto de resultado como de mera actividad (Bascuñán, 2016, p. 174 y siguientes; se refiere a la misma idea bajo la nomenclatura de peligro/lesión). En la *segunda fórmula*, en el inc. 2°, el legislador agregó específicamente las hipótesis especiales más típicas de afectación de la libre competencia ("*Se considerarán, entre otros, como hechos, actos o convenciones = del tipo X+r o X→r, las siguientes: a – c*"), entre ellas la de colusión en la letra a). En la hipótesis específica de la letra a), describió específicamente tanto la conducta como sus objetos; por un lado, a "acuerdos expresos o tácitos entre agentes económicos" (no lo limitó sólo a competidores y lo extendió también a prácticas concertadas) y por otro, según su objeto ("*que tengan por objeto*") se limitó a "fijar precios de venta o de compra, limitar la producción o asignarse zonas o cuotas de mercado". Esta última decisión la dejó ubicada en la afectación de los aspectos más sensibles de la libre competencia. Además, cualificó el ilícito de la colusión agregando un nuevo —y extraño— ilícito adicional: *el abuso del "poder de mercado"*. Este elemento, por su fórmula compuesta, generó un efecto complejo: "Si se ejecuta XYr + YYr, entonces *P*".

Esta extraña estructura normativa, produjo dudas respecto a si creaba un tipo de norma similar a una "regla de la razón" o si, por el contrario, podía ser considerada como una regla *per se*. Así, dos problemas surgieron de la elección del modelo regulativo del legislador. El primero era relativo al elemento "abuso de poder de mercado", que podía ser interpretado como una limitación a la prohibición (Valdés, 2006, p. 529; Valdés, 2008, pp. 81 y ss.) o como una figura *dependiente* y no autónoma del *abuso de dominancia*. El segundo problema era relativo a la posibilidad de entender la prohibición como *per se*, lo que podía significar que se debía ignorar cualquier argumento pro-competitivo cuando la violación a la competencia era manifiesta e indefendible (Véase también BRODER, 2010, pp. 35-36.). Con todo, no quedó totalmente aclarada la problemática por el modelo de prohibición (VALDÉS, 2006, p. 529) e incluso la figura, desde un punto de vista típico, resultaba ser dependiente y no autónoma del abuso de dominancia, con todos los problemas de categorización que ello generaba (TAPIA, 2010, pp. 69).

En definitiva, las exigencias de la Ley N° 19.911 (desde noviembre de 2003 a julio de 2009) relativas a que los competidores debían actuar coludiéndose y "abusando del poder que dichos acuerdos o prácticas les confieran" y de la Ley N° 20.361, que exigía que el acuerdo "les confiera poder de mercado" a los competidores, significó una inclusión que, como ha señalado Grunberg, ningún otro sistema jurídico comparado de países desarrollados había agregado (GRUNBERG, 2020, p. 3).

A partir de estas expresiones, la Corte Suprema chilena, en el denominado caso "Farmacias", señaló que "el marco jurídico nacional *excluye* considerar la colusión como falta *per se*, a diferencia de lo que ocurre en ciertas legislaciones extranjeras" (Corte Suprema, *FNE contra Farmacias Ahumada S.A. y otros*, Rol 2578-2012, Sentencia de 7 de septiembre de 2012, C. 81). Eso no le impidió, sin embargo, concebir una colusión ilícita en el pacto entre competidores, pero le obligó a desarrollar una justificación adicional relativa a los efectos. Aún así, son llamativas las observaciones que se hacían desde la academia, en el sentido de que la Corte Suprema habría alterado la configuración de la norma infraccional, desde un delito de resultado a uno de mera actividad y de peligro (de aptitud).

2.4. Estructura y contenido del art. 3 Dl. 211 luego de la reforma de la Ley N°20.945, de agosto de 2016

Las últimas modificaciones al DL. 211 son consecuencia de la Ley N°20.945, de agosto de 2016 que modificó nuevamente el contenido del art. 3° y, en particular, de la letra a) sobre la colusión, y reintrodujo el tipo penal (en el art. 62), creando dos estatutos de punición: uno administrativo y otro penal, que se mantienen hasta hoy. Si bien en virtud del art. 1 del DL. 211 la institucionalidad tiene por objetivo *promover y defender la libre competencia (corrigiendo, prohibiendo o reprimiendo conductas atentatorias)*, el núcleo normativo está puesto nuevamente en una norma —el art. 3 DL.

211— estructurada para sancionar administrativamente: una "norma de sanción". Adicionalmente, su estructura siguió siendo la dual con una fórmula abierta (art. 3 inc. 1°) y otra cerrada (art. 3 inc. 2°, letras a – d), aunque corrigió el contenido de algunas hipótesis.

(aa) El art 3 inc. 1°, mirado en su perspectiva de norma de sanción, utiliza una fórmula abierta. Su supuesto de *hecho típico*, al igual que sus antecesoras, sólo apela a un *criterio consecuencialista* para definir los presupuestos de la prohibición y de la sanción, sin describir características específicas de conducta alguna; esta se sirve de una "ideoneidad lesiva para la Libre Competencia" para entender una conducta como merecida de sanción, prevención o corrección. Esa idoneidad se expresa, entonces, no sólo en la lesión (impedir, restringir o entorpecer = X+r), sino principalmente en su tendencia a ella (X→r), esto es, en la capacidad de la conducta de alcanzar un grado de aproximación progresiva a la lesión, sin llegar a lesionarlo ["dirigirse de manera natural hacia algo" (Rae)]. La fórmula es: "Si X+r o X→r, entonces P".

El hecho de que dicha idoneidad —esto es, la tendencia a *impedir, restringir o entorpecer*— esté exigida expresamente por la norma de sanción infraccional (X→r), puede entenderse como una exigencia de acreditación "ex post", al menos específicamente cuando se utilice como norma habilitadora de una sanción. Aquello permite que el inc. 1° pueda comprenderse como una *infracción de resultado* (X + r) en el caso de exigir cualquiera de dichas hipótesis lesivas o, en el caso de exigir sólo la tendencia, sea entendida como una *infracción de mera actividad*, pero con la necesidad de acreditar la idoneidad (X→r), lo que se denomina: "peligro abstracto-concreto". Esto es, que exige que el aplicador de la sanción no deba contentarse con la sola capacidad abstracta de la conducta para generar peligro o lesión, sino además exigir la acreditación ex post y prueba de dicho peligro para el caso concreto. En principio, pareciera que el tipo de norma que representa el inc. 1° del art. 3 permite al regulador establecer criterios propios de las ciencias económicas para, a partir de ponderaciones entre las eficiencias procompetitivas y los riesgos o efectos anticompetitivos que ella genera, pueda definir el alcance de la prohibición y las condiciones de sancionabilidad. Aquello acerca la fórmula elegida en el inc. 1 a la de la regla de la razón.

Mirado desde su perspectiva de norma de conducta (el deber transportado por el art. 3 inc. 1°), y considerando que, lo que puede prohibir el derecho no son resultados o lesiones (+R), sino el emprendimiento de conductas con capacidad para afectar el bien jurídico libre competencia

(X^r o X→r), es que podría decirse que la norma de conducta que subyace a la de sanción, reza: *está prohibido realizar o ejecutar cualquier hecho, acto o convención que tenga la capacidad o idoneidad de impedir, restringir o entorpecer la libre competencia.*

Como el *restringir* la libre competencia (o la tendencia a esta) no constituye una lesión estática a un objeto material de la acción, como en el caso del homicidio o las lesiones, sino como la afectación a ciertas condiciones de participación e interacción garantizadas institucionalmente, entonces, los encargados de reconstruir las hipótesis conductuales prohibidas (desde una perspectiva *ex ante*) deberán hacerlo a partir de las expectativas normativamente creadas y a partir de razonamientos técnicos que permiten definir cuando la conducta produce el efecto indeseado en la competencia y cuándo, sin perjuicio del efecto, el sistema acepta la conducta como técnicamente eficiente. Para dichos efectos, el legislador — adoptando una fórmula internacional— incorporó tres formas/grados de idoneidad lesiva que son entendidas como lesión o a partir de la cual se construye "la tendencia a": *impedir, restringir o entorpecer la libre competencia* (= + r1, r2 o r3).

Se trata de una fórmula levemente modificada del modelo de regulación europeo. A diferencia de la fórmula norteamericana (Sección 1 de la Sherman Act: "contrato, combinación o conspiración que *restrinja* el comercio"), la europea (art. 81.1 del Tratado constitutivo de la Comunidad Europea de 1957 y luego art 101.1. del Tratado de Funcionamiento de la Unión Europea: impedir, restringir o falsear el juego de la competencia) provee una nomenclatura específica para dar cuenta de distintos efectos indeseados o lesivos para la competencia. Esta fórmula (X+ r1, r2 o r3) utiliza verbos transitivos que crean un campo semántico en que, más que describir conductas propiamente tales, dan cuenta de la producción de formas/grados diferenciados de afectación a un objeto, que en este caso está vinculado con el sustantivo competencia o *libre competencia*. La literatura europea, entiende por *impedir* (+r1) la exclusión total de la libertad de acción económica; mientras que por *restringir* (+r2) entiende cualquier conducta que reduzca a menores límites la competencia. Respecto al verbo "falsear" (+r3) existe menos claridad en relación con su aporte diferenciador, aunque pareciera referirse a efectos sobre las condiciones de competitividad que son artificialmente modificados (véase con mayores referencias Bender 2005, p. 135). Probablemente dicha falta de claridad, así como la tendencia de la literatura a utilizar el concepto "falsear la competencia" para caracterizar hipótesis de competencia desleal —cuestión que generaría confusiones— es que el legislador chileno prefirió utilizar el verbo "entorpecer". Con este concepto, la tipología de efectos negativos incorpora una hipótesis menos intensa de afectación, de manera tal que no es necesario la exclusión total de competencia, sino sólo cualquier *obstaculización* para acceder a los beneficios de ella. Lo anterior parece hacer referencia más a la distorsión de la justicia procedimental de la competencia y, con ello también, a la alteración de la eficiencia *productiva, asignativa y dinámica* y no al bienestar económico resultante de lo anterior.

Si bien esta estrategia de la norma de sanción infraccional *abierta* (X) y sometido a criterios consecuencialistas (y de ponderación técnica-económica) del tipo "Si *X + r1, r2 o r3* o; *X→r1, r2 o r3, entonces P*" tiene la virtud de captar una gran cantidad de conductas de distinto tipo y facilitar la gestión del regulador (flexible), también presenta el déficit de generar incerteza y carecer de una verdadera capacidad orientadora *ex ante*. Se trata de un problema importante cuando esta norma se pretende utilizar como norma de conducta orientadora del comportamiento de los regulados (Toro/Viertel/Ureta, 2020). Un modelo de estas características —que se acerca al tipo de regla de la razón— necesita compensar dicho déficit con la elaboración de criterios por parte del regulador, como sucede con el uso de *guidelines* (Fonseca, 2017, p. 43).

(cc) En el inc. 2° del art. 3 (letras a – d) la estrategia del legislador es distinta: cerrada y específica (XYr). Aquí el legislador *sí* describe taxativamente las conductas que desvalora y que son merecidas de sanción, no sólo porque son entendidas como idóneas *ex ante* para desencadenar un curso lesivo o crear un estado de inseguridad para el bien (o porque concretamente lo causa), sino esencialmente por su particular *desvalor conductual*. No se trata, en consecuencia, de una mera inversión de la carga de la prueba o una presunción de lesividad (cumple con ser del tipo $X+^r$ o $X→r$), en cuyo caso lo único relevante sería el desvalor del resultado (ya que no se limita a este). En realidad, se trata de una desvaloración social especifica que, si bien considera en su configuración un grado relevante de aproximación intolerable y progresiva a *impedir, restringir o entorpecer la libre competenci*a, además provee de propiedades específicas de cada conducta desvalorada o prohibida por razones prácticas.

Ya que la función del inc. 2° es establecer que las conductas de las letras a) – d) crean estados de cosas que se prohíben "directamente por el legislador", entonces cumplirían las condiciones tanto de *impedir, restringir o entorpecer* como de *tender a* lesionar de ese modo la libre competencia. Cualquiera sea el caso, la función del inc. 2° —"se considerarán…como"— referida a la lesión o al peligro abstracto, no dice nada respecto al desvalor conductual adicional y específico de cada hipótesis. De hecho, aquello es lo que explica que se trate de infracciones distintas [letras a) a d)] y que puedan ser sancionadas también diferenciada y autónomamente.

Nos parece, entonces, que teniendo como alternativas la presunción simplemente legal (inversión de la prueba), reglas hermenéuticas o supuestos de hechos específicos (BASCUÑÁN, 2016, pp. 176), se impone funcionalmente la última. El inc. 2°, en realidad, tiene como objetivo sustituir las consideraciones puramente consecuencialistas propias del inc. 1° (X+r) —que permiten ponderaciones de intereses ex post por el aplicador del derecho—, por unas en que las hipótesis prohibidas son ex ante definidas y descritas en su especificidad conductual directamente por el legislador (XYr). Aquello cumple dos funciones en el diseño regulativo. Primero, sirve como *marco conductual orientador* para el ciudadano (dirigido al círculo de destinatarios de la norma, en tanto norma de conducta que subyace a la de sanción) que no hace recaer la ponderación en la competencia del ciudadano (ni en el aplicador del derecho), sino determina las consideraciones propias del desvalor conductual desde una perspectiva ex ante; segundo, en tanto norma de sanción administrativa, cierra la posibilidad al aplicador de las potestades sancionadoras y correctivas de incorporar consideraciones adicionales que den cuenta del merecimiento de sanción (ilícito).

Aquello se traduce, de manera lógica, en dos consecuencias: i) cada una de las hipótesis de las letras a)-d) son ilícitos independientes entre sí, aunque especiales en relación con la general del inc. 1°; y ii) como norma de sanción que es, se trata en la mayoría de las hipótesis de una infracción de mera actividad y *de peligro abstracto,* que no exige probar idoneidad adicional (ex post), sino sólo los supuestos típicos que ya suponen idoneidad en abstracto. La única excepción a lo anterior, lo constituye la segunda parte (segunda hipótesis de la letra a), que exige poder de mercado).

(dd) El art. 3°, letra a), siguiendo esa idea regulativa, distingue dos hipótesis específicas: una, referida a acuerdos o prácticas concertadas que consistan en "fijar precios", "limitar la producción", "asignarse zonas o cuotas de mercado" y "afectar el resultado de procesos de licitación" (fórmula: *"Si XYr, entonces R"*); y otra hipótesis referida a acuerdos o prácticas concertadas que consistan en "determinar condiciones de comercialización" y "excluir a actuales o potenciales competidores", a la que le agregó el otorgamiento de poder de mercado (fórmula: "Si XYr + YY, entonces R"). La exigencia del abuso del "poder de mercado", solo quedó vinculado a la segunda hipótesis, asegurándose de que las hipótesis sancionables de los carteles duros no lo exigieran y que las instituciones encargadas de la regulación de la libre competencia no quedaran limitadas por dicha exigencia al momento de declarar la ilegalidad de la conducta.

En conclusión, el legislador de la Ley N° 20.945 optó por diseñar con el art. 3 letra a) primera parte del DL. 211, una regla para la colusión que no exigiera ni presupuestos de la sanción ex post (peligro concreto o abstracto-concreto) ni causales de justificaciones explícitas (procompetitivas). Se trata, entonces, de una regla cuyos efectos son muy cercanos a la *per se*, que no admiten justificaciones procompetitivas ni exigen prueba de idoneidad.

3. ASPECTOS RELEVANTES DE LA ESTRUCTURA TÍPICA Y EL INJUSTO PENAL DEL DELITO DE COLUSIÓN (ART. 62 DL. 211)

3.1. *La lesividad social como elemento fundante y cualificador del injusto penal*

Que la colusión constituye una de las conductas más lesivas socialmente y reprochables en el ámbito de la libre competencia, bajo una lógica de eficiencia económica, pareciera ser un lugar común, repetido tanto por la literatura nacional e internacional como por tribunales y autoridades gubernamentales (STIGLER, 1968, pp. 328; STIGLER, 1964, pp. 44-61; STIGLER, 1961, pp. 213; SALOP, 1967, pp. 393-406; SALOP /STINGLITZ, 1982, pp. 1121-30; DANA, 1999, pp. 632-60; HARRINGTON/J. CHEN, 2006, pp. 1185-212.). Aquella constatación empírica de carácter sistémico, sin embargo, "no necesariamente sirve ni son del tipo de razonamiento que legitima y que requiere prevención mediante sanciones penales" (WARDHAUGH, 2012, pp. 369-395, p. 386.). La reconstrucción del injusto penal (*lege lata*) exige un análisis que lo explique, no sólo desde los paradigmas económicos, sino desde los suyos propios: de naturaleza penal.

Nos parece que además de las razones criminológicas que se tuvieron para la criminalización, las consideraciones estrictamente valorativas se explican tanto por el tipo de lesividad radicada en la *limitación, restricción y entorpecimiento* de la libre competencia "en" los mercados (art. 3) como por la particular injusticia del modo conductual que está descrito en la letra a) del artículo 3. En efecto, dicha conducta, que en su porción más sustantiva es acogida por el delito del art. 62, está desvalorada precisamente porque el modo conductual del acuerdo entre competidores referido a ciertos aspectos de la interacción —fijación de precios, limitación de producción, asignación de zonas o cuotas de mercado y afectación del resultado de licitaciones públicas—tiene por objetivo eliminar "radical e injustamente" las bases de un sistema generador tanto de justicia distributiva como de justicia procedimental concreta. En otras palabras, la restricción de la competencia desvalorada penalmente no lo es sólo por el daño sistemático a los mercados y a la confiabilidad de interacción en estos (lesión a la macroinstitucionalidad), sino por la afectación concreta de las condiciones de interacción — la rivalidad — en un mercado y, con ello adicionalmente, la generación de barreras de entrada, impedición de acceso a la demanda o el aprovisionamiento o exclusión de otros competidores (ALONSO, 2009, p.74). No se trata entonces de hipótesis de mera ineficiencia sistémica (que también lo es), sino esencialmente de formas de afectación a subsistemas facilitadores de la interacción que garantizan formas de ejercicio de la libertad económica y que son alterados injustamente, limitándose el ejercicio individual y colectivo de libertad económica. Aquello explica no sólo su contenido regulativo administrativo, que en su aspecto formal consisten en el quebrantamiento de una "regla del juego", sino también la generación un tipo de injusticia "socialmente inaceptable" y desvalorada penalmente.

Aquella *injusticia distributiva y procedimental* con incidencia en la libertad e igualdad de condiciones de interacción, es lo que el legislador penal ha considerado para elevar una porción de esa ilicitud regulativa a un ilícito penal. Esta lógica, presente en la selección conductual del legislador en el art. 62 DL. 211, valora el sistema de la libre competencia como institución y el bien jurídico es la *Confianza institucional (garantía normativa) en condiciones de justicia distributiva y procedimental*, por lo que permite comprender un amplio abanico de intereses protegidos institucionalmente: intereses de competidores, consumidores, clientes, proveedores, licitantes. Adicionalmente, y asociado (contextualizado) con la discusión ético social y modelos de tipificación, es que se deben sistematizar las conductas extrapenalmente desvaloradas y poner en su contexto sistemático el significado de limitar la conducta típica solo a "acuerdos" entre competidores y que adquiere una relevancia objetiva "radical", ya que "siempre" afecta las variables esenciales del proceso competitivo y afecta también múltiples intereses (GARCÍA PALOMINOS, 2021).Sobre la base de estos elementos del tipo penal y su contextualización en las discusiones propuestas, es posible afirmar que el del art. 62 del DL. 211 protege "la confianza en la justicia distributiva y el procedimiento de interacción justo e igualitario de la libre competencia".

3.2. Definiciones respecto a la estructura típica

Desde el punto de vista estructural, el delito de colusión del art. 62 DL. 211 es un delito de mera actividad (clasificación descriptiva) y de peligro abstracto (clasificación valorativa) lo que supone que la conducta típica se basta a sí misma para justificar la imposición de la pena, sin necesidad de corrección externa, como se expondrá.

Desde la perspectiva de la descripción de la conducta en los elementos del tipo de injusto, se trata de un delito de mera actividad, ya que no exige de un resultado (incluyendo bajo este concepto algún tipo de peligro concreto o idoneidad) o una modificación en el mundo exterior separado espacio temporalmente de la conducta (resultado). El tipo de injusto diseñado por el legislador se configura solo a través de la realización de la acción descrita en el tipo, sin que sea necesario agregar algún elemento adicional que cualifique el injusto. Es importante destacar que, a diferencia de la posible lectura de la norma de sanción administrativa del art. 3 inc. 1º del DL 211 como infracción que exige prueba de la idoneidad (peligro abstracto-concreto), ni en el caso de la infracción administrativa (art. 3 letra a) ni del tipo penal de colusión el legislador ha exigido algún elemento de esas características.

Desde el punto de vista valorativo (relación conducta y bien jurídico), la colusión se trata de un delito de peligro abstracto. Si bien, la conducta típica del delito del art. 62 —ejecución del acuerdo entre competidores— describe modos conductuales que pueden alcanzar grados de afectación del bien jurídico cercanos a la lesión, el tipo penal incorpora otras conductas adicionales: anteriores al acuerdo mismo y posteriores a su ejecución. Estas, por cierto, se encuentran en una relación más lejana a la lesión del bien jurídico, por lo que configuran un verdadero *peligro abstracto*.

4. EL TIPO OBJETIVO DEL DELITO DE COLUSIÓN (ART. 62 DL. 211)

4.1. Introducción

El delito de colusión tiene una configuración típica singular, que se expresa en la evidente intención de expandir los límites de la intervención delictiva y del iter criminis, más allá del núcleo de la conducta desvalorada prepenalmente: *el acuerdo entre competidores* (Santelices, 2020, p. 97). Esta estructura es consecuencia de que, en su origen, la fórmula jurisprudencial norteamericana estaba basada no sólo en la celebración de acuerdos, sino esencialmente en una especie de *combinación o conspiración*, por lo que en la concreción técnico-legislativa chilena se optó por la estructura del "delito de emprendimiento". Así, si bien el tipo penal ubica en el centro de la desvaloración social la celebración de un "acuerdo entre dos o más competidores entre sí" —lo que significaría que el sujeto activo se debería limitar a quienes celebran dicho acto y tienen la posición para representar (u obligar) al competidor, este tipo lo amplía a otros modos de conducta y formas de intervención. En el análisis que se planteará se distinguen estas hipótesis según si la conducta típica consiste en *celebrar un acuerdo* o, por el contrario, si se trata de conductas previas a este como la de *ordenar su celebración* o *intervenir organizándolo* e, incluso, si es posterior a este, ejecutándolo o llevándolo a cabo. Al mismo tiempo, se destacan los efectos de la ampliación, lo que no solo supone afectar algunos modos de intervención normalmente accesorios como formas de autoría, sino también altera en cierta medida las reglas generales de *iter criminis* sancionando como hipótesis típicas consumadas tanto a hipótesis preparatorias, de tentativa inacabada, de consumación y, luego, de concreción ejecutiva posteriores al acuerdo más cercanas al agotamiento.

4.2. *Conducta típica: elementos objetivos*

(aa) Relación de accesoriedad para con la norma administrativa y acuerdo ilícito

Como ya se ha señalado en la primera parte de este trabajo, el tipo penal de colusión del art. 62 DL. 211 se construye sobre la base de una selección conductual entre las conductas del art. 3° y, en particular, de su letra a). Dicha selección conductual es intensa y específica (no genérica).

Si bien ambas normas alcanzan un alto nivel de similitud, se presentan en realidad algunas diferencias que es necesario destacar. El tipo penal selecciona, de entre las dos hipótesis de colusión descritas en el art. 3 letra a) DL 211, solo una porción de la primera: *el acuerdo entre competidores*. Con relación a la segunda hipótesis de la letra a) del art. 3°, el legislador derechamente la extirpa del tipo penal.

Dentro de la *primera hipótesis de colusión* —que comprende los denominados carteles duros y que está regulada en la primera parte del art. 3 letra a)— se produce una selección concreta, que genera algunas diferencias.

Desde el punto de vista conductual, el núcleo de la conducta ilícita del tipo penal es la "celebración de un acuerdo que involucre a competidores entre sí", excluyendo las denominadas "prácticas concertadas" (sí incluidas en el art. 3 letra a). No es contradictoria, por su parte, la eventual amplitud del art. 62 —celebre u ordene celebrar, ejecute u organice—en relación con el art. 3 letra a) que solo se refiere a "los acuerdos"— ya que en materia administrativa rige una especie de sistema unitario de autor, por lo que cualquier intervención en el ilícito resulta estar abarcada por la norma de sanción. Más bien, lo extraordinario es que el tipo penal —cuyo sistema diferenciado limita el alcance del tipo— pretenda acercarse en su máxima medida a la norma administrativa.

Finalmente, la norma de sanción administrativa y su norma de conducta subyacente comprenden los acuerdos que afecten el resultado de procesos de licitación en general, mientras que el tipo penal del art. 62 solo comprende y capta restringidamente un grupo especialmente seleccionado de licitaciones realizadas por empresas públicas, privadas prestadoras de servicios públicos, u órganos públicos.

(bb) La "celebración" del "acuerdo" como limitación típica

Si bien en el origen de la Sherman Act, la descripción de la colusión no había utilizado el sustantivo "acuerdo", fue la jurisprudencia estadounidense la que introdujo la conceptualización de la conducta ilícita a partir de las voces "combinación" (combination) o "conspiración" (conspiracy) que de alguna forma evocan la idea de confluencia organizada de voluntades entre varios sujetos (AREEDA/HOVENKAMP, 2010, p. 20; GRUNBERG, 2020 p. 19). Como explica Grunberg, es más bien la jurisprudencia del Tribunal General de la Unión Europea la que introduce el concepto "acuerdo", que luego fue adoptado por la legislación chilena, entendiéndolo en un sentido laxo: "concordancia de voluntades entre por lo menos dos partes, cuya manifestación carece de importancia siempre y cuando constituya la fiel expresión de tales voluntades" (GRUNBERG, 2020, p. 19).

La adopción de estrategias y diseños diferentes tanto en la norma estadounidense como la europea, por haber influido en la nacional, ha generado una tensión evidente en la literatura especializada. Esta tensión se ha agudizado, desde que la Ley N° 20.945 de 2016 modificó la redacción del art. 3 letra a) que se había dispuesto desde la Ley N° 20.361 de 2009 y que había tipificado el ilícito bajo la fórmula de acuerdos "expresos" o "tácitos". La actual, en cambio, agregó al concepto "acuerdo" el de "o prácticas concertadas". El diseño sigue en parte la lógica conceptual de la conspiración que, por un lado, *a.* se construye a partir de una idea genérica de confluencia plural de voluntades (con independencia de sus contornos), pero se ve en la necesidad de acentuarlo al incorporar "las prácticas concertadas" y, por otro, *b.* la creación de un estado de cosas que sustituye de manera permanente la voluntad individual de competir (que incluye bajo el concepto, también la ejecución permanente de este). Ambos aspectos de la *sui generis* estructura normativa del art. 3 letra a) son, sin embrago, limitados por el tipo penal del art. 62 del DL. 211 por razones formales (y no de fondo), proveyéndole mayor seguridad y lealtad al principio de legalidad.

a. Como se decía, la norma del art. 3 letra a) incorporó, junto a los acuerdos, a las prácticas concertadas como conductas configuradoras de la colusión, distinción que no se encuentra reconocida en el art. 62. Si aquella distinción no responde a cuestiones de fondo, sino a cuestiones de mera técnica legislativa, tiene incidencia en la interpretación del tipo penal.

Para una parte de la literatura especializada el diseño de la norma significó la adopción de un modelo similar a la del artículo 101.1 del Tratado de Funcionamiento de la Unión Europea, que distinguía "los acuerdos entre empresas, las decisiones de asociaciones de empresas y *las prácticas concertadas*" (GRUNBERG, 2020, p. 16), cuestión que debería ser reconocida por la jurisprudencia como dos hipótesis diferenciadas. Otra parte de la doctrina, siguiendo a la Comisión Europea, ha señalado que los acuerdos y las prácticas concertadas deberían ser entendidas como una clasificación conjunta, no siendo importante distinguir entre ambos conceptos, pues sus efectos o consecuencias jurídicas serían similares (TAPIA, 2009, p. 121).

A favor de la primera interpretación, juega el hecho de que, si bien se trata de un diseño normativo que busca captar la mayor cantidad de hipótesis ilícitas bajo el control de la autoridad administrativa, asume la existencia de diferencias fenomenológicas y conceptuales. Los conceptos de *acuerdo* y *práctica concertada*, a los que apela la norma extrapenal del art. 3 letra a) DL. 211, en el contexto de la regulación de una interacción basada en competencia, buscan captar bajo la prohibición cualquier tipo de hipótesis que suponga la renuncia de los competidores a adoptar decisiones autónomas y la sustitución por aquellas previstas en común entre los competidores. Su amplitud es evidente, porque alcanzaría distintos modos de limitar la autonomía que es, precisamente, lo que pretende regular el art. 3. Si bien aquello no se produciría necesariamente en todos los casos en que los competidores se adaptan de forma inteligente al comportamiento comprobado o previsto de sus competidores (Suiker Unie v. Comisión, Caso 40/73 [1975] ECR 1663, párrafo 174), sí lo haría tanto en prácticas concertadas y acuerdos expresos o tácitos. Así, como señala Grunberg, si bien ambos por igual neutralizan la independencia con que deben adoptarse las decisiones, la diferencia sería solo de grados de perfeccionamiento: el acuerdo se verificaría por la fiel expresión de la voluntad de los competidores, mientras que en una práctica concertada ello se concreta de forma menos definida en torno a cooperar en lugar de competir (GRUNBERG, 2020, p. 26 y s.). Lo determinante del acuerdo, sin embargo, sería que no se trata de una conducta unilateral —también potencialmente lesiva para la competencia— sino esencialmente un *intercambio de voluntades* entre varios operadores económicos. En cualquier caso, para la regulación administrativa ambas estarían cubiertas por la norma prohibitiva.

A favor de esta primera interpretación —que reconoce un nivel de diferencia— juega el hecho de que en Chile el legislador no haya optado por la conjunción copulativa "y" de la norma europea ("los acuerdos entre empresas, las decisiones de asociaciones de empresas *y* las prácticas concertadas"), que tiene como función "unir palabras o cláusulas en concepto afirmativo", sino por la preposición "o" ("los acuerdos o prácticas concertadas"). Dicha preposición disyuntiva "o", por el contrario, denota "diferencia, separación o alternativa entre dos o más personas, cosas o ideas" (Rae). En otras palabras, mientras la conjunción "y" permitiría una interpretación conjunta en términos afirmativos (comprensivos de una misma idea), la conjunción "o" utilizada por la ley chilena pretende acentuar sus diferencias.

A favor de la segunda, por cierto, juega el hecho de que se interpreta el sistema en el sentido originario, lo que supone que el legislador no habría querido innovar en materia regulatoria utilizando diversos conceptos que, si bien son diferentes entre sí como el acuerdo o prácticas concertadas, sin embargo, los debe tomar como formas análogas de lesión o peligro para la libre competencia (Tapia, 2009, p. 121). En efecto, originariamente en la Sección §1 de la Sherman Act, la conducta ilícita se referiría tanto a "contratos" en sentido estricto, como a "combinaciones" o "conspiraciones", lo que podría eventualmente abarcar distintos grados de coincidencias de voluntades y una resolución común del hecho. Para Tapia, los niveles de coincidencia de voluntades son indiferentes y de escasa importancia, al punto de que bastaría solo "un guiño" para mostrar aquiescencia.

Si bien, entonces, ambas interpretaciones pueden llegar a ser compatibles en el ámbito del derecho regulatorio, su extrapolación a la interpretación del art. 62 no es posible. Es verdad, como ya se ha dicho, que el contenido de la formulación regulatoria puede ser muy determinante para la interpretación del tipo penal — en la medida que la accesoriedad administrativa exige ser deferente y coherente a la norma extrapenal — sin embargo, los alcances penales están limitados por las conceptualizaciones y cualificaciones especiales del legislador penal y limitados por principio de taxatividad. En el caso del art. 62 el legislador penal utiliza un diseño que selecciona y cualifica el ilícito meramente administrativo, utilizando el verbo "celebrar" y el sustantivo "acuerdo". Este diseño, como es propio del derecho penal, busca generar mayores niveles de certeza, aunque no busca abandonar el sentido original.

b. A diferencia del art. 3 letra a) del DL. 211 que describe la infracción administrativa a partir de sustantivos —"*acuerdos o prácticas concertadas*", el tipo penal del art. 62 apela a verbos que describen de manera taxativa el modo conductual específico. La fórmula administrativa es compatible y puede acercarse ampliamente a la fórmula originaria norteamericana del *contrato, combinación o conspiración,* en la medida que respecto de un sustantivo pueden concurrir un sin número de conductas (verbos), todos bajo una unidad de acción. Esta fórmula permite comprender la infracción, al igual que en su recepción europea, como una infracción *única, compleja y continua,* en la medida que la ejecución de la colusión se expresa en actividades ininterrumpidas o continuadas (con interrupciones intermedias) (BASCUÑÁN, 2016 p. 163, p. 167, p. 229, nota al pie 318). Por su parte, la fórmula penal —por las exigencias del principio de legalidad— se aleja de la administrativa y adopta el modelo de los "delitos de emprendimiento", esto es, el legislador describe cada una de las conductas emprendidas para alcanzar un determinado objetivo delictivo; aquello va a significar que tanto las conductas preparatorias, de tentativa inacabada, tentativa acabada y hasta la consumación (ejecución) serán entendidas como hechos formalmente consumados, pero unidos bajo una unidad jurídica. En el caso particular de la colusión, el tipo del art. 62 se diseña a partir de una conducta nuclear y particularizada de "celebrar un acuerdo" (no de coludirse), pero que se extiende tanto a las conductas previas —mandar u organizar— como a las posteriores: mantener la ejecución del acuerdo. Si bien los efectos de la decisión legislativa tienden a ser similares, también tienden a generar un marco de aplicación más rígido como consecuencia de los limites lingüísticos de los verbos utilizados.

Aquello sucede con el verbo "celebrar" que, a modo de ejemplo, en el lenguaje castellano, significa realizar "un acto formal con las solemnidades que este requiere" (Rae). Lo anterior, pareciera significar que con éste el legislador solo apela a la existencia de una concreta y específica coincidencia de voluntades y una resolución común del hecho cuya existencia y marco de referencia sea *explícito.* Por cierto, en este caso no se exigiría algún tipo de formalidad, ni siquiera que este se lleve a cabo por escrito, aunque sí que conste en términos fieles. La exclusión, por otra parte, de las "prácticas concertadas", de alguna forma también confirma una tendencia a la idea de *pactum scaeleris* de la "conspiración" y que supone un concierto de voluntades previo para el desarrollo o ejecución de los hechos ilícitos (unlawful act), que no puede ser meramente abstracto o indefinido, sino que debe ser resolutorio en cuanto a la ejecución de la infracción (Blanco Lozano, 2004, p. 431).

Esta exigencia, si bien obliga a alcanzar altos grados de explicitud, no entra en contradicción con la idea amplia ya desarrollada en nuestro país por la literatura (Tapia, 2010 o Grunberg, 2020) y por la jurisprudencia (Grunberg, 2020). La Corte Suprema ha señalado que el acuerdo es un concierto que puede ser escrito u oral, de ejecución instantánea o diferida, formal o informal (Corte Suprema, FNE contra Farmacias Ahumada S.A. y otros, Rol 2578-2012, Sentencia de 7 de septiembre de 2012, C. 78°.), mientras que el Tribunal de Defensa de la Libre Competencia puede asumir múltiples formas contractuales, convenciones, meras tratativas, promesas, protocolos de entendimiento, "acuerdos o pactos de caballeros", pautas de conducta, circulares, etc. (Tribunal de Defensa de la Libre Competencia, FNE contra Asociación Gremial de Ginecólogos Obstetras de la Provincia de Ñuble y otros, Rol C 265-2013, Sentencia N° 145/2015, C. 5°). La única limitación está referida a la exigencia de su nitidez respecto a su alcance o marco de referencia, lo que supone "ser explícito" respecto de su objeto y alcance.

Así, entonces, si bien concordamos con Artaza, Belmonte y Acevedo (2018 pp. 7 y ss.), Artaza (2020, p. 78) o Santelices (2020, p. 98) en el sentido de que el acuerdo penalmente relevante es un encuentro o coordinación de voluntades entre competidores que excluiría hipótesis de paralelismos conscientes, no compartimos necesariamente que la exigencia del tipo penal sea también compatible con cualquier acuerdo tácito o práctica concertada. Estas últimas, si bien serían un plan dañoso para el proceso competitivo (Bishop y Walker, 2002, p. 139 y s), y supone la sustitución de la voluntad individual por la colectiva, no alcanza el grado de especificación de un acuerdo "celebrado". Dos aspectos deben ser considerados: i) la exigencia de que el acuerdo sea "celebrado" supone necesariamente grados de explicitud y concreción respecto al objeto y sus efectos que, en su esencia, supone grados más altos que la mera similitud, seguimiento o paralelismo, entre otros. El acuerdo tácito o la práctica concertada, por estar cubiertas por el art. 3 letra a), por cierto, siguen siendo prohibidas y sancionadas administrativamente, aunque no necesariamente cubiertas por el tipo penal. Su comprensión dependerá del nivel de concreción y explicitud de su marco referencial, de manera que se pueda deducir que este se ha celebrado. ii) La diferenciación, en el art. 3 letra a), entre acuerdo y práctica concertada (y su no comprensión en el art. 62), no puede ser ignorada por el intérprete y, siendo leal al marco gramatical, debe ser seriamente considerada.

Lo dicho anteriormente, por lo tanto, no se contrapone con el hecho de que un acuerdo concreto y explícito pueda ser acreditado por medio de indicios, esto es, que a partir de hechos conocidos —a saber, comportamientos coordinados, vínculos y contactos entre competidores o tiempo de duración de la coordinación, entre otras—, se pueda deducir un hecho desconocido, a saber, el acuerdo y su marco de referencia. Este último aspecto, al no referirse a cuestiones sustantivas sino meramente procedimentales o adjetivas, no genera contradicciones.

(cc) Análisis de los objetos del acuerdo

Como se ha señalado más arriba, el art. 62 establece tres objetos del acuerdo: i. la fijación de precios de venta o de compra de bienes o servicios en uno o más mercados, llamados *Price-Fixing Agreement*; ii. La limitación de la producción o provisión, división, asignación o repartición de zonas o cuotas de mercado, o *market allocation schemes*; y iii. el llamado *Bid Rigging* o licitaciones realizadas por empresas públicas, privadas Como se ha señalado más arriba, el art. 62 establece tres objetos del acuerdo: i. la fijación de precios de venta o de compra de bienes o servicios en uno o más mercados, llamados *Price-Fixing Agreement*; ii. La limitación de la producción o provisión, división, asignación o repartición de zonas o cuotas de mercado, o *market allocation schemes*; y iii. el llamado *Bid Rigging* o licitaciones realizadas por empresas públicas, privadas prestadoras de servicios públicos, u órganos públicos. Solo los dos primeros objetos —fijación de precios y limitación de la producción, asignación de zonas o cuotas de mercado— corresponden al núcleo de lo denominado "cartel duro".

Si bien en términos regulatorios el concepto "fijación de precios" constituye una fórmula abreviada para describir ciertas categorías de comportamiento general, no es seguro que aquello también alcance al derecho penal. En una primera aproximación, Santelices (SANTELICES, 2020, p. 55 y s.) se inclina por utilizar el mismo alcance amplio del derecho regulatorio para el derecho penal. Señala, que bajo el concepto "fijación de precios" no solo se hace referencia a la fijación estricta de un precio de venta o de compra, sino también de todo supuesto que involucre una determinación directa o indirecta del precio, incluyendo hipótesis de acuerdo sobre insumos relevantes para el precio final. El límite impuesto por el principio de legalidad (en su variante de taxatividad y certeza) atenta contra dicha interpretación amplia, por lo que solo debería abarcar acuerdos dinámicos (formas generales de coordinar la fijación de precios) o estáticos (precio concreto).

Por su parte, mucho más amplias son todavía las hipótesis de *market allocation schemes* que incluyen las variables de limitación de la producción o provisión, lo que supone obligarse a omitir total o parcialmente la presencia de un competidor en un mercado y la variable de la división, asignación o repartición de zonas o cuotas de mercado. Esta última supone un compromiso de no competir que, como explica Santelices, consiste en asignar participaciones preferentes o exclusivas a algunos competidores en ciertos mercados o partes de estos sobre la base del compromiso recíproco de algunos de no entrar o abandonar total o parcialmente su participación en el mercado a cambio de dicha misma preferencia en otros mercados o partes de este (véase con más detalle en Santelices, 2020, p. 58).

Si bien las hipótesis denominadas *Bid Rigging* o colusión en licitaciones públicas constituye una forma de colusión concreta en que se afecta de manera directa la justicia procedimental o el mecanismo de adjudicación en base a la tensión competitiva, este aspecto "aparentemente" no ha sido suficiente para su criminalización autónoma. El art. 62 DL. 211 pareciera agregar como condición de la pena —bajo la lectura de parte de la dogmática nacional — un peligro para el erario estatal que, eventualmente puede verse afectado por los resultados manipulados del proceso de licitación. Bascuñán, en un artículo anterior a la modificación, había sostenido que la razón para la criminalización de esta hipótesis no estaría radicada en su lesividad para la libre competencia —cuestión que no sería obvia— sino debido a su cercanía (adelantamiento) con la consumación de una lesión para el patrimonio estatal. Como una especie de adelantamiento de una estafa al Estado (Bascuñán, 2015, p. 8). Cualquiera sea el caso, la interpretación debería hacerse cargo de dos aspectos. *a.* Primero, de las razones del establecimiento de dos hipótesis colusión diferenciadas (con la misma pena) y las razones para agregar a una de ellas un condicionamiento, presupuesto adicional o u marco específico ("...afectar el resultado de las licitaciones..."); y *b.* segundo, de las razones para que aquella condición sea el resultado únicamente de las licitaciones "realizadas por empresas públicas, privadas prestadoras de servicios públicos, u órganos públicos".

a. La primera interrogante tiene sentido en la medida que no se busca justificar la criminalización (ya en su base criminalizada por otras razones) ni explicar una agravación de la pena de la colusión (misma pena que las otras hipótesis), sino busca explicar la inclusión de esta hipótesis como una adicional y específica. Por lo mismo, lo lógico sería entenderla a partir de algún *déficit de injusto* que es complementado o compensado por el *efecto en* las licitaciones públicas o de relevancia pública o su contexto. Se está pensando en aquellas hipótesis en que la licitación no es un mercado relevante en sí mismo o en que faltan algunas características sustantivas (ya que de lo contrario ya estaría abarcada por las hipótesis anteriores de colusión). Existen dos posibilidades interpretativas para esta primera interrogante.

Una primera posibilidad es considerar la criminalización de la colusión en las licitaciones como una hipótesis menos cualificada que las anteriores, debido a que, si bien considera el mismo modo conductual, se desarrolla contextualmente en un ámbito de interacción más acotado que el mercado en general: un proceso licitatorio. Cuatro características abonan a dicho argumento cuando se trata de licitaciones públicas (véase al respecto VALENZUELA, 2016, p. 7 y s): primero, el hecho de que se trata de un proceso con demandante "único" (no de atomicidad); segundo, que los contratantes no se encuentran en igualdad de condiciones; tercero, la mutabilidad del contrato administrativo (posibilidad de que la Administración altere el contenido del contrato unilateralmente) y la existencia de barreras de entrada (creadas por la propia administración).

Una segunda posibilidad es entender que la decisión del legislador excede las compras públicas (incluye algunas privadas), por lo que en realidad busca captar solo una hipótesis de *Bid Rigging* que, si bien constituye una forma específica de acuerdo horizontal, *no* reuniría todos los requisitos de la colusión de núcleo duro, en la medida que no tiene por objeto la fijación de precios "del mercado" o la limitación de la producción, asignación de zonas o cuotas "de mercado". Aquello sería el caso de las hipótesis en que no hay, en estricto rigor, reparto de cuotas de mercados concretas, sino de participación simulada en las licitaciones por omisión de la competencia, ya sea presentando ofertas meramente simbólicas o de resguardo (de menor calidad o altos precios), retirando de manera retardada las ofertas ya presentadas u otras, con el objetivo de asegurar coordinadamente la adjudicación, entonces podría ser abarcada por la hipótesis específica. Lo mismo sucedería, cuando se trate de acuerdos menos relevantes, como en los intercambios de información respecto de las posturas que cada cual presentará en la licitación.

b. La segunda interrogante se pregunta por la razón de limitar el efecto solo a un tipo de licitaciones (y la forma de concreción típica: *resultado, idoneidad o elemento subjetivo*). La respuesta es coherente con la interrogante anterior. Para la interpretación que considera la criminalización de la colusión en las licitaciones como una hipótesis menos cualificada por el contexto más acotado que el mercado —el proceso licitatorio —, este elemento podría cumplir una función de justificación de la inclusión particularizada. En Alemania, Tiedemann (TIEDEMANN, 2016, p. 201) ha sostenido (en relación con los acuerdos de sumisión) que la razón es criminológica, tanto por la tendencia a repetirse como por su tendencia a afectar e incrementar los precios. Para esta, entonces, si bien la técnica legislativa podría agregar el efecto en las licitaciones como resultado o idoneidad lesiva, le basta con incluirla adicionalmente como peligro abstracto. Es una cuestión de técnica legislativa. Para la segunda interpretación, la comprensión de licitaciones de incidencia pública no puede ser justificada a partir a únicamente como la protección del patrimonio estatal o, al menos, con la capacidad de gestión presupuestaria de los entes estatales (ya que no afecta solo a órganos públicos), sino esencialmente de la protección del "interés público" que se puede ver perjudicado. Acá el riesgo de afectar o el interés público o el resultado puede justificar su inclusión y compensar el déficit.

Objetivamente, el tipo penal al agregar la exigencia "o afectar el resultado de las licitaciones…" no está incorporando una exigencia de "aptitud objetiva del acuerdo para provocar perjuicios" ni "un resultado", sino solo el objeto del acuerdo entre competidores. Esto es, acentúa un ámbito de interacción o marco referencial y situacional más concreto (licitación y no mercado). La técnica utilizada sería la de agregar un objeto de acuerdo adicional o el *motivo subjetivo* que explica el sentido u orientación del acuerdo. Aquella lectura es posible por la conjunción entre la frase "El que celebre u ordene celebrar, ejecute u organice un acuerdo que involucre a dos o más competidores entre sí, *para…* " y la frase que designa los distintos objetos del acuerdo, incluyendo el "afectar el resultado de las licitaciones…". Esta interpretación tiene la virtud además de ser más coherente con la tipificación de conductas adicionales (ordenar, organizar, celebrar) a la "ejecución del acuerdo", en la medida que solo la última es la que podría generar resultados adversos; el caso contrario —exigir resultados o su idoneidad ex post— limitaría excesivamente la aplicación del tipo penal a la ejecución.

Si la lectura de la exigencia fuera la inversa, esto es, que "o afectar el resultado de las licitaciones…" es una exigencia de resultado, entonces, lo que sucedería es que surgirían dos hipótesis de colusión en licitaciones (cuestión también plausible):

i. Hipótesis 1: la primera forma es captada por la colusión propiamente tal, en que el acuerdo entre oferentes tiene por objetivo eliminar la competencia de un proceso de licitación como parte de un mercado relevante y tenga por objeto la fijación de precios o la limitación de la producción, asignación de zonas o cuotas de mercado. En este caso, el proceso licitatorio es el mercado relevante en sí mismo. Piénsese en casos como "Laboratorios II" en que el entorno de la interacción es el de licitaciones públicas, pero que este es irrelevante para la calificación de la conducta como colusiva o no, por afectar *el mercado* del producto. En este caso, por haber tenido ya sea como objeto la fijación de precios o limitación de provisión o división de cuotas de mercado, la calificación de ilícito (penal) de la colusión no debe ser dependiente de afectar o no "el resultado de licitaciones". Es el caso de dos procesos de licitación pública de la adquisición de Cloruro de Sodio 0,9% inyectable, por ejemplo, convocado por el Hospital Guillermo Grant Benavente de Concepción respecto del cual se produjeron dos acuerdos, ninguno de los cuales afectó el resultado de la licitación. El primero, porque la abstención no fue cumplida por una de las compañías y en el otro, porque la abstención cumplida no fue eficiente, en la medida que existió otro competidor. Sin perjuicio de lo anterior, el injusto de la colusión se configuró. En estas hipótesis de acuerdos horizontales en licitaciones públicas y privadas, con y sin incidencia pública, en la medida que tengan el objeto exigido por el art. 62, deberían recibir el tratamiento común de la colusión. Con ello, no se requeriría la exigencia de la verificación de un perjuicio para el Estado como consecuencia de haber afectado el resultado de licitaciones.

ii. Hipótesis 2: La segunda forma de colusión en licitaciones, no estaría referida a fijación de precios o limitación de la producción, asignación de zonas o cuotas de mercado, aunque *sí con otras variables* idóneas para afectar el resultado de licitaciones realizadas por empresas públicas, privadas prestadoras de servicios públicos, u órganos públicos. Entre estas, por ejemplo, hipótesis de omisión de la competencia (sin reparto de mercado) o de intercambios de información respecto de las posturas que cada cual presentará en la licitación.

(dd) Acuerdo entre competidores y el sujeto activo en la hipótesis central

El art. 62 del DL. 211, al igual que el art. 3 letra a), exige que el acuerdo "involucre a dos o más competidores entre sí", esto es, lo que se conoce como acuerdo horizontal por tratarse de un acuerdo que involucra a operadores que se encuentran situados en el mismo escalón del proceso productivo y compiten directamente entre sí (Alonso, 2009, p.82). Como es posible observar, el legislador se cuida de no describir la conducta nuclear exigiendo que sean directamente los competidores quienes celebren el acuerdo, sino solo que "involucre" a dos o más competidores. Si bien desde la perspectiva regulatoria esta norma tenía por objetivo principal abarcar tanto acuerdos "directos" como "hub & spoke", para los efectos penales es útil también el sentido de que permite no confundir la propiedad o la representación legal o fáctica de una compañía. Con esto, se puede distinguir al competidor (empresa) de aquella persona que fácticamente está en posición de comprometer la voluntad de esta y celebrar el acuerdo. Belmonte (BELMONTE, 2020, p. 120) correctamente identifica el punto central en la posición de "un interlocutor válido al momento de celebrar el acuerdo colusorio" (BELMONTE, 2020, p. 122). Con ello se quiere defender la idea de que lo relevante no solo es que se trate de un sujeto capaz de celebrar el acuerdo, sino adicionalmente de comprometer y sostener internamente el objeto del acuerdo.

El círculo de autores, en la hipótesis de acuerdo entre competidores en licitaciones, puede verse afectado. Si bien se trata de un delito común —con exigencia de una posición en relación con la empresa— no hay claridad de si el acuerdo en esta hipótesis particular (al menos, en la celebración del acuerdo) exija que se trate de competidores potenciales o sólo "postores competidores". Creemos que, a diferencia del §298 StGB alemán que se refiere concretamente a oferentes, el tipo chileno comprende a competidores potenciales en el mercado que, precisamente como consecuencia del acuerdo, puedan eventualmente omitir su intervención en una licitación o participar simuladamente.

Finalmente es necesario destacar que cuando la ley se refiere a *competidores*, lo hace en un sentido jurídico económico, vale decir entendiendo que un competidor es una unidad económica que representa un centro de imputación de intereses económicos y ofrece productos y/o servicios en un mismo mercado relevante y determinado. De ahí que no sea problemático la hipótesis en que una misma empresa ofrezca distintos productos, una línea particular de marca o servicios que, por competir entre sí, se considere a cada líder de unidad de negocio como potencial competidor; o que a un mismo grupo económico pertenezcan dos o más empresas cuyos productos/marcas o servicios compitan en un mercado. Creemos que el concepto de competidor que es comprendido por el sentido del art. 3 y art. 62 es uno que lo entiende como un centro de imputación de intereses económicos, según dichos criterios jurídico-económicos, lo que permite no considerar competidores a dos productos de una misma empresa. Cuando se trata de dos productos o servicios de un mismo grupo, lo importante es determinar si se trata de un mismo centro de imputación de intereses económicos, de manera tal que, como lo ha señalado la FNE en su guía de la competencia (p. 17 y s), determinante es si de jure o de facto, se identifique un centro de definición de decisiones sobre la estrategia y comportamiento competitivo de un agente económico.

(ee) Otras conductas diferentes a la celebración del acuerdo y la autoría

Como ya se señaló, la conducta típica nuclear es la celebración de un acuerdo ilícito, desde donde se configuran otras conductas típicas accesorias: "orden de celebrar dicho acuerdo", la "organización de dicho acuer-do" y "la ejecución de dicho acuerdo". Con ello se concretó, siguiendo las exigencias penales, los requerimientos de esta infracción compleja y continua y, adicionalmente, se extendió el tipo legal a formas más amplias de intervención delictual a título de autoría (extrayéndolas de la mera par-ticipación). Además, se introdujeron formas adelantadas o atrasadas como modos autónomos de consumación típica. Cualquiera sea el caso, su refe-rencia final lo constituye el acuerdo y su objeto.

Belmonte (BELMONTE, 2020, pp. 116 y ss), siguiendo la tesis de que la finalidad del legislador fue generar protección penal bajo la lógica de la prevención general negativa, señala que los principales destinatarios de la norma de conducta serían los ejecutivos más relevantes de una empresa. Con el objetivo de limitar el alcance de las conductas típicas —incluidas las adyacentes al acuerdo— sostiene que no solo los que celebren el acuerdo, sino también otros intervinientes abarcados deben ser sujetos que tengan la posición de interlocutor válido al momento de celebrar el acuerdo colu-sorio. Aquí no se comparte completamente dicha opinión, debido a que, en principio, aquello supone una interpretación puramente económica de los sujetos relevantes en el acuerdo y que solo comprende una signifi-cación limitada en relación con el tipo. Se debe recordar que la lógica del acuerdo colusorio proviene de la *conspiracy* norteamericana que, por su na-turaleza, supone no solamente el acuerdo de ejecutar el acto ilícito futuro, sino también de disponer la comisión del acto, por uno o más *miembros de la conspiración* dirigido hacia la realización del objeto de la conspiración (*overt act*) (CORDINI, 2017, p. 90). Si el legislador chileno ha pretendido seguir dicha lógica —cuestión que de alguna forma lo confirma el diseño amplio del tipo penal— es porque entiende que el acuerdo entre competidores no solo tiene una dimensión económica, sino también una jurídica: un desvalor conductual propio. Este último, supone entender dicho acuerdo como una planificación multilateral de actos futuros que abarca también a aquellos que, sin tener la capacidad de condicionar la voluntad de la em-presa competidora, si tienen la capacidad de ejecutar los hechos que son presupuestos para su celebración.

Se trata, por sobre todo, de ejecutar los hechos finales que concretan la colusión, como parte del plan común y en conocimiento de este, aunque por actos muy anteriores y posteriores a la celebración del acuerdo. Esta es-tructura del injusto permite una imputación de intervinientes de distintas jerarquías y posiciones, en la medida que se tenga conocimiento de estar realizando una orden explícita a la celebración del acuerdo o colaborando en la organización o ejecución del objeto. Así, es efectivo que quien "celebra" el acuerdo no es propiamente el competidor, pero sí quién tiene la capacidad de representarlo (jurídica o fácticamente) y condicionar la voluntad de competir; por su parte, quien ordena la celebración del acuerdo debe detentar una posición en la estructura de la empresa que jerárquicamente pueda mandatar a otros la manifestación de la voluntad de omitir la competencia y sustituirla por la confluencia de otras voluntades; por su parte, quien ejecuta, debería mantener una posición que fácticamente le permita llevar a cabo los acuerdos y concretarlos. Menos cualificada es la hipótesis de organización del acuerdo, ya que es accesoria respecto de las anteriores, y solo exige posibilitar la coordinación y el encuentro de voluntades. Se trata de conductas de colaboración que, por decisión del legislador, pasan a ser conductas típicas a título de autoría. Eventualmente, de implementación del acuerdo desarrolladas por actores relacionados verticalmente en los acuerdos hub-and-spoke podrían estar abarcados bajo esta fórmula típica no como cómplices, sino como autores.

4.3. Cuestiones de parte general

4.3.1. Tipo Subjetivo

El delito de colusión admite solo imputación subjetiva dolosa. Si bien aquello supone la posibilidad de la aceptación de imputación a título de dolo eventual, lo cierto es que la riqueza de los elementos objetivos y consideraciones conductuales limitan mucho dicha posibilidad (concuerda con Santelices, 2020, p. 100).

4.3.2. Inter criminis

El delito de colusión es un delito de emprendimiento, esto es, tipifica cada fase de desarrollo como delito consumado. Cada una de las hipótesis son, al mismo tiempo, delitos de mera actividad —ordenar, organizar, celebrar o ejecutar— por lo que puede alcanzar las fases de consumación y tentativa (art. 7 CP), más no la de frustración. Si bien, el tipo penal altera el iter criminis de la celebración del acuerdo (como hipótesis central) y ubica conductas de preparación y tentativa en la consumación, cada una de las restantes hipótesis conductuales del tipo, a su vez, admiten tener su propia fase de tentativa. Estas consideraciones son eminentemente dogmáticas y de escasa relevancia práctica, debido a que las exigencias procesales del art. 64 del DL. 211, restringen las posibilidades de sanciones penales en estos grupos de conductas (sin efectos sobre la libre competencia).

4.3.3. Principio de secuencialidad y condición de procesabilidad

El art. 64 del DL. 211 exige para el inicio de las investigaciones de las conductas abarcadas por el art. 62 del DL. 211: i) la presentación previa de una querella formulada por la Fiscalía Nacional Económica (FNE); y ii) que la querella se formule una vez que exista sentencia definitiva ejecutoriada del TDLC o de la Corte Suprema que haya establecido la existencia de un acuerdo en sede infraccional. En esta última, se exigen dos presupuestos: i) que la decisión de interponer la querella se concrete en un plazo de seis meses contado desde que se encuentre ejecutoriada la sentencia definitiva pronunciada por el TDLC y ii) el art. 64 del DL. 211 contempla un deber de la FNE de querellarse en aquellos casos en que se trate de hechos que *comprometieren gravemente* la libre competencia en los mercados. La FNE en su "Guía Interna para la Interposición de Querellas por el Delito de Colusión" de junio de 2018, ha optado —siguiendo probablemente lo dispuesto en el art. 26 letra c) del DL. 211 para graduación de multas— por criterios tales como la magnitud de los efectos producidos por el acuerdo, de los beneficios económicos obtenidos con motivo de la infracción. Si bien se puede pensar que aquello transforma indirectamente estos delitos en uno de resultado, aquello sería erróneo. Se trata de criterios independientes que se refieren o los efectos o a la gravedad de la conducta e, incluso, a la necesidad de la pena.

4.3.4. Prescripción

El art. 65 de DL. 211 dispone una excepción a la regla general sobre la prescripción de los delitos. Esta regla dispone que la acción penal para la persecución del delito de colusión prescribirá en el plazo de diez años, contado desde que se encuentre ejecutoriada la sentencia definitiva pronunciada por el Tribunal de Defensa de la Libre Competencia. Aquella regla se contrapone con la del art. 64 que dispone el plazo de seis meses contado desde que se encuentre ejecutoriada la sentencia definitiva pronunciada por el TDLC, para ejercer la potestad de interponer querella. En estas condiciones, la regla del art. 65 termina subordinándose en la práctica a la regla del art. 64.

Bibliografía

ABANTO, Manuel (1994), *Introducción al Derecho Penal de la Libre Competencia. Análisis histórico y comparativo del Decreto Legislativo 701*, Revista de Derecho PUC N°78, Pontificia Universidad Católica de Lima, Perú, pp. 253 y ss.

ABANTO, Manuel (1997), *Derecho de la Libre Competencia*, Editorial San Marcos, Lima.

ABANTO, Manuel (2010), *Delitos contra el Mercado, viejas prácticas, nuevas figuras: delitos contra la libre y leal competencia*, en: ABANTO, Manuel, Dogmática Penal, delitos económicos y delitos contra la administración pública, Grijley, Perú, pp. 661 y ss.

ACHENBACH, Mattias (2009), *Strafrechtrechtlicher Schutz des Wettbewerbs?*, Peter Lang, Frankfurt.

ALONSO, Ricardo (2009), *Acuerdos, Decisiones y otras conductas explícitas*, en: Santiago Martínez Lage, Amadeo Petitbò Juan (Directores), *los acuerdos horizontales entre empresas*, Marcial Pons, pp. 65 y ss.

ARTAZA, Osvaldo; Salazar, Andrés y Salgado, Hugo (2016), *Protección de la libre competencia en Chile: Desafíos para el derecho penal y las ciencias económicas*, Política criminal, vol.11, n.22, pp. 794-809.

ARTAZA, Osvaldo/Belmonte, Matías/Acevedo, Germán (2018), *El delito de colusión en Chile: Propuesta analítica de la conducta prohibida a través de su interpretación como un acuerdo anticompetitivo*, Revista Ius et Praxis, Año 24, N° 2, pp. 469-592.

ARTAZA, Osvaldo/ Santelices, Víctor/ Belmonte, Matías (2020), *El delito de Colusión*, Tirant lo Blanch, Valencia,.

ARTAZA, Osvaldo (2017), *La colusión como forma de agresión a intereses dignos de protección por el Derecho Penal. Primera aproximación*, Revista de Derecho de Valdivia, vol. 30, N° 2, pp. 339-366.

ARTAZA, Osvaldo en: Artaza, Osvaldo; Salazar, Andrés y Salgado, Hugo (2016), *Protección de la libre competencia en Chile: Desafíos para el derecho penal y las ciencias económicas*, en *Política Criminal* , vol.11, N° 22, pp. 794-809.

ARTAZA, Osvaldo, "Fundamentos: la colusión como delito económico", en: Artaza, Osvaldo/Santelices, Víctor/Belmonte, Matías (2020), *El delito de colusión*, Tirant lo Blanch, Chile, pp. 32 y ss.

ARTAZA, Osvaldo/Belmonte, Matías/Acevedo, Germán (2018), *El delito de colusión en Chile: Propuesta analítica de la conducta prohibida a través de su interpretación como un acuerdo anticompetitivo*, Revista Ius et Praxis, Año 24, N° 2, pp. 469-592.

AREEDA, Phillip E. y Hovenkamp, Herbert (2010), *Antitrust Law. An Analysis of Antitrust Principles and Their Application*, vol. VI, 3ª ed., Aspen Publishers, Nueva York.

BASCUÑÁN, Antonio (2016), *Estudios sobre colusión*, Thomson Reuters, Santiago de Chile.

BASCUÑÁN, Antonio (2015), *¿Cárcel para la colusión? Seis opiniones*, Claudio Agostini, Julio Pellegrini, Juan Pablo Mañalich, Antonio Bascuñán, Aldo González, Nicole Nehme y Daniela Gorab Raphael Bergoeing / Lucas Sierra (eds.), N° 409.

BEDNDER, Johannes (2005), *Sonderstraftatbestände gegen Submissionssbsprachen*, Centaurus Verlag,.

BENNETT, Matthew/González, Francisco Enrique/Leupold, Henning/Vernet, Anna/Woods, Donncadh (2014), *Horizontal Cooperation Agreements*, The EU Law of Competition, eds. Jonathan Faull y Ali Nikpay, New York: Oxford University Press, 3a ed.

BERMEDO, Patricio (2013), *Historia de la libre competencia en Chile 1959-2010*, Ediciones de la Fiscalía Nacional Económica.

BISHOP, Simon y WALKEr, Mike (), *The Economics of EC Competition Law: Concepts, Application and Measurement*, Sweet and Maxwell, 2a Edición, Londres.

BLANCO, Carlos (2004), *Tratado de Derecho Penal Español, I*, Barcelona, Editorial Bosch.

BORK, Robert H. (1978), *The Antitrust Paradox – A Policy at War with Itself*, New York, The Free Press.

BRODER, Douglas (2010), *U.S Antitrust Law and Enforcement: A Practice Introduction*, New York, Oxford University Press, pp. 35-36.

CORDINI, Nicolás (2017); *Delitos de organización: los modelos de 'conspiracy' y 'asociación criminal' en el Derecho interno y en el Derecho internacional*, Revista de Derecho Penal y Criminología, Universidad Externado de Colombia; 38; 12-2017, pp. 75–119.

CRANE, D (2014), *Antitrust*, Nueva York, Wolters Kluwer Law & Business.

CRYCRAFT, C., CRYCRAFT, J. y Gallo, J. (1997), *Antitrust Sanctions and a Firm´s Ability to Pay*", Review of Industrial Organization, (12), pp. 171–183.

DANA, James (1999), *Equilibrium Price Dispersion Under Demand Uncertainty: The Roles of the Costly Capacity and Market Structure*, Rand Journal of Economics, vol. 30(4), pp. 632-660.

DEPOLO, Radoslav (1997), *El régimen jurídico de defensa de la competencia en Chile. Algunas proposiciones para su despenalización*, Revista de Derecho de la Universidad Católica de Valparaíso, t. XVIII, pp. 435-441.

EASTERNROOK, Frank (1986), *Workable Antitrust Policy*, Michigan Law Review 84, N° 8, pp. 1696 —1713.

FONSECA, Regina (2017), *Carteles de núcleo duro y derecho penal. ¿Por qué criminalizar las colusiones empresariales?*, editorial Bdef, Montevideo.

FURSE, M./ Nash, S. (2004), *The Cartel Offence*, Oxford, Hart Publishing.

GARCÍA, Gonzalo (2015), *La idealización y la administrativización de la punibilidad del uso de Información Privilegiada. Un análisis de los discursos penales en la doctrina chilena*, Política criminal, Vol. 10, N° 19 (Julio 2015), Art. 5, pp. 119-158.

GARCÍA, Gonzalo (2107), *Equivalentes funcionales en los delitos económicos. Una aproximación de solución ante la falta de lesividad material en delitos de presentación de información falsa al mercado de valores*, Política criminal, Vol. 12, N° 23, Art. 6, pp. 151-206. [http://www.politicacriminal.cl/Vol_12/n_23/Vol12N23A6.pdf]

GARCÍA, Gonzalo (2021), *Los equivalentes funcionales y el delito de colusión del art. 62 D.L. N° 211*, Revista doctrina y Jurisprudencia Penal no 43 3, pp. 3–22.

GRUNBERG, Jorge (2020), *Regla per se para carteles duros y acuerdos de colaboración entre competidores: un problema regulatorio aparente*, Centro de Competencia, Universidad Adolfo Ibáñez, Investigaciones CeCo, p. 4.

HANDLER, Milton (1957), *Antitrust in Perspective: The Complementary Roles of Rule and Discretion*, New York: Columbia University Press.

HARRINGTON, J y J. CHEN (2006), *Cartel Pricing Dynamics with Cost Variability and Endogenous Buyer Detection*, International Journal of Industrial Organization, vol. 26(6), pp. 1185-1212.

HEFENDEHL, Roland (2002), *Kollektive Rechtsgüter im Strafrecht*, Köln: Carl Heymanns Verlag KG.

HERNÁNDEZ, Héctor (2012), *La punibilidad de la colusión (secreta) de precios en el derecho chileno*, Política Criminal, vol. 7 (13), pp 147 — 157.

HOVENKAMP, Herbert (2005), *Exclusion and the Sherman Act*, University of Chicago Law Review, Vol. 72, Iss. 1, Article 8, pp. 147–164.

KRATTENMAKER, T. (1988), *Per Se Violations in Antitrust Law: Confusing Offenses with Defenses*, Georgetown Law Journal 77, N° 1, pp. 165–180.

LIZANA, Claudio/Appelgren, Tomás (2021), *Acuerdo entre competidores: ¿lícitos o ilícitos? Una definición pendiente*, Centro de Competencia, Universidad Adolfo Ibañez, Investigaciones CeCo,.

MELAMED, A. Douglas/PICKER, Randal C./WEISER, Philip J./ Wood, Diane (2018), *Antitrust Law and Trade Regulation: Cases and Materials*, 7ª ed. Foundation Press.

NORTH, Douglass (1991), *Institutions*, Journal of Economic Perspectives, vol. 5, N° 1, p. 97 y ss.

NORTH, Douglass (1990), *Institutions*, institutional Change and Economic Performance, Cambridge University Press, New York, 1990.

SALAZAR, Andrés y Salgado, Hugo (2016), *Protección de la libre competencia en Chile: Desafíos para el derecho penal y las ciencias económicas*, en Política criminal vol.11, N° 22, pp.794-809.

SALOP, Steven (1967), *The Noisy Monopolist: Imperfect Information, Price Dispersion and Price Discrimination*, Review of Economic Studies, vol. 44, pp. 393-406.

SALOP, Steven y Stiglitz, Joseph (1982), *The Theory of Sales: A Simple Model of Equilibrium Price Dispersion with Identical Agents*, American Economic Review, vol. 72, pp. 1121-30.

SANTELICES, Víctor (2020), *II. Delimitación de la colusión como ilícito en el marco de un sistema mixto de protección de la libre competencia*, en: Artaza, Osvaldo/Santelices, Víctor/Belmonte, Matías, *El delito de colusión*, Tirant lo Blanch, Chile, p. 43 y ss.

STIGLER, George (1968), *The Organization of Industry (Homewood)*, Illinois, Richard D. Irwing, Inc.

STIGLER, George (1964), *A Theory of Oligopoly"*, Journal of Political Economy, vol. 72, pp. 44-61.

STIGLER, George (1961), *The Economics of Information*, Journal of Political Economy, vol. 69, pp. 213 y ss.

TAPIA, Javier (2010), *Informe en Derecho: La prohibición de Colusión en el Derecho Chileno y Comparado, en FNE contra ACHAP A.G. y otros, Rol C N° 177-2008. Santiago*.

TAPIA, Javier (2010), *Acuerdos Horizontales restrictivos de la competencia: Una visión crítica aplicada al sistema chileno*, en: MONTT R., P y NEHME Z., N. (Eds). Libre Competencia y Retail. Santiago, Legal Publishing,.

TIEDEMANN, Klaus (1976), *Kartellrechtsverstösse und Strafrecht*, Heymanns, Köln, p. 166.

TIEDEMANN, Klaus (2012), *Manual de Derecho Penal Económico, Parte Especial*, Grijley, pp. 183 y ss.

TORO, Luis Eduardo/ **Viertel, Macarena/ Ureta, Guillermo (2020),** *Los acuerdos lícitos entre competidores y su (falta de) regulación bajo el ordenamiento jurídico chileno*, Centro de Competencia, Universidad Adolfo Ibáñez, Investigaciones CeCo.

VALDÉS, Domingo (2006), *Libre Competencia y Monopolio*, Editorial Jurídica.

VALDÉS, Domingo (2008), *Tipicidad y regla per se en las colusiones monopólicas horizontales*, Revista Anales Derecho UC: Temas de Libre Competencia, Número 4, Pontificia Universidad Católica de Chile, pp. 81 y ss.

VALENZUELA, Renato (2016), *Regulación de los bid-rigging en chile. colusiones enmarcadas dentro de un proceso de licitación pública*, Memoria para optar al grado de licenciado en ciencias jurídicas y sociales, Universidad Católica de Valparaíso.

VÁSQUEZ, Omar (2020), *El lógico alcance de la prohibición per se: una crítica al concepto de "cartel duro" y las lecciones de Socony*, Centro de Competencia, Universidad Adolfo Ibáñez, Investigaciones CeCo.

WARDHAUGH, Bruce (2012), *A normative approach to the criminalisation of cartel activity*, Cambridge University Press, Vol. 32, pp. 369-395.

Capítulo III

Delitos de manejo indebido de información privilegiada en el mercado de valores

Antonio Bascuñán Rodríguez
Profesor de Derecho Penal
Universidad Adolfo Ibáñez

I. CONSIDERACIONES GENERALES

1. Los conceptos de insider trading e insider non trading

Los delitos de uso y revelación de información privilegiada en el mercado de valores constituyen dos modalidades del abuso de mercado denominado *insider trading* o *insider dealing* en el derecho comparado. Originariamente, con el término *insider trading* se hacía referencia a la operación en el mercado de valores (*trading*) que es efectuada por quien pertenece a la organización de personas que emite el valor (*insider*). La evolución del derecho comparado ha transformado el sentido originario de la expresión. Actualmente ella constituye una denominación genérica para distintos comportamientos relacionados con las operaciones en el mercado de valores, además de la operación misma, realizados por cualquier persona que posea esa información.

Tomando como referencia de derecho comparado la actual regulación europea sobre abuso de mercado (*infra*, I.2.1), es posible identificar los siguientes comportamientos constitutivos de *insider trading* cuando se relacionan con la posesión de información privilegiada: operar, cancelar o modificar una orden de operar, recomendar operar, inducir a operar, recomendar cancelar o modificar una orden de operar, inducir a cancelar o modificar una orden de operar, seguir la recomendación o la inducción de operar o de cancelar o modificar una orden de operar, revelar información y revelar la recomendación o inducción de operar o de cancelar o modificar una orden de operar. Asimismo, la regulación considera como destinatarios de las prohibiciones de realizar los comportamientos anteriores no sólo a los miembros de organizaciones de personas que producen o manejan información privilegiada sino a cualquiera que posea dicha información

El derecho chileno no prohíbe el *insider trading* con todo el detalle y alcance expansivo de la regulación europea, aunque la reforma introducida por la Ley 21.595 (Diario Oficial de 17 de agosto de 2023) ha acercado considerablemente ambas regulaciones. Las disposiciones legales básicas sobre *insider trading* en el derecho chileno se encuentran en la Ley 18.045 sobre mercado de valores (en adelante "LMV"). Se trata de normas de comportamiento, cuya infracción conlleva sanciones administrativas y consecuencias civiles (arts. 164 a 172 LMV) y de normas penales (art. 60 LMV). La práctica chilena aplica las normas penales de la LMV también como (parte de) normas sancionatorias administrativas. La regulación legal chilena prohíbe además a ciertos poseedores de información privilegiada efectuar cualquier forma de uso de la información en beneficio propio o de un tercero, aunque ese uso no se relacione directa o indirectamente con una operación en el mercado de valores. Por esta razón, estas normas no son prohibiciones de *insider trading* en el sentido del derecho comparado del mercado de valores. No obstante, su amplitud permite aplicarlas también a casos de *insider trading*.

El *insider non trading* es la abstención de efectuar operaciones en el mercado de valores decidida en consideración a la información privilegiada que se posee.[1] En tanto esa decisión no consista en cancelar o modificar una orden previamente impartida a un intermediario, el *insider non trading* es jurídicamente irrelevante. La razón de ello se encuentra en que la prohibición del *insider trading* tiene por finalidad impedir al poseedor de la información privilegiada obtener una ventaja indebida en el mercado de valores, pero no constreñirlo a irrogarse un perjuicio por poseer esa información (Fried, 2003).

---

[1]   No se trata, por lo tanto, de *insider trading* en comisión por omisión. Este sería el caso de alguien que omitiera impedir que otro incurriera en *insider trading*, debiendo impedirlo (*infra*, II.4). En el derecho comparado ese supuesto fue explicitado entre 2001 y 2016 por el art. L 465 1 del Código Monetario y Financiero francés, que equiparaba las conductas de "realizar" y "permitir realizar" una operación con información privilegiada. La versión actualmente vigente de ese precepto es una transposición del art. 8 del Reglamento de 2014, que no conoce tal equiparación.

2. La concepción del insider trading como abuso de mercado

El considerando (12) de la regulación europea de 2003 sobre abuso de mercado (*infra*, I.2.1) expresa el siguiente punto de vista acerca del manejo indebido de la información privilegiada en el mercado de valores:

> El abuso del mercado consiste en operaciones con información privilegiada y manipulación del mercado. El objetivo de la legislación contra las operaciones con información privilegiada es el mismo que el de la legislación contra la manipulación del mercado: garantizar la integridad de los mercados financieros comunitarios y aumentar la confianza de los inversores en dichos mercados. (…)

El mismo punto de vista es reiterado diez años más tarde por los considerandos (2) y (23) de la regulación europea actualmente vigente sobre abuso de mercado (*infra*, I.2.1):

> Un mercado financiero integrado, eficiente y transparente requiere la integridad del mercado. El buen funcionamiento de los mercados de valores y la confianza del público en los mercados son requisitos imprescindibles para el crecimiento económico y la riqueza. El abuso de mercado daña la integridad de los mercados financieros y la confianza del público en los valores y los instrumentos derivados. (…) La característica esencial de la operación con información privilegiada consiste en obtener una ventaja injusta a partir de información privilegiada en detrimento de terceros que desconocen la información y, por tanto, en el menoscabo de la integridad de los mercados financieros y la confianza de los inversores. (…)

Este punto de vista corresponde al *macro enfoque* acerca del manejo indebido de información privilegiada (MOLONEY, 2014, pp. 700 y ss.). El *micro enfoque*, en cambio, se concentra en la infracción a un deber fiduciario, ya sea directamente para con la contraparte en la transacción, para con el emisor y que es transferido a la contraparte en la transacción, o, por último, con la fuente que es propietaria de la información. Desde el punto de vista del derecho penal el macro enfoque exige entender al bien jurídico protegido por la prohibición del *insider trading* como un bien jurídico colectivo y el micro enfoque permite entenderlo como un bien jurídico individual. La diferencia entre ambos enfoques se expresa principalmente en la delimitación del círculo de destinatarios de la prohibición, restringido en el segundo enfoque y extendido en el primero.

Como se verá de inmediato, la distinción entre macro y micro enfoque no se refiere a concepciones que operen en un mismo nivel de referencia cuando se la aplica al examen del derecho comparado. El macro enfoque es una concepción de política legislativa que opera como fundamento de la decisión de prohibir directamente el *insider trading*, es decir, describiendo el comportamiento prohibido. El micro enfoque, en cambio, tal como es conocido en el derecho comparado, es una concepción desarrollada jurisprudencialmente que opera como fundamento de la interpretación de una disposición que prohíbe el fraude en conexión con operaciones en el mercado de valores. Por esta razón, cuando la legislación tipifica el *insider trading* se vuelven en principio irrelevantes los elementos identificados por el micro enfoque para calificarlo jurídicamente como un fraude: la ley que lo prohíbe explícitamente no requiere calificarlo de ese modo.

2.1. La evolución del derecho comparado

El desarrollo de la regulación sobre *insider trading* en el derecho comparado ha experimentado una paradoja evolutiva (Loke, 2006). El origen de la prohibición se remonta a una decisión de 1961 de la Comisión de Mercado de Valores de los Estados Unidos (Securities and Exchange Commission, "S.E.C."), en la que se calificó al *insider trading* como un fraude en conexión con una operación con valores[2]. La asunción rigurosa del *micro enfoque* por la Corte Suprema de los Estados Unidos en 1980 condujo a una restricción del posible círculo de autores idóneos. El modelo regulativo adoptado a partir de 1989 en Europa, en cambio, se desentendió de esa restricción y consideró al *insider trading* como un abuso de mercado, ampliándose consistentemente el ámbito alcanzado por la prohibición en 2003 y 2014. El modelo europeo ha terminado por dominar el derecho comparado, salvo por el derecho federal de los Estados Unidos, que sólo ha experimentado ampliaciones parciales a la restricción impuesta por su Corte Suprema. Como resultado de esta marginación de la evolución del derecho comparado, el derecho federal estadounidense descansa hasta el día de hoy en una calificación jurisprudencial del *insider trading* que cubre de modo indirecto, complejo y fragmentario el campo de comportamientos que el derecho comparado define como ilícito de manera directa, simple y completa.

La calificación del *insider trading* como fraude en la decisión de 1961 la S.E.C., esto es su subsunción bajo la disposición de la letra c) de la Regla 10(b)-5 de la S.E.C.[3] desafió deliberadamente un precedente ju-

---

[2]   *In Re Cady, Roberts & Co* 40 S.E.C. 907 (1961).

[3]   La Regla 10b-5 S.E.C. es un complemento regulativo de la Sección 10b de la Ley de mercado de valores de 1934 (15 U.S.C. 78j). Esta última declara ilícito usar o emplear, en conexión con la compra o venta de cualquier valor, cualquier medio o invención manipulador o engañoso en contravención a las reglas y regulaciones establecidas por la S.E.C. La regla 10b-5 S.E.C., establecida en 1942, declara ilícito emprender cualquier acto, práctica o curso de transacción comercial que opere o

dicial[4]. La tesis de la S.E.C. consistió en afirmar que la regulación federal del mercado de valores transforma el principio *caveat emptor* del *common law*, conforme al cual una contraparte no tiene por regla general el deber de revelar a la contraparte la información de que dispone, en el principio opuesto de revelar o abstenerse (*disclose-or-abstain rule*) cuando se trata de información relevante y que no se encuentra divulgada en el mercado. Conforme a la concepción de la S.E.C. esa obligación descansaba en dos elementos principales. Primero, la existencia de una relación que da acceso, directa o indirectamente, a la información que se pretende sólo sea accesible para propósitos de la corporación y no para el beneficio de otro. Segundo, la inequidad (*unfairness*) inherente al hecho de que una parte tome ventaja de tal información sabiendo que es inaccesible a aquellos con quien negocia. La tesis de la S.E.C. recibió en 1968 un respaldo irrestricto de la Corte de Apelaciones del Segundo Circuito en el caso *S.E.C. v. Texas Gulf Sulphur Co.*[5], que puso el énfasis en el segundo elemento, sosteniendo que cualquiera en posesión de información interna relevante debe o bien revelarla al público inversionista, o bien, si no se encuentra habilitado para revelarla con el fin de proteger una confidencia corporativa o si escoge no hacerlo, debe abstenerse de negociar o recomendar los valores involucrados mientras esa información interna se mantiene sin revelar. De aquí que esta interpretación de la regla sobre el fraude sea conocida bajo la denominación de "teoría del igual acceso" o "teoría igualitaria". La Corte de Apelaciones del Segundo Circuito mantuvo su posición en una importante línea jurisprudencial durante la década de los setenta[6], hasta que su

---

pueda operar como fraude o engaño sobre cualquier persona, en conexión con la compra o venta de cualquier valor.

4   *Goodwin v. Aggasiz,* 186 N.E. 659 (1933).

5   401 D.2d 833, 851-52 (1968), *certioriari* denegado bajo *Kline v. S.E.C.* 394 U.S. 976 (1969).

6   *Crane v. Westinghouse Air Brale Co.,* 419 F.2d 787 (2 Cir. 1969), *certiorari* denegado 400 U.S. 822 (1970); *Radiation Dynamics, Inc. v. Goldmuntz,* 464 F.2d 876 (2d Cir. 1972); *United States v. Brown,* 555 F.2d 336 (2d Cir. 1977); *Shapiro v. Merril Lynch, Pierce, Fenner & Smith, Inc.* 495 F.2d 228 (2d Cir 1978); *United States v. Chiarella,* 588 F. 2d 1358 (2 Cir. 1978). En el penúltimo fallo, la Corte sostuvo como resumen de su tesis que "el propósito tras la Sección 10(b) y la Regla 10b-5 es proteger al público inversionista y asegurar transacciones justas en los mercados de valores promoviendo la entrega total de información interna de modo que puedan formarse un juicio informado todos los inversionistas que negocian en tales mercados". Esto demuestra que la teoría igualitaria sostiene analíticamente el micro enfoque —el *insider trading* es un fraude de la contraparte mediante engaño en comisión por omisión— pero lo fundamenta en consideraciones propias del *macro enfoque*.

última decisión en esta línea fue revocada por la Corte Suprema federal en *Chiarella v. United States*[7]. Citando *Cady*, el voto de mayoría de la Corte consideró que no era problemática la calificación de fraude por omisión de revelar información, siempre y cuando el deber de revelar surgiera de una relación especial de carácter fiduciario o confidencial entre quienes intervienen en la transacción. La Corte rechazó la tesis de que existe un deber general entre todos los participantes en las transacciones de mercado de abstenerse de acciones basadas en información relevante no pública, porque consideró que no tenía fundamento en la legislación ni en la intención del legislador. El *holding* de *Chiarella* fue reiterado pocos años después por la Corte Suprema en *Dirks v. S.E.C.*[8]

Esta interpretación de la regla sobre fraude, que ha sido posteriormente denominada como "teoría clásica" por la propia Corte Suprema, concibe al *insider trading* bajo el *micro enfoque*. Ello implica una restricción del círculo de destinatarios de la prohibición. Conforme a la teoría clásica el paradigma del destinatario de la prohibición de fraude en comisión por omisión es el *insider* primario, o sea, la categoría de personas definida por la Sección 16 de la Ley de 1934: funcionarios, directores y accionistas prominentes de la corporación emisora. No obstante, la teoría clásica también reconoce otros destinatarios. Tal es el caso de los *insiders* secundarios o "temporary or constructive insiders", que son quienes reciben información confidencial con ocasión de la prestación de servicios y adquieren el deber de confidencialidad de un auténtico *insider*, en la medida en que la corporación tenga la expectativa de que mantengan la información bajo confidencialidad y que la relación al menos tácitamente suponga ese deber[9]. También son destinatarios de la prohibición los "tippees", esto es, quienes reciben información privilegiada mediante una revelación indebida de un *insider*, siempre que hayan sabido o debido saber que el *insider* infringió un deber fiduciario al hacer la revelación, y siempre que el *insider* haya hecho la revelación para obtener un beneficio, directa o indirectamente[10].

De ahí su coincidencia con éste en la extensión del círculo de destinatarios de la prohibición a cualquier poseedor de la información.

[7]   *Chiarella v. United States*, 445 U.S. 222 (1980). Para un examen detallado de la sentencia en su contexto histórico, Langevoort (1980).

[8]   *Dirks v. S.E.C.*, 463 U.S. 646 (1983).

[9]   *Dirks v. S.E.C.*, 463 U.S. 646 (1983), 655 en su nota 14 a pie de página.

[10]   *Chiarella v. United States*, 445 U.S. 222 (1980), 231 en su nota 12 a pie de página; *Dirks v. S.E.C.*, 463 U.S. 646, (1983), 660-661. El concepto de beneficio ha sido interpretado por los tribunales federales en un sentido amplio: *Salman v. United States*, 137 S. Ct. 420 (2016).

El alcance reducido de la prohibición de *insider trading* conforme a la teoría clásica ha experimentado una corrección parcial tanto por vía jurisprudencial como regulativa. La Corte de Apelaciones del Segundo Circuito desarrolló un modo alternativo de calificar el *insider trading* como fraude bajo la Regla 10b-5 S.E.C. atendiendo no ya a una relación fiduciaria especial con la contraparte en la transacción, sino con la fuente de la información[11]. La tesis fue seguida en parte y rechazada también en parte por las demás cortes de apelaciones de circuito[12], hasta que la Corte Suprema la validó en *United States v. O'Hagan*[13]. Conforme a este punto de vista, denominado "teoría de la apropiación indebida" (*misappropiation*), quien quebranta un deber fiduciario para con la fuente de la información obteniendo un provecho con ella, y la engaña ocultando el hecho, incurre también en fraude en el sentido de la regulación federal[14].

En lo que respecta a la regulación, tanto la S.E.C. como el Congreso Federal han aprobado normas directa o indirectamente referidas a la prohibición del *insider trading*. La Regla 14e-3 S.E.C.,[15] aprobada en 1980, prohíbe a cualquier poseedor de información privilegiada relacionada con *tender offers*, esto es, ofertas públicas de adquisición de acciones, efectuar transacciones como asimismo revelar esa información en circunstancias que hagan probable una transacción sobre su base. En este caso la prohibición es directa y se extiende a cualquier poseedor que sepa o tenga razones para saber que la información no se encuentra divulgada y proviene del

---

[11]   *United States v. Newman*, 664 F.2d 12 (2d Cir. 1981), *certiorari* denegado 464 U.S. 863 (1983); *SEC v. Materia*, 745 F. 2d 197 (1984); *United States v. Carpenter*, 791 F.2d 1024 (2d Cir. 1986); *United States v. Chestman*, 947 F.2d 551 (2d Cir. 1991).

[12]   A favor: *S.E.C. v. Clark*, 915 F.2d 439 (9th Cir. 1990); *S.E.C. v. Cherif*, 933 F.2d 403 (7th Cir. 1991). En contra: *United States v. Brady*, 58 F. 3d 933 (4th Cir. 1995); *United States v. O'Hagan*, 92 F.3d 612 (8th Cirt 1996).

[13]   *United States v. O'Hagan*, 521 U.S. 642 (1997).

[14]   La Regla 10b5-2 S.E.C., aprobada el año 2000 (17 CFR § 240.10b5-2) establece de modo no taxativo tres situaciones en las que existe un deber fiduciario para efectos de la teoría de la apropiación indebida: cuando se acuerda confidencialidad, cuando existe un patrón entre quien comunica la información y quien recibe la comunicación tal que justifica la expectativa de confidencialidad y cuando la información se recibe de un cónyuge, padre, hijo o hermano salvo prueba en contrario respecto de la expectativa de confidencialidad. La cuestión de si la obtención de información mediante intrusión, especialmente la informática (*hacking*), constituye o no fraude bajo la Regla 10b5-1 S.E.C. depende para la Corte de Apelaciones del Segundo Circuito de si el acceso no autorizado se obtiene o no mediante engaño: *SEC v. Dorozhko*, 574 F.3d 42 (2d Cir. 2009).

[15]   17 CFR § 240.14e-3.

oferente, el emisor o alguno de sus *insiders*. La Ley Sarbanes-Oxley de 2002, modificada en el año 2009, introdujo una prohibición amplia de fraude en relación con operaciones de futuros o con valores[16] bajo la cual se ha subsumido el *insider trading* cometido por un *tippee* sin necesidad de que quien comunica la información haya obtenido un beneficio.[17] Finalmente, la Ley STOCK ("Stop Trading on Congressional Knowledge Act") de 2012[18] dispuso en su Sección 3 que los miembros y funcionarios del Congreso tienen un deber de confidencialidad para con el Congreso y los ciudadanos de los Estados Unidos, de modo que no se encuentran exentos de las prohibiciones de *insider trading* que surgen de la Regla 10b-5 S.E.C.

Este estado de cosas es el que caracteriza hasta el momento al derecho federal estadounidense: la regla general exige que el comportamiento constitutivo de *insider trading* satisfaga los elementos típicos de un fraude y sólo para el caso de una oferta pública de adquisición de acciones existe una prohibición que tipifica la operación con información privilegiada y su revelación.[19]

Diametralmente opuesto es el estado de cosas que caracteriza la regulación del *insider trading* en el derecho de la Unión Europea. Su evolución comenzó con la Directiva 89/592/CEE, del Consejo, de 13 de noviembre de 1989[20], cuyos considerandos ponían de manifiesto que la regulación concebía al *insider trading* bajo el *macro enfoque*.[21] De modo consistente con

---

16   18 U.S. Code § 1348.

17   Así la Corte de Apelaciones del Segundo Circuito en *United States v. Blaszczak*, 947 F.3d 19 (2d Cir. 2019).

18   Public Law 112-105, 126 Stat. 291.

19   El año 2021 la Cámara de Representantes aprobó un proyecto de ley que tipifica el *insider trading* en una nueva Sección 16A de la Ley de 1934, pero ese proyecto no ha sido aprobado por el Senado (*Insider Trading Prohibition Act*, H.R.2655, disponible en: https://www.congress.gov/bill/117th-congress/house-bill/2655/text). El supuesto de hecho propuesto por este proyecto no es autosuficiente en su aplicación, ya que exige que la información haya sido obtenida ilícitamente ("wrongfully") en su origen. Esto se debe a que el proyecto concibe la regulación que propone como una declaración del ámbito actualmente considerado ilícito por la jurisprudencia. Para un juicio adverso al proyecto, Bainbridge (2021). La conjetura de este autor es que el Senado no lo aprobará, tal como no lo hizo en una oportunidad anterior.

20   Disponible en su versión en español en: https://eur-lex.europa.eu/legal-content/ES/TXT/PDF/?uri=CELEX:31989L0592&from=EN. La prohibición del *insider trading* era conocida por el derecho francés desde 1970 (Ley N° 70-128, de 23 de diciembre).

21   "Considerando que el buen funcionamiento [del mercado [secundario de valores negociables] depende en gran medida de la confianza que inspire a los inverso-

ese enfoque, la Directiva de 1989 dirigía la prohibición de realizar operaciones con valores sobre los que se posee información privilegiada, explotándola con conocimiento de causa, no solo a los *insiders* primarios y secundarios que mencionaba en su art. 2, sino también a toda otra persona que "con conocimiento de causa, pose[a] (…) información privilegiada (…) cuyo origen directo o indirecto sólo pueda ser una persona de las mencionadas en el artículo 2" (art. 4). Los *insiders* mencionados en el art. 2 debían quedar sujetos además a las prohibiciones de revelar la información privilegiada y de recomendar operaciones basadas en esa información (art. 3). Con la Directiva 2003/6/CE del Parlamento Europeo y del Consejo, de 28 de enero de 2003 ("Market Abuse Directive": "MAD")[22], la Unión Europea ratificó su comprensión del *insider tradig* bajo el macro enfoque, regulándolo juntamente con la manipulación de mercado como las dos modalidades básicas de abuso de mercado. La prohibición de usar la información privilegiada realizando operaciones mantuvo la estructura para identificar a sus destinatarios consistente en una enumeración de clases de personas en el inciso segundo de su artículo 2 y una referencia general en su artículo 4, pero la MAD-2003 introdujo dos variaciones significativas. Prescindió de una mención a elementos subjetivos en la descripción de la conducta prohibida y sólo exigió como elemento subjetivo para el poseedor no incluido en el listado del artículo 2 que esa persona "sepa, o hubiera debido saber, que se trata de información privilegiada". Las prohibiciones de revelar y recomendar siguieron estando dirigidas únicamente a los destinatarios del artículo 2.

La regulación actualmente vigente, de aplicación directa a los Estados miembros, se encuentra en el Reglamento (UE) 596/2014 del Parlamento Europeo y el Consejo, de 16 de abril de 2014[23] ("Market Abuse Regulation": "MAR"). Además de extender la aplicación de la prohibición del abuso de mercado a productos y formas de negociación distintos de instrumentos

---

res; (…) que esta confianza se basa, entre otras cosas, en la garantía dada a los inversores de que estarán en igualdad de condiciones y de que estarán protegidos contra el uso ilícito de la información privilegiada; (…) que las operaciones con información privilegiada, debido a que suponen ventajas para ciertos inversores, pueden deteriorar esta confianza y entorpecer así el buen funcionamiento del mercado; (…) por lo tanto, (…) conviene adoptar las medidas necesarias para luchar contra las operaciones con información privilegiada; (…)".

[22]   Disponible en su versión en español en: https://eur-lex.europa.eu/legal-content/ES/TXT/PDF/?uri=CELEX:32003L0006&from=ES

[23]   Disponible en su versión en español en: https://eur-lex.europa.eu/legal-content/ES/TXT/PDF/?uri=CELEX:32014R0596&from=ES

financieros admitidos a negociación en mercados regulados, el MAR-2014 intensificó la concepción tradicional del derecho europeo del *insider trading* bajo el macro enfoque prescindiendo de toda identificación de distintas clases de destinatarios. El artículo 14 MAR-2014 prohíbe a toda persona a) realizar o intentar realizar operaciones con información privilegiada, b) recomendar que otra persona realice operaciones con información privilegiada o inducirla a ello, o c) comunicar ilícitamente información privilegiada. El artículo 8.1 MAR-2014 describe la operación con información privilegiada como aquella realizada por cualquier persona que dispone de información privilegiada[24] utilizándola adquiriendo, transmitiendo o cediendo, por cuenta propia o de terceros, directa o indirectamente, los instrumentos financieros a los que se refiere esa información, así como cancelando o modificando una orden relativa al instrumento financiero. Su artículo 8.3 considera operación con información privilegiada seguir la recomendación o inducción a operar cuando se sabe o se debiera saber que se basa en información privilegiada. Por último, su artículo 10.1 señala que existe comunicación ilícita de información privilegiada cuando una persona posee información privilegiada y la revela a cualquier otra persona y su art. 10.2 señala que la revelación de recomendaciones o inducciones a operar cuentan como comunicación ilícita cuando la persona sepa p deba saber que se ellas se basan en información privilegiada. El MAR-2014 es complementado por la Directiva 2014/57 UE del Parlamento Europeo y del Consejo, de 16 de abril de 2014 sobre las sanciones penales aplicables al abuso de mercado.[25] Los artículos 3 y 4 de la Directiva ordenan a los Estados miembros sancionar penalmente los comportamientos prohibidos por el artículo 14 MAR "al menos en los casos graves y cuando se hayan cometido intencionalmente", y además, conforme a sus arts. 3.3 y 4.3, manteniendo la estructura diferenciada de referencia a los destinatarios de la prohibición que establecía la MAD-2003.

2.2. La evolución del derecho chileno[26]

La evolución de la legislación chilena reconoce tres períodos bien definidos: 1981-1994, 1994-2023 y a partir el 17 de agosto de 2023. El pri-

---

24   Por "disponer" cabe entender simplemente "poseer", tal como se expresa de modo inequívoco en las versiones inglesa, francesa e italiana: "posseses", "détient", "in possesso".

25   Disponible en su versión en español en: https://eur-lex.europa.eu/legal-content/ES/TXT/PDF/?uri=CELEX:32014L0057&from=EN

26   Al respecto, Bascuñán, 2011 y Bascuñán, 2017 (b).

mer período corresponde a la regulación originaria sobre el *insider trading*, que se encontraba en el artículo 13 de la Ley 18.045 (Diario Oficial de 22.10.1981). Esa disposición imponía tres deberes a los directores, administradores y, en general, a cualquier persona que en razón de su cargo o posición tuviera acceso a información de la sociedad y de sus negocios: (i) guardar estricta reserva, (ii) no valerse de la información reservada para obtener para sí o para otros, ventajas mediante la compra o venta de valores y (iii) velar para que esto último tampoco ocurra a través de subordinados o terceros de su confianza. Las consecuencias jurídicas de la infracción de estos deberes era la devolución de las utilidades al emisor —"a la caja social"— y la indemnización de perjuicios. Como salta a la vista, la regulación originaria seguía más bien la concepción del micro enfoque, pues aunque describía los comportamientos prohibidos y no suponía que se tratara de una estafa o apropiación indebida, asociaba la prohibición a la idea de infracción a un deber fiduciario. De hecho, su formulación exhibía un estrecho parecido con los deberes establecidos para los directores y extendidos a los gerentes por los artículos 42 N° 7, 48 y 50 de la Ley 18.046, sobre sociedades anónimas, que entró en vigor simultáneamente.[27]

El cambio sustancial de la regulación, que marcó el inicio del segundo período, fue introducido por la Ley 19.301 (Diario Oficial de 19.03,1994)[28].

---

[27] La determinación precisa de la restricción al círculo de destinatarios derivada de esta concepción quedaba sujeta a la interpretación de las expresiones "cargo" y "posición". La Superintendencia de Valores y Seguros afirmó tempranamente una interpretación extensiva en su Oficio Circular 2.506, de 10 de julio de 1987, conforme a la cual la expresión "cargo" comprendía también a los funcionarios públicos que tuvieran acceso a la información y la expresión "posición" se aplicaba a aquellas personas que se encuentran "por alguna razón o circunstancia, vinculadas o relacionadas con ellas [i.e., las personas que ocupan cargos en la entidad] o con cualquiera de sus trabajadores o funcionarios (consultores, intermediarios de valores, parientes, auditores externos, clasificadores de riesgo, etc.)". "Luego" — concluía la Superintendencia— "también serían contrarias a la ley todas aquellas transacciones efectuadas por terceros que hayan usufructuado de información privilegiada proporcionada por personas relacionadas, interna o externamente, con la sociedad y sus negocios". La cuestión de si esta interpretación sólo alcanzaba al *insider* secundario y al *tippee*, como en la teoría clásica de la Corte Suprema federal de los Estados Unidos, o también a cualquier poseedor que supiera del origen de la información, como en la Regla 14e-3 S.E.C., era de respuesta incierta. Lo único inequívoco era la determinación de la Superintendencia por afirmar la máxima extensión posible del círculo de destinatarios de la prohibición, lo que es más bien consistente con el *macro enfoque*.

[28] Con anterioridad, la Ley 18.860 (Diario Oficial 20.10.1987) había establecido una prohibición de usar información reservada para los *insiders* de clasificadoras de

Esta ley estableció un nuevo Título XXI en la LMV, dedicado al manejo de la información privilegiada, que subsiste actualmente. El artículo 165 impuso siete deberes a cualquier persona que en razón de su cargo, posición, actividad o relación tenga acceso a información privilegiada: (i) guardar estricta reserva, (ii) no utilizarla en beneficio propio o ajeno, (iii) no adquirir para sí o para terceros, directa o indirectamente, los valores sobre los cuales posea información privilegiada, (iv) no valerse de la información privilegiada para obtener beneficios o evitar pérdidas, mediante cualquier tipo de operación con los valores a que ella se refiera o con instrumentos cuya rentabilidad esté determinada por esos valores, (v) abstenerse de comunicar dicha información a terceros, (vi) abstenerse de recomendar la adquisición o enajenación de los valores citados, y (vii) velar para que (v) y (vi) tampoco ocurra a través de subordinados o terceros de su confianza. Las consecuencias jurídicas específicas de la infracción de estos deberes pasaron a ser la indemnización de perjuicios y la entrega de las utilidades a beneficio fiscal. Además, fue introducida una norma penal en la nueva letra e) del artículo 60 LMV, sancionando con pena de presidio menor en cualquiera de sus grados el uso deliberado de información privilegiada al efectuar transacciones u operaciones de valores de oferta pública, de cualquier naturaleza en el mercado de valores o en negociaciones privadas, para sí o para terceros, directa o indirectamente, realizado por cualquiera de las personas enumeradas en el catálogo del artículo 166 LMV, esto es, aquellos *insiders* primarios o secundarios, o personas estrechamente relacionadas con alguno de ellos, de quienes se presume que poseen información privilegiada.[29]

La segunda modificación relevante para el derecho penal correspondiente a este segundo período fue introducida por la Ley 19.705 (Diario Oficial de 20.12.2000).[30] Consistió en establecer una norma penal para las operaciones realizadas valiéndose de información privilegiada (artículo

---

riesgo (artículo 85 LMV) y sancionado su infracción con pena de crimen (artículo 59-e) LMV), así como una norma penalizadora de la revelación de esa información por esos *insiders* (art. 60-d) LMV). Al respecto, *infra*, VI.

[29] Además de lo anterior, la Ley 19.301 estableció una regulación especial para el *insider trading* cometido por las administradoras de fondos de pensiones (art. 159 Decreto Ley 3.500) y las administradoras de fondos (artículos 59-e) y 162-d) y —e) LMV). Las primeras disposiciones continúan vigentes; las segundas fueron derogadas por la Ley 20.712 (Diario Oficial de 07.01.2014).

[30] Con anterioridad, la Ley 19.389 (Diario Oficial 18.05.2001) introdujo modificaciones al Título XXI LMV relacionadas con el manejo de información privilegiada por intermediarios de valores.

60-g) LMV) y otra norma penal para la revelación de información privilegiada (artículo 60-h) LMV). Ambas normas, tipificaron delitos comunes, es decir, no requirieron una calidad personal en el autor.

Con posterioridad, la Ley 20.382 (Diario Oficial de 20.10.2009) introdujo numerosas modificaciones puntuales al Título XXI LMV, así como un nuevo artículo 16 LMV, imponiendo los emisores el deber de adoptar una política de evitación del *insider trading*, y un nuevo artículo 33 LMV, imponiendo a los intermediarios un deber de autorregulación.

La última modificación legal del período en cuestión fue introducida por la Ley 21.314 (Diario Oficial de 13.04.2021), que además de aumentar la pena prevista en el artículo 60 LMV estableció un régimen especial para la determinación de la pena aplicable a los delitos de *insider trading* tipificados en las letras e), g) y h) de dicho artículo.

La evolución de la legislación chilena durante los dos períodos reseñados puede describirse como una progresiva adopción del macro enfoque en la regulación del *insider trading*. La ampliación experimentada por el círculo de destinatarios con la Ley 19.301, que siguiendo la orientación de la Superintendencia de Valores y Seguros incluyó la "actividad" y la "relación" como condiciones fundantes de la calidad de destinatario de las prohibiciones, se basó inequívocamente en la consideración del *insider trading* como abuso de mercado.[31] Esa orientación fue ratificada por la Corte

---

[31]   La intervención decisiva para la historia fidedigna del establecimiento del Título XXI LMV tuvo lugar durante el segundo trámite constitucional en el Senado, a cargo del Superintendente de Valores y Seguros, en los siguientes términos: "Es un hecho inobjetable que los emisores disponen, respecto de los mismos y de sus valores, de una cantidad de información superior a cualquier otro agente económico; en un segundo grado, la tienen los intermediarios de valores; en otro nivel, los inversionistas institucionales y, finalmente, esa misma información es menor para los inversionistas particulares o público en general. *De ahí entonces la necesidad de establecer una forma regulatoria que inhiba a aquéllos de revelarla y menos utilizarla, mientras ésta no sea divulgada oficialmente al mercado. Con ello se evita la discriminación en el conocimiento de la información y se cumple el objetivo de una participación igualitaria de oportunidad en la información;* c) *Disponer de información privilegiada de por sí importa una discriminación frente al público inversionista y una participación desigual en el mercado; además de impedir su revelación, el otro objetivo que se persigue es evitar su uso indebido, mediante el provecho propio o de terceros con la finalidad de obtener ventajas económicas o evitar pérdidas, en su caso. Una regulación adecuada perfeccionará la transparencia del mercado, la cual dará una mayor confianza al inversionista en general;* d) *La transparencia del mercado, entre otras formas, se logra en la medida en que la información privilegiada no pueda usarse indebidamente. De esta manera, se protegen los intereses del*

Suprema en el conocido caso contra *Hurtado Vicuña y otros*, también denominado "caso Banco de Chile" o "caso Consorcio 2".[32] Esta orientación quedó finalmente consagrada con la tipificación por la Ley 19.705 como delitos comunes tanto de la operación en uso de información privilegiada como de su revelación.[33]

Con todo, no puede negarse que la regulación exhibía aún marcas de una tensión entre el micro enfoque y el macro enfoque. Los dos primeros deberes señalados en el inciso primero del art. 165 LMV son deberes fidu-

---

inversor en general y la fe pública, y e) Por último, en los mercados de valores debe establecerse la sanción drástica de las conductas por uso de información privilegiada, la aplicación de sanciones civiles de perjuicios, de suspensión de actividades, de altas multas y penalizar como delito el uso indebido de la misma. / No hay que olvidar que es principal característica de los mercados de valores la búsqueda constante de la protección de la fe pública y ello se logra, precisamente, en el uso de información que la ley se encarga de precisar, para dar igualdad de oportunidades en la competitividad y equidad, evitando cualquier manipulación del mercado, cualesquiera sea el infractor." (Biblioteca Nacional de Chile, *Historia de la Ley 19.301*, págs. 438-439, las cursivas son añadidas).

[32]   *Contra Hurtado Vicuña y otros:* Resolución Exenta SVS N° 166, de 8 de mayo de 2001; *Parodi y otros contra SVS:* Sentencia del 20° Juzgado de Letras en lo Civil de Santiago de 29 de agosto de 2003, Rol N° 2343-01; *SVS contra Hurtado Vicuña y otros:* Sentencia de casación en el fondo y de reemplazo de la Corte Suprema de 27 de octubre de 2005, Rol N° 4930-04. En este caso, el argumento de la defensa —falta de relación fiduciaria con la fuente de la información— se basaba en que la información se refería a la decisión de un inversionista de efectuar una oferta pública de adquisición de acciones. Bajo el micro enfoque, desde el punto de vista de la teoría clásica no había inconveniente alguno, porque el acusado era controlador del emisor. Pero la sentencia de primera instancia confirmada por la Corte de Apelaciones, aceptó el argumento. La Corte Suprema revocó la sentencia, afirmando el carácter extensivo, tanto de la definición de información privilegiada (art. 164 LMV) como de la determinación del círculo de destinatarios de la prohibición de operar con ella (art. 165 LMV).

[33]   La intervención del abogado de la Superintendencia de Valores y Seguros durante la tramitación del respectivo proyecto de ley asoció el carácter de delito común solamente con el nuevo delito de revelación de información privilegiada, previsto en la letra h) del art. 60 LMV ((Biblioteca Nacional de Chile, *Historia de la Ley 19.705*, pág. 188/869). Pero la diferenciación entre este delito y el nuevo delito previsto en la letra g) del art. 60 LMV, en atención al círculo de autores idóneos, carece de apoyo legal tanto en el art. 60 LMV (sin restricciones en ambos casos) como en el art. 165 LMV (con restricciones en ambos casos). También carece por completo de fundamento en el derecho positivo afirmar, como lo hizo dicho abogado, que la Regla 10b-5 S.E.C. establece una sanción para la revelación de información privilegiada.

ciarios paradigmáticos, así como el deber de velar por el comportamiento de subordinados o terceros de confianza es propio de quienes desempeñan roles institucionales en el mercado de valores. La relevancia del deber fiduciario también se expresaba en algunas normas penales que no exigen la concurrencia de los elementos que hacen al uso o revelación de información privilegiada un abuso de mercado (*infra*, V.2, VII.1.1 y 2.1) y generaba la aparente inconsistencia de exigir un autor calificado en las infracciones administrativas de *insider trading* (art. 165) pero no en los delitos genéricos de uso o revelación de información privilegiada (artículo 60 g) y h).

Es digno de nota el hecho de que durante todo el período 1981-2023 la LMV ofrecía al intérprete la misma posibilidad de calificar el *insider trading* como fraude que es característica del derecho federal estadounidense (*supra*, I.2.1). La regla equivalente se encuentra hasta el día de hoy en el art. 53 inciso segundo LMV34 y su infracción fue constitutiva de crimen hasta la entrada en vigor de la LDE (art. 59-e) originario LMV). Esa posibilidad, sin embargo, nunca fue utilizada por la SVS, la CMF, el Ministerio Público o algún querellante particular.

La Ley 21.595 o Ley de delitos económicos (en adelante "LDE") resolvió estos problemas, dando por primera vez al *insider trading* una regulación deliberadamente consistente en la LMV, que es lo que caracteriza al tercer período de evolución legislativa, recién iniciado. El principio fundamental de la nueva regulación se encuentra en la distinción efectuada en dos primeros incisos del artículo 165. El inciso primero mantiene parcialmente la redacción vigente con anterioridad a la LDE, permitiendo de ese modo la continuidad de la práctica preexistente para la imposición de consecuencias civiles y administrativas. Eso implica también la posibilidad de sancionar el manejo indebido de la información del emisor como infracción a un deber fiduciario por el *insider*, incluso sin carácter de abuso de mercado. El inciso segundo, en cambio, introduce la nueva regulación del *insider trading* concebido como abuso de mercado inequívocamente bajo el macro enfoque: se prohíbe al poseedor de información privilegiada usarla realizando una operación, cancelando o modificando una orden, revelarla y recomendar la operación o cancelación o modificación de una orden. Este abuso de mercado es el comportamiento tipificado como delito en el nuevo art. 60 LMV, que establece un tipo básico para cualquier poseedor y un tipo calificado para los poseedores que tienen la calidad legal de *insiders*

---

[34]   "Ninguna persona podrá efectuar transacciones o inducir o intentar inducir a la compra o venta de valores, regidos o no por esta ley, por medio de cualquier acto, práctica, mecanismo o artificio engañoso o fraudulento."

conspicuos. Junto con lo anterior, sometió al *insider trading* cometido en el contexto de las Administradoras de Fondos al régimen legal general de la LMV, que pasa también a ser la regulación penal supletoria para las AFP.

Conforme al art. 1 N° 1 LDE, todos los delitos previstos y sancionados por la LMV son delitos económicos absolutos o de la primera categoría. Esto implica que todas las personas responsables por la perpetración de esos hechos punibles quedan sujetas al régimen penal especial regulado por el Título II LDE y que a las ganancias ilícitas provenientes de ellos le son aplicables no solo las nuevas reglas comunes sobre comiso de ganancias, recientemente introducidas en los arts. 24 bis y 24 ter del Código Penal por la Ley 21.577 (D.O. de 15.06.2023), sino además las reglas especiales sobre comiso sin condena previa establecidas en el Título III LDE.

3. *El concepto de información privilegiada*

La jurisprudencia federal estadounidense caracteriza a la información privilegiada cuya posesión genera para algunos el deber de abstenerse de operar en el mercado de valores como aquella que es relevante ("material") y que no es pública ("nonpublic") (Wang y Steinberg, 2010, p. 107 y ss.). El art. 7 MAR distingue cuatro tipos de información privilegiada atendiendo a diferentes segmentos de mercado, pero exige respecto de todos ellos que sea de carácter concreto, que no se haya hecho pública y que de hacerse pública pudiera influir de manera apreciable sobre los precios de los objetos transables a los que se refiere (Krause, 2018, pp. 74 y ss.; Hernández, 2007, pp. 289 y ss.). El art. 164 LMV define el concepto de información privilegiada en los siguientes términos:

> Para los efectos de esta ley, se entiende por información privilegiada cualquier información referida a uno o varios emisores de valores, a sus negocios o a uno o varios valores por ellos emitidos, no divulgada al mercado y cuyo conocimiento, por su naturaleza, sea capaz de influir en la cotización de los valores emitidos, como, asimismo, la información reservada a que se refiere el art. 10 de esta ley.

> También se entenderá por información privilegiada, la que se posee sobre decisiones de adquisición, enajenación y aceptación o rechazo de ofertas específicas de un inversionista institucional en el mercado de valores.

La definición puede formularse así: es información privilegiada la generada tanto por el emisor o por otras fuentes, que es corroborable, concreta y relevante y que no ha sido divulgada al mercado.

3.1. **Información corporativa o de mercado corroborable y concreta**

La información debe consistir en enunciados corroborables, esto es, afirmaciones relativas a hechos o propiedades fácticas de objetos, pasados, presentes o futuros. Las afirmaciones deben tener suficiente concreción, precisión o especificidad de modo de que pueda inferirse de ellas alguna consecuencia que la haga relevante. Las afirmaciones vagas o indeterminadas, los meros juicios de valor y las simples opiniones no constituyen información. Los enunciados deben referirse al emisor o a los valores, pero esa referencia puede ser directa o indirecta, pues la fórmula legal es amplia: "cualquiera". En particular, la información no requiere ser generada por el emisor, ni tampoco requiere referirse a hechos o propiedades fácticas que sean dependientes de la actividad del emisor. La información relativa a una calificación de riesgo, una auditoría externa o una decisión de la autoridad fiscalizadora queda comprendida en la definición legal. Lo mismo la información relativa a decisiones de autoridades o a decisiones de operar de algún inversionista calificado.[35] La información generada por el emisor se denomina "información corporativa"; la generada por otras fuentes, "información de mercado".

3.2. Relevancia

Conforme a la definición legal la relevancia de la información consiste en que su conocimiento, por su naturaleza, sea capaz de influir en la cotización de los valores emitidos. El criterio empleado por el art. 7.4 MAR-2014 para identificar la relevancia de la información es que se trate de "aquella (…) que un inversor razonable utilizaría probablemente como uno de los elementos de la motivación básica de sus decisiones de inversión". Ese criterio corresponde al así denominado "estándar TSC" en la jurisprudencia federal estadounidense: "un hecho omitido es relevante si existe una probabilidad sustancial de que un accionista razonable lo consideraría importante al decidir como [actuar] (…) [d]icho de otro modo, ha de haber una probabilidad sustancial de que la revelación del hecho omitido habría sido considerada por el inversionista razonable como capaz de alterar la

---

[35] Conforme al art. 4° bis-f) son inversionistas calificados las personas naturales o jurídicas que realizan habitualmente operaciones con valores por montos significativos o bien que por su profesión, actividad o patrimonio quepa presumir que poseen un conocimiento acabado del funcionamiento del mercado de valores. Los inversionistas institucionales (infra I.3.4) son por definición legal inversionistas calificados. Por mandato legal, la Norma de Carácter General N° 216 de la SVS, de 12.06.2008, señala a los inversionistas calificados.

"combinación total" de información disponible"[36]. El criterio del inversionista razonable es recogido por el art. 9 LMV para definir el concepto de "información esencial", que el emisor está obligado a divulgar en forma veraz, suficiente y oportuna: "aquella [información] que un hombre juicioso consideraría importante para sus decisiones sobre inversión".

Dado que un inversionista razonable basa su decisión en la información que posee *ex ante*, es evidente que conforme a este estándar la relevancia de la información debe analizarse también *ex ante*. Por esta razón, los efectos *ex post* de la información pueden ser considerados como factores para probar la relevancia *ex ante*, pero no para refutarla. Lo mismo cabe decir del estándar de pronóstico de impacto probable en el mercado empleado por el art. 164 LMV. En todo caso, la relación de implicación entre la información que el emisor se encuentra obligado a informar y la información que se prohíbe usar al poseedor en una operación no es necesariamente recíproca: solo es indiscutiblemente correcto inferir la segunda calidad a partir de la primera.

3.3. Información no divulgada

Existen en lo esencial dos enfoques para identificar cuándo la información se encuentra divulgada. Para el primer enfoque basta con que el precio de los valores refleje suficientemente la información, lo que es consistente con que sólo algunos inversionistas la conozcan, con tal que sean capaces de mover el precio al punto que la refleje. Conforme al segundo enfoque, seguido predominantemente en el derecho comparado, la información se encuentra divulgada cuando es en general accesible al inversionista. Ni el derecho federal estadounidense ni el derecho común europeo fijan criterios precisos para reconocer ese momento. Naturalmente, dado que la regulación del mercado de valores establece procedimientos para el flujo veraz y oportuno de información relevante, se entiende que la puesta en conocimiento del mercado a través de esos procedimientos constituye una forma indiscutiblemente válida de divulgación. Pero también lo son los medios de comunicación de amplia difusión.

Es discutido si además resulta necesario esperar un lapso para la asimilación de esa información por el mercado. La opinión dominante entre los comentaristas estadounidenses favorece ese punto de vista, siguiendo como regla general razonable el plazo de 24 horas si se satisfacen condicio-

---

[36]   *TSC Industries, Inc. V. Northway,* Inc. 426 US 438 (1976)

nes básicas de masividad de su difusión, facilidad de su asimilación, actividad del mercado respecto del valor en cuestión y la intensidad con que es seguido por los analistas (WANG Y STEINBERG, 2010, pp. 38 y 142-147; MO-LONEY, año, pp. 721-722; HERNÁNDEZ, 2007, pp. 328-361). Desde el punto de vista de la simetría de información que importa asegurar, sin embargo, lo crucial es respetar la oportunidad de análisis y decisión de operar de la primera línea de analistas e inversionistas. El hecho de poseer información privilegiada no puede otorgar al poseedor una ventaja indebida respecto de los demás inversionistas, pero tampoco tiene que irrogarle un perjuicio respecto de los más avezados.

3.4. El estatus especial de la información reservada y la información referida a decisiones del inversionista institucional

El art. 164 menciona dos clases específicas de información: la información reservada (inciso primero *in fine*) y la información relativa a las operaciones de un inversionista institucional (inciso segundo). La información reservada es aquella a la que se refiere el inciso cuarto del art. 10 LMV, esto es, aquella que el emisor está obligado a informar conforme a los arts. 9 y 10 inciso primero LMV, pero a la que tres cuartas partes del directorio u órgano colegiado, o la totalidad de los administradores en otra clase de emisor, da el carácter de reservada para evitar el perjuicio al interés social que pudiera derivarse de su conocimiento. Los inversionistas institucionales son aquellos definidos por el art. 4° bis-e) LMV, esto es, los bancos, las sociedades financieras, las compañías de seguros, las entidades nacionales de reaseguro, las administradoras de fondos autorizados por ley y las entidades señaladas por la Comisión para el Mercado Financiero en su Norma de Carácter General N° 410, de 27.10.2016, siempre y cuando se cumplas las condiciones señaladas por el mismo precepto en relación con su giro y su volumen de transacciones.

La mención de la información reservada se explica históricamente, por el hecho de que la Ley 19.301 introdujo la expresión "información privilegiada" en el art. 164 LMV para distinguirla del caso específico previsto en el art. 10 LMV, evitando así la confusión que generaba el uso de la misma expresión en ambos contextos por la Ley 18.045 en su versión originaria. La mención aclara que la información reservada es también información privilegiada.

El inciso segundo del art. 164 fue introducido por la Ley 19.301 sin mayor justificación. Sin embargo, el examen de la historia fidedigna del establecimiento de la Ley 19.389 permite inferir que el legislador entendió que existe una razón para su previsión. La propuesta de redactar el precepto de modo que se hiciera mención explícita a la relevancia de la información fue rechazada aduciéndose que ello haría tan restrictiva la hipótesis que nunca tendría aplicación.[37] La única explicación racional de este argumento consiste en entender que la ley prescinde del elemento de la relevancia respecto de este tipo de información privilegiada porque la considera por definición relevante. Respecto de esta clase de información sólo se requiere comprobar su carácter de no divulgada al mercado.[38]

4. Elementos comunes del supuesto de hecho del delito y de la infracción administrativa de uso operativo indebido de información privilegiada en el mercado de valores

La norma de comportamiento que definía la infracción administrativa de uso operativo de información privilegiada como abuso de mercado en la primera oración del inciso segundo del art. 165 LMVvigente entre 1994 y 2023, , y las normas penales de las letras e) y g) del art. 60, vigentes entre 2000 y 2023, configuraban una misma estructura típica para el hecho ilícito, pese a que cada disposición difería de las otras en cuestiones de detalle. El origen de esta estructura se remontaba al originario art. 13 LMV (1981), que prohibía "valerse de la información reservada para obtener para sí o para otros, ventajas mediante la compra o venta de valores". La regulación introducida por la LDE simplifica la prohibición, estableciendo una equivalencia estricta entre la norma de comportamiento que define la infracción administrativa y la norma penal que configura el supuesto de hecho común al tipo básico y al tipo calificado. La estructura común a ambas normas conecta el uso de cierta clase de información relativa a determinados valores con la realización de una operación con esos valores.

---

[37] Biblioteca del Congreso Nacional, *Historia de la Ley 19.389*, p. 282/345.

[38] Conforme, Salah, 2004, pp. 37-39. En relación con las decisiones del inversionista institucional de mantener su cartera, la Ley 19.301 nada dispuso en el inciso segundo del art. 164 LMV, a diferencia del tratamiento que hizo de las operaciones de intermediarios en el art. 169 LMV, donde equiparaba expresamente las decisiones de mantención a las decisiones de variación de cartera. La Ley 20.382 introdujo en el inciso segundo del art. 164 LMV la hipótesis específica de "rechazo de ofertas específicas" (la hipótesis de aceptación es redundante), que es un caso especial de decisión de mantención de cartera. Las demás decisiones de mantención quedan sujetas a la regla general del inciso primero del art. 164 LMV (al respecto, Bascuñán, 2011, pp. 96-99).

Por esta razón aquí se denomina a este supuesto de uso de la información como "uso operativo".

Antes de la LDE la determinación del sentido y alcance de la conexión originariamente definida por la ley como "valerse de la información reservada para obtener para sí o para otros, ventajas mediante la compra o venta de valores" admitía más de una interpretación. En cualquiera de ellas, no obstante, la imputación de uso de la información exige su conocimiento por quien la usa, esto es, su posesión.

Por esta razón, los elementos inequívocos del hecho ilícito son la posesión de cierta clase de información sobre determinados valores y la realización de una operación con esos valores. El uso de la información es el fundamento del carácter abusivo de la operación realizada. El derecho comparado ofrece tres alternativas para comprender la naturaleza de esa relación entre posesión de información y operación que constituye a ésta un abuso de mercado (HUAN, 2005, BASCUÑÁN 2017(a)).

El uso puede ser entendido como aprovechamiento o explotación de la información poseída, esto es, como la única razón o motivo o bien como la razón o motivo predominante para realizar la operación. El sentido económico de esta razón o motivo se expresa en la frase "para obtener un beneficio o evitar una pérdida". Así entendido, el uso exige que la operación se explique única o predominantemente como una operación realizada para obtener ventajas económicas respecto de los demás inversionistas. A esto se lo denomina, *estándar de explotación*. El estándar de explotación fue característico de algunas legislaciones europeas en las últimas décadas del siglo XX y de las versiones oficiales de la Directiva europea de 1989 (art. 2-1) distintas del inglés.

El uso puede ser entendido en el mismo sentido económico, pero meramente como razón o motivo concomitante con otras consideraciones que puedan haber sido relevantes para determinar la decisión de operar con valores. Por esta razón, se prescinde de la frase que reduce las razones o motivos del agente para realizar la operación. Así entendido, el uso admite cualquier explicación de la operación realizada, con tal que quien opera con los valores advierta que en las circunstancias que realiza la operación obtiene ventajas económicas respecto de los demás inversionistas y deje influir esa advertencia en su decisión de operar. A esto se lo denomina, *estándar de uso*. El estándar de uso fue característico de la versión alemana de la MAD-2003 (art. 2-1) y de la legislación alemana establecida en recepción de esa directiva.

El uso puede ser entendido como la realización de la operación con los valores respecto de los cuales se posee información. Así entendido, usa la información que posee quien opera con los valores a los que ella se refiere. Con ello, el uso en principio deja de ser un elemento de la estructura típica distinto de la posesión de la información y la realización de la operación. No obstante, en el derecho comparado el uso así entendido tiene relevancia negativa. Se asume que la operación realizada en posesión de información lo fue en uso de la misma a menos que concurran circunstancias previstas por la ley, en las cuales se entiende que el poseedor de información privilegiada realizó la operación por razones independientes de la información poseída. A esto se lo denomina *estándar de posesión*. El estándar de posesión es característico de la regulación federal estadounidense (Regla 10b5-1 S.E.C.) y del MAR-2014 (art. 8-1).

Las consecuencias prácticas de que la legislación siga uno u otro estándar se expresan en las posibilidades que tiene una defensa para controvertir la imputación de uso de información privilegiada. El estándar de explotación exige prueba acerca de la concurrencia de un elemento subjetivo del tipo, concediendo correlativamente una amplia defensa negativa. El estándar de uso se basa en una presunción de racionalidad económica del poseedor de información privilegiada que puede ser refutada por la defensa. No hay restricciones a esa defensa negativa, pero sí inversión de la carga de la prueba. El estándar de posesión se expresa en una prohibición manifiestamente sobreinclusiva —operar en posesión de información privilegiada— que es corregida mediante el reconocimiento legal de excepciones que operan como defensas afirmativas o puertos seguros. La cuestión de si es admisible su recorte fuera de los casos legalmente previstos permite distinguir entre un estándar moderado de posesión y un estándar estricto de posesión. El *estándar estricto de posesión* no admite otras defensas afirmativas que las expresamente reconocidas por la legislación. Es el estándar que se atribuye a la Regla 10b5-1 S.E.C. respecto de la sanción administrativa.[39] El

---

[39]   § 240.10b5-1. La Regla 10b5-1 S.E.C. fue establecida el 24 de agosto de 2000, para poner fin a la controversia jurisprudencial acerca del estándar implicado por la Regla 10b-5 S.E.C. Su letra a) declara que el fraude supone actuar "en base a" información privilegiada, pero su letra b) dispone que ello se satisface cuando quien actúa lo hace "advertido" de la calidad privilegiada de la información que posee. La letra c) prevé dos defensas afirmativas, la defensa de la orden impartida previamente a la posesión de información privilegiada (c-1) y la defensa de la persona jurídica prestadora de servicios de asesoría e intermediación (c-2). La regulación de la defensa de la orden previa recibió una regulación detallada el 29 de diciembre de 2022.

estándar moderado de posesión considera que el catálogo de defensas afirmativas no es taxativo, por lo que la prohibición de operar en posesión de información se entiende como si fuera una presunción refutable de uso. Este es el estándar conforme al cual el Tribunal Europeo de Justicia interpretó el art. 2-1 MAD-2003 en el *caso Spector*.[40] El MAR-2014 prevé defensas afirmativas en su art. 9 y su considerando (20) da a entender que la regulación asume el mismo estándar jurisprudencial.[41]

La descripción objetiva de la acción por el art. 13 LMV (1981) era congruente con el estándar de posesión, pero la referencia que ese precepto hacía al propósito de obtener ventajas claramente correspondía al estándar de explotación. La Ley 19.301 sustituyó la prohibición del art. 13 por la primera oración del inciso segundo del art. 165 LMV e introdujo la norma penal de la letra e) del art. 60 LMV. La prohibición del inciso segundo del art. 165 vigente entre 1994 y 2023 conservaba la misma estructura originaria: "valerse de la información privilegiada para obtener beneficios o evitar pérdidas mediante cualquier tipo de operación". La norma penal del art. 60-e) hacía más explícito desde el punto de del tipo objetivo que el uso de la información es una manera o modo específico de realizar la operación, y no su sola realización en posesión de información privilegiada. La estructura "al efectuar transacciones … usaren deliberadamente información privilegiada" equivale a "efectuar transacciones usando información" y no a "usar información efectuando transacciones".

Por su parte, la Ley 19.705, al introducir la letra g) del art. 60 si bien complicó la descripción objetiva de la acción sustituyendo la referencia a efectuar transacciones por la fórmula "ejecutar un acto … mediante cual-

---

[40]   Sentencia del Tribunal de Justicia (Sala Tercera), de 23 de diciembre de 2009, en el asunto C-45/08, *Spector Photo Group NV, Chris Van Raemdonck y Commissie voor het Bank—, Financie— en Assurantiewezen (CBFA)*, § 62. Disponible en: http://curia.europa.eu/juris/document/document.jsf?docid=77184&doclang=ES.

[41]   "Cuando una persona física o jurídica que posee información privilegiada adquiere, transmite o cede, o intenta adquirir, transmitir o ceder, por cuenta propia o de terceros, directa o indirectamente, instrumentos financieros a los que se refiere dicha información, *ha de suponerse* que esa persona ha utilizado dicha información. *Esta presunción se entiende sin perjuicio del derecho de defensa*. La cuestión de si una persona ha infringido la prohibición de realizar operaciones con información privilegiada o ha intentado realizarlas ha de analizarse teniendo en cuenta el objeto del presente Reglamento, que es proteger la integridad de los mercados financieros y aumentar la confianza de los inversores, lo que, a su vez, se basa en la garantía de que estos estarán en igualdad de condiciones y *protegidos contra una utilización indebida de información privilegiada*." (Las cursivas son añadidas).

quier tipo de operaciones", reafirmó el estándar de explotación al explicitar que esa acción es realizada por al autor "valiéndose de información privilegiada ... con objeto de obtener un beneficio pecuniario o evitar una pérdida".

En resumen, y sin perjuicio de las diferencias de detalle, las tres normas que describían el hecho ilícito del uso operativo de información privilegiada en la LMV durante el período 1994-2023 presentaban una misma estructura, conforme a la cual se requería la concurrencia de tres elementos:

(i)   la posesión (conocimiento) de información privilegiada relativa a ciertos valores por parte del autor,

(ii)   la realización de transacciones u operaciones, ya sea directamente o por intermediarios, en interés propio o ajeno, sobre valores a los que se refiera la información poseída,

(iii)   el uso de la información privilegiada poseída, esto es, su consideración como razón o motivo predominante, relacionado con la obtención de una ganancia o evitación de una pérdida, para decidir realizar la operación.

La LDE, como se dijo, introdujo una misma fórmula gramatical para describir el comportamiento prohibido constitutivo de abuso de mercado, cuya infracción acarrea las sanciones civiles (art. 165 inciso segundo), y el comportamiento punible (encabezamiento del art. 60 inciso primero). El comportamiento consiste en "realizar una operación usando información privilegiada", entendiéndose por expresa disposición legal que esa operación puede consistir en adquirir o ceder los valores o bien cancelar o modificar una orden relativa a la adquisición o cesión de los valores. En otras palabras, mantiene los mismos tres elementos, ampliando el elemento (ii) a la cancelación o modificación de órdenes relativas a transacciones en el mercado de valores, y simplificando el elemento (iii), al prescindir de una referencia al propósito de obtener ganancias o evitar pérdidas. Es decir, claramente establece para el derecho chileno el *estándar de uso*, sin calificaciones adicionales que justifiquen su concepción como estándar de explotación.

El elemento (ii) corresponde a la descripción de la acción típica, que por sí sola es enteramente lícita. Son las características especiales que concurren a la realización de la acción, concretadas en los elementos (i) y (iii) las que fundamentan su ilicitud.

Ninguna de las normas exige para la consumación de la infracción o del delito que el autor obtenga efectivamente un beneficio económico o evite una pérdida. Por eso, no se trata de una infracción o delito de resultado, sino de mera actividad.

II. EL TIPO BÁSICO DEL DELITO DE USO OPERATIVO DE INFORMACIÓN PRIVILEGIADA EN EL MERCADO DE VALORES (ART. 60 INCISO PRIMERO N° 2 LMV)

El inciso primero del art. 60 LMV contempla dos hipótesis del delito de uso operativo de información privilegiada: la hipótesis del tipo básico que corresponde al delito común (N° 2, antes letra g) del art. 60) y la hipótesis del tipo calificado que corresponde al delito especial (N° 1, antes letra e) del art. 60). Antes de la LDE la pena era la misma para ambas hipótesis. Hasta la modificación introducida por la Ley 21.314 el uso operativo de información privilegiada que es constitutivo de abuso de mercado no constituía un crimen, sino simple delito. A partir de esa modificación legal pasó a ser un crimen, como todos los demás delitos que se encontraban previstos en el art. 60 LMV. La LDE introdujo la necesaria diferencia entre el tipo básico, constitutivo de simple delito, y el tipo calificado, constitutivo de crimen.

El tipo básico de uso de información privilegiada se encuentra previsto y sancionado en el art. 60 N° 2 LMV, del siguiente tenor:

> Artículo 60. El que realizare una operación usando información privilegiada, ya sea adquiriendo o cediendo, por cuenta propia o de otro, directa o indirectamente, los valores a los que esa información se refiere, o bien cancelando o modificando una orden relativa a esos valores, será sancionado:
>
> (…)
>
> 2. Con pena de presidio menor en sus grados medio a máximo en los demás casos.

1. *Bien jurídico protegido*

El bien jurídico protegido es la confianza de los inversionistas en la integridad del mercado de valores como condición de su eficiencia económica.[42] Es un bien jurídico colectivo. Por esa razón no opera su respecto el

---

[42] Al respecto, VEIL (2018). Para la validación de la confianza en la integridad del mercado de valores como bien jurídico colectivo HEFENDEHL (2002), pp. 281 ss. Entre nosotros, crítico de esta concepción aunque sin asumir el micro enfoque, GARCÍA (2015).

consentimiento, expreso o presunto, de ningún emisor, intermediario o inversionista como causa de exclusión de la ilicitud. El deber fiduciario para con la fuente de la información es irrelevante como objeto de protección, sin perjuicio de su relevancia para la configuración de deberes de garante respecto del comportamiento de terceros.

2. *Tipo objetivo*

El tipo objetivo tiene la siguiente estructura básica: "realizar una operación usando información privilegiada"

2.1. Autoría

Se trata de un delito común ("El que …"). Cualquier persona puede cometerlo, con tal que posea información privilegiada. La causa, razón, motivo u ocasión por la cual accedió a esa posesión es irrelevante.

Este rasgo diferencia al delito y a la infracción administrativa de uso de información privilegiada constitutivos de abuso de mercado (inciso primero del art. 60 e inciso segundo del art. 165 LMV), de las infracciones administrativas constitutivas de violación de deberes fiduciarios (inciso primero del art. 165 inciso LMV). Estas últimas siempre han exigido en el destinatario de las respectivas prohibiciones alguna calidad personal especial relacionada con el acceso a la información privilegiada[43].

---

[43] Entre 2001 y 2023 esto generaba una aparente inconsistencia sistemática, porque la norma penal genérica (art. 60 g)) no exigía la misma calidad especial del autor. No se trataba sin embargo de una auténtica anomalía, que requiriera ser corregida mediante una interpretación restrictiva, transfiriendo la delimitación del círculo de autoría de las normas administrativas a la formulación de la norma penal. Como se pudo ver (*supra*, I.2.2) el artículo 60-g) LMV fue introducido por la Ley 19.705 seis años después de que la Ley 19.301 introdujera el artículo 165 LMV y sólo sancionaba penalmente la infracción de una de las siete normas de comportamiento previstas en ese artículo 165. Algunas de esas normas presuponían, como lo siguen haciendo en el inciso primero, la existencia de un deber fiduciario del poseedor de la información respecto de la fuente de la información. Que esa presuposición se extendiera antes de la LDE también a las infracciones administrativas constitutivas de abuso de mercado se debía a la falta de suficiente diferenciación sistemática entre el micro enfoque y el macro enfoque que afectaba a la legislación chilena (*supra*, I.2.2). La función de la norma que tipificaba el delito común de uso de información privilegiada era precisamente corregir ese déficit, ampliando la protección de la integridad del mercado de valores respecto del abuso cometido por cualquier poseedor de información privilegiada. Esta es

2.2. Acción típica

El supuesto de hecho configurado en el inciso primero del art. 60 LDE consiste en parte en una simplificación de la norma penal preexistente, en parte en una mantención de la formulación tradicional de la LMV para referirse a las transacciones en el mercado de valores y en parte en una ampliación mediante la recepción de la regulación común europea.

La LDE simplificó la fórmula —"ejecut[ar] un acto por sí o por intermedio de otras personas (...) mediante cualquier tipo de operaciones o transacciones con valores de oferta pública"—, que era una manera innecesariamente compleja y parcialmente redundante de la idea básica de la regulación del mercado de valores: realizar por sí mismo o por intermedio de otro, ya sea para sí o para otro, una transacción con valores de oferta pública. En su lugar, el nuevo inciso primero del art. 60 describe la acción típica como "realizar una operación", la cual admite dos modalidades.

La primera modalidad de operar, u operación en sentido propio, es la adquisición (compra) o cesión (venta) de valores, efectuada directa o indirectamente, ya sea por cuenta propia o de otro. Esta es la formulación tradicional con que la LMV describe una transacción u operación en el mercado de valores. La segunda modalidad de operar es la cancelación o modificación de una orden de efectuar una operación en sentido propio. La incorporación de esta modalidad es una modernización del derecho chileno, efectuada por adopción de la regulación común europea.

El término "valores" se encuentra definido legalmente: "cualesquiera títulos transferibles incluyendo acciones, opciones a la compra y venta de acciones, bonos, debentures, cuotas de fondos mutuos, planes de ahorro, efectos de comercio y, en general, todo título de crédito o inversión" (art. 3° inciso primero LMV). Los términos "operaciones" y "transacciones" son sinónimos, por lo que la frase "operaciones o transacciones" debe entenderse como una conjunción de equivalencia. Por "transacción" u "operación" se entiende la adquisición o la enajenación de los valores.[44]

---

la mejor comprensión sistemática de la decisión adoptada por el legislador con la Ley 19.705, que se ha visto completamente ratificada por la LDE.

[44] Aunque en otros contextos de la LMV el término "operaciones" es usado en un sentido distinto de la realización de transacciones con valores —por ejemplo, las operaciones de los emisores (arts. 8°, 144 bis), las operaciones de corretaje o intermediación (arts. 30 y 35), las operaciones comerciales entre entidades relacionadas (art. 102)—, en el contexto de la descripción del uso de información privilegiada ese es su único sentido. Así se desprende de la correlación el inciso

La disyunción "directa o indirectamente" menciona los posibles modos de efectuar transacciones en el mercado secundario formal: participando en forma directa o a través de un agente de valores, corredor de bolsa u otro intermediario, como un banco o sociedad financiera. La regulación del mercado de valores imputa al inversionista como operación realizada indirectamente en interés propio la transacción efectuada directamente por el intermediario en interés del inversionista.

2.3. Medio comisivo especificado

Tal como se señaló en la sección I.4, sin consideración del medio comisivo la acción típica es enteramente lícita. El fundamento de su ilicitud, tanto desde el punto de vista administrativo como penal se encuentra en que ella es realizada por el autor usando información privilegiada. Esto explica que entre 1994 y 2023 la LMV tematizara el modo de realización de la operación como si él fuera la acción prohibida por la norma de comportamiento ("valerse de información privilegiada": art. 165 inciso segundo). El uso de la información privilegiada presupone naturalmente la posesión de información privilegiada, esto es, su conocimiento y comprensión, pero no se identifica solamente con ella. El texto legal es claro en el sentido de que además de poseer información privilegiada y de realizar una operación en posesión de esa información, es necesario que el autor use la información al realizar la operación.

El estándar que la LDE adoptó al tipificar el *insider trading* es indudablemente es *estándar de uso* (*supra*, I.4). Esto es, que la consideración de la información poseída desempeñe un rol como razón o motivo de la decisión de operar y la realización de esa acción. Por regla general, por lo tanto, la prueba del uso tendrá lugar mediante una inferencia o presunción refutable: si un agente racional conoce información que constituye una razón para realizar una acción, y realiza esa acción, se puede inferir que ha decidido actuar basado en esa razón.

A diferencia del estándar de explotación, el estándar de uso no requiere que la información poseída sea la única razón que explica la operación, o la razón inequívocamente predominante en su explicación. Basta con que sea una razón de peso, concomitante con otras razones o motivos. No obstante, el estándar de uso se abre a una posible *defensa*

---

primero del art. 12, el inciso segundo del art. 16, el inciso primero del art. 24 y el inciso segundo del art. 165.

negativa, basada en la consideración de razones o motivos legales o circunstanciales que sobresean por completo el peso relativo de la información poseída. Acerca de las defensas afirmativas reconocidas por la propia ley, *infra,* II.7.

3. *Tipo subjetivo*

Respecto del tipo subjetivo en sentido amplio cabe distinguir entre el tipo subjetivo propiamente tal, esto es, el dolo como exigencia de imputación subjetiva de la realización del tipo objetivo, y el elemento subjetivo del tipo anteriormente exigido por la LMV, que consistía en el "objeto de obtener un beneficio pecuniario o evitar una pérdida, tanto para sí como para terceros".

3.1. Dolo

La imputación de responsabilidad penal por la realización del tipo genérico del delito de uso de información privilegiada en el mercado de valores requiere la atribución a dolo del interviniente. Esto se infiere de la aplicación del sistema de *numerus clausus* del Código Penal (arts. 2°, 4° y 10 N° 13) como reglas supletorias de imputación.

Como se ha visto, la posesión de la información no es otra cosa que su conocimiento (*supra,* II.2.4). Eso es el dolo referido a la existencia de la información y a las propiedades que hacen privilegiada en relación con los valores con los que se opera. Asimismo, el dolo tiene que referirse a la realización de una operación con esos valores, en cualquiera de sus dos hipótesis, y al uso de la información. Esto último no es sino la advertencia consciente del peso específico que tiene la información poseída como razón o motivo para tomar la decisión de operar y realizar la operación. La falta de conocimiento de la concurrencia de los elementos objetivos del tipo, esto es un error de tipo, excluye la responsabilidad penal.[45]

3.2. Elemento subjetivo del tipo

Como se pudo apreciar (*supra,* I.4), entre 1980 y 2023 el uso de la información privilegiada se encontraba configurado como elemento de la

---

[45] Respecto de la responsabilidad administrativa en caso de realización imprudente del tipo, su afirmación no requiere fundamento objetivo en el art. 60-g) LMV. Para ello basta con la infracción al art. 165 inciso segundo LMV.

infracción o del delito conforme el estándar de explotación, mediante la exigencia de una tendencia interna trascendente consistente en el propósito de obtener un beneficio pecuniario o evitar una pérdida, para sí o para terceros, al realizar la operación con los valores a los que se refería la información poseída. Eso implicaba que la obtención del provecho o evitación de la pérdida tenía que ser el fin último o fin intermedio necesario de la acción, en el mismo sentido que el concepto de dolo directo de primer grado. La falta de prueba suficiente de la concurrencia de este elemento subjetivo excluía la responsabilidad penal por la realización de la operación con información privilegiada, quedando subsistente sólo la posibilidad de imputar responsabilidad administrativa conforme al art. 165.[46]

Al sustituir el estándar de explotación por el estándar de uso (*supra*, II.2.3), la LDE eliminó todas las referencias a este elemento subjetivo del tipo. El tipo subjetivo del delito de uso operativo de información privilegiada queda plenamente satisfecho con la imputación a dolo.

En todo caso, la efectiva obtención del provecho nunca ha constituido un elemento objetivo del tipo, por lo que nunca se ha requerido su concurrencia para la consumación del delito. Respecto del provecho económico derivado de la operación —la obtención de ganancia o la evitación de pérdida— siempre se ha tratado, en consecuencia, de un delito de resultado cortado.

4. Comisión por omisión

Dado que el delito de uso de información privilegiada no es un delito de resultado, carece de sentido la imputación de comisión por omisión de evitación de resultado. Relevante resulta, en cambio la imputación de responsabilidad, ya sea comoautoría o complicidad, por omisión de impedimento de realización del tipo por otra persona. Es claro que la mera posesión de información privilegiada no genera un deber de garante respecto del comportamiento de otro poseedor. Ese deber debe surgir de una posición especial de garante.

En el contexto del originario art. 13 LMV, quien poseía información privilegiada en virtud de desempeñar un cargo o tener una posición de-

---

[46] El inciso primero del artículo 165 introducido por la LDE combina una prohibición de uso no (necesariamente) operativo, conectada al propósito de obtener un beneficio, con una prohibición de abuso de mercado formulada bajo el estándar de posesión (*infra*, VIII).

bía velar para que sus subordinados o terceros de confianza no realizaran operaciones usando dicha información (inciso segundo). La inadvertencia del legislador con ocasión de la dictación de la Ley 19.301 transformó dicho deber en la obligación de velar para que esas terceras personas no recomendaran realizar operaciones, lo que es comparativamente menos relevante.

El nuevo inciso primero del art. 165 LMV introducido por la LDE restablece correctamente el deber de garante, al disponer que aquella persona que "en razón de su cargo, posición, actividad o relación posea información privilegiada (…) deberá velar para que [no] ocurra a través de sus subordinados o terceros de su confianza lo señalado (…) en el inciso siguiente", esto es, las infracciones a las prohibiciones constitutivas de abuso de mercado: uso operativo, revelación y recomendación de operación.

5. Tentativa[47]

El hecho de que el delito de uso operativo de información privilegiada sea un delito de mera actividad no impide que a su respecto sea también punible la tentativa. La cuestión radica en si la punibilidad de esa tentativa tiene que ser necesariamente la que corresponde a su modalidad simple (tentativa inacabada, ya sea fallida o involuntariamente abandonada), o también puede corresponder a la modalidad del delito frustrado (tentativa acabada, ya sea fallida o no desistida voluntariamente). La consideración de la relación entre inversionista e intermediario exige entender que la acción del primero consistente en impartir la orden de operar no puede ser considerada como tentativa acabada de autor mediato conforme a la solución individual: mientras el intermediario no opere por cuenta del inversionista, el inversionista no ha realizado indirectamente la operación. Realizándose la operación por un intermediario, la tentativa y consumación del delito se refieren a la actuación del intermediario.

La suposición errónea de relevancia de la información poseída o de su falta de divulgación constituye un error de tipo al revés, relevante como tentativa inidónea.

---

[47]   Lo afirmado en esta sección supone la aplicación de los arts. 7° y 51 a 54 del Código Penal como normas supletorias de la LMV. Esta asunción fue confirmada por lo dispuesto en el inciso segundo N° 5 del art. 60 LMV conforme a la modificación introducida por la Ley 21.314, derogado por la LDE.

6. Reglas especiales para la determinación de la pena

Desde su introducción por la Ley 19.705, la norma relativa al tipo básico de uso operativo de información privilegiada ha conocido tres penalidades: presidio menor en cualquiera de sus grados (2000-2021), presidio menor en su grado medio a presidio mayor en su grado mínimo (2021-2023) y presidio menor en sus grados medio a máximo (a partir de 2023).

La Ley 21.314 introdujo en el inciso segundo del art. 60 LMV algunas reglas especiales para la determinación de la pena de los delitos de uso y revelación de información privilegiada.

Las reglas anteriores fueron derogadas por la LDE, que hace aplicable al delito de *insider trading* —como a todos los demás delitos de la LMV— el nuevo régimen de determinación judicial de la pena, de reglas sobre penas sustitutivas, de multa conforme al sistema de días-multa y de inhabilitaciones previsto en su Título II (arts. 8 a 39). Dado que se trata de delitos de la primera categoría (absolutamente económicos), no es necesaria la constatación de una conexión entre el hecho punible y una mediana o gran empresa para la aplicabilidad de esas reglas.

7. Relevancia de las defensas afirmativas reconocidas por el derecho comparado

La concurrencia de la tendencia interna trascendente es en principio incompatible con la existencia de otras razones o motivos preponderantes para realizar la operación. Ese no es el caso del estándar de uso, que sólo exige concurrencia de la racionalidad económica inherente al conocimiento de la información con otras razones o motivos. No obstante, éstos pueden tener tal peso o preponderancia que excluyan la imputación de uso de información privilegiada.

Desde 1994, la LMV contempla dos defensas afirmativas extendidas en el derecho comparado, tanto para los intermediarios (art. 165 inciso tercero) como para las empresas de asesoría múltiple (art. 169). La LDE introdujo otra defensa afirmativa, también conocida por el derecho comparado, para los *insiders* primarios de los emisores (art. 165 inciso cuarto).

El derecho comparado conoce además las siguientes defensas afirmativas:

(1) respecto del creador de mercado ("market maker"), la realización de operaciones en el curso normal del ejercicio legítimo de su función (art. 9.3.b MAR-2014);

(2)   respecto del inversionista, el cumplimiento de un deber legal o reglamentario previo a la fecha en que tuvo posesión de información privilegiada (art. 9.3.b MAR-2014);

(3)   respecto del inversionista calificado, la posesión de información relativa a sus decisiones de inversión (art. 9.5 MAR-2014);

(4)   respecto del interesado en una operación de fusión u oferta pública de adquisición, la posesión y uso de la información privilegiada con la finalidad de llevar a cabo esa operación siempre que al momento del cierre de la operación exitosa deje de tener ese carácter (art. 9.4 MAR-2014);

(5)   respecto de una persona jurídica que presta servicios múltiples, la separación acústica de las funciones de asesoría e intermediación (Regla 10b5-1-c-(2) S.E.C., Regla 14e-3-b S.E.C.).

Tratándose de una prohibición formulada bajo el estándar de posesión, estas defensas afirmativas constituyen "puertos seguros", cualquiera sea la concepción sistemática que se tenga de ellos (elementos negativos del tipo, causas de justificación, causas de exención de sanción). Respecto en cambio de la prohibición formulada bajo un estándar de explotación o de uso las defensas afirmativas son simplemente casos legalmente reconocidos de defensas negativas: la concurrencia de los elementos que las caracterizan implica *ceteris paribus* una refutación concluyente de la concurrencia del propósito de aprovechamiento de la información (explotación) o de su relevancia equiparable como razón o motivo para la acción (uso).

III. EL TIPO CALIFICADO DEL DELITO DE USO OPERATIVO DE INFORMACIÓN PRIVILEGIADA EN EL MERCADO DE VALORES (ART. 60 INCISO PRIMERO N° 1 LMV)

El tipo especial y calificado de uso operativo de información privilegiada se encuentra previsto y sancionado en el artículo 60 N° 1 LMV, del siguiente tenor:

Artículo 60. El que realizare una operación usando información privilegiada, ya sea adquiriendo o cediendo, por cuenta propia o de otro, directa o indirectamente, los valores a los que esa información se refiere, o bien cancelando o modificando una orden relativa a esos valores, será sancionado:

1. Con pena de presidio menor en su grado máximo a presidio mayor en su grado mínimo, en caso de poseer la información privilegiada en alguna de las circunstancias señaladas en el artículo 166.

1. Bien jurídico protegido

El bien jurídico protegido es el mismo que tratándose del delito genérico (*supra*, II.1).

2. Tipo objetivo

Conforme a lo expresado en las secciones I.4, II.2.1 y II.2.2 el tipo objetivo tiene la siguiente estructura: "realizar operaciones usando información privilegiada", pudiendo consistir la operación en una transacción o en la cancelación o modificación de una orden de transacción. La acción típica se compone de los mismos elementos del tipo básico.

2.1. Autoría

El tipo calificado de uso operativo de información privilegiada es un delito especial. Solo son autores idóneos del delito los poseedores de información privilegiada señalados en el art. 166 LMV. El círculo de autores idóneos del delito corresponde a una subclase del círculo de destinatarios de las normas de comportamiento asociadas a deberes fiduciarios (art. 165 inciso primero LMV).

El art. 166 contiene un catálogo de poseedores presuntos de información privilegiada que distingue dos clases de *insiders* y señala una clase especial de *outsiders*.[48] El inciso primero establece una presunción simplemente legal de posesión de información privilegiada asociada a la sola calidad personal para *insiders* primarios de emisores o inversionistas institucionales (a) o sus controladores (b), controladoras o sus representantes, que realicen operaciones o negociaciones tendientes a la enajenación del control (c) e *insiders* primarios de asesores financieros u operadores de intermediarios de valores (d). El inciso segundo establece una presunción simplemente legal de posesión de información privilegiada asociada a la calidad personal y al hecho de haber podido tener acceso a dicha información para *insiders* de empresas de auditoría externa (a), clasificadoras de riesgo (b), subordinados de *insiders* primarios de emisores o inversionistas institucionales (c), *insiders* secundarios de emisores o inversionistas institucionales (d), funcionarios públicos fiscalizadores (e) y los cónyuges o convivientes de las personas señaladas en la letra a) del inciso primero, así como cualquier persona que habite en su mismo domicilio (f).

---

[48]   El art. 166 fue introducido en la LMV por la Ley 19.301 y modificado por la Ley 20.382. Al respecto, Bascuñán 2011, pp. 99-109 y 121-127.

La presunción simplemente legal establecida en el art. 166 LMV sólo se refiere a la prueba del conocimiento de la información. No se extiende a la prueba del uso de dicha información en la operación realizada.

2.2. Medio comisivo especificado

El art. 60-e) LMV introducido en 1994 tematizaba el medio comisivo como "usar deliberadamente información privilegiada". La determinación precisa del estándar de uso asociado a la fórmula legal se encontraba en el adverbio "deliberadamente", que constituía un elemento subjetivo del tipo (*infra*, III.3.2). La LDE eliminó esta particularidad, exigiendo para los tipos básico y calificado el mismo medio comisivo, consistente en el uso de la información.

3. Tipo subjetivo

3.1. Dolo

Lo dicho respecto del tipo básico (*supra*, II.3.1) es también aplicable a este delito.

3.2. Elemento subjetivo del tipo

La deliberación en el uso que exigía el art. 60-e) desde 1994 era una tendencia interna intensificada. Conforme a ella, la información privilegiada debía tener peso específico predominante en la deliberación que motivaba la decisión de efectuar la operación. Esto equivalía al estándar de explotación presupuesto por el art. 60-g) introducido en 2000 mediante la exigencia de una tendencia interna trascendente (*supra*, II.3.2).

Al sustituir el estándar de explotación por el estándar de uso (*supra*, II.2.3), la LDE eliminó todas las referencias a este elemento subjetivo del tipo. También tratándose del tipo calificado el tipo subjetivo queda plenamente satisfecho con la prueba del dolo.

3. Comisión por omisión

Lo dicho respecto del delito genérico (*supra*, II.4) es enteramente aplicable a este delito. Salvo por las personas señaladas en las letras c) y f) del inciso segundo del art. 166 LMV, lo usual será que los autores de este delito sean también garantes respecto de la actuación de terceros.

4. Tentativa, penalidad y reglas especiales para la determinación de la pena

Lo dicho respecto del tipo básico en relación con la punibilidad de su tentativa (*supra*, II.5) y la determinación judicial de la pena (*supra*, II.6) es enteramente aplicable al tipo calificado.

El derecho preexistente a la entrada en vigor de la LDE no establecía diferencias entre las penalidades del tipo genérico o común (artículo 60 g) LMV) y el tipo especial (artículo 60 e) LMV) de uso operativo de información privilegiada. La LDE hace del tipo especial un tipo calificado, constitutivo de crimen, estableciendo para él la pena de presidio menor en su grado máximo a presidio mayor en su grado mínimo.

5. Las Defensas afirmativas del intermediario y del insider primario

Desde 1994 el inciso tercero del art. 165 LMV autoriza al intermediario que posea información privilegiada a efectuar operaciones respecto de los valores a que ella se refiera, por cuenta de terceros, siempre que la orden y las condiciones específicas de la operación provengan del cliente, sin asesoría ni recomendación del intermediario, y la operación se ajuste a su norma interna, establecida de conformidad al artículo 33, esto es, cumpliendo con las normas legales, administrativas y corporativas relativas al manejo de la información. Esta es una defensa afirmativa extendida en el derecho comparado.[49]

La LDE introdujo un nuevo inciso cuarto en el artículo 165 LMV para incorporar la defensa de la orden previa. Conforme a esta regla, la orden impartida por quien al momento de impartirla no poseía información privilegiada es ejecutable por el intermediario incluso si antes de su ejecución quien la impartió entra en posesión de información privilegiada que hace aconsejable realizar la transacción en cuestión. Esta es una defensa afirmativa también extendida en el derecho comparado[50]

El hecho de que la LDE haya establecido un estándar de uso en la tipificación del delito de uso operativo de información privilegiada hace que estas defensas afirmativas tengan el carácter de una presunción de derecho de la defensa negativa consistente en la relevancia o peso específico de la consideración de la información como razón para decidir efectuar la transacción o dejar ejecutar la orden: por definición legal, el intermediario que

---

[49]   Art. 9.2.b MAR-2014.
[50]   Art. 9.1 MAR-2014; Regla 10b5-1 SEC (*supra*, nota 39).

opera en esas condiciones o el *insider* que deja ejecutar la orden impartida no lo hacen usando la información que poseen[51] Por esta razón, la defensa vale incondicionalmente, cualquiera haya sido el motivo efectivamente determinante o influyente en el intermediario.

IV. EL DELITO DE REVELACIÓN DE INFORMACIÓN PRIVILEGIADA (INCISO SEGUNDO DEL ARTÍCULO 60 LMV)

A diferencia de la regulación vigente 2000-2023, que sólo conocía un delito genérico o común de revelación de información privilegiada, previsto y sancionado en el artículo 60-h) LMV, la LDE estableció para este delito la misma doble tipicidad, simple y calificada, que introdujo para del delito de uso operativo de información privilegiada. El inciso segundo del artículo 60 es del siguiente tenor:

> Con las mismas penas será sancionado, respectivamente, el que revelare indebidamente información privilegiada.

1. Bien jurídico protegido

El bien jurídico protegido es el mismo que tratándose del delito de uso operativo de información privilegiada (*supra*, II.1). El modo de afectación del bien por la acción típica es sin embargo diferente. La revelación es relevante como afectación de la confianza de los inversionistas en la integridad del mercado de valores en la medida en que crea un riesgo de que el nuevo poseedor de información privilegiada realice una operación usándola. En otras palabras, se trata de un modo de afectación subordinado.

2. Tipo objetivo

El tipo objetivo tiene una estructura simple: "revelar indebidamente información privilegiada", que equivale a la acción prohibida en el inciso segundo del art. 165 LMV constitutiva de infracción administrativa, consistente en "comunicar esa información [privilegiada] a terceros".

2.1. Autoría

---

[51] En lo que respecta a la prohibición de operar en posesión de información privilegiada establecida en el inciso primero del art. 165, las reglas operan como una auténtica defensa afirmativa o puerto seguro frente a la imputación de responsabilidad sancionatoria administrativa.

El tipo básico de revelación de información privilegiada es un delito común ("el que ..."). Cualquier persona puede cometerlo, con tal que posea información privilegiada. La causa, razón, motivo u ocasión por la cual accedió a la posesión de la información es irrelevante.

El tipo calificado de revelación de información privilegiada es un delito especial. El círculo de autores idóneos se encuentra restringido a los poseedores presuntos señalados en el artículo 166 LMV. Lo dicho respecto del tipo calificado de uso operativo de información privilegiada (supra, III.2.1) es aplicable a este tipo calificado.

2.2. Acción típica

La acción típica consiste en revelar la información poseída, esto es, en comunicarla a quien aún no la conoce, siempre que dicha comunicación no implique divulgación en el sentido del art. 164 LMV. La divulgación indebida de información privilegiada puede constituir una grave infracción a un deber fiduciario, con considerables efectos perjudiciales para la fuente de la información, pero por definición no constituye abuso de mercado asociado al manejo indebido de información privilegiada, pues extingue su carácter de tal.

Además, para que la revelación constituya un abuso de mercado es imprescindible que genere el riesgo de una operación con información privilegiada o su recomendación. El antiguo art. 60-h) requería la concurrencia de un elemento subjetivo relacionado con esta exigencia (infra, IV.3). La LDE eliminó ese elemento subjetivo del tipo atendido su carácter excesivo. Pero una interpretación contextual del delito de revelación de información privilegiada como modalidad de abuso de mercado requiere la creación de ese riesgo para asignar a la revelación relevancia como un atentado contra el bien jurídico.

La comunicación puede ser realizada de cualquier manera. Esto implica una alteración del concepto de posesión de información privilegiada. Como se ha visto (supra, II.2.4) en el contexto del delito de uso operativo de información privilegiada la posesión de la información es el conocimiento de la misma. En el contexto del delito de revelación de información privilegiada constitutiva de abuso de mercado, en cambio, la posesión puede consistir, además, en la custodia de soportes de información. Eso es así porque la revelación puede consistir en la entrega a otro del soporte o de su contenido informativo, sin que el custodio tome conocimiento de la información en él contenida.

El carácter indebido de la revelación se analiza más adelante (IV.5).

3. Tipo subjetivo

Conforme a la regulación vigente 2000-2023, respecto del delito de revelación de información privilegiada cabía distinguir también entre el dolo como exigencia de imputación subjetiva y un elemento subjetivo del tipo consistente en el "objeto de obtener un beneficio pecuniario o evitar una pérdida, tanto para sí como para terceros, en operaciones o transacciones con valores de oferta pública".

Esta fórmula, evidentemente adoptada de la tipificación del delito genérico de uso operativo de información privilegiada (art. 60-g) LMV), generaba problemas prácticos. Por una parte, la fórmula era inadecuadamente restrictiva, porque requería dolo directo de primer grado referido al uso operativo del receptor de la información. Por otra parte, la fórmula era inadecuadamente extensiva, porque alcanzaba de modo puramente objetivo el caso en que el poseedor de información privilegiada la revela a un intermediario como parte de la instrucción de operar, sin siquiera requerir imprudencia respecto de alguna operación adicional por parte del receptor de la información.

La LDE eliminó toda referencia a un elemento subjetivo del tipo, dejando la determinación del tipo subjetivo a cargo de las reglas generales de imputación subjetiva del sistema legal, conforme al cual la realización del tipo básico y calificado del delito de uso de información privilegiada en el mercado de valores requiere la atribución a dolo del interviniente.

Dado que la posesión de la información puede consistir tanto en su conocimiento como en la custodia de soportes que la contienen (*supra*, IV.2.2), el dolo puede tener distintos objetos de referencia. En el primer caso el dolo referido a la existencia de la información y a las propiedades que hacen privilegiada no es otra cosa que la posesión de esa información. En el segundo caso el dolo se refiere a la existencia del soporte y a la creencia en que tiene un contenido que consiste en información que tiene las propiedades que la hacen privilegiada.

La falta de conocimiento de la concurrencia de los elementos objetivos del tipo, así como ausencia de creencia acerca del carácter privilegiado de la información, esto es el error de tipo, excluye la responsabilidad penal.

4. Tentativa

El hecho de que el delito de revelación de información privilegiada sea un delito de mera actividad no impide que a su respecto sea también punible la tentativa. La cuestión de si esa tentativa es la que corresponde a su modalidad simple (tentativa inacabada, ya sea fallida o involuntariamente abandonada) o a la modalidad del delito frustrado (tentativa acabada, ya sea fallida o no desistida voluntariamente) depende del modo concreto en que el autor realiza la revelación. Cualquier modo de ejecución que suponga una acción de envío de la información temporalmente distinguible de su recepción por el destinatario hace posible la imputación de responsabilidad por tentativa acabada, o sea, delito frustrado de revelación.

La suposición errónea de relevancia de la información poseída o de su falta de divulgación constituye un error de tipo al revés, discutiblemente relevante como tentativa inidónea.

5. La revelación legítima

Los arts. 165 y 166 LMV no prevén una defensa afirmativa genérica como la prevista por el art. 10.1 MAR-2014, consistente en que la revelación "se produ[zca] en el normal ejercicio de[l] trabajo, profesión o funciones".[52] Esta defensa se explica por el hecho de que el funcionamiento eficiente del mercado de valores supone márgenes determinados de flujo legítimo de información privilegiada. Como mínimo, salvo por el caso del art. 166 inciso segundo letra f), todos los casos de flujo de información identificados por el Título XXI LMV hacen lícita la revelación que posibilita dicho flujo.

La LDE se hace cargo de esta situación mediante la exigencia de que la revelación de la información privilegiada sea efectuada "indebidamente". Como es obvio, carece de sentido entender al adverbio en el sentido de "una manera no obligatoria ni exigible", que es la primera acepción reconocida por el Diccionario de la Lengua española, sino en el sentido de "ilícitamente". Y como también es evidente, la afirmación de la ilicitud de la revelación no requiere identificar una norma prohibitiva distinta de la norma de comportamiento correlativa a la norma penal, que es el deber de abstenerse de "comunicar [la]

---

[52]   Durante la tramitación del proyecto de ley que dio origen a la Ley 19.389, se propuso una regla semejante como puerto seguro para la comunicación efectuada por *insiders* de inversionistas institucionales a intermediarios relativa a decisiones de inversión. La propuesta fue desechada por considerársela "discriminatoria" respecto de cualquier otro inversionista (Biblioteca del Congreso Nacional, *Historia de la Ley 19.389*, págs. 44, 46, 190 y 379/869). La única manera de explicar racionalmente esa justificación es asumiendo que se trata de una manera algo extravagante de hacer referencia al carácter redundante de la norma.

información a terceros" establecido en el art. 165 inciso segundo). Esta mención a la ilicitud es una referencia general a la antijuridicidad de la conducta, o sea, a la corroboración definitiva de la ilicitud provisoriamente inferida del carácter típico de la acción mediante la constatación de la inaplicabilidad al caso de una regla o principio que autorice la revelación.[53]

V. EL DELITO DE RECOMENDACIÓN DE OPERACIÓN EN POSESIÓN DE INFORMACIÓN PRIVILEGIADA

Siguiendo al art. 8-2 MAR-2014, la LDE introdujo en el derecho chileno como atentado especifico constitutivo de abuso de mercado la recomendación de operar efectuada por un poseedor de información privilegiada. El art. 165 inciso segundo LMV impone al poseedor de información privilegiada el deber de abstenerse de recomendar la adquisición o enajenación de los valores a los que se refiere la información. Por su parte, el art. 60 inciso final dispone lo siguiente:

> El que poseyendo información privilegiada en alguna de las circunstancias señaladas en el artículo 166 recomendare a otro la realización de las operaciones a que se refiere el inciso primero, será sancionado con pena de presidio menor en sus grados medio a máximo.

Como se puede apreciar, la coincidencia entre la infracción administrativa y el tipo penal no es completa. El tipo penal es por una parte más restringido, ya que exige una calidad especial de autor, y por otra parte es más amplio, ya que hace punible no sólo la recomendación de efectuar una transacción sino también la de cancelar o modificar una orden de operar. La discordancia queda salvada, en todo caso, si se tiene presente que la recomendación puede ser considerada como un caso de uso no operativo de información privilegiada en beneficio de otro, prohibido por el inciso primero del art. 165 LMV (infra,).

1. *Bien jurídico protegido*

El bien jurídico protegido es el mismo que tratándose del delito de uso operativo de información privilegiada (*supra*, II.1). El modo de afectación del bien jurídico es similar al que implica la revelación: la recomendación

---

[53]   Bajo la regulación vigente 2000-2023 la concurrencia de la tendencia interna trascendente requerida como elemento subjetivo del tipo era en principio incompatible con la existencia de otras razones o motivos que justificaran la revelación. Por tal razón, la prueba de la existencia de esas razones o motivos implicaba *ceteris paribus* una refutación de la concurrencia del elemento subjetivo del tipo.

es relevante como afectación de la confianza de los inversionistas en la integridad del mercado de valores en la medida en que crea un riesgo de que una persona aproveche injustamente el conocimiento de información privilegiada que tiene otro.

2. *Tipo objetivo*

El tipo objetivo consiste en recomendar a otro, poseyendo información privilegiada en alguna de las circunstancias señaladas en el artículo 166, la realización de una operación, ya sea adquiriendo o cediendo, por cuenta propia o de otro, directa o indirectamente, los valores a los que esa información se refiere, o bien cancelando o modificando una orden relativa a esos valores.

2.1. Autoría

El delito de recomendación de operación es un delito especial. La expresión "poseyendo información privilegiada en alguna de las circunstancias señaladas en el artículo 166" se refiere a una circunstancia concomitante que delimita un círculo especial de autoría, restringido a los poseedores presuntos señalados en el artículo 166 LMV. Lo dicho respecto del tipo calificado de uso operativo de información privilegiada (*supra*, III.2.1) es aplicable a este delito.

2.2. Acción típica

La acción típica consiste en recomendar a otro cualquiera de las modalidades de operación reconocidas por el delito de uso operativo de información privilegiada: la adquisición o cesión de valores y la cancelación o modificación de órdenes de operar.

A diferencia del art. 8-2-a) MAR 2014, la LMV no explicita que la recomendación debe efectuarse "sobre la base" de la información privilegiada. La interpretación sistemática permite no obstante sostener que el tipo de la recomendación en posesión de información privilegiada presupone la misma conexión entre la información poseída y el acto de recomendar que el tipo de uso operativo exige entre la información poseída y la decisión de operar. Por la misma razón, la prueba de esa conexión procederá por regla general por inferencia.

3. *Tipo subjetivo*

Lo dicho respecto del tipo básico de uso operativo de información privilegiada (*supra*, II.3.1) es también aplicable al delito de recomendación de operar. Se trata de un delito doloso.

VI. LOS DELITOS DE MANEJO INDEBIDO DE INFORMACIÓN PRIVILEGIADA COMETIDOS EN EL CONTEXTO DE LA ADMINISTRACIÓN DE FONDOS DE PENSIONES

En el Decreto Ley 3.500 (en adelante, "DL 3.500") existen tres contextos regulativos en los cuales son formuladas normas que prohíben el uso y la revelación de información confidencial que tiene o puede tener el carácter de información privilegiada en el sentido del art. 164 LMV. Esos contextos son:

(i)   el manejo de información por los integrantes y los funcionarios de la Comisión Clasificadora de Riesgo (art. 103);

(ii)   el manejo de información privilegiada por los directores, gerentes, apoderados, liquidadores y operadores de mesa de dinero de las administradoras de fondos de pensiones (art. 159);

(iii) el manejo de información por los miembros titulares y suplentes y el Secretario Técnico del Consejo Técnico de Inversiones (art. 168).

Tratándose del primer y tercer contexto regulativo, la ley establece un deber de guardar reserva y una prohibición de uso no (necesariamente) operativo de la información, y sanciona penalmente la infracción de ambas normas de comportamiento. La LDE no introdujo modificaciones en la formulación de esas normas ni en las penas señaladas a su infracción, limitándose a explicitar la aplicabilidad del art. 60 LMV para el caso de que dicha infracción realice cualquiera de los tipos penales allí configurados (art. 103 inciso cuarto, art. 168 inciso décimo).

En lo que respecta al manejo de información privilegiada por los *insiders* de las administradoras de fondos de pensiones, el art. 159, modificado por la LDE, dispone lo siguiente:

> Art.159. Sufrirán las penas de presidio menor en su grado máximo a presidio mayor en su grado mínimo, los directores, gerentes, apoderados, liquidadores y operadores de mesa de una Administradora de Fondos de Pensiones que en razón de su cargo o posición, y valiéndose de información privilegiada de aquélla que trata el Título XXI de la ley N° 18.045:
>
> a) Ejecuten un acto por sí o por intermedio de otras personas, con el objeto de obtener un beneficio pecuniario para sí o para otros, mediante cualquier operación o transacción de valores de oferta pública;
>
> b) Divulguen la información privilegiada, relativa a las decisiones de inversión de cualquiera de los Fondos a personas distintas de las encargadas de efectuar las operaciones de adquisición o enajenación de valores de oferta pública por cuenta o en representación de cualquiera de los Fondos.

> Si el hecho constitutivo de la infracción o contravención a que se refieren las letras a) o b) del inciso precedente constituye también delito conforme a lo dispuesto en los incisos primero o segundo del artículo 60 de la ley N° 18.045, o en el artículo 284 del Código Penal[54], las demás personas que lo perpetren responderán penalmente según lo dispuesto en dichos preceptos.

A esta regulación, la LDE añadió el art. 159 bis, del siguiente tenor:

> Art. 159 bis. Sufrirán la pena de presidio menor en sus grados medio a máximo los directores, gerentes, apoderados, liquidadores u operadores de mesa de dinero de una Administradora de Fondos de Pensiones que, poseyendo información privilegiada de aquélla que trata el Título XXI de la ley N° 18.045 en razón de su cargo o posición, recomendaren a otro la realización de las operaciones a que se refiere la letra a) del inciso primero del artículo 159.

> Las demás personas que perpetren el hecho previsto en el inciso precedente responderán penalmente según lo dispuesto en el inciso tercero del artículo 60 de la ley N° 18.045.

La lógica regulativa introducida por la LDE consiste en restringir el círculo personal de los autores de los delitos tipificados en las letras a) y b) del inciso primero del art. 159 DL 3.500 a *insiders* primarios, eliminando de ese círculo a los simples los trabajadores, y aumentar el grado inferior de la pena, que antes alcanzaba al presidio menor en su grado medio. De ese modo, las hipótesis de uso operativo y revelación de información privilegiada del art. 159 DL 3.500 reciben la misma pena que los respectivos tipos calificados del art. 60 LMV. Respecto de quienes intervengan en la perpetración del hecho sin poseer esas calidades, son aplicables las normas de sanción del art. 60, es decir, se distingue la penalidad atendiendo a si se trata de poseedores presuntos conforme al art. 168 LMV, y en tal caso es aplicable la pena señalada por el art. 60 N° 1 LMV que es idéntica a la señalada por el art. 159 DL 3.500, o si se trata de cualquier otro poseedor de información privilegiada, y en tal caso es aplicable la pena señalada por el art. 60 N° 2 LMV, esto es, presidio menor en sus grados medio a máximo. El art. 159 bis reproduce la diferenciación de normas sancionatorias por razones de equivalencia sistemática, pero sin efectos prácticos, pues las penas son las mismas: presidio menor en sus grados medio a máximo. La razón de ello se encuentra en que en la LMV este es también un delito especial, restringido a un círculo especial de autores.

---

[54]   La referencia al art. 284 del Código Penal debe entenderse efectuada a los arts. 284 a 284 sexies de dicho Código, que en conjunto regulan el delito de violación de secreto comercial.

Lo anterior implica entender que, a diferencia de los otros dos contextos regulativos, las normas de las letras a) y b) del art. 159 DL 3.500, así como la norma del nuevo art. 159 bis, son consideradas por el sistema legal como normas sancionatorias de atentados constitutivos de abuso de mercado. Con todo, no se trata de normas enteramente equivalentes a las normas del art. 60 LMV. Desde luego, no sancionan penalmente la cancelación o modificación de órdenes en uso de información privilegiada. Además, como se verá, la prohibición de uso operativo consagra el estándar de explotación y no el de uso, como el art. 60 inciso primero LMV. Finalmente, como también se verá, la consideración de la prohibición de divulgar la información privilegiada como (eventualmente) abarcadora de la revelación que genera un riesgo de uso operativo depende de una decisión interpretativa. Por esta razón es importante examinarlas brevemente.

Cualquiera que sea la posición que se adopte en relación con la interpretación de estas disposiciones, es claro que los casos de *insider trading* comprendidos por el art. 60 LMV que se entiendan como no subsumibles en los supuestos de hecho de las letras a) o b) del art. 159 DL 3500 quedan entregados exclusivamente a la aplicación de la LMV. El inciso segundo del art. 159 DL 3.500 no establece una tipificación disyuntiva de hechos punibles, sino un sistema de normas de sanción de los comportamientos tipificados en las letras a) y b) del inciso primero, atendiendo a la calidad personal del interviniente. Por esta razón, la perduración del art. 159 DL 3.500 en ningún caso implica un estatuto privilegiado, con eventuales vacíos de punibilidad, para el *insider trading* cometido en relación con información privilegiada manejada por administradoras de fondos de pensiones.

1. *El delito de uso operativo de información privilegiada*

El bien jurídico protegido es el mismo que tratándose de los delitos de uso operativo de la LMV. Autor idóneo del delito es exclusivamente un determinado círculo de personas: los *insiders* primarios de una administradora de fondos de pensiones que hayan poseído la información privilegiada en razón de su cargo o posesión.[55] La acción típica se encuentra descrita

---

[55]   Aunque la redacción del precepto omite mencionar la relación existente entre el cargo o la posición y la posesión de la información privilegiada, ese es su único sentido sistemáticamente coherente, por consideración al art. 165 LMV. Exigir que la acción típica de uso operativo o divulgación sea ejecutada "en razón del cargo o posición" del *insider* o subordinado carece de sentido. Precisamente se trata de acciones que infringen los deberes del cargo o posición.

con la redacción característica del delito genérico de uso operativo de información privilegiada del art. 60-g) LMV, introducido por la Ley 19.705 en 2001. Es una fórmula compleja, pero enteramente equivalente a realizar la modalidad de operación consistente en comprar o vender valores. El estándar empleado por la ley corresponde al estándar de explotación, que era también característico del art. 60-g) LMV derogado por la LDE. Ello se expresa en la exigencia de un elemento subjetivo del tipo, la tendencia interna trascendente de obtener un beneficio pecuniario para sí o para otros.

2. El delito de divulgación de información privilegiada

La identificación del bien jurídico protegido por la norma de comportamiento correlativa al art. 159-b) DL 3.500, así como el alcance del tipo objetivo, dependen del sentido que se atribuya a la expresión "divulguen".

Si se la interpreta en el sentido de la expresión "divulgada" del art. 164 inciso primero LMV (*supra*, I.3), el delito constituye un atentado exclusivamente contra un interés patrimonial de la administradora de pensiones. Pues la divulgación priva a ese inversionista institucional de la obtención de ganancia o evitación de pérdida asociada a la variación de la cotización del valor con posterioridad a su operación.

Si en cambio se la interpreta en el sentido de "comuniquen" del art. 165 inciso segundo LMV, entonces es posible que el tipo abarque comportamientos constitutivos de abuso de mercado. Para sostener que la norma tipifica exclusivamente un abuso de mercado es indispensable afirmar una interpretación restrictiva, conforme a la cual se requiere que la revelación o comunicación genere un riesgo de uso operativo de la información privilegiada revelada o comunicada para que sea punible.

El examen de la historia fidedigna de su establecimiento no ofrece elementos para apoyar una u otra interpretación.[56] Existe sin embargo un

---

[56] Ni el mensaje presidencial que dio origen a la ley, ni tampoco el proyecto aprobado en primer trámite constitucional por la Cámara de Diputados contemplaban esta modificación al DL 3.500. La propuesta de modificación recién aparece en el segundo informe de la Comisión de Hacienda del Senado, sin fundamentación (Biblioteca del Congreso Nacional, *Historia de la Ley 19.301*, pág. 676/1019). A partir de entonces la disposición formó parte del proyecto sin modificaciones ni comentarios. Dado que el Título XXI ya había sido incorporado por la Comisión de Hacienda del Senado en su primer informe (op. cit. págs. 523-525/1019), el uso del término "divulguen" en el art. 159-b) DL 3.500 que se propuso pudo tener

antecedente histórico que justifica atribuir al término "divulguen" el sentido de "comuniquen". La Ley 19.301 introdujo en la Ley 18.045 un nuevo Título XX relativo a administradoras de fondos fiscalizados por la Superintendencia de Valores y Seguros. El art. 162 LMV comprendido en ese título declaraba contrarias a la ley un catálogo de acciones, dentro de las cuales estaban "la utilización en beneficio propio o ajeno, de información relativa a operaciones por realizar por el fondo, con anticipación a que éstas se efectúen" (d) y "la comunicación de información esencial relativa a la adquisición, enajenación o mantención de activos por cuenta del fondo, a personas distintas de aquellas que estrictamente deban participar en la operaciones respectivas, en representación de la administradora o del fondo" (e). Conforme a la modificación introducida en el art. 59-e) por la misma ley, ambos comportamientos eran constitutivos de crimen. Como salta a la vista, la redacción del art. 162-e) LMV introducido por la ley 19.301 es prácticamente idéntica a la redacción del art. 159-b) DL 3.500, salvo por el verbo en cuestión. La coincidencia del contexto regulativo y de la finalidad de protección de la norma es sin duda más relevante que la diferencia verbal.

Conforme a lo anterior, el tipo del delito de divulgación de información privilegiada del art. 159-b) DL 3.500 puede abarcar la revelación que constitutiva de abuso de mercado. La cuestión consiste en determinar si abarca solo esa revelación o si puede abarcar además la revelación constitutiva de divulgación en el sentido del art. 164 LMV, esto es, el atentado al interés patrimonial de la administradora de fondos de pensiones. Dado que la legislación chilena por lo general no efectúa la distinción entre ambas clases de comunicación de la información privilegiada, desde un punto de vista sistemático lo más verosímil es entender que este también es un caso de delito no necesariamente constitutivo de abuso de mercado.

VII. LA DEROGACIÓN DE LAS DEMÁS NORMAS ESPECIALES SOBRE MANEJO INDEBIDO DE INFORMACIÓN PRIVILEGIADA EN EL MERCADO DE VALORES

Con anterioridad a la entrada en vigor de la Ley 19.301, la Ley 18.860 estableció una prohibición de usar información reservada para los *insiders* de clasificadoras de riesgo (artículo 85 LMV) y sancionado su infracción con

---

un sentido equivalente o contrapuesto al término "comuniquen" en el art. 165 inciso segundo LMV ya propuesto.

pena de crimen (artículo 59-e) LMV), así como una norma penalizadora de la revelación de esa información (art. 60-d) LMV). Ninguna de esas normas tipificaba inequívocamente el abuso de mercado: el primer tipo podía ser realizado por un uso no operativo de la información privilegiada y el segundo, por su divulgación masiva. Esto se debía a la primacía del micro enfoque en la política legislativa, esto es, a la estipulación de un deber de confidencialidad de las clasificadoras de riesgo respecto de los emisores clasificados.

La Ley 19.301 introdujo un Título XX en la LMV, para regular sociedades las administradoras de fondos. El art. 162 de ese título prohibía la utilización (letra d) y la comunicación (letra e) de información privilegiada. Ninguna de esas normas prohibía necesariamente un abuso de mercado. Pero ambas prohibiciones fueron penalmente reforzadas haciendo de su infracción un crimen, mediante una referencia a esas disposiciones consagrada en el art. 59-e) LMV. La Ley 20.712 (Diario Oficial de 7 de enero de 2014) derogó las disposiciones del Título XX LMV, aunque sin derogar las referencias del art. 59-e) al art. 162-d) y —e). El art. 22-d) de la Ley 20.712 prohibió la comunicación de información relativa al movimiento de cartera, sin perjuicio de hacer aplicables a las administradoras de fondos "las demás prohibiciones contenidas en otras leyes".

La LDE simplificó drásticamente esta regulación, haciendo aplicable a las clasificadoras de riesgo y las administradoras de fondos de terceros y carteras individuales las nuevas reglas sobre el abuso de mercado.

En lo que se refiere a las administradoras de fondos, las remitió a las normas del Título XXI LMV y en general a las responsabilidades previstas por la LMV. En otras palabras, al estatuto sancionatorio civil, administrativo y penal de la LMV.

En lo que respecta a las clasificadoras de riesgo, hizo una distinción para tratar la punibilidad de la infracción de las normas de comportamiento previstas en el art. 85 LMV. La prohibición de uso de información confidencial fue correlacionada con el delito de uso operativo de información privilegiada del inciso primero del art. 60 LMV. En cambio, respecto de la revelación de la información confidencial la LDE consideró relevante no solo el delito de abuso de mercado del inciso segundo del art. 60 LMV, sino que mantuvo la norma penal relativa a la revelación constitutiva de violación a un deber fiduciario en el nuevo art. 61-d) LMV.

VIII. HECHOS ILÍCITOS EN EL MANEJO DE LA INFORMACIÓN PRIVILEGIADA NO CONSTITUTIVOS DE HECHOS PUNIBLES

1. El inciso primero del artículo 165 LMV

La LDE mantuvo en el inciso primero del art. 165 LMV un ámbito de comportamientos ilícitos que acarrean una sanción administrativa, además de las consecuencias previstas en el art. 172 LMV relacionados con la violación de deberes fiduciarios. La disposición tiene por destinatarios a quienes poseen información privilegiada "en razón de su cargo, posición, actividad o relación". Se trata de roles institucionales o bien vinculados fiduciariamente a la fuente generadora de la información privilegiada o bien autorizados por ley a conocer esa información y en tal calidad sujetos a los mismos deberes fiduciarios. Los casos más conspicuos de estos roles se encuentran señalados en el art. 166 LMV

Los deberes que corresponden a esos destinatarios son cuatro: (i) guardar reserva, (ii) no utilizar la información en beneficio propio o ajeno; (iii) no adquirir ni enajenar, para sí o para terceros, directamente o a través de otras personas, los valores sobre los cuales posea información privilegiada; (iv) velar para que tampoco ocurra a través de subordinados o terceros de su confianza lo señalado en (i), (ii) o (iii), o en el inciso segundo del art. 165. La norma (iii) será examinada en la sección que sigue.

El deber de guardar reserva abarca sin duda la prohibición de revelación constitutiva de abuso de mercado, pero es más amplio, ya que incluye también la divulgación de la información que termina con su carácter de información privilegiada.

Del mismo modo, la prohibición de usar la información en beneficio propio o ajeno abarca sin duda el uso operativo de la información, pero es más amplia, ya que incluye también el uso no operativo, como por ejemplo su venta a un competidor.

El deber de velar por la conducta de subordinados o terceros es el deber de garante correlativo al rol institucional del poseedor, que lo hace responder en comisión por omisión de impedimento de perpetración de la infracción o el hecho punible.

2. La prohibición de operar en posesión de información privilegiada ("deber de abstención")

El inciso primero de art. 165 LMV originario (1994) establecía como tercera norma de comportamiento para el poseedor de información privilegiada "adquirir, para sí o para terceros, directamente o a través de otras personas los valores sobre los cuales posea información privilegiada". Hasta la entrada en vigor de la Ley 20.382 era controvertido el sentido y alcance de esta norma, cuya formulación solo preveía la operación consistente en adquirir los valores, mas no la consistente en enajenarlos. La Superintendencia de Valores y Seguros afirmó en 2007 que la disposición legal establecía para el derecho chileno una prohibición de operar en posesión de información privilegiada, sin necesidad de que la información fuera usada en la operación, lo que denominó "deber de abstención".[57] O sea, sostuvo que existía una norma que consagraba el estándar de posesión (*supra*, I.4). La modificación introducida por la Ley 20.382, agregando la expresión "enajenar", eliminó un argumento interpretativo contrario a la tesis de la Superintendencia con la finalidad expresa de dar pleno apoyo legal a su postura. Desde entonces no se discutió que la realización de una operación en posesión de información privilegiada constituye una infracción conforme al derecho chileno.

La jurisprudencia administrativa ha mantenido sin embargo una concepción equivocada en relación con esta norma, al menos en tres sentidos.

En primer lugar, ha considerado que es la norma fundamental en materia de manejo indebido de información privilegiada. Desde el punto de vista del abuso de mercado eso es un error. La norma fundamental es la que prohíbe obtener una ventaja indebida en base a la información poseída, o sea, usarla. La prohibición de operar en posesión de información es una norma manifiestamente sobreinclusiva en relación con la norma fundamental, cuya finalidad es puramente práctica: liberar al acusador de la prueba del uso, partiendo de la base de que todo agente racional que conoce información que justifica una operación y opera, considera la información como razón de su acción. Esa es la explicación de la formulación de la norma en la Regla 10b5-1-b S.E.C. y en el art. 8.1 MAR-2014.

Por la razón anterior, todas las regulaciones que consagran el estándar de posesión contemplan al mismo tiempo un catálogo de puertos seguros o defensas afirmativas (Regla 10b5-1-c S.E.C., art. 9 MAR-2014). Ni la Superintendencia de Valores y Seguros, ni tampoco la Comisión para el Mercado Finan-

---

[57]   Resoluciones Exentas de la SVS N° 306 y 307, de 6 de junio de 2007. La primera resolución no fue impugnada judicialmente por el sancionado. La segunda resolución fue confirmada por los tribunales de justicia, en primera instancia (27° Juzgado de Letras en lo Civil de Santiago, sentencia de 08.01.2009, Rol C-14627-2007) y en casación en el fondo de la sentencia revocatoria de segunda instancia (Corte Suprema, sentencia de 28.11.2012, Rol N° 3054-2010).

ciero, reconocieron un catálogo equivalente. Ese ha sido su segundo error. La LDE remedió en parte este error introduciendo en la LMV la defensa afirmativa de la orden previa (inciso cuarto del art. 165 LMV: *supra*, III.5).

Finalmente, como parte de su argumentación para negarse a reconocer la defensa afirmativa de orden previa (*supra* II.3.2) la Superintendencia de Valores y Seguros desarrolló la tesis de que el deber de abstención imponía al inversionista que ha impartido una orden antes de poseer información privilegiada y que entra en posesión de información privilegiada antes de que la orden sea ejecutada el deber de cancelarla. Este fue su tercer error: la cancelación de una orden pendiente de ejecución en base a información privilegiada constituye un caso de aprovechamiento indebido de una ventaja, enteramente equivalente a la operación con información privilegiada. Por eso la LDE, siguiendo al art. 8.1 MAR-2014 estableció que la cancelación de órdenes de operar es una modalidad de operación prohibida.[58]

La subsistencia de la prohibición de operar en posesión de información privilegiada en el inciso primero del art. 165 LMV obedece a una decisión de la LDE de asegurar la continuidad de la práctica administrativa simultáneamente con la instauración de un nuevo régimen para el abuso de mercado, enteramente desligado de la violación de deberes fiduciarios para con la fuente generadora de la información privilegiada.

Como consecuencia de esta decisión, la CMF sigue gozando de la prerrogativa de formular cargos por infracción al deber de abstención (operar en posesión de información privilegiada) o por infracción a la prohibición de uso operativo (operar en uso de la información privilegiada). La primera opción reduce la carga de la prueba, pero reduce la responsabilidad del infractor a la civil y administrativa. Nada quita, sin embargo, que una condena administrativa por infracción al deber de abstención sea seguida por una condena penal por uso operativo de información privilegiada.[59]

---

[58]   Con anterioridad a la entrada en vigor de la LDE, dejando de lado la doctrina de la SVS/CMF, la manera de tratar la cancelación de órdenes bajo el derecho chileno era como infracción a la prohibición de uso no (necesariamente) operativo de la información privilegiada, establecida en el inciso primero del art. 165 LMV. En los Estados Unidos, donde la prohibición legal presupone una compra o venta (fraudulenta) de valores, la S.E.C. asocia a la cancelación de órdenes usando información privilegiada la consecuencia de negar para otras operaciones la defensa afirmativa de la orden previa, sobre la base de que el autor no actúa de buena fe (al respecto, Davis, 2015, p. 131).

[59]   La cuestión de la admisibilidad de esta doble responsabilidad bajo el principio de *ne bis in idem* fue resuelta en el nivel legal por la LDE, al introducir el art. 78 bis en

Bibliografía

BAINBRIDGE, Stephen M. (2021). "A Critique of the Insider Trading Prohibition Act of 2021", 2021 University of Illinois Law Review Online, pp. 231-244.

BASCUÑÁN, Antonio (2011). "La regulación de la información privilegiada en el mercado de valores después de la Ley 20.382", en: Javier Wilenmann (ed.), *Gobiernos corporativos – Aspectos esenciales de la reforma a su regulación*, Santiago: Thompson, pp. 87-137;

BASCUÑÁN, Antonio (2017)(a). "Posesión, uso y explotación de Ia información privilegiada como elementos del insider trading en el derecho comparado del mercado de valores", 12 Política criminal (2017), pp. 453-532

BASCUÑÁN, Antonio (2017)(b). "El estatus en el derecho chileno de las operaciones con valores realizadas en ejecución de una orden impartida antes de la posesión de información privilegiada y de su cancelación". 12 Política criminal (2017), pp. 932-936.

DAVIS, Harry (ed.) (2015). *Insider Trading Law and Compliance,* New York: Practicing Law Institute.

FRIED, Jesse (2003), *Insider Abstention*, 113 Yale Law Journal, pp. 455–492.

GARCÍA, Gonzalo (2015). "La idealización y la administrativización de la punibilidad del uso de Información Privilegiada. Un análisis de los discursos penales en la doctrina chilena", 10 *Política Criminal,* pp. 119-158.

HEFENDEHL, Roland (2002). *Kollektive Rechtsgüter im Strafrecht,* Köln: Carl Heymanns Verlag.

HERNÁNDEZ, Esther (2007), *El Abuso de Información Privilegiada en el Mercado de Valores,* Madrid, Civitas.

HUAN, Hui (2005), *The Insider Trading 'Possession Versus Use' Debate: An International Analysis,* 33 Securities Regulation Law Journal, pp. 130–155.

KRAUSE, Hartmut (2018), *Begriff der Insiderinformation,* en: Andreas Meyer, Thomas Rönnau, Rüdiger Veil (eds.), *Handbuch zum Marktmissnbrauchsrecht,* München, C.H. Beck, pp. 74 ss.

LANGEVOORT, Donald C. (1980), "Insider Trading and the Fiduciary Principle: A Post-*Chiarella* Restatement, 70 *California Law Review* pp. 1-53.

LOKE, Alexander F. (2006), *From the fiduciary theory to information abuse: The changing fabric of insider trading law in the U.K., Australia and Sigapore,* 54 The American Journal of Comparative Law, pp. 123-172.

MOLONEY, Niamh (2014), *EU Securities and Finantial Markets Regulation,* Oxford.

SALAH, María Agnes (2004),.*Responsabilidad por uso de información privilegiada en el mercado de valores,* Santiago, Lexis Nexis.

---

el Código Penal. La nueva norma legal admite la doble responsabilidad (no es un "idem"), pero prohíbe la acumulación de las multas e inhabilitaciones administrativas con las multas penales.

VEIL, Rüdiger, "Insiderhandelsverbot", en: en: Andreas Meyer, Thomas Rönnau, Rüdiger Veil (eds.), *Handbuch zum Marktmissnbrauchsrecht*, München, C.H. Beck, pp. 140-141.

WANG, William K.S., STEINBERG, Marc I. (2010), *Insider Trading*, Oxford.

Jurisprudencia citada

Chiarella v. *United States* 445 U.S. 222 (1980).

Crane v. Westinghouse Air Brale Co., 419 F.2d 787 (2 Cir. 1969).

Dirks v. S.E.C. 463 U.S. 646 (1983).

Goodwin v. Aggasiz, 186 N.E. 659 (1933).

In Re Cady, Roberts & Co 40 S.E.C. 907 (1961).

SEC v. Materia, 745 F. 2d 197 (1984).

S.E.C v. Texas Gulf Sulphur, 1968 401 D.2d 833, 851-52 (1968).

TSC Industries, Inc. V. Northway, Inc. 426 US 438 (1976).

United States v. Carpenter 791 F.2d 1024 (2d Cir. 1986).

United States v. Chestman, 947 F.2d 551 (2d Cir. 1991).

United States v. Newman 664 F.2d 12 (2d Cir. 1981).

United States v. O'Hagan 521 U.S. 642 (1997).

Capítulo IV
Delitos contra la salud de los consumidores

Tatiana Vargas Pinto
Doctora en Derecho
Profesora de Derecho Penal
Universidad de los Andes

1. CONSIDERACIONES GENERALES. ALGUNAS NOTAS SOBRE RESPONSABILIDAD POR PRODUCTOS

Es interesante y complejo examinar delitos que no se construyen sobre la base de lesiones para a bienes individuales. En los tipos penales que se presentan aparecen los consumidores como víctimas en el contexto de la elaboración y distribución de productos vinculados con su salud. Revisaremos específicamente tres delitos que refieren a la salud de los consumidores de ciertos productos peligrosos: el artículo 313 d del CP, que tiene por objeto sustancias medicinales deterioradas o adulteradas; el artículo 314 del CP, que alude a otras sustancias peligrosas; y el artículo 315 del CP, cuyo objeto son comestibles o bebestibles destinados al consumo público que se tornan peligrosos.

Las figuras refieren a normas de conducta que reclaman la peligrosidad (*ex ante*) de los productos. Para la determinación de esas exigencias son relevantes los deberes de los productores, distribuidores y vendedores en los casos respectivos. Una de las dificultades de estos delitos es la evidencia de un particular alcance del bien tutelado, pues parece bastar el desvalor del acto para sancionar. Nos enfrentamos a una modalidad de perturbación que no obedece a una lesión perceptible determinada, sino a una situación de peligro (*ex post*), que además refiere a bienes colectivos y a bienes individuales.

Uno de los problemas de la responsabilidad por productos es la determinación de un nexo causal con efectos lesivos para bienes individuales, la relación de la fabricación o distribución de productos peligrosos con el consumo y la muerte o lesión de alguna persona. Conocidos casos, como los del aceite de colza, del "Lederspray" o del consumo de talidomida por mujeres embarazadas, enseña la difícil determinación de la causalidad cuando algunas personas, algunos niños, fallecen o se lesionan y no todos.

Aparece una suerte de causalidad estadística que revela la debilidad del vínculo (PAREDES, 2000, pp. 88 y ss.). Así ocurrió también en la resolución del caso de la leche "ADN" en Chile por la muerte de alguno de los que la consumieron. Se trata de un producto bebestible con propiedades nutricionales específicas, con niveles de potasio menores a los que se ofrecían y que requerían ciertos consumidores. Algunos murieron y otros sufrieron hipocalemia. Ninguno de los ilícitos que se presentan requieren lesiones de bienes individuales, pero hay una regla común que complica la imputación de semejantes efectos adicionales para sancionarlos.

El artículo 317 es la norma común que establece una regla de agravación de pena o de imputación de efectos individuales. Sin embargo, los delitos se restringen a conductas de producción, distribución o venta de determinadas sustancias peligrosas que afectan la salud de los consumidores. Emerge la idea de un resultado de peligro, una situación de amenaza *ex post*, respecto de la salud de los consumidores. Puede discutirse la clase de peligro, si es concreto o abstracto. En esta decisión es fundamental tener en cuenta si la referencia es un bien colectivo o uno individual y la noción de bien colectivo que se toma para el análisis.

Las disputas generales acerca de la salud pública son relevantes en este punto. A continuación, veremos brevemente consideraciones sobre este bien vinculado con los consumidores, al igual que las formas de perturbación relevantes, como dos caras de una moneda (objeto de tutela normativa y perturbación por la infracción de la respectiva norma de conducta). Así, se llega a definir la perspectiva desde la cual se presentan los delitos señalados, que desde junio de 2023 se enlaza directamente con consideraciones económicas (Ley N° 21.595). Los tres delitos que se examinan pueden ser delitos económicos si se dan en un determinado contexto, con atención al agente o a los alcances del ilícito. A continuación, veremos también esta configuración.

2. BIEN JURÍDICO

Las tres figuras que se exponen en este apartado están contempladas en el § 14 del Libro II del Código Penal ("Crímenes y simples delitos contra la salud pública"). El texto hace referencia expresa a la salud pública. En los delitos examinados aparece una precisión o particularidad, que va más allá de la discusión sobre el carácter colectivo o no de la salud pública.

La cualidad especial que, podríamos decir, une a los delitos contemplados aquí es la delimitación del grupo o colectivo afectado. Veremos que las conductas descritas remiten a la salud específicamente de ciertos consumidores frente a productos médicos peligrosos, otras sustancias peligrosas y comestibles o bebestibles peligrosos. El tipo penal con el que comenzamos tiene por objeto las medicinas.

Antes de analizar las exigencias de cada tipo objetivas y subjetivas –que suponen admitir una conducta (manifestación externa voluntaria) como base de imputación–, atenderemos brevemente a la discusión general sobre la clase de bien protegido que sería la salud pública, para acotar luego la perspectiva de análisis.

En primer lugar, se ha de advertir que no basta la mera descripción de un bien en el párrafo bajo el cual se regulan los delitos para definir el objeto de tutela. Por supuesto, la indicación previa es una guía que además pretende inspirar la incriminación de conductas. Sin embargo, es fundamental examinar las referencias típicas de cada figura, desde exigencias legales.

La mayor atención por la salud pública se da en los delitos de tráfico ilícito de drogas, aun cuando no se menciona expresamente en la Ley 20.000. El sentido de los tipos penales, particularmente el tráfico y microtráfico (arts. 3 y 4), enseñan una modalidad de resultado de peligro que no tiene por objeto la salud individual del consumidor. De hecho, es claro que el consumo personal y próximo en el tiempo no es punible. La conducta refiere a un colectivo, la salud pública como un bien colectivo o, al menos, como una suma de salud individual de muchos bienes individuales (MAÑALICH, 2020 y 2021).

La indagación del bien protegido desde la definición típica es clave. También tiene sentido apoyar la salud pública precisamente con base en su anterior regulación en el mismo § 14 donde se contemplan los delitos que ahora se presentan. De nuevo, es un apoyo complementario, que guía ante dudas sobre la literalidad de las expresiones.

Puede discutirse la noción de bienes colectivos (HEFENDEHL, 2001, p. 154), si se admite como una suma de bienes individuales o una situación global que remite a una generalidad o pluralidad de sujetos. También la idea de salud pública se ha concebido en términos de seguridad para los consumidores en general referida a la inocuidad de las sustancias, principalmente por la incidencia del mercado cuando se trata de productos que se comercializan (CORCOY, 2018, pp. 7 y 9). Más que la definición, el real problema apunta a aceptar la protección autónoma o no de estos estados. Si la referencia es la afectación de bienes individuales, el castigo sobre la base de perturbaciones a bienes colectivos representaría siempre una anticipación a la falta de lesión de estos bienes.

Los bienes colectivos pueden tener más o menos relación con bienes individuales. Así, la seguridad vial y la misma salud pública tienen un nexo estrecho con bienes individuales, como quien conduce en estado de ebriedad y colisiona con otro conductor al que le causa la muerte. Además de perturbar la seguridad vial se produce una lesión para un bien individual, la vida de otro. Y, aunque no haya afectación de la vida o salud de otro, la mera interacción de otros conductores en el tráfico vial evidencia ese vínculo entre situaciones colectivas e individuales. Esta idea aparece especialmente en la concepción de bienes intermedios de Mata y Martín. En los llamados bienes institucionales, que recogen, el lazo con bienes individuales parece más lejano, como la Administración de Justicia.

Aquí se parte del reconocimiento de bienes colectivos en sí mismos tutelados, con independencia de la noción y de la mayor o menor conexión con bienes individuales. Esta determinación es relevante para examinar los delitos que se presentan, específicamente al determinar la clase de perturbación al definir lo injusto penal.

Más allá de la expresa referencia a la salud pública, existe bastante consenso en la jurisprudencia nacional sobre su carácter de bien jurídico específico, distinto de la salud individual. Así se ha reflejado específicamente a propósito del tráfico ilícito de drogas, como:

SCS de 4 de junio de 2015, Rol: 4949-2015.

> *"Respecto del delito de tráfico de drogas hoy parece existir consenso en que el bien jurídico que se busca proteger es la salud pública, el que es de carácter colectivo y carente de individualización pues se refiere a la generalidad, y que ha sido entendido como la salud física y mental de aquel sector de la colectividad que pueda verse afectado por el efecto nocivo de las sustancias prohibidas (Politoff y M., 'Objeto jurídico y objeto material en los delitos de tráfico ilícito de estupefacientes', en Tratamiento Penal del Tráfico Ilícito de Estupefacientes,1998, p. 14)."*

Este mismo pronunciamiento rechaza la consideración de un peligro abstracto, en cuanto lo concibe en términos *ratio legis*, un mero motivo para castigar que lleva a una presunción incluso de la peligrosidad (ex ante) de la conducta y no del peligro (ex post). De todas formas, la sentencia insiste en la protección de un bien colectivo y en un "daño" particular, aunque llegue a asimilar su afectación a la de un peligro concreto.

"Si bien se ha querido catalogar el tráfico ilícito de drogas como un delito de peligro abstracto —lo que ha sido denegado en fallos anteriores de esta Sala—, en el que la peligrosidad típica de una acción es motivo para su penalización, sin que en el caso concreto se haga depender la punibilidad de la producción real de un peligro pues la evitación de concretos peligros y lesiones es sólo el motivo del legislador y no un requisito del tipo (Roxin, C. Derecho Penal, P. General, T.I., T. 2a ed. alemana, 1997, pp. 336 y 407), no por ello puede dejar de verificarse si el hecho cuya tipicidad se examina tuvo al menos la posibilidad de significar, en la realidad, un riesgo para el objeto jurídico tutelado, puesto que el bien jurídico constituye el primer momento justificativo de la injerencia penal en la libertad de las personas cuya función de garantía limita el poder punitivo del Estado, de modo que el legislador no puede castigar cualesquiera conductas, sino solamente aquellas que lesionan o pongan en peligro bienes jurídicos. (C. del R.-Vives A. 1999, pp. 319 y 324).

En efecto, una visión liberal del Derecho Penal no puede atribuir a éste otra tarea que la de amparar, a través de la fuerza coactiva del Estado, determinados bienes jurídicos, esto es, intereses individuales o colectivos juzgados indispensables para la convivencia social. Luego, ha de ser el daño social el fundamento y medida de la pena prevista por la ley en un Estado de Derecho, y no consideraciones respecto a la fidelidad o al sentimiento de las personas frente a dicha organización estatal, propias de los regímenes totalitarios del siglo pasado (Politoff; Matus; y Ramírez, 2004, p. 65)."

El problema es que no parece muy clara la relación de estos bienes con bienes individuales, al igual que se confunde las diversas formas de perturbación. No se ha de confundir la definición de bien jurídico ante las posibilidades de desarrollo de los individuos de la identificación de todo bien con protecciones individuales. En este sentido puede comprenderse un nexo de complementariedad, como el que sostienen Prado y Durán (PRADO/DURÁN, 2017, pp. 277, 282, 283). La dificultad está en confundir bienes colectivos con los individuales, con la consecuente identificación de perturbaciones. El reclamo de anticipación de tutela con la sanción de conductas que de algún modo ofenden bienes colectivos se comprende con atención a la afectación de bienes individuales, no así si el objeto de referencia es el mismo bien colectivo.

Para ilustrar la distinción de objetos de tutela y su relación, puede servir revisar un caso de interacción entre un bien colectivo, como la seguridad pública, y bienes individuales, más allá del incendio. En este sentido, es interesante el artículo 45 de la Ley N° 18.302, de Seguridad Nuclear, de 1984.

Art. 45. "El que realizare cualquiera actividad relativa al uso pacífico de la energía nuclear, sin la debida autorización, licencia o permiso de la Comisión, constituyendo un peligro para la vida, la salud o la integridad de las personas, o para los bienes, los recursos naturales o el medio ambiente, será sancionado con la pena de presidio menor en su grado mínimo a medio."

Hace tiempo que el reconocimiento de bienes colectivos se asocia con el peligro como forma de resultado, precisamente en el ámbito de la tutela de la salud de los consumidores. Lo advertía Kuhlen por la imposibilidad de lesión de semejantes bienes, cuyo daño supondría la consideración de conductas de otros con los respectivos cuestionamientos de culpabilidad y proporcionalidad de semejante acumulación.

A pesar de la autonomía de los bienes colectivos, se advierte que nociones vinculadas con condiciones de seguridad o ciertas funciones puede llevar a perturbaciones algo automáticas a modo de lesión, muy cercanas a formas de presunción de efectos. Cabe destacar la consideración de Corcoy, luego se asumir una idea de seguridad para los consumidores referida a la inocuidad de los productos con relación al mercado. Evita afirmaciones de lesiones inmediatas o preestablecidas y refiere a la creación de un peligro con relación a la perdida de dominio del agente que tiene el deber de controlar. Lo asocia así a la idea de descontrol (Corcoy, 2018, p. 13).

El peligro como forma de perturbación para la salud pública en sentido similar se ha desarrollado en nuestro país sobre todo a partir del tráfico ilícito de drogas. Si bien en ocasiones se alude a peligro concreto y otras a peligro abstracto, existe bastante acuerdo en la consideración de un efecto dado por la difusión incontrolada de las drogas (Matus/Ramírez, 2021, p. 480).

Se admite una situación de peligro *ex post* efectiva y en tal sentido se comprenden remisiones al peligro concreto como modalidad real de afectación y el rechazo del peligro abstracto, si éste se concibe a modo de presunción (de derecho o aun simplemente legal) del peligro o de la peligrosidad.

El examen de los delitos que sigue toma como base no solo el reconocimiento de la tutela autónoma de bienes colectivos, con independencia de la mayor o menor vinculación con bienes individuales. Parte desde una noción de puesta en peligro concreta usualmente concebida como situación *ex post* de amenaza para bienes individuales que entran en contacto con conductas peligrosas.

De otro lado, rechaza comprensiones del peligro abstracto como presunciones, aun cuando se aluda a una peligrosidad general o a un peligro hipotético en los términos de Torío. Si bien esta última idea, con los delitos de idoneidad, abre paso a una consideración de peligro ex post, parece quedarse en la sola posibilidad de peligro.

Semejante idea también se ha recogido en algunas sentencias, que igualmente procuran advertir una situación *ex post*; por ejemplo:

SCA de Valdivia de 1 de septiembre de 2016, Rol: 473-2016.

> *"Entonces, aun cuando el tipo de los delitos de peligro abstracto no reclama, a diferencia de lo que sucede en los delitos de peligro concreto, la producción de un peligro efectivo, sí requiere una acción apta para producir un peligro para el bien jurídico como elemento material integrante del tipo del delito. Se trata de exigir, además de la peligrosidad de la acción, la posibilidad de producción del resultado de peligro, o lo que es lo mismo, el juez ha de verificar si en la situación concreta ha sido posible un contacto entre la acción y el bien jurídico, en cuya virtud hubiera podido producirse un peligro efectivo para éste."*

Aquí se considera una idea de puesta en peligro abstracta como estado de amenaza real respecto de un bien colectivo por una situación de descontrol *ex post*, que escapa de las manos del agente. También se ha de tener presente que la referencia a los distintos mercados según el producto de que se trate tiene especial incidencia actualmente desde la determinación establecida por la Ley N° 21.595, de Delitos Económicos, en agosto de 2023. Los tres tipos que se analizan son delitos económicos de la segunda categoría. De suerte que tienen tal calidad siempre que los agentes los perpetren en ejercicio de un cargo, función o posición dentro de la empresa o que fueran en beneficio económico o de cualquier naturaleza para la empresa (art. 2, n° 27 de la ley). El contexto empresarial es clave.

En tal sentido, procede tener en cuenta las penas especiales establecidas para las personas naturales, como la relevancia del comiso, junto con la alteración de circunstancias modificatorias de responsabilidad, además de las reglas especiales de determinación de penas. Adicionalmente, procede la responsabilidad penal de la persona jurídica si se dan las exigencias establecidas en la Ley N° 20.393.

3. DELITO DE FABRICACIÓN O EXPENDIO DE SUSTANCIAS MEDICINALES DETERIORADAS O ADULTERADAS (ART. 313 d CP)

3.1. *Consideraciones generales*

La descripción de la figura del art. 313 d se asocia con la salud de un delimitado grupo de consumidores establecidos con atención al objeto material de la conducta, que en este tipo son los medicamentos. Aunque pondremos énfasis en los elementos del respectivo tipo penal, es básico el alcance normativo de la conducta, que mira la clase de víctima respecto del bien jurídico que permite establecer el particular injusto penal, como delito de peligro, según los presupuestos de análisis señalados.

Así, consideraremos algunas características con relación al injusto, que comenzaremos a advertir con el bien protegido afectado y la clase de víctima. De igual modo, la remisión a consumidores explica ciertos nexos con algunos delitos patrimoniales, específicamente con las estafas. Para comenzar con el análisis de las exigencias típica, es importante contemplar primero la descripción típica.

> *Artículo 313 d. "El que fabricare o a sabiendas expendiere a cualquier título sustancias medicinales deterioradas o adulteradas en su especie, cantidad, calidad o proporciones, de modo que sean peligrosas para la salud por su nocividad o por el menoscabo de sus propiedades curativas, será penado con presidio menor en sus grados medio a máximo y multa de seis a cincuenta unidades tributarias mensuales.*
>
> *Si la fabricación o expendio fueren clandestinos, ello se considerará como circunstancia agravante."*

4. TIPO OBJETIVO

4.1. Sujeto activo

El agente, en principio, puede ser cualquiera ("el que"). Así, es un delito común de intervención individual, que puede ser cometido con coautores y partícipes según las reglas generales (arts. 15 y 16 CP). Frente al comportamiento típico, observamos que se trata de un sujeto que fabrica medicamentos o que los expende.

Se refiere, por tanto, a la responsabilidad penal del fabricante y del distribuidor o vendedor de medicamentos que realizan específicos actos que se consideran equivalentes en términos de sanción. Son relevantes los deberes de quienes intervienen en este proceso para definir la norma de conducta, según revisaremos desde los verbos rectores. La víctima, por su parte, es compleja. La conducta típica, con semejantes objetos medicinales peligrosos, refiere a la salud en general de los destinatarios de esas medicinas y no de un individuo en particular.

El tipo no remite a una víctima individual; no exige la lesión de la vida o salud de una persona. Veremos que ni siquiera requiere que la víctima compre o acceda a la medicina, menos que la consuma. Interesa la salud pública de cierto grupo, los consumidores de las medicinas deterioradas o adulteradas que son además peligrosas. Las mayores dificultades de esta figura aparecen al establecer el bien protegido y su perturbación en consideración con la descripción típica, que no alude a un peligro o puesta en peligro de la salud pública, sino a sustancias medicinales peligrosas para la salud. Para seguir con lo injusto se ha de definir el comportamiento típico.

4.2. La conducta típica

El legislador contempla dos comportamientos distintos que se sancionan con igual pena. Se trata de la fabricación de ciertas sustancias medicinales y del expendio de los mismos objetos. En este segundo caso, se sanciona no a quien elabora, expende siempre que conozca la clase de objeto está actuando están deterioradas o las adulteradas. En esta segunda modalidad hay un elemento subjetivo específico que explica la procedencia de la misma sanción que para el fabricante, junto con la clase de injusto.

4.2.1. Fabricar

Esta modalidad importa elaborar una sustancia que antes no existía, la creación de una medicina inexistente. Este proceso fabricación está estrechamente vinculado con un específico modo de obtención, que afecta a la sustancia resultante, deteriorada o adulterada. Esta distinción de objetos evidencia algunas diferencias en esta primera hipótesis de conducta. La norma de conducta prohíbe fabricar sustancias medicinales con esas condiciones de deterioro o adulteración, que determinan ciertas características de los objetos.

Antes de ver estas especificaciones, la norma de conducta que se desprende de este verbo rector, al igual que del expendio, se determina también con atención a deberes extrapenales que obligan a fabricantes y distribuidores respectivamente. En el caso de las medicinas, el artículo 95, inciso segundo, del Código Sanitario contempla una expresa prohibición para tales agentes.

Artículo 95, 2. "Queda prohibida la fabricación, importación, tenencia, distribución y transferencia, a cualquier título, de medicamentos adulterados, falsificados, alterados o contaminados. Las autoridades sanitarias señaladas en el artículo 5° que detecten la existencia de medicamentos que revistan las condiciones anotadas estarán facultadas para su inmediato decomiso, cualquiera sea el sitio o local en el que se encuentren, sin perjuicio de la instrucción del sumario sanitario pertinente y la eventual aplicación de las sanciones que de ello se deriven."

En el caso de objetos deteriorados, el fabricante crea una medicina con peores condiciones. Refiere al empeoramiento de sus efectos que conlleva la peligrosidad del objeto que tenía una cualidad saludable, según veremos. La adulteración por su parte supone la existencia de una sustancia que se cambia. No habría una creación desde el inicio sino una alteración de efectos medicinales que ahora serían peligrosos. Ese cambio, junto con el detrimento de sus condiciones, ha de redundar en la cualidad peligrosa de la medicina.

El carácter transitivo del verbo fabricar revela la necesidad de un objeto y su nexo con ciertas características de él. El legislador también sanciona a quien "a sabiendas" expende esas medicinas deterioradas o adulteradas a cualquier título.

4.2.2. Expender

El segundo supuesto no contempla al fabricante ni a quien adultera la respectiva sustancia medicinal, sino a quien las expende conociendo que son sustancias deterioradas o adulteradas. Expender es un término más amplio que vender, pues también contempla el despacho o distribución. Incluso el legislador refiere a quien expendiere a cualquier título, es decir, puede ser también a título gratuito. En contra, Londoño entiende que limita la distribución a intermediarios y supondría una venta más directa al consumidor (Londoño, 2019, p. 465).

Aquí lo relevante no es el perjuicio económico o patrimonial, como sí lo es la idea de algún alcance a la salud pública al tratarse de sustancias peligrosas para la salud de consumidores de medicamentos. Serían sustancias que dejan de ser realmente medicinales. Si además hay perjuicio patrimonial a través del engaño en el deterioro o adulteración de medicinas, puede haber un concurso de delito con una figura de estafa.

En esta alternativa, la exigencia de conocimiento del expendio de tal clase de sustancias deterioradas o adulteradas se explica para quien no la elabora ante la gravedad de pena. El objeto sería el mismo y con igual peligrosidad. La entidad de la conducta del agente está en conocer que se venden o distribuyen objetos con esas características.

El legislador no se pone en el caso de quien fabrica y luego vende o distribuye tales medicinas. La razón de esta desatención solo tiene sentido si se advierte que en la fabricación ya debe haber un cierto peligro equivalente al de quien distribuye la sustancia, donde la elaboración con depósito sin posibilidad de venta no parece fundar el injusto. Es, así, un delito con pluralidad de hipótesis.

4.3. El objeto material

Si bien estos delitos podrían concebirse como delitos de mera o simple actividad, los verbos rectores transitivos suponen un objeto de acción. La conducta es similar a las falsedades donde el objeto en las adulteraciones, e incluso en la fabricación, aparece como receptor de la acción. Las mismas sustancias son objeto del expendio que la norma también sanciona en forma alternativa.

En primer lugar, se ha de tener presente que las distintas hipótesis de conducta se refieren específicamente a "sustancias medicinales". Atiende a un particular mercado, el fabricación, distribución y venta de medicinas. Estas sustancias se caracterizan por tener la virtud de ser saludables o de atacar un mal. En 2014 se precisó su definición en el artículo 95 del Código Sanitario, que los separó de los productos alimenticios.

Artículo 95. "Se entenderá por producto farmacéutico o medicamento cualquier substancia natural, biológica, sintética o las mezclas de ellas, originada mediante síntesis o procesos químicos, biológicos o biotecnológicos, que se destine a las personas con fines de prevención, diagnóstico, atenuación, tratamiento o curación de las enfermedades o sus síntomas o de regulación de sus sistemas o estados fisiológicos particulares, incluyéndose en este concepto los elementos que acompañan su presentación y que se destinan a su administración."

El carácter medicinal apunta a una cualidad positiva para la salud de quien la requiere, que además de curación o tratamiento incluye prevención o control. Hablamos de un específico consumidor paciente, en cuanto padece alguna enfermedad o estado que requiere mejora, revisión o contención. Estas medicinas son deterioradas o adulteradas en el caso de la fabricación o ya están en tales condiciones en la hipótesis de expendio.

En el supuesto de medicinas deterioradas, las sustancias presentan condiciones o elementos peores, que de algún modo degradan sus efectos. Contempla la merma por causas ajenas a la conducta humana, como el vencimiento del plazo para su consumo (LONDOÑO, 2019, p. 461). En la adulteración, los objetos cambian su naturaleza y sus efectos. La alteración debe ser equivalente al deterioro en términos de tornar peligrosas las medicinas, según exigencias comunes: deterioro o adulteración en la especie, cantidad, calidad o proporciones de la sustancia de modo que sean "peligrosas para la salud por su nocividad o por el menoscabo de sus propiedades curativas".

Las sustancias dejan de ser saludables o no lo son en las condiciones propias de cada elemento. Contempla tanto las sustancias que producen perjuicios para la salud como aquellas que no sirven para restablecer o mantener la salud. En esta última opción las sustancias pierden sus efectos positivos o de control, pero son igualmente peligrosas al tratarse de consumidores que las requieren ante ciertos padecimientos. Puede decirse que ellos están en situación de riesgo y la nula eficacia de la sustancia o su neutralización mantiene un peligro que se agrava ante la falta de atención requerida.

Las mismas sustancias son objeto de las dos modalidades de conducta, de la fabricación y del expendio. En ese último caso es claro que esos objetos deteriorados o adulterados se distribuyen o venden en el mercado. Quizá la diferencia radica únicamente en los supuestos asociados a la fabricación, si realmente es una fabricación, creación de una sustancia inexistente cuando se trata del deterioro, o si requiere la previa presencia de la sustancia que luego se modifica, en la adulteración.

4.4. Resultado

Podemos hablar de un resultado en términos de efectos sobre el producto, sobre la sustancia medicinal. Se evidencia una materialidad respecto de la que recae la conducta que rescata ese objeto medicinal. Ahora se pone acento en la específica repercusión, la que está dada por el empeoramiento o detrimento de sus cualidades saludables con el deterioro o por el cambio de tales cualidades con la adulteración, un cambio que ha de alterar las características saludables de las sustancias.

Aquí se destaca la equivalencia en las propiedades de las sustancias, que dejan de ser realmente medicinales, y que se vinculan con las exigencias típicas de peligrosidad. Tanto el deterioro como la adulteración de las medicinas han de tornar estos objetos peligrosos para la salud, como elemento común, ya sea directamente con la "nocividad" o por el "menoscabo de sus propiedades curativas". No basta cualquier menoscabo o alteración.

Las mismas sustancias ya deterioradas o adulteradas son objeto de la segunda modalidad de conducta, del expendio. La diferencia está en que quien vende o distribuye tales objetos no es quien las deteriora o adultera. Esto explica que en esta hipótesis ya no tenga lugar un resultado material.

El legislador suple su omisión al exigir que el expendio se realice "a sabiendas", es decir, con conocimiento de esas características deterioradas o adulteradas. Ambas conductas coinciden, en todo caso, en las condiciones de las sustancias y sus alcances en términos de ser peligrosas para la salud.

La nocividad o menoscabo de cualidades saludables se conectan con esa cualidad de peligrosidad para la salud. La figura es especialmente compleja respecto de un resultado jurídico, de una específica perturbación para la salud de los consumidores. La disposición no habla de un peligro para la salud pública, como sí lo hacen otros tipos penales del mismo título (como el artículo 318). El tipo penal alude a una cualidad peligrosa de las sustancias medicinales.

Así, parece quedarse en una característica *ex ante* de la conducta sin que realmente exija un peligro ex post. Esta mera cualidad *ex ante* no parece ser tal en el supuesto de expendio, al salir las sustancias al mercado. Hay un riesgo que ya *aparece ex post*. El asunto es identificarlo. La posibilidad de limitarse a un análisis *ex ante* estaría en la conducta de fabricación. Sin embargo, la necesaria equivalencia de las modalidades de conducta en términos de pena se sostiene también desde el examen de lo injusto penal.

No parece fundado admitir la sanción de la fabricación de sustancias medicinales deterioradas o adulteradas si es que la salud de los consumidores no se afecta en los mismos términos que lo hace la venta de esos objetos. La satisfacción de la mera peligrosidad para castigar una hipótesis frente a otra que supondría un cierto peligro, además de distinguir injustos (solo con desvalor de conducta), resulta ser un fundamento débil, que motiva excepcionalmente la pena de actos preparatorios.

Estas razones pueden explicar que igualmente se recurra a un efecto ex post, como la determinación de un peligro común (LONDOÑO, 2019, p. 458). Esta construcción del peligro parece coincidir con las comprensiones más usuales de peligro abstracto, como una forma de adelantamiento si lo que se tiene por referencia son en realidad bienes individuales. Semejante idea pierde la relación con el bien colectivo como objeto autónomo de tutela.

4.5. *Otros elementos del tipo objetivo*

A continuación, nos detendremos en dos aspectos específicos, uno que tiene que va más allá de las exigencias típicas y otro que alude a un aspecto de la sanción penal. El primero es un aspecto referido a lo injusto penal, que es de algún modo común a los tres delitos que se examinan, y el segundo es una agravante especial.

4.5.1. Injusto de peligro

La ley habla de sustancias peligrosas para la salud de sus destinatarios, los consumidores de esas medicinas. El tipo no exige que la lesión o muerte de algún sujeto en particular. Ya hemos advertido que el objeto de tutela es la salud de los consumidores de esas sustancias medicinales. Como bien colectivo difícilmente puede lesionarse en términos de destrucción o supresión, sin incurrir en la crítica lógica acumulativa advertida por Kuhlen.

La clase de bien protegido es elemental al establecer la perturbación. El tipo penal habla solo de sustancias peligrosas para la salud y no de un peligro para la salud. Esta anotación lleva a mirar las características ex ante de la conducta. La sola peligrosidad no supone aún una situación de peligro ex post, en cuanto la elaboración o expendio puede generar un peligro. Frente a la peligrosidad se podría hablar de un adelantamiento en relación con un resultado de peligro. No parece ser esta consideración de peligrosidad suficiente para conformar el injusto penal si se examinan las conductas descritas, específicamente los verbos rectores.

Sin perjuicio de que la determinación de injusto depende de la noción de norma y de la integración de los juicios de desvalor (conducta o conducta y resultado) desde la que se realice todo examen, la mera peligrosidad, como aptitud ex ante de afectar al bien protegido, funda excepcionalmente en nuestro medio la sanción penal de actos preparatorios. Su aceptación es más compleja en delitos de peligro. En estos delitos ya se puede discutir el castigo de la tentativa, como peligro del peligro. Ahora se trataría de la peligrosidad de un peligro.

El examen se ha de completar con los verbos rectores y la clase de objetos. Hay dos conductas distintas que no parecen alcanzar al bien protegido de la misma forma, a pesar de sancionarse con igual pena. La mera fabricación parece satisfacerse con la elaboración de medicinas deterioradas o adulteradas, a diferencia del expendio de tales sustancias que salen al mercado.

Ya hemos visto que la equivalencia del expendio de las sustancias medicinales deterioradas o adulteradas peligrosas con la fabricación de esas sustancias se sostiene no solo a partir de la misma norma de sanción. La norma de conducta prohíbe la venta o distribución de tales objetos cuando el sujeto obra a sabiendas, es decir, cuando conoce que expende esos objetos con tales características. Si bien la norma de conducta no requiere de la compra, ni menos del consumo del medicamento, en el expendio los productos peligrosos salen al mercado. Se evidencia una situación de descontrol que amenaza la salud de los consumidores, sin que exija el contacto de un bien individual con la conducta peligrosa.

En este último sentido, no se evidencia un peligro concreto respecto de bienes individuales. Sí se rescata una situación de peligro real con atención al bien colectivo, aunque se recoja a partir de la sola peligrosidad de la conducta. Así se ha asociado esta peligrosidad con la idea de peligro abstracto. El problema es la indefinición de esta clase de peligro. En ocasiones se concibe como presunción de peligro e incluso de peligrosidad o en términos similares como *ratio legis* o peligrosidad general o estadística que motiva la incriminación, sin que sea siquiera necesario verificar la peligrosidad de la conducta.

Estas concepciones son rechazadas casi de forma unánime. En este tipo, y en los que siguen, es al menos claro la necesidad de probar la peligrosidad de la conducta. El asunto es si ello supone también una situación de amenaza *ex post*. Puede apreciarse un estado semejante en la hipótesis de expendio, con la venta o distribución de medicinas peligrosas que salen al mercado. Evidenciamos que, si bien no se requiere de un peligro concreto para un bien individual, sí se aprecia una situación de peligro real con ese estado de amenaza para la salud pública por la exposición descontrolada de sustancias peligrosas en el mercado, que escapan a la conducta del agente de modo que cualquier consumidor necesitado pueda acceder a ella.

Concebimos esta clase de amenaza como una puesta en peligro abstracta respecto del bien colectivo, que objeta presunciones (de derecho y legales), con una idoneidad no solo ex ante, sino también *ex post*. El problema se presenta con el supuesto de fabricación. La equivalencia comentada de ambas modalidades, sobre la base de la norma de sanción y de las exigencias subjetivas que completan la norma de conducta que prohíbe el expendio, también se sostiene desde una interpretación sistemática de los otros delitos que se analizan en este apartado del §14, referido a los crímenes y simples delitos contra la salud pública.

El artículo 314 alude a otras sustancias peligrosas, cualquiera que no sea medicina (artículo 313 d) o comestible o bebestible (artículo 315), que se expenden. La norma de conducta se limita a la prohibición del expendio, con la consecuente exposición de los productos. El artículo 315, por su parte, emplea la misma técnica del artículo 313 d, con la sanción del envenenamiento o infección de comestibles o bebestibles, al igual que la distribución o venta a sabiendas de tales objetos envenenados o infectados. Asimismo, castiga la adulteración de comestibles y bebestibles como su venta a sabiendas.

Lo interesante de esta disposición es que expresa que están destinados al consumo público y añade la precisión de este destino. Agrega una característica importante para la fabricación que engarza con el bien tutelado, la salud pública, al rescatar un objetivo respecto del consumo por una generalidad, el que estos objetos sean "elaborados para ser ingeridos por un grupo de personas indeterminadas". Aparece una finalidad que subraya la tendencia de los comestibles o bebestibles al consumo, una relación con la ingesta que se evidencia desde aspectos objetivos, como cantidad de los objetos y cercanía con su consumo.

4.5.2. Agravante especial

El artículo 313 d contempla esta figura como un simple delito, que llega a pena aflictiva. Sanciona, como anticipamos, las hipótesis de fabricación como las de expendio con la misma pena. Impone la sanción de presidio menor en sus grados medio a máximo y multa de seis a cincuenta unidades tributarias mensuales. Asimismo, contempla una agravante especial tanto para el supuesto de fabricación como el de expendio. Se trata de la clandestinidad. Si cualquiera de esas conductas se realiza clandestinamente se considera una circunstancia agravante.

Es especial porque solo se aplica a esos casos y de entiende que la mayor gravedad se funda en el ocultamiento de la fabricación o del expendio, más que el adulterar o deteriorar que se entiende lo son o tienen tal carácter oculto. No establece una regla especial como veremos hace el artículo 317, sino que solo contempla tal modalidad de comisión como agravante, de modo que se aplicar las reglas generales para subir la pena según la clase de pena y las demás circunstancias que puedan concurrir. Se ha de recordar que una sola agravante no permite subir un grado de pena, simplemente no aplica el mínimo de pena (pena menor o mínimum).

5. TIPO SUBJETIVO

Los dos supuestos contemplados, la fabricación y el expendio de los objetos definidos, son dolosos. Especialmente claro en este sentido es el expendio precisamente por la exigencia de que el agente "a sabiendas" venda o distribuya las sustancias medicinales deterioradas o adulteradas. Tal referencia subjetiva es compatible con dolo directo o intención respecto de la conducta con semejantes objetos al no tratarse del fabricante de la sustancia.

El agente ha de conocer que se trata de sustancias medicinales, con sus cualidades inherentes descritas, las que empeoraron o se modificaron de modo que sean nocivas o que pierdan sus propiedades medicinales. Cuando se trata de expender estos objetos, se ha de saber que se están distribuyendo productos con tales características. No es necesario que el agente conozca quién las empeoró o adulteró, pero sí que el deterioro o adulteración las hace peligrosas.

En el caso de la fabricación, quien elabora las medicinas ha de conocer que lo hace con deterioro de sus propiedades medicinales o con modificación de sus efectos propios, es decir, ha de saber que empeora sus alcances o los altera haciéndolos nocivos para la salud o sin las cualidades medicinales de la respectiva sustancia. Ya sea se crean tales objetos con peores condiciones o se modifique uno existente en los términos mencionados (nocivos o sin propiedades naturales), las alteraciones han de determinar el carácter peligroso de las sustancias.

Así lo ha admitido el Tribunal Constitucional respecto de comestibles y bebestibles peligrosos en la figura del artículo 315, especialmente ante dudas que puede generar la regla de agravación de penas por resultados adicionales de muerte o lesiones graves. Se destaca el conocimiento de las conductas de adulteración, con peligrosidad de objetos y un resultado de peligro que luego se concreta en esas afectaciones adicionales a bienes individuales. Junto al dolo de peligro del delito del artículo 315 se requiere otros nexos (objetivos y subjetivos) de esta conducta con lesiones de bienes individuales.

a) *STC, 17 de junio de 2010, Rol: 1584-09s*

"... el mencionado artículo 315 exige que la adulteración se efectúe de modo tal que las sustancias sean peligrosas para la salud, sea por causa de su nocividad o bien por el menoscabo apreciable de sus propiedades alimenticias, de la misma forma que su venta debe realizarse a sabiendas de tales condiciones. Así, la peligrosidad de las sustancias está cubierta por la subjetividad del agente, lo que se conecta también —subjetivamente— con la agravante del precepto impugnado, pues la muerte o enfermedad es la concreción o materialización del peligro necesariamente previsto;".

Semejante conocimiento de las características objetivas de las sustancias se destaca en una sentencia de la Corte de Apelaciones de Santiago de 2019, respecto del expendio. Es especialmente interesante la determinación de un peligro, que además ha de ser advertido por el agente.

b) SCA de Santiago de 18 de enero de 2019, Rol: 6885-2018

"Tercero: Que para tales efectos, rindió la testimonial de los funcionarios policiales que participaron en la detención del imputado, en las dos ocasiones en que fue sorprendido vendiendo en la vía pública diversos medicamentos, que le fueron incautados y lo que los convierte en peligrosos para la salud, tanto porque se vuelven nocivos, cuanto luego periciados por el Instituto de Salud Pública, cuyas conclusiones se contienen en el informe que fue la otra prueba incorporada. Se concluye por esta entidad, que los medicamentos se encuentran deteriorados, ya que fueron expuestos a deficientes condiciones de almacenamiento y transporte, sin que se tenga seguridad sobre el tipo de manipulación a los que se le sometió, por lo que no es posible determinar el grado de degradación o contaminación que pudiere existir en ellos, siendo imposible garantizar la calidad, seguridad y eficacia de los mismos, todo lo cual constituye un peligro para la salud.

Cuarto: Que con tales elementos de convicción, el tribunal debía dar satisfacción al mandato contenido en el artículo 342 letra c) del Código Procesal Penal, en cuanto que ponderada la prueba, era menester señalar de manera precisa y clara, por qué con ella es posible entender acreditado los supuestos de hecho del tipo penal en cuestión, no bastando para ello la sola circunstancia de expenderse medicamentos en la vía pública, por mucho que se trate de una irregularidad desde el punto de vista sanitario, como también que se encontraren materialmente deteriorados, si no se explicita en qué consistía ello. Como se ha dicho, las exigencias son mayores y pasan por la acreditación del elemento subjetivo, como lo es el actuar a sabiendas, esto, es, con pleno conocimiento de todas las circunstancias que constituyen el tipo penal, y otros de carácter objetivo, como lo son las características de los medicamentos que se ofrecían y de qué manera su ingestión en esas condiciones, constituía un peligro para la salud."

La conducta típica contempla cierto alcance para la salud de los consumidores que el agente ha de conocer. En la hipótesis de expendio esta comprensión parece más evidente, no solo por el obrar a sabiendas de las cualidades de los productos, que dejan de ser realmente medicinales. La referencia a un comportamiento a cualquier título enseña que no necesita ser oneroso para sancionar la conducta. Así, los eventuales perjuicios económicos o patrimoniales no son determinantes, como lo es la situación de riesgo para la salud de los consumidores por la exposición de medicinas deterioradas o adulteradas.

En ambas modalidades se trata de un dolo de peligro, que comprende el deterioro o adulteración comentados y cierta relación de riesgo con el bien protegido. Este conocimiento del peligro depende de la clase de peligro que se admita y de la precisión del bien afectado. Hemos advertido que este delito no exige una puesta en peligro concreta de un bien individual, como contacto de tal bien con una conducta peligrosa, al no exigir si quiera que los consumidores compren las sustancias que dejan de ser medicinales.

Más allá de las complejidades propias de la noción de peligro, como concepto de relación e imperceptible, nos detuvimos en la dificultad del tipo al aludir a la peligrosidad de la conducta. Esta remisión *ex ante* como cualidad de las sustancias que pueden afectar la salud de las personas parece limitarse al desvalor de la conducta. Esto ocurre específicamente en la hipótesis de fabricación.

El expendio ya supone circulación de las sustancias peligrosas al mercado. Si bien no requiere efectiva compra ni menos consumo, la exposición en el mercado de tales objetos ya enseña una situación de amenaza *ex post*, un peligro que aquí se concibe de modo abstracto, como una puesta en peligro efectiva por una situación de descontrol a la que se expone un bien colectivo. Sin perjuicio de la mayor o menor relación con bienes individuales, el objeto de referencia es el bien colectivo. La norma de sanción del expendio y de la fabricación de esos objetos reclama una interpretación equivalente de la infracción de las normas de conducta en ambas hipótesis, que se funda en el mismo contenido de injusto. Así, podemos hablar de un dolo de peligro respecto de todas las conductas punibles en esta norma.

Por otro lado, la aceptación de delitos de peligro imprudentes es cuestionable desde dos puntos de vista, uno subjetivo y otro objetivo o material. Primero, es discutible la entidad de conductas peligrosas que se limitan a un resultado de peligro si tal resultado no es siquiera previsto. Incluso parece rechazar el conocimiento de la peligrosidad de la conducta, en cuanto alcanza fácilmente la representación de una situación de peligro, que no es más que dolo de peligro. Podría admitirse cierto conocimiento de la conducta peligrosa, si se trata de una peligrosidad menor que solo admita la previsibilidad del peligro o un deber de previsión. En estos casos la insignificancia de los supuestos permite discutir su sanción penal. Segundo, es especialmente compleja la determinación de conductas imprudentes sin resultados lesivos ante la falta de un efecto que evidencie el descuido del agente.

En cualquier caso, este delito y los que siguen no son compatibles con imputaciones culposas o imprudentes. Si bien ellos se enmarcan en contextos peligrosos respecto de la producción, distribución o venta de objetos que pueden afectar a la salud de los consumidores de tales productos, las exigencias típicas restringen los verbos rectores con relación a determinados efectos sobre los productos, que han de deteriorarse o adulterarse en el supuesto de fabricación o cuya cualidad deteriorada o adulterada es el objeto de la distribución o venta en la segunda hipótesis. A ello se añade las advertencias anteriores de insignificancia y de dificultad probatoria. Sobre esta base se examinará la disposición común (artículo 317) que sanciona conductas imprudentes, las que atenderán a consecuencias adicionales al peligro de las figuras de los artículos 313 d; 314 y 315.

6. CONSUMACIÓN Y TENTATIVA

Es conveniente hacer presente algunos aspectos sobre la tentativa en estos delitos de mera actividad y de peligro, aunque no haya reglas especiales al respecto. De hecho, es precisamente la falta de regulación específica la que funda una breve referencia sobre el punto. En principio, procedería admitir tentativas en función del artículo 7, si hay un principio de acción. Por ejemplo, si se comienza a elaborar un producto, en este caso una sustancia medicinal, que no se termina y que, por tanto, ni siquiera avanza para poder salir al mercado.

En la segunda modalidad, se trataría de un inicio de expendio que se detiene ahí por causa independiente de la voluntad del distribuidor o vendedor. Las medicinas tampoco alcanzan a salir al mercado si quiera. Ya no hay descontrol en el acceso a semejantes sustancias, no hay peligro de acceso por parte de los consumidores. No solo falta una situación de peligro, sino que es difícil aún sostener la peligrosidad de la conducta.

Incluso si se admite la peligrosidad de la conducta, que podría darse en esa segunda hipótesis, cuando ya existen productos medicinales deteriorados o adulterados peligrosos, fundar la sanción de un comienzo de expendio en la peligrosidad de objetos que el distribuidor o vendedor conoce se aleja bastante de una perturbación material de un bien protegido, y ya no solo de bienes individuales, sino específicamente de la salud pública de un grupo de consumidores. Ya hemos advertido la debilidad del del castigo penal en nuestro medio con base en la mera peligrosidad de la conducta, que se admite excepcionalmente para actos preparatorios.

Sin perjuicio de la regulación penal nacional para el castigo de fases previas a la consumación, la decisión sobre la sanción fundada en la peligrosidad de la conducta depende de la noción de injusto penal que se tome por referencia. Puede aceptarse desde un injusto construido únicamente con el desvalor de conducta. Igualmente, es difícil de establecer este desvalor en las conductas típicas. El primer supuesto no alcanza a producir sustancias peligrosas y el segundo trabaja con objetos peligrosos que se quedan como están, sin ponerse a disposición del mercado.

Aun cuando se acepte la pena de tentativas con atención a la peligrosidad de la conducta, se trataría de una tentativa relativamente inidónea, cuya admisión es en todo caso discutible. Desde un injusto que integra el desvalor de resultado, como el que se toma aquí, el castigo de estas tentativas no se sostiene. Desde un injusto construido solo con el desvalor de conducta, podría admitirse en el entendido de que la figura consumada es de peligro y que la peligrosidad estaría completa ex ante. La peligrosidad de estas conductas no consumadas es una peligrosidad menor y difícilmente podrían aceptarse cuando nuestro legislador sanciona de modo excepcional y expreso comportamientos que se satisfacen solo con este desvalor. Así, en los delitos de peligro de tráfico ilícito de drogas, la ley chilena lo ha establecido expresamente (artículo 17, Ley N° 20.000), lo que no suprime la discusión sobre el injusto penal fundado en la peligrosidad de un peligro.

7. CUESTIONES CONCURSALES

La intervención de adulteraciones o cambios que redundan en efectos nocivos para productos que salen al mercado puede contemplar también perjuicios patrimoniales o económicos, alteraciones de precios o derechamente disposiciones patrimoniales respecto de objetos que no cumplen las cualidades ofrecidas. Pueden darse relaciones con figuras de fraudes, que, por el nexo medial, obedecerán normalmente a concursos mediales de delitos conforme el artículo 75.

En este sentido, en el caso de la leche Nutricomp ADN, adulterada respecto de la cantidad de potasio que informaba, hubo concurso con figuras de contrabando y de uso indebido de marca comercial. https://mobileappcommunicator.auth.microsoft.com/activate/258803481/WCU

A) *SCS de 27 de diciembre de 2012, Rol: 6831-2012*

"Luego, en lo que atañe a la infracción que se denuncia a los artículos 75 y 190 del Código Penal y a los artículos 168, 172 y 178 de la Ordenanza de Aduanas, no se reprocha que se considerara la existencia de un concurso ideal precisado como medial, sino sólo que se haya estimado como más grave la pena del delito señalado en el artículo 190 del Código Penal en lugar de considerar como tal la sanción del contrabando.

El artículo 190 del Código Penal conlleva sanción de presidio menor en sus grados mínimo a medio y multa de 6 a 10 unidades tributarias mensuales; en tanto que el delito de contrabando está penalizado con multa de una a cinco veces el valor de la mercancía objeto del delito o con presidio menor en sus grados mínimo a medio o con ambas penas a la vez, si ese valor excede de

25 Unidades Tributarias Mensuales, o bien, con multa de una a cinco veces el valor de la mercancía objeto del delito si ese valor no excede de 25 Unidades Tributarias Mensuales.

Es efectivo que los jueces del tribunal oral razonaron en el motivo vigésimo séptimo, en el sentido que en el caso no era posible determinar el valor de la mercadería, por lo que debían estarse al artículo 172 de la Ordenanza, lo que es un error, pero que no tiene incidencia en la resolución del asunto, puesto que bastaba para resolver cual disposición es más grave, el hecho que una de ellas impone pena privativa de libertad y multa a todo evento, en tanto que la otra permite imponer una u otra indistintamente, lo que conlleva el que ésta última sea una penalidad más leve.

En tales circunstancias, la decisión de sancionar por la figura del artículo 190 del Código Penal como delito más grave resultó correcta, de modo que no ha existido la infracción de derecho que se reclama."

Sin embargo, hemos observado que la vinculación de la salud de los consumidores con la vida y salud de sujetos en particular rescata una conexión mayor respecto de delitos comunes contra la vida y salud, que el legislador potencia al describir el supuesto de expendio a cualquier título, admitiendo la mera liberalidad. Así, pueden existir fácilmente delitos de homicidio y de lesiones, que podría responder a un concurso ideal de delitos o uno medial, que sabemos se resuelven de la misma manera.

La destacada relación del bien colectivo protegido con bienes individuales explica la consideración especial de lesiones para la vida y para la salud individuales como regla particular de agravación o de imputación para los tres delitos que aquí se examinan (además del contemplado en el artículo 316).

La sanción especial para la suma de lesiones y muertes de consumidores individuales altera las normas concursales en estos casos. Hablo igualmente de una regla de imputación particular por la distinción que hace el artículo 317 respecto de la imputación subjetiva de los efectos. Como se trata de una disposición común a todos los tipos penales presentados en este apartado, la norma se examina al final, precisamente a propósito de conductas referidas a comestibles y bebestibles destinados al consumo público, donde más ha tenido aplicación.

8. DELITO DE EXPENDIO DE SUSTANCIAS PELIGROSAS PARA LA SALUD (ART. 314 CP)

8.1. Consideraciones generales

El delito contemplado en el artículo 314 refiere únicamente a conductas de expendio, es decir a la venta y distribución de otros objetos que resultan peligrosos para la salud. Se trata de un comportamiento más restringido con relación al 313 d, y respecto del 315, pues integra una sola modalidad de conducta. Deja de ser una figura con pluralidad de hipótesis.

Por otro lado, es un tipo penal más amplio con atención a la clase de objeto material. Se trata de cualquier sustancia que sea peligrosa, siempre que no sea medicinal ni tampoco comestible o bebestible, que son objetos de los artículos 313 d y 315. Como advierte Etcheberry, podrían ser sustancias de esta clase insecticidas, pesticidas e incluso cosméticos o perfumes (ETCHEBERRY, 1998, p. 288). La menor pena de este delito frente a la del artículo 313 d y del artículo 315 puede explicarse por la clase de objeto, uno menos peligroso. Su menor peligrosidad explica que la conducta sea más exigente, que se sancione solo el expendio, además de la disminución de pena.

Esta es la figura más atenuada, es un simple delito que se sanciona con presidio menor en sus grados mínimo a medio, más multa de seis a veinte unidades tributarias mensuales. Sigue el delito referido a medicinas, que sanciona con presidio menor en sus grados medio a máximo y multa de seis a cincuenta unidades tributarias mensuales. La figura más grave es la que castiga el artículo 315, como un crimen en caso de envenenar o infectar (presidio mayor en su grado mínimo y multa de veintiuna a cincuenta unidades tributarias mensuales) y como simple delito con pena aflictiva si es adulterar (presidio menor en su grado máximo y multa de seis a cincuenta unidades tributarias mensuales). Veremos este delito a continuación de este supuesto base referido a cualquier otra sustancia peligrosa. Para examinar sus exigencias es importante tener presente la descripción típica.

Artículo 314. "El que, a cualquier título, expendiere otras sustancias peligrosas para la salud, distintas de las señaladas en el artículo anterior, contraviniendo las disposiciones legales o reglamentarias establecidas en consideración a la peligrosidad de dichas sustancias, será penado con presidio menor en sus grados mínimo a medio y multa de seis a veinte unidades tributarias mensuales".

8.2. *Bien jurídico*

Las mismas consideraciones hechas sobre los alcances de las conductas para la salud de los consumidores como bien colectivo proceden respecto de este delito. El legislador no requiere la lesión de la vida o salud individual de alguna persona, no exige siquiera que un sujeto efectivamente compre o acceda al producto ni que lo consuma efectivamente. Nos mantenemos en el ámbito de bienes colectivos, con independencia de la relación con bienes individuales, y de las dificultades para establecer la forma de perturbación.

Ahora se trata de consumidores de otras sustancias que resultan peligrosas para la salud, que no sean medicamentos ni comestibles y bebestibles. En este sentido, se trata de una figura supletoria respecto del consumo de productos peligrosos, puede ser cualquiera salvo los mencionados. También hemos visto que es el delito que tiene menos pena, que podemos concebir como tipo base o simple. La menor entidad del ilícito se explica por la clase de objeto material, por estos otros productos, cuya peligrosidad no parece de la misma entidad que la que tienen medicamentos o productos alimenticios peligrosos. Esto se refuerza al revisar la restricción de la conducta típica al expendio, que requiere la puesta en el mercado de estos productos peligrosos.

8.3. Tipo objetivo

8.3.1. Sujetos activo

El contexto de la conducta punible, el expendio de sustancias peligrosas en general precisa la descripción genérica ("el que") que refiere a cualquier persona. El agente es un sujeto que distribuye o vende los productos. Seguimos en el ámbito de la responsabilidad por el producto, solo que ya no contempla al productor. Quien distribuye o comercializa los objetos descritos en el tipo ha de infringir deberes

8.3.2. La conducta típica

Este delito no tiene pluralidad de hipótesis como los otros presentados en este apartado. Únicamente contempla el supuesto de expender los objetos que tienen la calidad exigida, según examinaremos en el punto siguiente. Ya sabemos que el expendio remite tanto a la distribución como a la venta de los productos. No incluye la elaboración o producción de ellos.

El expendio puede ser a cualquier título, como en las otras figuras examinadas. De modo que puede ser una distribución a título gratuito. La venta, por su naturaleza, supone un precio. Por otra parte, el legislador hace referencia a la infracción de específicos deberes vinculados con la distribución o venta de productos peligrosos, la contravención de "las disposiciones legales o reglamentarias establecidas en consideración a la peligrosidad", que completan la norma de conducta.

Si bien no contempla la producción de sustancias peligrosas, el tipo remite a deberes legales o reglamentarios relativos a la seguridad de los productos que se venden o distribuyen. La norma de conducta prohíbe expender objetos ya peligrosos cuando se infringen deberes que resguardan su seguridad. Así, quien expende ha de conocer no solo que la calidad de los productos que distribuye o vende, sino que infringe con su conducta semejantes deberes referidos a la peligrosidad de los objetos.

Los deberes extrapenales que regulan la seguridad de los productos que salen al mercado para el consumo público complementan el expendio que exige el tipo penal. Estos deberes completan la norma de conducta desde las exigencias típicas. De modo que, si se trata de disposiciones reglamentarias, la definición de la norma de conducta no resulta cuestionable constitucionalmente.

Distinta es la admisión de supuestos omisivos ante la restricción del comportamiento al expendio de productos peligrosos. Si bien este tipo no comprende per se obligaciones específicas de retiro, que podrían contemplarse de algún como para la distribución o venta en el artículo 315, por la presunción que comentaremos respecto de la mantención en la venta, igualmente el legislador integra específicos deberes referidos a la peligrosidad de los productos. Son relevantes deberes de advertencia y de retiro, como destaca Contreras particularmente para el productor y con precisión respecto de lesiones para bienes individuales (CONTRERAS, 2015, pp. 270, 272, 279-287), en cuanto la venta incluye su conservación luego de conocer la peligrosidad de los productos, siempre y cuando el agente infrinja deberes específicos con relación a semejante conservación. Por un lado, puede apreciarse una conducta positiva de mantención; por otro lado, puede haber deberes específicos de acción ante ciertos productos peligrosos que ya están a la venta. Esta consideración no alcanza a la producción por omisión en estos casos.

8.4. *El objeto material*

Como hemos visto, esta figura penal es residual, específicamente con relación a los productos. El objeto material es una sustancia ya peligrosa, cualquiera que sea, menos medicamentos o comestibles y bebestibles. La determinación de sustancias peligrosas como objeto de acción determina la modalidad única de actuación de este delito, que solo sanciona la distribución o venta de tales productos.

Por lo demás, la conducta limitada al expendio con infracción de deberes vinculados con la seguridad de los productos evidencia la falta de un resultado, como efecto material que recae sobre el objeto. El comportamiento supone la existencia de productos ya peligrosos, no su producción o elaboración. La sola elaboración aquí no se sanciona penalmente, lo que enseña la relevancia de que estos productos salgan al mercado y la cualidad de la conducta que infringe el expendio bajo ciertas reglas normativas de seguridad.

8.5. Tipo subjetivo

Hemos advertido que el tipo penal se construye de modo doloso, aunque no contemple expresamente quien "a sabiendas" expendiere un producto peligroso. Es fundamental no solo que se trate de una sustancia ya peligrosa, aunque sea distinta de las medicinales o de las alimenticias. El legislador exige que el agente infrinja deberes legales o reglamentarios referidos a la peligrosidad de los objetos que distribuye o vende.

Recordemos que la norma de conducta se completa con semejantes deberes que regulan la distribución o venta de productos. De suerte que la norma prohíbe distribuir o vender productos peligrosos con infracción disposiciones relativas a la seguridad, cuya infracción revela la cualidad peligrosa de los productos que se expenden. No se sanciona la distribución o venta imprudente de productos peligrosos, por la existencia de específicos deberes de actuación que velan por la seguridad de los productos.

Igualmente, procede la regla común del artículo 317 que veremos con relación a resultados lesivos adicionales, muertes o lesiones graves. Analizaremos los dos incisos y las dificultades que se presentan como regla de agravación y regla de imputación en cada caso; sin perjuicio de concursos con cuasidelitos de homicidio y lesiones de los artículos 490-492.

8.6. Consumación y tentativa

Respecto del iter criminis, vale lo comentado respecto de la anterior disposición con relación a la discusión sobre lo injusto. Se suma la advertencia de que la fabricación de otros productos peligrosos puede ser tentativa de expendio, pero la sanción penal de semejante conducta es cuestionable ante el nivel de injusto penal mínimo.

8.7. Cuestiones concursales

El comportamiento de los distribuidores o vendedores que sanciona este tipo cuando el expendio de los productos peligrosos se realiza con infracción de deberes que resguardan la seguridad puede vincularse fácilmente con supuestos de estafa o de falsedades. Si bien la sola fabricación de otros productos peligrosos no se sanciona penalmente (fuera de los artículos 313 d y 315), es factible que la distribución o venta de tales objetos peligrosos se realice con engaño, ocultando la cualidad peligrosa de los productos, que además cause un perjuicio patrimonial a otro.

Las diversas infracciones de normas, con perturbaciones de bienes jurídicos distintos, normalmente configuran un concurso medial de delitos, por el vínculo entre ambas figuras delictivas. También puede ser un concurso ideal, que también se sanciona conforme las pautas del artículo 75. Además, pueden proceder otros supuestos de fraude, como el contrabando, según evidenciamos a continuación, en un caso de expendio específico. Puede ser igualmente común hipótesis de falsedades, que pueden ser sancionadas como concurso medial. Si bien las falsedades suponen hechos diferentes, ante la falta de sanción de la fabricación de otros productos peligroso, usualmente estarán vinculados y su realización supondrá un concurso medial. Si la regla del concurso real es más beneficiosa en concreto, puede recurrirse a ella según el fin de las disposiciones y la interpretación pro reo.

Es posible que se presenten problemas de concursos aparentes de normas respecto de la distribución de algunos productos peligrosos específicos, que se resuelven teniendo en cuenta la prohibición de doble valoración, principalmente con atención a los principios de especialidad o consunción, como ocurre en el supuesto que destaca Londoño sobre expendio de bebidas alcohólicas peligrosas, que resulta más claro aún por la propia remisión legislativa (Londoño, 2019, p. 480).

9. DELITO DE ENVENENAMIENTO O ADULTERACIÓN DE COMESTIBLES O BEBESTIBLES DESTINADOS AL CONSUMO PÚBLICO Y VENTA O DISTRIBUCIÓN A SABIENDAS (ART. 315 CP)

9.1. *Consideraciones generales*

Este delito es el más grave de los tres tipos penales que examinamos, principalmente por la clase de objeto, el tratarse de comestibles y bebestibles destinados al consumo público. También distingue una modalidad de conducta particularmente grave, el envenenar o infectar. Es una figura con pluralidad de hipótesis como el artículo 313 d. Contempla el adulterar, que incluye el deterioro (menoscabo de propiedades alimenticias) aunque no lo separe como el artículo 313 d, al igual que la distribución y venta.

Esta sola modalidad tiene más pena que la de aquel tipo, pues impone una pena aflictiva: presidio menor en su grado máximo y multa de seis a cincuenta unidades tributarias mensuales.

Adicionalmente, la sanción del envenenar o infectar comestibles o bebestibles importa la determinación de un crimen, con la pena de presidio mayor en su grado mínimo y multa de veintiuna a cincuenta unidades tributarias mensuales. Para revisar las clases de conductas y sus características, se ha de comenzar también por manifestar la descripción típica del delito que se analiza ahora.

> *Artículo 315. "El que envenenare o infectare comestibles, aguas u otras bebidas destinados al consumo público, en términos de poder provocar la muerte o grave daño para la salud, y el que a sabiendas los vendiere o distribuyere, serán penados con presidio mayor en su grado mínimo y multa de veintiuna a cincuenta unidades tributarias mensuales.*
>
> *El que efectuare otras adulteraciones en dichas sustancias destinadas al consumo público, de modo que sean peligrosas para la salud por su nocividad o por el menoscabo apreciable de sus propiedades alimenticias, y el que a sabiendas las vendiere o distribuyere, serán penados con presidio menor en su grado máximo y multa de seis a cincuenta unidades tributarias mensuales.*
>
> *Para los efectos de este artículo, se presumirá que la situación de vender o distribuir establecida en los incisos precedentes se configura por el hecho de tener a la venta en un lugar público los artículos alimenticios a que éstos se refieren.*
>
> *La clandestinidad en la venta o distribución y la publicidad de alguno de estos productos constituirán circunstancias agravantes.*
>
> *Se presume que son destinados al consumo público los comestibles, aguas u otras bebidas elaborados para ser ingeridos por un grupo de personas indeterminadas.*
>
> *Los delitos previstos en los incisos anteriores y los correspondientes cuasidelitos a que se refiere el inciso segundo del artículo 317, sólo podrán perseguirse criminalmente previa denuncia o querella del ministerio público o del Director General del Servicio Nacional de Salud o de su delegado, siempre que aquéllos no hayan causado la muerte o grave daño para la salud de alguna persona. En lo demás, los correspondientes procesos criminales quedarán sometidos a las normas de las causas que se siguen de oficio.*
>
> *No será aplicable al ministerio público ni a los funcionarios del Servicio Nacional de Salud respecto de estos delitos, lo dispuesto en los números 1 y 3 del artículo 84, respectivamente, del Código de Procedimiento Penal."*

9.2. Bien jurídico

Las características de los objetos, comestibles y vestibles destinados al consumo público, refiere a productos que llegan y pueden llegar a un colectivo de consumidores mayor, que el mercado de consumidores de medicinas o de alguna otra sustancia peligrosa particular. La calidad de esos comestibles o bebestibles envenenados o adulterados con específicas repercusiones, en términos de afectar la vida y salud de las personas, añade la peligrosidad que enseña la relevancia de la salud de los consumidores y no la vida ni la salud de alguna persona en particular.

Veremos que la norma de sanción, como las anteriores, no requiere la lesión de la vida o de la salud individual. La norma de conducta que se desprende de los verbos rectores y de los deberes de fabricantes, de distribuidores y de vendedores, prohíbe ciertas intervenciones en los alimentos que los hacen especialmente nocivos o que pierdan sus propiedades alimenticias determinando la peligrosidad de tales sustancias que alcanzan a los consumidores en general.

Retomamos aquí las advertencias hechas sobre bienes colectivos y su mayor o menor relación con bienes individuales, lo que incide en la clase de perturbación que veremos al examinar lo injusto penal. Se rescata la autonomía de la tutela de bienes colectivos, sin perjuicio de su noción. El objeto de referencia para la determinación del injusto es la salud de los consumidores como bien colectivo y no bienes individuales, que pueden o no verse afectados. Atenderemos los alcances al estudiar el supuesto típico, la norma de conducta y su infracción.

9.3. Tipo objetivo

9.3.1. Sujetos activo

Al igual que en los delitos ya examinados, la descripción genérica del agente ("el que") no lo es tanto cuando se revisa la conducta punible, con los verbos rectores y la definición de objetos. Se evidencia la alusión a productores, distribuidores y vendedores de alimentos. Seguimos en el contexto de responsabilidad por el producto, con la precisión de que se trata de un mercado mayor que el que aparece en los ilícitos anteriores.

En todo caso, las apreciaciones no cambian en términos de sujeto activo. El agente que interactúa en el mercado alimenticio. Las características y dificultades destacadas respecto del sujeto pasivo tampoco son distintas que las señaladas para los delitos de los artículos 313 d y 314.

9.3.2. La conducta típica

Como mencionamos, se trata de un delito con pluralidad de hipótesis. De modo que procede distinguir las opciones de conducta. La distinción es más relevante aún que la que procede con relación al artículo 313 d, por la entidad de pena que ahora fija el legislador, particularmente para la primera modalidad, una figura de crimen que revela una especial odiosidad del comportamiento del agente. La segunda hipótesis de alteración o de distribución y venta es también mayor que la que se contempla para ese supuesto si se trata de medicinas deterioradas o adulteradas peligrosas. Eso muestra la importancia de los objetos materiales aquí, de los comestibles y bebestibles.

También estas sustancias han de ser peligrosas, como veremos en el punto siguiente. Asumida esta misma cualidad para todos los objetos, los comestibles y bebestibles enseñan su relevancia ante su alcance para los consumidores, como destinados al consumo público. De todas formas, la primera hipótesis tiene características que la hace especialmente gravosa y que se distingue de las otras alternativas examinadas. Con este marco presentamos las conductas, desde esa primera modalidad.

Distinguimos, en realidad, tres modalidades de conducta, que se precisan según los deberes particulares extrapenales que regula el tratamiento y expendio de comestibles y bebestibles, al precisar las normas de conducta en cada situación. La primera hipótesis refiere a envenenar o infectar; la segunda contempla adulteraciones en general, distintas del anterior supuesto y que han de delimitarse según deberes y procedimientos específicos. La tercera alternativa es la venta o distribución, ya sea de productos alimenticios del primer caso o del segundo.

A) Envenenar o infectar

Envenenar importa agregar o suministrar una sustancia que es capaz de matar o de herir gravemente. También aquí son relevantes las disposiciones normativas y reglamentarias sanitarias para definir la norma de conducta, solo que la cualidad mortal de las sustancias venenosas resulta especialmente clara en la prohibición de administrar tales sustancias a comestibles y bebestibles.

Se trata de un verbo transitivo que requiere el producto alimenticio, que pasa a ser mortal, en términos de poder provocar la muerte o graves lesiones. Ya sabemos que el tipo penal no requiere el consumo de los productos, ni menos la muerte o lesión particular de alguna persona. Veremos más sobre la clase de perturbación del bien protegido al revisar lo injusto, según lo expuesto respecto de la fabricación en el artículo 313 d. En la venta o distribución de esos productos envenenados se aprecia mayor descontrol, por la salida de los objetos al mercado, ya sea se refiera o no a los destinatarios finales. Si bien dejaremos la venta o distribución como una tercera modalidad, es igualmente relevante distinguir la clase de producto. Si éste está envenenado o infectado la pena es mayor a la de la venta o distribución de objeto con otras adulteraciones. De hecho, es la misma norma de sanción para quien infringe la proscripción de envenenar o infectar que para quien vende los productos envenenados o infectados. La equivalencia se sostiene no solo subjetivamente, sino también materialmente.

Una de las características que define el veneno, además de sus efectos, es su condición oculta. El modo insidioso en que se suministra revela una mayor seguridad del agente ante el desconocimiento de los consumidores. Si bien es posible evidenciar supuestos en los que se advierten elementos venenosos en productos alimenticios que podrían y deberían retirarse, la expresión del legislador "envenenar" es compatible con supuestos positivos de comportamiento, por el administrar, poner o agregar. La entidad de la sanción también reclama una determinación de sentido dentro de las expresiones legales, sin que admita recurrir a posiciones de garantía fuera del tenor literal. Alguna discusión sobre la admisión de omisiones presentaremos al examinar la venta o distribución en este delito.

Por su parte, el infectar importa invadir con sustancias patógenas, virus o bacterias, comestibles o bebestibles destinados al consumo público. El invadir revela la introducción de esos agentes patógenos que se propagan o multiplican en los organismos a los que se introduce. El carácter patógeno refiere a la provocación y desarrollo de una enfermedad. Los efectos nocivos particulares explican su equivalencia con el veneno, la cualidad de enfermar por la multiplicación de microorganismos que entran en los productos.

B) *Otras adulteraciones*

La segunda modalidad, en el inciso segundo del artículo 315, refiere a cualquier otro cambio o alteración en comestibles o bebestibles destinados al consumo público, siempre que tengan cierta cualidad nociva que los hace peligrosos. La consideración es la misma que se hace respecto de las medicinas en el artículo 313 d, el que sean "sean peligrosas para la salud por su nocividad o por el menoscabo apreciable de sus propiedades alimenticias". Recordemos que las adulteraciones suponen engaño, pero además requieren repercusiones particulares para sancionar la conducta. No cualquier contaminación o alteración

La norma de conducta prohíbe alteraciones engañosas, ocultas, en las propiedades de comestibles o bebestibles con consecuencias dañinas, nocivas directamente, o que las priven de sus condiciones alimenticias y en tal sentido las hagan peligrosas para la salud. El conocido caso de la Leche ADN, al que hemos aludido, refiere a esta última clase de conducta. Se trataba de una leche especial, de un complemento alimenticio con ciertos niveles de potasio para consumidores con necesidades específicas. El producto se elaboró con cantidades de potasio distinta de las declaradas. Se trata de un producto que podía confundirse con medicina, lo que permitía recurrir al tipo penal del artículo 313 d. Con la precisión legal del Código Sanitario, la duda ya no se plantea. Igualmente, se condenó según el artículo 315 y las mayores discusiones se produjeron con atención a la disposición común, artículo 317, por la muertes y lesiones producidas.

Esta hipótesis tiene menos pena que el envenenar o infectar por la cualidad de la conducta, que no está asociada con el suministro de agentes directamente nocivos. Como puede tratarse de cualquier otra alteración oculta, se precisan los efectos descritos, que no tienen la entidad de los que se presentan con el veneno o con agentes patógenos.

C) Venta o distribución

Hemos revisado la venta y la distribución en los otros delitos ante el expendio. Ahora, este tipo penal habla específicamente de vender o distribuir. La norma de sanción es distinta según la clase de producto, pero no la modalidad de comportamiento. La norma de conducta proscribe a sabiendas vender o distribuir comestibles o bebestibles destinados al consumo público, que estén envenenados o infectados, o que sea adulterados peligrosos por su nocividad o falta de propiedades alimenticias. La sanción es mayor respecto de los primeros productos.

Vender es un verbo transitivo que supone ofrecer productos a cambio de un precio. No exige efectiva compra, pero los productos salen al mercado. Evidencia un contacto más directo con los compradores o destinatarios finales. Distribuir es también un verbo transitivo por la colocación o entrega de objetos. Ellos salen igualmente al mercado solo que la conducta se vincula con intermediarios y no necesariamente con los consumidores finales. Hay cadenas intermedias en las que interactúa quien hace llegar productos a los vendedores.

Tanto la venta como la distribución revelan conductas positivas de poner a disposición productos, el acceso de ellos ya sea a consumidores finales o a intermediarios. Anunciamos que puede haber una discusión aquí respecto de admitir conductas omisivas, específicamente por el inciso tercero del artículo 315, que alude a una presunción de venta o distribución inexistente en los otros delitos. De hecho, la ley expresa que para los efectos de este tipo penal: "se presumirá que la situación de vender o distribuir establecida en los incisos precedentes se configura por el hecho de tener a la venta en un lugar público los artículos alimenticios a que éstos se refieren."

Con base en este inciso, Salazar advierte que caben las conductas omisivas, el no tomar medidas para prevenir riesgos (Salazar, 2015, pp. 321, 327 y ss.). Expresa que la presunción es una regla sustantiva que complementa la norma de sanción. Parece entender que a partir de ella se admiten mandatos especiales de actuación, que llevaría a mirar posiciones de garantía. Sin embargo, la regla de presunción de venta o distribución refiere al tener a la venta productos alimenticios envenenados, infectados o adulterados peligrosos. Ese elemento evidencia que los productos se distribuyeron y estuvieron a la venta previamente. Es destacable el complemento sustantivo de la norma de conducta, en cuanto la efectiva puesta en venta de los alimentos envenenados, infectados o adulterados peligrosos señalados supone distribución o venta. Esta extensión, que no requiere probar fases previas de distribución, no necesariamente enseña un mandato de retiro.

La disposición de los productos en el mercado cuando ellos están a la venta incluye el mantenerlos si luego, con posterioridad a la distribución o venta, se conoce su calidad de envenenados, infectados o adulterados peligrosos. Aparece una conducta activa ante el vendedor u oferente directo, que se consideró específicamente en el caso de la leche ADN, sin perjuicio de las distinciones que hay que hacer respecto de los distintos intervinientes en el proceso y de quienes se les dirige la norma de conducta específica.

c.1) SCS de 27 de diciembre de 2012, Rol: 6831-2012

> "Acto seguido, el análisis que el tribunal hace es correcto, en cuanto de cara a los verbos rectores del tipo en estudio, "adulterar", "vender" y "distribuir", concluye que claramente ellos implican conductas activas no susceptibles de ser realizadas por omisión y luego se sostiene que atendido el hecho que ese precepto tampoco está construido en relación a un resultado, no es posible en relación a ese extremo, levantar la tesis de que sea cometido por omisión."

El mantener los productos alimenticios a la venta puede contemplar el no retiro por parte de quien los tiene a la venta en un lugar público. Así, respecto del tener a la venta, la regla que no exige prueba de la distribución o venta previa refiere a cierto aspecto sustantivo (la disposición del producto, el tenerlo a la venta) que puede ciertamente completar la norma de conducta en ese caso en particular. En este sentido, la prohibición de seguir fabricando y comercializando es equivalente al deber de advertencia y retiro, como aprecia Contreras (Contreras, 2015, pp. 282-285).

Sin embargo, el mismo Contreras se ocupa de limitar las exigencias de retiro respecto del fabricante. No solo se ha de descartar el deber de retiro si son suficientes los deberes de advertencia de peligros, sino que además las afectaciones de los derechos de los fabricantes no han de ser más gravosas que la protección de bienes de los consumidores y siempre respecto de lesiones para bienes individuales. La distinción de normas es relevante respecto del productor que vende o distribuye, e incluso del distribuidor que ya no tiene injerencia en la venta al público. La exigencia de un mandato de retiro obligaría también al productor y distribuidor que ya vendió o distribuyó el producto que no tiene a disposición si éste está a la venta. Semejante extensión se sostiene si se afirman deberes de retiro que no aparecen para delimitar la norma de conducta del productor ni del distribuidor. Así, el complemento sustantivo de la regla de presunción de venta y distribución no se extiende a las normas de conducta referidas a envenenar, infectar, adulterar los alimentos ni a su distribución consciente. Ella se restringe al vendedor directo que, además, está en posición de controlar los riesgos de los productos a la venta.

9.3.3. El objeto material

Ya hemos destacado la relevancia especial de estos objetos por sus alcances para el público destinatario, los consumidores de comestibles y bebestibles. El artículo 315 habla de "comestibles, aguas u otras bebidas destinadas al consumo público". Como adelantamos, el 2014, la Ley N° 20.724, modificó la regulación de estos objetos en el Código Sanitario, los definió en forma independiente de las sustancias medicinales, en el artículo 102.

Artículo 102. "Se entenderá por alimentos o productos alimenticios cualquier substancia o mezcla de substancias destinadas al consumo humano, incluyendo las bebidas y todos los ingredientes y aditivos de dichas substancias.

Se considerarán alimentos especiales aquellos productos o preparados destinados al consumo humano con fines particulares de nutrición, utilizados en el tratamiento de determinadas patologías o condiciones de salud, que requieran de modalidades de administración no parenteral, tales como la vía oral u otras, y de supervigilancia especial por personal del área de la salud."

Cabe destacar la precisión de ciertos alimentos que tengan algunos efectos para la salud, en cuanto siguen siendo alimentos y no son medicamentos. La acotación es relevante para establecer qué delito procede, si es el del artículo 313 d o el del artículo 315. Algunas dudas se presentaron particularmente en el caso de la leche ADN (NUTRICOMP-ADN), un bebestible adulterado en sus propiedades nutritivas, con una cantidad de potasio distinta de la declarada. El producto estaba destinado a un específico grupo de consumidores con necesidades de nutrición, cuyos requerimientos de potasio insatisfechos era peligroso para la salud.

Igualmente, el caso se resolvió por el artículo 315, según veremos al revisar la disposición común por muertes y lesiones de quienes consumieron el producto. El consumo no es necesario en ninguno de los delitos que se examinan, menos la lesión de la vida o salud individual. El resultado típico obedece a los efectos sobre el producto y no al resultado jurídico, que se mantiene como una situación de peligro particular respecto de la salud de los consumidores.

9.3.4. Resultado

Nuevamente pueden observarse específicas alteraciones en los objetos materiales que los hacen peligrosos, sobre todo en la hipótesis más grave de conducta. La estructura es similar, como hemos visto, a las conductas de falsedades, sin que ella los transforme en delitos de lesión. Es fundamental no confundir exigencias típicas, con un eventual resultado típico, de un resultado jurídico que refiere a la lesión o puesta en peligro del objeto protegido, desde la infracción de la norma de conducta.

El delito no requiere lesión de la vida o salud de alguna persona, ni siquiera la adquisición o accedo directo del comestible o bebestible peligroso. Ya hemos visto que el comportamiento típico se satisface con tres modalidades básicas: envenenar o infectar; adulterar; y venta o distribución de productos envenenados, infectados o adulterados.

En el supuesto de envenenamiento o infección la ley exige que los comestibles o bebestibles puedan provocar la muerte o grave daño para la salud. No requiere que se cause la muerte o grave daño de alguna persona. El que esos productos puedan matar o lesionar la salud rescata una posibilidad respecto de la salud de los consumidores, no de la vida o salud individual. Por lo demás es una posibilidad importante que rescata una especial peligrosidad de los productos que se acerca a una situación de peligro respecto del bien colectivo, según insistiremos al revisar lo injusto penal.

Ahora solo se pone énfasis en la entidad de los riesgos cuando se trata de envenenar o infectar comestibles o bebestibles por la odiosidad de la conducta, al emplear sustancias directamente mortales o lesivos. En la opción de adulteración, los cambios también han de suponer la peligrosidad de los comestibles o bebestibles, solo que no de modo tan evidente como en el caso de envenenar o infectar. Esto explica la mayor sanción para este supuesto. Igualmente, el legislador se preocupa de precisar la peligrosidad del comportamiento en la adulteración.

Recordemos que alude a otras adulteraciones que han de ser "peligrosas para la salud por su nocividad o por el menoscabo apreciable de sus propiedades alimenticias". Es decir, no basta con cualquier contaminación o cambio si no resulta peligroso. Igualmente, la distribución o venta de comestibles o bebestibles en esos casos (envenenados, infectados o adulterados) supone que los productos salen al mercado y, en este sentido, es más evidente una situación de peligro para la salud de los consumidores.

9.4. Agravantes especiales

El inciso cuarto del artículo 315 suma dos circunstancias agravantes especiales, no una regla de agravación como la que veremos en el artículo 317. No establece una pauta específica para subir la pena, de modo que altere las reglas generales. Simplemente añade circunstancias particulares que agravan la pena para este delito: el hecho de que la venta o distribución de los productos alimenticios peligrosos sea además clandestina y que se realice publicidad de tales productos.

La clandestinidad se limita a la venta o distribución y tiene que ver con una comercialización oculta, que dificulta el control de la seguridad de los productos. Esta circunstancia favorece la situación de riesgo, con menos posibilidades de defensa de los consumidores. Igualmente, se advierte cierta exposición al riesgo de quienes buscan acceder a productos con semejante distribución oculta.

Por su parte, la publicidad de los productos puede alcanzar también las conductas de fabricación de productos envenenados, infectados o adulterados. Se entiende que la publicidad refiere al anuncio al mercado de los productos, sin contemplar su cualidad de peligrosos para el consumo humano. Este favorecimiento refuerza la puesta el peligro para la salud de los consumidores que se motivan a acceder a los productos nocivos. En ambas situaciones proceden las reglas generales de agravación de la pena.

9.5. Límite y condición de procesabilidad

Finalmente, la norma contempla un requisito necesario para perseguir penalmente las conductas sancionadas allí, con dos modalidades. La primera enseña una restricción en la titularidad de la acción, pues se advierte que solo puede perseguirse por denuncia o querella previa del ministerio público, que luego sigue la investigación. La otra exigencia es similar a la que existe en violencia intrafamiliar para el maltrato habitual (artículo 14 de la Ley 20.066). Se trata también de la previa denuncia o querella limitada, pero en esta ocasión del Director del Servicio Nacional de Salud o de su delegado.

Si bien, la descripción de la modalidad de ejercicio es común, la referencia de una denuncia o querella previa de un organismo que no dirige la investigación supedita el procedimiento ordinario a la intervención de entes ajenos, que impide toda investigación del ministerio público mientras no haya denuncia o querella del Director o del delegado. En tal sentido, sus actuaciones aparecen como condiciones de procesabilidad. No ocurre igual respecto de la exigencia para el ministerio público, que no debe esperar intervenciones ajenas para actuar, simplemente no admite cualquier denuncia o querella.

9.6. Tipo subjetivo

La modalidad más grave de envenenar o infectar comestibles o vestibles exige conocer no solo la calidad alimenticia del producto, la clase de objeto que sale al consumo público, sino que emplea sustancias directamente nocivas, ya sea porque tienen la capacidad de matar (veneno) Por lo demás, el suministro oculto, insidioso, revela la intención específica del agente. Las conductas son compatibles con el dolo directo, lo que se condice también con la gravedad de la pena.

En el caso de la adulteración el agente ha de saber que altera los productos comestibles o bebestibles con determinados efectos, cambios que los hacen peligrosos derechamente por deterioros que los hacen derechamente perjudiciales (nocivos) o por pérdida de propiedades alimenticias que los hacen peligrosos, aunque no sean per se nocivos.

10. DISPOSICIONES COMUNES

Como se ha adelantado, hay una norma común para los tres delitos expuestos y que puede concebirse en primer lugar como una regla de agravación. Distinguimos esta primera determinación en el inciso primero de otra disposición en el inciso segundo, cuyo alcance como agravante especial no es del todo claro. En este sentido, se distinguen dos reglas diferentes, que se analizan luego de presentar la norma.

> *Artículo 317. "Si a consecuencia de cualquiera de los delitos señalados en los cuatro artículos precedentes, se produjere la muerte o enfermedad grave de alguna persona, las penas corporales se elevarán en uno o dos grados, según la naturaleza y número de tales consecuencias, y la multa podrá elevarse hasta el doble del máximo señalado en cada caso.*
>
> *Si alguno de tales hechos punibles se cometiere por imprudencia temeraria o por mera negligencia con infracción de los reglamentos respectivos, las penas serán de presidio menor en su grado mínimo o multa de seis a veinte unidades tributarias mensuales".*

El primer problema de la disposición tiene que ver con la redacción objetiva inicial, que presenta la procedencia de la disposición "si a consecuencia de cualquiera de los delitos señalados en los cuatro artículos precedentes, se produjere la muerte o enfermedad grave". Pareciera ser que solo importa un resultado adicional de lesión para la vida o salud individual para que procedan ciertas penas para los delitos de peligro revisados. Si se tiene en cuenta la admisión de una regla de agravación por esos efectos podría pensarse en una cualificación por el resultado rechazable como forma de responsabilidad penal objetiva contraria a los principios de responsabilidad subjetiva, de culpabilidad e incluso de proporcionalidad y presunción de inocencia. La pena especial que establece el inciso segundo parece producir otros problemas. Examinaremos los dos supuestos particularmente, a pesar de su nexo.

10.1. *Regla de agravación*

El inciso primero establece una regla especial de agravación dura. Dispone el aumento de la pena en uno o dos grados, según la naturaleza y número de las consecuencias. Es una regla particularmente gravosa frente a las agravantes genéricas y procedería antes de la determinación concreta de la pena. De modo que altera el marco penal. Tiene en cuenta la pena del tipo penal respectivo. Con esta regla se advierte la exigencia de alguno de los delitos base revisado, más el artículo 316, que destaca desde el comienzo.

El inciso remite a los cuatro delitos anteriores, lo que reclama la concurrencia de todos sus elementos. De modo que se trata de conductas dolosas, con dolo de peligro, por cierto. El agente ha de conocer que produce, distribuye o vende algunos de los productos peligrosos contemplados. Ahora bien, este inciso se pone en el supuesto de que "a consecuencia" de esas conductas se produzca además la muerte o lesiones graves de alguna persona. Ahora sí se suman lesiones para bienes individuales, para la vida o la salud individual.

La dificultad está en la sola exigencia de estos resultados para agravar la sanción, con la posible cualificación por resultados. La discusión se centra en la determinación de la imputación subjetiva respecto de esos efectos lesivos adicionales para la vida y salud individual. La realización de una conducta ilícita, la producción o expendio de productos peligrosos, puede facilitar la imputación de consecuencias más gravosas no buscadas. Toda cualificación solo por resultados está penalmente proscrita. Afecta los principios de responsabilidad penal subjetiva, de culpabilidad, de presunción de inocencia, como también de proporcionalidad.

La imputación de los resultados lesivos solo puede ser, al menos, a título de culpa. En este sentido se pronunció el Tribunal Constitucional en el caso de la leche ADN ante el requerimiento de inconstitucionalidad presentado con relación a la agravación del artículo 317. Primero destaca la relación de esta disposición con el artículo 315, en cuanto la conducta imputada en ese supuesto es la del artículo 315, la adulteración de sustancias alimenticias destinadas al consumo público, con dolo. Luego dictamina que la única interpretación constitucional para agravar la pena es la que exige elementos subjetivos para aumentar la pena, "una imputación a título de culpabilidad del tipo doloso".

A) STC de 17 de junio de 2010, Rol: 1584-09

"Noveno: El delito que se imputa en este caso es el que resulta por la aplicación simultánea del artículo 317 y el inciso segundo del artículo 315, al cual el primero se remite. La acción penada consiste, por una parte, em la adulteración de sustancias alimenticias destinadas al consumo público, empleando como medio 'otras adulteraciones', distintas del 'envenenamiento' o 'infección' de ellas. Por otra parte, se sanciona también la distribución de dichas sustancias. Se trata de un delito de peligro abstracto, que requiere que la adulteración transforme a las sustancias en 'peligrosas para la salud por su nocividad o por el menoscabo apreciable de sus propiedades alimenticias'. La conducta descrita debe realizarse con dolo. Mientras el artículo 315 establece el tipo básico, el artículo 317 establece la agravación de la pena por la producción del resultado de 'muerte o enfermedad grave de alguna persona'. En efecto, un examen del tipo descrito en ambos incisos permite distinguir precisamente que en el caso del inciso primero se exige dolo para construir el delito. No basta solo la producción del resultado sino que debe haber una imputación a título de culpabilidad del tipo doloso".

El problema puede presentarse con el inciso segundo del artículo 317, pues habla de cometer esos hechos por "por imprudencia temeraria o por mera negligencia con infracción de reglamentos". Las referencias remiten a las exigencias de culpa contempladas en los artículos 490 y 492 respectivamente, solo que con una sanción especial: presidio menor en su grado mínimo o multa de seis a veinte unidades tributarias mensuales. El inciso no tiene sentido si se refiere al mismo supuesto del inciso primero y su distinción revela problemas de construcción y relevancia del injusto. Nos encontramos aparentemente ante un callejón sin salida, que revisamos a continuación.

10.2. Regla de imputación imprudente

El inciso segundo del artículo 317 no enseña una regla de agravación, sino que establece una norma de sanción específica que parece contemplar una conducta imprudente especial. Contempla los mismos resultados de muerte y lesiones graves, por lo que la conducta parece cambiar. La dificultad está en la determinación de la norma de conducta y de las respectivas exigencias de imputación subjetiva. Si la culpa ya no está referida a las lesiones para la vida o salud individual producidas, que estarían en el inciso primero, no parece haber imputación subjetiva de esos efectos para bienes individuales.

La culpa respecto de esos efectos es criticable no solo por coincidir con la agravante especial del inciso primero, pues podría dejarte esta agravante para casos de conductas de gran peligro para la salud de los consumidores que alcancen imputaciones de muertes o lesiones graves a título de dolo eventual. Esta interpretación no es, en todo caso, coherente con la sanción de muertes o lesiones graves dolosas adicionales a las conductas dolosas relativas a productos peligrosos. En cualquier caso, la remisión de la culpa a las muertes o lesiones graves supondría un favorecimiento frente a los cuasidelitos de homicidio y lesiones graves por el contexto de responsabilidad por productos. La pena especial por muertes y lesiones graves imprudentes en este ámbito es menor que la establecida en los citados cuasidelitos cuando se producen esos efectos. En ellos, la sanción es la reclusión o relegación menores en su grado mínimo a medio. El supuesto imprudente del artículo 317 refiere al presidio, pero en su grado mínimo o solo a la multa, de 6 a 20 UTM.

La menor pena no se comprende si este tipo integra además como base las conductas referidas a productos peligrosos para la salud de los consumidores. Tal opción no termina de explicar por qué en la responsabilidad por el producto las penas serían menores a las que procederían en los cuasidelitos con afectación de vida y salud.

La otra alternativa es que la culpa se refiera a alguno de los delitos relativos a los productos peligrosos, la que se castigaría solo si se producen muertes o lesiones graves. Se trataría de una norma de conducta distinta de la del inciso primero que ahora prohíbe conductas peligrosas no intentadas, pero sí descuidadas. Esta interpretación presenta dos problemas, uno vinculado con la clase y entidad de la conducta sancionada y otro relacionado con el rol del resultado adicional.

1) El primero de ellos es admitir delitos de peligro, que incluso algunos comprender como de peligrosidad, cometidos de modo imprudente. Una figura imprudente de peligro o de peligrosidad, sin resultados lesivos, es discutible en términos de entidad, revela un injusto menor y de difícil prueba. La sanción de semejante comportamiento tampoco es coherente con nuestra regulación, que castiga comportamientos culposos de modo excepcional ante resultados graves, especialmente en los delitos contra las personas. Imprudencias sin consecuencias se sancionan de modo limitado como faltas penales, ilícitos menores, como el descuido médico sin daño del artículo 494 n° 10.

2) La segunda dificultad obedece a los resultados de muerte y lesiones graves que exige ese inciso para establecer la pena. Si son resultados que se producen por las conductas descritas de producción o expendio de sustancias peligrosas, la ausencia de culpa evidencia la inexistencia de real imputación subjetiva. Cuando la imprudencia alude a los comportamientos relativos a la producción y circulación de objetos en el mercado, la determinación subjetiva se aleja de los efectos lesivos adicionales. Si la culpa se exige respecto de las muertes o lesiones, la conducta coincidiría con el supuesto del inciso primero o con los tipos imprudentes comunes. La opción revela la irrelevancia de alguna de las dos respuestas del artículo 317, en el primer caso, o una menor pena que la de los cuasidelitos sin mayor razón, pues incluso omite considerar las conductas de producción o expendio de sustancias peligrosas para la salud de los consumidores.

Con la referencia de la culpa a los delitos de los artículos 313d-316, no se evidencia una imputación subjetiva respecto de las lesiones adicionales. La posible cualificación por resultados podría salvarse considerando esos efectos como condiciones objetivas de punibilidad, necesarias para suplir el menor injusto de esos delitos de peligro imprudentes. También evitaría las dificultades de prueba del vínculo causal, pues serían circunstancias ajenas a la conducta del agente. Sin embargo, tal comprensión no resuelve la difícil admisión de imprudencias de peligro, la falta de coherencia con el régimen de sanción nacional, las posibles cualificaciones por resultados encubiertas, ni termina de calzar con la descripción legal del inciso examinado, según veremos.

La sentencia del Tribunal Constitucional en el caso de la leche ADN citada no termina de aclarar la construcción del supuesto del inciso segundo del artículo 317. Luego de destacar la relación del artículo 317 con el delito del artículo 315 y que en el inciso primero del artículo 317 se exige dolo, se limita a señalar que en el inciso segundo, "en cambio, es suficiente la imprudencia temeraria o la mera negligencia, esto es, una imputación del tipo culposo". No determina si la culpa se refiere al delito de adulteración de la leche del artículo 315 o a los resultados de muertes y enfermedades. Podría entenderse que la culpa se refiere a estas consecuencias adicionales y que la norma de conducta es idéntica a la del inciso primero tanto por la remisión genérica que hace el Tribunal Constitucional del artículo 317 al artículo 315, como por la exigencia de una "imputación a título de culpabilidad del tipo doloso" en la regla de agravación del inciso primero, que parece requerir dolo también para las muertes y lesiones graves. Así habría una diferencia con la culpa en el inciso segundo.

Comprender un dolo eventual de muertes y lesiones para el inciso primero permite explicar la regla de agravación que aumenta hasta dos grados la pena del delito de producción o expendio de productos peligrosos, que puede coincidir con la pena del homicidio simple en el caso de envenenar o infectar comestibles o bebestibles del artículo 315. En los demás supuestos la regla de agravación llega a penas inferiores a las que procedería para homicidios y lesiones graves dolosas. La norma de agravación de sanción del inciso primero para los delitos de los artículos 313d y 314 tiene sentido ante muertes y lesiones culposas.

Desde el texto de la ley, las normas de conducta en ambos incisos no son diferentes, solo que en el inciso segundo se integran los efectos lesivos adicionales. Este inciso segundo refiere a "alguno de tales hechos punibles" cometidos con culpa. Tales hechos punibles son los mismos del inciso primero. Es decir, se trata de las conductas contempladas en los artículos 313d-316, más las muertes o lesiones graves. Los tipos penales sobre elaboración o expendio de productos peligrosos son dolosos (dolo de peligro). La inclusión de la lesión de bienes individuales en el inciso segundo muestra la extensión de la culpa a esos efectos. En este sentido, los supuestos de ambos incisos no se distinguirían. De hecho, la Corte Suprema, a propósito del mismo caso ADN, admitió comportamientos dolosos respecto de producción o expendio de sustancias peligrosas para la salud en el inciso segundo del artículo 317.

La Corte excluye el supuesto imprudente específicamente respecto de la distribución o venta que exige hacerlo "a sabiendas". Esta afirmación enseña una base delictual idéntica. Como sabemos, la restricción subjetiva en caso de expendio obedece a que no incluye allí la fabricación o elaboración del producto peligroso, por lo que el agente debe conocer la cualidad de los objetos que distribuye o vende. Los supuestos de producción son igualmente dolosos, requieren conocer la clase de preparación o alteración con los efectos que provoca, haciéndolos peligrosos. Así lo precisa respecto de este inciso segundo en general, con la misma figura base.

A) SCS de 27 de diciembre de 2012, Rol: 6831-2012

> "El artículo 317 del Código Penal inicia su párrafo primero diciendo 'Si a consecuencia de cualquiera de los delitos señalados en los cuatro artículos precedentes...' por lo que claramente está establecido en relación a dichos cuatro preceptos. Luego, el inciso segundo del artículo 317 que es el cuestionado por la recurrente, reza 'Si alguno de tales hechos punibles se cometiere por imprudencia temeraria o por mera negligencia con infracción de los reglamentos respectivos, las penas...'. Como se advierte, nuevamente la referencia es integra a tales hechos punibles por lo que no es posible afirmar, como pretende el Ministerio Público, que se trate de tipos penales distintos. Por el contrario, la figura base es la misma, y solo se ha hecho la diferencia con la sanción que se aplica en caso que tal conducta sea cometida en forma negligente."

Si son las mismas conductas dolosas de los tipos base (artículos 313d-316), la culpa se referiría a las muertes o lesiones graves. Esta referencia no distingue ambos incisos del artículo 317 y las normas de sanción son diferentes: regla de agravación de las penas de los delitos base o pena especial inferior a los cuasidelitos. Esta sanción del inciso segundo pierde sentido ante las normas de sanción de los cuasidelitos, a diferencia de la agravación del inciso primero, que reconoce la pluralidad de injustos con una regla especialmente dura de agravación. La inaplicación del inciso segundo es preferible ante la admisión de imprudencias de peligro con condiciones de punibilidad difícilmente justificables y coherentes con nuestro régimen de castigo excepcional.

Bibliografía

CONTRERAS, Lautaro (2021), *Legitimación constitucional de las normas de conducta y de sanción penal en materia de responsabilidad por el producto. Un análisis a la luz de la Grundgesetz*, Revista de Ciencias Penales, Vol. XLVII, pp. 15-48.

CONTRERAS, Lautaro (2015), *La responsabilidad penal del fabricante por la infracción de sus deberes de vigilancia, advertencia y retirada*, Política Criminal, Vol. 10, N° 19, Art. 9, pp. 266-296.

CORCOY, Mirentxu (2018), *Delitos alimentarios y protección penal de la salud pública*, Revista de Bioética y Derecho, N° 42, pp. 5-22.

ETCHEBERRY, Alfredo (1998), *Derecho penal. Parte especial*, tomo IV, 3ª ed., Editorial Jurídica de Chile, Santiago.

FARRÉ, Elena (1986), *La tentativa de delito: Doctrina y Jurisprudencia*, J.M. Bosch, Barcelona.

HEFENDEHL, Roland (2001), *¿Debe ocuparse el derecho penal de riesgos futuros? Bienes jurídicos colectivos y delitos de peligro abstracto*, traducción de SALAZAR, Eduardo, Anales de Derecho, N° 19, pp. 147-158.

HEFENDEHL, Roland (2002), *Kollektive Rechtsgüter im Strafrecht*, Köln: Carl Heymanns.

KUHLEN, Lothar (1986), *Der Handlungserfolg der strafbaren Gewässerverunreinigung (§ 324 StGB)*, GA, pp. 389-408.

LONDOÑO, Fernando (2019), *Art. 313 D; Art. 314; Art. 315; Art. 317*, en Couso, Jaime; Hernández, Héctor (directores), Código penal comentado. Parte especial. Libro segundo, título VI (arts. 261 a 341), Thomson-Reuters, Santiago, pp. 457-471.

PAREDES, José Manuel (2000): *De nuevo sobre el «caso de la colza»: una réplica*, Revista de Derecho Penal y Criminología, 2.ª época, núm. 5 2000, pp. 87-126.

PRADO, Gabriela/DURÁN, Mario (2017): *Sobre la evolución de la protección penal de los bienes jurídicos supraindividuales. Precisiones y limitaciones previas para una propuesta de protección penal del orden público económico en Chile*, Revista de Derecho Universidad Católica del Norte, Año 24, N° 1, 2017, pp. 263-295.

MAÑALICH, Juan Pablo (2020): *Los delitos contra la salud pública en situación de pandemia como delitos de peligro abstracto contra la salud individual. Una propuesta de interpretación de los arts. 318, 318 bis y 318 ter del código penal*. Disponible en: https://bit.ly/31SCg7P

MATA Y MARTÍN, Ricardo (1997): *Bienes jurídicos intermedios y delitos de peligro: aproximación a los presupuestos de la técnica de peligro para los delitos que protegen bienes jurídicos intermedios*, Granada: Comares.

MATUS, Jean Pierre/RAMÍREZ, María Cecilia (2021): *Manual de Derecho Penal Chileno. Parte Especial*, Tirant lo Blanch, Valencia.

SALAZAR, Andrés (2015): *El delito de mantención de la venta de alimentos defectuosos al público: Una revisión del artículo 315 del Código Penal a partir de la teoría de las presunciones y de la dogmática de los delitos de omisión propia*, Política criminal, Vol. 10, N° 19, Art. 11, pp. 318-361.

TORÍO, Ángel (1981): *Los delitos de peligro hipotético. Contribución al estudio diferencial de los delitos de peligro abstracto*, ADPCP, vol. XXXIV, 1981.

Jurisprudencia citada

STC, 17 de junio de 2010, Rol: 1584-09.

SCS de 4 de junio de 2015, Rol: 4949-2015.

SCS de 27 de diciembre de 2012, Rol: 6831-2012.

SCA de Santiago de 18 de enero de 2019, Rol: 6885-2018.

SCA de Valdivia de 1 de septiembre de 2016, Rol: 473-2016.

Capítulo V

El delito de corrupción entre particulares (artículos 287 bis y ter del Código Penal)

Osvaldo Artaza Varela
Doctor en Derecho. Abogado
Profesor Asociado de Derecho Penal
Universidad de Talca

I. EL "MODELO DE INCRIMINACIÓN" Y EL BIEN JURÍDICO PROTEGIDO POR EL TIPO PENAL

Mediante la Ley 21.121 se introdujo en Chile el delito de corrupción entre particulares a través de la incorporación de los artículos 287 bis y 287 ter, los que regulan la llamada corrupción pasiva y activa respectivamente.

Una de las principales cuestiones interpretativas que suscita la incorporación de tales tipos penales es la determinación del modelo de incriminación escogido por el legislador debido, principalmente, a las consecuencias para la delimitación de la conducta típica que podrían derivar de tal elección. En términos relativamente simples se ha sostenido que del análisis de las diversas formas cómo se criminaliza tal conducta en el ámbito comparado, se extraería la identificación de diversos modelos regulativos, aunque también se ha reconocido que resulta sumamente difícil identificar modelos que se presenten en forma pura, esto es, sin incluir aspectos de otro (HEINE, 2003, pp. 10 y ss.).

La pregunta del modelo de incriminación está directamente conectada a la definición de qué es lo protegido por tales tipos penales, y en la actualidad, con matices, la doctrina especializada en el ámbito comparado los ha agrupado en dos grandes categorías (ALDONEY, 2020, pp. 816 y ss.). Por una parte, aquellas legislaciones que ponen el acento en la protección de deberes fiduciarios y, en conexión con lo anterior, los intereses patrimoniales del principal o "*modelo del empleador*". Tales modelos se caracterizan, desde el punto de vista de la estructura del tipo penal, por satisfacerse simplemente con el solicitar o aceptar, en su caso, un beneficio económico o de otra naturaleza al que no se tiene derecho para llevar a cabo una conducta contraria a los intereses del empleador, como podría ser la de no presentarse a una licitación o vender información confidencial en forma contraria a las obligaciones del cargo. Por otra parte, aquellos ordenamientos jurídicos en que se reconoce en estos tipos penales una forma de protección a la competencia leal, y a través de esta, la protección de intereses supraindividuales relativos al funcionamiento del sistema de mercado, lo que se conoce como "*modelo de la competencia*". En este último sentido, se ha señalado, con el propósito de legitimar la criminalización de tales conductas, que la corrupción afectaría la competencia o la falsearía en la medida que alteraría los efectos esperados de esta. Estos efectos serían, al menos en lo que se refiere a la toma de decisiones en determinadas interacciones comerciales, que la obtención de clientes se lleve a cabo a través de procesos permitidos y legítimos donde prime —por sobre cualquier otra consideración— criterios de mérito económico (Encinar, 2016, p. 99; De la Cuesta y Blanco, 2002, pp. 282 y ss.; Dannecker, 2017, rn. 94).

Es importante clarificar, como advierte Kindhäuser, que no se pretende proteger los intereses patrimoniales de los competidores (Kindhäuser, 2007, p. 12), sino que de evitar ciertos efectos lesivos acumulativos para bienes jurídicos supraindividuales, ya que, de acuerdo con lo señalado por Clark, la corrupción entre privados podría terminar causando un daño significativo a la sociedad mediante la distorsión de las reglas propias del libre mercado incrementando los costos de transacción para el resto de los competidores (Clark, 2013, p. 2291). La razón de lo anterior viene dada porque, sin duda alguna, el soborno para la obtención o mantención de relaciones comerciales, esto es, para el favorecimiento en el marco de la competencia, debe ser comprendido como un supuesto de deslealtad en la misma. Lo que caracteriza a la competencia desleal, o ilícita, es que el daño causado a los competidores —en principio permitido por el ordenamiento jurídico si se lleva a cabo dentro de los límites legales (Inostroza, 2017, p. 22), se debe a razones completamente ajenas al propio mérito económico.

La deslealtad en la competencia está derechamente relacionada al hecho de que se pretenda obtener un negocio a través del ofrecimiento o entrega de un beneficio a quien debe tomar la decisión, quien podría terminar decidiendo en base a razones ajenas a la propia eficiencia de la propuesta en particular. Por lo mismo, no hay duda alguna que tal forma de operar debe ser entendida como una conducta contraria a la buena fe y las buenas costumbres mercantiles. Las consecuencias de lo anterior serían de enorme importancia, en la medida que un mercado caracterizado por la corrupción terminaría excluyendo eventuales competidores —debido a este aumento en el costo para ingresar a competir— e incrementaría el número de competidores dispuestos a adoptar la práctica de sobornar como forma de obtener o mantener negocios —conocido como efecto contagio— lo que, en definitiva, podría terminar socavando las bases sobre las que se asienta el concepto de eficiencia económica que rige en las interacciones de cada mercado, esto es, la selección en base al mérito y la competencia leal (ARTAZA Y ROJAS, 2020, p. 784).

Aunque se reconoce en nuestro país que este tipo penal encuentra su justificación en la protección de la competencia y, en este sentido se asume que el legislador opta por un *"modelo de la competencia"*, no existe unanimidad respecto a cuál es la dimensión de esta institución la que debe entenderse como el *"bien jurídico protegido"*. Si bien es cierto parece mayoritaria la consideración de la *"competencia leal"* como el objeto de protección (HERNÁNDEZ, 2019, p. 186; Aldoney, 2020, p. 824; ARTAZA Y ROJAS, 2020, pp. 783-784), también se ha considerado que este tipo penal debe entenderse como un mecanismo de protección de la *"libre competencia"* (COLLADO, 2020, p. 828). Con todo, la doctrina nacional reconoce —en forma correcta— que lo que se protege es la competencia desde una perspectiva institucional.

Por último, y en lo que respecta al problema de los intereses protegidos por este tipo penal, es habitual encontrar en el ámbito comparado —específicamente el español— cierta tendencia a concluir que debido a que el titular o dueño del negocio no está contemplado dentro del círculo de autores, también se protegerían los intereses de este. Tal opinión se vio reforzada, en su momento, por la exigencia típica de una *"infracción de deberes"* por parte del sujeto sobornado respecto al empleador, la que fue definitivamente eliminada, en España, en el año 2015. Con todo, se mantiene cierta tendencia a considerar este tipo penal como un delito pluriofensivo donde no solo se verían protegidos los intereses de los competidores, sino que también del titular de la empresa del sujeto sobornado (BOLEA, 2018, p. 31; GARCÍA, 2015, p. 569). Una de las principales consecuencias para la delimitación del comportamiento típico, es la de requerir una especie de "deslealtad interna" por parte del sujeto activo, que excluiría aquellos supuestos que no resulten peligrosos para los intereses del empleador —como el emblemático caso del favorecimiento a la "mejor oferta"—, pese a que se haya decidido el negocio debido a la obtención de un soborno (GILI, 2017, p. 96). Con todo, esta naturaleza pluriofensiva solo podría defenderse de *lege ferenda,* ya que, al menos en Chile, difícilmente puede extraerse del tipo penal.

II. ESTRUCTURA DEL TIPO PENAL

1. Problemas relativos al círculo de autores

A. Modalidad pasiva (287 bis)

a) Delito especial

La modalidad de corrupción pasiva regulada en el artículo 287 bis del Código penal es evidentemente un delito especial. Esto quiere decir que el círculo de autores se ve restringido a determinados sujetos que ostentan una calidad especial exigida por el tipo penal. En su redacción original solo incluía al empleado y mandatario. En la actualidad, luego de la entrada en vigor de la Ley 21.595, solo un director, administrador, empleado o mandatario, pueden ser autores de este delito. En términos generales, y como señala Hernández, respecto a la redacción original de los preceptos, con estos conceptos se ha pretendido "abarcar todas las formas de desempeño laboral o profesional para otro a cuyos intereses se está subordinado" (HERNÁNDEZ, 2019, p. 188). Abordar el problema del círculo de autores de este delito supone varios pasos, ya que el tipo penal no solo lo restringe en atención a la calidad del sujeto activo, sino que también en atención a las competencias de estos, ya que del sentido literal del precepto se extrae también que estos deben poder influir, en marco de sus labores, en la contratación de un oferente. Al menos en un "modelo de la competencia" parece fundamental analizar el círculo de autores en atención a esta capacidad de incidir o afectar las condiciones de acceso equitativas de los competidores a la lucha por los clientes (NÖCKEL, 2013, p. 51). En suma, resulta consustancial al "autor" de este delito la propiedad de poder tomar decisiones o influir en la contratación de oferentes actuando en nombre de otro. Por lo mismo, se debe atender en primer lugar, al problema de quiénes cumplen la calidad especial "subjetiva" exigida por el tipo penal y, en segundo lugar, al alcance de tal poder de influir en la contratación ya descrita.

En lo que respecta a este primer problema, solo parece relevante atender al alcance que se le ha asignado a los términos "empleado" y "mandatario", por ser aquellos que podrían suscitar mayor confusión respecto a su alcance. Para tales efectos, se debe partir de la siguiente premisa: los conceptos de empleado y mandatario deben ser interpretados en base a parámetros estrictamente jurídico-penales. De acá se extrae, por ejemplo, que no resulta necesario constatar una relación laboral de acuerdo con el Derecho del trabajo o un contrato de mandato, ya sea civil o comercial, para satisfacer las exigencias necesarias para ser considerado autor de este delito. En definitiva, empleado es quien presta servicios a otro y está sujeto a sus instrucciones, por tanto, debe verificarse una relación de subordinación valorada desde parámetros estrictamente fácticos (DANNECKER, 2017, rn. 29; WALTHER, 2011, p. 68; NÖCKEL, 2013 p. 51). Por otra parte, mandatario es quien en virtud de su cargo está facultado u obligado a actuar en nombre de otro, ya sea en forma permanente u ocasional (DANNECKER, 2017, rn. 34; WALTHER, 2011, p. 68), no siendo necesaria la constitución de un mandato civil o comercial (KRICK, 2019; rn. 32; NÖCKEL, 2013, p. 52). Deben ser considerados a su vez los supuestos en que ya sea por ley o por resolución judicial un sujeto actúe en nombre de otro. Tanto en el caso del empleado como el mandatario es necesario que esta calidad se dé al momento de la verificación del soborno —esto es, la solicitud o aceptación del beneficio ilícito— y que al menos se espere que continúe al momento —futuro— del favorecimiento por sobre otros oferentes (DANNECKER, 2017, rn. 29).

Por último, y en razón a las propiedades recientemente descritas, es que debe considerarse correcto el tratamiento —propuesto en el ámbito comparado— como titular de facto y, por tanto, excluido del círculo de autores (DANNECKER, 2017, rn. 31), a quienes pese a mantener un vínculo formal de empleado o mandatario con una persona jurídica —piénsese en el único socio que administra una sociedad "por acciones" o en el administrador de una "empresa individual de responsabilidad limitada"— no están sujetos a instrucción o subordinación alguna y en definitiva actúan representando únicamente sus propios intereses (JARA, 2004, p. 69). De otro modo, y como acertadamente advierte Gorius, la sanción a un sujeto dependería, sin más, de la forma jurídica que opte para el desarrollo de su negocio (GORIUS, 2015, pp. 209-210), esto es, si se ha constituido o no como persona jurídica.

Como se señaló con anterioridad, en un "modelo de la competencia" tiene sentido que el círculo de autores se restrinja además a quienes ostenten cierto poder decisorio respecto a la contratación de oferentes. Al respecto, se debe tener en cuenta que el tipo penal solo exige que el autor, en sus labores, pueda favorecer la contratación de un oferente por sobre otro, por lo que resulta poco plausible restringir el círculo de autores a aquellos empleados o mandatarios que tengan la capacidad de obligar al titular (BERENGUER, 2020, p. 222) y, por tanto, a los supuestos donde el empleado o mandatario sean quien contrate un bien o servicio en nombre de otro.

Del tipo penal se extrae que la única exigencia significativa es que "las labores" del sujeto lo pongan en posición de poder influir en la toma de decisión respecto a la contratación de un oferente, lo que evidentemente sucede cuando es este el que toma la decisión definitiva respecto a quién contratar, pero también cuando tiene poder sobre quién decide, ya sea por su posición jerárquica o porque su posición lo permite, como en el caso donde el empleado convence a un consumidor para elegir a un distribuidor por sobre otro (HERNÁNDEZ, 2019, p. 192). Así, paradigmáticamente, los incentivos ocultos a vendedores para que ofrezcan con especial énfasis ciertas marcas en desmedro de otras o, incluso, los supuestos de médicos —que a su vez sean empleados (GORIUS, 2015, pp. 171 y ss.)— que favorezcan a ciertas farmacéuticas —por sobre otras—, recetando sus medicamentos debido al pago de un soborno.

De acá también se sigue que el mero hecho de figurar como empleado o mandatario no serán suficientes para ser considerado como autor —como en el caso del uso de testaferros—. A su vez, debe ser tratado con especial cuidado el uso de intermediarios para la recepción de sobornos, casos en los cuales autor será quien está detrás del uso de tal técnica y ostente la calidad exigida por el tipo penal (DANNECKER, 2017, rn. 30). Por el contrario, se excluyen los supuestos donde el poder de influir viene dado por razones ajenas a las funciones que desempeña como empleado o mandatario como, por ejemplo, cuando son vínculos familiares o personales los que les permite convencer a otro respecto a la contratación de bienes o servicios.

Del tipo penal tampoco resulta evidente si un empleado público —en los términos del artículo 260 del Código penal— puede ser autor de este delito. En forma evidente estos empleados pueden, con sus decisiones mediadas por sobornos, afectar la competencia leal en la medida que el Estado es un actor fundamental para la obtención de negocios —piénsese en los procesos de licitaciones públicas— (HERNÁNDEZ, 2019, p. 195). Con todo, con independencia de esta cuestión y pese a que se pueda estar de acuerdo respecto a su inclusión en el círculo de autores, lo fundamental será analizar —como se hará más adelante— las relaciones concursales que podrían presentarse a propósito de estos supuestos.

b) *Exclusión del titular o dueño del negocio del círculo de autores*

a. Fundamentos de la exclusión

Del tipo penal se desprende indudablemente que no puede ser autor de la modalidad pasiva el titular o dueño del negocio o empresario, esto es, quien "ejercita una actividad empresarial en nombre propio" (BERENGUER,

2020, p. 241), así, por ejemplo, resultan atípicas las decisiones mediadas por un soborno que pueda tomar un empresario individual o aquellas que tome la junta de accionistas respecto a una sociedad anónima.

Esta decisión del legislador ha sido sumamente criticada, he incluso se ha considerado —al menos por un sector de la doctrina española— como un "olvido del legislador" que podría ser resuelto vía interpretación del tipo penal (Navarro y Melero, 2011, p. 12). Al respecto, el principal motivo que se ha esgrimido para criticar tal exclusión es la asunción de que el soborno al dueño del negocio también afectaría la competencia leal y que, por tanto, una protección efectiva de tal institución supondría, al menos de *lege ferenda*, incluir a estos sujetos (Blanco, 2015, p. 543). Sin perjuicio de esta cuestión, que también puede ponerse en duda en la medida que en estos supuestos el soborno ha sido comprendido como un mejoramiento de la oferta (Hernández, 2019, p. 190), lo fundamental —al menos para comprender los fundamentos de tal exclusión— no es la mera constatación de la posibilidad de que el principal esté en condiciones o no de afectar el bien tutelado, sino, más bien, si pueden esgrimirse buenas razones para que, pese a tal posibilidad, se haya optado por reducir el campo de aplicación a determinadas modalidades de ataque, a saber, el de la corrupción de empleados o mandatarios.

Del análisis de la dogmática especializada se extrae que la única razón que podría estar detrás de tal restricción es que el legislador habría preferido evitar introducir un tipo penal para la protección de la competencia leal a costa incluso de la afectación de la libertad económica y de contratación del principal (Gili, 2017, p. 175; Estrada, 2020, p. 555. Con matices, reconociendo que tal libertad puede verse limitada, Navarro y Melero, 2011, p. 12). En principio, tal fundamentación puede ser reforzada en base a consideraciones sistemáticas: incluirlo dentro del círculo de autores sin ninguna excepción y, por tanto, criminalizar sus decisiones económicas —aunque estén influidas por el ofrecimiento de sobornos— supondría equiparar completamente el delito ahora analizado con el delito de cohecho, suponiendo así —erróneamente— que el Estado protege sin límite alguno expectativas de imparcialidad en los negocios y que obliga a que los privados decidan exclusivamente en base al mérito económico de los competidores (Artaza, 2019, p. 30). Esto es, y desde un punto de vista exclusivamente "material", se podría explicar tal exclusión como una decisión coyuntural del legislador que asumiría —en atención al principio de fragmentariedad— que la modalidad de ataque intolerable contra el interés tutelado sería únicamente la corrupción de quienes actúan en su nombre.

Asumir como correcta tal fundamentación de la exclusión del titular reforzaría, además, el tratamiento sugerido para los casos en que, de facto, un empleado o mandatario deban ser comprendidos como dueño del negocio por no estar sujetos a subordinación alguna o porque desde un punto de vista fáctico actúen representando únicamente sus propios intereses y, por tanto, deba primar el reconocimiento de su autonomía respecto a sus decisiones en los negocios.

Por otra parte, y como contrapartida, el empresario solo se encuentra excluido si efectivamente actúa en nombre propio. Por tanto, en caso de que un empresario —piénsese en supuestos de profesiones liberales— preste servicios a otro, podría ser considerado autor de este delito —como mandatario o empleado, si se encuentra sujeto a instrucciones, lo que no ocurre, obviamente, si el negocio jurídico respectivo lo faculta para actuar en forma completamente autónoma —respecto a la adquisición de bienes o servicios— respecto de quien lo contrata (KRICK, 2019, rn. 20). Asimismo, un propietario puede ser considerado autor si actúa representando intereses de otros propietarios, como en los casos en que se administren bienes en copropiedad o en aquellas sociedades —con más de un socio— donde la administración recae en alguno de estos.

Con todo, se ha identificado una eventual excepción a esta exclusión en Chile, a saber, la del supuesto en que el empleado o mandatario actúen en nombre de un principal "persona jurídica", ya que la Ley 20.393, permite expresamente la sanción a esta para la hipótesis en que ciertos integrantes —que cumplan además las exigencias contenidas en el artículo 3° de este cuerpo legal— cometan el delito regulado en el artículo 287 bis en interés directo e inmediato de la persona jurídica, cuando esta haya infringido sus deberes de dirección y supervisión en forma tal que se haya favorecido o posibilitado este delito (ALDONEY, 2020, p. 812). Sin embargo, se debe tener cuidado con desprender de lo anterior el que estemos frente a una verdadera excepción a la exclusión del principal del círculo de autores, en la medida que nada permite sostener, en propiedad, que la Ley 20.393 dispone que la persona jurídica sea condenada "en calidad de autora" del delito respectivo.

Como se señaló con anterioridad, una de las principales consecuencias de la exclusión del principal del círculo de autores de este tipo penal, es que este mismo no podía responder como autor por su responsabilidad omisiva respecto a la prevención de este ilícito. Pero de acá no se desprende que no pueda responder por su contribución a un título diverso si es que se cumplen los presupuestos que emanan del propio ordenamiento jurídico. En términos sencillos, de la exclusión del círculo de autores no se desprende que no puedan responder, por ejemplo, como cómplices. Por ende, no está absolutamente vedada la posibilidad de que el principal responda penalmente. En este sentido, un sector de la doctrina chilena ha entendido que la persona jurídica respondería por una "forma especial de intervención delictiva" (HERNÁNDEZ, 2010, p. 218) asociada —en palabras de la propia ley— a la infracción de deberes de dirección y supervisión que podrían haber facilitado o promovido la conducta delictiva respectiva. Bajo esta lógica, es perfectamente comprensible la sanción a la persona jurídica en la medida que del propio ordenamiento jurídico surge esta competencia específica de aquella respecto a la conducta desplegada por empleados y mandatarios y tal imputación no tiene por qué ser comprendida como equivalente a su consideración como "autora" del delito.

b. Consecuencias: El tratamiento de los supuestos de favorecimiento de la mejor oferta, del soborno en beneficio del titular y de la autorización y el consentimiento del empleados

Tan importante como la fundamentación de la exclusión del titular, es la cuestión de las consecuencias prácticas que derivan de esta. Así, en primer lugar, el dueño del negocio no puede ser sancionado como autor por no haber prevenido este delito[1]. Por otra parte, una de las cuestiones que se han discutido tanto en el ámbito nacional como comparado es el tratamiento del favorecimiento de la mejor oferta en los casos en que esta se refuerza con el pago de un soborno. En este sentido, resulta sumamente dudoso que se pueda extraer legítimamente de la exclusión del titular la atipicidad de estos supuestos, en la medida que se aleja completamente no solo del fundamento de protección del tipo penal (ARTAZA, 2021, pp. 303-304), ya que tales supuestos resultan idóneos para afectar el interés protegido, sino que incluso del fundamento de la propia exclusión del titular, ya que de esta solo se sigue la atipicidad de aquellos supuestos en que es este mismo quien decide incorporar el pago de un beneficio —ya sea para sí mismo o para un tercero— a la oferta que se le está haciendo, esto es, se le reconoce autonomía decisoria respecto a su actividad económica —la que deriva de la libertad económica—.

---

[1]   Otro problema diverso, que ha tenido escaso desarrollo en nuestra doctrina, es la posibilidad de sancionar al dueño del negocio como partícipe —inductor o cómplice—.

Un problema similar sucede con los casos en que se acepta un soborno en beneficio del propio titular, cuya eventual atipicidad también podría justificarse desde un punto de vista interpretativo a partir de la exclusión del titular (HERNÁNDEZ, 2019, p. 190). Al respecto, debe advertirse que este problema interpretativo no se presenta cuando el beneficio conseguido por el empleado es de aquellos que se esperan debido a su propia función y que son parte de una competencia permitida como, por ejemplo, la obtención de descuentos o patrocinios en favor del empleador (RHEINLÄNDER, 2014, p. 144), porque en tales casos es evidente que no se podría estar hablando de soborno. De acá se extrae que el problema de la exclusión de supuestos donde el beneficiario sea el titular solo se daría en aquellos casos en que, desde valoraciones propias de la competencia leal, se asuma que se ofreció o aceptó —en su caso— un beneficio indebido o desleal como mecanismo para captar el cliente.

Así se resuelve, por otra parte, el problema de la aplicación de la hipótesis de sanción penal a las personas jurídicas por la modalidad "pasiva" —admitida expresamente por la Ley 20.393— en atención a que tales casos perfectamente podrían ser considerados como "sobornos típicos" y, además, satisfarían el requisito de haber sido cometidos en interés directo o inmediato de la persona jurídica. Una solución contraria podría dejar sin aplicación alguna lo dispuesto por el legislador respecto a la responsabilidad penal de una persona jurídica por la comisión del delito regulado en el artículo 287 bis, ya que es difícil de imaginar otros supuestos en que este sea cometido "en interés" de la empresa, que aquellos en donde se termina aceptando beneficios "no permitidos" para favorecer a un oferente por sobre otro dentro de dinámicas de competencia leal.

Por último, se ha discutido arduamente respecto al tratamiento que debiese asignarse tanto a la autorización —previa— como al consentimiento posterior al soborno por parte del titular. Al respecto, se deben tener en cuenta las diferencias que podrían presentarse entre los casos de autorización y de consentimiento posterior, en la medida que la fundamentación de la exclusión del titular acá defendida, solo permitirían justificar la atipicidad de los beneficios a los empleados expresamente autorizados —en forma previa— por el titular y que le fueren ofrecidos directamente a este y, como parece concluir Aldoney, solo para el caso de que tal práctica pueda ser conocida por el resto de los competidores (ALDONEY, 2020, p. 824), en la medida que reflejen indudablemente una decisión de este respecto a la forma de llevar a cabo su negocio (HERNÁNDEZ, 2019, p. 190). En forma evidente, por ejemplo, se excluyen los supuestos en que el beneficio se otorga por un distribuidor a los vendedores de una empresa a través del propio titular, lo que puede ser entendido como parte de las políticas de incentivos o incluso de remuneraciones de los empleados de este último.

Por último, y a diferencia de lo que se ha planteado por cierto sector de la doctrina española que considera que el consentimiento del soborno dado por el titular debe ser tratado como una justificación al comportamiento del empleado o mandatario (GILI, 2017, pp. 112-121), en Chile los escasos pronunciamientos que han efectuado por la doctrina asumen como correcta la posición contraria. Lo anterior se justificaría en atención a la naturaleza supraindividual de los intereses tutelados y a la incapacidad del titular para consentir respecto a tal afectación (HERNÁNDEZ, 2019, p.190; ALDONEY, 2020, p. 803). Por otra parte, se debe tener en cuenta que la gran diferencia con el supuesto de la autorización del titular —cuando es conocida por los competidores— es que en el supuesto del consentimiento —posterior— efectivamente se afectan expectativas normativas de acceso no distorsionadas a la competencia por los clientes. Es decir, también recurriendo al argumento teleológico se refuerza la ilicitud del soborno cuando este es consentido por el titular del negocio.

B. Modalidad activa (287 ter)

A diferencia de la modalidad pasiva, la modalidad activa regulada por el artículo 287 es un delito común. Si bien es cierto se podría llegar a pensar que el círculo de autores se restringe igualmente a ciertos sujetos, esto es, los competidores, tal afirmación debe ser inmediatamente matizada. Lo anterior se debe a que del tenor literal se sigue que autor del delito puede ser cualquiera que soborne a un empleado o mandatario para favorecer o por haber favorecido la contratación de un oferente por sobre otro. Por lo tanto, puede ser autor del delito cualquier persona con tal que la conducta respectiva la efectúe con tal propósito (HERNÁNDEZ, 2019, p. 194)[2]. Con todo, y como se podrá apreciar más adelante, el campo de aplicación del tipo penal presenta evidentes restricciones asociadas a la "situación de competencia" en la que debe verificarse el soborno, por lo que, por

---

[2]   En forma crítica a esta postura BERENGER, 2020, p. 209, quien describe en detalle los argumentos que se han esgrimido en España para considerarlo como un delito *de facto* especial. Sin embargo, se debe considerar que tales argumentos están más bien dirigidos a delimitar quiénes podrían en definitiva afectar los intereses protegidos por el tipo penal, en la medida que, como señala Berenguer: "los únicos que tendrían capacidad para poner en riesgo el bien jurídico protegido serían otros administradores, directivos, empleados o colaboradores de la entidad beneficiaria de la adjudicación contractual". Ver, también, GILI, 2017, pp. 214-216.

ejemplo, no puede ser considerado autor quien lleva a cabo una conducta atípica como podría ser sobornar en interés de quien en el ámbito de la competencia no puede ser considerado "oferente", como los consumidores finales (Gili, 2017, p. 87).

Por último, y en lo que respecta a esta modalidad, debe tenerse en cuenta que el artículo 1° de la Ley 20.393 admite la sanción penal a las personas jurídicas por los supuestos en que uno de sus empleados o mandatarios —que cumplan las condiciones contendidas en el artículo 3° de este cuerpo legal, cometan este delito en interés directo o inmediato de la persona jurídica, lo que será, por lo demás, la regla general, en la medida que se lleve a cabo para ser preferido o favorecido por sobre otros competidores.

2. Conducta típica

A. Delito de peligro abstracto

Tanto la modalidad pasiva como la activa del tipo penal presentan la estructura de un delito de peligro abstracto (Hernández, 2019, p. 188). Por ende, el tipo penal no exige para su consumación que se produzca resultado alguno —como podría ser el de la exclusión de competidores individualizables o, incluso, la afectación de sus intereses patrimoniales y, como se podrá apreciar más adelante al abordar la "situación de competencia" en la que debe darse el soborno, tampoco es necesario que se genere un estado de peligro para competidores individualmente considerados. Por el contrario, para la consumación del delito basta la mera realización de la conducta prohibida por el legislador, la que se comprende por este como suficientemente peligrosa para el bien jurídico tutelado. Tal estructura permite reforzar, además, la opinión de que se protege la competencia leal como institución y, específicamente, en lo que respecta a las condiciones de acceso no distorsionadas a la lucha por los clientes por parte de los competidores.

B. Delimitación del concepto de soborno

El tipo penal, en su modalidad pasiva, sanciona a quien "solicitare" o "aceptare recibir" un beneficio económico o de otra naturaleza, para sí o un tercero, mientras que la modalidad activa, al que "diere", "ofreciere" o "consintiere en dar" tales beneficios al empleado o mandatario en los mismos términos regulados por el art. 287 bis. En este sentido, y al menos en lo que respecta a esta cuestión, el tipo de corrupción entre particulares presenta una total equivalencia —al menos formal— al delito de cohecho en su modalidad pasiva y activa —artículos 248 al 250 del CP—, por lo que sus verbos rectores pueden ser interpretados en forma absolutamente similar a las de este último.

Con todo, conviene abordar en forma separada el elemento "beneficio económico o de otra naturaleza" en la medida que el contexto que regula este tipo penal, obliga a efectuar algunas distinciones respecto al delito de cohecho. Para tales efectos se abordará, en primer lugar, el concepto de "beneficio" en el ámbito del delito de corrupción entre particulares para luego, dar cuenta de ciertos criterios que se han esgrimido —en forma correcta— para abogar por una interpretación restrictiva de este elemento. Así, y en primer lugar, un "beneficio" debe ser comprendido como una ventaja o mejora objetiva que no necesariamente es permanente de la situación económica, jurídica o personal del receptor del soborno o de un tercero (DANNECKER, 2017, rn. 54, VASILIKOU, 2016, p. 110).

Del tipo penal se desprende que tal beneficio puede ser económico o de otra naturaleza. Respecto a los supuestos de beneficios económicos, se trata de aquellos apreciables en dinero (Hernández, 2019, p. 190), sin importar si el sobornador es o no propietario del dinero, ya que este incluso puede provenir de la propia empresa del sobornado, como los supuestos de *kick-back*, donde se emiten facturas con sobre precio o "infladas" para sacar de ahí comisiones ilícitas por el favorecimiento de un oferente (DANNECKER, 2017, rn. 55; BOLEA, 2015, pp. 1-31). Los beneficios de "otra naturaleza" suponen una amplia gama de casos que, sin embargo, deberán ser siempre valorados desde un punto de vista objetivo con el objeto de determinar si pueden comprenderse como una mejora en los términos ya planteados anteriormente (NÖCKEL, 2013, p. 53). Los ejemplos que suelen darse al respecto son, los servicios sexuales, promesas laborales, premios honoríficos que mejoren la reputación de un sujeto, entre otros.

Sin duda alguna, el principal problema interpretativo que presenta el tipo penal en lo que respecta a este elemento, es que resulta evidente que no puede sostenerse una interpretación extensiva, ya que del sentido literal posible se ampliaría el campo de aplicación a supuestos absolutamente permitidos. Por definición, en los negocios se termina favoreciendo a un oferente por sobre otro en atención al beneficio que este último ofrece, por lo que es evidente que el tipo penal, aunque no ocupe el término en forma expresa, se está refiriendo a beneficios "ilícitos" o, más bien, a aquellos a los cuales el empleado o mandatario no tiene derecho y aquellos que no se consideran como permitidos para la toma de decisiones en la contratación de bienes y servicios.

Como se acaba de señalar, el sentido literal posible del término "beneficio" no permite dar cuenta en forma adecuada del campo de aplicación de esta norma, por lo que es habitual que se ofrezcan criterios restrictivos. Algunos de estos no han tenido éxito en la medida que resultan sumamente ambiguos y no responden adecuadamente al ámbito que regula el tipo penal como, por ejemplo, el de "adecuación social" (VASILIKOU, 2016, p. 183) o el del "principio de insignificancia" (VASILIKOU, 2016, p. 191). Para tales efectos se pueden tomar en cuenta algunas cuestiones evidentes. Al igual como para el delito de cohecho, el tipo penal debe entenderse restringido a los supuestos en que el beneficio solicitado o aceptado sea de aquellos a los cuales no se tiene derecho. Por tanto, deben excluirse inmediatamente todos aquellos que, en el contexto del negocio respectivo, se consideren parte de este como, por ejemplo, comisiones incluidas dentro de los términos del contrato. Por otra parte, y en forma menos pacífica, aquellos beneficios —como los incentivos o los premios— para los empleados que se acuerdan con el propio empleador, en la medida que representen decisiones de este respecto a cómo manejar su negocio. Tal exclusión también se ve reforzada por el hecho que tales prácticas —si se mantienen dentro de ciertos límites— no son consideradas como desleales en el ámbito de la competencia. Lo mismo sucede, por ejemplo, con ciertos beneficios representados rebajas o promociones con las que se pretende captar clientes.

Como se puede apreciar, aquello que abiertamente se incluye dentro del contrato respectivo o ciertas prácticas legítimas para captar clientes, no pueden ser entendidas, a su vez, como un supuesto de soborno. Para tales efectos, resultan sumamente útiles las valoraciones que provengan de la competencia leal (DANNECKER, 2017, rn. 59), por tanto, se deberá recurrir tanto al argumento teleológico —en la medida que ciertas prácticas se comprendan como inocuas para el interés tutelado— o también al sistemático, con el objeto de verificar prácticas que derechamente sean permitidas por este.

En este sentido, no constituirán sobornos aquellos gastos necesarios o considerados adecuados para la toma de decisiones en los negocios como, por ejemplo, los llamados gastos de hospitalidad o de representación, siempre y cuando no se trate de sobornos encubiertos (CARNEVALI Y ARTAZA, 2016, p. 81). Por tanto, se deberán diferenciar aquellos gastos que tienen por objeto facilitar o promover la toma de decisión informada por el empleado o mandatario, como los ya mencionados, de aquellos que objetivamente resulten idóneos para corromper (FEIJOO, 2016, p. 95) y que, por tanto, se transformen en una razón preponderante para el favorecimiento de un oferente por sobre razones de mérito económico. Si el legislador reconoce la atipicidad de ciertos gastos en el ámbito de la corrupción pública —art. 256 sexies— con mayor razón deben entenderse como legítimos respecto al tipo penal analizado en la medida que en el ámbito privado no se pretenden proteger expectativas de imparcialidad de la función pública como a propósito de los delitos de cohecho. Además, tal conclusión viene fuertemente respaldada por el argumento teleológico en la medida que desde parámetros normativo-sociales, tales gastos son entendidos como parte del contexto legítimo de un negocio.

En lo que respecta a este elemento del tipo penal, se debe recordar que el destinatario del beneficio no es solo el empleado o mandatario —sin perjuicio de que este debe ser siempre el receptor— sino que este último también puede recibirlo para derivarlo con posterioridad a un tercero. En principio, se entiende que el empleador puede ser catalogado como "tercero" y, por tanto, los supuestos en que el empleado o mandatario solicita o acepta un beneficio —ajeno al contrato respectivo— que resulta en una mejora objetiva para el propio empleador, estarían cubiertos por el campo de aplicación del tipo penal (DANNECKER, 2017, rn. 61). Al respecto, deben ser considerados supuestos de enorme relevancia práctica como pueden ser aquellos donde el beneficio se dirija a cualquiera de las personas jurídicas del grupo societario para el cual el empleado o mandatario presta sus servicios.

Con todo, en Chile se ha puesto en duda tal solución como consecuencia de la exclusión del titular del círculo de autores del delito (HERNÁNDEZ, 2019, p. 190), ya que en tales casos el beneficio debiese entenderse como un mejoramiento de la oferta efectuada al propio titular. Si bien es cierto tal solución parece plausible, se debe recordar que la Ley 20.393 admite la responsabilidad penal de las personas jurídicas —esto es, de ciertos titulares o dueños del negocio— por lo que tal propuesta debe ser matizada. En estricto rigor, solo podría ser defendida para casos donde el empleador no sea una persona jurídica —único supuesto donde tiene plena validez el argumento de que tal solución derivaría de la exclusión del titular—. Con independencia de lo anteriormente señalado se podría igualmente poner en duda que efectivamente resulte una consecuencia de la exclusión del titular, ya que, como se señaló con anterioridad, de lo anterior solo se desprende la decisión del legislador de priorizar la libertad económica del titular y su autonomía en lo que respecta a las cuestiones propias de su negocio, por lo que el mero hecho de "beneficiarlo" no permite fundar la exclusión de tales supuestos como si se tratara, sin más, de una conducta equivalente a la decisión autónoma del titular. Se debe recordar, por último, que tales prácticas también pueden afectar el interés tutelado, salvo que efectivamente se integren dentro de las reglas del juego y que esta posibilidad de "mejorar la oferta" —beneficiando al titular o a otra sociedad del grupo—, sea una posibilidad para todos los oferentes.

C. Acuerdo ilícito respecto a una situación de competencia

En estrecha relación con el elemento recién analizado está el de que este beneficio sea solicitado o aceptado "para" el favorecimiento de un oferente por sobre otro o "por" haberlo favorecido. Esto es, el tipo penal exige que la conducta esté dirigida a un "eventual acuerdo ilícito" esto es, el otorgamiento de una ventaja competitiva "desleal". Tal ventaja puede adoptar varias formas. Así, por ejemplo, se favorece a un competidor si se le termina contratando por sobre otros competidores, pero también si se le mejoran las condiciones de una licitación u otros similares (KRICK, 2019, rn. 76). Los supuestos que deben descartarse, en la medida que no suponen necesariamente una ventaja por sobre otro, son los supuestos donde se soborna para perjudicar a un competidor, por ejemplo, para no adjudicarle un contrato especifico o empeorar las condiciones de adjudicación de este.

De este requisito se sigue principalmente que solo será punible el soborno cuando se da en el marco de una situación de competencia (HERNÁNDEZ, 2019, p. 193), requisito que está lejos de resultar evidente. Este elemento es común al "modelo de la competencia" y, al menos en Alemania se ha interpretado como exigencia de que el soborno se efectúe en negocios que usualmente se desarrollen en el marco de la competencia, esto es, donde el empleado o mandatario pudo y debió haber escogido en atención al mérito económico de diversos oferentes, sin ser relevante que al momento del soborno pueda identificarse a más de un competidor que efectivamente estén en una situación de competencia respecto a un negocio en concreto —como sucede en el caso paradigmático de una licitación donde se presente más de una oferta— (DANNECKER, 2017, rn. 68-69). Así, por ejemplo, resultaría típico el supuesto donde se soborna al empleado para que no llame a un proceso de licitación, sino que adjudique el negocio a través de un "trato directo", pudiendo y debiendo haber tomado una decisión en base a las diversas alternativas disponibles en el mercado respectivo.

Un sector de la doctrina ha sostenido que tal situación de competencia debe entenderse como "competencia efectiva" (GARCÍA, 2015, p. 566), por lo que se podría llegar a pensar, erróneamente, que solo resultarían punibles aquellos casos donde sea posible identificar competidores que en definitiva no hayan podido adjudicarse el negocio estando en posición de hacerlo, es decir, se asumiría como exigencia típica, el desplazamiento de al menos un competidor. En Chile, se ha defendido también una solución similar —aunque sobre la base de la comprensión de este delito como una forma de protección de la libre competencia— sobre la base de la exigencia de una distorsión de situaciones reales de competencia, como las actuaciones desleales cometidas por sujetos en posición dominante o aquellas efectuadas en procesos formales de licitación (COLLADO, 2020, pp. 846-848).

Para solucionar esta cuestión se debe considerar, en primer lugar, la estructura de "peligro abstracto" que presenta el tipo penal y que, por tanto, solo exige que se solicite o acepte un soborno "para" favorecer a un oferente por sobre otro. Al menos en esta variante —a diferencia de la llevada a cabo "por" haber favorecido— tal favorecimiento es potencial, es decir, no requiere hacerse efectivo. A lo más se extrae del tenor del tipo penal que tal favorecimiento debe llegar a ser posible, por lo que lo relevante es que al momento —futuro— del perfeccionamiento del contrato respectivo, se espera competencia, es decir, oferentes dispuestos a captar al cliente (KRICK, 2019, rn. 76).

En definitiva, de tal exigencia solo se puede derivar indudablemente la exclusión de las conductas llevadas a cabo por quienes no pueden ser considerados como "oferentes" como es el caso de los consumidores finales (OTERO, 2019, p. 10), en la medida que este tipo penal no protege la competencia entre estos sujetos. Por otra parte, se deben excluir también las contrataciones donde no existe posibilidad de favorecer a un oferente por sobre otro por la inexistencia de estos, como en los supuestos efectivos de proveedor único. Además, se ha defendido la atipicidad —en forma bastante discutible y por un sector absolutamente minoritario— de los supuestos de soborno para ganar un proceso de selección laboral, en la medida que no estarían cubiertos por el fin de protección de la norma (BERENGUER, 2020, p. 139).

D. Tipo subjetivo

Analizar el tipo subjetivo supone, en primer lugar, abordar las cuestiones más relevantes asociadas al elemento cognitivo, especialmente por las eventuales hipótesis de actuación en error de tipo que podrían presentarse en la práctica y sus importantes consecuencias en la medida que se trata de un tipo penal que solo admite la sanción por la comisión dolosa. En este sentido el tipo subjetivo exige conocimiento respecto a todos sus elementos, así, por ejemplo, que lo que se está solicitado, aceptando o dando u ofreciendo —en su caso— es un beneficio indebido. Por tanto, actúa en error de tipo quien considera que el beneficio es adecuado o tolerado desde parámetros propios de la competencia leal. También actúa en error quien-en la modalidad activa— ofrece un beneficio al empleado desconociendo su calidad, creyendo que lo ofrece directamente al dueño del negocio. Para ambas modalidades se requiere al menos la representación de la situación de competencia que podría darse al momento del favorecimiento (DANNECKER, 2017, rn. 98).

En segundo lugar, el tipo subjetivo exige un elemento intencional que solo es compatible con el dolo directo (HERNÁNDEZ, 2019, pp. 193-194), lo que es evidente al menos para los casos en que se debe actuar con un propósito determinado. Así, la modalidad activa requeriría siempre dolo directo en la medida que se trata de dar, ofrecer o consentir en dar para o por haber sido favorecido por sobre otros competidores. En los tres supuestos resulta clara la exigencia de actuación con determinada intención. Lo mismo sucede con la modalidad pasiva, en lo que respecta a la solicitud de un beneficio indebido, ya sea para favorecer o por haber favorecido a un competidor.

Con todo, se ha sostenido en forma plausible por cierta doctrina que tal exigencia —de dolo directo— no sería absoluta, en la medida que bastaría el dolo eventual para la hipótesis en que el empleado o mandatario acepta un beneficio para favorecer indebidamente a un competidor (VASILIKOU, 2019, p. 117), ya que en tal caso, bastaría la mera representación de que se está recibiendo un beneficio indebido por parte de otro que pretende ser favorecido, sin que sea realmente la intención del sobornado hacerlo en el futuro. La estructura del tipo penal, de la cual se sigue que este favorecimiento es meramente potencial, reforzaría esta solución. Bajo este argumento, incluso sería suficiente el dolo eventual para la modalidad pasiva cuando se acepta "por" haber favorecido, donde también bastaría la mera representación de que se está recibiendo un soborno por tal motivo.

III. CONCURSOS

De acuerdo con el escaso tratamiento que ha tenido este problema en la doctrina chilena se pueden identificar al menos dos hipótesis de concursos diversas: la primera, supuestos de hecho que pudieran resultar regulados tanto por el delito de corrupción entre particulares como por alguna de las hipótesis de cohecho. El segundo supuesto se refiere a los casos que puedan ser subsumidos tanto en el tipo de corrupción entre particulares como en el de administración desleal del artículo 470 N° 11 del Código penal.

En relación con el primer supuesto, se ha señalado por un sector de la doctrina nacional que se podría presentar una situación de concurso en la medida que "…el Estado también adopta ordinariamente decisiones de contratación a través de sus funcionarios" (Hernández, 2019, p. 195). En la medida que ambos tipos penales protegerían bienes jurídicos diversos, a saber, el principio de imparcialidad respecto a la función pública en el delito de cohecho y la competencia leal como institución en el delito de corrupción entre particulares, la solución al problema concursal debiese ser la del concurso ideal, por tanto, se aplicaría la regla penológica regulada por el artículo 75 del Código penal chileno.

Con todo, tal propuesta podría ser puesta en duda si se toman en cuenta ciertas decisiones del legislador chileno introducidas a nuestro ordenamiento jurídico-penal por la Ley 21.121, en la medida que podría sostenerse que dentro de las reglas de determinación de la pena del delito de cohecho se ha reconocido el mayor disvalor de ciertos actos de corrupción cuando estos se dan en el marco de la adjudicación de ciertos negocios a privados y, por tanto, en situaciones de competencia.

En este sentido, se debe considerar lo dispuesto por el artículo 251 quinquies, mediante el cual se introduce una regla de determinación de pena consistente en la prohibición de sancionar con el mínimum o grado mínimo de las penas señaladas a tales delitos —donde se incluye el delito de cohecho— para los supuestos en que el delito es cometido por ciertos funcionarios de mayor rango, o en el marco del desarrollo de ciertas competencias específicas dotadas de especial relevancia Especialmente importante, para los efectos del problema concursal analizado, es la inclusión de los casos donde el cohecho se efectúe en el marco de "un procedimiento de adquisición, contratación o concesión que supere las mil unidades tributarias mensuales en que participe un órgano o empresa del Estado, o una empresa o asociación en que éste tenga una participación mayoritaria; o en el cumplimiento o la ejecución de los contratos o concesiones que se suscriban en el marco de dichos procedimientos". Resulta evidente que con tal regla de determinación de la pena se pretende reconocer que en ciertas oportunidades los actos de corrupción en el sector público presentan un mayor grado de disvalor, ya que en tales supuestos se afecta, también, determinadas reglas de competencia leal que rigen los negocios que los privados realizan con el Estado. Así las cosas, se podría defender que el tipo de cohecho junto a la regla de determinación de la pena contenida en el N° 2 letra b), art. 251

quinquies, reflejaría completamente el desvalor del hecho en la medida que también contempla las afectaciones a los intereses tutelados por el delito de corrupción entre particulares (Artaza, 2021, pp. 316-318).

Obviamente subsiste el problema asociado al tratamiento de los casos en que no se cumplan los requisitos para la aplicación de la regla de agravación respectiva, por ejemplo, porque el monto del negocio adjudicado no supere las mil unidades tributarias mensuales. Para resolver tales supuestos se deben tener en cuenta, principalmente argumentos de coherencia del sistema, ya que, si se defiende para estos supuestos la concurrencia de un concurso ideal y, por ende, la aplicación de la regla penológica del artículo 75, podrían terminar sancionándose en forma completamente equivalente tanto los casos de cohecho agravados —de acuerdo con el art. 251 quinquies— que aquellos donde no puede aplicarse tal regla de agravación, lo que parece no tener mucho sentido. Por lo mismo, parece razonable sostener que, en todo supuesto, ya sea agravado o no, debe aplicarse únicamente la norma de sanción correspondiente al delito de cohecho respectivo.

Otra de las situaciones concursales evidentes que se podrían presentar a propósito de la ejecución de un delito de corrupción entre particulares es la de un "concurso medial" con el delito de administración desleal contenido en el art. 470 Nº11 del CP, en aquellos casos es que del acto de corrupción efectuado por el representante se derive un perjuicio para los intereses patrimoniales de quien representa (Hernández, 2019, pp. 194-195). Al respecto se puede considera el siguiente ejemplo: Un empleado competente para escoger proveedores y negociar el precio del servicio de estos, solicita a un tercero, administrador de una empresa proveedora de servicios, un beneficio económico —por ejemplo, una comisión no autorizada por su empleador—, a cambio de la adjudicación de un contrato en el marco de una licitación privada. De acuerdo con la negociación efectuada entre ambos el dinero de tal comisión provendría de un aumento artificial del precio del servicio contratado a la empresa del tercero.

Lo que parece evidente es que en un ordenamiento jurídico que adopte un "modelo de la competencia" —respecto al delito de corrupción entre particulares— debe descartarse que en tales casos estemos frente a un concurso aparente, en la medida que el delito de administración desleal no refleja completamente el desvalor de la conducta del sujeto y la afectación a los intereses tutelados por el delito de corrupción entre particulares. Lo mismo puede decirse respecto a la solución contraria, esto es, el delito de corrupción entre particulares tampoco "absorbe" o "consume" al delito de administración desleal.

Bibliografía

ALDONEY, Rodrigo (2020): *El cohecho entre particulares y la incidencia del empleador en su comisión*, en Nicolas Acevedo; Rafael Collado y Juan Pablo Mañalich (Coordinadores) La justicia como legalidad. Estudios en homenaje a Luis Ortiz Quiroga, Thompson Reuters.

ARTAZA, Osvaldo (2019): *Corrupción entre particulares: lesividad de la conducta y consecuencias en sede de tipificación de acuerdo al análisis comparado, Revista de Derecho (Coquimbo. En linea)*, Vol. 26.

ARTAZA, Osvaldo y ROJAS, Luciano (2020*): La protección penal accesoria de la competencia a propósito de los delitos de colusión y corrupción entre particulares*, en Nicolas Acevedo; Rafael Collado y Juan Pablo Mañalich (Coordinadores) *La justicia como legalidad. Estudios en homenaje a Luis Ortiz Quiroga*, Thompson Reuters.

ARTAZA, Osvaldo (2021): *El delito de corrupción entre particulares. Problemas fundamentales relativos a la conducta prohibida y detección de eventuales problemas concursales*, en Raúl Carnevali y Osvaldo Artaza (editores) Los delitos de corrupción. Pespectiva pública y privada, Tirant lo Blanch.

BERENGUER, Sergio (2020): *El delito de corrupción en los negocios*, Boletín Oficial del Estado.

BOLEA, Carolina (2015): *Deberes del administrador y prácticas del kick-back*, Revista electrónica de ciencia penal y criminología, N°17.

BOLEA, Carolina (2018): *El delito de corrupción privada tras la reforma del Código Penal español operada por LO 1/2015, de 30 de marzo*, en Víctor Gómez, Juan Pablo Montiel y Helmut Satzger (editores) Estrategias penales y procesales de lucha contra la corrupción, Marcial Pons.

CARNEVALI, Raúl y Artaza, Osvaldo (2016): *La naturaleza pluriofensiva y transnacional del fenómeno de la corrupción. Desafíos para el Derecho Penal*, Ius et Praxis, año 22, N° 2.

CLARK, Sarah (2013): *New Solutions to the Age-Old Problem of Private-Sector Bribery*, Minnesota Law Review, Vol. 97.

COLLADO, Rafael (2020): *¿Qué se protege en el delito de corrupción entre particulares?*, en Nicolas Acevedo; Rafael Collado y Juan Pablo Mañalich (Coordinadores) La justicia como legalidad. Estudios en homenaje a Luis Ortiz Quiroga, Thompson Reuters.

DANNECKER, Gerhard (2017): *StGB § 299 Bestechlichkeit und Bestechung im geschäftlichen Verkehr*, en Urs Kindhäuser, Ulfrid Neumann y Hans-Ullrich Paeffgen (editores), Nomos Kommentar Strafgesetzbuch, (5. Auflage), Nomos, edición digital.

DE LA CUESTA, José y BLANCO, Isidoro (2002): *La criminalización de la corrupción en el sector privado: ¿Asignatura pendiente en el derecho penal español?*, En Díez, José Luis (coordinador), La ciencia del derecho penal ante el nuevo siglo: Libro homenaje al profesor doctor José Cerezo Mir, Editorial Tecnos.

ENCINAR, Miguel Ángel (2016): *El delito de corrupción privada en el ámbito de los negocios*, Thompson Reuthers Aranzadi.

ESTRADA, Albert (2020): *Tema 16. Protección de la propiedad intelectual e industrial, del mercado y de los consumidores*, en Jesús Silva (director) Lecciones de derecho penal económico y de la empresa, Atelier.

FEIJOO, Bernardo (2016): *Orden socioeconómico y delito. Cuestiones actuales de los delitos económicos*, B de F.

GARCÍA, Ramón (2015): *Corrupción en los negocios y modificación del cohecho*, en Gonzalo Quintero Olivares (director), Comentario a la reforma penal de 2015, Thomson Reuters Aranzadi.

GILI, Antoni: *El delito de corrupción en el sector privado*, Marcial Pons, 2017.

GORIUS, Michaela (2015): *Die Strafbarkeit des Prinzipals im Lichte des § 299 StGB*, Peter Lang GmbH.

HEINE, Günter (2003): *Comparative Análisis*, en Heine, Günter; Rose, Thomas (editores), Private Commercial Bribery. A Comparison of National and Supranational Legal Structures, Beiträge und Materialien aus dem Max-Planck-Institut für ausländisches und internationales Strafrecht, A proyect Report.

HERNÁNDEZ, Héctor (2010): *La introducción de la responsabilidad penal de las personas jurídicas en Chile*, Política Criminal, vol. 5, N° 9, pp. 207-236.

HERNÁNDEZ, Héctor (2019): *Artículos 287 bis y 287 ter*, en Couso, Jaime y Hernández, Héctor (dirs.) Código Penal Comentado. Parte Especial. Libro Segundo. Título VI (Arts. 261 a 341). Doctrina y jurisprudencia", Thompson Reuters.

INOSTROZA, Mauricio (2017): *El ilícito concurrencial general en la Ley N° 20.169 sobre Competencia Desleal*, Ius et Praxis, Vol. 23, N° 1.

JARA, Rony (2004): *Administración de la empresa individual de responsabilidad limitada*, en Hernán Corral y José Díaz (editores) Las empresas individuales de responsabilidad limitada. Nuevo régimen legal de organización empresarial, Universidad de los Andes.

KINDHÄUSER, Urs (2007): *Presupuestos de la corrupción punible en el Estado, la economía y la sociedad. Los delitos de corrupción en el Código Penal alemán*, Política Criminal, Año 1, N° 3.

KRICK, Carsten (2019): *StGB § 299 Bestechlichkeit und Bestechung im geschäftlichen Verkehr*, En Volker Erb y Jürgen Schäfer (editores) Münchener Kommentar zum *StGB*, Band 5, (3. Auflage), edición digital, C.H. Beck.

NAVARRO, Irene y Melero, Lourdes (2011): *Corrupción entre particulares y tutela del mercado*, Indret, N° 4.

NÖCKEL, Anja (2013): *Grundprobleme zu § 299 StGB. Bestechlichkeit und Bestechung im geschäftlichen Verkehr*, Zeitschrift für Internationale Strafrechtsdogmatik, 1.

OTERO, Pilar (2019): *La progresiva ampliación del ámbito típico del delito de corrupción privada*, Indret, 4.

RHEINLÄNDER, Markus (2014): *Bestechung und Bestechlichkeit im geschäftlichen Verkehr, § 299 StGB – Gedanken zur Bestimmung der Grenzen des Anwendungsbereichs der Norm*, WiJ, N°3.

VASILIKOU, Thea (2016): *Zuwendungen im geschäftlichen Verkehr*, Nomos.

WALTHER, Felix (2011): *Bestechlichkeit und Bestechung im geschäftlichen Verkehr, Internationales Vorgaben und deutsches Strafrecht*, Centaurus Verlag & Media UG.

Capítulo VI

El delito de fraude al fisco

Daniel Medina Berrocal
Máster en Derecho Penal. Abogado
Profesor instructor de Derecho Penal
Universidad San Sebastián

1. ANTECEDENTE HISTÓRICO Y BIENES JURÍDICOS AMPARADOS

El fraude al Fisco, ubicado dentro § VI del título V, libro segundo del Código Penal, denominado *De Los Crímenes y Simples Delitos Cometidos por Empleados Públicos en el desempeño de sus cargos*, es descrito en el artículo 239 como: *"El empleado público que en las operaciones en que interviniere por razón de su cargo, defraudare o consintiere que se defraude al Estado, a las municipalidades o a los establecimientos públicos de instrucción o de beneficencia, sea originándoles pérdida o privándoles de un lucro legítimo, incurrirá en la pena de presidio menor en sus grados medio a máximo.*

En aquellos casos en que el monto de lo defraudado excediere de cuarenta unidades tributarias mensuales, se impondrá la pena de presidio menor en su grado máximo a presidio mayor en su grado mínimo.

Si la defraudación excediere de cuatrocientas unidades tributarias mensuales se aplicará la pena de presidio mayor en sus grados mínimo a medio. En todo caso, se aplicarán las penas de multa de la mitad al tanto del perjuicio causado e inhabilitación absoluta temporal para cargos, empleos u oficios públicos en sus grados medio a máximo."

El antecedente original de este delito (Salas, 2009, p. 4), lo encontramos en el artículo 323 del Código Penal español del año 1850 que preceptuaba: *"El empleado público que, interviniendo por razón de su cargo en alguna comisión de suministros, contratas, ajustes o liquidaciones de efectos o haberes públicos, se concertare con los interesados o especuladores, o usare de cualquier otro artificio para defraudar al Estado, incurrirá en las penas de presidio correccional e inhabilitación perpetua especial"*. Este modelo sirvió de base para el Proyecto del Ejecutivo, plasmado en el artículo 227 que establecía: *"El empleado público que interviniendo por razón de su cargo en alguna comisión de suministros, contratos, ajustes o liquidaciones de efectos o haberes públicos, se concertare con los interesados o especuladores o usare cualquier otro artificio para defraudar al Estado incurrirá en las penas de presidio menor en su grado medio e inhabilitación absoluta perpetua para cargo de su oficio.*" Sin embargo, la Comisión redactora del Código Penal introdujo cambios, optando por una descripción más amplia, en particular, acerca de la forma de comisión del delito, eliminando la más pormenorizada descripción utilizada en los modelos, que restringían su ámbito de aplicación, resultando una tipificación que, como lo afirma el profesor Héctor Hernández, en principio admiten la subsunción de prácticamente cualquier conducta que provoque perjuicio fiscal (HERNÁNDEZ, 2005, p. 258).

Este tipo penal ha experimentado modificaciones relevantes en el último tiempo. La primera, a través de la Ley N° 21.121, publicada en el Diario Oficial el 20 noviembre de 2018, que vino a modificar normas sobre corrupción y otros delitos, creó nuevos tipos penales y amplió la responsabilidad penal de las personas jurídicas, y aumentando las penas respecto del fraude al Fisco. La segunda, mediante la Ley N° 21.595, de Delitos Económicos, publicada en el Diario Oficial el 17 de agosto de 2023, mediante la cual se incorporó a este injusto dentro del catálogo de los delitos económicos considerados de "tercera categoría" (artículo 3°), estableciendo reglas particulares en caso que se verifiquen los presupuestos para integrar esta categoría, donde los factores para considerarlos tales son que a) en la perpetración del hecho, hubiere intervenido algún sujeto en ejercicio de un cargo, función o posición en una empresa, o b) cuando el hecho fuere perpetrado en beneficio económico o de otra naturaleza para una empresa, surgiendo, como consecuencia de lo anterior, un estatuto especial de definición de quienes pueden ser considerados responsables del delito, imponiendo reglas especiales sobre circunstancias agravantes y atenuantes, determinación de la sanción de multa y sustitución de penas.

Además, la señalada Ley N° 21.595 reformó la Ley N° 20.393, que establece la responsabilidad penal de las personas jurídicas en los delitos que indica, reglando en su artículo 1° que las personas jurídicas responderán del delito de fraude al Fisco, de acuerdo a las reglas contenidas en dicho cuerpo de normas, sea que el injusto tenga o no la naturaleza de un delito económico.[1]

---

[1]   Según el artículo 60 de la Ley N° 21.595, esta disposición entrará en vigor el primer día del decimotercer mes siguiente al de su publicación.

Ahora bien, respecto del objeto de protección de la norma, la doctrina y jurisprudencia han planteado que los bienes jurídicos amparados por este tipo penal corresponden a la probidad administrativa, el patrimonio fiscal y la correcta administración del Estado o correcto desempeño de la función pública, bien jurídico que, como lo explican los profesores Rodríguez Collao y Ossandón Widow: *"resulta lesionado cuando el funcionario no cumple el deber de velar por los intereses patrimoniales del Fisco, de acuerdo con criterios de economía y eficiencia, vulnerando con ello, alternativamente, los principios de objetividad, imparcialidad y transparencia que han de presidir el ejercicio de los cometidos estatales. Además, este delito tiene una connotación evidentemente patrimonial, pues exige que se produzca un perjuicio, lo que permite afirmar que el bien jurídico protegido también está constituido por el patrimonio público, imprescindible para el correcto desempeño de las funciones públicas."* (RODRÍGUEZ/OSSANDÓN, 2021, pp. 415–416)), resultando relevante, según se explicará más adelante, la consideración de este bien jurídico para efectos determinar las modalidades de comisión del delito.

2. SUJETOS

La descripción del tipo requiere que el sujeto activo sea un empleado público, que conforme al artículo 260 del Código Penal, es: *"todo el que desempeñe un cargo o función pública, sea en la Administración Central o en instituciones o empresas semifiscales, municipales, autónomas u organismos creados por el Estado o dependientes de él, aunque no sean de nombramiento del Jefe de la República ni reciban sueldo del Estado. No obstará a esta calificación el que el cargo sea de elección popular."*, definición que atendida su amplitud, permite incorporar a funcionarios del orden judicial, ejecutivo y administrativo, resultando irrelevante el servicio o poder del Estado al que se encuentre vinculado, la duración del cargo o remuneración, siendo central, como se desprende de la definición que nos entrega el artículo 260, que el funcionario o empleado ejerza una *función pública*, esto es *"toda actividad temporal o permanente, remunerada u honoraria, realizada por una persona natural en nombre del Estado o al servicio del Estado o de sus entidades, en cualquiera de sus niveles jerárquicos."*[2]

Con relación a la posición que debe tener el sujeto activo, empleado público, con la Administración del Estado, no se exige que pertenezca al mismo

---

[2]   Convención Interamericana contra la Corrupción, artículo I, instrumento adoptado el 29 de marzo de 1996, y ratificada por Chile el 27 de octubre de 1998 e incorporada a nuestro ordenamiento jurídico mediante Decreto N° 1.879 de 1999.

ente defraudado (RODRÍGUEZ/OSSANDÓN, 2021, p. 417), pudiendo resultar perjudicado otro servicio. Sin embargo, se requiere que el empleado público haya intervenido en el proceso y su intervención se haya verificado por razón de su cargo, exigiéndose entonces que el funcionario actúe en la operación por ser competente para hacerlo. La norma no describe o precisa cuál debe ser la intervención que deba desplegar el sujeto activo, por lo que, como lo señalan los profesores Rodríguez y Ossandón *"podría tratarse de cualquier clase de intervención, pero entendiendo siempre que en ella al funcionario ha de caberle un cierto grado de responsabilidad en la corrección del procedimiento y de las decisiones, lo que fundamenta la mayor penalidad de la figura.".* Además, y a diferencia de la malversación en la forma tipificada en los artículos 233 y 235 del Código Penal, el fraude al Estado no requiere que el sujeto activo se encuentre a cargo o que disponga de los recursos o caudales públicos.

Referente al alcance de la expresión *"operaciones"*, se debe entender cualquier clase de negocio, contrato o actividad económica entre el Estado y un particular, no habiendo razones para restringir por la vía interpretativa este elemento (RODRÍGUEZ/OSSANDÓN, 2021, p. 410), como sería estimar que sólo podrían perpetrarlo aquellos que tuvieran competencias específicas en el orden contractual (SALAS, 2009, p. 47).

Comentando fallos pronunciados por el Tribunal de Juicio Oral en lo Penal de Quillota y Corte de Apelaciones de Valparaíso, Jorge Toro Muñoz (TORO, 2019, p. 319) plantea acertadamente que *"Como la disposición no distingue, podría tratarse de cualquier clase de intervención, pero entendiendo siempre que en ella al funcionario ha de caberle un cierto grado de responsabilidad en la corrección del procedimiento y las decisiones, lo que fundamenta la mayor penalidad."* Agrega: *"Si se estima que intervenir "en razón de su cargo" prescinde de cualquier grado de competencia en la disposición patrimonial, la determinación de las operaciones en que cualquier empleado público puede manifestar algún grado de injerencia o interés en contribuir a la comisión del hecho punible, prescinde de la propia estructura de los delitos especiales contra la función pública. Si la categoría se distingue por la actividad del sujeto activo cualificado, la inteligencia de intervenir en razón del propio cargo, responde —por antonomasia— a la atribución oficial que ostenta el empleado público para participar o contribuir en la decisión como actividad "desde" su competencia orgánica. La tesis jurisprudencial expresa que la intervención punible se configura contribuyendo de cualquier forma en una operación defraudatoria, disponiendo del cargo para la consecución del propósito delictivo."*

Por su parte, el sujeto pasivo del injusto aparece señalado en el artículo 239, aludiendo *"al Estado, a las municipalidades o a los establecimientos públicos de instrucción o de beneficencia…"*, o sea:

— Estado, entendiéndolo como sinónimo de Fisco y que se relaciona con su aspecto, siendo ambas una misma y única persona jurídica de derecho público.

— Municipalidades, esto es *"corporaciones autónomas de derecho público, con personalidad jurídica y patrimonio propio, cuya finalidad es satisfacer las necesidades de la comunidad local y asegurar su participación en el progreso económico, social y cultural de la comuna"*[3].

— Establecimientos públicos de instrucción o beneficencia, correspondiendo, en el primer caso, aquellos donde se imparta enseñanza al público, sin necesidad que dependan del Estado, y en el segundo, que ejecuten acciones benéficas o de ayuda.

3. CONDUCTA

La defraudación fiscal corresponde a un tipo que debe ejecutarse con dolo directo, excluyendo el eventual y sin que exista una modalidad culposa, como ocurre con el tipo de malversación descrito en el artículo 234 del Código Penal, y la forma amplia (HERNÁNDEZ, 2005, p. 258) en que se describe en el artículo 239, utilizándose las expresiones *defraudar* o *consentir en que se defraude*, permite reconocer dos maneras de comisión del delito: la defraudación directa, donde el funcionario defrauda provocando pérdidas o privación de un lucro legítimo al Estado y sus instituciones, y la defraudación indirecta, donde el funcionario permite que un tercero cause las aludidas pérdidas o privaciones, tratándose en este caso de una conducta dolosa de cooperación, concertada o no (ETCHEBERRY, 1998, p. 247), con el ánimo de perjudicar el erario fiscal.

Engarzado con lo anterior y siendo el perjuicio fiscal un elemento del tipo, el fraude al Fisco es un delito de resultado, merma patrimonial que puede consistir en pérdidas directas —daño emergente-o en la privación de un lucro legítimo —lucro cesante—, sin que conlleve o se exija el enriquecimiento efectivo del defraudador, ni ánimo de lucro, propósito o intención especial por el autor del delito.

Dada la exigencia de un sujeto cualificado, se ha sostenido tradicionalmente que este tipo corresponde a un delito especial impropio, donde la conducta puede ser ejecutada por cualquiera, pero en el caso de concurrir calidad exigida por el legislador, ello constituye una causa de agravación

---

[3]   Artículo 1º de la Ley 18695, Orgánica Constitucional de Municipalidades.

de la pena, existiendo una figura base o residual aplicable a los que no la posean. Dicho de otra manera, en el evento en que no concurra la calidad especial del sujeto activo requerido por el tipo penal, nos podríamos encontrar con otros que pudiesen configurar estafas u otros engaños (BALMACEDA, 2012, p. 49). Recientemente se ha sostenido que el art. 239 CP. se trata de una especial forma de estafa, en que el sujeto activo es un empleado público y el pasivo, el Fisco, representado por las instituciones que la ley señala (MATUS/RAMÍREZ, 2017, p. 613)[4].

La Corte Suprema sostuvo en este sentido que: *"Decimocuarto: Que sin perjuicio de lo anotado, según asienta el fallo en su considerando Décimo quinto, página 225, el delito de fraude al Fisco es una estafa calificada por la intervención del empleado público. En éste, "el engaño no requiere de un ardid especial, porque precisamente, debido a la posición del funcionario, la dinámica defraudatoria no pasa necesariamente por el despliegue de un engaño hacia otra persona, ya que es por definición el funcionario con capacidad de decidir el resultado del proceso por su intervención en él quien realiza la apropiación fraudulenta, es decir, a dicho funcionario le compete la determinación o vigilancia de lo que el Estado debe recibir o, si éste está obligado a una contraprestación, de lo que el Estado entrega a particulares.*

En el mismo sentido el fundamento décimo octavo de la sentencia, página 235, consigna que, tal como señalan los autores Luis Rodríguez Collao y Magdalena Ossandón Widow, "este tipo penal exige alguna clase de engaño por la cual se causa un perjuicio, engaño que no necesariamente debe constituir una acabada mise en scene. Incluso se estima que el perjuicio puede provenir0 del incumplimiento de los deberes funcionarios, aunque no exista propiamente engaño, si bien habitualmente habrá al menos una mentira. Así también lo ha interpretado la jurisprudencia, que se refiere al engaño, abuso de confianza o mala fe del funcionario, sin exigir un especial ardid de su parte. Precisamente, debido a la posición del funcionario, la dinámica defraudatoria no pasa necesariamente por el despliegue de un engaño hacia otra persona.

Esta explicación dogmática del delito de que se trata, permite, como lo hace la sentencia, que los hechos establecidos tengan plena cabida en ella."[5]

---

[4]   En el mismo sentido, sentencia de la Corte Suprema, de fecha 30 de septiembre de 2019, dictada en rol N° 3.763-2018, donde sobre el punto explica: "Considerando 26°: La doctrina enseña que en el tipo penal del artículo 239 del Código Penal, el empleado público utiliza un ardid para obtener la disposición de fondos a su favor o a favor de un tercero. Tratándose de una forma de defraudación por engaño, exige para su consumación precisamente el engaño y también el perjuicio propio de la estafa —Matus-Ramírez—."

[5]   Sentencia pronunciada por la Corte Suprema, con fecha 07 de febrero de 2018, en los autos rol ingreso corte N° 44.547-2017.

La Corte Suprema reiteró este razonamiento en fallo del año 2019, donde se argumenta: *"Vigésimo sexto: Que la doctrina enseña que en el tipo penal del artículo 239 del Código Punitivo, el empleado público utiliza un ardid para obtener la disposición de fondos a su favor o a favor de un tercero. Tratándose de una forma de defraudación por engaño, exige para su consumación precisamente el engaño y también el perjuicio propio de la estafa. (Matus Ramírez, Manual de Derecho Penal Chileno, Parte Especial, 3ª edic. actualizada, pág. 448). Que esta Corte Suprema ha invocado en anteriores pronunciamientos la opinión de autores representantes de la doctrina especializada en este ilícito penal, que lo caracterizan como una "estafa que se produce desde dentro de la Administración, lo que conduce a una mayor vulnerabilidad del patrimonio público". "La descripción de la conducta es totalmente abierta, ella puede consistir en utilizar cualquier medio o artificio defraudatorio, cualquier maquinación, simulación o engaño que tenga por objeto defraudar. El ardid debe ser el medio por el cual se causa el perjuicio (...)" (Rodríguez Ossandón, Delitos contra la función pública, Edit. Jdca., 2011, pp. 416 y 418) (SCS, Rol 29891 2014).*

Vigésimo séptimo: Que las conductas atribuidas a los acusados, reproducidas en los motivos vigésimo segundo y vigésimo quinto de esta decisión, indiscutiblemente vinculadas a los descripciones contenidas en el artículo 468 del texto punitivo, permiten a esta Corte concluir, sobre la base de los hechos establecidos, que el delito perpetrado es el de fraude al Fisco, que, por la especificación de la conducta punible "defraudación", "ardid", "maquinación engañosa" desplaza a la figura penal del artículo 233 del código punitivo, que castiga el hurto y la apropiación indebida en perjuicio del patrimonio fiscal, sin intervención de maniobras o despliegues propios del fraude patrimonial, es decir, de la estafa.

Que, en estas condiciones, no está demás ante el razonamiento del tribunal ad quem insistir en que lo decisorio no es que el agente tenga bajo su custodia directa o a su cargo los dineros, exigencia del tipo penal de malversación, sino lo que otorga el carácter típico al hecho es la intervención del funcionario en operaciones propias de su esfera de actuación y el empleo del fraude en su modalidad de engaño (ardid, artificio, maquinación engañosa, despliegue de falsas apariencias) para ocasionar perjuicio al peculio fiscal. Se trata, como apunta la doctrina ya citada en anteriores sentencias de esta Sala, de "una estafa desde el interior de la Administración"[6]

Con relación a las modalidades que puede adoptar la defraudación, tradicionalmente se han considerado medios de comisión al engaño[7], el

---

[6]   Sentencia pronunciada por la Corte Suprema, con fecha 30 de septiembre de 2019, en los autos rol ingreso corte N° 3.763-2018.

[7]   No obstante lo indicado, sostenemos que entender que la defraudación requiera engaño, como forma de comisión, constituye un error por los siguientes motivos:

incumplimiento de deberes funcionarios y más recientemente, a la administración desleal del patrimonio del Fisco.

Se ha sostenido (MATUS/RAMÍREZ, 2021, p. 308) que el engaño constituye el medio de comisión propio de este delito *"Puesto que en este caso el empleado público utiliza un ardid para obtener la disposición de fondos a su favor o de un tercero, no puede cometer este delito el empleado que dispone o se encuentra "a cargo" de los fondos en cuestión, sino otro que los obtiene de éste, quien sólo podría responder por las figuras de los arts. 233 a 235, salvo en el caso del fraude "indirecto". Luego, se trata de un delito que "constituye una estafa que se produce dentro de la administración" (Rodríguez C. y Ossandón, Función pública, 416). Esta será generalmente triangular: un empleado engaña a un empleado para que disponga por la administración (la víctima), cuyo patrimonio es el afectado (Salas D., Defraudación, 31). Por ello exige para su consumación el engaño y también el perjuicio propio de la estafa, aunque tal engaño no necesariamente debe constituir una acabada mise en scène (SCS 18.4.1966, RDJ 63, 84; SCS)."*

Con relación a que el perjuicio puede provenir del incumplimiento de los deberes funcionarios, el profesor don Eduardo Urrejola González, planteo que al no contener el artículo 239 un medio especial de comisión del delito, pudiese perpetrarse por cualquier medio doloso, incluyendo el engaño, agregando que sería suficiente para su configuración el que el funcionario incurra en incumplimiento de sus deberes. Lo anterior se justificaría, debido a que *"el incumplimiento de deberes es una forma de abuso de confianza —confianza*

En primer lugar, defraudar no se identifica ni conceptualmente (desde que sólo podríamos posicionarlos en una relación innecesaria de género y especie, donde el primero es defraudar y el segundo, el engaño) ni materialmente con el engaño (éste podría estar o no presente en la perpetración del delito), sino que da cuenta del resultado de una conducta dolosa —incluido el engaño, como una hipótesis de comisión, aun cuando las mayorías de las veces sólo aparecerá como una forma de encubrimiento— que genera perjuicio, en el caso del fraude al Fisco, respecto del Estado y sus órganos. En segundo lugar, a diferencia de la estafa, donde el engaño que "viene desde afuera", es de la esencia del tipo, en el fraude al Fisco la acción defraudatoria o perjudicial viene "desde dentro y hacia el servicio", mediante la intervención del empleado público con competencia para actuar en razón de su cargo en la operación, respecto de otro que actúa a nombre o representación de la Administración, conducta que podría consistir en cualquier artificio de cuyo resultado se provoque el perjuicio fiscal. Ratifica lo anterior, la modalidad de defraudación indirecta descrita en el artículo 239 bajo los vocablos "consentir que se defraude", donde, como resulta evidente, no es necesario el engaño del empleado público para que se configure el tipo, siendo suficiente su colaboración dolosa, pudiendo incluso no haber concierto con el tercero que despliega la conducta defraudatoria.

jurídica que se da cuando el ofendido ha renunciado a favor del agente a sus medios de defensa privada— y que tal incumplimiento es un medio idóneo suficiente para defraudar al Estado." (URREJOLA, 2002, p. 96), sin que sea *"menester que concurra el engaño por parte del agente, sin perjuicio de que éste o la simple mentira sean por su parte otros medios igualmente aptos para su configuración o que puedan concurrir en el sujeto activo conjuntamente con el incumplimiento de deberes funcionarios.",* fundando esta conclusión en que *"el precepto penal que nos ocupa no menciona ningún medio específico de comisión y, por lo tanto, no distingue. De manera que, al margen de su historia, el sentido de la ley resulta claro en orden a que en principio, cualquier medio —se entiende, dolosamente utilizado— sería idóneo para cometer la presente infracción penal, sea éste el engaño, el incumplimiento de deberes u otros medios que pudieren darse en los hechos, aunque nos cuesta imaginarlos fuera de los mencionados."* Agrega *"En seguida, la historia de la ley nos revela que aunque las actas de la Comisión Redactora del Código Penal permiten conocer escasa discusión sobre el precepto del artículo 239, lo que consta en ellas confirma la intención de los legisladores de la época de dar la mayor amplitud posible al ilícito penal que en cuestión. De manera que suprimieron toda alusión al medio y, más aún, en circunstancias de que ambos medios que erradicaron del proyecto constituían claramente formas de engaño. Tales son, el concierto con especuladores y el empleo de artificios. Entonces, al apartarse el precepto en análisis del modelo español, se dio al delito un carácter similar al que la voz "fraude" tiene en su acepción primera, según el Diccionario: "Engaño, inexactitud consciente, abuso de confianza, que produce o prepara un daño, generalmente material"* (URREJOLA, 2002, p. 100).

La Corte Suprema, admitiendo esta forma de comisión del delito, ha enfatizado que, para que se configure el delito, el incumplimiento de deberes funcionariales debe ser acompañado por el "del dolo de defraudar", ya que de otro modo *"los hechos solo constituían incumplimientos de obligaciones funcionarias y de falta de cuidado en el manejo de sus funciones".*

En lo pertinente se lee en el fallo: *"Vigésimo quinto: (...) Cabe añadir que si bien no se distingue en la norma punitiva las formas de actuación ilícita en este delito, debe concurrir siempre el engaño, el abuso de confianza o el incumplimiento de deberes y dado que los dos primeros aspectos no se han configurado solo cabe asumir comisión fraudulenta en el incumplimiento de deberes, pero siempre según la previsto en los artículos 1° y 2° del Código Penal, desde un punto de vista del dolo de defraudar, ya que no se puede perder de vista que siempre el medio de comisión es el engaño, descartando las situaciones de negligencia o imprudencia propias de la culpa en la que pueden incurrir los funcionarios públicos en el ejercicio de sus funciones y serán penadas criminalmente en el caso que así lo disponga expresamente la ley, como en la situación del artículo 234 del Código Penal, que no se repite para las situaciones de fraude al Fisco.(...).*

Vigésimo noveno: Que es efectivo, como se ha reseñado en los motivos precedentes que la sentencia incurrió en error de derecho el aplicar a un caso que no correspondía el artículo 239 del Código Penal, puesto que la conducta atribuida al imputado (…), en lo que se refiere al elemento engaño, elemento básico para considerar un ánimo de defraudar por tal delito, no fue demostrado, puesto que los hechos solo constituían incumplimientos de obligaciones funcionarias y de falta de cuidado en el manejo de su funciones y que se han mantenido como hechos probados pero con distinta connotación jurídica culpa en vez de dolo por lo que no cabe duda que la conducta del demandado (…) de todos modos resulta ilícita civilmente y de este modo, opera la aplicación en el presente caso de la norma del artículo 2314 del Código Civil, la que resulta plenamente aplicable en la especie puesto que dicha disposición dispone claramente que el que ha cometido un delito o un cuasidelito que ha inferido daño a otro es obligado a la indemnización sin perjuicio de la pena que ha de corresponder al delito o cuasidelito. En el presente caso, es claro que el cuasidelito, o sea el hecho culposo existió, no ha sido sancionado criminalmente porque la ley penal no otorga punibilidad expresa a dicha conducta, pero la existencia de la culpa, el daño consiguiente y la relación causal pertinente no pueden desconocerse conforme a los hechos establecido y que este tribunal los ha reconocido. Y si se ha calificado la conducta de (…) como negligente, es obvio que hace aplicable su actividad a lo que dispone como regla general el artículo 2329 del código citado en cuanto a que todo daño que pueda imputarse a malicia o negligencia de otra persona, debe ser reparado por ésta, por lo que tampoco se entiende vulnerada la norma cuando los jueces del fondo estiman que la conducta permisiva y culpable de (…) es suficiente motivo para imponer el resarcimiento de los perjuicios que su conducta provocó a los intereses fiscales.[8]

La administración desleal del patrimonio fiscal, como medio de comisión, es justificada en razón de la naturaleza del fraude al Fisco, según lo explican los profesores Mañalich y Hernández. El profesor Mañalich ha sostenido que *"La mejor interpretación de la disposición, en efecto, es la que lleva a conceptuar el fraude al fisco como un delito de administración desleal del patrimonio público; o más precisamente: de gestión desleal del patrimonio público."*, lo que permitiría *"dar cuenta de su tipificación como un delito de mero perjuicio patrimonial, y no como un delito de aprovechamiento (o enriquecimiento) patrimonial, que es lo que tendría que predicarse del fraude al fisco, empero, si se lo entendiera como una estafa especial."* (Mañalich, 2012, pp. 374). Por su parte, el profesor Hernández sostuvo *"Si se acepta, como aquí se propone, que el art. 239 CP. se refiere en realidad a los funcionarios que representan al Estado en operaciones en que deben intervenir por razón de su cargo, debería aceptarse también que, en rigor, se está en*

---

[8]   Sentencia pronunciada por la Corte Suprema, con fecha 09 de octubre de 2015, en los autos rol ingreso corte N° 29.891-2014.

presencia de un tipo general de administración desleal para el ámbito de la economía pública, pues se defrauda a través de disposiciones patrimoniales contrarias al interés del Estado, interés que el agente está llamado a preservar en razón de sus deberes funcionarios." (HERNÁNDEZ, 2005, p. 238)

La Corte Suprema, siguiendo la última línea interpretativa, sostuvo en el año 2014: "*Décimo: Que el delito de fraude al Fisco se encuentra tipificado en el inciso primero del artículo 239 del Código Penal que dispone:* "*El empleado público que en las operaciones en que interviniere por razón de su cargo, defraudare o consintiere que se defraude al Estado, a las municipalidades o a los establecimientos públicos de instrucción o de beneficencia, sea originándoles pérdida o privándoles de un lucro legítimo, incurrirá en la pena de presidio menor en sus grados medio a máximo*". *El tipo penal en cuestión sanciona al funcionario público que, teniendo a su cargo caudales o efectos públicos, interviene en una determinada operación de significación patrimonial para el Estado u otra entidad pública, en el marco de lo cual tiene lugar una defraudación que importa un perjuicio para el patrimonio público. Se trata entonces de una defraudación efectuada por un funcionario que interviene en la respectiva operación en razón de su cargo, cuestión que importa que el injusto se corresponde con un menoscabo patrimonial ocasionado desde el interior de la administración pública. En la perspectiva anterior, el delito tipificado en el artículo 239 del Código Penal ha de ser conceptualizado como un delito de administración desleal del patrimonio público o más precisamente, de gestión desleal, ello desde que su centro está en el perjuicio patrimonial, más que en el aprovechamiento patrimonial, elemento entonces que permite diferenciarlo claramente de los tipos de estafas, pues el injusto importa una vulneración del principio de probidad, "en tanto estándar para el desempeño de la función, consistente en la falta de fidelidad en la gestión del patrimonio público, que no necesita en modo alguno coincidir con la pretensión de la obtención de alguna ventaja patrimonial correctiva*" (Mañalich, Juan Pablo, "*La malversación de caudales públicos y el fraude al fisco como delitos especiales*", Política Criminal Volumen 7, N° 14, Diciembre de 2012, p.374 y ss.). "[9]

En fallo reciente, la Corte Suprema ha reiterado la interpretación anterior: "*14°) De la simple lectura de los hechos asentados, contrastados con los que fueron materia de la acusación, (…) lo cierto es que los hechos vienen presentados como fraude al fisco, que no se puede entender como la estafa del artículo 468, sino como una forma de administración desleal, ya que se trata de una persona jurídica, con lo que pierde asidero desde ya la procedencia del engaño y no requeriría de una puesta en escena, pues el que podía ser confundido no es una persona natural, lo que*

---

[9]   Sentencia pronunciada por la Corte Suprema, con fecha 25 de mayo de 2015, en los autos rol ingreso corte N° 32.464-2014.

parece evidente y de hecho ha sido parte de las alegaciones de las propias recurrentes para indicar que el engaño no concurría en la especie (...).

22°) Que, (...) es útil rememorar lo ya indicado en las motivaciones décimo cuarta y décimo séptima de esta sentencia, esto es, que los jueces en el considerando décimo quinto del fallo atacado han explicado latamente cómo han entendido el tipo penal materia de acusación en relación al caso concreto, y han sostenido que para ello han tenido en cuenta la línea seguida por Hernández H. en su obra "La administración desleal en el derecho penal chileno", de la Revista de Derecho de la Pontificia Universidad Católica de Valparaíso XXVI, año 2005, p. 202 y 238, es decir, tal concepción a la que adhirieron los jueces ya era así entendida por al menos parte de la doctrina diez años antes de la ocurrencia de los hechos materia de juicio.

Es esta postura la que parece más ajustada a Derecho en esta materia, pues entender el fraude al fisco como una forma de estafa con el elemento "engaño" entre sus requisitos, implicaría incurrir en el absurdo de pretender que hubiera una persona natural a quien se haga artificiosamente que se represente una falsa idea de la realidad para que efectúe una disposición patrimonial con perjuicio para ésta o terceros, lo que es prácticamente inaplicable en casos de personas jurídicas y en que se administra recursos de terceros o al menos de la comunidad"[10]

4. *ITER CRIMINIS*

El fraude al Fisco es un delito de resultado, donde el perjuicio integra el tipo objetivo del injusto, de manera tal que para que se consume debe materializarse, sin que se exija como contrapartida un beneficio patrimonial para el funcionario público o para un tercero. Como lo sostienen Rodríguez y Ossandón *"...el funcionario puede no recibir ningún beneficio y ni siquiera haber actuado con ánimo de lucro, sino que haberlo hecho por amistad, espíritu de venganza o cualquier otra motivación no pecuniaria, pese a lo cual, en cuanto se produzca el perjuicio, el delito se habrá consumado."* (Rodríguez/Ossandón, 2021, p. 420)

A partir de lo anterior, este delito puede aparecer en grado de tentativa y frustración (artículo 7° Código Penal).

De esta manera, consumado el delito, el reintegro o pago efectuado por el autor y/o partícipes no influye en su configuración ni en su grado de

---

[10]   Sentencia pronunciada por la Corte Suprema, con fecha 23 de marzo de 2022, en los autos rol ingreso corte N° 7.006-2021.

desarrollo, pudiendo, en caso que se cumplan los requisitos legales (art. 11 N° 7 del Código Penal), aminorar la responsabilidad penal.

5. PARTICIPACIÓN

Como ya se adelantó, nos hallamos ante un delito especial, donde la condición de funcionario público (*intraneus*) es un elemento del tipo objetivo del injusto que debe necesariamente estar presente para que él se configure. Tradicionalmente se ha sostenido por la doctrina que nos encontramos ante un delito especial impropio, siendo la estafa la figura base de acuerdo con las descripciones contenidas en los artículos 468 y 473 del Código Penal (PIÑA, 2006, p. 51), o en general "*con los delitos de estafas y otros engaños, sin coincidir con ninguno en particular, dada la forma absolutamente indeterminada de describir la conducta punible* (RODRÍGUEZ/OSSANDÓN, 2021, p. 416).[11]

Bajo este planteamiento, corresponde considerar las distintas posiciones que la doctrina ha desarrollado para definir si la condición del sujeto cualificado, *intraneus,* se comunica al *extraneus*, esto es, el particular que interviene en los hechos y de esta forma ser sancionado o no por este delito.

Un sector de la doctrina nacional ha adherido a la teoría de la incomunicabilidad extrema, conforme a la cual la calidad especial del sujeto cualificado no se comunica a aquellos en que no concurre la condición de funcionario público, *extraneus* que en consecuencia respondería por el delito común que se configure. Uno de los fundamentos de esta posición descansa en el tenor del artículo 64 del Código Penal en cuanto establece la incomunicabilidad de las circunstancias modificatorias de responsabilidad "*que consistan (…) en sus relaciones particulares con el ofendido o en otra causa personal*", razón que debiera aplicarse a aquellos elementos que fundan el delito. El profesor Cury, sostuvo —en una primera etapa— que "*la tipicidad es siempre determinada, fundamentalmente, por la naturaleza de la acción, de la cual las cualidades personales especiales que concurren en el sujeto activo no son más que una modalidad accesoria.*" (CURY, 1992, p. 229) y en ese sentido los sujetos que participan en los hechos debieran ser sancionados atendiendo

---

[11]   Estimamos que si el fraude al Fisco se considera como una forma de gestión desleal del patrimonio fiscal por el empleado público, dicha naturaleza obliga a entenderlo como un delito especial propio, donde la calidad del sujeto activo es el fundamento del injusto sin que exista un tipo penal que opere respecto de sujetos que no la posean.

a la naturaleza del delito, sin considerar las circunstancias personales que el sujeto no reúne.

Otro sector de la doctrina, postulando la comunicabilidad extrema, ha planteado que la calidad de funcionario público siempre se comunica a los *extraneus*, quienes responderán por el delito especial propio o impropio, como autor o partícipe, en la medida que hayan intervenido en el hecho. Los autores que participan de esta posición plantean que el artículo 64 del Código Penal establece la incomunicabilidad como regla sólo respecto de las circunstancias modificatorias de responsabilidad, lo que no se extendería a los elementos que fundan el injusto penal, por lo que no existiendo norma legal que lo impida, opera la comunicabilidad. Además, se invoca el principio de la indivisibilidad o unidad del título de imputación, que justifica la sanción bajo un mismo título respecto de todos quienes intervienen en un hecho típico (Garrido, 1997, pp. 330 y ss.). Al respecto el profesor Novoa señaló que se trata de un "*hecho único que no pude ser considerado jurídicamente de diferente manera para cada uno de los que intervienen conjuntamente.*" (Novoa, 2005, p. 211).

El profesor Balmaceda aludiendo a Enrique Schepeler, señala que quienes participan de esta postura encuentra un argumento de texto a partir de lo contemplado en los artículos 50 y siguientes del Código Penal. Se plantea que a las participaciones consistentes en complicidad y encubrimiento se les aplica la regla de la accesoriedad de la sanción, regulándose las penas que a ellos les corresponde conforme a la sanción señalada por la ley para el autor del crimen o simple delito, siendo, en suma, estas formas de participación —complicidad y encubrimiento— accesorias a la conducta que despliega el autor del delito (Schepeler en Balmaceda, 2012, p. 61)

Esta tesis ya había sido acogida por la Corte Suprema la que, en sentencia de mayo de 2008, Rol 2321— 2007, la invocó en los siguientes términos: "*DECIMOTERCERO: (…) la doctrina reconoce (…) el [principio] de la comunicabilidad, referido a aquellos tipos penales que requieren la intervención de un sujeto activo especial, como ocurre en el fraude al Fisco, respecto de la calidad de funcionario público de su autor. Al respecto, resulta pertinente traer a colación un distingo, que ha originado un interesante debate en la dogmática nacional, entre los llamados delitos especiales propios y los impropios. (…) Tratándose, en cambio, de un delito especial impropio, la calidad personal sólo produce el efecto de agravar o morigerar el juicio de reproche, pero la conducta sigue siendo punible, aun sin esa cualificación: es lo que sucede con la malversación de caudales públicos o con el fraude al fisco, aquí investigado, porque, separada hipotéticamente la condición personal de funcio-*

nario público del interviniente, el ilícito sigue existiendo, aunque sea a otro título (v.gr., como una apropiación indebida, del artículo 470 N° 1, o estafa, del artículo 468, ambos del Código Penal)."

DECIMOCUARTO. Que, a criterio de esta Corte Suprema, la calidad de funcionario público, en los delitos cualificados impropios, como lo es el fraude al fisco, castigado en el artículo 239 del Código Punitivo, se comunican a los autores en que concurran, tanto si integran el tipo penal, como si no lo integran, quedando todos los partícipes regidos por la única figura penal aplicable. Así, por lo demás, lo ha resuelto este Tribunal Superior en sentencias Rol N° 5.419-03 de fecha dieciséis de octubre de dos mil seis y la de fecha treinta de julio de mil novecientos sesenta y nueve, publicada en la R.D.J.L XVI, 4 170. Clave en esta reflexión resulta ser la determinación de si el tipo delictivo conserva o no su carácter de tal en el supuesto de eliminarse hipotéticamente la circunstancia personal de ser empleado público uno de los copartícipes, evento en el cual deberá concluirse que aquélla integra el correspondiente tipo y, por tanto, se comunica a quienes estaban en conocimiento de ella. Tal es, precisamente, la hipótesis de la especie, por existir suficiente evidencia, en el proceso, del conocimiento que Herrera Labarca tenía de la relación estatutaria que vinculaba a sus co autores con la Administración del Estado, presupuesto de comunicabilidad que debe, por ende, considerarse concurrente."[12]

De manera mayoritaria, la doctrina (ETCHEBERRY, 1998, p. 81) (BUNSTER, 1948, p. 44) (BULLEMORE/MACKINNON, 2007, T. IV, p. 35) (LABATUT, 2007, P. 194) (CURY, 2005, p. 646, en una segunda posición adoptada) (VARGAS, 2011, p. 280) y la jurisprudencia, adscribe a los planteamientos de la comunicabilidad limitada de la condición especial del sujeto cualificado. Ella se explica a partir de la distinción entre delitos especiales propios e impropios, donde en los primeros, no habiendo un tipo común, operaría la comunicabilidad de la condición especial del *intraneus* al *extraneus*, mientras que, en los segundos, apareciendo un tipo paralelo, es incomunicable la calidad especial del *intraneus*, por lo que el *extraneus* que participa en el hecho típico será sancionado por el injusto que se configure.

El profesor Balmaceda explica que *"Quienes defienden esta postura otorgan como argumento la historia de la ley para aplicar el art. 64 del CP a los delitos especiales impropios y, a su vez, señalan que ella permite evitar lagunas de punibilidad. Sobre el argumento de carácter histórico, se sostiene que nuestro CP no distingue entre "elementos" y "circunstancias."* (BALMACEDA, 2012, p. 65)

---

[12] En igual sentido, la Corte Suprema se ha pronunciado en sentencias dictadas en los autos roles 5419-2003, 2321-2008, 17.014-2015 y 13.123-2018

La Corte Suprema en fallo donde participa de esta tesis resolvió: *"Duo-décimo: Que el siguiente segmento de este recurso, siempre asilado en la causal 3ª del artículo 546 del Código de Procedimiento Penal, sostiene que Castillo Aguirre, en su condición de gerente general de EFE, no puede ser considerado un empleado público ya que no desarrolla ninguna función pública.*

Como se adelantara, el yerro de que trata esta causal es un error de calificación jurídica consistente en estimar como delito un hecho que es lícito. Sin embargo, basta decir para su rechazo, que la falta de la calidad requerida para el sujeto activo, tri-butaria a la función que cumple, no transforma el hecho en lícito, el que sigue siendo delito, sancionable a título de estafa, en conformidad al artículo 468 del estatuto punitivo. (…)"[13]

Existe una corriente doctrinaria que explica los delitos funcionarios, entre ellos, el fraude al Fisco, desde la teoría de los delitos de infracción de deber, en atención a que el sujeto destinatario de la norma de atribución del injusto se encuentra sometido al régimen especial previsto para el funcionario público, lo que justifica su responsabilidad. Este planteamiento es explicado por el Profesor Balmaceda, señalando que, para quienes sostie-nen esta teoría, en esta clase de delitos *"(…) no es trascendente quien domine fácticamente el hecho, pues lo relevante será la infracción del correspondiente deber especial, pudiendo únicamente ser autor aquel sujeto que lo lesione. Este deber espe-cial tiene un carácter extrapenal y previo a la formulación del tipo. Así (…) se deberá constatar sobre cuál de ellos recae este deber jurídico extrapenal que subyace al tipo penal, con absoluta independencia de quién controle o domine fácticamente el hecho delictivo."* (Balmaceda, 2012, p. 53). Conforme a esta postura, sólo podría ser autor directo del delito el obligado por la norma, *intraneus* a quien se le asigna el deber especial, garante del bien jurídico, atendido el régimen funcionarial al que se encuentre sometido, sin que el *extraneus* pueda ser sancionado bajo el mismo título, por no estar gravado con el deber espe-cial asignado al *intraneus*.[14] Por su parte, la profesora Ossandón entiende que en delitos de infracción de deber el *extraneus "siempre puede ser partícipe,*

---

[13]   Sentencia pronunciada por la Corte Suprema, con fecha 16 de abril de 2015, en los autos rol ingreso corte N° 13.823-2014. Además, este razonamiento se puede encontrar en las sentencias del Máximo Tribunal pronunciadas en los autos roles N° 2143-2000, N° 3028-2002 y N° 2924-2008.

[14]   Sin embargo, en contra de dicha formulación se ha planteado que *"(…) lo que suele ser llamado un delito especial impropio no es más que el quebrantamiento de una norma ge-neral, esto es, un delito común, que se ve cualificado, desde el punto de vista de la correspon-diente norma de sanción, en atención a un determinado estatus personal".* (Mañalich, 2012, p. 358)

pues aunque no resulta competente para infringir directamente la norma penal que emana del artículo 233 o 239, bien se le puede imputar una colaboración en la infracción del deber del funcionario." (OSSANDÓN, 2012, p. 76)

Finalmente, una interesante y reciente jurisprudencia, razonando en base a las explicaciones que fórmula el profesor Balmaceda, relacionado a la posibilidad de reconocer un deber jurídico respecto del *extraneus* en la comisión de delitos especiales, ha sostenido el castigo por su intervención en el hecho del *intraneus*, desde que *"resulta entonces insostenible concluir, a partir de esta misma premisa, que el tercero extraño no puede afectar con su conducta los bienes jurídicos que el legislador tuvo en vista al tipificar los delitos funcionarios, entre ellos, el delito de fraude al Fisco."* ya que *"La realidad demuestra, y la jurisprudencia así lo ha sancionado en los delitos especiales de posición institucional, como los el de fraude al Fisco, que en estos pueden efectivamente intervenir terceros extraños en la producción del injusto, además del intraneus."*

En la sentencia se consigna: *"Centésimo vigésimo quinto: (…) En efecto, el asunto no es, ni se trata, de si al extraneus se le comunica, extiende o transmite la calidad de funcionario público (empleado público en el caso del delito de fraude al Fisco), sino que de establecer si puede o no imputarse a una persona en virtud de un tipo penal determinado, pese a que éste aparezca en principio dirigido sólo a determinados sujetos".* Dicho de otra forma, se trata de determinar si es o no *"posible configurar un deber jurídico penal para un extraneus vinculado con un delito especial".* *"Si ese deber existe para el partícipe que no posee la calidad de funcionario, entonces podrá ser castigado conforme al mismo título aplicable respecto del autor que sí la posee"* (GÓMEZ, pág. 21). En palabras de BALMACEDA (antes citado), se trata de determinar los efectos que esta limitación tiene respecto a la posibilidad o imposibilidad de imputación a terceros que no reúnan dicha condición.

Centésimo vigésimo sexto: Que, la doctrina ha proporcionado importantes argumentos en pro de la responsabilización del extraneus. Así, por ejemplo, se sostiene que *"el extraneus que participa en el hecho delictivo de un empleado público se identifica con ese hecho, se incorpora a él y coopera eficazmente a su producción, conducta que justifica que el legislador le otorgue el mismo tratamiento que al intraneus".* (SCHEPELER). *Asimismo, sobre la base de los fines del derecho Penal, se ha señalado que* *"si este fin es la protección de bienes jurídicos de gran valía social, entonces la ley al tipificar un delito —aunque sea restringiéndolo a determinadas personas—, está proponiendo que el hecho típico no sea realizado, ni por el calificado por sí solo ni acompañado por otras personas"* (NOVOA Monreal, Eduardo (2005) Curso de Derecho Penal Chileno, Santiago de Chile: Editorial Jurídica de Chile. T. II., SCHE-

PELER..., ob. cit. BALMACEDA Hoyos, Gustavo, "Comunicabilidad de la calidad del sujeto activo en los delitos contra la función pública. Especial referencia a la malversación de caudales públicos y al fraude al Fisco.", Revista de Derecho Universidad Católica del Norte — Año 19 Nº 2 (2012), págs. 61 y siguientes). (...)

Centésimo vigésimo séptimo: Que, sólo recurriendo a una interpretación literal-formal, puramente exegética, se podría llegar a sostener que el extraneus se encuentra, per se, excluido del tipo penal y de su consecuencia punitiva, tesis que mediante el razonamiento reductio ad absurdum, se comprueba lo irrazonable que resulta, por la absurda implicancia que de ella se seguiría para el Derecho Penal. En efecto, y si es cierto que los fines de esta rama del Derecho es la protección de bienes jurídicos considerados fundamentales para la socialidad (premisa), resulta entonces insostenible concluir, a partir de esta misma premisa, que el tercero extraño no puede afectar con su conducta los bienes jurídicos que el legislador tuvo en vista al tipificar los delitos funcionarios, entre ellos, el delito de fraude al Fisco.

La realidad demuestra, y la jurisprudencia así lo ha sancionado en los delitos especiales de posición institucional, como los el de fraude al Fisco, que en estos pueden efectivamente intervenir terceros extraños en la producción del injusto, además del intraneus. Al respecto, la Excma. Corte Suprema, en causa rol Nº 25.378-2014, declaró "... que existiendo un fraude al Fisco, ideado y llevado a cabo por funcionarios públicos, pero que habría sido absolutamente imposible de cumplir sin el acuerdo o consentimiento previo de los consultores,...., lo coloca en la categoría de coautores a que se refiere el artículo 15 del Código Penal, aplicándoseles la comunicabilidad" (Considerando 97°); que la "...imputación que se atribuye a (...), de haberse concertado con malicia cierta con funcionarios públicos, siendo él un extraneus, y por ello ese particular elemento del fraude al Fisco, se le comunica por el solo hecho de haber intervenido en el contrato por el cual funcionarios públicos se aprovecharon..." (Considerando 102°).

La citada sentencia confirma entonces que la premisa concerniente a los fines del Derecho Penal, justifica y autoriza la punición del extraneus por su intervención en el hecho del intraneus."[15]

Bibliografía

BALMACEDA HOYOS, Gustavo: "Comunicabilidad de la calidad del sujeto activo en los delitos contra la Función Pública. Especial referencia a la malversación de caudales públicos y al fraude al Fisco". Revista de Derecho Universidad Católica del Norte. Nº 2, 2012.

---

[15]   Sentencia pronunciada por el 7° Tribunal de Juicio Oral en lo Penal de Santiago, con fecha 13 de julio de 2022, en autos rol ingreso tribunal N°273-2019.

BULLEMORE GALLARDO, Vivian y MacKinnon, John: Curso de Derecho Penal. Parte Especial, 2° Edición, LexisNexis, 2007.

BUNSTER BRICEÑO, Álvaro: La malversación de caudales públicos: Estudio de Doctrina y Jurisprudencia. Santiago de Chile: Universidad de Chile (Licenciatura en Ciencias Jurídicas y Sociales), 1948.

CURY URZÚA, Enrique: Derecho Penal. Parte General, 2° Edición, Editorial Jurídica de Chile. Tomo II, 1992.

CURY URZÚA, Enrique: Derecho Penal. Parte General, 7° Edición, Ediciones Pontificia Universidad Católica de Chile, Tomo II, 2005.

ETCHEBERRY ORTHUSTEGUY, Alfredo: Derecho Penal, Parte Especial, 3° Edición, Editorial Jurídica de Chile, 1998.

GARRIDO MONTT, Mario: Derecho Penal. Parte General. Editorial Jurídica de Chile. Tomo I, 1997.

HERNÁNDEZ BASUALTO, Héctor: "*La administración desleal en el derecho penal chileno*", Revista de Derecho de la Pontificia Universidad Católica de Valparaíso, XXVI, 2005.

LABATUT GLENA, Gustavo: Derecho Penal, 9° Edición Actualización de Julio Zenteno. Santiago de Chile, Editorial Jurídica de Chile, 2007.

MAÑALICH RAFFO, Juan Pablo: "La malversación de caudales públicos y el fraude al fisco como delitos especiales". Política Criminal Vol. 7, N° 14, 2012.

MATUS ACUÑA, Jean Pierre y Ramírez Guzman, María Cecilia: Manual de Derecho Penal Chileno. Parte Especial, Editorial Tirant Lo Blanch, 2017.

MATUS ACUÑA, Jean Pierre y Ramírez Guzman, María Cecilia: Manual de Derecho Penal Chileno. Parte Especial, 4° Edición, Editorial Tirant Lo Blanch, 2021.

NOVOA MONREAL, Eduardo: Curso de Derecho Penal Chileno. Editorial Jurídica de Chile. T. II, 2005

OSSANDÓN WIDOW, María Magdalena: "Sobre la calidad de empleado público en los delitos funcionarios y la punibilidad de quienes no la poseen". Revista de Doctrina y Jurisprudencia Penal, N° 8, 2012

PIÑA ROCHEFORT, Juan Ignacio: "Prevaricación pública y Fraude al Fisco. Causa Ministerio Público contra J. S. S.". Informes en Derecho. Doctrina Procesal Penal Centro de Documentación Defensoría Penal Pública, 2005-2006.

POLITOFF LIFSCHITZ, Sergio, GRISOLÍA CORBATÓN, Francisco y BUSTOS RAMÍREZ, Juan: Derecho Penal chileno. Parte Especial. Delitos contra el individuo en sus condiciones físicas, 2° Edición, Editorial Jurídica Congreso, 2006.

POLITOFF LIFSCHITZ, Sergio; MATUS ACUÑA, Jean Pierre y RAMÍREZ GUZMAN, María Cecilia: Lecciones de Derecho Penal chileno. Parte General, 2ª Ed. Santiago de Chile, Editorial Jurídica de Chile, 2004.

RODRÍGUEZ COLLAO, Luis, OSSANDÓN WIDOW, María Magdalena: Delitos contra la Función Pública, 3° Edición, Editorial Jurídica de Chile, 2021

SALAS DONOSO, Pablo: El delito de defraudación fiscal cometido por funcionarios públicos, 2° Edición, Editorial Publishing Chile, año 2009.

SCHEPELER VÁSQUEZ, Enrique: "Comunicabilidad y Parricidio". Revista de Derecho y Jurisprudencia y Gaceta de los Tribunales, N° 1, 1953.

TORO MUÑOZ, Jorge: "Intervención en "razón de su cargo" del empleado público en el fraude al Fisco del artículo 239 del Código Penal (Tribunal de Juicio Oral en lo Penal de Quillota y Corte de Apelaciones de Valparaíso)", Revista de Derecho (Valdivia), Vol. XXXII, N° 1, 2019.

URREJOLA GONZÁLEZ, Eduardo "El incumplimiento de deberes funcionarios como medio idóneo para cometer fraude al Estado.". Revista de Derecho del Consejo de Defensa del Estado, N° 6, 2002.

VARGAS PINTO, Tatiana (2011): Manual de Derecho Penal Práctico. Teoría del Delito con Casos, 2ª Ed., LegalPublishing-Thomson Reuters, 2011.

Capítulo VII
Los delitos de cohecho*

Raúl Carnevali R.
Doctor en Derecho. Abogado
Profesor Titular de Derecho Penal
Universidad de Talca

1. INTRODUCCIÓN

Desde la promulgación del Código Penal en 1874, estos delitos no fueron modificados sino hasta fines de los años noventa del pasado siglo. Sin embargo, desde entonces se han dictado varias leyes para su tratamiento: la Ley N° 19.645, de 11 de diciembre de 1999; la Ley N° 19.829, de 8 de octubre de 2002; la Ley N° 20.341, de 22 de abril de 2009, y la Ley N° 20.730, de 8 de marzo de 2014. La última modificación tuvo lugar cuatro años después por la Ley N° 21.121, de 20 de noviembre de 2018, que introduce además, el delito de corrupción entre particulares (Matus/Ramírez, 2021, p. 318; Oliver, 2021, p. 775). Que así sea, refleja la preocupación que hoy existe por disponer de normas más eficaces para enfrentar la corrupción. Justamente, es en la década de los noventa cuando comienzan a dictarse una serie de convenciones internacionales sobre la materia. Al respecto, se pueden citar la Convención sobre la lucha contra la corrupción de los funcionarios públicos extranjeros en las transacciones comerciales internacionales de 1997, en el marco de la OCDE; la Convención Interamericana contra la corrupción de 1996 de la Organización de Estados Americanos, y la Convención sobre la corrupción de 2003 de las Naciones Unidas (Artaza, 2021, p. 30; Carnevali/Artaza, 2021, p. 102).

Antes de continuar, cabe consignar que la Ley N° 21.595 sobre delitos económicos no modificó las conductas penales relativas al cohecho, pero sí dispuso una distinción en cuanto a su categoría, la que debe tenerse en cuenta a la hora de precisar qué reglas deben aplicarse, particularmente sobre la determinación de las penas. Es así, que tratándose del delito de cohecho a funcionarios públicos extranjeros contemplado en el artículo

---

*   Este artículo forma parte del Fondecyt regular N° 1210214 bajo la dirección del prof. Dr. Osvaldo Artaza Varela.

251 *bis* del Código penal al ser de primera categoría siempre es un delito económico. En cambio, será de segunda categoría el delito de soborno contemplado en los artículos 250 y 250 *bis* y de tercera categoría los delitos de cohecho regulados en los artículos 248, 248 *bis* y 249 del Código penal.

El desarrollo de la llamada globalización económica ha incidido en una mirada más crítica hacia la corrupción y, especialmente, por la actuación que pueden tener los funcionarios públicos, por ejemplo, a través de sobornos o cohechos. En efecto, los Estados han restringido sus limitaciones comerciales, dando lugar a una ampliación de los mercados. En particular, en la consecución de este propósito se han impulsado a escala global una serie de políticas dirigidas a facilitar la libre circulación de determinados factores productivos, como son, por ejemplo, los capitales, las mercancías, las personas y los servicios. La mayor libertad, y por ende los menores controles estatales para la circulación de estos factores, brinda enormes espacios de actuación a la corrupción. Precisamente, esta mayor laxitud en los controles, así como las desigualdades que tienen lugar entre los Estados no sólo desde la perspectiva jurídica sino también cultural —la mirada y el juzgamiento moral hacia la corrupción es diverso entre las distintas naciones— pueden propiciar las prácticas corruptas, pues los agentes podrían preferir aquellas economías que brindan menores escudos protectores. De este modo, la corrupción se constituye en un factor decisorio más.

Es así, que las figuras propias del cohecho adquieren particular relevancia, pues es importante evitar la pérdida de confianza por parte de la ciudadanía hacia las autoridades públicas, si se percibe una especie de cultura de la impunidad, que resquebraja seriamente las bases del Estado de Derecho. Por otra parte, la debilidad institucional para perseguir los actos de corrupción funcionarial facilita el surgimiento de organizaciones criminales. En efecto, si bien tales organizaciones no buscan ni pretenden alcanzar el poder político, sí se dirigen a controlarlo, conformando una especie de poder en la sombra. En este contexto, se constituyen en una fuente de corrupción de funcionarios públicos con graves consecuencias para la legitimidad de las instituciones estatales, pues en los ciudadanos se genera una fuerte percepción de inseguridad pública.

No es posible obviar los peligros que representan para un Estado estas organizaciones, ya no sólo desde la perspectiva de la seguridad ciudadana, sino también para la transparencia de las economías nacionales, pues uno de los objetivos perseguidos es "intervenir" en el sistema económico lícito con el propósito de ir lavando sus activos, lo que puede dar lugar a una grave alteración de las reglas del mercado.

En este orden, se pueden producir peligrosas relaciones entre dos importantes fuentes de poder, a saber, el económico y el político. Según Ferrajoli, se manifiesta una expresión de criminalidad del poder, en cuanto a la acción de los poderes públicos como formas de corrupción y de *apropiación de la cosa pública,* dando lugar a una clara desviación de orden institucional (FERRAJOLI, 2009, p. 149). El Estado se configura en un doble Estado, detrás de la fachada de legalidad crece y se desarrolla un *infraestado clandestino,* con códigos distintos y organizado en torno a centros de poderes ocultos. Los riesgos evidentes es que se produce una convivencia entre el aparato público y grupos económicos, pues estos últimos se valen del aparato público para la consecución de sus objetivos. Tiene lugar una especie de apoderamiento privado de la cosa pública.

El bien jurídico protegido en estos delitos es el correcto y transparente funcionamiento de la Administración pública (ARTAZA, 2021, p. 48; RODRÍGUEZ COLLAO/OSSANDÓN, 2021, p. 363; GARRIDO MONTT, 2010, p. 464; OLIVER, 2004, p. 92). Se comprenden dentro de los llamados delitos de corrupción —del que también forman parte, entre otros, la malversación, fraudes y exacciones ilegales—. En términos generales, supone que un funcionario público sólo actuará cuando haya mediado un determinado beneficio en su favor, en circunstancias que está ejercitando sus funciones.

Justamente, este tipo de prácticas genera un fuerte rechazo en la sociedad, pues se la aprecia como una clara forma de instrumentalización de la función pública para el provecho propio. En este sentido, no debe olvidarse, como ya se señaló, que una de las manifestaciones de la criminalidad organizada también viene dada por la conformación de redes en las que participan quienes ostentan el poder público, esto es, se cometen desde esta posición de poder. Por lo anterior, de la comisión de estos actos no sólo puede surgir una responsabilidad penal o administrativa, también es posible que pueda haber una responsabilidad política.

2. BIEN JURÍDICO PROTEGIDO. DISTINCIÓN ENTRE CORRUPCIÓN PÚBLICA Y PRIVADA

La expresión corrupción se asocia, tradicionalmente, a la esfera pública —así lo ponen de manifiesto importantes instrumentos internacionales que apuntan a la función pública—, afirmándose que se refiere, esencialmente, al abuso de quienes detentan una función pública para obtener ganancias particulares, contraviniendo las normas propias de su cargo. Es decir, lo que tiene lugar es una especie de privatización del acceso a la autoridad púbica. Sin embargo, si se analiza la raíz de la expresión, corrupción viene del latín *corruptio, —onis,* que esencialmente significa alteración o vicio de algo o alguien en el que intervienen sujetos (CARNEVALI/ARTAZA, 2021, p. 108; WILENMANN, 2020, p. 313). Ahora bien, aun cuando el concepto no se restringe a la esfera pública, el Diccionario de la Real Academia Española establece como una de las acepciones de corrupción: "En las organizaciones, especialmente en las públicas, práctica consistente en la utilización de las funciones y medios de aquellas en provecho, económico o de otra índole, de sus gestores".

No obstante, nada impide comprender la esfera privada. Por tanto, si bien el fenómeno de la corrupción no es nuevo, más bien todo lo contrario, sí cabe observar que en los últimos decenios ha habido una especial preocupación por entender que las modalidades de corrupción, no serían solo las relativas al ámbito público —expresadas en delitos como el cohecho, entre otros—. Es así, que se está prestando atención a la llamada corrupción privada, en cuanto se trataría de comportamientos irregulares en la esfera de los negocios, que alteraría la confianza en el mercado al afectar la existencia una competencia leal. Precisamente, la Ley N° 21.121, de 20 de noviembre de 2018, incorporó el delito de corrupción entre particulares en los artículos 287 *bis* y 287 *ter* del Código Penal.

3. CORRUPCIÓN Y NEGOCIOS CON EL SECTOR PÚBLICO

Los efectos negativos que la corrupción puede generar son particularmente graves y de distinta naturaleza. La corrupción no debería ser comprendida como un delito autónomo, sino que constituye una determinada forma de agresión con la que pueden vulnerarse los más distintos intereses penalmente protegidos (ARTAZA, 2021, p. 38). Así, por ejemplo, socavaría y deslegitimaría el sistema democrático y la actividad política en general. Probablemente, esta es una de las consecuencias más graves, pues corroe la confianza ciudadana hacia las instituciones, ya no sólo públicas sino también las privadas, pues, en no pocos casos se suele atribuir a las corporaciones privadas como las responsables de querer utilizar al aparato público en su beneficio. Un ejemplo de aquello dice relación con el financiamiento de la política, donde los costos de las campañas al ser cada vez más altos exigen la introducción de medidas a fin de limitar intervenciones que puedan considerarse indebidas. Basta tener presente lo expuesto por el *Consejo asesor presidencial contra los conflictos de interés, el tráfico de influencias y la corrupción* — la llamada Comisión Engel— en su informe final de abril de 2015, donde una de sus propuestas se refiere, precisamente, al financiamiento de la política para fortalecer la democracia; es decir, establecer medidas para evitar que la política se dirija a fines que son ajenos al interés público (GARCÍA, 2019, p. 122). En este sentido, se torna primordial, según expresas palabras del informe, "garantizar condiciones de equidad en la competencia electoral, para garantizar también el ejercicio de derechos civiles y políticos básicos". Sobre este punto, las normas comunes dispuestas en los artículos 251 *quater* a 251 *sexies* del Código penal se dirigen a evitar tales riesgos.

Los peligros de la corrupción para el sistema democrático y la pérdida de prestigio de las instituciones públicas se ven muy claramente en varios países de América Latina (CARNEVALI/ARTAZA, 2021, p. 93). Pero no solo en esta región, la sociedad italiana fue testigo, durante la década del noventa de importantes casos de corrupción —campaña llamada "Manos Limpias"—, tanto pública como privada, en las que se vieron involucradas connotadas autoridades, algunas de ellas acusadas de convivencia con la mafia. Así también, la criminalidad organizada italiana presenta conexiones cada vez más estrechas en el ámbito político, que les permite asegurar contratos con la administración pública. Un ejemplo, es el caso del tratamiento de los residuos tóxicos, que genera cuantiosas ganancias —en Italia ya se habla de la Ecomafia—. Con todo, en América Latina es donde se aprecia con más claridad una permanente inestabilidad política y constantes casos de corrupción en los que se ven involucrados, incluso, representantes del gobierno. Diversas son las razones que se pueden esgrimir para tan lamentable posición y que la sitúan muy por debajo de Europa o Norteamérica. Entre otras, cabe citar la debilidad institucional de aquellas dirigidas a ejercer el control de las cuentas públicas o de la actuación de los privados. Ello puede deberse a un entramado normativo engorroso que dificulta la persecución, incentivando el abuso de poder. Así también, a una cultura tolerante hacia la corrupción, sobre todo cuando se requiere de servicios públicos —el soborno es una práctica extendida—.

De presentarse lo anterior, se puede comenzar a afirmar que se está frente a una captura del Estado, en el entendido de que individuos, empresas o grupos al aprovecharse de sus contactos o asociaciones ilícitas obtienen ganancias o facilitan actuaciones que a otros particulares no les serían permitidas. Tiene lugar una colusión particular entre lo público —ya sea funcionarios, legisladores o políticos— y los privados, en que se definen políticas públicas, se obtienen ventajas contractuales, favoreciendo de este modo sólo a unos pocos, alterando las reglas de igualdad entre quienes intervienen en una determinada actividad. Rodríguez Collao y Ossandón, afirman que la corrupción pública modifica las reglas del juego, al dar lugar a una desigualdad oculta y mecanismos que son perversos para el desarrollo (RODRÍGUEZ

COLLAO/ OSSANDÓN, 2021, pp. 54 y ss). En definitiva, quienes detentan funciones públicas actúan favoreciendo solo a quienes están dispuestos a pagar.

Precisamente, esta simbiosis entre lo público y lo privado puede dar lugar a prácticas corruptas de graves consecuencias para un Estado. Los peligros de la corrupción no sólo son de carácter político, también son de orden económico. Por de pronto, basta tener en consideración las distorsiones al mercado que se producen cuando compiten agentes carentes de toda ética, al pretender participar sin seguir las reglas del juego previamente impuestas. Riesgos que se acrecientan si para dicho propósito se utilizan a funcionarios públicos, pues no solo hay un evidente fracaso del servicio público como institución, sino también una traición a la esencial ética profesional del funcionario público, ya que no actúa como un agente de servicio al ciudadano. Precisamente, este último propósito se ve seriamente mermado, pues se brindan privilegios solamente a determinados actores económicos —así, los favorecidos por el soborno—, dando lugar a distorsiones competitivas y aumentando la ineficiencia en la asignación de recursos —no necesariamente se ofrecen los mejores servicios o productos—. Y es que al no estar dadas las condiciones de igualdad se pueden restar de intervenir otros que también están en condiciones de hacerlo. Es más, las reglas propias del mercado y de la competencia leal se ven fuertemente alteradas, ya que las empresas más pequeñas están incapacitadas de competir con las mayores, que ya disponen de recursos que les permite intervenir en una economía corrupta. Incluso, las consecuencias que se pueden dar son aún peores, pues al favorecer el surgimiento de una clase de economía más bien informal, al no poder intervenir en la formal, se eludiría el cumplimiento de los compromisos tributarios, con las derivaciones que todo ello supone (CARNEVALI/ARTAZA, 2021, p. 100).

Las economías que funcionan con una lógica corrupta, esto es, incumpliendo con las reglas básicas del mercado y con una cultura de los negocios en el que se procura obtener indebidamente ventajas, conlleva indefectiblemente consecuencias a nivel de inversión y de crecimiento. Y es que los inversores prefieren participar en aquellos países que les brinden seguridad y que no hayan "costos" asociados a corrupción.

Por otro lado, no puede obviarse que la desviación de fondos públicos destinados a la producción y a la inversión hacia patrimonios particulares afectará, indefectiblemente, la vida social, en especial a las personas con mayores carencias. Por otro lado, no puede dejarse de considerar que aquellas empresas que debieron pagar sobornos para poder realizar sus proyectos tratarán, de algún modo, de recuperar sus costos, ya sea por vía tributaria —lo que incide en la inversión pública— o pagando menos a sus trabajadores. A la larga, las consecuencias se pueden hacer sentir en el crecimiento del país, en el nivel de empleo y en los precios de los productos.

En esta relación público/privada debe tenerse presente que la Ley N°20.393 que establece la responsabilidad penal de las personas jurídicas, dispone en el artículo 1° que pueden cometer el delito de soborno del artículo 250 del Código Penal, entre otros. También se comprenden los delitos de cohecho de funcionarios públicos extranjeros del artículo 251 *bis* y el delito de corrupción entre particulares de los artículos 287 *bis y 287 ter*, todos del Código Penal. Ello pone de manifiesto la especial atención a los riesgos del comportamiento corruptor de los privados en la esfera pública.

Asimismo, el artículo 251 *quinquies* del Código Penal, introducido por la Ley N°21.121 de 2018, establece un rango de pena más estricto en los delitos de cohecho cuando se presentan una serie de hipótesis, que, precisamente, pretender enfrentar aquellos riesgos que se podrían presentar en una relación público/privada. Evidentemente, estos peligros que se pueden configurar están aún más presentes, pues no son pocos los servicios públicos que son asumidos por empresas privadas, ya sea por licitaciones u otro tipo de contratos.

Es así, que se comprenden supuestos en los que un funcionario público haya intervenido en procedimientos de adquisición, contratación o concesión que supere las mil unidades tributarias mensuales en que participe un órgano o empresa del Estado, o una empresa o asociación en que éste tenga una participación mayoritaria; o en el cumplimiento o la ejecución de los contratos o concesiones que se suscriban o autoricen en el marco de dichos procedimientos. Asimismo, en el otorgamiento de permisos o autorizaciones para el desarrollo de actividades económicas por parte de personas naturales cuyos ingresos anuales sean superiores a dos mil cuatrocientas unidades de fomento; o jurídicas con o sin fines de lucro, cuyos ingresos anuales sean superiores a cien mil unidades de fomento. Por último, en la fiscalización de actividades económicas desarrolladas por personas naturales cuyos ingresos anuales sean superiores a dos mil cuatrocientas unidades de fomento; o jurídicas con o sin fines de lucro, cuyos ingresos anuales sean superiores a cien mil unidades de fomento.

4. FIGURAS DEL DELITO DE COHECHO. CONDUCTAS PROHIBIDAS

Dentro de las figuras que tipifican los supuestos de cohecho, se debe hacer la siguiente distinción, en consideración a la condición subjetiva del autor, esto es, la posición que éste ocupa en la comisión del delito (OLIVER, 2004, p. 88; GARCÍA, 2019, p. 131; RODRÍGUEZ COLLAO/OSSANDÓN, 2021, p. 351). Se debe precisar entre cohecho activo o soborno —artículo 250 y 250 bis del Código Penal—, cuando es el particular quien ofrece al funcionario público un beneficio a cambio de un determinado acto. Por su parte, será cohecho pasivo, el cometido por el funcionario público al solicitar una dádiva para realizar lo que es propio de su cargo (ARTAZA, 2021, p. 52). Como dice Carrara "la venta que de un acto perteneciente a sus funciones, y que por regla general debería ser gratuito, le hace un funcionario público a una persona privada" —cita es de un autor del s. XIX— (CARRARA, 1985, p. 94). Sin perjuicio de lo que se expone más adelante, se trata de dos figuras delictivas distintas, no se está frente a un solo delito —de estructura bilateral— en el que concurren dos voluntades, sino que a uno de estructura pluripersonal (ETCHEBERRY, 1998, p. 252; RODRÍGUEZ COLLAO/OSSANDÓN, 2021, p, 361).

Asimismo, tratándose del cohecho pasivo suele distinguirse entre el cohecho propio e impropio. Será cohecho impropio —artículo 249 del Código Penal— aquel en que se realiza un acto propio de su cargo, pero que es contrario al ordenamiento jurídico —así, la comisión de un delito—. En cambio, será propio —artículo 248 y 248 bis del Código Penal— cuando se refiere a un acto propio de su cargo, pero que no es contrario al ordenamiento jurídico. La impropia constituye una modalidad agravada, por cuanto no sólo se infringe el deber de imparcialidad con que deben obrar los servicios públicos, sino que además se ve afectado el principio de legalidad al que está sujeto todo ejercicio público. Atendido lo anterior, el cohecho pasivo propio es la figura básica.

Respecto al llamado cohecho pasivo —el funcionario público es el solicitante—, se estructuran los ilícitos partiendo con aquellos que tienen un menor contenido de injusto —cohecho propio— para finalizar con las figuras más graves —cohecho impropio—. Respecto al bien jurídico protegido debe decirse que, en general, tratándose del cohecho pasivo es el respeto al deber de imparcialidad que debe guiar la actividad pública, esto es, el de obrar con la necesaria neutralidad y objetividad en la prestación de sus servicios, ajena a toda interferencia en sus decisiones. Se trata de actos que quebrantan la confianza que se ha depositado en el funcionario. En la medida en que se verifique un acuerdo entre el funcionario y un particular, para llevar a cabo un determinado acto, ya sea lícito o no, se vería conculcado este deber de imparcialidad, en atención a que el funcionario ya no es objetivo frente a su decisión (RUSCA, 2023, p. 6, 12). En general, se trata de un delito de peligro, pues basta la solicitud para su configuración. Ya se irá examinando cada tipo penal y sus particularidades.

Los artículos 251 *bis* y 251 *ter* del Código Penal regulan el cohecho a funcionarios públicos extranjeros. En este caso, el bien jurídico tutelado es otro, pues, como se verá, guarda relación con las transacciones económicas internacionales. Como ya se indicó, con la dictación de la Ley N°21.121 de 2018 se introdujeron normas comunes a los delitos recién citados, concretamente los artículos 251 *quater* y ss. del Código Penal, donde se recogen diversos supuestos que agravan la responsabilidad de quienes incurren en estas hipótesis. Por su parte, el artículo 251 *sexies* dice relación a aquellos actos que pueden estimarse como socialmente adecuados y, por tanto, no son punibles.

5. COHECHO EN RAZÓN DEL CARGO. SUPUESTOS AGRAVADOS Y ADECUACIÓN SOCIAL

Ya se ha resaltado precedentemente que la Ley N°21.121 de 2018 modificó el delito de cohecho en sus diversas modalidades, siendo una de las más importantes la que dice relación con el cohecho en razón del cargo. Justamente, cuando se habla de cohecho de facilitación, que alude a supuesto en razón de su cargo, apunta a la siguiente interrogante: qué sucede con aquellas dádivas o regalos que no están vinculados a un acto determinado. En este orden de ideas, la tradición romanista se dirige a la prohibición de aquellas dádivas vinculadas, de cualquier manera, a la esfera de actuación de las autoridades y funcionarios públicos. En contraposición a la tradición germánica que identifica la esencia del delito con una especie de compraventa de un acto específico del cargo (VÁSQUEZ-PORTOMEÑE, 2011, p. 151-152; GARCÍA, 2019, p. 136; MAÑALICH, 2018, p. 100; HERNÁNDEZ, 2016, p. 15; GUZMÁN DALBORA, 2020, p. 350; MATUS/RAMIREZ, 2021, p. 319; OLIVER, 2021, p. 788).

Precisamente, hasta antes de la reforma de 2018, el delito de cohecho exigía en su artículo 248: "El empleado público que solicitare o aceptare recibir mayores derechos de los que le están señalados por razón de su cargo, o un beneficio económico para sí o un tercero para ejecutar o por haber ejecutado un acto propio de su cargo en razón del cual no le están señalados derechos…". Hoy se dispone en el mismo precepto: "El empleado público que en razón de su cargo solicitare o aceptare un beneficio económico o de otra naturaleza al que no tiene derecho, para sí o para un tercero…".

Como información de referencia, el artículo 422 del Código Penal español exige en la misma línea de la actual norma nacional: "La autoridad o funcionario público que, en provecho propio o de un tercero, admitiera, por sí o por persona interpuesta, dádiva o regalo que le fueren ofrecidos en consideración a su cargo o función, incurrirá en la pena de prisión de seis meses a un año y suspensión de empleo y cargo público de uno a tres años".

En consecuencia, de acuerdo a la nueva regulación se sigue más bien una tradición romanista, es decir, lo relevante va a estar dado por la solicitud o aceptación. Lo que se quiere regular son supuestos que pueden permitir un clima de corrupción. Es decir, no solo cubrir aquellos actos que pueden estar vinculados temporalmente —una especie de compraventa, donde se paga y se recibe—, sino también comprender los que pueden predisponer a futuro. Condicionar una actuación futura. Dicho en términos más simples, tener al funcionario público a disposición por si se requiere a futuro su actuación, que puede o no tener lugar (RUSCA, 2023, p. 5). Es preciso sí afirmar, que no todo funcionario público será sujeto activo, sólo aquel que tenga atribuciones sobre el acto que se pretenda efectuar.

Cabe destacar que la reforma de 2018 también dispuso que pueden tratarse de beneficios económicos o de otra naturaleza. Ello con el fin de ampliar la constelación de supuestos que pueden dar lugar al cohecho. La misma ley, al determinar la pena, fija una multa cuando se trata de beneficios que no pueden ser económicos.

Con respecto al artículo 248 del Código Penal se puede destacar que es la figura básica de los supuestos de cohecho, pues se refiere a actos lícitos, pero respecto de los cuales no tiene derecho (ARTAZA, 2021, p. 55). Estamos pues, frente al comportamiento que tiene el menor contenido de injusto, dada la menor reprochabilidad social que merecen, ya que, en definitiva, el funcionario público realiza actos lícitos, propios de su cargo.

Las conductas típicas pueden ser, ya sea solicitar o aceptar recibir (OLIVER, 2004, p. 96). La primera de ellas supone la emisión de una manifestación de voluntad que va dirigida a un tercero, en la que se declara el propósito de realizar una actividad a cambio de un beneficio. Puede ser expresa o tácita, pero debe ser hecha en términos claros como para ser entendida por el receptor. Por aceptare recibir indica la conformidad o admisión en la recepción de algún beneficio con el objetivo de incorporarlo, por ejemplo, a su patrimonio o de dirigirla a un tercero. Supone pues, que ya ha habido un acuerdo entre el funcionario y el particular —quien realizar un soborno del artículo 250 del Código Penal—, lo que no sucede en la solicitud.

Cabe preguntarse, ¿toda solicitud o recepción de un beneficio puede estimarse delictiva? Al respecto, debe tenerse presente el artículo 251 *sexies* del Código Penal, donde deben considerarse ciertos criterios interpretativos, que impidan caer a posiciones moralizantes, en cuanto a sancionar actitudes internas; es decir, lo que debe esperarse de un funcionario público. Y es que no todo regalo o contraprestación puede estimarse punible, aun cuando no corresponda efectuarla. A este respecto, no se puede dejar de resaltar lo que constituye una costumbre, y es la de "gratificar" a un funcionario por haber efectuado una determinada gestión, las que muchas veces se realizan para evitarse molestias o pérdidas de tiempo. Se trata de actos socialmente adecuados, —que, como es sabido, constituye un criterio delimitador del tipo penal— lo que impedirá que puedan estimarse configurativos del Artículo 248 o de otro tipo penal (OLIVER, 2004, p. 98). Ahora bien, lo anterior tiene un límite, y éste sólo puede precisarse conforme al bien jurídico protegido. Si el beneficio solicitado o recibido tiene la suficiente entidad como para afectar la imparcialidad del empleado en su actividad pública, debiera estimarse tales como conductas como típicas. Para ello, debe existir una adecuada proporcionalidad entre el beneficio solicitado o recibido y lo que se espera del funcionario.

Tradicionalmente se discutía si los regalos en determinados contextos protocolares y aquellos de escaso valor podían ser considerados formas de cohecho. Por ejemplo, cómo puede valorarse los regalos de fin de año que las empresas realizan a las municipalidades para que sean entregados centros de ayuda social. Procedimiento que es bastante común que ocurra.

Pues bien, el artículo 251 *sexies* del Código Penal se hace cargo de la cuestión. Aunque, como ya se indicó, los criterios de adecuación social permiten hacer la distinción si tales regalos pueden ser motivo de cohecho (OLIVER, 2021, p. 793).

Por de pronto, es preciso esclarecer los contextos en que las decisiones de compra o asignación de obras o contratos no puedan verse influenciadas por favores, regalos, invitaciones, préstamos o servicios de cualquier naturaleza. Conforme a lo anterior, deben evitarse la realización de regalos a funcionarios públicos, nacionales o extranjeros, que dispongan de poder de decisión o que puedan comprenderse de algún modo, con negociaciones vigente o que pudieran estar finalizadas. Es preferible, a fin de evitar cualquier mala interpretación de los actos, las donaciones o entregas en dinero en efectivo.

Existen dos clases de cohecho, a saber, el antecedente y el subsiguiente (OLIVER, 2004, p. 89; RODRÍGUEZ COLLAO/OSSANDÓN, 2021, p. 358; (RUSCA, 2023, p. 22). El cohecho antecedente es aquel en que la solicitud o recepción acontece con anterioridad al acto funcionarial. Por su parte, en el cohecho subsiguiente, aquello tiene lugar cuando ya se ejecutó el acto. Téngase presente, además, que el agente también puede actuar para lograr que se beneficie económicamente a un tercero.

En cuanto al tipo subjetivo, el delito de cohecho en sus diversas modalidades sólo admite el comportamiento doloso, por lo que no cabe la comisión a título de imprudencia. Por otra parte, considerando que basta la solicitud para su configuración, se trata de un delito de peligro.

En materia de *iter criminis,* teniendo en cuenta, como ya se ha puesto de manifiesto, que basta la solicitud para la configuración del tipo, sin que se requiera la aceptación, se suele afirma que no corresponden las formas imperfectas de ejecución, a saber, la tentativa y la frustración. En todo caso, es un tema que se discute, pues hay quienes estiman que sí cabe la tentativa, pues el comportamiento es fraccionable en el tiempo. Así, por ejemplo, si se está frente a un mensaje del funcionario que aún no ha sido recibido (OLIVER, 2004, p. 112; RODRÍGUEZ COLLAO/OSSANDÓN, 2021, p. 399).

Considerando que se trata de un delito de estructura pluripersonal, en cuanto a que si bien se requiere la concurrencia de más de un sujeto, no es indispensable un concierto de voluntades para su configuración. Para que sea punible la conducta del funcionario basta su ofrecimiento. Ahora bien, se trata de un delito especial, por cuanto se exige la intervención de un funcionario público. La pregunta es, ¿qué sucede con el particular que ofrece el beneficio? En este caso, se le aplica el artículo 250 del Código Penal —cohecho activo—. Tal como se expuso precedentemente, se está frente a dos delitos distintos. De más está decir, que la solicitud del funcionario no aceptada por el particular, no es punible para este último.

El artículo 248 *bis* del Código Penal, que regula el llamado cohecho pasivo propio agravado, no difiere mayormente de lo señalado precedentemente. Con todo, hay un mayor desvalor en este caso, pues se dejan de cumplir funciones propias de su cargo o se ejecutan con infracción de los deberes propios de su cargo. Cabe destacar, que el inciso 2° dispone el delito de tráfico de influencias. En términos generales, en este último supuesto se contempla aquellos comportamientos que también pueden afectar el recto funcionamiento de la Administración Pública y en particular la imparcialidad y objetividad que deben primar en el ejercicio de la función pública. En principio, no presenta mayores diferencias con los objetivos perseguidos con el delito de cohecho propiamente tal. No obstante, con lo dispuesto en el inciso 2° se pretenden incriminar conductas en las que se emplean medios distintos a la dádiva o beneficio económico o de otra naturaleza. En estos casos, la imparcialidad se ve afectada en la medida en que un funcionario prevaliéndose, por ejemplo, de su jerarquía, influye sobre otro funcionario, afectando su proceso motivacional, con el objeto de generar un provecho para un tercero. Se aprecia pues, que el funcionario adopta —producto de esta influencia— una decisión parcial, carente del necesario grado de objetividad y neutralidad que debe primar en sus resoluciones. No cabe duda de que, tanto el cohecho como el tráfico de influencias tienen una naturaleza similar, además, el bien jurídico protegido es el mismo: el deber de imparcialidad y de objetividad con que se debe ejercer la función pública. Ahora bien, también se presentan diferencias entre ambas modalidades comisivas, como se ha puesto en evidencia.

El artículo 249 del Código Penal regula el cohecho pasivo impropio, por cuanto es el funcionario público el sujeto activo del delito, quien, además, puede cometer otro delito. En este caso, se solicita o acepta recibir un beneficio económico o de otra naturaleza para sí o para un tercero con el propósito de cometer alguno de los delitos que el propio precepto individualiza. El bien jurídico tutelado es el deber de imparcialidad que debe primar en el ejercicio público, esto es, la confianza que se deposita en la función pública, en cuanto a la neutralidad y objetividad con que se ha de actuar, precisamente, ésta se quebranta cuando el funcionario, dentro del ejercicio de su cargo, realiza actos contrarios al ordenamiento jurídico. Sin embargo, cabe consignar, que se está frente a una figura pluriofensiva, pues no sólo se afecta el deber de imparcialidad, sino también el principio de legalidad, rector de toda actividad pública, pues se pretende cometer un delito. En caso de cometerse el delito objeto del cohecho, además de las penas individualizadas precedentemente, al sujeto activo se le aplicará las penas que correspondan al delito cometido, que se precisan en el mismo artículo —los establecidos en el Título V (artículos 220 a 260) y en el párrafo 4º del Título III (artículos 148 a 161).

Debe tenerse presente que no se exige que se haya cometido el delito. Basta para configurar esta modalidad de cohecho que el funcionario público solicita o acepta para cometer el delito. Es preciso que el funcionario sepa que su solicitud o su aceptación están condicionadas a la comisión de un delito. Por tanto, se requiere que exista un vínculo causal entre la solicitud o recepción de un beneficio y la realización del acto. Lo anterior no quiere decir que para la comisión del acto propio del cargo y que es constitutivo del delito, sea preciso haber logrado el acuerdo, en cuanto a que forma ha de revestir. Es suficiente que haya habido una solicitud o acuerdo y que, precisamente por ello se pretende realizar el acto. Conforme se estructura el tipo, sólo admite el cohecho antecedente, esto es, la solicitud o acuerdo tiene lugar antes de que se lleve a cabo el acto objeto del cohecho —"para cometer"—.

El artículo 250 del Código Penal trata el cohecho activo o soborno (ARTAZA, 2021, p. 70). Ya se hizo presente que se está frente a un delito de estructura pluripersonal, esto es, se requiere que concurran dos sujetos, aun cuando el tratamiento penal que reciben es distinto. Y es que, si bien es cierto el bien jurídico afectado es el mismo, éste debe valorarse desde una doble perspectiva. Así, respecto del particular se aprecia un quebrantamiento al respeto que se debe observar al normal y correcto funcionamiento de los órganos administrativos. Tanto el funcionario público como el particular afectan el principio de imparcialidad que debe regir en la Administración. Por un lado, el empleado público al obtener un beneficio recibe una ventaja indebida, actuando de manera "parcial", y el particular al ofrecer este beneficio, pretende recibir a cambio una actuación pública favorable —de forma ilegítima—, afectando también la imparcialidad y neutralidad que deben primar en el servicio público.

La conducta típica consiste en dar, ofrecer o consentir en dar a un empleado público un beneficio. Ofrecer supone una declaración de voluntad del particular por la que manifiesta su propósito de otorgar un beneficio, en la medida en que el funcionario público realice un acto propio de su cargo, el que puede consistir en alguna de las acciones u omisiones que se precisan en los artículos 248, 248 bis o 249. Esta manifestación puede ser expresa o tácita, pero debe ser fundamental que se haga en términos claros, que el funcionario comprenda cuál es el objetivo del sobornante. Consentir en dar supone la efectiva entrega del beneficio al empleado público para que efectúe tales actos. Es decir, supone que la entrega se hace para que el funcionario realice los actos propios del cohecho. Esta última modalidad refleja que ya ha habido un acuerdo entre el particular que entrega y el funcionario que recibe. Como el propio artículo señala, tanto "para que se realice" como "por haberlas realizado". Por tanto, se admite el cohecho antecedente y el cohecho subsiguiente.

Por su parte, la penalidad de quien soborna debe determinarse conforme al delito de cohecho que cometa el funcionario.

El Artículo 250 *bis* del Código Penal contempla otro supuesto de cohecho activo (GARRIDO MONTT, 2010, p. 468; RODRÍGUEZ COLLAO/OSSANDÓN, 2021, p. 396). Sin embargo, se refiere a un evento particular, y es que el soborno medie en una causa criminal, con el propósito de favorecer al imputado. Se trata de una figura con características especiales, dado que su fundamento se halla en la particular situación que vive el sujeto activo, cuyo pariente, cónyuge o conviviente civil se encuentra imputado en causa criminal. Esta situación motivacional especial hace posible la aplicación de una pena atenuada, conforme a una menor exigibilidad de otra conducta. Las circunstancias particulares de especial significación que padece el sujeto activo ameritan tal disminución.

6. LA CORRUPCIÓN EN LAS TRANSACCIONES ECONÓMICAS INTERNACIONALES: EL COHECHO A FUNCIONARIO PÚBLICO EXTRANJERO

Este delito se encuentra tratado en los artículos 251 *bis* y 251 *ter* del Código Penal, incorporados a nuestro Ordenamiento jurídico-penal por la Ley N°19.826, publicada el 30 de octubre de 2002 (CARNEVALI/ARTAZA, 2021, p. 110; RODRÍGUEZ COLLAO/OSSANDÓN, 2021, p. 401; OLIVER, 2021, p. 792). Ya se ha señalado que resulta erróneo sostener que sólo bienes jurídicos vinculados al correcto desarrollo de la función pública podrían verse afectados por tal forma de conducta propias del cohecho. Un claro ejemplo de lo anterior vendría dado por el hecho de que en nuestro país también se han incorporado figuras delictivas cuyo propósito es prevenir distorsiones en las reglas del mercado, específicamente en lo que respecta a ciertas condiciones que se consideran adecuadas para el desarrollo de la actividad económica. El delito de corrupción entre particulares es un caso.

En cuanto al fundamento de la incriminación del cohecho a funcionario público extranjero en el ámbito de las transacciones económicas internacionales, se ha sostenido que a través de este tipo penal no se pretende proteger intereses vinculados al correcto desempeño de la función pública, en este caso del país extranjero respectivo, sino que un bien diverso. Para algunos lo que se protege es el "normal desarrollo de las relaciones económicas internacionales" o en forma más específica, la "seguridad e igualdad jurídica para la sana competencia". Si se analiza la potencialidad lesiva del cohecho a funcionarios públicos extranjeros se podrá constatar que la preocupación que está detrás de la criminalización de esta conducta tendría que ver más bien con evitar los efectos distorsionadores de la competencia económica que podría conllevar. Lo que se pretende proteger por esta prohibición son ciertas expectativas de los competidores en su trato con los funcionarios públicos extranjeros, en forma tal que las condiciones para la obtención o el mantenimiento de un negocio no se vean desvirtuadas por actos de corrupción que incidan en que unos generen ventajas comparativas ilícitas por sobre otros. Desde la perspectiva de la protección de la competencia lo que interesa ahora es el resguardo de expectativas de participación y acceso a los negocios, frente a ataques que parecen especialmente agresivas.

Es preciso determinar en qué medida y con qué alcance la prohibición de actos de corrupción en el marco de las transacciones económicas internacionales incide en la protección de ciertas expectativas vinculadas con intereses económicos, principalmente relacionados a la participación en los negocios con el sector público en el extranjero.

Para comprender las razones que justificarían su criminalización y el alcance de esta prohibición, es necesario considerar uno de los mecanismos que ha tenido mayor influencia, como es la *Foreign Corrupt Practices Act* norteamericana (FCPA) (Carnevali/Artaza, 2021, p. 114). La normativa analizada establece dos clases de medidas diversas. Por un lado, prohíbe el soborno a oficiales públicos extranjeros y por el otro, exige un alto estándar para el registro contable de las operaciones comerciales desarrolladas en el extranjero. Los ofrecimientos son prohibidos si se efectúan con determinados propósitos, a saber, el de influir en cualquier acto o decisión de dicho funcionario; inducirlos a que realicen u omitan algún acto en infracción de su deber legítimo, obtener alguna ventaja indebida o, por último, inducir a dichos sujetos a que ejerzan conductas de tráfico de influencias en los respectivos gobiernos extranjeros. Para que estemos frente a un acto de corrupción es esencial que se pretenda influir en un sujeto que deba actuar en representación de los intereses de otro, ya sea un Estado extranjero o una organización internacional pública, con el propósito de que abuse de tal poder de representación, específicamente su poder decisorio, priorizando intereses diversos e incompatibles con los de su representado.

La FCPA exige que el pago u ofrecimiento deba efectuarse en forma corrupta, lo que no ha sido fácil de definir. Se señala expresamente que la palabra *corruptly* supone un motivo o propósito maligno o como un intento de influenciar en forma negativa en tal receptor para alcanzar un objetivo ilícito o incluso un fin lícito pero a través de medios ilícitos (Carnevali/Artaza, 2021, p. 125).

Para la delimitación del comportamiento prohibido se debe atender a si el soborno está dirigido o no a que el funcionario respectivo abuse de su poder de decisión, es decir, que actúe en forma incompatible con los intereses que debe representar, o para que un intermediario u otro, como un funcionario de un partido político, incidan en que estos actúen de una determinada forma. Tal punto de partida será fundamental para entender las posibilidades de defensa frente a la imputación de un acto de corrupción.

La excepción a considerar un acto como corrupto consiste en excluir de la prohibición todos los pagos a tales funcionarios cuyo propósito sea facilitar, agilizar o conseguir la realización de un acto gubernamental de rutina por parte de estos mismos —*facilitation payments*— (CARNEVALI/ARTAZA, 2021, p. 126; WILENMANN, 2020, p. 324).

El objeto de tal excepción es reconocer el hecho de que, en ciertos países, el pago de pequeñas cantidades para facilitar los negocios (*grease payments*) debe ser considerado como parte de los "costos de hacer negocios". Esta excepción permitiría a los empresarios operar en el extranjero pagando pequeñas cantidades para posibilitar las operaciones diarias de su negocio en los casos en que las mismas podrían no ocurrir sin estos pagos.

Como resulta obvio, una de las principales preocupaciones en este sentido es otorgar criterios para diferenciar pagos prohibidos de aquellos que deben entenderse como la excepción, ya que, si se toma en consideración el carácter amplio con el cual se ha interpretado el requisito de la "vinculación comercial", estos pagos podrían perfectamente considerarse como aquellos que facilitan la obtención o mantenimiento de un negocio. Tal excepción tiene por objeto facilitar la ejecución de ciertas tareas gubernamentales, consideradas como "de rutina" y que se encuentran ejemplificadas en el mismo instrumento. Por ello, nunca podrán considerarse como actos de rutina aquellos en que el oficial extranjero ejerza facultades discrecionales propias de su cargo. Al respecto la FCPA al menos otorga un criterio negativo relativo a los casos que no podrían considerarse, bajo ningún caso, como actos de rutina.

La expresión "acción gubernamental de rutina" no incluye ninguna decisión que tome un funcionario extranjero de adjudicar nuevos negocios a una parte en particular, o en qué condiciones, o de seguir realizando negocios con dicha parte, ni cualquier medida que tome un funcionario extranjero que participe en el proceso de toma de decisiones para instar a que se tome una decisión de adjudicar nuevos negocios a una parte en particular o de seguir realizando negocios con la misma (CARNEVALI/ARTAZA, 2021, p. 128).

Bibliografía

ARTAZA VARELA, Osvaldo (2021), "La utilidad del concepto de corrupción de cara a la delimitación de la conducta típica en el delito de cohecho", en Carnevali Rodríguez, Raúl/Artaza Varela, Osvaldo (Dir.), *Los delitos de corrupción, Perspectiva pública y privada*, Editorial Tirant lo Blanch.

CARNEVALI RODRIGUEZ, Raúl/Artaza Varela, Osvaldo (2021), "La naturaleza pluriofensiva y transnacional del fenómeno de la corrupción. Desafíos para el Derecho Penal", en Carnevali Rodríguez, Raúl/Artaza Varela, Osvaldo (Dir.), *Los delitos de corrupción, Perspectiva pública y privada*, Editorial Tirant lo Blanch.

CARRARA, Francesco (1985), *Programa de Derecho criminal*, vol. VII, Traducción de Ortega Torres, José y Guerrero, Jorge, Editorial Temis.

ETCHEBERRY, Alfredo (1998), *Derecho Penal. Parte Especial*, Tomo IV, 3° edición, Editorial Jurídica de Chile.

FERRAJOLI, Luigi (2009), "Criminalidad y globalización", en Carbonell, Miguel/Vásquez, Rodolfo (comp.), *Globalización y Derecho*, Quito, Ministerio de Justicia y Derechos Humanos.

GARRIDO MONTT, Mario (2010), *Derecho Penal Parte Especial*, tomo III, 4° edición, Editorial Jurídica de Chile.

GARCÍA PALOMINOS, Gonzalo (2019), "(In)compatibilidad del financiamiento ilegal de la actividad parlamentaria con el delito de cohecho (artículo 248 y ss. CP)", *Revista Política Criminal*, Vol. 14, N° 27.

GUZMÁN DALBORA, José Luis (2020), "Integridad ministerial y autonomía de las funciones públicas como bien jurídico del delito de cohecho en razón del cargo", en Guzmán Dalbora, José Luis/ Zuñiga Fajuri, Alejandra (eds.), *Delito, Naturaleza y Libertad. Temas problemas de Filosofía del Derecho y Filosofía jurídico-penal*, Valencia, Tirant lo Blanch.

HERNÁNDEZ BASUALTO, Héctor (2016), "La inconveniente exigencia de un acto funcionario determinado como contraprestación en el delito de cohecho", *Revista de Ciencias Penales*, Sexta Época, Vol. XLIII, N° 4.

MAÑALICH RAFFO, Juan Pablo (2018), "El cohecho como propuesta o aceptación de una donación remuneratoria", *Revista de Derecho de la Pontificia Universidad Católica de Valparaíso*, Vol. 51 (Segundo semestre).

MATUS ACUÑA, Jean Pierre/RAMÍREZ GUZMÁN, María Cecilia (2021), *Manual de Derecho Penal. Parte Especial*, 4° edición, Editorial Tirant lo Blanch.

OLIVER CALDERÓN, Guillermo (2004), "Aproximación al delito de cohecho", *Revista de Estudios de la Justicia*, N° 5.

OLIVER CALDERÓN, Guillermo (2021), "Juicio crítico sobre las últimas modificaciones legales al delito de cohecho (Ley N° 21.121)", *Revista Política Criminal*, Vol. 16, N° 32.

RODRÍGUEZ COLLAO, Luis; Ossandón Widow, Magdalena (2021), *Delitos contra la función pública*, 3ª edición, Editorial Jurídica de Chile.

RUSCA, Bruno (2023), "El cohecho pasivo como deslealtad del funcionario Público", *Revista de Derecho de la Universidad Católica del Uruguay*, N° 28.

VÁSQUEZ-PORTOMEÑE, Fernando (2011), "Admisión de regalos y corrupción pública. Consideraciones políticocriminales sobre el llamado «cohecho de facilitación» (art. 422 Cp)", *Revista de Derecho penal y criminología*, 3.a Época, N° 6.

WILENMANN, Javier (2020), "El derecho frente a la resistencia a la criminalización bajo el ejemplo de los delitos de corrupción, *Revista Política Criminal*, Vol. 15, N°29.

Capítulo VIII
El delito de enriquecimiento ilícito

Manuel Guerra Fuenzalida
Magíster en Derecho Penal. Abogado
Profesor Instructor de Derecho Penal
Universidad San Sebastián

I. ORIGEN DEL DELITO DE ENRIQUECIMIENTO ILICITO EN CHILE

El delito de enriquecimiento ilícito se incorporó al Código Penal chileno por medio del artículo 12 de la Ley N° 20.088, la cual fue publicada en el Diario Oficial el 5 de enero de 2006, generándose el nuevo artículo 241 bis del Código Penal, siendo su tenor el siguiente:

> *"El empleado público que durante el ejercicio de su cargo obtenga un incremento patrimonial relevante e injustificado, será sancionado con multa equivalente al monto del incremento patrimonial indebido y con la pena de inhabilitación absoluta temporal para el ejercicio de cargos y oficios públicos en su grado mínimo a medio.*

> *Lo dispuesto en el inciso precedente no se aplicará si la conducta que dio origen al incremento patrimonial indebido constituye por sí misma alguno de los delitos descritos en el presente título, caso en el cual se impondrán las penas asignadas al respectivo delito.*

> *La prueba del enriquecimiento injustificado a que se refiere el presente artículo será siempre de cargo del Ministerio Público.*

> *Si el proceso penal se inicia por denuncia o querella y el empleado público es absuelto del delito establecido en este artículo o se dicta en su favor sobreseimiento definitivo por alguna de las causales establecidas en las letras a) o b) del artículo 250 del Código Procesal Penal, tendrá derecho a obtener del querellante o denunciante la indemnización de perjuicios por los daños materiales o morales que haya sufrido, sin perjuicio de la responsabilidad criminal de estos últimos por el delito del artículo 211 de este Código".*

La norma descrita surge en nuestro Derecho como consecuencia de un prolongado debate que tuvo su génesis en el Informe sobre probidad pública y prevención de la corrupción de 1994, el cual nace como fruto del trabajo efectuado por la Comisión Nacional de ética Pública, el que entre otras materias sugería la creación de este delito (Rodríguez/Ossandón, 2008, p.435)

Sobre el particular también conviene recordar que la Convención Interamericana contra Corrupción del año 1996 y aprobada por el Congreso Nacional en 1998 y publicada en el Diario Oficial el 2 de febrero de 1999 establece que los estados parte tomarán las medidas necesarias para tipificar como delito el incremento del patrimonio de un funcionario público con significativo exceso respecto de sus ingresos legítimos durante el ejercicio de sus funciones y que no pueda ser razonablemente justificado por él.

En ese mismo orden de ideas la Convención de las Naciones Unidas contra la Corrupción adoptada por Chile el año 2003, ratificada en el Congreso con fecha 13 de septiembre de 2006 y publicada en el Diario Oficial el 30 de enero de 2007, establece como una posibilidad el adoptar medidas legislativas y de otra índole que permitan tipificar como delito cuando se comete intencionadamente el enriquecimiento ilícito esto es el incremento significativo de un funcionario público en su patrimonio sin que exista causa justificada.

Asimismo, conviene recordar que la Ley N°20.088 de 2006 que introdujo este delito en nuestra legislación quiso fortalecer el sistema de declaración de intereses y patrimonio a que se encuentran sujetos los funcionarios públicos obligándolos a declarar su patrimonio, la cual hoy se rige por la Ley N°20.880 de 2016.

II. ANÁLISIS DEL ARTÍCULO 241 BIS DEL CÓDIGO PENAL

La conducta en el tipo penal objeto de estudio está constituida por la existencia de un incremento patrimonial relevante e injustificado durante el ejercicio del cargo. Esta descripción genera una serie de interrogantes complejas de resolver, por los argumentos que pasaremos a explicar.

En primer término, la ley habla de incremento patrimonial relevante, pero no precisa que ha de entenderse por relevante, lo cual genera una situación de indeterminación que debe resolverse en sede judicial. En ese sentido, hubiera resultado conveniente señalar un monto que precisase la conducta objeto de reproche penal como por ejemplo lo hace el Código Penal al sancionar la Malversación de Caudales Públicos en el Artículo 233 del Código Penal, o en el caso del delito de Hurto en el artículo 446 del mismo cuerpo legal, casos en los cuales el legislador graduó la sanción en función de los montos objeto de los respectivos delitos señalados.

Lo anterior, no es menor si se considera que al utilizar la expresión relevante sin precisar cuánto será el monto o porcentaje que ha de considerarse relevante, se abre un espacio para la discrecionalidad judicial, la cual puede variar dependiendo el juez que conozca de un determinado caso, por lo que perfectamente ante una misma situación de hecho podría darse el caso en que una situación que para un juez tiene el carácter de relevante para otro no lo tenga, generándose por ende una afectación concreta al Principio de Igualdad ante la ley.

Además, por esta vía se afecta en forma concreta el principio de taxatividad recogido en el artículo 19 N°3 inciso final de la Constitución Política de la República, el cual señala que: *"Ninguna ley podrá establecer penas sin que la conducta que se sanciona esté expresamente descrita en ella."*

En efecto, el primer problema de indeterminación de la conducta observado en el artículo 241 bis del Código Penal es precisamente el no señalar qué se entiende por incremento relevante. Si observamos la definición que al respecto da el Diccionario de la Real Academia Española de la lengua podemos ver que dicho texto define como relevante: *"que sobresale por su significación"*, lo cual nos lleva a señalar que debe tratarse de un incremento significativo, pero al no señalarse un monto o proporción por sobre el patrimonio adquirido lícitamente perfectamente puede arribarse a decisiones arbitrarias.

Una situación similar ocurre con el uso del adjetivo injustificado, cual es la otra palabra que describe como ha de ser el incremento patrimonial de un funcionario público para ser objeto de una imputación por causa de la comisión del delito establecido en el artículo 241 bis del Código Penal.

Usualmente, se entiende que injustificado es aquello que carece de justificación o que resulta inexplicable. Pues bien, al utilizar dicho término el legislador aumenta el nivel de indeterminación de la conducta al dar luces de que en el fondo existirían incrementos justificados, es decir, lo que se sancionaría sería el incumplimiento del deber de justificar el origen del incremento patrimonial que recaería en el funcionario público situación que sin duda entre en pugna con los principios esenciales que gobiernan el proceso penal chileno.

Si el funcionario compelido para justificar el origen de sus ingresos y logra aquello, el caso no revestiría relevancia penal, ya que lo que se sanciona es el incremento injustificado, lo cual también de probar el funcionario investigado. Por ende, los enriquecimientos justificados, no serían objeto de relevancia penal para los efectos del artículo 241 bis del Código Penal.

Lo anterior, nos lleva a la siguiente situación que resulta paradojal. Si un funcionario público presenta un incremento patrimonial que resulte significativo y no justifica el origen de esos ingresos podría ser sancionado penalmente, ya que lo que se trata descompuesto dos actos. Lo que en doctrina el profesor Navas describe como delitos de acción-omisión (NAVAS, 2022, p. 88), ya que, por una parte, existiría una conducta activa, que es el hecho de presentar un incremento patrimonial significativo y por otro una omisión, ya que para configurarse el respetivo tipo penal se requeriría que el imputado incumpliera el deber de justificación de sus ingresos que le impone la ley.

La paradoja se observa en el hecho que pueden existir situaciones en que el patrimonio de un funcionario público presente la circunstancia de hecho consistente en un incremento significativo, lo cual constituye una de las exigencias del tipo penal en comento, pero que el funcionario público no presente justificación del origen del mismo, en cuyo caso si el origen del incremento es de fuente delictual, debido al ejercicio de su actividad como funcionario público, como puede ser quien ha obtenido dichos recursos producto de un delito de cohecho en los términos de los artículos 248, 248 bis o 249 del Código Penal, no sería objeto de sanción por enriquecimiento debido a la norma contenida en el inciso segundo del artículo 241 bis del Código Penal, la que plantea que cuando el origen del incremento sea la comisión de algún delito funcionario, no se aplicará el enriquecimiento ilícito, por lo que en principio quien presente un incremento significativo pero no lo justifique perfectamente podría ser objeto de investigación penal.

Dicho de otro modo, al hablar la ley de enriquecimiento injustificado y no de enriquecimiento ilícito, podría existir un incremento relevante e injustificado, debido a la omisión de este deber impuesto por la ley al funcionario público, pero que no tenga origen y la circunstancia de la omisión de justificación, originaría eventualmente la responsabilidad como autor del delito del artículo 241 bis del Código Penal.

Lo anterior, resulta sin duda absurdo, pero es la consecuencia del uso inadecuado de la técnica legislativa, que al no utilizar las expresiones precisas para determinar el contenido del tipo penal y el disvalor de esta puede llegar a consecuencias desastrosas.

Sobre el particular, es menester indicar que la única forma de entender el artículo 241 bis del Código Penal es considerar que para estos efectos el uso de la expresión injustificado guarda relación con el origen ilícito de los ingresos cuyo origen no se justifica, lo que nos lleva a otra discusión cual es que debemos entender por enriquecimiento ilícito.

En este punto parece importante indicar que ilícito es algo no obtenido con arreglo a la ley y será la función precisa del funcionario público la que nos determinará a que tipo de ingresos tiene derecho. Una posibilidad es considerar como ingresos legítimos aquellos que el funcionario público reciba en razón de su trabajo, así como por otras actividades permitidas por la ley como arriendos, dividendos de acciones, docencia, entre otras; entiendo por ingresos ilícitos aquellos cuya fuente sea la ejecución de un delito.

Pues bien, esta lógica nos lleva a aseverar que el tipo penal de enriquecimiento ilícito puede ser únicamente concebido como la consecuencia de la ejecución de un delito, esto es como el agotamiento de un hecho antecedente lo cual relevaría que es inconcebible su existencia en forma autónoma.

Lo anterior, que resulta plausible tiene la dificultad de lo dispuesto en el inciso segundo del artículo 241 bis del Código Penal el cual expresa que no se aplicará esta norma cuando exista un delito funcionario, es decir un delito de los del Título V del Libro II del Código Penal, lo cual estrecharía aún más el ámbito de la punibilidad, ya que lo sancionable sería el enriquecimiento originado en un delito distinto a los delitos ministeriales.

En ese sentido, surge la pregunta de cuál es el estándar que debe cumplir el Ministerio Público al perseguir la responsabilidad penal de un individuo como autor del delito del artículo 241 bis del Código Penal. A este respecto, es interesante el debate que se dado en la doctrina nacional sobre este punto. En efecto, para Matus y Ramírez, una posibilidad es la acreditación del origen ilícito del incremento patrimonial, el cual, si se vincula con un delito antecedente de naturaleza funcionaria, no se aplicaría el tipo penal en comento por su carácter residual.

Junto a lo anterior los citados autores, exponen que en el caso de que no exista prueba del carácter ilícito del delito igualmente podría este configurarse siempre y cuando se logre acreditar los siguientes elementos: a) la cuantía del patrimonio del funcionario público al ingresar a la función pública; b) los ingresos lícitos del funcionario como tal y los ingresos y el resto de sus actividades mientras ejercía el cargo; c) la cuantía total del patrimonio que posee al momento de la investigación d) que el aumento patrimonial experimentado por el funcionario no se derive de sus ingresos lícitos o no sea demostrable la diferencia existente con sus actividades legales y e) que no exista otra explicación económica que justifique sus ingresos. (MATUS/RAMÍREZ, 2017, p. 619).

En nuestro concepto la justificación que dan los citados autores para defender la tipificación del artículo 241 bis del Código Penal no resulta satisfactoria. Esto, debido a que en la práctica la no justificación del carácter lícito de su patrimonio constituiría una presunción respecto de su origen ilícito y si bien se trata de una presunción legal que admite prueba en contrario, lo que genera es una absoluta alteración de la carga de la prueba.

En efecto, si seguimos la tesis planteada por Matus y Ramírez, ante la existencia de un incremento sin justificación en los ingresos del funcionario público investigado, recaería en este la obligación de acreditar su origen lícito, presumiéndose en principio que la no justificación es sinónimo de un origen ilícito, lo cual sin duda entra en pugna con el Principio de Presunción de Inocencia que inspira nuestra legislación procesal penal.

En efecto, al tipificar el enriquecimiento ilícito conforme lo describe el artículo 241 bis del Código Penal, exigiendo la existencia de un incremento patrimonial relevante e injustificado, el legislador ha dictado unan norma que altera la carga de la prueba ya que en concreto lo sancionable es la omisión de justificación por parte del funcionario, lo cual vulnera la presunción de inocencia.

Tal es así, el principal reproche que se puede realizar al tipo penal en estudio es el hecho que al ser el empleado público el encargado de acreditar el origen lícito del incremento patrimonial existente se impone a este una obligación legal que resulta contradictoria con el principio de presunción de inocencia recogido por diversos tratados internacionales ratificados por Chile como también por el propio Código Procesal Penal en su artículo 4.

En efecto la Convención Americana de Derechos Humanos señala en su artículo 8.2 que *"Toda persona inculpada de delito tiene derecho a que se presuma su inocencia mientras no se establezca legalmente su culpabilidad."*

A su vez el Pacto Internacional de Derechos Civiles y Políticos indica en su artículo 14 N° 2: *"Toda persona acusada de un delito tiene derecho a que se presuma su inocencia mientras no se pruebe su culpabilidad conforme a la ley".*

Por su parte, el artículo 4 del Código Procesal Penal dispone que: *"Artículo 4°.— Presunción de inocencia del imputado. Ninguna persona será considerada culpable ni tratada como tal en tanto no fuere condenada por una sentencia firme."*

Lo anterior, en nuestro concepto resulta claro, no obstante la disposición contenida en el inciso tercero del artículo 241 bis del Código ´penal la cual señala: *"La prueba del enriquecimiento injustificado a que se refiere el presente artículo será siempre de cargo del Ministerio Público"*, ya que si bien esta disposición busca corregir un defecto de base de la tipificación del enriquecimiento ilícito, no consigue ese objetivo y solo responde a un propósito reflejado en historia de la ley.

En efecto, al discutirse la posibilidad de tipificar el enriquecimiento ilícito en Chile, lo que se buscó fue cumplir con las declaraciones contenidas tanto en la Convención Americana contra la Corrupción de 1996 y la Convención de las Naciones Unidas Contra la Corrupción, las cuales plantean la necesidad de que los Estados parte procedan a crear un tipo penal de enriquecimiento ilícito.

No obstante, las normas de los tratados internacionales a que se ha hecho referencia disponen que deben respetarse las normas constitucionales y el derecho interno de cada Estado Parte, por lo que más que una obligación, lo que existía era una recomendación, por lo que resulta errado justificar la tipificación del enriquecimiento, fundando la misma en la existencia de un deber del Estado.

De ese modo, la Convención de Naciones Unidas contra la Corrupción, es clara al señalar en su artículo 20 que: *"Con sujeción a su constitución y a los principios fundamentales de su ordenamiento jurídico, cada Estado Parte considerará la posibilidad de adoptar medidas legislativas y de otra índole que sean necesarias para tipificar como delito, cuando se comte intencionalmente, el enriquecimiento ilícito, es decir, el incremento significativo del patrimonio de un funcionario público respecto de sus ingresos legítimos que no pueda ser razonablemente justificado por el"*.

Una mención especial merece la dictación de la ley 21.595 sobre delitos económicos de 17 de agosto de 2023, la cual establece en su artículo 3 como delito económico de la tercera categoría al enriquecimiento ilícito, lo cual se aplicará siempre que en la perpetración del hecho hubiere intervenido, en alguna de las formas previstas en los artículos 15 o 16 del Código Penal, alguien en el ejercicio de un cargo, función o posición en una empresa, o cuando el hecho fuere perpetrado en beneficio económico o de otra naturaleza para una empresa.

III. INCONSTITUCIONALIDAD DEL ENRIQUECIMIENTO ILÍCITO

Diversos autores han cuestionado la constitucionalidad del artículo 241 bis del Código Penal tachándolo derechamente de inconstitucional. De hecho (RODRÍGUEZ/OSSANDÓN, 2011, p. 440) consideran inconstitucional esta figura, por infringir el mandato de taxatividad contenido en el inciso octavo del artículo 19 N° 3 de la Constitución Política de la República, desde que no describe ningún comportamiento humano; ya que la locución "obtener un incremento patrimonial" no es una conducta, sino un simple dato fáctico, cual es el hecho de existir una diferencia positiva al efectuar una comparación entre los patrimonios detentados en distintos momentos. El incremento patrimonial, por ende más que una conducta, es el resultado de una o varias conductas ejecutadas por el titular del patrimonio, pudiendo ser, incluso, fruto o resultado del azar.

A su vez, Oliver había señalado que el enriquecimiento ilícito se trata de un delito de sospecha indeterminada, ya que se sospecha que el enriquecimiento proviene de algún delito ministerial, sin que se determine ningún delito cuya comisión se sospecha. Por ende, el tipo penal de enriquecimiento en su concepto sería inconstitucional, por vulnerar el Principio de Taxatividad, al no describir ningún comportamiento en la forma exigida en el artículo 19 N°3 inciso octavo de la Constitución Política de la República. Tal es así que Oliver señala *"no me cabe sino abrigar la esperanza de que lo antes posible, el Tribunal Constitucional declare la inaplicabilidad del artículo 241 bis del Código Penal en cualquier gestión que se siga ante otro tribunal"* (OLIVER, 2008, p.463 y ss).

En el mismo sentido se pronuncia Hernández, quien indica que en el delito en comento al sujeto no se le imputa, en rigor, ninguna conducta. *"El enriquecimiento en cuanto tal no es una conducta, sino un simple estado de cosas, el resultado de una conducta que, sin embargo, no se define mayormente. Se trata a juicio de dicho autor de la simple enunciación de una sospecha genérica, la de haber cometido algún delito"* (HERNÁNDEZ, 2006, p.200).

En sentido contrario encontramos a Matus y Ramírez, quienes rechazan la idea relativa a la inconstitucionalidad del delito del artículo 241 bis del Código Penal, ya que de considerarse el argumento relativo a la inexistencia de una acción que dé a conocer por sí mismo el significado de la acción, serían, en su concepto, inconstitucionales todos los delitos de resultado, señalando por ejemplo el homicidio, donde la ley describe una conducta que solo se identifica por el resultado: matar a otro, resultado que puede causarse por una o varias conductas del responsable, que no están definidas en la ley salvo la exigencia general de que sean cometidas voluntariamente (art1). (MATUS/RAMÍREZ, 2017, p. 618).

En nuestro caso somos de la idea que el tipo penal del artículo 241 bis del Código Penal es derechamente inconstitucional, tanto por la flagrante infracción al Principio de Taxatividad, como por la infracción al requisito de ley estricta que es integrante de dicho Principio.

En efecto, el mandato de determinación dirigido al legislador tiene por finalidad que la ley describa de la forma más precisa posible la conducta sujeta a sanción penal. En la especie, dicho mandato no se cumple ya que junto con no indicarse cuál es la conducta objeto de juzgamiento, tampoco se dan parámetros que posibiliten saber en casos podrá estimarse que el incremento patrimonial lesiona el bien jurídica que es la probidad pública.

Tal como señala Navas, al referirse al principio de intervención mínima, se entiende que el Estado actuará, tipificará conductas cuando sea estrictamente necesario "ya sea para preservar el orden social, o para amparar y custodiar aquellos valores o bienes jurídicos que posean un carácter fundamental para el individuo y la sociedad". (Navas, 2022 p. 52).

Pues bien, nadie discute que el fenómeno de la corrupción resulta preocupante para las sociedades modernas y en función de aquello, los diversos convenios multilaterales así como la propia legislación interna ha intensificado la respuesta penal a fin de asegurar la observancia del Principio de Probidad, pero ello no puede implicar alejarse de los principios cardinales que gobierna el Derecho Penal, ya que existiendo otros tipos penales resulta innecesaria la tipificación del enriquecimiento ilícito, más cuando dicha posibilidad es abarcada además por el derecho administrativo sancionatorio.

Además, cabe hacerse la pregunta si la conducta (estado patrimonial) que es objeto de sanción es de especial lesividad para el bien jurídico protegido y en nuestro concepto ello no ocurre ya que, al no ser la consecuencia de la ejecución de un delito ministerial, claramente no existe una infracción especialmente grave a la probidad administrativa.

IV. POSIBLE INFRACCIÓN AL PRINCIPIO *NON BIS IN ÍDEM*

El principio de non bis in ídem implica que en caso alguno una misma conducta o situación de hecho puede ser objeto de una doble sanción. El delito de enriquecimiento ilícito debido a su particular tipificación da origen a una interesante discusión a este respecto.

En efecto, si se analizan las diversas normas que regulan las obligaciones a las que están sujetos los funcionarios públicos nos encontramos con que, en primer término, la Ley N°20.880 sobre probidad en la función pública y prevención del conflicto de intereses, establece que los funcionarios públicos de los niveles jerárquicos superiores de la administración están sujetos a una obligación de declarar sus intereses y patrimonio.

El artículo 3 de la Ley N° 20.880 dispone que *"Para el debido cumplimiento del principio de probidad, esta ley determina las autoridades y funcionarios que deberán declarar sus intereses y patrimonio en forma pública, en los casos y condiciones que señala."*

A su vez el artículo 4 de dicha legislación establece los funcionarios públicos que estarán afectos al cumplimiento de la obligación de formular la declaración de patrimonio e intereses, contemplando dentro de estos a quienes ostentan las funciones más relevantes en los diversos órganos del Estado.

Luego, el artículo 5 indica que *"La declaración de intereses y patrimonio deberá efectuarse dentro de los treinta días siguientes de la fecha de asunción del cargo. Además, el declarante deberá actualizarla anualmente, durante el mes de marzo, y dentro de los treinta días posteriores a concluir sus funciones. "*.

En dicha declaración, conforme lo dispuesto en el artículo 7, se deberán incluir tanto las actividades procesionales o laborales de diversa índole que realice el funcionario público, como también los bienes de diversa naturaleza que posea o adquiera, debiendo informarse incluso todo lo relativo a los posibles conflictos de intereses a los que pudiere verse expuesto el funcionario respectivo.

Finalmente, el artículo 11 establece el proceso sancionatorio para quienes incumplieren las obligaciones derivadas de la Ley N°20.880, las cuales contemplan la posibilidad de sancionar con multa de 5 a 50 unidades tributarias mensuales al infractor y, en caso de reiteración, dispone que el funcionario puede ser incluso removido de su puesto, decisión que deberá adoptar el jefe de servicio respectivo siendo reclamable la imposición de la sanción ante la Corte de Apelaciones respectiva.

De ese modo, perfectamente nos podemos encontrar en una situación en que un funcionario incumpla su obligación administrativa no incluyendo en su declaración algunos de los bienes obtenidos debido a conceptos distintos a la remuneración a la cual tiene derecho por el ejercicio de la función pública que desempeña. En dicho caso, junto con la responsabilidad administrativa podría también perseguirse la eventual responsabilidad por presentar un incremento patrimonial injustificado cuya relevancia deberá ser objeto de evaluación por parte del Ministerio Público y en caso de judicializarse el caso por parte de los Tribunales con competencia penal.

Dicho de otro modo, el mismo hecho puede dar origen a una doble persecución y eventual doble incriminación, una por infringir lo dispuesto en la Ley N°20.880 y la otra por la eventual infracción de lo dispuesto en el artículo 241 bis del Código Penal. Ante esta situación, resulta legítimo preguntarse ¿qué ocurriría en el caso que un funcionario público fuera sancionado por el incumplimiento de su obligación de declarar en forma completa su patrimonio ocultando de dicho modo bienes adquiridos por conceptos diversos a su remuneración? Pues bien, en dicho caso si se aplicase la sanción administrativa correspondiente, ¿puede igualmente aplicarse la sanción penal por la posible infracción de lo dispuesto en el artículo 241 bis del Código Penal?

Frente a dichas interrogantes, es menester precisar que, si bien la responsabilidad penal que surge a consecuencia de la comisión de un delito es independiente de la responsabilidad administrativa que dicho hecho origine, pareciera ser que estamos frente a un claro caso de non bis in ídem.

Para afirmar lo anterior, resulta necesario precisar que estamos frente a un solo hecho, para el cual la ley ha establecido una doble sanción. Más aún si ahondamos en la revisión de nuestra legislación penal encontraremos que si el funcionario público ha omitido incluir los ingresos no declarados en sede administrativa al momento de realizar su declaración anual de impuesto a la renta, realizando dicha acción a sabiendas, esto es, con dolo directo, perfectamente podría estar en posición de ser perseguido por el ilícito previsto y sancionado en el artículo 97 N°4 inciso primero del Código Tributario.

La disposición legal aludida dispone lo siguiente: *"Artículo 97. Las siguientes infracciones a las disposiciones tributarias serán sancionadas en la forma que a continuación se indica:*

4°.— Las declaraciones maliciosamente incompletas o falsas que puedan inducir a la liquidación de un impuesto inferior al que corresponda o la omisión maliciosa en los libros de contabilidad de los asientos relativos a las mercaderías adquiridas, enajenadas o permutadas o a las demás operaciones gravadas, la adulteración de balances o inventarios o la presentación de éstos dolosamente falseados, el uso de boletas, notas de débito, notas de crédito o facturas ya utilizadas en operaciones anteriores, o el empleo de otros procedimientos dolosos encaminados a ocultar o desfigurar el verdadero monto de las operaciones realizadas o a burlar el impuesto, con multa del cincuenta por ciento al trescientos por ciento del valor del tributo eludido y con presidio menor en sus grados medio a máximo."

Por ende, quien presente una declaración maliciosamente falsa, por ejemplo, omitiendo ingresos obtenidos en el año tributario correspondiente, puede ser perseguida penalmente por la posible comisión del delito que dicha norma dispone, la cual, dicho sea de paso, contiene una sanción ostensiblemente mayor a la dispuesta en el artículo 241 bis del Código Penal.

En dicho caso cabe preguntarse, ¿cuál sería el régimen sancionatorio aplicable al funcionario público que estuviera en tal situación? En primer término, se debe tener presente que el delito tributario previsto y sancionado en el artículo 97 N°4 inciso primero del Código Tributario, es una norma de aplicación general a la cual están afectos todos los ciudadanos de la República que posean la condición de contribuyentes.

Por su parte, el artículo 241 bis del Código Penal es un delito especial, ya que requiere que el sujeto activo de la conducta objeto de sanción sea un empleado público, rigiendo para estos efectos lo dispuesto en el artículo 260 del Código Penal que señala lo siguiente: *"Artículo 260: Para los efectos de este Título y del Párrafo IV del Título III, se reputa empleado todo el que desempeñe un cargo o función pública, sea en la Administración Central o en instituciones o empresas semifiscales, municipales, autónomas u organismos creados por el Estado o dependientes de él, aunque no sean de nombramiento del Jefe de la República ni reciban sueldo del Estado. No obstará a esta calificación el que el cargo sea de elección popular."*

Se trata, además de un delito especial propio ya que la ley no contempla en nuestra legislación un tipo penal asimilable que pueda aplicarse a los particulares. Dicho de otro modo, la ley chilena sanciona al empleado público que se enriquezca en forma ilícita conforme lo dispuesto en el artículo 241 bis del Código Penal, no contemplando una figura similar que sancione a los particulares por dicho concepto.

Frente a esta realidad normativa, consideramos que en ningún caso podría sancionarse al funcionario público como autor de ambos tipos penales, esto es el de enriquecimiento ilícito del artículo 241 bis del Código Penal y el delito tributario contemplado en el artículo 97 N°4 inciso primero del Código Tributario, ya que de ser así ante una misma hipótesis de hecho el autor ejecutor de la conducta se vería doblemente sancionado por un hecho base de similar naturaleza, ya que en ambos casos lo sancionado es la omisión de declarar los ingresos y bienes que la ley mandata señalar.

Otro tema relevante que da cuenta de los defectos de la tipificación del Enriquecimiento Ilícito en nuestro país está dado por el carácter residual que posee esta figura en relación con los restantes tipos penales de los que trata el Titulo V del Libro II del Código Penal.

En efecto, es del caso recordar que el inciso segundo del artículo 241 bis del Código Penal indica que *"Lo dispuesto en el inciso precedente no se aplicará si la conducta que dio origen al incremento patrimonial indebido constituye por sí misma alguno de los delitos descritos en el presente Título, caso en el cual se impondrán las penas asignadas al respectivo delito."*

Sobre la base de la disposición legal recién aludida es del caso indicar que, si por ejemplo ocurre un delito de malversación de caudales públicos previsto y sancionado en el artículo 233 del Código Penal, el cual supone sustraer caudales o efectos públicos puestos bajo la custodia del funcionario público y se origina debido a esto un incremento relevante en el patrimonio del funcionario, el cual sin duda tiene un origen ilícito no se aplicará la sanción correspondiente al delito de Enriquecimiento Ilícito sino que la pena por la malversación respectiva. Dicho de otro modo, la eventual generación del supuesto de hecho del delito de enriquecimiento ilícito resulta irrelevante, ya que por norma expresa la ley ordena que de presentarse tal situación solo corresponderá la aplicación de la sanción penal por el delito de Malversación, el cual dicho sea de paso tiene en la ley asignada una pena ostensiblemente superior a la del enriquecimiento.

Igual cosa ocurre con los distintos delitos contemplados en el Título V del Código Penal que trata de los crímenes y simples delitos cometidos por los funcionarios públicos en ejercicio de sus cargos.

Ante esta realidad, se hace patente que la ley generó el tipo penal de enriquecimiento ilícito de funcionarios públicos como una figura residual, que sería aplicable en principio cuando no existan antecedentes que permitan acreditar alguna de las figuras contempladas en el Título V del Libro II del Código Penal, con lo que se ve confirmado el carácter excepcional en cuanto a la aplicación de dicha norma.

V. EL ENRIQUECIMIENTO ILÍCITO EN EL DERECHO COMPARADO

Al igual como ha ocurrido en Chile existen distintas visiones sobre la tipificación del enriquecimiento ilícito en el ámbito del Derecho Comparado, las cuales se caracterizan por la tendencia latinoamericana a establecer este tipo penal en términos similares como lo hace la legislación chilena en el artículo 241 bis del Código Penal. En ese sentido podemos señalar que Argentina fue precursor en esta materia al tipificar por primera vez el enriquecimiento ilícito, introduciéndose el artículo 268 a su Código Penal en 1964, mediante la Ley N°16.648 de dicho año. A su vez Colombia, en 1980, introduce un tipo penal de similar naturaleza en su Código Penal, lo cual continuó Perú en 1981.

Sobre el particular, es preciso indicar que en el caso de Colombia, el inciso tercero del artículo 148 de su Código Penal que disponía que "en la misma pena incurrirá la persona interpuesta para disimular el incremento patrimonial no justificado", fue objeto de sentencia declarándolo inexequible por la Corte Suprema de dicho país, la cual fue dictada en 1982, siendo del caso señalar que Rivacoba y Rivacoba, y Zaffaroni, critican por su vaguedad y amplitud (Rivacoba y Rivacoba/Zaffaroni, 1980, p.105).

Pero no hay duda alguna que tal como lo señala Hernández, la influencia mayor en los últimos años la ha ejercido la Convención Interamericana contra la Corrupción, de 1996. En efecto, como señala el referido autor el artículo IX de la Convención, que corresponde a una propuesta de la Argentina apoyada por otros países iberoamericanos, como Perú, Venezuela y México, dispone lo siguiente: "Con sujeción a su Constitución y a los principios fundamentales de su ordenamiento jurídico, los Estados Partes que aún no lo hayan hecho adoptarán las medidas necesarias para tipificar en su legislación como delito, el incremento del patrimonio de un funcionario público con significativo exceso respecto de sus ingresos legítimos durante el ejercicio de sus funciones y que no pueda ser razonablemente justificado por él" (Hernández, 2006, p.188).

No obstante, como hemos señalado, este mandato reconoce como límites lo dispuesto por la Constitución Política de cada Estado Parte, así como también los principios fundamentales de su ordenamiento jurídico, por lo que el llamamiento efectuado es una declaración de intenciones o expresión de deseo, pero en caso alguno es una norma obligatoria para la decisión que se adopte soberanamente por cada país.

En Europa nos encontramos ante una realidad diversa, ya que, a diferencia de lo que ocurre en Latinoamérica, dicho continente ha sido más reacio a incorporar esta figura precisamente porque resulta contradictoria con los preceptos constitucionales y los principios jurídicos que informan sus respectivos ordenamientos. De hecho, en diversos países europeos en donde se ha tratado de introducir un delito de enriquecimiento ilícito, ya sea para hacer frente al crimen organizado o a la corrupción, han existido pronunciamientos de los tribunales constitucionales que han anulado la norma que los incorpora.

Como bien dice Blanco, en Italia en 1994 se trató de incluir un delito que castigaba la desproporción de bienes en relación con las rentas declaradas de los sospechosos de determinados delitos, lo cual fue anulado por el tribunal constitucional de dicho país (Blanco, 2017, p.6). Igual situación ha ocurrido en Portugal donde también se ha declarado inconstitucional el delito de enriquecimiento ilícito creado en dicho país.

En contra de esta tendencia se expresa Kofele-Kaele, quien considera que *"no se vulnera los derechos humanos, especialmente el derecho a la presunción de ino-*

cencia, porque es posible en una sociedad libre y democrática justificar el establecimiento de límites razonables a este derecho y que es admisible un delito que invierta la carga de la prueba en el acusado para que acredite el origen lícito de sus rentas con base en el criterio de ponderación de probabilidades". (KOFELE-KAELE, 2006, p. 915).

Sin embargo, la opinión señalada es minoritaria, ya que tanto en Italia, y Portugal la tendencia mayoritaria va en orden de cuestionar la legitimidad de un tipo penal de enriquecimiento ilícito.

En efecto, en el caso de España han existido diversas iniciativas de distintos grupos políticos, las cuales han buscado que se tipifique como tipo penal autónomo el enriquecimiento ilícito de funcionarios públicos, lo cual se tradujo en la incorporación al Código Penal de dicho país, luego de un arduo debate, de un tipo penal de enriquecimiento ilícito tipificado en el artículo 438 bis del Código Español, el cual señala :

"La autoridad que, durante el desempeño de su función o cargo y hasta cinco años después de haber cesado en ellos, hubiera obtenido un incremento patrimonial o una cancelación de obligaciones o deudas por un valor superior a 250.000 euros respecto de sus ingresos acreditados, y se negara abiertamente a dar el debido cumplimiento a los requerimientos de los órgano competentes destinados a comprobar su justificación, será castigado con las penas de prisión de seis meses a tres años, multa al tanto al triplo del beneficio obtenido, e inhabilitación especial para empleo o cargo público y para el ejercicio del derecho de sufragio pasivo por tiempo de dos a siete años"

Lo anterior es llamativo ya que en España, el Tribunal Constitucional, vincula el principio de exclusiva protección de bienes jurídicos al principio de proporcionalidad, el cual dentro de distintas explicaciones razona sobre la base de la ley puede ser válida en cuanto no concurran objetivos constitucionalmente proscritos o socialmente irrelevantes. Esto como señala Vives, significa que si la norma tutela bienes o intereses socialmente irrelevantes o constitucionalmente proscritos habrá de ser declarada inconstitucional (VIVES, 2005, p. 428).

Finalmente, y a modo de ilustración, podemos encontrar tres formas diversas de abordar este delito cuando ha sido tipificado. En primer lugar, encontramos los países que hacen coincidir el periodo a analizar con el de ejercicio del cargo por parte del empleado público (Chile); el modelo que establece un periodo de años posterior a la finalización de las responsabilidades públicas como Argentina o Colombia y finalmente el modelo que deja abierto un periodo indefinido como Guyana o Brunei.

VI. CONCLUSIONES

El tipo penal contenido en el artículo 241 bis del Código Penal posee una serie de aspectos cuestionables entre los cuales los más relevantes son los siguientes:

En primer término, infringe severamente el principio de taxatividad exigido por la Constitución Política de la República en el artículo 19 N° 3, inciso octavo de la carta fundamental. Esto porque en primer lugar no señala claramente cuál es la conducta objeto de reproche penal, ya que se limita a establecer como punible la existencia de una sospecha de carácter indeterminado respecto de la posible comisión de algún delito.

A su vez, el enriquecimiento ilícito refleja una deficiente técnica legislativa, ya que no solamente no se establece la conducta sancionada sino que más aun no indica que ha de entenderse por incremento relevante e injustificado, junto con establecer una norma que busca eliminar la crítica a la inversión de la carga de la prueba que genera lo cual no consigue debido a la propia redacción del tipo penal, el cual le entrega al funcionario público la obligación de acreditar la legitimidad de sus ingresos.

Por otra parte, al ser una norma de carácter residual tiene indefectiblemente como destino su inutilidad toda vez que si se logra acreditar la existencia de alguno de los delitos contenidos en el Título V del Libro Segundo del Código Penal esto es alguno de los delitos que afectan la Función Pública, el imputado será sancionado conforme a dicho delito y no como autor de enriquecimiento ilícito. A su vez la ley no explícita que entiende por incremento patrimonial relevante ya que no señala ningún parámetro objetivo que permita delimitar el campo de ejercicio de la acción penal, con lo cual la indeterminación y la incerteza jurídica tienen un espacio no deseado en un Estado Democrático de Derecho.

El delito de enriquecimiento ilícito no sanciona un hecho o un acto infringiendo con esto el principio de responsabilidad en materia penal por el hecho propio el cual es uno de los principios fundantes de un estado democrático de derecho. La evidencia nos indica que es un tipo penal que se debate entre su inconstitucionalidad y su inutilidad debido a su escasa aplicación por los motivos que se indican, los cuales no solo son objeto de reparo en la doctrina nacional, sino que también el Derecho Comparado de los países desarrollados.

Bibliografía

BLANCO CORDERO, Isidoro (2008), *Comiso ampliado y presunción de inocencia*, Criminalidad organizada, terrorismo e inmigración, Editorial Comares.

BLANCO CORDERO, Isidoro (2017), *El debate en España sobre la necesidad de castigar penalmente el enriquecimiento ilícito de empleados públicos*, Revista Electrónica de Ciencia Penal y Criminología, N° 19-16.

ETCHEBERRY ORTHUSTEGUY, Alfredo, (1997), *Derecho Penal*, Editorial Jurídica de Chile, 3° Ed.

HERNÁNDEZ BASUALTO, Héctor (2006), *El delito de enriquecimiento ilícito de funcionarios públicos en el Derecho Penal Chileno*, Revista de Derecho de la Pontifica Universidad Católica de Valparaíso, XXVII.

KOFELE-KAILE, Ndiva (2006) *Presumed Guilty: Balancing Competing Rights and Interests in Combating Economic Crimes*; The International Lawyer.

MATUS ACUÑA Jean Pierre/ Ramírez Guzmán, María Cecilia (2017), *Manual de derecho penal chileno*, Parte Especial, Editorial Tirant lo Blanch.

NAVAS MONDACA, Iván (2022), *Lecciones de Derecho Penal Chileno, Parte General*, Editorial Tirant Lo Blanch.

OLIVER CALDERÓN, Guillermo (2008), *Inconstitucionalidad del nuevo delito de enriquecimiento ilícito, Delito, Pena y Proceso, Libro Homenaje a la memoria del profesor Tito Solari Peralta*, Editorial Jurídica de Chile.

RIVACOBA Y RIVACOBA, Manuel/Zaffaroni, Eugenio (1980), *Siglo y medio de Codificación en Iberoamérica*, Edeval.

RODRÍGUEZ COLLAO, Luis/Ossandón Widow María (2011), *Delitos contra la función pública*, Editorial Jurídica de Chile (2° ED).

VIVES ANTON, Tomás (2005), *Sistema democrático y concepciones del bien jurídico: el problema de la apología del terrorismo*, Estudios Penales y Criminológicos, XXV.

Capítulo IX

Participación en asociaciones delictivas y en asociaciones criminales (arts. 292-295 CP)

Juan Ignacio Rosas Oliva
Doctor en Derecho. Abogado
Profesor de Derecho Penal
Pontificia Universidad Católica de Chile

1. CONSIDERACIONES GENERALES

1.1. *Ubicación sistemática y precisiones preliminares*

En virtud de la ley 21.577, de 15.6.2023 —cuerpo normativo cuya finalidad declarada ha sido "fortalecer la persecución de los delitos de delincuencia organizada"—, la rúbrica del § X del Título VI del libro II Código penal (en adelante CP), que hasta entonces rezaba "De las asociaciones ilícitas", pasa a denominarse "De las asociaciones delictivas y criminales". Dicha normativa incorporó además varias modificaciones a la regulación de un delito que, desde la entrada en vigencia del CP (1.3.1875), sanciona la participación en asociaciones que tienen por objeto cometer simples delitos o crímenes.

Previo a la reforma, la regulación de esta figura delictiva comenzaba disponiendo en el artículo 292, que "*toda asociación formada con el objeto de atentar contra el orden social, contra las buenas costumbres, contra las personas o las propiedades, importa un delito que existe por el solo hecho de organizarse*"; y posteriormente, en los artículos 293 y 294, se establecían las penas que correspondía imponer a quienes participaban en dicha asociación. En el artículo 293 se preveían las penas para los jefes, mandos medios y provocadores de la asociación, las que eran más severas cuando dicho colectivo perseguía cometer crímenes que cuando perseguía cometer simples delitos. En tanto, en el artículo 294, se establecían penas de menor magnitud respecto de quienes en otra calidad hubieren tomado parte en aquella asociación o le prestaren cierta colaboración material —suministrando medios e instrumentos para cometer aquellos crímenes o simples delitos, alojamiento, escondite o lugar de reunión—, siendo más severas, igualmente, cuando la asociación tenía por objeto la comisión de crímenes que cuando perseguía la comisión de simples delitos.

Tras la reforma, aunque puede observarse que se mantuvo, en términos generales, como criterios que inciden en la magnitud de la pena la forma de participación en la asociación y la gravedad de los delitos que tienen por objeto cometer (*delitos-fin*), se reformuló el orden y contenido de los tres preceptos aludidos. En el nuevo artículo 292 se establecieron las penas para quienes participan en una asociación delictiva, la que se define, de forma más precisa, en su inciso final, como "toda organización formada por tres o más personas, con acción sostenida en el tiempo, que tenga entre sus fines la perpetración de simples delitos". Por su parte, en el nuevo artículo 293 se establecieron las penas para quienes participan en una asociación criminal, la que se define, en su inciso tercero, como "toda organización formada por tres o más personas, con acción sostenida en el tiempo, que tenga entre sus fines la perpetración de crímenes". En consecuencia, lo que diferencia la asociación delictiva de la asociación criminal es la mera circunstancia de que la primera tiene por objeto la comisión de crímenes y la segunda la comisión de simple delitos. Sin embargo, para ambas asociaciones las penas más severas corresponden a quienes su participación consistiere en "cumplir funciones de jefatura, ejercer mando en ella, financiarla o proveerle recursos o medios, o en haberla fundado". Es decir, se agregaron fundadores, financistas o proveedores. En cambio, respecto de quienes sean simplemente "parte" en la asociación, esto es, meros miembros o integrantes, le corresponde una pena menor, eliminándose de este nivel a los colaboradores de la asociación.

De acuerdo con las definiciones de asociación delictiva y de asociación criminal, no hay limitación alguna respecto de la naturaleza o tipología de los *delitos-fin*, pudiendo claramente serlo delitos económicos. Pero esto no es una verdadera novedad, pues atendida la amplitud de la redacción anterior del artículo 292, en la medida que se indicaba que la asociación podía tener por objeto atentar, entre otros intereses, contra el orden social o las propiedades, se condenó a personas que participaron en asociaciones dedicadas a la comisión de esta clase de delitos. Así, por ejemplo, se consideró comprendidas asociaciones dedicadas a cometer el delito de obtención fraudulenta de créditos (9° SJG de Santiago, de 22.5.2014, RIT 5894-2013) y los delitos de usura y usurpación del giro bancario (SJG de Puerto Varas, de 18.1.2021, RIT 2066-2018).

Sin embargo, a propósito del ámbito de aplicación del delito comentado, debe tenerse presente que antes de la reforma referida, de forma progresiva se fueron incorporando principalmente en leyes especiales, tipos penales que de forma específica sancionaban la participación en asociaciones que tiene por objeto determinados delitos, figuras que no suprimió ni modificó la ley 21.577.

Junto a estas figuras de participación en asociaciones delictivas "especiales", debe considerarse que también progresivamente se fueron incorporando, en nuestro ordenamiento jurídico punitivo, agravantes específicas para determinados delitos aplicables a quienes, formando parte de una agrupación que tiene por objeto la perpetración de aquellos delitos, intervienen en su comisión, siempre que dicho colectivo no constituya una asociación delictiva, en los términos del antiguo articulo 292 o de acuerdo a los tipos de asociaciones delictivas especiales antes aludidas. Tales agravantes, que pueden denominarse agravantes de participación en banda o grupos criminales, se mantienen tras la entrada en vigencia de la ley 21.577, a pesar de que ésta incorporo una agravante análoga de aplicación general en un nuevo número 23, que se añadió al artículo 12 CP.

A efectos de aportar mayor claridad y poder hacer un contraste, a continuación, se revisará someramente la tipificación de las figuras de participación en asociaciones delictivas especiales y las agravantes por participación en bandas o grupos criminales, para luego abordar el análisis más profundo de los tipos penales básicos o genéricos de participación en asociación delictiva y asociación criminal.

1.2. Figuras de participación en asociaciones delictivas "especiales"

1.2.1. Participación en asociación para cometer delitos de tráfico de drogas

La figura de participación en asociaciones delictivas especiales que ha tenido mayor aplicación es sin duda la contemplada en la ley 20.000, de 16.2.2005, que sanciona el tráfico ilícito de estupefacientes y sustancias sicotrópicas (cuyo precedente originario lo constituye la figura prevista en el artículo 8 de la ley 17.934, de 16.5.1973). En concreto, en su artículo 16 establece: "los que se asociaren u organizaren con el objeto de cometer alguno de los delitos previstos en dicha ley serán sancionados por este solo hecho...".

En cuanto a las penas, en términos similares a lo previsto en la figuras básicas previstas en los artículos 292 y 293, se prevén penas diferenciadas en razón del rol o cargo que desempeñan las personas que integran o se vinculan al colectivo, distinguiendo dos niveles: por un lado, las personas que financian de cualquier forma dicha asociación, ejercen mando o dirección en ella, o planifican el o los *delitos-fin*, y por el otro, quienes suministran vehículos, armas, municiones, instrumentos, alojamientos, escondite, lugar de reunión o cualquiera otra forma de colaboración para la consecución de los fines de la organización. Para los del primer nivel se contemplan penas más severas (presidio de 10 años y 1 días a 20 años, que para los del segundo nivel (presidio de 5 años y 1 día a 15 años).Sin

Finalmente, cabe destacar que en el inciso 2° del artículo 16, se contempla una regla concursal aplicable al supuesto en que se lleva a efecto la comisión de los *delitos-fin*. Concretamente se establece que "...se estará el artículo 74 del Código penal para los efectos de la aplicación de la pena". En consecuencia, se apreciará un concurso real de delitos, debiendo procederse a la acumulación material de las penas.

1.2.2. Participación en asociación para cometer lavado de activos

En el artículo 28 de la ley 19.913, de 18.12.2003, que crea la Unidad de Análisis Financiero (UAF) y que sanciona el lavado de activos, de forma idéntica a la figura prevista en la ley 20.000, se dispone que "los que se asociaren u organizaren con el objeto cometer las conductas descritas en el artículo anterior —donde se establece el delito de lavado de activos— serán sancionados por este solo hecho…".

En cuanto a las penas, si bien se distinguen los mismos dos niveles que contempla la figura antes revisada, las penas son menos severas. Para los que financia, ejercen mando o dirigen la asociación o planifican los *delitos-fin* se prevé la pena de presidio de 10 años y 1 día a 15 años, y para quienes suministran vehículos, armas, municiones, instrumentos, alojamientos, escondite, lugar de reunión o cualquiera otra forma de colaboración para la consecución de los fines de la organización, se prevé presidio de 5 años y 1 día a 10 años.

También difiere de la figura prevista en la ley 20.000, en el hecho de que no se contempla una regla concursal, sin perjuicio de que pueda interpretarse que corresponde igualmente apreciar un concurso de delitos cuando quienes participan o colaboran con la asociación llevan a efecto la comisión del *delito-fin*, a partir de la autonomía de injusto que se puede reconocer al delito de participación en la asociación delictiva, aunque es discutible la apreciación de un concurso real o bien, de un concurso ideal.

1.2.3. Participación en asociación para cometer delitos terroristas

De un modo diverso a las figuras previamente expuestas, recurriendo a la técnica legislativa de ley penal en blanco, la ley 18.314, de 14.5.1984, que determina las conductas terroristas, establece en el número 7° de su artículo 2, que constituye un delito terrorista "la asociación ilícita cuando ella tenga por objeto la comisión de delitos que deban calificarse de terroristas conforme a los números anteriores y al artículo 1°", de la misma ley.

Luego, el inciso final del artículo 3°, dispone que las penas aplicables a las personas que intervienen en la asociación ilícita para cometer delitos terroristas se determinan a partir de las penas previstas los artículos 293 y 294, pero aplicando cierta agravación. Sin embargo, tras la reforma de estos preceptos, la remisión resulta pertinente sólo al artículo 293, dado que en el artículo 294 actual se refiere a aspectos diversos a la previsión de penas privativas de libertad previstas para los que integran o colaboran con la asociación.

Previo a la reforma, se establecía concretamente que a los jefes, mandos medios y provocadores se le debía imponer las pena que establecía el antiguo el artículo 293, aumentados en 2 grados; y si se trata de otros miembros de la asociación y colaboradores de esta que hubieren suministrado medios e instrumentos para cometer los *delitos-fin*, o alojamiento, escondite o lugar de reunión, se le debía imponer la pena prevista en el artículo 294, aumentada en 1 grado.

Actualmente, la agravación de 2 grados procede además de a los jefes y mando medios, a quienes la fundaron, a los que la financian y a los que le proveen recursos o medios, de acuerdo con lo que luego se planteará. En cambio, la agravación de 1 grado procede ahora solo respecto a quienes sean parte de asociación, de acuerdo también conforme a la interpretación que luego se propondrá.

Por otra parte, ha quedado desactualizada la remisión que el mismo inciso artículo 3°, hace a la regla concursal que se previa en el artículo 294 bis, conforme al cual se disponía que se apreciará un concurso de delitos cuando los miembros o colaboradores de la asociación delictiva cometieren *delitos-fin*. Si bien se mantiene esta regla concursal, en el texto vigente, se encuentra en el artículo 294, pero esto no debería ser problemáticos, debido a que, aunque no se contemplará regla expresa concursal, corresponde apreciar un concurso de delitos cuando procede imputar a un miembro o colaborar de la asociación también un delito-fin, dada la naturaleza autónoma que puede apreciarse al delito de participación en asociación delictiva.

1.2.4. Participación en asociación para cometer delitos tráfico ilegal de migrante o de trata de personas

La ley 20.057, de 8.4.2011, al momento de tipificar los delitos de tráfico de migrantes y de trata de personas, en los artículos 411 bis, 411 ter y 411 *quáter* CP, incorporó una figura específica de participación en una asociación delictiva que tenga como objetivo cometer aquellos delitos. Concretamente en el artículo 411 *quinquies* establece que "los que se asociaren u organizaren con el objeto de cometer alguno de los delitos de este párrafo serán sancionados, por este solo hecho, conforme a lo dispuesto en los artículos 292 y siguientes de este Código".

Más allá que también puede apreciarse aquí que la remisión a la regulación de la figura genérica que sanciona la participación en una asociación delictiva ha quedado desactualizada e incoherente, tras la entrada en vigencia de la ley 21.577, puede estimarse que la incorporación de esta figura de participación en asociación delictiva especial tuvo una importancia más bien simbólica. Ello en la medida que los delitos de tráfico de migrantes y de trata de personas son delitos "contra las personas" tanto material como formalmente (se ubican en el título VII, del libro II, de los "crímenes y delitos contra las personas"), por lo que tales asociaciones quedaban comprendidas en la figura genérica que contemplaba en el artículo 292, sin que se establecieran penas distintas a las previstas en esta regulación, dado que se verifica una remisión completa a la misma.

1.2.5. Participación en asociación para cometer delitos crímenes de lesa humanidad o genocidio

Finalmente, en el artículo 15 de la ley 20.357, de 18.7.2009, que tipifica crímenes de lesa humanidad, genocidio y de guerra, se contempla una figura de participación en asociaciones delictivas que tengan por finalidad cometer aquellos delitos. Específicamente el referido precepto dispone que "la asociación ilícita para cometer crímenes de lesa humanidad o genocidio será sancionada conforme a las disposiciones del Código Penal".

Sin embargo, luego, en el inciso 2° del artículo 15 se establece que si el o los *delitos-fin* son el genocidio o algunos de los delitos previstos en los artículos 3, 4, 5 y 6 de esta ley, la pena mínima a imponer es de 3 años y 1 día a 5 años, sin establecer distinción alguna a propósito del cargo o conducta que realiza la personas en o para la asociación, lo cual puede llevar a dar una respuesta punitiva desproporcionada en algunos casos.

1.3. *Agravantes por pertenencia a bandas o grupos criminales*

1.3.1. Pertenencia a grupo que tiene por objeto cometer delitos contra propiedad intelectual

En la ley 17.336, de 2.10.1970, que regula la propiedad intelectual, mediante la ley 20.435, de 4.5.2010, se estableció en el artículo 83, que en el supuesto en que la persona que comete los delitos de fabricación, importación o comercialización de copias ilegales de obras, interpretaciones o fonogramas, previsto en el artículo 81 de la misma, "...formare parte de una agrupación o reunión de personas para cometer dichos delitos, no incurriendo en el delito de asociación ilícita", la pena a imponer aumentará en un grado.

La tipificación de esta agravante sugiere, en principio, entender que una "agrupación" que se equipara a una "reunión" refiere a un colectivo circunstancial o esencialmente transitorio, lo que permitiría diferenciarlo de la asociación delictiva y asociación criminal previstas en los artículos 292 y 293, incluso sin que se explicite. Sin embargo, para intentar darle cierta coherencia a la regulación de esta agravante con las demás que se revisarán, con el delito de participación en asociación delictiva y con la mera codelincuencia, parece necesario reconocerle un papel protagónico, en todas las agravantes de pertenencia, al término "agrupación", de manera que los términos alternativos que lo acompañan —como aquí lo es el de "reunión"—, deben estimarse equivalentes. En concreto parece razonable entender que todos esos términos se refieren a una pluralidad de personas que se agrupan con la finalidad de cometer delitos, pero que carecen de una estructura organizativa interna bien definida o consolidada y que, no obstante existir un pacto de actuación conjunta que va más allá de la comisión de uno o varios hechos delictivos concretos, dicho pacto no tiene una proyección temporal particularmente duradera y/o denota cierta inestabilidad.

En el derecho comparado a agrupaciones similares se les ha denominado bandas o grupos criminales. En este sentido el CP español en su artículo 570 ter, contempla un delito de pertenencia o participación en grupo criminal, definiendo a éste como "*la unión de más de dos personas que, sin reunir alguna o algunas de las características de la organización criminal definida en el artículo anterior, tenga por finalidad o por objeto la perpetración concertada de delitos*"; características, que conforme al artículo 570 bis, son (i) el carácter estable o por tiempo indefinido; (ii) que de manera concertada o coordinada los miembros del colectivo se repartan tareas o funciones con el fin de cometer delitos. En tanto en el CP peruano en su artículo 317-B contempla una figura de participación en banda criminal, que define como "*unión de dos a más personas, que sin reunir alguna o algunas de las características de la organización criminal dispuestas en el artículo 317, tenga por finalidad o por objeto la comisión de delitos concertadamente...*"; características, que conforme al artículo 317, son (i) el carácter estable, permanente o por tiempo indefinido; (ii) que de manera de manera organizada, concertada o coordinada, se repartan diversas tareas o funciones, destinada a cometer delitos.

Finalmente, cabe destacar que el inciso 2° del mismo artículo 83, contempla una pena de multa diferenciada de acuerdo con la posición o conducta que ocupaba o realizó la persona en la agrupación, de manera que, si correspondía a las que antes de la reforma se preveían en artículo 293, se le impondría multa de 100 a 1.000 UTM; en cambio, si se trata de las que se preveían en el artículo 294, la multa a imponer es de 50 a 500 UTM. Sin perjuicio, de que estas remisiones han quedado también desactualizada tras la entrada en vigencia de la ley 21.577, cabe destacar que este sistema diferenciado de la pena de multa constituye una particularidad frente a la forma en que se prevé la agravación de la pena privativa de libertad tanto en esta agravante como en las otras agravantes que se revisarán a continuación, donde el legislador parece considera *a priori* que las banda o grupos criminales presentan una precaria organización interna que usualmente se caracteriza por no adoptar una estructura jerarquizada, relacionándose sus miembros en un plano horizontal.

1.3.2. Pertenencia a grupo que tiene por objeto cometer delitos de tráfico de drogas

En la ley 20.000, además de la figura de participación en asociación delictiva antes revisada, se contempla, en la letra a) de su artículo 19, como agravante especial, que tiene el efecto de aumentar un grado la pena, la circunstancia de que el responsable de cualquier delito previsto en dicha ley interviniere en su comisión formando *"parte de una agrupación o reunión de delincuentes, no incurriendo en el delito de organización del artículo 16"*.

Puede apreciarse que esta agravante se tipifica en términos prácticamente idénticos que la prevista en la ley 17.366, sólo diferenciándose en que la figura excluyente no es la derogada "asociación ilícita" (delictiva) básica prevista en el CP, sino la asociación delictiva especial prevista en la misma ley de drogas. Esta agravante es la que más aplicación ha tenido y si bien no hay una interpretación uniforme —habiendo algunas más laxas y otras más restrictivas— merece destacarse que en la SCA de Valdivia, de 7.5.2021, ROL N° 40-2021, se afirma que *"conviene distinguir la figura agravante contemplada en el artículo 19 de la ley 20.000, de la establecida en el artículo 16 del mismo texto legal, norma que sanciona la asociación ilícita, estructura de mayor grado de permanencia y jerarquización"*, dando a entender que para la agravante también se exigiría cierta estructura con proyección temporal e incluso con jerarquización, aunque ambas con menor magnitud, sin perjuicio de que esto último sea inconsistente con la circunstancia de que la agravación no hace distinción respecto al rol que podría desempeñarse al interior de la agrupación, pudiendo interpretarse, como antes se planteó, que se parte de la premisa revisten preferentemente una estructura horizontal. Asimismo, la SCA de Santiago (1ª Sala), de 13.4.2012, ROL N° 77-2012, afirmó que "*el verdadero sentido de la norma del artículo 19 letra a), conlleva a destacar que la permanencia no solo debe entenderse en un sentido temporal, sino a que la agrupación este encaminada a concretar un número indeterminado de delito; es decir, que la agrupación tiene como expresión el propender al fin ilícito de un modo más o menos estable*". Por lo demás, destacando la necesidad de diferenciar el supuesto de la agravante con la coautoría, la SCA de Antofagasta, de 27.11.2020, ROL N° 754-2020, sostiene que la agravante comentada "*no se configura con la intervención de varios sujetos activos que se han puesto de acuerdo para ejecutar los actos típicos del tráfico, pues ello constituye coautoría... la agravante es una figura intermedia entre la coautoría y la asociación ilícita, pudiendo concluirse que tiene elementos de ambas figuras*".

1.3.3. Pertenencia a grupo que tiene por objeto cometer delitos contra la propiedad

La ley 20.931, de 5.7.2016, incorporó en el artículo 449 bis CP, una nueva agravante especifica respecto de los delitos de robos (robos con violencia o intimidación, robo con fuerza en las cosas y robo por sorpresa), hurtos, abigeato, receptación, que se configura cuando el imputado haya actuado "formando parte de una agrupación u organización de dos o más personas destinada a cometer dichos hechos punibles, siempre que ésta o aquélla no constituyere una asociación ilícita de que trata el Párrafo 10 del Título VI del Libro Segundo".

A diferencia de la agravante antes revisadas, esta agravante no conlleva un efecto especial —e intenso— en la determinación de la pena, pues su concurrencia por sí sola no permite aumentar en grado la pena. Esto resulta poco comprensible si se considera que en este caso se utiliza el término "organización" como alternativo al de agrupación y no el de "reunión", expresando aquél la idea de un colectivo estructuralmente más robusto equivalente a "asociación". Para matizar esta inconsecuencia y posibilitar la distinción con la "asociación ilícita" —hoy asociación delictiva y asociación criminal—, se hace necesario darle en este contexto —exclusivamente— un sentido diverso a los términos "organización" y "asociación", en la medida que expresamente el artículo 449 bis dispone que esta agravante no es compatible con la figuras previstas en los artículos 292 y 293, y ello puede concluirse que obedece a que el colectivo presupuesto de la agravante comprende menor densidad estructural que el colectivo presupuesto de la figura de participación en asociación delictiva y asociación criminal. La alternativa más razonable parece ser, como antes se planteó, considerar equivalentes el término "organización" con el término "agrupación", entendiendo, en consecuencia, a ambos términos como alusivos a una "banda o grupo criminal", en el sentido ya definido. En discordancia a esta interpretación el Ministerio Público ha sostenido que, dado que la agrupación según la RAE se define como un conjunto de personas agrupadas o que se asocian a algún fin, para que configure esta agravante basta que el delito sea *"cometido por dos o más personas, reunidas espontáneamente, sin que exista necesariamente un conocimiento previo entre éstas, ni una distribución de roles o planificación previa, bastando únicamente la concurrencia de un dolo común"*, no siendo impedimento que el grupo se haya formado para la comisión de un delito determinado (Oficio FN N° 402-2016, de 5.7.2016). Por lo dicho, esta interpretación resulta criticable al no permitir diferenciar el actuar en esta clase de agrupaciones o grupos criminales con la mera codelincuencia, dando un trato penológico equivalente a la pertenencia a colectivos de una complejidad estructural diversa.

Para concluir, queda aquí también en evidencia la falta de rigurosidad del legislador, por no haber previsto en la ley 21.577, sustituir la referencia a la "asociación ilícita" por la de la asociación delictiva y la asociación criminal.

1.3.4. Pertenencia a grupo que tiene por objeto cometer delitos tiene por objeto cometer delitos de contrabando de especies exóticas

En virtud de la ley 20.962, de 16.11.2016, normativa que tuvo por objeto ajustar nuestra legislación al Convenio sobre el comercio internacional de especies, amenazadas de flora y fauna silvestre de 1973, se incorporó, mediante su artículo 12, una agravante específica para el delito de contrabando de especies exóticas previsto en el artículo 11 de la misma ley, cuando *"el responsable formare parte de una agrupación o reunión de personas para cometer dicho delito, sin incurrir en el delito de asociación ilícita"*, previendo como efecto el aumento en un grado de la pena. Puede apreciarse que esta agravante esta formulada en términos prácticamente idénticos a los de la agravante prevista para los delitos de tráfico de drogas contemplada en el artículo 19 a) de la ley 20.000, contemplando igual efecto agravatorio, razón por la cual debe entenderse su configuración conforme a la interpretación para aquella planteada.

1.3.5. Pertenencia a grupo que tiene por objeto cometer delitos de corrupción pública

Mediante la ley 21.121, de 21.11.2018, se incorporó en un nuevo artículo 260 ter CP una agravante específica formulada con el mismo tenor a la prevista en el artículo 449 bis CP, respecto de los delitos de malversación de caudales públicos, fraude al fisco, exenciones ilegales, negociación incompatible, tráfico de influencia y cohecho de funcionario público tanto nacional y como extranjero. También aquí la agravante no tiene previsto un efecto particular y se configura cuando quien comete alguno de los delitos de corrupción pública indicados lo hace "*formando parte de una agrupación u organización de dos o más personas destinada a cometer dichos hechos punibles, siempre que ésta o aquélla no constituyere una asociación ilícita una asociación ilícita de que trata el Párrafo 10 del Título VI del Libro Segundo*".

Dada la identificación con la agravante del artículo 449 bis CP, ya analizada, le es aplicable a esta agravante todo lo dicho respecto de aquella. Por lo demás, la Corte Suprema a ratificado una interpretación restrictiva de la misma, en la línea antes planteada, sosteniendo en SCS, de 29.5.2023, Rol N° 122.925-2022, que "*que a efectos de diferenciar cuándo una agrupación u organización de dos o más personas configura la agravante en cuestión y cuando una organización constituye una asociación ilícita de que trata el Párrafo 10 del Título VI del Libro Segundo, es posible hacer aplicación de lo sostenido por la doctrina en relación a la misma cuestión que se plantea entre la agravante del artículo 19 letra a) de la Ley N° 20.000 y el delito de asociación ilícita establecido en el artículo 16 de la misma ley; a cuyo respecto se sostiene que para estar frente a la agravante debe carecer de jerarquización y organización propios de la asociación ilícita, como jefes y reglas propias…*".

1.3.6. Pertenencia a grupo que tiene por objeto cometer cualquier delito

Conforme a lo antes indicado, la ley 21.577, incorporo al catálogo de circunstancia genéricas previstas en el artículo 12 CP, en un nuevo número 23, una agravante que aplica cuando se ejecuta "*el hecho formando parte de una agrupación u organización de dos o más personas destinada a cometer crímenes o simples delitos, siempre que ésta o aquélla no constituya una asociación delictiva o criminal de que trata el Párrafo 10 del Título VI del Libro II, y ello ha facilitado la perpetración del delito o ha aumentado el peligro para la integridad física de la víctima, o haber ejecutado el hecho con violencia, intimidación o engaño*".

Puede apreciarse que esta nueva agravante, de aplicación general, replica la redacción utilizada en las agravantes conttemplada en los artículos 260 ter y 449 bis, en términos que debe tratarse de una persona que forma parte de una agrupación u organización. Ello debería interpretarse, como antes se ha planteado, en términos que debe tratarse de un colectivo que se constituye no circunstancialmente para cometer uno o varios concretos delitos, sino que presenta cierta proyección respecto al desarrollo de su actividad delictiva como también asumir una mínima organización, a través del reparto de tareas o funciones. Precisamente de esto derivará la posibilidad de la actuación concertada de los que forman dicho colectivo conlleve la perpetración del delito, exigencia que al mencionarse expresa y adicionalmente, puede estimarse en consecuencia redundante. En tanto, las referencias a que la actuación formando parte de que esta agrupación u organización, haya aumentado el peligro para la integridad física de la víctima, o que se haya ejecutado el hecho con violencia, intimidación o engaño, resultan más bien perturbadora y también innecesarias, promoviendo una flexibilización de las exigencias organizativas, haciendo aplicable la agravante a supuestos de mera codelincuencia.

2. BIEN JURÍDICO E INJUSTO

La identificación del bien jurídico u objeto de protección (o afectado) respecto del delito de participación en una asociación delictiva no es pacífica en la doctrina y jurisprudencia, pudiendo reconocerse varios planteamientos. Una primera aproximación reconoce como objeto de tutela el recto ejercicio del Derecho de asociación (Labatut, 2007, p. 109; Grisolía, 2004, pp. 79-80, si bien este autor considera que es un delito pluriofensivo, pues afectaría también el "orden social"; en una línea cercana el Tribunal Constitucional —SSTC de 21.8.2007, Rol N° 739-07 y de 4.11.2010, Rol N°1441-09— ha indicado que se trata de un ilícito sancionado para resguardar el recto y adecuado ejercicio del derecho de asociación, pero reconociendo además como bienes jurídicos tutelados el orden y la seguridad pública). Sin embargo, constituye el planteamiento menos solvente, pues al centrarse en el medio comisivo, desatiende la finalidad de la asociación, esto es, la comisión de delitos, lo que constituye un factor determinante para justificar, en este caso, el recurso al Derecho penal.

En segundo lugar, pueden agruparse una serie de planteamientos que sostienen que lo tutelado es un bien jurídico colectivo vinculado a las nociones de orden o seguridad. Estas tesis encuentran cierta sintonía con la ubicación de la figura analizada en nuestro Código penal —como también ocurre en otras muchas legislaciones (Francia, Italia, Perú, etc…)—, pues está regulada dentro del título *"De los crímenes y simples delitos contra el orden y seguridad públicos cometidos por particulares"*. Desde esta perspectiva se ha planteado tradicionalmente que el bien jurídico es el orden público (DÍAZ Y GARCÍA CONLLEDO, p. 2002; GUZMÁN DÁLBORA, 2003, p. 156 y ss.; la Corte Suprema en SCS, de 25.7.2010, Rol N° 2596-2009, sin tomar una posición a este respecto, reconoce el orden público como una de las alternativas de bien jurídico) o más contemporáneamente la seguridad ciudadana (FARALDO CABANA, 2012, p. 236 y ss.) o la seguridad colectiva (ZÚÑIGA RODRÍGUEZ, 2009, p. 268; BOCANEGRA, 2020, p. 96 y ss.)

En tercer lugar, pueden destacarse posturas que centran el objeto de tutela en el Estado o potestades estatal, sosteniendo que lo que lo que afectan las asociaciones delictivas es el poder de Estado (GARCÍA-PABLOS DE MOLINA, 1977, p. 141 y ss.;)o más concretamente el monopolio estatal de la violencia (CANCIO MELIÁ, 2008, pp. 80-81), propuesta que sugiere una restricción radical del ámbito de aplicación de esta figura delictiva, pues quedaría comprendida solo la participación en asociaciones delictivas de gran entidad y en las que el empleo de la violencia —*ad intra o ad extra*— es permanente y consustancial a su existencia.

En cuarto lugar, desde otra perspectiva se distingue una posición según la cual el bien jurídico tutelado por este delito se identifica con los bienes jurídicos que se ven afectados por los *delitos-fin* (SILVA SÁNCHEZ, 2008, p. 100; MEDINA SCHULZ, 2013, p. 497 y ss.; CARNEVALI, 2013, p. 18; una postura particular es la planteada por MAÑALICH, 2017, p. 385 y ss. quién aunque critica la teoría de la anticipación, coincide con ella en la identificación del objeto de tutela), pues la incriminación de la participación en una asociación delictiva se concibe esencialmente como acto preparatorio de aquellos delitos, en la medida que se aprecia como un estado institucional de cosas favorecedor de la comisión de delitos.

Finalmente, en quinto lugar, asumiendo un enfoque también diverso, concretamente desde una dimensión comunicativa del injusto penal, pueden destacarse dos últimos planteamientos. El primero propone que lo que busca proteger esta figura no son directamente los bienes jurídicos comprometidos por los delitos que la asociación delictiva tiene por objeto, sino las "normas de flanqueo", constituida por los presupuestos cognitivos de las "normas principales" que son que las que tutelan aquellos bienes jurídicos concretos (JAKOBS, 1997, pp. 314-316). En consecuencia, el bien jurídico protegido sería la seguridad cognitiva (JAKOBS, 1997, pp. 314-315).

El segundo planteamiento, asumiendo una perspectiva análoga, postula que lo que la figura tutela es más bien la seguridad normativa, dado que la conducta de integración o participación en una asociación delictiva debe apreciarse como una manifestación de peligrosidad subjetiva que constituye una defraudación de una expectativa normativa de seguridad (Pastor, 2005, pp. 62-63 y 66).

Frente a todos estos planteamientos, considerando el carácter autónomo que la figura analizada contempla en la legislación chilena, el cual subyace de su ubicación dentro de la parte especial, del momento consumativo del delito y de la regla concursal especial prevista, como también por la amplitud de la naturaleza de los delitos que pueden constituir el objeto de la asociación delictiva, estimo resulta más consistente reconocer como bien jurídico tutelado un interés vinculado normativamente a la seguridad colectiva o ciudadana. A mi modo de ver la función que cumple este delito es **reforzar las expectativas de seguridad de los ciudadanos** frente a la amenaza que representa para un considerable espectro de bienes jurídicos de los cuales son aquellos titulares —individual o colectivamente—, la existencia y actuación de asociaciones delictivas, por el *plus* de peligrosidad que revisten.

En consecuencia, la afectación al bien jurídico tutelado es atribuible a la asociación delictiva valorada en cuanto colectivo. Para justificar tal atribución resulta sugerente un planteamiento conforme al cual la asociación delictiva constituiría un sistema de injusto constituido, lo que conlleva estimar que el colectivo realiza un injusto propio: un injusto sistémico (Lampe, 2003, p. 103 y ss.). Este injusto sistémico es transferido a las personas naturales que crean, integran o colaboran con la asociación delictiva, configurándose un injusto individual que realizan aquellas y que toma en consideración su modo de integración o cooperación con el colectivo. Ello permite explicar de modo más satisfactorio la circunstancia de que las penas que se contemplan para los jefes de la asociación delictiva, quienes ejercieron mando en ella, la financian o la fundaron, sean más severas a las previstas para quienes son meros miembros o integrantes, pues la intervención de los del primer grupo resulta más relevante que la del segundo para la generación, mantenimiento y actuación permanente del colectivo delictivo.

El injusto sistémico de la asociación delictiva se caracteriza por: (i) el potencial humano y técnico que tiene disponible para la planificación y ejecución de delitos; (ii) una firme organización externa que somete este potencial al dominio de la voluntad común; (iii) que la finalidad criminal constituyente del sistema es perseguida por los miembros con ayuda del potencial (iv) un sentimiento de «nosotros» que se va fraguando con el tiempo en los que integran la asociación (LAMPE, 2003, p. 128). Por tanto, sólo cuando una agrupación además de tener por objeto cometer delitos presenta estas características, quienes la crean, integran o colaboran con ella pueden ser sancionados por el delito analizado. Esto conlleva a entender que **este delito se configura como un delito de peligro abstracto-concreto**, pues no basta con el mero acuerdo asociativo en orden a la comisión de delito para que se configuren las conductas incriminadas, sino que se requiere se haya conformado una asociación con las características indicadas, dentro de las cuales está la de tener potencialidad para llevar a efectos el programa criminal que constituye su finalidad u objeto (en un sentido cercano las SSTC de 21.08.2007, Rol N° 737-07 y de 4.11.2010, Rol N°1441-09, plantean que el delito analizado en su interpretación, para ser compatible con el principio de lesividad, se requiere entender que la peligrosidad concreta —de la asociación— es un elemento del tipo)

3. TIPICIDAD

3.1. *Injusto sistémico: la asociación delictiva o asociación criminal*

Conforme a lo planteado, en el análisis del tipo objetivo del delito de participación en asociaciones delictivas o criminales es imprescindible partir por reconocer cuando se está frente una agrupación que merece ser calificada de asociación delictiva o de asociación criminal que quede comprendidas en los artículo 292 o 293 CP. Ello implica identificar con más precisión los elementos constitutivos de aquella, que deben ser, por cierto, distintos a los de una agrupación, banda o grupo criminal cuya participación se prevé como agravante, de la conspiración para cometer delitos y de supuestos de mera codelincuencia. A este respecto, debe considerarse que, aunque la ley 21.577, incluyó definiciones legales de aquellas asociaciones, éstas sólo constituyen un punto de partida para una interpretación racional de la figura en comento.

Por lo demás, puede sostenerse que tales definiciones se limitan a positivizar algunos de los requisitos que en la *praxis* judicial se reconocieron respecto a la regulación previa a la reforma.

En este sentido, ilustrativo resulta una sentencia de la Corte Suprema, de 24. 2.2016, Rol N° 37965-2015, conforme a la cual la asociación requiere:

"...la participación concertada de varias personas, esto es, pluralidad o mul-
tiplicidad de individuos; jerarquía que se manifiesta dentro de una organi-
zación que evidencia estructura en su funcionamiento, o sea, alguno de sus
miembros deben ejercer funciones de mando y otros acatar las órdenes e
instrucciones, y debe existir cierto grado de organización, lo que significa que
cada uno debe cumplir funciones o tareas específicas, dependientes una de
otras, para cumplir el o los fines colectivos e instrumentales a los de la agrupa-
ción; estabilidad y permanencia en el tiempo; objeto común y preciso de los
miembros, ergo, la finalidad de la organización criminal debe ser la comisión
de crímenes o simples delitos; convergencia de voluntades en el sentido que
el dolo de los integrantes debe ser común al de todos los miembros, conside-
rando el objetivo criminal que tienen y las tareas específicas que a cada cual
le corresponden".

3.1.1. Pluralidad de personas o multiplicidad de personas

En las definiciones de asociación delictiva y de asociación criminal que contemplan los artículos 292 y 293, se establece que se entiende por tales: toda organización formada por *3 o más personas.*

Este número mínimo de integrantes se corresponde a lo que venía planteando en la doctrina (Mañalich, 2011, p. 295) y se contemplaba en Derecho comparado (por ejemplo, en el artículo 570 bis CP español y en el artículo 416 del CP italiano) y en la Convención de Naciones Unidas contra la Delincuencia organizada (Rosas, 2015, p. 236), la cual habría sido especialmente considerada en la tramitación de la ley 21.577. Sin duda, no parece sensato hablar de asociación u organización cuando existen sólo 2 personas, en términos que coloquialmente se alude a una dupla o pareja, ni siquiera se suele hablar de un grupo. No obstante, debe observarse que en muchas ocasiones se requerirá de más de 3 integrantes para que se verifiquen las características propias del injusto sistémico. En este sentido, se debe analizar concretamente si la agrupación en cuestión cuenta con un número de integrantes suficiente, pues se trata de un número funcional a la sustancial facilitación de la comisión de delitos (García-Pablos de Molina, 1977, p. 222; Cancio Meliá, 1997, p.1285; Díaz y García Conlledo, 2005, p. 106; Grisolía, 2004, p. 85).

Respecto al requisito de pluralidad de personas se ha discutido en el Derecho comparado, especialmente a propósito de ordenamientos donde expresamente se exige un número de integrantes mínimos, si deben contabilizarse los inimputables, existiendo opiniones en ambos sentidos (Ziffer, 2005, pp. 75-77). Sin embargo, creo que parece más razonable no ceñirse a este elemento de la culpabilidad, al menos de forma rígida, especialmente considerando que la integración, en particular a nivel de meros miembros, de personas menores de edad —adolescentes—, permite igualmente que se pueda generar el sentimiento de «nosotros», característica esencial del injusto sistémico. Esta interpretación es consecuente con la tesis planteada de que es necesario distinguir entre la configuración del injusto sistémico de la configuración del injusto individual.

3.1.2. Organización interna funcional

Previo a la reforma promovida por la ley 21.577, la jurisprudencia reconocía como requisito constitutivo de la asociación la jerarquía, la cual habría de manifestarse dentro de una organización que evidencia estructura en su funcionamiento. Pero la jerarquía es más bien una forma específica de organización interna que puede asumir el colectivo, siendo ésta su presupuesto y el elemento constitutivo más relevante, estimando que la idea de **organización es equivalente a la de asociación** (GARCÍA-PABLOS DE MOLINA, 1977, p. 236) y a que se caracterice a esta figura delictiva como "**delito de organización**" (CANCIO MELIÁ, 2008, p. 16).

La reforma consecuentemente incorporó en las definiciones de asociaciones delictiva y asociación criminal la exigencia de **"organización"**, la que, de acuerdo con la jurisprudencia y doctrina, implica el reparto de funciones o tareas específicas, que son dependientes entre sí, lo que permite dar cumplimiento al plan criminal. Implica distribución del trabajo en personas que asumen distintos roles, lo que se ve reflejado tanto en los antiguos artículos 293 y 294, y actualmente en los artículos 292 y 293, la previsión de distintas penas en atención a la diferenciación de distintas funciones que se asumen en la asociación.

Este requisito de organización interna permite diferenciar la asociación delictiva de la conspiración y de supuestos de mera codelincuencia (GARCÍA-PABLOS DE MOLINA, 1977, p. 237). En tanto, el grado de densidad organizativa permite diferenciar la asociación delictiva frente a otras agrupaciones que cometen delitos menos complejos, como son los grupos o bandas criminales que comprenden las agravantes, según lo que antes se ha planteado.

Las concretas exigencias de la organización interna de la asociación dependerán del plan delictivo de la respectiva asociación y si se dan los elementos del injusto sistémico, de manera que el colectivo **se presente *ex-ante* como idóneo para realizar su finalidad criminal** y ello represente un incremento especialmente relevante de peligrosidad respecto de las agrupaciones de menor densidad estructural antes aludidas, presentando en consecuencia un potencial notoriamente superior para afectar de forma más intensa las expectativas de seguridad de los ciudadanos.

Un importante sector de la doctrina nacional ha entendido que la organización interna debe adoptar una estructura jerárquica (Etcheberry, 1998, p. 317; Grisolía, 2004, p. 82), la cual se caracteriza por contemplar uno o más jefes, eventualmente mandos medios y meros miembros o integrantes de la asociación, roles o funciones a los que aludía los artículos 293 y 294 y hoy, con algunos cambios, en los artículos 292 y 293. No obstante, han surgido opiniones divergentes, planteándose que la asociación podría asumir una estructura horizontal (Mañalich, 2014, pp. 396-397, en este sentido considera que puede la asociación delictiva configurarse como una agrupación "democrática" y en tales casos se debe sancionar a todos como meros miembros con las penas previstas en el artículo 294). Pero este tipo de estructuras puede estimarse que se aviene más a la tipificación de las bandas o grupos criminales, donde, como ya se ha señalado, se suele establecer las penas de forma equivalentes para todos quienes pertenecen a la agrupación, sin hacer distinción alguna de posiciones de dirección, jefatura o mando, por un lado, y de mero miembro o integrante, por el otro. Sin perjuicio de lo cual es necesario precisar que la exigencia de estructura jerárquica, aunque ha constituido un criterio razonable en la diferenciación de la asociación frente a otras agrupaciones de menor complejidad organizativa, no puede hoy identificarse con la clásica estructura piramidal, pues ello desconoce la proliferación de variantes asumidas por las organizaciones criminales, especialmente la estructura celular o de red.

3.1.3. Estabilidad y permanencia

Otros requisitos constitutivos mencionados por la jurisprudencia son la estabilidad y permanencia en el tiempo, esto es, que la asociación debe tener una proyección temporal que va más allá de la comisión de uno o más delitos concretos (Etcheberry, 1998, p. 317; Grisolía, 2004, p. 82; Mañalich, 2017, p. 394, quien alude a estabilidad y persistencia). Este requisito quedaría ahora recogido en las definiciones legales de asociación delictiva y asociaciones criminal, al establecer que debe tratarse de una organización "*con acción sostenida en el tiempo*". Ahora bien, los términos en que se expresa el requisito pueden interpretarse en el sentido que la asociación debe haber desarrollado su actividad durante un espacio temporal considerable, pues así quedaría en evidencia aquella proyección temporal.

Desde otra perspectiva, este presupuesto puede vincularse a la pretensión del colectivo de tener una existencia por tiempo indefinido o, al menos, por una duración considerable, debiendo haber pervivido lo suficiente para dotarse de medios idóneos para hacer plausible la realización de su programa delictivo y lograr una coordinación consolidada entre sus miembros, de manera que se puedan reconocer los elementos constitutivos del injusto sistémico, y sea así sea apta para afectar de forma especialmente sensible la expectativas de seguridad de los ciudadanos. La exigencia de estabilidad y permanencia me parece que es **incompatible con entender que hay asociación delictiva típica desde que existe el mero acuerdo asociativo**. Por lo demás, constituye otro requisito que permite diferenciar a la asociación delictiva de otras agrupaciones estructuralmente menos complejas, como son las bandas o grupos criminales (Couso, 2019, p. 309), además de la conspiración y la mera coautoría.

3.1.4. Finalidad social delictiva

Finalmente, requisito constitutivo y característico tanto de la asociación delictiva como la asociación criminal es que su objeto social, esto es, la perpetración de simples delitos o crímenes, debe ser una **finalidad del colectivo** y no sólo de uno o varios de sus miembros (García-Pablos de Molina, 1977, p. 240). Este requisito puede considerarse comprendido en la exigencia, que ha plantado la jurisprudencia y doctrina nacional, de que exista un dolo común de los que integran la asociación referidos al plan criminal colectivamente perseguido y a las tareas que a cada uno corresponde. No obstante, tal requisito queda a su vez comprendido en el elemento subjetivo que subyace a las conductas individuales tipificadas, las que se revisarán a continuación.

3.2. *Injusto individual: conductas típicas*

Las conductas típicas propiamente tales que contempla el delito comentado son las formas de participación o funciones señaladas en los incisos 1° y 2° de los artículos 292 y 293, las cuales pueden identificarse de forma más precisa como: participación simple (ser parte), dirección (jefatura), coordinación (haber ejercido mando), financiación, provisión de recursos o medios y fundación.

3.2.1. Participación simple

La primera conducta sancionada en las figuras de asociación delictiva y asociación criminal es atribuida a *"quien es parte"* de aquellas. Si bien podría entenderse que quedan comprendidos todos quienes pertenecen a la asociación y que no realizan algunas de las conductas cualificadas señaladas en el inciso siguiente —a los que se le asigna una pena mayor—, sean estos miembros activos o pasivos, esto debe descartarse por tres razones: (i) El inciso 2°, antes de mencionar las conductas cualificadas, establece que "*si la participación consistiere en ...*", por lo que se puede entender que la referencia a "*quien es parte*" en la asociación se restringe a quienes participan en esta, no pudiendo estimarse que propiamente lo hacen, los denominados miembros pasivos o nominales, esto es, meros adherentes que no aportan de manera concreta a la realización del objeto social, esto es, la comisión de delitos. (ii) La pertenencia a la asociación no puede entenderse satisfecha con la mera adscripción formal del estatus de miembro, pues esta calidad conlleva asumir un rol en la asociación (Mañalich, 2017, p. 398; Ziffer, 2005, p. 218), lo que se manifiesta en aportar a la actividad que desarrolla el colectivo. (iii) No resulta razonable interpretar que son subsumibles en este delito, miembros pasivos o nominales, pues a ellos no se les puede transferir legítimamente el injusto sistémico, dado que no han contribuido a su generación, debiendo descartarse asimismo la atribución de un verdadero injusto individual.

Sin embargo, cabe precisar que esta participación simple —en contraste a las otras formas de participación cualificadas—, no puede concebirse limitada a la ejecución material los *delitos-fin*, sino que también comprende a otras aportaciones, que pueden ser mediatas o indirectas, pero que permiten o facilitan que la asociación pueda cumplir su propósito (Llobet, 2012, p. 681, sostiene que debe considerarse miembro activo todo quien favorecer la comisión de delitos en su seno mediante la aportación de medios personales, materiales y/o logísticos)

3.2.2. Dirección

Dentro de las conductas que se consideran formas de participación cualificadas, se menciona en primer lugar a la que corresponde a "*quienes cumplen funciones de jefatura*" en la asociación. Esta conducta se identifica con la **dirección** de la asociación al más alto nivel, siendo ejercida por sus máximas autoridades, por las personas que se encuentran en la cúspide de la estructura organizativa del colectivo (Faraldo Cabana, 2012, p. 371, pudiendo ser una o varias personas (Bocanegra, 2020, p. 226). Tal conducta se caracteriza por dar reglas, órdenes y directrices a quienes se encuentran bajo su subordinación (Llobet, 2012, p. 679), con el objetivo de que se lleve a efecto el plan delictivo de la asociación.

3.2.3. Coordinación

En segundo lugar, dentro de las conductas de participación cualificada, se menciona a los que cumplen funciones de *"...ejercer mando en ella"*. A efectos de darle un sentido a su inclusión como una conducta diversa a la de jefatura, puede identificarse con la conducta que realizan los denominados mandos [inter]medios, que consiste en **coordinar la** actividad de la asociación, impartiendo órdenes más concretas a quienes se encuentran en los niveles inferiores de la estructura organizativa del colectivo crimonoso, los cuales, por regla general, son los que ejecutan o participan de manera más próxima a la ejecución de los *delitos-fin* (LLOBET, 2012, p. 680, en un sentido similar sostiene que la figura del coordinador es quien pone en contacto a diferentes elementos que forman parte de la organización criminal y coordina sus acciones, ostentando un rol que, cualitativamente, es más relevante que el de ser un mero perteneciente que acata las órdenes dadas por sus dirigentes).

3.2.4. Financiación

También se incluye dentro de las conductas de participación cualificada, la que corresponde a quienes cumplen las funciones *"...de financiarla"*. Esta conducta implica **proporcionar recursos económicos** que permitan a la asociación **solventar la actuación y mantenimiento** de la asociación, en sus inicios o cuando su actividad no le reporta el financiamiento que necesita.

Se trata de una conducta nueva dentro de las formas cualificadas de participación en las asociaciones delictivas, introducidas por la ley 21.577. En la regulación anterior a la reforma, los financistas solo podían entenderse comprendidos en el antiguo artículo 294, donde junto a los miembros no comprendidos en el artículo precedente, se contemplaba *"a los que a sabiendas y voluntariamente le hubieren suministrado medios e instrumentos para cometer los crímenes o simples delitos"*. La tipificación específica de esta conducta y su inclusión dentro de las formas de participación cualificadas tendría su justificación en la indiscutible relevancia que tienen los financistas para el surgimiento de las asociaciones delictiva, su consolidación y mantenimiento.

Dada la equiparación penológica que tiene con las conductas de dirección y coordinación, resulta razonable entender que no quedan comprendido aquellos que aportan recursos económicos exiguos o, incluso, si son de muy baja entidad, considerando el monto requerido para lograr el sustento de la asociación.

3.2.5. Provisión de recursos o medios

Curiosamente tras la reforma promovida por la ley 21.577, se contempla también como una conducta de participación cualificada la que corresponde a quienes cumplen funciones de *"...proveerle recursos o medios"* a la asociación. Llama particularmente la atención por ser muy similar al segundo supuesto previsto en el antiguo artículo 294, recién citado, pudiendo resultar *a priori* difícil de comprender el aumento de reproche que implica su cambio de estatus.

Para darle un sentido lógico a aquello puede interpretarse que se trata de supuestos distintos. Que el recientemente incorporado se refiere a una **provisión** de recursos o medios materiales de especial relevancia, como la entrega de instrumentos **con los que se lleva a efectos los** *delitos-fin*, que se verifica de **manera constante y no circunstancial.**

3.2.6. Fundación

Finalmente, se contempla como conducta de participación cualificada en la asociación, la de *"fundarla"*. Esta conducta consiste en participar en la creación o constitución de la asociación. Aunque constituye una conducta típica absolutamente nueva en la regulación nacional del delito comentado, siendo incorporada por ley 21.577, se trate de un supuesto típico contemplado previamente en Derecho comparado (por ejemplo, en el CP español, tanto en el art. 517 N° 1, donde contempla expresamente a los fundadores y en el artículo 570 bis, donde se prevé la conducta de quienes constituyeren la asociación; también en el CP alemán, en el § 129, que se señala a quien funda la asociación).

Esta conducta tiene la particularidad que se sanciona por una conducta previo a que la asociación comience a operar y que se le asigna la misma pena prevista para quienes ejercen su dirección, coordinación o la financien, lo que se justificaría en la esencial trascendencia que ha tenido dicha conducta en que el colectivo exista.

4. *ITER CRIMINIS*

De acuerdo a lo que se ha venido planteando, especialmente a partir de la identificación de los elementos constitutivos de la asociación delictiva, en su dimensión de ente que representa un injusto sistémico, concibiéndose como un colectivo organizado, estable y permanente que tiene por objeto social la comisión de delitos —distinguible de la conspiración, banda o grupo criminal y supuestos de mera codelincuencia—, el presupuesto para que se verifiquen las conductas típicas portadoras de un injusto individual atribuibles a personas naturales y estas mismas conductas sólo resultan punibles cuando alcanzan el grado de consumadas. En otros términos, no parece razonable sancionar las conductas de dirección, coordinación, financiación, provisión, fundación o participación simple de un mero "proyecto" de asociación delictiva y/o encontrándose aquellas tentadas. Por otra parte, una razón adicional es que tales conductas son materialmente formas de proto-participación en los *delitos-fin* y, por tanto, sancionar las etapas imperfectas resulta desorbitante. Esta limitación es coincidente con lo que se aprecia en la *praxis,* pues sólo es posible encontrar sentencias donde se condenan a personas por el delito analizado en grado de consumado.

Por tanto, para poder sancionar las conductas típicas se requiere que la asociación delictiva se haya organizado y tenga acción sostenida en el tiempo, lo que ocurre recién en el momento en que la pluralidad de personas que acuerdan crear el colectivo y los que se suman a él, configuran una organización interna robusta con proyección temporal y potencialidad para llevar a efecto su programa delictivo, que efectivamente lo comienzan a llevar a efecto, presentando las características distintivas del injusto sistémico ya revisadas. Sin embargo, la realización de las conductas incriminadas puede no producirse en el mismo momento ni resultan siempre punibles inmediatamente tras realizarse. En este sentido la de fundación se consuma de forma previa a que la asociación delictiva se configure como tal, aunque su punibilidad queda supeditada a que se consolide el colectivo en los términos planteados. En tanto las conductas de dirección, coordinación y participación simple asumen habitualmente la calidad de **delito de estatus** (MAÑALICH, 2017, pp. 381), dado que **su consumación es permanente** mientras la persona mantiene su estatus o rol dentro de la asociación delictiva. No obstante, la circunstancia de abandonar el colectivo no tiene incidencia en la punibilidad del exintegrante, pues la consumación ya se produjo, salvo en los supuestos en el que se suma a aquella una delación y concurran los demás requisitos previstos en el artículo 295 para quedar exento de pena y un tribunal opte por aquello y no limitarse a rebajar la pena.

5. CONSECUENCIAS JURÍDICAS

5.1. Penalidad

Para las conductas de dirección, coordinación, financiación, provisión y fundación en asociación delictiva se prevén la pena de presidio menor en su grado máximo (3 años 1 día a 5 años) y para la conducta de participación simple, la pena de presidio menor en su grado mínimo a medio (61 días a 3 años)

Para las conductas de dirección, coordinación, financiación, provisión y fundación en asociación criminal se prevén la pena de presidio mayor en su grado mínimo (5 años 1 día a 10 años) y para la conducta de participación simple, la pena de presidio menor en su grado máximo (3 años 1 día a 5años)

5.2. Eximente o atenuante específica: delación premiada

De acuerdo con el artículo 295, se establece que quienes han cometido cualquiera de las conductas de participación en asociación delictiva o en asociación criminal prevista en los artículos 292 y 293, podrán optar a que el tribunal o bien los exima de pena o les aplica una rebaja de la pena en uno o dos grados, en dos supuestos: (i) Antes que se ejecute alguno de los *delitos-fin* revelen a la autoridad la existencia de la asociación, sus planes y propósitos o la identidad de sus otros miembros. (ii) Con independencia de que hayan o no intervenido en la perpetración de los *delitos-fin* u otros delitos que corresponden a medios de los que asociación se vale, revele a la autoridad la existencia de la ésta, sus planes y propósitos o la identidad de sus miembros, siempre y cuando de acuerdo al criterio del tribunal la autoridad haya estado en condiciones de disolverla antes de que se comenten delitos posteriores a aquella delación.

De forma previa a la reforma promovida por la ley 21.577, se contemplaba solo el primer supuesto, pero establecía como exigencia para que procediera la exención de pena —único efecto entonces regulado— que la revelación se efectuara antes de ser perseguida que pretendía beneficiarse, por lo que puede entenderse que actualmente procede incluso después de presentada acusación y durante el desarrollo del juicio. No obstante, el retardo podría determinar que el tribunal no conceda la exención de pena o la rebaja en un solo grado. En cualquiera caso, el Tribunal tiene en principio amplia libertad para decidir el efecto que finalmente le otorga a la delación

5.3. *Consecuencia accesoria*

Atendiendo a que la asociación delictiva pudo haber operado a través de una persona jurídica, en el inciso 2° del artículo 294, se prevé la disolución o cancelación de la persona jurídica, como consecuencia accesoria a imponer.

Esta consecuencia accesoria fue agregada por la ley 20.393, de 2.12.2009, ley que introdujo la responsabilidad penal de las personas jurídicas en Chile, pretendiendo aparentemente establecer una diferenciación entre (a) las personas jurídicas que se constituyen o se instrumentalizan para dar una fachada legal a una asociación que tiene por objeto o actividad principal la comisión de delitos —o devienen en ésta— o que contemplan la comisión de delitos como medios programáticos necesarios para desarrollar una actividad principal lícita, y (b) las personas jurídicas que tienen tendencia criminal o que eventualmente cometen delitos en virtud de un defecto de organización, previendo respecto de estas últimas la imposición de consecuencias jurídicas denominadas formalmente penas en la ley antes mencionada.

Esta consecuencia accesoria recién fue aplicada por primera vez el año 2023, cuando se ordenó la disolución de una sociedad (SJG de Puerto Montt, de 30.5.2023, RIT 10336-2020).

5.4. *Comiso*

La ley 21.577 incorporó expresamente a la regulación de este delito la procedencia del comiso de ganancias derivadas de la actividad de la asociación delictiva o de la asociación criminal, tanto en el supuesto que se dicte sentencia condenatoria, conforme a los incisos 3° y 4° del artículo 294, como también en algunos supuestos en que se dictara sobreseimiento o sentencia absolutoria, conforme al artículo 294 bis. Asimismo, se introdujo el denominado comiso sustitutivo por valor equivalente en el artículo 294 ter.

6. CUESTIONES CONCURSALES

En el supuesto en que a una misma persona le sea imputable alguna de las conductas de participación en asociación delictiva o en asociación criminal, conforme a los artículos 292 o 293, como la autoría o participación en la ejecución de uno o más *delitos-fin* o delitos que se hubiere cometido con ocasión de la actividad de la asociación, se debe apreciar un concurso de delitos, según lo dispone el inciso 1° del artículo 294. Esta disposición legal que se encontraba de forma muy anterior a la ley 21.577, la jurisprudencia ampliamente la había interpretado en el sentido de que corresponde apreciar un **concurso real de delitos**, siendo aplicable la regla de **acumulación material** prevista en el artículo 74 (SCS, de 24. 2.2016, Rol N° 37965-2015; STOP (5) de Santiago, 5, RIT 197-2015; 10.12.2014SJG de Puerto Varas, de 18.1.2021, RIT 2066-2018). Sin embargo, recientemente se ha planteado en la doctrina que debería aplicarse la regla de acumulación jurídica por exasperación prevista en el inciso 2° del artículo 351 del Código Procesal Penal (Mañalich, 2017, pp. 402 y 403).

Tratándose del supuesto en que a una misma persona le es imputable varias conductas típicas, dado que ha ido cambiando de roles durante su vinculación a la asociación delictiva, se debe apreciar un concurso aparente, aplicable sólo la pena correspondiente a las conductas que prevén mayor pena. Así, cuando una persona se incorpora al colectivo como un mero miembro o integrante y luego asume como jefe o mando medio, se debe considerar sólo la conducta de dirección o coordinación y aplicar la pena correspondiente a ésta, al igual que en el caso contrario, cuando se incorpora como mero miembro y posteriormente asume como jefe o mando medio, no siendo procedente aplicarle también la pena prevista para la primera forma de participación que desempeña. Misma solución debe aplicarse cuando las diversas conductas están sancionadas con la misma pena: si un financista asume como jefe o mando medio, se considera que sólo se configura una conducta típica y, por tanto, se aplica una sola pena.

Finalmente, otro supuesto en que debe apreciarse concurso aparente es aquel que se presenta cuando una asociación delictiva pasa de tener por objeto la comisión de simple delitos a la ejecución de crímenes. En tal caso deben aplicarse las penas previstas para la correspondiente participación en una asociación criminal, porque se transforma a esta. En el caso inverso, si la asociación transita de asociación criminal a asociación delictiva, ello no obsta a seguir siendo sancionados por las penas para la primera. Conforme a esta interpretación, la ley 21.577, incorporó en un nuevo inciso final del artículo 293, una regla según la cual en el supuesto en que la asociación tiene por objeto tanto la comisión de crímenes como de simple delito, se debe aplicar las penas prevista en el inciso 1° del artículo 293. No obstante, parece que el legislador incurrió en una errata, pues no estableció expresamente que aquello solo es aplicable en el caso que se atribuya la conducta de participación simple y no cuando se impute alguna forma de participación cualificada, pues en tal caso lo razonable es que se imponga la pena prevista en el inciso 2°.

Bibliografía

BOCANEGRA MARQUÉZ. Jara, Los delitos de organización y grupo criminal. Cuestiones dogmáticas y de política criminal, Bosch, Barcelona, 2020.

CANCIO MELIÁ, Manuel, "Delitos contra la Constitución", en: Gonzalo Rodríguez Mourullo(dir.), Agustín Jorge Barreiro (coord.), Comentarios al Código Penal, Civitas, Madrid, 1997, pp. 1286-1337

CANCIO MELIÁ, Manuel, "El injusto de los delitos de organización: peligro y significado", en: Manuel Cancio Meliá y Jesús María Silva Sánchez, Delitos de organización, B de F, Buenos Aires-Montevideo, 2008, pp. 15-84.

CARNEVALÍ RODRÍGUEZ, "Las organizaciones criminales. Algunas cuestiones a considerar para su configuración", en: Doctrina y Jurisprudencia penal, N° 18, 2013, pp. 3-22.

COUSO SALAS, Jaime, "§ 10. De las asociaciones ilícitas, arts. 292 a 295 bis. Comentario" en: Jaime Couso; Héctor Hernández (Directores), Código penal comentado. Parte especial. Libro segundo,título VI (arts. 261 a 341), Legal Publishing, Santiago, 2019.

DÍAZ Y GARCÍA CONLLEDO, Miguel, Voz "asociación ilícita", en: Diego Manuel Luzón Peña (coord.), Enciclopedia penal básica, Comares, Granada, 2002, p. 103-114.

ETCHEBERRY, Alfredo, Derecho penal. Parte especial. Tomo IV, 3ª edición, Editorial Jurídica de Chile 1998.

FARALDO CABANA, Patricia, Asociaciones ilícitas y organizaciones criminales en el Código penal español, Tirant lo blanch, Valencia, 2012.

GARCÍA PABLOS DE MOLINA, Antonio, Asociaciones ilícitas en el Código Penal, Bosch, Barcelona, 1977.

GUZMÁN DALBORA, José Luis, "Objeto jurídico y accidentes del delito de asociaciones ilícitas", en: José Luis Guzmán Dalbora, Estudios y defensas penales, 2ª ed., Santiago, LexisNexis, pp. 93-166

GRISOLÍA CORBATÓN, Francisco, "El delito de asociación ilícita", Revista Chilena de Derecho, vol. 31 N°1, 2004, pp. 75-88

JAKOBS, Günther, "Criminalización en el estadio previo a una lesión de un bien jurídico", trad. M.908 Cancio Meliá, en: Estudios de Derecho Penal, UAM-Civitas, Madrid, 1997, pp. 293-324.

LABATUT GLENA, Gustavo, Derecho Penal. Parte Especial, T. II, 7ª ed., actualizada por J. Zenteno, Editorial Jurídica de Chile, Santiago, 2007.

LLOBET ANGLÍ, Mariona, "Capítulo 25. Tenencia, tráfico y depósito de armas o municiones, organizaciones y grupos criminales y delitos de terrorismo», en: Jesús María Silva Sánchez (Director), El nuevo Código Penal. Comentarios a la reforma, La Ley, Madrid, 2012.

BOCANEGRA MÁRQUEZ, J. (2020). Los delitos de organización y grupo criminal: cuestiones dogmáticas y de política criminal. Barcelona, J.M. BOSCH EDITOR. Recuperado de https://elibro.net/es/ereader/bibliotecasuc/158324?page=321.ª ed., actualizada por J. Zenteno, Editorial Jurídica de Chile, Santiago, 2007.

MAÑALICH RAFFO, Juan Pablo, "Organización delictiva. Bases para su elaboración dogmática en Derecho Penal", Revista Chilena de Derecho, Vol. 38 N° 2, 2011, pp. 279-310.

MAÑALICH RAFFO, Juan Pablo, "Terrorismo y organización", Revista Ius et Praxis, Año 23, N° 1, 2017, pp. 367-418.

MEDINA SCHULZ, Gonzalo, "El injusto del delito de la asociación ilícita como problema de la estructura de afectación del bien jurídico", en: Juan Pablo Mañalich Raffo (Coord.) La ciencia penal en la Universidad de Chile. Libro homenaje a los profesores del Departamento de Ciencias Penales de la Facultad de Derecho de la Universidad de Chile, 2013, pp. 481-505.

MUÑOZ CONDE, Francisco, Derecho Penal. Parte Especial, 23ª ed., Tirant lo blanch, Valencia, 2021.

PASTOR MUÑOZ, Nuria, Los delitos de posesión y los delitos de estatus: una aproximación político criminal y dogmática, Atelier, Barcelona, 2005.

ROSAS OLIVA, Juan Ignacio, Los nuevos tipos penales de asociación delictiva y asociación criminal del Proyecto de nuevo Código Penal 2014: ¿Una respuesta específica a la criminalidad organizada?", Revista de Ciencias Penales, Sexta época, XLII N° 3, Año 2015, pp. 221-240.

SILVA SÁNCHEZ, Jesús María, "La "intervención a través de organización", ¿una forma moderna de participación en el delito?", en: Manuel Cancio Meliá y Jesús María Silva Sánchez, Delitos de organización Delitos de organización, B de F, Buenos Aires-Montevideo, 2008, pp. 87-118 2008.

ZIFFER, Patricia, El delito de asociación ilícita. Ad-Hoc, Buenos Aires, 2005.

ZUÑIGA RODRÍGUEZ, Laura, Criminalidad organizada y sistema de derecho penal, Comares, Granada, 2009.

Sentencias citadas

Sentencia del 9° Juzgado de Garantía de Santiago, de 22 de mayo de 2014, RIT 5894-2013.

Sentencia del Juzgado de Garantía de Puerto Varas, de 18 de enero de 2021, RIT 2066-2018.

Sentencia del 5° Tribunal de Juicio Oral en lo Penal de Santiago, de 10 de diciembre de 2015, RIT 197-2015.

Sentencia de la 1ª Sala, de la Corte de Apelaciones de Santiago, de 13 de abril de 2012, ROL N° 77-2012

Sentencia de la Corte de Apelaciones de Antofagasta, de 27 de noviembre de 2020, ROL N° 754-2020.

Sentencia de la 1ª Sala, de la Corte de Apelaciones de Valdivia, de 7 de mayo de 2021, ROL N° 40-2021.

Sentencia del Juzgado de Garantía de Puerto Montt, de 30 de mayo de 2023, RIT 10336-2020

Sentencia de la Corte Suprema, de 8 de julio de 2010, Rol N° 2596-2009.

Sentencia de la Corte Suprema, de 24 de febrero de 2016, Rol N° 37965-2015.

Sentencia de la Corte Suprema, de 29 de mayo de 2023, Rol N° N° 122.925-2022.

Sentencia del Tribunal Constitucional, de 21 de agosto de 2007, Rol N° 739-2007.

Sentencia del Tribunal Constitucional, de 4 de noviembre de 2010, Rol N° 1441-2009.

Capítulo X
La protección del medio ambiente en Chile y sus implicancias penales. Visión general

María Cecilia Ramírez Guzmán
Magíster en Derecho. Abogada
Profesora de Derecho Penal
Universidad del Desarrollo

Jean Pierre Matus Acuña
Doctor en Derecho. Abogado
Ministro de la Corte Suprema de Chile

I. INTRODUCCIÓN

Con la publicación de la Ley N° 21.595, sobre Delitos Económicos, de 17 de agosto de 2023, Chile ha transitado en materia de regulación penal ambiental desde un modelo de prescindencia a uno de regulación con ciertas limitaciones. El primero se caracterizaba por la inexistencia de tipificación general orientada directamente a la protección del medio ambiente en sí, contando con disposiciones penales tradicionales a las que se echaba mano para enfrentar sucesos de contaminación o daño ambiental, algunas de las cuales habían sido reformadas, antes de la dictación de la ley citada, para superar sus limitaciones originales, como lo relativo a la protección de las aguas y de los bosques. Además, en la última década se introdujeron figuras penales nuevas en orden a perfeccionar la tutela penal de componentes del medio ambiente en materia de biodiversidad y tráfico ilícito de residuos. Entre estas reformas, quizás las más reconocibles como delitos ambientales de cuño moderno, estaban las vinculadas a la protección penal del medio ambiente antártico, disposiciones limitadas territorialmente en su ámbito de aplicación. Tales modificaciones se debieron que realizar en su momento en aras de cumplir con los compromisos internacionales suscritos o bien de dar respuesta a sucesos de contaminación o daño ambiental local, sin que hasta antes de la publicación de la Ley de Delitos Económicos se haya establecido un delito de contaminación general dolosa y negligente, una regulación especial para sancionar la burla del sistema administrativo de protección del medio ambiente y la sanción penal de las personas jurídicas y sus directivos principales por todos los hechos punibles que afectasen al medio ambiente (Matus, et al, 2004 y 2018).

En efecto, la Ley N° 21.595 supuso un cambio importante al panorama legislativo así descrito, por cuanto pasa a regular la materia en los siguientes aspectos que se estiman relevantes: por una parte, tipificó en el Código Penal (arts. 305 a 312), diversos atentados contra del medio ambiente incorporando abiertamente el delito de contaminación en diversas modalidades; de otra, incorporó modificaciones la Ley N° 20.417 para castigar la presentación falsa o incompleta de información ante el sistema administrativo de gestión ambiental o lo burlare; por último, en el catálogo de delitos que pueden dar lugar a la responsabilidad penal de la persona jurídica se encuentran los delitos contra el medio ambiente, sean o no considerados económicos por la nueva ley.

II. ANTECEDENTES GENERALES

El Código Penal nacional data de 1874, cuestión que es importante tener presente porque se trata de una legislación, reformada en muchos lugares, que rige hasta el día de hoy y explicaba el estado de prescindencia someramente descrito como punto de partida de la protección del medio ambiente y al que se hacía referencia en el apartado anterior (Matus, et al, 2019, p. 205). En efecto, los Códigos de esa época no contemplaron al medio ambiente como un objeto de interés per se, por lo que cuando comenzaron a darse fenómenos de daño o puesta en peligro ambiental, para hacerles frente hubo que recurrir a disposiciones generales concebidas con otros propósitos o bien a leyes especiales que permitiesen abordar indirectamente ilícitos contra el medio ambiente a través de la protección de elementos que lo componen. A modo de ejemplo se venía intentado aplicar, entre otros, los delitos que atentan contra la salud pública, de incendio y las disposiciones de la Ley de Bosques.

A nivel constitucional, la Constitución Política de la República del año 1980 establece, en el catálogo de garantías constitucionales, el derecho a vivir en un ambiente libre de contaminación (artículo 19 N° 8 CPR), y el deber consecuente del Estado de velar porque ese derecho no sea amagado (Galdames, 2017 y 2018, p. 76). Según Bermúdez una importante consecuencia se desprende de la formulación de la garantía es lo relativo al carácter antropocéntrico de su reconocimiento, lo que implica proteger a la naturaleza en tanto sus titulares, hombre y mujeres, vean afectado su derecho a vivir en un medio libre de contaminación (BERMÚDEZ, 2000, p. 11).

Si bien la carta fundamental no da un concepto de medio ambiente éste se encuentra definido por la Ley sobre Bases Generales del Medio Ambiente como "el sistema global constituido por elementos naturales y artificiales de naturaleza física, química o biológica, socioculturales y sus interacciones, en permanente modificación por la acción humana o natural y que rige y condiciona la existencia y desarrollo de la vida en sus múltiples manifestaciones" (artículo 2, letra ll), de la Ley N° 19.300). Se trata de una noción legal amplia comprensiva no solo de elementos materiales sino también de aspectos, como la misma disposición lo señala, socioculturales.

Ahora bien, la referida ley publicada en el año 1994 fue objeto de una importante modificación el año 2010 que creo el Ministerio, el Servicio de Evaluación Ambiental y la Superintendencia del Medio Ambiente (Ley N° 20.417). El funcionamiento de la última quedó vinculado al establecimiento de los Tribunales Ambientales (Ley N°20.600), entrando en régimen pleno recién el 28 de diciembre de 2012.

Según el Mensaje presidencial que inició la tramitación de la Ley N° 20.417, se tuvo en la mira propender a una "integración legal entre información e incentivos para los sujetos que ejercen sus derechos y los que imponen sus potestades públicas" y el desarrollo de una política ambiental adecuada, ajustada por lo demás a las evaluaciones de desempeño en el área de que había sido objeto el país. Específicamente se cita la del año 2005, realizada por la OCDE de la que emanaron 52 recomendaciones. En éste se lee:

"El país ha fortalecido sus instituciones ambientales sobre la base de un modelo de coordinación ambiental multisectorial. Además, ha intensificado sus iniciativas ambientales relativas al aire, el agua, los residuos y la gestión de la diversidad biológica, con instrumentos innovadores (comerciales, entre otros) y reformas exitosas (servicios relacionados con el agua, entre otros). Subsisten importantes desafíos en la continuidad del progreso de la gestión ambiental y la integración de las consideraciones ambientales en las políticas sectoriales (relativas a agricultura, energía, transporte, industria primaria, turismo y tributación, entre otros). Chile también está consciente de la brecha relativa a la convergencia con los estándares ambientales de los países de la OCDE, sobre todo en el contexto de los acuerdos de libre comercio y los tratados ambientales multilaterales" (OCDE/CEPAL, 2005).

El periodo comprendido en el informe corresponde a los años 1990-2006, en que efectivamente se experimentó un fortalecimiento de la institucionalidad ambiental con la Comisión Nacional del Medio Ambiente (CONAMA) a la cabeza, pero con las deficiencias que el organismo supranacional destaca, lo que llevó a plantear en definitiva una política ambiental que es recogida por la Ley N° 20.417 y las instituciones sucesoras de la Comisión, esto es, el Ministerio de Medio Ambiente y el Servicio de Evaluación ambiental. Pendiente se encontraba la creación del Servicio de Biodiversidad y Áreas Protegidas, cuya tramitación parlamentaria ya se encuentra terminada dando lugar a la Ley N° 21.600 de 21. 08. 23 (Boletín N°9.404-12).

En cuanto a la fiscalización de la normativa ambiental, quedó radicada en la Superintendencia del Medio Ambiente (artículo 64 de la Ley N° 19.300), la que tiene las funciones de "ejecutar, organizar y coordinar el seguimiento y fiscalización de las Resoluciones de Calificación Ambiental, de las medidas de los Planes de Prevención y/o de Descontaminación Ambiental, del contenido de las Normas de Calidad Ambiental y Normas de Emisión, y de los Planes de Manejo, cuando corresponda, y de todos aquellos otros instrumentos de carácter ambiental que establezca la ley" (instrumentos de gestión ambiental) (López, 2019, p. 277). A ello se agrega la evaluación ambiental estratégica incorporada por la ley N° 21. 600 a la Ley N° 19.300 en el actual artículo 7 bis cuyo procedimiento y plazos dependen de un reglamento que deberá dictarse al efecto.

Por otra parte, cabe hacer presente que la competencia de los Tribunales Ambientales establecida en el artículo 17 de la Ley N°20.600, se centra en conocer de las reclamaciones de ilegalidad de ciertos actos administrativos y normas dictadas por el Ministerio del Medio Ambiente, la Superintendencia del Medio Ambiente, el Servicio de Evaluación Ambiental, el Comité de Ministros y otros organismos del Estado con competencia ambiental; además de las demandas para obtener la reparación por daño ambiental y solicitudes de autorización previa o revisión en consulta, respecto de medidas temporales, suspensiones y ciertas sanciones aplicadas por la Superintendencia del Medio Ambiente (Urrutia, 2013, p. 497). En caso de hechos que constituyesen delito, con independencia del título penal de imputación, corresponde su conocimiento y sanción a los tribunales penales.

Con respecto a la responsabilidad ambiental señalada en la ley —concebida en los mismos términos anteriores a la nueva institucionalidad—, se trata una de carácter civil y responde de ella todo el que dolosa o culposamente cause daño ambiental. Se rige, en lo no previsto en la Ley de Bases u otros cuerpos especiales, por la normativa general de la responsabilidad extracontractual siendo requisitos para su procedencia no solo la acreditación de los elementos subjetivos ya aludidos, sino también la relación de causalidad entre la infracción cometida y el daño producido.

La ley concede, además, acción reparatoria del daño ambiental (artículo 53) y legitimación activa (artículo 54). La novedad en la materia, introducida por la Ley N°20.417, corresponde a que se exime de la reparación por el daño ambiental al que ejecute satisfactoriamente un plan de reparación aprobado por la Superintendencia del ramo (excepción de cumplimiento ex post), lo que Bermúdez denomina la preclusión de la acción ambiental (Bermúdez, 2016, p. 427).

En cuanto a la sanción de hechos de contaminación propiamente tales quedan sujetos a sanciones administrativas, los previstos en el artículo 35 de la Ley Orgánica de la Superintendencia de Ambiente, relativos a incumplimientos de normas de emisión, incumplimiento de leyes y reglamentos y demás normas vinculadas con las descargas de residuos líquidos ambientales (Matus, 2019, p. 372). Por otra parte, las infracciones al sistema de gestión ambiental también se sancionan administrativamente, en la medida que se subsuman en algunas de las hipótesis previstas en el mismo artículo 35 como sería el incumplimiento de normas e instrucciones generales que la Superintendencia imparta (literales b), d), e), f), i) y m) del artículo 35 de la Ley Orgánica de la Superintendencia del Medio Ambiente; las sanciones a estas infracciones se encuentran en el artículo 36 de la misma ley y se clasifican según su gravedad).

Tratándose de la responsabilidad penal en las leyes en comentario, la N°20.417 en el artículo 30 inciso segundo del artículo 2, estatuyó un único delito que corresponde a uno de carácter funcionario por la infracción del deber de confidencialidad de la información, obtenida de una acción de fiscalización y que efectúa un reenvío al artículo 247 del Código Penal sobre violación de secretos, cuestión que se vio modificada con la publicación de la Ley N° 21.595 como se verá más adelante

En síntesis, el diseño normativo en materia ambiental puso el foco en la regulación administrativa de las diversas situaciones que implican afectación del medio ambiente en el corto, largo y mediano plazo cambiando esta perspectiva en un aspecto significativo a mediante la dictación de la Ley de Delitos Económicos

III. VALORACIÓN CRÍTICA

Un aspecto importante de este diseño institucional consiste en su vocación de integrar las decisiones en un órgano que articule los sectores que comprometen la política ambiental, cuestión que con anterioridad no sucedía pues, en palabras de Guiloff, "la antigua institucionalidad solo era coordinadora y transversal para los efectos de los actos administrativos y políticas cuyo proceso de elaboración era coordinado por la CONAMA, pero no respecto de aquellos cuya dictación fuera de competencia de un organismo sectorial con atribuciones en materia" (GUILOFF, 2011, p. 232). En tal sentido se puede considerar un avance el hecho que la regulación ponga el acento en la dirección y control funcionalmente centralizado que otorga facultades amplias a la Superintendencia del ramo para imponer sanciones, entre las cuales se contemplan algunos hechos de contaminación o burla al sistema de gestión ambiental (sobre las limitaciones subsistentes, v. CORDERO, 2016, p. 367). Esta última se vio ampliada precisamente con la publicación de la Ley N°21. 595.

En términos generales se trata de un sistema a que cumple sus fines, según estudios que se han realizado sobre su aplicación (LÓPEZ, 2019; BERRÍOS, 2019), salvando eso sí la evaluación general de desempeño del Estado de Chile en comparación a otros integrantes de la comunidad internacional a la que se hará referencia a continuación.

En ese ámbito, a pesar de reconocerse un avance impulsado en gran medida desde los criterios de política ambiental de la OCDE, subsisten algunos problemas que este mismo organismo se encarga de hacer presente en su segundo informe de evaluación ambiental del año 2016:

> "Sin embargo, el consumo de energía y materiales, las emisiones de gases de efecto invernadero y la generación de residuos continuaron su curso alcista de la mano del crecimiento económico. Entre los miembros de la OCDE, Chile tiene una de las economías más intensivas en el uso de recursos, lo que refleja el papel clave que desempeñan la extracción y la fundición de cobre, la agricultura, la silvicultura y la pesca. La contaminación atmosférica continúa elevada, sobre todo en las grandes zonas urbanas e industriales. Más del 95% de los residuos se descargan en vertederos. La escasez de agua y la contaminación constituyen temas preocupantes en las zonas donde se concentran la minería y la agricultura (las regiones del norte y del centro, respectivamente). Las distorsiones en la asignación y el comercio de derechos de aprovechamiento de aguas, y la falta de una gestión integral de los recursos hídricos traen aparejada la sobreexplotación de algunos acuíferos y exacerban los conflictos locales".

Se efectuaron una serie de recomendaciones incluyendo las relativas a la aplicación más rigurosa de la normativa ambiental, destacando, en lo que interesa, que a diferencia de los otros países que participan en la entidad, Chile no aplicaba sanciones penales por delitos ambientales haciendo expresamente una recomendación en orden a considerarlo (OCDE/CEPAL, 2016, 28 a 31).

Entre las deficiencias del sistema, especialistas señalaban que existían ámbitos en que la actividad administrativa sancionatoria no tenía aplicación o bien resultaba insuficiente. Así en la mayoría de los casos se acusaba la inexistencia de sanción administrativa que alcanzara a las personas naturales que por sus actos individuales fueran responsables de la estrategia del proyecto sujeto a evaluación, quienes al no sufrir directamente la sanción no contaban con estímulos para efectuar cambios estructurales (Matus, 2019, p. 375, citando la opinión de un Magistrado de un Tribunal Ambiental de Santiago). Además, en caso de una persona natural que infringía el Sistema de Evaluación Ambiental, burlándolo, sólo se podía recurrir a la falta del artículo 495 N°9 del Código Penal. Este aspecto fue modificado por la Ley de Delitos Económicos en cuanto cambió la Ley N° 20.417 introduciendo los artículos 37 bis y 37 ter nuevos.

Por otra parte, apartándose de la tradición normativa nacional (Matus, 2019, p. 375, nota 1), las declaraciones juradas falsas sobre el impacto ambiental de una actividad ante el Sistema de Evaluación, carecían de sanción establecida. Tampoco lo estaba la realización de informes falsos o incompletos durante el proceso de evaluación y que influyan en la toma de decisiones de los respectivos organismos administrativos.

Con todo, el artículo 36, N°1, letra d)de la Ley Orgánica de la Superintendencia del Medio Ambiente estatuye como base para calificar una infracción como gravísima el hecho de acompañar información falsa u ocultar antecedentes relevantes, lo que se aplica respecto de personas jurídicas —no naturales— titulares de los proyectos infractores. Por su parte, el artículo 35, letra d), de dicho cuerpo legal, establece que, tratándose de titulares de entidades certificadoras que no cumplen con los términos o condiciones, según las cuales les fue dada la autorización, la misma ley dispone que incurren en una infracción, pero a diferencia de la anterior de carácter autónoma.

En cuanto a los planes de cumplimiento, en la ley no tienen una naturaleza preventiva, pues están concebidos para cuando se ha iniciado un procedimiento administrativo sancionatorio. Son los programas de cumplimiento a que alude el artículo 42 de la Ley Orgánica en comentario, que suspende el proceso incoado, teniendo la virtualidad de ponerle término si se cumple satisfactoriamente dentro del plazo estipulado. Por otra parte, los planes de reparación cobran vigor una vez concluido el procedimiento sancionatorio (artículo 43 de la Ley Orgánica de la Superintendencia de Medio Ambiente).

Sigue vigente la crítica reseñada en su momento sobre la dificultad de identificar un solo hecho que ocasione grave contaminación ambiental para sancionarlo en sede administrativa, habida cuenta la formulación de las normas de calidad ambiental, sea primaria o secundaria, y las normas de emisión que apuntan a "finalidades de gestión que toman en cuenta factores acumulativos, territoriales, temporales, y hasta estacionales" (Matus, 2004, p. 13).

En consecuencia, la normativa ambiental presentaba dificultades de aplicación o derechamente no resultaba aplicable en el caso de personas naturales que burlasen el sistema administrativo del medio ambiente y frente a la grave contaminación y daño ambiental cometido por éstas, hacían justificado el recurso al derecho penal para reforzar el sistema (Matus, 2019, p. 378).De algunas de estas falencias se hizo cargo la reforma de la Ley de Delitos Económicos en lo relativo a delitos contra el medio ambiente.

IV. DISPOSICIONES PENALES QUE PROTEGEN EL MEDIO AMBIENTE NACIONAL

Como ya se expresó, en Chile hasta antes de la Ley N° 21.595 no existía una legislación penal concebida para proteger el medio ambiente como tal, salvo respecto del medio antártico, por lo que para hacer una revisión de los tipos penales disponibles con miras a su protección, había que recurrir a las disposiciones que tutelan elementos constitutivos del medio ambiente, sea de manera directa o indirecta, como el aire, aguas, suelo, ciertas especies, etcétera. El panorama legislativo cambió con la entrada en vigor de la nueva ley, que dio lugar a la tipificación de delito de contaminación y otras reformas a la que se hará mención, por lo que la presentación de la regulación se hará a partir de estos delitos, continuado con la normativa anterior que ha quedado como un medio de protección indirecta del medio ambiente o bien restringida ya sea por el componente del medio ambiente al que se atiende o el territorio. Se continuará con una mención a la situación de la responsabilidad penal de la persona jurídica y los delitos contra el medio ambiente. Luego se incluye un apartado sobre la tutela autónoma del sistema administrativo de gestión ambiental a través de la sanción de la burla al mismo o del entorpecimiento.

V. DE LOS DELITOS DE CONTAMINACIÓN PREVISTOS EN EL CÓDIGO PENAL

El nuevo artículo 308 del Código Penal introducido por la Ley de Delitos Económicos tipifica una figura de contaminación que consiste en una grave afectación del medio ambiente que recae en los siguientes objetos:

aguas marítimas o continentales, superficiales o subterráneas, el suelo o subsuelo, ya sea continental o marítimo, el aire, la salud animal o vegetal, recursos hídricos, abastecimiento del agua potable, humedales. Comprende de dos modalidades comisivas: emisión, en un sentido amplio (verter, depositar o liberar) de sustancias contaminantes o la extracción de aguas o componentes del suelo o subsuelo. Cabe observar que, tratándose de los humedales, la conducta se restringe a verter en ellos tierras u otros sólidos, por lo que no se comprendería, por ejemplo, el de químicos caso en el cual habría que reconducirla a uno de los otros objetos, de ser posible. Además de lo anterior, deben verificarse, de acuerdo con el numeral 1, las hipótesis evasión del sistema de gestión ambiental en los términos del artículo 305 del Código, que se contravenga según lo dispuesto en el artículo 306, se extraigan indebidamente aguas del artículo 307 o bien, en el numeral 2, no se cuente con autorización. No es, por lo tanto, un delito que se satisfaga con la mera afectación, por muy grave que ésta fuera.

De la lectura de esta disposición surge el problema de delimitación entre ésta y el articulado de la Ley General de Pesca y Acuicultura que prevé un delito de contaminación de aguas en tanto se produzca un daño a los recursos hidrobiológicos, en su artículo 136. Ambas tienen en común que la conducta se lleva a cabo desatendiendo la normativa que regula la actividad. En el caso del artículo 136 LGPA consiste en actuar sin autorización, en contravención a sus condiciones o infringiendo la normativa aplicable, mientras que en el artículo 308 CP, comprendiendo los anteriores, se agregan los instrumentos reguladores que se especifican. En consideración a las penas en juego y siendo las de la nueva disposición más altas, los casos de afectación grave del medio ambiente serían subsumidos por ésta por los principios de *lex posterior* y *alternatividad*, mientras que el artículo 136 de la ley especial quedaría reservado para los supuestos no comprendidos en la nueva regulación, esto es, aquellos casos en que, sin autorización, se contaminen aguas causando daño hidrobiológico, pero sin afectar gravemente el medio ambiente. En caso contrario, vale decir mediando dicha grave afectación, se aplicaría la disposición del Código Penal.

Los artículos 305, 306 y 307 tienen en común que no requieren de una afectación grave. El primero de ellos es un delito de contaminación con mera evasión del sistema de gestión ambiental, cometido a través de la emisión o extracción. En efecto, este artículo sanciona el hecho de no haber sometido su actividad a una evaluación de impacto ambiental, a sabiendas de estar obligado a ello. Las conductas de emisión corresponden a verter o liberar a lo que se agrega la extracción. Los objetos en que recaen son las aguas marítimas o continentales, sean superficiales o subterráneas, o aguas marítimas; en el suelo o subsuelo ya sea continental o marítimo, el aire y los humedales. Tratándose de los humedales se especifica que lo vertido es tierra u otros sólidos.

A su turno, el artículo 306 tipifica la contaminación habitual con emisión o extracción que no constituye grave afectación ambiental. En este caso, el supuesto típico se verifica cuando contando con la autorización se contraviene o incumple, los instrumentos de gestión ambiental indicados, siempre que el infractor hubiese sido previamente sancionado dos o más veces en un procedimiento administrativo, distintos con respecto a la misma unidad controlada. Este delito podría encontrar una litigación constitucional basada en la idea de que se estaría sancionando dos veces la misma conducta, como sucede con la sanción de cancelación del carnet de conducir por la reiteración de infracciones graves (art. 208, inc. 2 Ley de Tránsito, declarado inaplicable por infracción al *non bis in idem*, entre otras, por la STC Rol 5932, de 24 de septiembre de 2019)

Por su parte, el artículo 307 castiga la extracción indebida de aguas por reducción o agotamiento.

Además, la ley previó un delito negligente por grave afectación por imprudencia sea temeraria o bien se trate de una mera imprudencia o negligencia con infracción de reglamentos, distinguiéndose las penas según si la afectación grave fue perpetrada concurriendo las circunstancias previstas en los artículos 305 al 307, de la producida fuera de ese caso.

Por otra parte, se prevé en el artículo 310 del Código un delito de grave afectación de elementos del medio ambiente especialmente protegidos como lo son una reserva de región virgen, monumento natural, reserva nacional o humedal de importancia nacional en el inciso primero. Éstos no requieren que se configure alguna infracción de la normativa ambiental, dando a entender que su alteración se encuentra absolutamente prohibida. En cambio, tratándose de glaciares, el inciso segundo sí requiere para la sanción penal que exista infracción a instrumentos de gestión ambiental o evasión del sistema, de modo que su protección se vincula con la existencia de la posibilidad de que sean gestionados o alterados, contando con las autorizaciones correspondientes. Por último, el inciso tercero sanciona la imprudencia temeraria o bien se trate de una mera imprudencia o negligencia con infracción de reglamentos.

En cuanto a la afectación grave del medio ambiente, la propia ley establece lo que se entiende por tal en el artículo 310 bis del mismo Código, señalando que es el cambio adverso producido en alguno de sus elementos. La afectación es de carácter material u objetiva (y, por tanto, requiere de prueba independiente para su determinación y que será pericial, en la medida que importe juicios científicos, técnicos o especializados en la materia) y se presenta en la medida que se produzcan las circunstancias de los numerales 1 a 7. Las primeros cuatro son similares a lo señalado en la Ley 21.255 que establece el Estatuto Chileno Antártico, agregando la de incidencia en especies vulnerables en sentido amplio, el riesgo grave para la salud de una o más personas y la afectación significativa de las funciones ecosistémicas que comprometan el componente ambiental. Hay una agravante especial si se causa un daño irreversible en el N°1 del artículo 308 y en los incisos primero y segundo del artículo 310 ya citados.

En cuanto a la penalidad de estos delitos, el artículo 310 ter establece un régimen de compensación con las multas impuestas por la vía administrativa, permitiendo su abono a las establecidas en la ley penal.

Por otra parte, se establece una rebaja de pena en el artículo 311 del Código haciendo aplicable solo la multa en los casos en que las emisiones no superen significativamente el límite permitido o autorizado o bien haya operado una reducción de emisiones y no exista grave afectación, en los supuestos en los artículos 305, 306 y 307. El inciso final de esta disposición establece una rebaja facultativa de la multa, tratándose de extracción indebida de aguas continentales, superficiales, subterráneas, destinadas a la subsistencia (bebida y uso doméstico)

Luego el artículo 311 bis, para el caso del artículo 310 contempla una pena accesoria para la grave afectación, consistente en la prohibición de ingreso al área afectada u otras áreas.

Además, se permite considerar la atenuante muy calificada del artículo 68 bis del Código penal cuando haya reparación del daño, siempre que no se trate de los casos señalados en al artículo 310, por el artículo 311 ter.

El artículo 311 quáter establece una regla concursal respecto de los hechos que consistan en extracción de aguas con el delito de usurpación de éstas, señalando que las penas de este párrafo se aplicarán, sin perjuicio de las del del último delito, disposición que genera dudas sobre su posible aplicación ante una eventual vulneración del *non bis in ídem*, sobre todo cuando en la propia ley se establece un régimen diferente (abono) para las multas impuestas por la administración.

Además, existe una disposición que regula los efectos de la accesoriedad administrativa respecto de la autorización y la evasión en el artículo 311 sexies, siguiendo la doctrina mayoritaria en la materia, esto es, concediendo la posibilidad de alegar un error, siempre que la autorización no haya sido obtenida indebidamente o con conocimiento de su irregularidad.

Para las modalidades de recuperación se consultará a los organismos técnicos si el tribunal estimare procedente imponer condiciones para reparar o evitar el daño ambiental, según dispone el articulo 312

VI. OTROS DELITOS CONTRA EL MEDIO AMBIENTE: PROTECCIÓN INDIRECTA Y CONTAMINACIÓN LIMITADA POR ELEMENTO O GEOGRAFÍA

1. Protección penal del aire y la atmosfera

Con relación al aire y atmósfera cabe mencionar, aun cuando carezcan de incidencia práctica, la infracción de reglas de policía en la elaboración de objetos fétidos o insalubres (artículo 494 N° 20 del Código Penal); no entregar basura o desperdicio a la autoridad de aseo (artículo 494 N° 22 del Código Penal); construcción en contravención a fuentes de emisión fijas (artículo 494 N° 29 del Código Penal.

2. De las aguas en general y de las marinas en particular

Tratándose de aguas, se encuentra disponible el artículo 315 del Código Penal que castiga el envenenamiento o infección de aguas destinadas al consumo público (no de personas individualmente consideradas) con importantes limitaciones pues debe tratarse de las sustancias de esa naturaleza —venenosas o infecciosas— vertidas dolosamente, lo que de partida excluye las conductas negligentes o temerarias. Estas limitaciones se extienden a las agravaciones producto de la muerte o enfermedad grave de una persona en (artículo 317 del Código Penal). Otros delitos del Código Penal que protegen en mayor medida la conservación del producto hídrico en cuanto a su caudal, se encuentran en las figuras de usurpación de derechos de aguas del artículo 459 del Código Penal.

Por otra parte, la Ley General de Pesca y Acuicultura (Ley N°18.892), en el artículo 136 prevé lo que corresponde a un delito de contaminación propiamente tal. En efecto, en este artículo se sanciona al que introdujere o mandare introducir en el mar, ríos, lagos o cualquier otro cuerpo de agua agentes contaminantes químicos, biológicos o físicos que causen daño, sin que hayan sido autorizados previamente. Algunos aspectos destacables de la figura consisten en que no solo comprende el castigo de quien ejecuta la acción, sino también de quien toma la decisión y que su formulación está concebida como un delito de peligro. Sin embargo, presentaba limitaciones en su estructura normativa siendo la de mayor relevancia la que, según el entender de la jurisprudencia mayoritaria en los casos en que ha habido pronunciamiento, la hipótesis culposa no quedaba comprendida, lo que puede explicar la escasa aplicación que encontraba (ROJAS, 2019, pp. 62-74). Esta situación quedó normativamente superada con la modificación efectuada por la Ley N° 21.132, que incluyó de manera expresa la hipótesis culposa. Sin embargo, con la entrada en vigor del nuevo artículo 308 del Código Penal, su ámbito de aplicación ha quedado limitado al supuesto de que, sin autorización, se contaminen aguas causando daño hidrobiológico, pero sin afectar gravemente el medio ambiente se encuentra.

3. De los suelos

Fuera de lo dispuesto en el los artículos 305 a 308 del Código Penal, una protección muy indirecta de los suelos puede encontrarse en el delito de usurpación del artículo 462 del Código Penal. Por otra parte, la Ley General de Urbanismo y Construcción (artículo 138 de la ley) estatuye un delito que ha corrido la misma suerte de las faltas penales en materia de protección del aire y la atmosfera: no se aplica. En este caso, porque los destinatarios de la norma han esquivado esta disposición eludiendo la figura de la venta de loteos de terrenos a urbanizar, sin cumplir con las disposiciones de la ley, haciéndose, en cambio, receptores de ofertas de compra.

4. De la biodiversidad

El título IX del libro II del Código Penal contiene los delitos que atentan contra la salud animal y vegetal, como reza su epígrafe, comenzando con el artículo 289 que castiga la propagación sin permiso de la autoridad de enfermedades o plagas animales. La pena se agrava en la medida que de los resultados de esta conducta se afecte gravemente la economía nacional. Por su parte, el artículo 291 comprende el propagar indebidamente organismos, productos, elementos o agentes químicos, virales, bacteriológicos, radiactivos, o de cualquier otro orden que por su naturaleza sean susceptibles de poner en peligro la salud animal o vegetal o el abastecimiento de la población (MATUS, 2013, pp. 137-166). De conformidad con lo estipulado en el tipo penal, esta disposición surge ya limitada al compromiso de la salud animal o vegetal y del abastecimiento de productos alimentarios de origen agropecuario a la población (OLEA, 2019, pp. 23-48).

Estas limitaciones habían sido superadas solo parcialmente por la legislación penal especial, que se ha visto modificada, en la última década, en respuesta a la necesidad de ajustar sus términos a los compromisos internacionales suscritos por Chile. Así la Ley N° 19.473, denominada Ley de Caza fue reformada en 2016, integrando la regulación de Convención sobre Comercio Internacional de Especies Amenazadas de Fauna y Flora Silvestres (CITES), aprobada por Decreto Ley N° 873, de 1975. En lo que interesa, la caza, captura y tráfico ilícito de fauna silvestre protegida o en peligro de extinción cuenta con sanciones penales en los artículos 30 y 31 de la Ley de Caza. En efecto, la Ley N°20.962, 2016, hace aplicable expresamente la Convención citada y estatuye los delitos de contrabando, tráfico y posesión con fines comerciales de especies protegidas.

Tratándose de la flora, se encuentra el delito de incendio que en el N°3 del artículo 476 del Código Penal, que al que incendiare bosques, mieses, pastos, montes, cierros, plantíos o formaciones xerofíticas y en el N°4, de la misma disposición, al que provoque un incendio que afectare gravemente las condiciones de vida animal o vegetal de un área Silvestre Protegida. En el último caso, la protección se hace extensiva a la vida animal de dichos lugares.

Esta regulación quedó establecida así el año 2013, mediante las modificaciones introducidas por la Ley N° 20.653 como reacción a los incendios forestales que han asolado el territorio nacional (Hip, 2019, pp. 169-184). Además del Código del ramo, la normativa introdujo cambios en la Ley de Bosques dándole el carácter de delito autónomo al empleo de fuego contra la reglamentación (artículo 22). Por otra parte, sanciona el hecho de encender fuego en lugares no autorizados en las áreas silvestres protegidas (artículo 22 bis) y, como novedad en nuestro ordenamiento, causar un incendio por mera negligencia a raíz del uso de fuego u otras fuentes de calor, penalidad que se incrementa si producto de ello el incendio se produce en una de esas áreas (artículo 22 ter) (vid. Sobre los detalles de esta nueva regulación, Bascur, 2018, p. 603).

En cuanto a la protección penal de especies hidrobiológicas, nuevamente ha de recurrirse a la Ley General de Pesca y Acuicultura. En efecto, la Ley N°20.116 incorporó en la ley referida los delitos de introducción, investigación, cultivo o comercialización con organismos genéticamente modificados sin contar con la autorización o los importare, en el inciso primero del artículo 136 bis; mientras que en el inciso segundo, el delito consistente en introducir o mandar introducir, con dolo o culpa, organismo genéticamente modificados ya sea al mar, ríos, lagos o cualquier otro cuerpo de aguas, sin contar con la respectiva autorización (en los fundamentos del proyecto de ley, y durante su tramitación, se hizo frecuente referencia al Protocolo de Cartagena, no obstante, no estar suscrito por Chile).

Por otra parte, el artículo 137 de la misma ley sanciona con pena de prisión, que corresponde a una falta, la internación de especies hidrobiológicas sin obtener la autorización previa requerida para esos efectos. La sanción se agrava si se trata de una genéticamente modificada o causare daño a otra existente o al medio ambiente como también si el objeto internado es carnada y su internación se efectúa en contravención a las disposiciones legales.

Los articulados siguientes de la ley en comentario establecen una serie de delitos especiales relacionados con la infracción a la veda de estos productos, ya sea en fase de su comercialización, transporte u otras especificadas en el tipo penal, conductas que en general dan cuenta de la actividad de pesca ilegal.

Siguiendo con las especies hidrobiológicas, en consonancia con la Convención Internacional para la regulación de caza de ballenas y su anexo, respecto de la cual Chile fue sede de la 60° Reunión de la Comisión de Ballena Internacional el año 2008, se incorporó un nuevo artículo 135 bis en la Ley antes anotada, que castiga al que de muerte o realice actividades de caza o captura de un ejemplar de cualquier especie de cetáceos como asimismo, al que tenga, posea, transporte, desembarque, elabore o efectúe cualquier proceso de transformación, así como comercialice o almacene estas especies vivas o muertas o parte de éstas.

Sin embargo, todas estas disposiciones ahora pueden verse desplazadas por el efecto de *lex posterior* y *alternatividad* que produce el nuevo artículo 308 del Código Penal, donde se considera como parte de la descripción típica la grave afectación de la salud animal o vegetal, la existencia de recursos hídricos o el abastecimiento del agua potable. Como se señaló respecto de la contaminación de aguas, esta nueva disposición será preferente en todos los casos que resulte aplicable, restando las señaladas en este apartado a los casos que describen y no produzcan una grave afectación a sus objetos de protección.

5. Del tratamiento del tráfico de residuos peligrosos

La implementación penal de la sanción del tráfico ilícito de residuos peligrosos fue establecida en el artículo 44 de la Ley N° 20.920, de 2016, que estatuye el Marco para la Gestión de Residuos, la Responsabilidad Extendida por el Producto y Fomento del Reciclaje, a propósito de una de las recomendaciones efectuadas por la OCDE y teniendo presente como antecedente la Convención de Basilea sobre el Control de Movimientos Fronterizos de Desechos Peligrosos y su Eliminación, de 1989, y la Enmienda de la Prohibición aprobada por la Tercera Reunión de la Conferencia de Partes, de 1995, instrumentos ratificados por Chile mediante los D.S. N° 658, de 13.10.1992 y D.S, N°264,de 16.04.2012. La disposición en cuestión reprime la conducta de quien exporte, importe o maneje residuos peligrosos, prohibidos o sin contar con la autorización para ello y agrava la pena si la actividad ha generado algún tipo de impacto ambiental. Por otra parte, la Ley N° 20.879 de 25.11.2015 incorporó un nuevo inciso tercero al artículo 192 bis de la Ley General de Tránsito, introduciendo un nuevo delito consistente en encargar o realizar el transporte, traslado o depósito de desechos tóxicos, peligrosos o infecciosos en cualquier tipo de vehículo.

Se trata de delitos de peligro que protegen al medio ambiente en su conjunto, de ahí que se haya optado por su mención en un apartado diferente de los elementos que individualmente lo componen, optando por su comprensión como un objeto valioso en sí mismo, pues a través de estas incriminaciones se tutela a la vez el aire, el suelo, la biodiversidad, y en tal sentido se aviene mejor con la concepción de la Ley de Bases del Medio Ambiente como sistema global. Por tanto, tratándose del caso en que este delito derive en una grave afectación al medio ambiente, el artículo 308 del Código Penal será preferente, por los principios de *lex posterior y consunción*.

6. *De la protección de monumentos nacionales y del maltrato animal*

Ahora bien, la Ley de Bases del Medio Ambiente ofrece un concepto amplio de medio ambiente incluyendo no solo aspectos materiales sino también socioculturales. Desde esa perspectiva es posible considerar la protección del patrimonio cultural de la nación, por lo que resulta extensiva la tutela penal del medio ambiente a la sanción de los daños o afectación de la integridad de monumentos nacionales, establecida en el artículo 38 y 38 bis de la Ley N° 17.288 (Donoso, 2019, pp. 185-212).

En cuanto a la figura de maltrato o crueldad animal, hay que estar a los artículos 291 bis y ter del Código Penal, en el epígrafe sobre delito contra la salud animal y vegetal. El primero de ellos fue introducido por la Ley N°20.380 de 30.10 de 2009, en tanto que el segundo, por la Ley N° 21.020 de 2 de agosto de 2017 que a la vez aumentó la sanción del primero. Cabe hacer presente que la modificación del año 2017 obedeció a una respuesta a un suceso de maltrato animal que provocó gran conmoción pública.

Abona la consideración del maltrato animal como delito medioambiental su consideración expresa como tal por el legislador en la Ley N° 21.255 que en su artículo 54 incluye el maltrato de un mamífero, ave o cefalópodo autóctono de la Antártica o del Océano Austral.

El maltrato previsto en el articulado del Código Penal concierne a disposiciones que de manera indirecta refuerzan la protección de la biodiversidad y lo propio de ellas es que tutelan una especie individualmente considerada bajo el control humano, por lo que el enfoque de esta tipificación se aparta de la perspectiva del legislador de que las especies sean objeto de interés en tanto susceptible de considerados un recurso (en el sentido de servir al uso consuntivo y en definitiva para la explotación económica). Siendo así, el interés de protección jurídicamente reconocido es el bienestar animal entendido como "la satisfacción de las necesidades físicas y mentales del animal; de tal forma que el animal obtenga la complacencia de sus necesidades nutricionales, de salud, espacio ambiental se encuentre libre de incomodidad, dolor y de condiciones que le provoquen miedo y angustia, encontrándose en libertad de expresar patrones de conducta propios de su especie" (DE CARVALHO, citado en VON MUHLENBROCK, 2019, p. 221).

7. De la tenencia y porte ilegal de armas de destrucción masiva

Según Silva, a partir del concepto de armas de esta clase otorgada por las Naciones Unidas, se consideran tales las armas nucleares, químicas y biológicas (SILVA, 2019, p. 128). En la normativa nacional, se protege el medio ambiente del peligro que éstas pueden ocasionar en la Ley sobre Seguridad Nuclear (Ley N°18.302) y la de Control de Armas (Ley N° 17.798). Así el artículo 45 de la primera sanciona la realización de actividades nucleares sin autorización, la causación dolosa o culposa de un daño nuclear en el artículo 47, el peligro que implica el daño, ataque o sabotaje de instalaciones nucleares, en su artículo 41 el robo, hurto, sustracción o apropiación ilícita de dichos materiales en el artículo 43 inciso primero, dar ocasión para que esto suceda (inciso segundo de la misma disposición) y, por último, la amenaza de causar daño nuclear en su artículo 46.

Por su parte, la Ley sobre Control de Armas prohíbe este de tipo de armas y sanciona su porte o posesión (artículos 3 inciso final y 13 y 14).

8. Protección penal del medio antártico

El Mensaje con que se inició el Proyecto de Ley del Estatuto Antártico, actual Ley 21.255, de 2020, contemplaba disposiciones penales para la pro-

tección de las especies animales y vegetales del mar y del territorio antártico y la descarga de hidrocarburos, justificando su introducción como una
forma de "implementación integral" del Protocolo al Tratado Antártico
sobre Protección del Medio Ambiente, de 1991, ratificado por Chile en
1995 (D.S. 396, de 1998). Posteriormente, se agregó, en el trámite ante
el Senado, una figura de contaminación general de vertimiento con daño
ambiental, aunque sin mayor discusión. El texto definitivo, contempla en
su art. 54 los delitos ambientales en el medio antártico, referidos el primero a la protección de la fauna y flora antárticas; y, el segundo, a la contaminación propiamente tal.

Así, se sanciona la manipulación y el maltrato de mamíferos, aves o cefa-
lópodos autóctonos; el retiro o daño de plantas o algas nativas; la introducción de especies animales o vegetales exóticas, y la intromisión perjudicial
en el medio, en el sentido de "*cualquier actividad que produzca una importante
modificación negativa del hábitat de cualquier especie o población de mamíferos,
aves, plantas o invertebrados*", especialmente el vuelo y aterrizaje de aerona-
ves, el uso de embarcaciones y explosivos y aún la realización de camitas
que perturben las concentraciones de fauna y flora antárticas o los procesos de cría y muda de las aves y focas.

Y, como delitos de contaminación, se castiga penalmente la realización
no autorizada de prospección, exploración o explotación minera en la
Antártica, el Océano Austral o en la plataforma continental de la Antártica, la descarga de hidrocarburos petrolíferos o mezclas petrolíferas en
el Océano Austral y al que "*vertiere sustancias contaminantes en el Océano
Austral afectando gravemente el medio marino*". Se entiende por afectación
grave, el cambio adverso y mensurable que consistiere en alguna de las
siguientes circunstancias: a) tener una extensión de relevancia, según las
características ecológicas o geográficas de la zona contaminada de Océano Austral; b) tener efectos prolongados en el tiempo; c) ser irreparable
o difícilmente reparable; d) alcanzar a un conjunto significativo de especies. Además, como delito de peligro de contaminación se establece una
sanción penal para el que sin contar con la autorización correspondiente
extrajere, produjere, poseyere, distribuyere o introdujere en la Antártica
o en el Océano Austral sustancias nucleares o materiales radiactivos o
dispusiere de ellos. Y se reitera el carácter punible de las actividades de
caza y pesca ilegales.

Se debe hacer hincapié en que la técnica legislativa aparece aquí en cierta medida depurada en lo que respecta a la identificación de las conductas
típicas y sus resultados punibles, esto es, por una parte, la "intromisión" en el

medio y alteración resultante de las concentraciones de especies animales o vegetales; y, por otra, el "vertimiento" de contaminantes y la producción de una "afectación grave". No obstante, no hay sanción penal para la negligencia.

A partir de la Ley N°21.595 estso delitos se contemplan entre aquellos que generan responsabilidad penal para las personas jurídicas.

VII. SITUACIÓN DE LA RESPONSABILIDAD PENAL DE LAS PERSONAS JURÍDICAS

Cumpliendo con las obligaciones y recomendaciones de los tratados internacionales y los organismos encargados de su implementación, la Ley de Delitos Económicos establece una regla que permite imputar a las personas jurídicas en cuyo interés se cometen la mayor parte de los delitos contra el medio ambiente de relevancia práctica, a saber, los comprendidos en los artículos 305 a 310 del Código Penal, en la Ley General de Pesca y Acuicultura y en el Estatuto Chileno Antártico.

Dicha ley prevé también una regla de actuación en nombre de otro que permite la imputación penal a quienes actúan por dichas personas jurídicas (artículo 311 quinquies), evitando con ello cualquier alegación que impida la impunidad en tales casos,

VIII. SITUACIÓN DEL SISTEMA DE GESTIÓN AMBIENTAL Y SU PROTECCIÓN PENAL

El otro aspecto de la regulación que es relevante examinar es si existe o no reforzamiento al sistema administrativo de gestión ambiental establecido, mediante la sanción penal de conductas tendientes a obliterar sus reglas, o en otras palabras la burla a este sistema sea a través de la presentación de informes falsos o incompletos, declaraciones juradas también falsas, la omisión de antecedentes relevantes, etcétera.

A propósito de las modificaciones a la Ley de Bases del Medio Ambiente y la creación de la nueva institucionalidad ambiental (Ley N° 20.417), se señaló que ese cuerpo legal tipificó un delito de carácter funcionario para la trasgresión de la obligación de confidencialidad a la que quedan sujetos (violación de secreto).

La Ley N° 21.595 introdujo dos artículos nuevos, el 37 bis y 37 ter a la Ley N°20.417 consistente, el primero de ellos, en presentar información que no se ajuste a la verdad y que induzca a una indebida aprobación de una resolución de calificación ambiental mediante la ocultación, moderación, alteración o disminución de los efectos o impacto ambientales, como también fraccionando los proyectos para eludir el sistema de evaluación ambiental o hacer varia la vía de ingreso a él. También sanciona la presentación de documentos falsos o incompletos ante la Superintendencia de Medio Ambiente, burlando así los instrumentos de gestión ambiental a los que se queda sometido. El segundo, castiga el incumplimiento a las sanciones impuestas por la Superintendencia y la obstrucción de labores de fiscalización

Por otra parte, de la legislación ambiental, los artículos 40, 49 y 50 de la Ley N° 20.283 sobre recuperación del Bosque Nativo y Fomento Forestal incluye algunas figuras de falsificación y uso de certificación relativas a los planes de manejo y solicitudes subvenciones o bonificaciones. En el caso del cierre de faenas mineras, el artículo 32 de la Ley 20.511 estableció el delito de otorgamiento u obtención de certificaciones falsas de cierre parcial o final de faenas mineras.

IX. VALORACIÓN CRÍTICA DE LA NORMATIVA PENAL

El panorama descrito someramente en las líneas anteriores da cuenta que, con la promulgación de la Ley N° 21.595, sobre Delitos Económicos, de 17 de agosto de 2023, se han superado las principales críticas del sistema de prescindencia anterior: a) se introducen delitos de contaminación de carácter general en el Código Penal, tanto dolosos como culposos; y b) se refuerza la protección penal del sistema de administrativo de gestión ambiental ante su burla. Sin embargo, subsiste una significativa dispersión de normas atingentes a los elementos que componen el medio ambiente, situación que puede encontrar su explicación en la necesidad de evitar lagunas de punibilidad con la entrada en vigor de los nuevos delitos de contaminación, cuya génesis es muy diferentes de aquellos tipos penales antes existentes, concebidos como respuestas coyunturales, sea en el ámbito internacional, para lograr la inserción del país en esa comunidad, o a nivel interno, a sucesos que han causado conmoción en la opinión pública. La subsistencia de dichas normas, que se presentan de manera inorgánica y abarcan solo algunos aspectos del fenómeno comprometido, resultando las más de las veces insuficientes, generará problemas de interpretación y de carácter concursal. De allí que, como regla general, se propone considerar en todos los casos que ello ocurre los principios de *lex posterior* y *alternatividad* para aplicar, en cada caso, de manera preferente, aquellas disposiciones que impongan mayor pena al hecho concreto, pues no parece de recibo sostener que el legislador quiso sancionar con las importantes penas que tienen los nuevos delitos de contaminación solo algunos hechos que se presentarían como residuales frente a la inorgánica regulación anterior que, además, dadas sus limitaciones de configuración, hacen que en la práctica su aplicación sea vea dificultada o se reduzca a nada.

Bibliografía

ABOSO, Gustavo (2015), *Derecho Penal Ambiental. Estudio sobre los principales problemas de la regulación de los delitos contra el medio ambiente en la sociedad de riesgo*, BdeF.

AGUILAR, Gonzalo (2016): *Las deficiencias de la fórmula "derecho a vivir en un medio ambiente libre de contaminación" en la Constitución chilena y algunas propuestas para su revisión*, Estudios constitucionales, Vol. 14, N°2.

BASCUR, Gonzalo ( ): *Análisis de los cuasidelitos de incendio y otros delitos vinculados previstos en el Decreto Supremo N°4.363 ("Ley de Bosques")*, Política Criminal, Vol.13, N.° 25.

BERMÚDEZ, Jorge (2000): *El Derecho Vivir en un Medio ambiente libre de contaminación*, Revista de Derecho de la Pontificia Universidad Católica de Valparaíso, Vol. XXI.

BERMÚDEZ, Jorge (2016): *Fundamentos de Derecho Ambiental*, Librotecnia.

BERRÍOS, Paulina (2019): *La eficacia de la fiscalización y sanción del delito de tráfico animal*, en Matus (Dir.), Derecho Penal Ambiental chileno, Tirant Lo Blanch.

CORDERO, Luis (2016): *Corte Suprema y Medio Ambiente. ¿Por qué la Corte está revolucionando la regulación ambiental?*, Anuario de Derecho Público UDP.

DONOSO, Carla (2019): *Daños a los monumentos nacionales (Ley N° 17.288)*, en Matus (Dir.), Derecho Penal Ambiental chileno, Tirant Lo Blanch.

GALDAMES, Liliana (2018): *Constitución y medio ambiente: Algunas ideas para el futuro*, Revista de Derecho Ambiental, Vol. VI, N° 9.

GALDAMES, Liliana (2017): *Medio ambiente, tratados y Constitución en Chile*, Boletín Mexicano de Derecho Comparado, Vol. 50, N.° 148.

GUILOFF, Matías (2011): *Nueva institucionalidad ambiental. Hacia una regulación deliberativa*, Anuario de Derecho Público UDP.

HIP, Francisco (2019): *Incendios forestales (Arts. 473 del Código Penal y 22 a 22 ter Ley de Bosques)*, en Matus (Dir.), Derecho Penal Ambiental chileno, Tirant Lo Blanch.

LÓPEZ, Carlos (2019): *La eficacia de las sanciones administrativas de la Superintendencia de Medio Ambiente*, en Matus (Dir.), Derecho Penal Ambiental chileno, Tirant Lo Blanch.

MATUS, Jean Pierre (2019): *Derecho Penal del medio ambiente chileno. Parte Especial y política criminal*, Tirant lo Blanch.

MATUS, Jean Pierre (2004): *Derecho Penal del medio ambiente*, Ed. Jurídica de Chile.

MATUS, Jean Pierre y RAMÍREZ, M.ª Cecilia (2021): *Manual de Derecho Penal chileno. Parte General*, 2.ª ed., Tirant lo Blanch, Valencia.

MATUS, Jean Pierre; ORELLANA, Marcos; CASTILLO, Marcelo; y RAMÍREZ, M.ª Cecilia (2003): *Análisis dogmático del derecho penal ambiental chileno, a la luz del derecho com-*

parado y de las obligaciones contraídas por Chile en el ámbito del derecho internacional. *Conclusiones y propuesta legislativa fundada para una protección penal del medio ambiente en Chile*, Ius et Praxis, Vol. 9, N°2.

Matus, Jean Pierre; Ramírez, M.ª Cecilia; y Castillo, Marcelo (2018): "Acerca de la necesidad de una reforma urgente de los delitos de contaminación en Chile, a la luz de le evolución legislativa del siglo XXI", Política Criminal, Vol. 13, N°26.

Matus, Jean Pierre (2013): *Sobre el sentido y alcance del artículo 291 del Código Penal*, Revisa de Derecho (Valdivia), Vol. XXVI, N.º 2.

Olea, Catalina (2019): *Propagación indebida de contaminantes (Art. 291 del Código Penal)*, en Matus (Dir.), Derecho Penal Ambiental chileno, Tirant Lo Blanch.

Ossandón, M.ª Magdalena (2003): *Eficacia del Derecho Penal. El caso de los Delitos contra el medio ambiente*, Revista de Derecho de la Pontificia Universidad Católica de Valparaíso, Vol. 24.

Rojas, Andrea (2019): *Contaminación de aguas por hidrocarburos, especialmente las marinas (artículo 136 de la Ley General de pesca)*, en Matus (Dir.), Derecho Penal Ambiental chileno, Tirant Lo Blanch.

Silva, Paula (2019): *Porte y tenencia ilegal de armas de destrucción masiva (ARTS.13 y 14 de la Ley N°17.798)*, en Matus (Dir.), Derecho Penal Ambiental chileno, Tirant Lo Blanch.

Urrutia, Osvaldo (2013): *Jurisprudencia nacional, nuevos Tribunales ambientales y Derecho Internacional del Medio Ambiente*, Revista de Derecho de la Pontificia Universidad Católica de Valparaíso, Vol. XL, N.º 1.

Von Muhlenbrock, Mariana (2019): *Rodeo y maltrato animal*, en Matus (Dir.), Derecho Penal Ambiental chileno, Tirant Lo Blanch.

Capítulo XI

Administración desleal (art. 470.11)

Luis Emilio Rojas A.*
Doctor en Derecho
Profesor de Derecho Penal
Universidad de Chile

I. FUNDAMENTO Y ESTRUCTURA DEL TIPO DE ADMINISTRACIÓN DESLEAL

Después de más de una década en que fuera ampliamente reclamado por la doctrina nacional, la Ley N°21.121 introdujo, por fin, el flamante tipo de administración desleal bajo el numeral 11 del art. 470 del Código Penal. Este cambio legislativo vino a colmar el vacío que surgía de la insuficiente protección que la sola existencia de los tipos de apropiación indebida y de estafa brindaba al patrimonio (HERNÁNDEZ, 2005, pp. 203 y ss.). En efecto, el tipo de apropiación indebida, por una parte, se encuentra concebido más bien para la protección del derecho de propiedad sobre cosas muebles que están bajo la tenencia fiduciaria de otro. Y los tipos de estafa, por otra, si bien se dirigen a la protección del patrimonio como tal, su ámbito de aplicación se restringe a los supuestos en que, en el tráfico jurídico y comercial, un agente engaña a otro en el contexto de las relaciones patrimoniales entre ambos. Estas normas, pues, no daban cuenta del fenómeno, tendencialmente creciente en la economía moderna, de la disociación entre titular y administrador del mismo patrimonio, ámbito de interacción que entonces quedaba entregado casi por completo a las reglas del derecho privado sobre responsabilidad contractual —entre principal

---

* El presente trabajo forma parte del proyecto Fondecyt n. 1220411 sobre "Estatus jurídico-penal de las conductas defraudatorias en la gestión de negocios financieros y administración de sociedades anónimas", cuyo investigador principal es el Prof. Dr. Gonzalo García Palominos y en el cual el autor participa, junto a la Prof. Dra. Laura Mayer Lux, como coinvestigador.

y agente, comitente y comisionario, etc.— y extracontractual o por daños —*v.gr.*: arts. 133 y 133 bis Ley S.A.

Pues bien, la función que ahora cumple la norma de comportamiento que subyace al art. 470 N°11 CP radica en la protección de tal bien jurídico precisamente al interior de ese ámbito de relación entre el titular del patrimonio y el agente que tiene a cargo su gestión o su salvaguardia. Se trata, entonces, de un bien jurídico individual, cuyo titular es una persona natural o jurídica. No obstante, dado que la economía funciona sobre la base del plexo de las múltiples y diversas relaciones patrimoniales entre las personas, la norma del art. 470 N°11 CP aporta también, aunque indirectamente, al correcto funcionamiento de la economía. Pero: administración desleal no es un delito económico ni de corrupción, sino que uno netamente patrimonial, al igual que la estafa y sus diversas formas.

Ahora bien, en cuanto a la estructura del tipo, y dado que el tipo exige la irrogación de un perjuicio al patrimonio ajeno, la administración desleal es, como la estafa, un delito de lesión al bien jurídico protegido por la norma y, al mismo tiempo, un delito de resultado. Sin embargo, aquélla se distingue de ésta, y también de la extorsión, en que dicho perjuicio se inflige no "desde fuera", *i.e.* no mediante engaño ni coacción, sino que "desde dentro" de la propia esfera patrimonial de la víctima, en tanto presupone que el sujeto ejerce facultades sobre el patrimonio de ésta o al menos que vela por sus intereses. Es por eso que se suele caracterizar la administración desleal bajo la idea general de que el sujeto inflige el perjuicio "desde dentro", *i.e.* porque este ocurre como consecuencia del *abuso* de esa posición de poder o de la *infracción* del deber de tutela de los intereses patrimoniales de la víctima. Estas formas específicas de ataque al patrimonio constituyen, entonces, dos modalidades alternativas de realización del comportamiento típico del art. 470 N°11 CP —*vid. infra* III.

Ambas modalidades típicas se encuentran nítidamente formuladas en el texto del art. 470 N°11, inciso 1°, del CP. Desde el punto de vista de la técnica legislativa, la formulación del tipo se aparta, correcta y decididamente, del poco feliz modelo del actual art. 252 del Código Penal español, e incluso supera al modelo originario del propio § 266 del Código Penal alemán.

En efecto, la formulación del art. 252 del CP español confunde el abuso con la infidelidad al referirse, en una misma descripción, a "los que teniendo facultades para administrar un patrimonio ajeno, emanadas de la ley, encomendadas por la autoridad o asumidas mediante un negocio jurídico, las infrinjan excediéndose en el ejercicio de las mismas y, de esa manera, causen un perjuicio al patrimonio administrado". El defecto de texto queda a la vista, pues las *facultades* o el *poder* pueden usarse o abusarse, pero no pueden infringirse: se infringen deberes (se hacen cargo del incordio, no obstante, PASTOR/COCA, 2016, pp. 81 y ss., 107 y ss.).

Por su parte, el § 266 del CP alemán ofrece una síntesis de las teorías del abuso y de la infidelidad, que tempranamente se habían desarrollado para interpretar la antigua versión del mismo precepto, apegada todavía a una técnica sumamente casuística. Y allí radica su virtud. Sin embargo, tal precepto adolece de tres defectos, que le han causado fuertes "dolores de cabeza" tanto a la jurisprudencia como a la doctrina alemanas. El primero (1) consiste en que, al describir el presupuesto del *tipo de abuso*, el texto del precepto se refiere simplemente al sujeto que abusa de la facultad "para disponer sobre el patrimonio ajeno u obligar a otro", previamente conferida mediante ley, encargo de autoridad o negocio jurídico. El problema radica en que, algunas veces, un sujeto puede tener facultades de disposición sobre el patrimonio de otro sin estar, al mismo tiempo, a cargo de su gestión, de modo que mal podría hablarse, luego, de administración desleal. Por ejemplo, en los supuestos discutidos en el ámbito de la jurisprudencia alemana del sujeto que emite una serie de cheques y gira dineros de una cuenta corriente excediéndose del cupo autorizado —supuesto que, en nuestro derecho, se encuentra cubierto por el tipo del art. 22 de la Ley de Cuentas Corrientes y Cheques— o del arrendador que dispone sobre la garantía previamente otorgada por el arrendatario (MAÑALICH, 2020, pp. 47 y s.).

El segundo problema (2) atañe a la forma en que se contempla el *tipo de infidelidad*, puesto que este aparece construido sobre la base simplemente de la infracción del deber de velar por intereses patrimoniales ajenos e incluye entre las fuentes de éste, además de las tres ya mencionadas a propósito del tipo de abuso, la existencia de una relación de confianza meramente *fáctica*. Esta formulación del tipo, de alguna manera, ha servido de resorte para la aplicación de esa norma de sanción a casi cualquier supuesto de "abuso de confianza" en perjuicio de los intereses patrimoniales de otro y, en esa misma medida, ha vuelto el precepto sospechoso de un alcance casi ilimitado, tenor que explica, por lo demás, los diversos esfuerzos conceptuales desplegados por la doctrina y en algunas líneas jurisprudenciales con el objeto de fijar contornos al tipo de infidelidad (ROJAS, 2009, pp. 139, 153 y ss.). Finalmente, el tercer defecto (3) en la formulación del texto de la disposición radica en que el § 266 del CP alemán, luego de describir ambos subtipos y a renglón seguido de formular el de infidelidad, construido sobre la base de la infracción del deber de tutela, vuelve a referirse a este mismo deber en el pasaje donde se precisa el sujeto a cuyo patrimonio se irroga el perjuicio, requisito que también lo es, por cierto, del tipo de abuso, con lo cual queda la ambigüedad de si se trata de una simple reiteración de la exigencia del deber respecto del tipo de infidelidad o de una mera precisión del sujeto perjudicado por ambos tipos o si, más bien, tal deber funge como presupuesto también del tipo de abuso (esta última lectura es doctrina claramente mayoritaria en Alemania bajo la etiqueta de una concepción *monista* del tipo de administración desleal).

Pues bien, cuando nuestro legislador contempla de manera alternativa las dos modalidades de realización de la conducta típica, en los términos de irrogar un perjuicio patrimonial "sea ejerciendo abusivamente facultades (…) sea ejecutando u omitiendo cualquier otra acción de modo manifiestamente contrario al interés del titular (…)", le da al tipo del art. 470 N°11 CP una estructura clara, que diferencia nítidamente ambos subtipos y no incurre en la confusión del art. 252 CP español. Asimismo, al referirse de manera también disyuntiva a los presupuestos del tipo, en los términos del sujeto "que teniendo a su cargo la salvaguardia o la gestión del patrimonio de otra persona (…)", el legislador nacional resuelve el tercer defecto (3) mencionado a propósito del § 266 del CP alemán. Así, la cuestión de si el tipo de abuso ha de restringirse mediante la exigencia adicional de la infracción del deber o, al revés, el tipo de infidelidad ha de comprenderse a luz de la idea de abuso, queda *íntegramente* entregada al desarrollo conceptual de nuestra doctrina y jurisprudencia (en el sentido de una tesis monista ya Bofill/Jelvez/Contreras, 2019, pp. 69 y ss. — con varias citas de Rojas 2009; Mayer, 2020, pp. 336 y ss., 343 y ss.; más bien en el sentido de la segunda tesis mencionada, bajo una "concepción integrada" del tipo, Mañalich, 2020, pp. 46 y ss.). Si, además, y ya por vía de interpretación —art. 22 del Código Civil (CC)—, se relaciona internamente, de un lado, el presupuesto relativo al sujeto activo de tener a su cargo la *gestión* del patrimonio ajeno con la modalidad de abuso y, del otro, se conecta el presupuesto alternativo de tener a cargo la *salvaguardia* del patrimonio de otra persona ahora con la modalidad de infidelidad, entonces se supera el primer defecto (1) antes mencionado, que aqueja al texto del § 266 del CP alemán, y, de paso, se consolida la estructura clara y nítida del tipo en su conjunto.

Pues, así leído el precepto, la calidad exigida por el tipo de abuso no reside simplemente en que un sujeto tenga facultades de disposición u obligación sobre el patrimonio de otro, sino en que tenga a su cargo la *gestión* del patrimonio ajeno *mediante* el ejercicio de tal clase de *facultades*. Y, así concebida, esta calidad especial no concurre ni respecto del cliente en su relación con el banco ni tampoco respecto del arrendador en relación con el arrendatario. Por último, el propio legislador resuelve expresamente el segundo problema (2) mencionado al restringir las *fuentes* tanto de las facultades para disponer u obligar sobre el patrimonio ajeno como del deber de tutela patrimonial a tres, y solo tres: ley, orden de autoridad y acto o contrato. Esta restricción solo a fuentes formales de las facultades o del deber de tutela implica que el tipo en su conjunto se encuentra construido de modo *accesorio* a las reglas pertinentes del derecho privado y, en su caso, del derecho público, sin que quede espacio para una comprensión puramente fáctica y material del tipo de injusto, en ninguna de sus modalidades.

II. ESTRUCTURA COMÚN DEL TIPO Y PROBLEMAS INTERNOS DE COMPENETRACIÓN

La reconstrucción propuesta del precepto podría generar la impresión de que los tipos de abuso y de infidelidad son esencialmente diversos. Tal impresión, empero, sería equivocada, porque abuso e infidelidad son dos formas alternativas de realización solo de la *conducta* típica de administración desleal —*vid. infra* III.. El tipo tiene una estructura común que se funda en la *conjunción* del abuso o la infidelidad y del perjuicio patrimonial, además del dolo exigido respecto de una u otra forma de comportamiento típico. Sin embargo, tal estructura corre el riesgo de diluirse bajo el fenómeno que *Saliger,* en la doctrina alemana, ha planteado en los términos de la *compenetración* entre los diversos elementos del tipo de administración desleal: abuso/infidelidad, perjuicio y dolo (SALIGER, 2000, pp. 569 y ss.; 2020, pp. 498 y ss.; no ve en ello un problema *per se* RANSIEK, 2004, p. 646 y s.).

La norma de conducta que subyace al tipo se encuentra formulada en los términos de una *prohibición* de abusar de las facultades de disposición u obligación sobre el patrimonio ajeno o de realizar un comportamiento infringiendo gravemente el deber de velar por los intereses patrimoniales de otro. Solo el sujeto que ejerce tal clase de facultades sobre el patrimonio ajeno o que se encuentra sometido a tal clase de deberes funge como destinatario de la norma; es decir, la administración desleal es un delito *especial.* En este sentido, la norma de conducta que subyace al art. 470 N°11 CP presupone la existencia de tal clase de facultades y sus límites, en el subtipo de abuso, o al menos la existencia formal de un deber de tutela patrimonial, en el subtipo de infidelidad.

El tipo aparece construido, entonces, sobre el trasfondo de las pautas de comportamiento que el agente ha de observar al administrar el patrimonio de otro, sea que estas se encuentren previamente definidas en la ley o en el encargo de una autoridad, *v.gr.* un acto administrativo, o que sean simplemente expresión de la voluntad del propio titular del patrimonio, plasmada en un acto o contrato. En cualquier caso, el tipo de administración desleal supone la existencia previa de tales pautas que fungen como límite fijado *ex ante* al comportamiento del agente, sin que el tribunal pueda, *ex post facto*, llegar y construirlas en base a su propia interpretación. Es decir, este último método, que puede ser lícito para los efectos de la responsabilidad civil, es abiertamente problemático para fundar responsabilidad penal, esto es, que el tribunal formule una pauta de comportamiento, o un deber de conducta, que no regía *ex ante* para el sujeto cuya responsabilidad se ventila en el proceso correspondiente. Y, en consecuencia, sería ilícito, por ejemplo, que el tribunal coligiera, sin más, que el sujeto ha infringido la regla de conducta a partir de la circunstancia fáctica bruta, verificada *ex post*, de que le ha causado un perjuicio, en algún sentido, al titular del patrimonio. En términos lógicos, lo que este haría, de ese modo, sería inferir la contravención a la norma a partir del mero perjuicio patrimonial, *i.e.*: dado que se ha causado un perjuicio, entonces se ha abusado o se ha infringido el deber.

Ahora bien, el problema se vuelve particularmente crítico cuando las pautas de comportamiento se encuentran formuladas en los términos de una cláusula general, como ocurre, por ejemplo, con el baremo del cuidado y diligencia empleados por el "hombre ordinario" en sus propios negocios —*v.gr.*: art. 41 Ley S.A.— o del "buen padre de familia" —*v.gr.*: art. 2288 CC. En estos casos, el tribunal debe concretar la cláusula general mediante los criterios o las prácticas asentadas en el ámbito específico donde se desempeñaba el sujeto, criterios que, a su vez, dependen de la clase de operación o negocio emprendido en el caso concreto. Lo claro es que el juez o la jueza no puede formular dicha pauta de conducta, esto es, fijar cómo debía comportarse el sujeto en el momento del hecho, sin antes agotar todas las posibilidades de concreción de la cláusula en juego, para lo cual tiene que indagar en dichos criterios o preguntarse por la voluntad manifestada o hipotética del titular del patrimonio. Si, no obstante todas estas averiguaciones, el tribunal concluye que, en el caso concreto, la norma de conducta se vio vulnerada por la circunstancia bruta del perjuicio irrogado, entonces, en estricto rigor, lo que estaría haciendo sería fundar responsabilidad penal en la contravención a la prohibición genérica de no causar daño a otro, prohibición que, empero, no se encuentra garantizada jurídico-penalmente como tal, para los efectos de ningún delito patrimonial, tampoco por la presente norma, sino que rige, a lo sumo, para efectos de la responsabilidad civil por daños.

La inferencia precedentemente reseñada también puede presentarse a la inversa, esto es, por la deducción ahora del perjuicio a partir del abuso o la infidelidad, *i.e.*: dado que se ha abusado o se ha infringido el deber, entonces se ha causado un perjuicio. Según *Saliger*, esta segunda inferencia tiene lugar con motivo del traslado, al tipo de administración desleal, de categorías desarrolladas para ciertas constelaciones discutidas en el ámbito del tipo de estafa, en las cuales, a primera vista, resulta dudosa la configuración de un perjuicio patrimonial, como son los supuestos del *peligro* equivalente al daño y de la determinación *personal* del perjuicio (SALIGER, 2000, pp. 574 y ss., 589 y ss.; 2020, pp. 522 y ss.). En efecto, en un supuesto de estafa en que, por ejemplo, la víctima o su representante firma bajo error, y ante Notario, la compraventa de un bien raíz a un testaferro del autor por un precio irrisorio, quedando pendiente solo la inscripción del bien a nombre de éste, podría sostenerse que, en la medida en que no existe ningún defecto manifiesto y al Conservador no le queda más que proceder a la inscripción, el hecho se encuentra ya suficientemente avanzado como para poder hablar, si bien no aún de una merma, sí de un peligro equivalente al perjuicio.

O en otro supuesto de estafa discutido en esta misma sede debido a que, por ejemplo, la víctima ha pagado el precio de un libro creyendo que se trataba de material pedagógico especial para su hijo, que tiene serios problemas de aprendizaje, cuando, en verdad, es un compendio de las fórmulas lógicas de la *principia iuris* lo que ha recibido de manos del autor del engaño. En este segundo caso, si bien el precio pagado equivale al valor de mercado del libro entregado, este es completamente inútil para los fines de la víctima, es decir, carece de todo *valor de uso*. La pregunta que surge aquí es si, no obstante la equivalencia del valor en *dinero* de la prestación y de la contraprestación, todavía puede hablarse de un perjuicio fundado en la patente frustración de los fines patrimoniales de la víctima (en contra, HERNÁNDEZ, 2008, pp. 199 y ss., 214 y ss.).

Pues bien, si se ventilan esos mismos supuestos, pero ahora en el marco del tipo de administración desleal, en cualquiera de sus modalidades, en términos tales de que, por ejemplo, en el primer caso, es el propio autor el que, abusando de las facultades de disposición sobre el patrimonio de la víctima, derechamente suscribe la compraventa del inmueble y solicita, luego, la inscripción del bien a su propio nombre, y, en el otro, el autor es mandatario de la víctima que, en esa calidad, paga y recibe el libro completamente inútil para los fines de ésta, surge igualmente la pregunta acerca de la configuración o no de un perjuicio patrimonial. Pero, la diferencia con lo que ocurre en los supuestos de estafa radica en que, acá, por un lado, el momento del perjuicio apenas podría diferenciarse de la realización del comportamiento típico por parte del autor, en la medida en que se concluya que ésta ya implica la creación de un peligro concreto y relevante para el patrimonio de la víctima, equivalente al perjuicio (escépticos ante esta figura: Mañalich, 2020, p. 45; Mayer, 2020, p. 353 y s.); y, por el otro, los criterios que ya sirvieron para fundar el abuso o la infidelidad, como la extralimitación en el uso de las facultades de disposición o la contravención a las instrucciones del mandante, volverían a considerarse esta vez para determinar el perjuicio en la forma de la frustración de los fines patrimoniales de la víctima. Como se puede ver, en estos casos también se presenta el problema de la *compenetración* entre los elementos del tipo, pero esta vez por la vía de deducir el perjuicio a partir del abuso de facultades o de la infracción del deber.

Ambos modos de inferencia, tanto de la contravención a la norma a partir del hecho del perjuicio como de éste, sin más, a partir de aquélla, resultan problemáticos a la luz de la estructura binaria del tipo de administración desleal (Rojas, 2011, pp. 210 y ss.). El camino para resolver el problema en su primera forma supone reconocer que, por un lado, nadie puede ser juzgado a la luz de un baremo o pauta que no regía su comportamiento en el momento del hecho y, por lo tanto, siempre han de buscarse o concretarse esas pautas desde una perspectiva *ex ante*. Y la solución del problema en su segunda forma exige fundar el perjuicio recurriendo a los criterios y principios que pueden derivarse del concepto jurídico-económico de patrimonio, imperante en la doctrina, siendo aquí lícito observar el mismo hecho pero ahora desde una perspectiva *ex post*, esto es, que incluye y valora las circunstancias inmediatamente posteriores al momento de realización del comportamiento típico, en cualquiera de sus dos modalidades (favorece, sorprendentemente, una óptica *ex ante* del perjuicio Saliger, 2020, p. 521).

III. LOS SUBTIPOS DE ABUSO Y DE INFIDELIDAD COMO ESPECIES DEL GÉNERO DE LA ADMINISTRACIÓN DESLEAL

La administración desleal se ha caracterizado bajo la idea general de un ataque al patrimonio infligido "desde dentro" de la esfera patrimonial del propio titular. Tal nota general la diferencia de la estafa, que, por el contrario, supone que el autor se encuentra fuera de dicha esfera, y es por ello que el ataque al patrimonio ocurre, precisamente, por la vía de engañar a la víctima. Acá, en cambio, el autor ya desde un principio se ubica al interior de la esfera patrimonial del titular, por lo que no necesita engañar a nadie, pues él mismo o ejerce un poder jurídico de disposición sobre el patrimonio de la víctima o se encuentra sometido al deber de velar por los intereses de ésta. El contenido de injusto propio del tipo de administración desleal, entonces, se explica bajo la idea genérica del "ataque al patrimonio infligido desde dentro". En el marco de este tipo de injusto, luego, pueden diferenciarse dos *especies* del género "administración desleal": el subtipo de abuso y el subtipo de infidelidad.

El tipo de administración desleal del art. 470 n. 11 CP	
subtipo de abuso	subtipo de infidelidad
"el que teniendo a su cargo (...) la gestión del patrimonio de otra persona, o de alguna parte de éste, en virtud de la ley, de una orden de la autoridad o de un acto o contrato, le irrogare perjuicio, (...) ejerciendo abusivamente facultades para disponer por cuenta de ella u obligarla (...).	"el que teniendo a su cargo la salvaguardia (...) del patrimonio de otra persona, o de alguna parte de éste, en virtud de la ley, de una orden de la autoridad o de un acto o contrato, le irrogare perjuicio, (...) ejecutando u omitiendo cualquier otra acción de modo manifiestamente contrario al interés del titular del patrimonio afectado."
Norma de sanción: la correspondiente pena privativa de libertad del art. 467 y la pena de multa del inciso 2 del art. 470 CP.	

Como la norma de sanción prevista para ambas hipótesis es la misma —remite a las penas privativas de libertad del art. 467—, entonces, el contenido de injusto de ambas figuras ha de ser materialmente equivalente —art. 22 inciso 1 CC. De ahí que la disposición se refiere, tratándose del subtipo de infidelidad, a una infracción *grave* del deber, porque solo así su realización podría calificarse de equivalente, en cuanto a su contenido de injusto, a la realización del tipo de abuso.

1. *El subtipo de abuso*

A. Presupuestos

La configuración del *tipo de abuso* supone que la persona que tiene a su cargo la gestión del patrimonio de otra, o de una parte de éste, mediante el ejercicio de facultades para disponer sobre los bienes que lo conforman o para obligar a la persona de su titular, abusa de este poder realizando actos jurídicos que vinculan eficazmente ese patrimonio y, de este modo, le inflige un perjuicio (ROJAS, 2009, pp. 158 y ss.). Presupone, entonces, que el sujeto ejerce tal clase de facultades en relación con el patrimonio de otra persona, poder jurídico que tiene que haber derivado previamente de alguna de las tres fuentes formales incluidas por la disposición, como son la ley, el encargo de autoridad y el acto o contrato. Obviamente, cuando la ley sirve de fuente, se trata de una extra o pre-penal, por ejemplo, las funciones y facultades del directorio de una sociedad anónima surgen de la propia regulación contenida en la Ley de S.A., sin perjuicio de lo que se pueda precisar en los estatutos de la sociedad respectiva.

Asimismo, cuando el art. 470 N°11 CP se refiere al encargo de autoridad como fuente del poder jurídico de disposición, lo que hace es aludir al mandato de una autoridad *pública*, en virtud del cual se le encomienda a una persona la gestión del patrimonio de otra, por ejemplo, el administrador provisional de una institución de educación superior nombrado por el Superintendente, de acuerdo con la Ley N°20.800 o, también, el curador designado por el juez. Luego, la referencia que la disposición en comento hace, en tercer lugar, al acto o contrato debe entenderse restringida a un acto jurídico unilateral o un contrato, por ejemplo, un mandato general de administración de los bienes del mandante con poder de representación. Lo común a las tres fuentes del poder jurídico de disposición u obligación sobre el patrimonio de otro estriba, como puede verse, en que siempre se trata de fuentes formales que legitiman y respaldan tal poder, *i.e.* que lo convierten en uno jurídico, esto es, en *facultades*. No basta, entonces, el mero dominio fáctico sobre los bienes de otra persona.

Además, es presupuesto del tipo que el patrimonio sea *ajeno* respecto del sujeto activo, con lo cual se delimita claramente el ámbito de aplicación de esta norma de los tipos de insolvencia punible —v.gr.: art. 463 bis CP. La ajenidad se determina *formalmente*, esto es, según las reglas del derecho privado en virtud de las cuales una persona es considerada *titular* de los bienes, objetos, valores y otras posiciones que conforman el patrimonio, incluida, por cierto, la calidad de dueño en sentido también formal. Por consiguiente, el patrimonio en su conjunto o una parte de este es ajeno si dichas reglas asignan los bienes, objetos y derechos, que lo constituyen, a una persona distinta del sujeto activo. Así, por ejemplo, el patrimonio de una sociedad colectiva es ajeno para los socios, pero, si uno es consecuente con esa premisa formal, también lo es el de una empresa individual respecto de su dueño —art. 2 Ley N°19.857—, con la implicancia de que bien puede este, entonces, cometer administración desleal en contra de la empresa de la cual es titular (propone, en cambio, un concepto material de ajenidad NELLES, 1991, p. 514 y s.). Lo anterior, en todo caso, es sin perjuicio de la relevancia que podría tener el consentimiento del titular o de los socios respecto de una medida en algún sentido perjudicial para el patrimonio de la sociedad —*vid. infra* VI.

Como se puede ver, el subtipo de abuso se encuentra construido en términos estrictamente formales. Y lo mismo vale respecto de la forma de comprender el elemento del ejercicio de las "facultades para disponer por cuenta de ella u obligarla". Así, *disponer* sobre el patrimonio ajeno significa modificar, transferir o cancelar los derechos patrimoniales del titular mediante un acto jurídico que incide eficazmente sobre éstos, es decir, cuyos efectos jurídicos se radican en la esfera patrimonial de éste (LABSCH, 1987, p. 347). Por ejemplo, vender un bien mueble del titular o constituir una hipoteca sobre un bien raíz de éste. Ejercer la facultad de *obligar* a otro significa crear una obligación en el patrimonio de éste mediante un acto jurídico también eficaz, que, entonces, modifica la esfera patrimonial. Por ejemplo, celebrar un contrato de préstamo o la misma compraventa, en tanto nace de ella la obligación de pagar el precio. En este sentido, el precepto legal coloca expresamente en un mismo plano las facultades para disponer y para obligar, lo que hace pensar que solo puede ser autor del subtipo de abuso el sujeto que se encuentra *como persona* en la posición de fundar eficazmente una obligación del titular (LABSCH, 1987, p. 350), es decir, que ostenta la calidad de *representante*, convencional o legal, de éste —*v.gr.*: art. 1448 CC. No es suficiente, entonces, con ostentar la calidad de mero administrador de los bienes de otro.

B. Conducta Típica

La conducta típica de *abuso* se define por el ejercicio de las facultades de disposición sobre los bienes de otra persona o de obligarla excediendo lo permitido en la relación interna entre el agente y ésta. La configuración del abuso supone una comparación entre, por un lado, lo que el agente podía realizar e hizo en la relación *externa* con terceros y, por el otro, lo que se encontraba autorizado o permitido en la relación *interna* con el principal o titular del patrimonio. Por ejemplo, el gerente de recursos humanos de una empresa que celebra, en representación de esta, un contrato de trabajo con una persona que no cumple las condiciones técnicas previamente definidas, o el alto funcionario de un banco, competente y facultado para otorgar un préstamo, que lo suscribe sin haber evaluado el nivel de riesgo o sin exigir las garantías predefinidas, o simplemente el mandatario que celebra, con terceros de buena fe, un contrato de prestación de servicios o de arrendamiento, contraviniendo las instrucciones expresas del mandante. En cada supuesto es preciso verificar si la acción del sujeto implica un acto de disposición jurídicamente eficaz o la creación eficaz de obligaciones para el principal o el representado, de modo tal que, si en el caso concreto, el agente obra sin facultades o el acto jurídico realizado adolece de algún vicio de nulidad, entonces no se configura el subtipo de abuso, sin perjuicio de que se pueda realizar el de infidelidad, si concurren sus requisitos propios. En el evento de que el acto ejecutado por el agente sea jurídicamente eficaz, luego es preciso compararlo con lo permitido en la relación interna. Los alcances de lo permitido, a su vez, dependen de cuál sea la fuente formal del poder conferido al agente, esto es, si es la ley, una orden de autoridad o un acto o contrato (Nelles, 1991, pp. 147 y ss.). Así, por ejemplo, el ejercicio de las facultades del directorio de una sociedad anónima se encuentra sometido a los límites que pueden extraerse de la Ley S.A. (Coca, 2021, pp. 47 y ss.). O bien, en el caso de un administrador designado por orden de una autoridad pública, por ejemplo, el ya mencionado administrador provisional de una institución de educación superior, los límites de su gestión aparecerán definidos por la propia autoridad y por la ley respectiva —art. 13 Ley N°20.800. Por último, si se trata de un poder jurídico fundado en un acto o contrato, por ejemplo, un mandato general de administración de los bienes del mandante con poder de representación, entonces la voluntad misma de éste adquiere mucha relevancia para determinar los límites de lo permitido al mandatario —art. 2131 CC.

Es decir, y generalizando los criterios para determinar los límites de lo autorizado o permitido en la relación interna, lo lógico es que, si el poder jurídico de disposición deriva de una ley, entendiendo por tal siempre una extra o pre-penal, los límites se extraigan de esta o, en el caso del encargo de una autoridad pública, de la reglamentación que de ella emana; y, cuando esta no contenga más que cláusulas generales, se interrogue por la voluntad manifestada, por ejemplo, en los estatutos de la sociedad, o plasmada en el encargo. En cambio, si dicho poder jurídico se funda en una convención, entonces lo determinante no puede ser otra cosa que la voluntad manifestada del titular del patrimonio, mediante instrucciones o de otra forma, y solo en segunda línea las pautas generales de conducta fijadas en la ley (contra la tesis de la accesoriedad Coca, 2021, pp. 63 y ss.).

2. *El subtipo de infidelidad*

A. Presupuestos

El ámbito de aplicación del *subtipo de infidelidad* se abre para todos aquellos casos en que el sujeto tiene facultades de disposición sobre el patrimonio ajeno, pero las usa de un modo jurídicamente ineficaz o derechamente realiza actos de mera disposición material en perjuicio del titular. Asimismo, y sobre todo, dicho ámbito se abre para los supuestos en que el sujeto activo, desde un principio, no goza de tal poder jurídico, sino que solo se encuentra sometido al *deber* de salvaguardia del patrimonio de otro. Si, como ya se propuso —*supra* I., el presupuesto relativo al sujeto activo de tener a cargo la salvaguardia del patrimonio ajeno se conecta, al interior de la disposición, con la segunda modalidad de realización de la conducta típica, descrita en los términos de ejecutar una acción o incurrir en una omisión de modo manifiestamente contrario al interés del titular, y, a la vez, esta parte del precepto es leída a la luz de la tradición dogmática y jurisprudencial desarrollada en Alemania para darle contornos al tipo de infidelidad, entonces este puede reconstruirse, en nuestro derecho, sobre la base de la *infracción grave del deber de tutela patrimonial* cometida en perjuicio de otro. De este modo, se abre un ámbito fecundo para la aplicación de la norma de sanción del art. 470 N°11 CP a casos que van más allá de los supuestos de abuso; pero, al mismo tiempo, surge la necesidad e ineludible tarea de fijar límites normativos al tipo de infidelidad para así, también, resguardarlo frente a eventuales cuestionamientos de constitucionalidad.

En este sentido, entonces, la reformulación normativa de la calidad exigida respecto del sujeto activo, que aparece plasmada en el texto legal simplemente en los términos de tener a cargo la salvaguardia del patrimonio ajeno, implica que aquél ha de tener el *deber* de salvaguardarlo o, mejor, el *deber de tutela patrimonial.* Y la conexión interna, también sugerida antes, de esta calidad especial con la segunda modalidad de realización del comportamiento típico, cuyo texto hace referencia explícita al *interés* del titular del patrimonio, permite delimitar y dotar de contenido al deber de tutela. Es decir, no se trata meramente de la salvaguardia del patrimonio ajeno, tal como si se tratase de la protección de la vida o la integridad corporal de otra persona, sino que del deber de velar por los *intereses patrimoniales* del titular. Son estos intereses los que dotan de contenido al deber de tutela, no directamente el patrimonio como tal (NELLES, 1991, pp. 502 y ss.). Y los intereses patrimoniales no son otra cosa que el objeto y los *fines* a los cuales han de destinarse los bienes, valores, activos y derechos que conforman el patrimonio de una persona.

La fijación de estos intereses depende, nuevamente, de cuál sea la fuente formal del deber de tutela. Si esta es la propia ley, como ocurre, por ejemplo, con los miembros del directorio de una sociedad anónima, entonces el objeto y los fines han de extraerse de aquélla. Sin embargo, la ley suele entregar parámetros muy gruesos para estos efectos, de modo que es necesario recurrir a los estatutos de la sociedad, que precisan y concretan el objeto y los fines de ésta. Cuando se trata de una orden de la autoridad pública, se vuelve relevante nuevamente la ley en la que ésta se funda y la reglamentación emanada de ella. Y si la fuente del deber es derechamente un acto o contrato, por ejemplo, un ejecutivo contratado para evaluar y dar el visto bueno a operaciones que otro miembro de la empresa ejecuta, entonces también han de considerarse los alcances del acto jurídico para definir los intereses que el sujeto debe observar.

Lo común a la multiplicidad de relaciones jurídicas que se originan en tales fuentes formales radica, entonces, en el deber de *velar* por los intereses patrimoniales de otra persona, esto es, de orientar el propio comportamiento al objeto y fines determinados por ésta. Se trata, pues, de una clase de deber *especial* que se define por su *contenido*, el que estriba, precisamente, en la tutela de los intereses de otro y que, por consiguiente, se diferencia de la simple relación obligacional en el marco de la cual cada uno, deudor y acreedor, vela por sus propios intereses patrimoniales. Para seguir con los ejemplos, se encuentran en esta posición de deber el cónyuge administrador respecto de los bienes de la sociedad conyugal, el albacea en relación con la masa hereditaria, el tutor o curador respecto de los bienes del pupilo, etc. Generalizando, se encuentra sometido a tal clase de deber especial el sujeto que, en virtud de ley, del encargo de una autoridad o de un acto o contrato, tiene que *observar* los intereses patrimoniales de otro. Este criterio, *i.e.* el del *contenido* de la relación jurídica —interna— entre agente y titular, es determinante para los efectos de responder la pregunta por la concurrencia o no de la calidad especial exigida como presupuesto del tipo de infidelidad. Así, por ejemplo, este criterio permite aclarar que, por el solo contrato de trabajo, el empleador no debe velar por los intereses patrimoniales del trabajador, y lo mismo rige a la inversa, esto es, tampoco este ha de observar tal clase de intereses del empleador, salvo que el contrato lo obligue expresamente a ello.

Los otros criterios desarrollados por la jurisprudencia alemana, desde el fallo histórico del Tribunal Supremo del Reino de fecha 14 de diciembre de 1934, solo sirven como indicadores, pero no determinantes, de la existencia del deber de tutela patrimonial. Estos criterios son el *alcance* mayor — *"Umfang"*— y la *duración* extendida —*"Dauer"*— del círculo de deberes del sujeto. Si estos criterios fueran decisivos, entonces el sujeto a quien solo se le ha encomendado vender al mejor precio un bien raíz valiosísimo o el cuadro de un pintor famoso a nivel mundial, esto es, que ha recibido un mandato *especial,* por ende, de un *alcance* limitado a ese encargo concreto y, además, que ha cumplir en un plazo acotado, es decir, por una *duración* limitada, no respondería a dicho título por ausencia de un deber de tutela restringido por su alcance y duración.

En cambio, sí puede ser relevante el criterio de la *autonomía* en el desempeño del sujeto obligado (Pastor/Coca, 2016, pp. 113 y ss.). En virtud de este criterio se procura diferenciar al interior del círculo de sujetos que, en principio, han de velar por los intereses del titular, entre aquellos que ostentan una posición que les confiere cierto ámbito de discrecionalidad —"*Spielraum*"— en el desempeño de sus tareas y los que ocupan una posición más bien subordinada o dependiente, en términos tales de que carecen de ese ámbito de decisión o este se encuentra significativamente reducido, casi a tareas puramente mecánicas o de mera ejecución de las órdenes o decisiones adoptadas por otros. Si se le asigna peso a este criterio, entonces, por ejemplo, el cajero de un banco o de una casa de cambios, o la empleada de una estación de servicios de bencina, que recibe dinero en efectivo o pagos con tarjetas bancarias, y realiza alguna operación en contra del interés del titular, no respondería a título de infidelidad, sin perjuicio de que se puedan configurar otros tipos, como el de apropiación indebida, hurto e incluso estafa, según el caso.

Como se puede ver, la elaboración conceptual de los presupuestos del tipo de administración desleal ofrecida por la doctrina y jurisprudencia en la tradición alemana, desde ya en relación con la modalidad de abuso, pero sobre todo respecto del subtipo de infidelidad, es de tal grado de diferenciación que resulta completamente *prescindible*, innecesario, recurrir a la dogmática de las posiciones de garantía formulada para delimitar tipos que describen delitos puros de resultado, como el homicidio o las lesiones corporales (de otra opinión, Pastor/Coca, 2016, pp. 108 y ss.; Mañalich, 2020, p. 48 y s.). En todo caso, si uno se aferra al modelo conceptual de la omisión impropia, tendría que comparar, en estricto rigor, el presupuesto del tipo de abuso con la posición de garantía de *vigilancia* de una fuente de peligro y el del tipo de infidelidad con la posición de garantía de *protección*, pero no confundirlas bajo el paraguas de esta última.

B. Conducta típica

Una vez que se ha verificado, en el caso concreto, que el sujeto activo tiene el deber de tutela patrimonial, corresponde preguntarse si lo ha infringido gravemente o no. Al respecto, cabe anotar que la conexión interna a la disposición, arriba planteada, de la calidad especial exigida respecto del sujeto activo con la segunda modalidad de realización de la conducta típica, incluida en el tipo, implica también la exigencia de una *conexión funcional* entre la posición de deber que dicho sujeto ostenta y el ámbito de actividades en el cual este se desempeña en términos tales de que solo una acción realizada en este marco, y que resulta eventualmente perjudicial para el patrimonio del titular, puede ser típica bajo esta modalidad. Este requisito se explica, porque solo en esta medida concurre la característica propia del tipo de administración desleal, y que lo diferencia en particular del delito de estafa, de tratarse de un atentado al patrimonio infligido desde dentro de la esfera patrimonial de la víctima. En este sentido, *Burkhardt* ha sostenido, en una antigua nota de jurisprudencia, que solo en la medida en que la posición, en la cual se ubica el sujeto, le ha posibilitado o facilitado el acceso a los objetos patrimoniales, por el incremento de las posibilidades de ataque o por la falta de controles que dicha posición trae consigo, y este ha hecho uso de ella, concurre el fundamento de castigo de la infidelidad (BURKHARDT, 1973, p. 2190 y s., aunque desde la perspectiva de la teoría del abuso). En consecuencia, por ejemplo, si el gerente comercial de una tienda de vinos, indignado por el reciente despido, toma las llaves y entra, de noche, a alguno de los locales para sustraer un par de vinos de calidad *premium* o simplemente arroja al suelo una buena cantidad de botellas, entonces, no respondería a título de infidelidad, por ausencia de dicha conexión funcional, sin perjuicio de que pueda cometer otros delitos como hurto o daños en perjuicio de la empresa.

Pues bien, el elemento fundante del tipo de infidelidad surge de una interpretación de la exigencia incorporada por el legislador a propósito de este tipo, y no del de abuso. Quizás, intuyendo el alcance desmedido que podía tener un tipo construido sobre la base de la contravención, mediante acción u omisión, al interés del titular del patrimonio, el legislador agregó aquí el requisito de que dicha conducta habría de ser *manifiestamente* contraria a ese interés. Bajo la reformulación normativa antes propuesta del tipo de infidelidad, dicha exigencia implicaría que no basta la mera infracción del deber, sino que es menester una infracción grave de éste, *i.e.* la acción o la omisión ha de contravenir gravemente el deber de tutela patrimonial. Implícitamente, lo que hace el texto legal aquí es conectar con otra línea de la jurisprudencia alemana de los tribunales superiores de justicia que recurre, en casos límite del tipo de administración desleal, a la manifiesta o grave *contrariedad a deber* (crítico SALIGER, 2020, pp. 511 y ss.). Son casos, por ejemplo, de aprobación del otorgamiento de un crédito para el emprendimiento de un negocio riesgoso, o de visto bueno a la donación a un club deportivo sin que sea evidente la repercusión en la imagen de la sociedad, o de aprobación de un estratosférico bono a los miembros de un directorio por haber favorecido la fusión de una empresa de telecomunicaciones con otra multinacional —variaciones de los casos ventilados ante el Tribunal Supremo Federal alemán. Lo interesante es que la exigencia de manifiesta contrariedad a deber fue incorporada como elemento del tipo de infidelidad para *todos* los casos subsumibles bajo éste, no solo los casos límite. En consecuencia, se trata de un umbral de gravedad que ha de concurrir respecto de la acción u omisión del sujeto obligado en relación con los intereses patrimoniales de cualquier persona, jurídica o natural, sociedad anónima abierta o cerrada, sometida o no a la fiscalización de la Comisión para el Mercado Financiero, con o sin acciones del Estado, sociedad de responsabilidad limitada o simplemente colectiva, de una fundación o una corporación, de una empresa pública; en fin, de un niño que acaba de recibir una herencia suculenta o de una abuela millonaria. El problema que surge, empero, concierne a los *criterios* según los cuales ha de calificarse de grave o no la infracción del deber de tutela patrimonial. Se trata del mismo problema que se plantea a propósito de los límites internos al ejercicio de las facultades para disponer u obligar en el marco del subtipo de abuso y, por lo tanto, que ha de abordarse con las mismas herramientas conceptuales.

Y nada de extraño hay en ello, pues la relación *interna* entre agente y principal es la misma, solo que cumple funciones diversas en uno y otro subtipo: allá, sirve de baremo interno con el cual se compara el acto jurídico realizado por el agente en la relación externa con terceros y acá, en cambio, funda los deberes cuya infracción explica el contenido de injusto de la infidelidad. De ahí que, si, en el caso concreto, no hay definición del propio titular acerca de los intereses a observar, o esta es insuficiente, sea necesario recurrir, nuevamente, a las reglas y deberes previstos en la regulación extra-penal que sea pertinente al caso. Pero, no cualquier regla ni cualquier deber puede servir de punto de referencia para la constitución de lo injusto de la infidelidad, sino que solamente aquellas normas pre- o extrapenales cuyo sentido radique también en la protección del patrimonio del titular. A título solo ejemplar, entre las diversas prohibiciones del art. 42 de la Ley S.A., a las cuales los directores se encuentran afectos, es posible distinguir aquellas que se refieren a una conducta o manejo desleal con la información interna de la sociedad (números 2, 3 y 4) y otras que, con mayor claridad, apuntan a la protección de los bienes e intereses sociales (5, 6 y 7). En conclusión, y por última vez, aquí solo pueden ser relevantes los principios y valores, las reglas del tráfico jurídico o comercial, las prácticas asentadas o los estándares a los cuales el sujeto obligado se encontraba sometido en el ámbito específico donde se desempeñaba en el momento del hecho.

Hipótesis paradigmáticas de administración desleal	
Subtipo de abuso	Subtipo de infidelidad
Celebración de un contrato que vincula eficazmente a la persona del representado al cumplimiento de una obligación perjudicial.	Omisión de velar por los intereses patrimoniales del titular, tolerando un acto jurídico o de disposición perjudicial ejecutado por otro.
	Ejecución de un acto jurídico de disposición y/o que funda una obligación perjudicial, pero que se encuentra aquejado de un vicio de nulidad.

IV. PERJUICIO PATRIMONIAL

1. Concepto y principios rectores de la determinación del perjuicio

Es preciso recordar que la administración desleal es un delito patrimonial y, por lo tanto, la configuración del tipo supone, además del abuso del poder jurídico de disposición o la infracción grave del deber de tutela, la irrogación de un perjuicio al patrimonio del titular. El perjuicio patrimonial es un requisito adicional al abuso o la infidelidad y constituye el *resultado* típico previsto en el texto legal tanto respecto de uno como de la otra. Para esclarecer el contenido y alcance del perjuicio como requisito del tipo puede recurrirse a toda la dogmática desarrollada a lo largo de más de un siglo en torno al mismo elemento constitutivo del delito de estafa (HERNÁNDEZ, 2003, pp. 171 y ss.). Por cierto, aquí ha pasado mucha agua bajo el puente: desde la formulación de un concepto *jurídico* de patrimonio hasta caer en el extremo opuesto de un concepto *económico* puro del mismo, para alcanzar, luego, una síntesis en una visión del perjuicio que deriva de un concepto jurídico-económico de patrimonio, hoy claramente dominante.

Pues bien, según esta concepción el patrimonio es el conjunto de bienes, muebles o inmuebles, objetos y posiciones jurídicamente reconocidas, dotados de un valor económico traducible en dinero y respecto de los cuales la persona de su titular tiene un poder jurídico de disposición (respecto de la estafa, GALLAS, 1961, pp. 408 y s., 416 y s.; en relación con la administración desleal, NELLES, 1991, pp. 433 y ss.). Bajo esta concepción, el perjuicio supone la existencia de un objeto o posición jurídicamente reconocida cuyo valor económico sufre una merma como consecuencia de la realización de la conducta típica, que luego no resulta compensada por un incremento de igual o mayor valor. En este sentido, la determinación del perjuicio exige comparar el *valor* del derecho u objeto, que forma parte constitutiva del patrimonio, antes y después del momento de realización de dicha conducta, en términos tales de que, si este es menor que antes, habría perjuicio, según el principio del *saldo* (ROJAS, 2011b, p. 420 y s.). Como elemento del tipo, este requisito tiene tanto una dimensión *temporal* como otra *económica* a la luz del concepto de patrimonio imperante en la doctrina. *Temporal,* porque exige observar el estado del patrimonio *después* de realizada la conducta típica, esto es, desde una perspectiva *ex post.* Y *económica,* pues bajo dicho concepto sería determinante el *valor en dinero* de la posición u objeto patrimonial mermado por aquel comportamiento.

Sin embargo, la protección del patrimonio como bien jurídico solo adquiere sentido en la medida en que este funge como un presupuesto para la realización de la persona de su titular; dicho en otras palabras, no se trata de la protección del patrimonio en sí, como una mera suma de objetos, sino que en tanto conjunto de posiciones y derechos patrimoniales que sirve a los fines e intereses de la persona de su titular (RANSIEK, 2004, pp. 649 y ss.; MANSDÖRFER, 2011, pp. 160 y ss., 172 y ss.). Por consiguiente, objeto de comparación, en estricto rigor, no es meramente el valor del objeto, *i.e.* si este se mantiene igual o no, sino que el valor de la posición jurídica o derecho patrimonial del cual la persona, natural o jurídica, es titular. Así, por ejemplo, en un supuesto de *abuso* en que el sujeto facultado para ello carga el patrimonio del mandante con la obligación de pagar un precio totalmente desorbitado en comparación con el valor comercial del bien raíz, lo que se compara es el valor de la obligación creada con el valor del derecho sobre el bien raíz. O bien, en supuestos de *infidelidad* mediante acción, *i.e.* mediante una acción que infringe gravemente el deber de tutela, por ejemplo, en que el sujeto obligado transfiere dineros del mandante a su propia cuenta corriente, para destinarlos a fines puramente privados, o que pone a su propio nombre acciones valiosísimas de éste, para luego transarlas al mejor precio, también sería preciso proceder a dicha comparación entre el valor de las posiciones con un saldo evidentemente negativo. Lo común a estos supuestos es que, como consecuencia del abuso o de la infidelidad mediante acción, resulta un saldo *negativo* luego de comparar el valor de las posiciones patrimoniales en juego.

Pero, fuera de esos casos más o menos obvios, el texto de la disposición en comento incluye como hipótesis del subtipo de infidelidad también el supuesto en que se irroga un perjuicio mediante una *omisión* (MAÑALICH, 2020, p. 43 y s.). Y la pregunta, en esta hipótesis, es cómo podría determinarse el perjuicio, si por este se entiende un saldo negativo en la comparación de valores. Pues, si se aplica el método de comparación exactamente de la misma forma que en los supuestos de acción, ocurre que el valor de la posición u objeto patrimonial, antes y después de la omisión, se mantiene igual, esto es, no se verifica un saldo ni negativo ni positivo, sino que igual a 0. Por ejemplo, el comitente encarga al agente que venda acciones de clase A y con ello compre otras acciones de clase B, cuyo precio es claramente ascendente en la bolsa de valores, pero el comisionario, que, paradójicamente, tiene aversión al riesgo, mantiene el dinero así obtenido en la cuenta corriente del mandante, que no genera ningún interés.

Si, en el ejemplo, el agente obtuvo 1M con la venta de acciones tipo A, y ese fue el monto depositado en la cuenta corriente del comitente, pues entonces ocurre que después de la omisión de compra de las acciones tipo B, dicho monto se mantiene igual a 1M. Pues bien, en los supuestos de una omisión, que se funda en la infracción del deber de tutela, el perjuicio no puede sino determinarse en virtud de la comparación entre, por un lado, el valor de la posición patrimonial que habría surgido, con mucha probabilidad, de haberse realizado la conducta alternativa conforme a dicho deber, esto es, de haberse ejecutado la acción que observa o vela por los intereses del titular, y, por el otro, el valor de la misma posición u objeto que se mantiene igual por la omisión (Kindhäuser, 2003, pp. 722 y ss.). Supone comparar, entonces, el valor de una *expectativa* patrimonial del titular, jurídicamente reconocida y factible de realizarse mediante la acción debida del sujeto obligado, con el valor de la posición que se mantiene igual con la omisión, en términos tales de que se irrogaría un perjuicio, no porque resulte un saldo negativo, sino más bien porque no se obtendría un saldo positivo al impedirse la realización de esa expectativa *legítima* del titular, si se quiere, al privarse a éste de un "lucro legítimo" (escéptico Gálvez, 2020, p. 751, pp. 763 y ss., pero solo respecto de una "expectativa de ganancia" que no se encuentra revestida de un derecho subjetivo).

Por ende, el perjuicio supone una *relación de contrariedad a deber*, puesto que si, en el caso precedente, por ejemplo, las acciones de clase B sufren una brusca caída en la bolsa de valores después del momento de la omisión, entonces, en el supuesto de la conducta alternativa conforme al deber de tutela, la expectativa patrimonial se habría visto, desde una perspectiva *ex post*, igualmente conculcada, por lo que no se alcanzaría el grado de consumación.

Tal como se había anunciado al comienzo, cuando se expusieron los problemas de compenetración entre los elementos típicos —*supra* II., se discute en la doctrina acerca de la configuración del perjuicio en los supuestos de un *peligro* patrimonial equivalente al daño y, también, de la así llamada determinación *personal* o individual del perjuicio.

2. *Peligro patrimonial equivalente al daño*

En los supuestos de peligro equivalente al daño se trata de casos en que, como consecuencia del abuso o de la infidelidad, surge una probabilidad alta de merma a alguna posición patrimonial del titular, de modo tal que ya su ocurrencia, bajo una perspectiva temporal y económica, puede valorarse como equivalente al perjuicio, sin que tenga sentido esperar a que suceda efectivamente la merma (PASTOR/COCA, 2016, pp. 161 y ss.; escéptico MAÑALICH, 2020, p. 45 y s.). Por ejemplo, el encargado de otorgar un crédito en una institución financiera, además de infringir las reglas procedimentales sobre evaluación de riesgo y aprobación de la operación, celebra o aprueba el contrato de préstamo, sin exigir garantías suficientes para asegurar el pago de la deuda, y luego se transfiere el monto. Para fundar el perjuicio en esta clase de supuestos también es necesario proceder conforme al método de verificación antes reseñado, que lleva a comparar, por un lado, el valor de la expectativa patrimonial del titular y, por el otro, el valor de la contraprestación, en el ejemplo, de las garantías otorgadas por el tercero, en términos tales de que, si éste es menor, entonces ya habría un perjuicio, sin que sea preciso esperar a que efectivamente se incumpla la obligación. De la misma forma habría que proceder en los casos aún más discutidos de creación de "cajas en la sombra" —nuestra "caja chica no registrada". Por ejemplo, con la venia de los directores designados con el voto de los accionistas mayoritarios de una sociedad anónima, el "gerente de operaciones" abre una cuenta corriente a nombre de ésta, pero que no registra en la contabilidad ni informa en el balance, con el objeto de pagar u ofrecer beneficios económicos a funcionarios públicos o empleados o mandatarios de otras empresas para que prefieran las ofertas de aquélla, y así obtener más contratos de prestación de servicios. En tal caso, sería necesario evaluar el grado de probabilidad o riesgo de merma, debido a que, por ejemplo, existe la posibilidad, en el caso concreto, de que el sujeto desvíe los fondos a fines propios o de terceros vinculados a él, o preguntarse si ya la circunstancia de que el uso de los fondos se encuentre entregado al pleno arbitrio del sujeto implica una disminución del valor de éstos. De igual forma, aquí también sería pertinente considerar la posible existencia de garantías fácilmente realizables, en términos tales de que, por ejemplo, si el sujeto que abre la "cuenta corriente oscura" emite una boleta de garantía por el mismo monto en favor de la empresa, cuyo valor es equivalente, entonces no habría un saldo negativo.

Asimismo, se plantea la eventual configuración de un peligro patrimonial equivalente al perjuicio en supuestos en los cuales media la conducta de un tercero entre el abuso o la infidelidad y la merma de alguna posición valorada del titular. Aquí pueden distinguirse, al menos, dos grupos de casos. Por un lado, están los supuestos en que, a partir de la realización de la conducta típica por parte del autor, nace la posibilidad, mayor o menor, de que un tercero ejerza una pretensión ilícita, o sin causa, en contra del titular, por ejemplo, en el caso en que se registra en la contabilidad de éste una deuda inexistente a nombre de un tercero o de un testaferro del propio autor. Por el otro, se trata de casos en que la realización del comportamiento típico implica, al mismo tiempo, la infracción a reglas jurídicas que, a su vez, da origen al ejercicio de acciones en contra del titular para la imposición de sanciones civiles, administrativas o penales, todas de contenido patrimonial —dígase multas—, por ejemplo, en el supuesto en que la acción típica implica la contravención a las reglas de la Ley de Mercado de Valores, sancionada con sendas penas de multa. Ambos grupos de casos resultan problemáticos a la luz del *principio de inmediatez*, entendido tanto en un sentido temporal como conductual, esto es, tanto por la distancia temporal entre comportamiento típico y merma efectiva como por la circunstancia de que entre ambos momentos media la conducta de un tercero. Pero, a su turno, entre ambos grupos de casos concurre la diferencia relevante de que, en el primero, la realización efectiva de la merma supone el conocimiento y la intención antijurídica del tercero, mientras que, en el segundo, si existe conocimiento del tercero, este se encuentra incluso obligado jurídicamente a ejercer las acciones civiles, administrativas o penales en contra del titular (Perron, 2008, p. 744 y s.).

3. *Determinación individual del perjuicio y frustración de fines*

Finalmente, y a la luz de los mismos principios rectores de verificación del perjuicio, aún es concebible que este se funde en la frustración de los fines patrimoniales del titular (en contra, Hernández 2008, pp. 199 y ss.). Este grupo de casos, empero, se restringe a aquellos en los cuales, si bien el valor en dinero de la prestación y el de la contraprestación son equivalentes entre sí, esta última resulta completamente inútil para los fines e intereses previamente fijados por el titular, *i.e.* el valor de *uso* de ésta es igual a 0. Por ejemplo, luego de medirse la miopía en 8 puntos en cada ojo, el mandante le encarga al agente la compra de los anteojos correspondientes, pero este le trae otros con corrección solo de 2 puntos en cada uno, pagando exactamente el precio de éstos. En tal caso, y a menos que la contraprestación sea fácilmente reemplazable, el perjuicio se fundaría en la abierta frustración de los fines patrimoniales del titular y, desde un punto de vista económico, en la completa *inutilidad* de ésta, el nulo valor de uso. Por último, se recurre a la idea de *frustración* de fines patrimoniales en el grupo de casos de las prestaciones *unilaterales*, esto es, en que el agente, por ejemplo, mediante abuso o infidelidad, otorga una donación, auspicio o *sponsor* a una institución científica, educativa, de beneficencia u otra similar, sin esperar, por ende, ninguna contraprestación a cambio. Sin embargo, en estos casos, la adecuación o no de la prestación unilateral a los fines del titular tendría que evaluarse ya en sede de análisis de la configuración del abuso o de la infidelidad, de tal modo que, luego, en el supuesto de frustración de tales fines, la ejecución de la prestación ya implicaría una disminución patrimonial fundante del perjuicio, a menos que se genere un valor, por ejemplo, para la imagen de la empresa, que la compense.

V. DOLO

La tipicidad del abuso o de la infidelidad se completa con el dolo. En tanto elemento constitutivo del tipo subjetivo, supone la tipicidad objetiva del hecho, tanto la conducta típica en cualquiera de sus modalidades como el perjuicio patrimonial. Y si el dolo, a su vez, se funda en el *conocimiento* de la creación de un riesgo prohibido para el bien jurídico protegido por la norma de comportamiento (FRISCH, 1983, pp. 74 y ss., 119 y ss., 162 y ss.), aquí este supone el conocimiento del sujeto de que el acto jurídico ejecutado excede lo permitido en la relación interna con el principal, en los supuestos de abuso, o que la conducta ejecutada contraviene los intereses patrimoniales del titular, en los casos de infidelidad. El sujeto ha de captar el *riesgo* que implica el abuso realizado o la infidelidad en la que ha incurrido para el patrimonio del titular (aunque bajo otra concepción del dolo, MAYER, 2020, p. 364). Pero, además, es preciso recordar que el conocimiento fundante del dolo no es aséptico ni neutral, sino que es uno que implica una toma de postura en contra del bien jurídico protegido por la norma respectiva, en estos supuestos, el patrimonio de la víctima.

VI. EL CONSENTIMIENTO EXCLUYENTE
DE LA TIPICIDAD

Tratándose la administración desleal de un delito patrimonial, no cabe duda de que la *voluntad* del titular es relevante ya en el plano de la tipicidad, si esta implica consentir en la realización del hecho por parte del autor, y aunque la propia norma calle al respecto. Esto es así, porque dicha voluntad manifestada reconfigura la relación *interna* con el sujeto activo en términos de redefinir los límites y determinar los intereses patrimoniales a los cuales éste se encuentra vinculado. Y, por consiguiente, la voluntad *válidamente* manifestada del titular del patrimonio en orden a redefinir los límites de la gestión del sujeto activo o los intereses a observar tiene, en principio, el efecto de excluir ya la tipicidad del hecho (Pastor/Coca, 2016, pp. 143 y ss.).

La cuestión se vuelve problemática, empero, cuando se trata de una sociedad, y la medida consentida resulta contraria ya a los intereses patrimoniales de esta (Rojas, 2011c, pp. 23 y ss.). Pues bien, un presupuesto básico de la *validez* del acuerdo con tal clase de medidas radica en que este se haya alcanzado observando la *distribución interna de competencias* en el seno de la sociedad (Schramm, 2005, pp. 107 y ss., 122 y ss.). Por ejemplo, al interior de una sociedad anónima hay materias que requieren la aprobación de la junta extraordinaria de accionistas e incluso, en algunos casos, con regla de mayoría calificada como sucede, por ejemplo, con las decisiones de fusión con otra sociedad o de disminución del capital social —*v.gr.*: art. 67 Ley S.A..

VII. LA NORMA DE SANCIÓN PENAL Y LAS AGRAVANTES ESPECIALES

En cuanto a las penas privativas de libertad, la norma de sanción del art. 470 N°11 CP remite a las penas de presidio menor contempladas por el art. 467 para el delito de estafa, cuyas cuantías se determinan según el monto del perjuicio. Sin embargo, en lo que concierne a la pena de multa, esta se fija, en contraste con el art. 467 CP, en "la mitad al tanto de la defraudación" —inciso 2 del art. 470, elegante forma de decir que ella oscila entre la mitad y el total del perjuicio patrimonial infligido.

El párrafo segundo de la disposición en comento incluye una agravante para el caso en que "el hecho recayere sobre el patrimonio de una persona en relación con la cual el sujeto fuere guardador, tutor o curador, o de una persona incapaz que el sujeto tuviere a su cargo en alguna otra calidad", incrementando así la pena privativa de libertad al máximum o al máximo de las respectivas penas de presidio menor del art. 467 CP. Pareciera que el fundamento de la agravación se explica por el mayor contenido de *injusto* que supuestamente implicaría la circunstancia de que el pupilo o la persona incapaz no puede ejercer ningún control sobre aquello que emprende el sujeto activo con su patrimonio. Sin embargo, ya la calidad especial de guardador, tutor, curador o cuidador da origen a las facultades de disposición u obligación o al deber de tutela patrimonial que fungen como presupuestos del tipo, cuya realización mediante el abuso o la infracción del deber funda lo injusto de la administración desleal, de tal modo que, luego, esa misma calidad especial no podría volver a ser considerada para fundar la agravación por impedirlo el art. 63 CP, en ambos párrafos.

En el párrafo tercero del precepto se contempla igual incremento penológico para el "caso de que el patrimonio encomendado fuere el de una sociedad anónima abierta o especial u otro patrimonio administrado por esa sociedad (…)" (modificado en esta última parte por la Ley 21.595). Como fundamento de la agravación, se apeló, durante la tramitación legislativa, al significado peculiar que tendrían cierta clase de sociedades anónimas como las administradoras de fondos de pensiones, las instituciones de salud previsional o las sociedades fiscalizadas por la Comisión para el Mercado Financiero. No obstante, el "patrimonio social", al que se refiere expresamente el párrafo en comento, no deja de ser un bien jurídico *individual* por la circunstancia de que su titular sea una sociedad, *i.e.* no se torna por ello en uno colectivo. Lo mismo vale, y con mayor razón, respecto del otro patrimonio administrado por la sociedad, cuyo titular, entonces, es una persona natural u otra persona jurídica. Sin perjuicio de que la clase de delito de que se trata permanece intacta, no pueden desconocerse las implicancias económicas, en particular, de las sociedades anónimas que invierten parte de esos fondos en el mercado de valores, como ocurre, por ejemplo, con las administradoras de fondos de pensiones o las instituciones financieras que gestionan fondos mutuos o de inversión. Sin embargo, la formulación de la agravante no se refiere a tales implicancias, sino que esta se contempla, sin más, para "el administrador que realizare alguna de las conductas descritas en el párrafo primero de este numeral, irrogando perjuicio al patrimonio social". Su aplicación, por consiguiente, ya supone tanto la calidad especial que ostenta el sujeto activo en cuanto administrador del patrimonio de la sociedad u otro, ejerciendo facultades de disposición u obligación sobre este o simplemente velando por los intereses del titular, como la realización del abuso o la infidelidad, en su caso, sin que estas mismas circunstancias puedan volver a valorarse para los efectos de la agravación: art. 63 CP. Este límite, empero, no concurre respecto de la pena de inhabilitación que se contempla en la segunda parte de este párrafo tercero.

Bibliografía

BOFILL, Jorge; JELVEZ, Valeria y CONTRERAS, Sebastián: *Consideraciones sobre el nuevo delito de administración desleal en el derecho chileno*, Derecho & Sociedad, n. 52, 2019.

BURKHARDT, Björn: "Zu einer restriktiven Interpretation der Treubruchshandlung", *Neue Juristische Wochenschrift*, separata 49, 1973.

COCA, Ivó: "La *Business Judgment Rule* ante la determinación del riesgo permitido en el delito de administración desleal. Reflexiones desde el Derecho español", *Revista de Ciencias Penales*, 6ª época, vol. XLVII, 2021.

GALLAS, Wilhelm: "Der Betrug als Vermögensdelikt", Bockelmann/Gallas (eds.), *Festschrift für Eberhard Schmidt*, Vandenhoeck & Ruprecht in Göttingen, 1961.

GÁLVEZ, Jorge: "La *pérdida de una oportunidad*: ¿perjuicio típico en el delito de administración desleal del Código Penal chileno?", *La justicia como legalidad. Estudios en homenaje a Luis Ortiz Quiroga*, Thomson Reuters, 2020.

HERNÁNDEZ, Héctor: "Aproximación a la problemática de la estafa", Problemas actuales del Derecho Penal, Universidad Católica de Temuco, 2003.

HERNÁNDEZ, Héctor: "La administración desleal en el Derecho penal chileno", *Revista de Derecho PUCV*, vol. XXVI, semestre I, 2005.

HERNÁNDEZ, Héctor: "Frustración de fines y perjuicio patrimonial en el Derecho Penal chileno", Fernández (dir.), *Estudios de ciencias penales. Hacia una racionalización del derecho penal*, LegalPublishing, 2008.

KINDHÄUSER, Urs: "Pflichtverletzung und Schadenszurechnung bei der Untreue ((§ 266 StGB)", Dölling (ed.), *Festschrift für Ernst-Joachim Lampe*, Duncker & Humblot, 2003.

LABSCH, Karl-Heinz: "Grundprobleme des Missbrauchstatbestands der Untreue (§ 266 Abs. 1, 1. Alt. StGB)", *Juristische Ausbildung*, separatas 7 y 8, 1987.

MANSDÖRFER, Marco: *Zur Theorie des Wirtschaftsstrafrechts*, C.F. Müller, 2011.

MAÑALICH, Juan Pablo: "La estructura típica de la administración desleal. Un enfoque contrastivo", *En Letra: Derecho Penal*, año VI, núm. 10, 2020.

MAYER, Laura: "La administración desleal como defraudación", Mayer/Vargas (coord.), Mujeres en las ciencias penales. Una mirada desde el contexto jurídico chileno en las primeras décadas del siglo XXI, Thomson Reuters, 2020.

PASTOR, Nuria y COCA, Ivó: *El delito de administración desleal. Claves para una interpretación del nuevo art. 252 del Código penal*, Atelier, 2020.

PERRON, Walter: "Bemerkungen zum Gefährdungsschaden bei der Untreue", Sieber/Dannecker/Kindhäuser/Vogel/Walter (eds.), *Festschrift für Klaus Tiedemann*, Carl Heymanns Verlag, 2008.

RANSIEK, Andreas: "Risiko, Pflichtwidrigkeit und Vermögensnachteil bei der Untreue", *Zeitschrift für die gesamte Strafrechtswissenschaft*, vol. 116, separata 3, 2004.

ROJAS, Luis Emilio: "El tipo de administración desleal en el Derecho penal alemán", *Revista Penal*, 23, 2009.

ROJAS, Luis Emilio: *Grundprobleme der Haushaltsuntreue. Zugleich ein Beitrag zur Dogmatik der Untreue (§ 266 StGB)*, Nomos, 2011.

ROJAS, Luis Emilio: "Perjuicio patrimonial e imputación objetiva", *Revista de Derecho PUCV*, vol. XXXVII, semestre II, 2011.

ROJAS, Luis Emilio: "Administración desleal y consentimiento. El caso 'Constantini, Adriana y otros s/Recurso de casación', de la Cámara Nacional de Casación Penal, Sala III, 25/4/05, Reg. N. 287/05", Ziffer (dir.), *Jurisprudencia de Casación Penal*, tomo 3, 2011.

SALIGER, Frank: "Wider die Ausweitung des Untreuetatbestandes. Eine kritische Analyse der neueren Rechtsprechung zum Begriff des Vermögensnachteils in § 266 StGB", *Zeitschrift für die gesamte Strafrechtswissenschaft*, vol. 112, separata 3, 2000.

SALIGER, Frank: "§ 35 Untreue", Hilgendorf/Kudlich/Valerius, *Handbuch des Strafrechts, Strafrecht Besonderer Teil II*, tomo 5, 2020.

SCHRAMM, Edward: *Untreue und Konsens*, Dunckler & Humblot, 2005.

Capítulo XII

Delitos concursales (art. 463-465)*

Iván Navas Mondaca
Doctor en Derecho. Abogado
Profesor Asociado de Derecho Penal
Universidad San Sebastián

I. INTRODUCCIÓN

Las figuras penales relativas a las conductas del deudor sobre su patrimonio han estado abarcadas por los históricamente conocidos como delitos de quiebra. En nuestra regulación jurídica los delitos de quiebra se encontraban antiguamente en el Código de Comercio (CCo), específicamente en los artículo 218 y siguientes y distinguían al deudor dedicado al comercio y al que no. El deudor dedicado al comercio era quien ejercía una actividad comercial, industrial minera o agrícola como señalaba expresamente el artículo 41 de la Ley de Quiebras N° 18.175. El artículo 221 del CCo regulaba taxativamente las conductas que se calificaban como formas de cooperación bajo la comprensión de complicidad en la quiebra del deudor. No deja de ser curioso que se tipificara una forma de complicidad específica en vez de recurrir para todas las situaciones a las normas de la complicidad establecida en el artículo 16 del CP. Quizás esto demuestra lo amplio que resulta la descripción del cómplice del art. 16 del CP y lo poco que confió el legislador cuando redacto la ley 18.175. Señalado lo anterior, durante la vigencia de la antigua ley de quiebras existían dos regímenes jurídico-penales para los deudores. Uno para los deudores dedicados al comercio —a quienes se les aplicaban los tipos penales del Código de Comercio referidos a la quiebra fraudulenta o culpable— y otro, para los deudores no dedicados al comercio —en el cual podía tener aplicación la figura residual del alzamiento de bienes del artículo 466 del CP—.

---

* Este capítulo ha sido desarrollado en el marco del proyecto Fondecyt n° 11190877 "El nuevo derecho penal de la insolvencia: problemas y desafíos" del cual el autor es investigador responsable.

Por otro lado, la gran característica de la anterior regulación es la existencia de una quiebra fraudulenta, cuyo título de imputación subjetiva era el dolo, y una quiebra culpable que se podía cometer por imprudencia. Se criticaba la existencia de "presunciones de culpabilidad" en relación al sistema anterior. Sin embargo, de un análisis de las estructuras típicas de los delitos se concluye que se trataba de un listado de normas de comportamiento. Como ha sostenido un sector de nuestra doctrina, ella presunciones no eran tal cosa sino que se trataba de un conjunto de normas de comportamiento, esto es, de prohibiciones de acciones descritas por la ley o de imperativos de realizar las acciones contrarias a las omisiones señaladas por la ley (BASCUÑÁN, 2019, p. 176 y 177).

A finales de 2014 se promulga la Ley 20.720 de reorganización y liquidación de los activos y pasivos de las empresas y de repactación y liquidación de los activos de las personas que configura un cambio de paradigma al anterior derecho de quiebras. Esta ley modificó por completo el conjunto de delitos antiguamente llamados "delitos de quiebra" pasando a conformar un verdadero derecho penal de la insolvencia bajo el título de delitos concursales y otras defraudaciones. Así, la ley 20.720 procedió a derogar todas las antiguas figuras que diferenciaban la quiebra culpable y fraudulenta por los nuevos delitos de concurso e insolvencia que quedaron en los artículos 463 a 466 del Código penal que, por su parte, han sido modificados por la reciente LDE de 2023. En las siguientes páginas se realiza un análisis de los principales elementos dogmáticos de los principales tipos penales.

La nueva ley de delitos económicos (LDE en adelante) N° 21.595 publicada el 17 de agosto de 2023 vuelve a incorporar algunos cambios a las figuras relativas al concurso de acreedores aunque siguiendo en la tendencia que ya se observó en 2014 y que principalmente guarda relación con el establecimiento de deberes de diligencia del deudor en la gestión de sus negocios como fundamento de una de las principales formas de comisión de estos delitos tipificado nuevo art. 463

Una primera cuestión que tuvo presente la reforma de 2014 es la distinción entre "empresa deudora" y la "persona deudora". Para el primer tipo de deudor —definido en el art. numerales 25 del art. 2 de la Ley 20.720— se requiere una condición objetiva de punibilidad que es la resolución de liquidación o reorganización de su patrimonio. Sin la existencia de un proceso concursal las conductas de disminución de patrimonio (art. 463) o de ocultación (463 bis) no eran punibles. No obstante, los delitos de alzamiento de bienes y de causación de la insolvencia del art. 466 (derogado por la LDE) no contienen el requisito de haberse iniciado un procedimiento concursal. Con la reforma de 2023 tal distinción legal se elimina y se habla únicamente del deudor. La razón pasa por la derogación del delito de alzamiento de bienes e insolvencia punible del art. 466 que castigaba al deudor definido como "persona deudora" en la Ley 20.720. Al existir únicamente un régimen penal general para los deudores sin distinción la diferenciación entre dos tipos de deudores pierde su sentido y la ley 21.595 se encargó de actualizar este aspecto.

II. EL BIEN JURÍDICO PROTEGIDO

1. *El derecho de crédito de los acreedores*

Históricamente, la doctrina ampliamente mayoritaria en el derecho comparado ha entendido que los delitos de concurso de acreedores (comúnmente llamados también insolvencias punibles) protegen el patrimonio del acreedor a través de la protección específica del derecho de crédito. El derecho de crédito es el producto que surge inmediatamente después de la relación jurídica que da vida a las posiciones jurídicas de acreedor y deudor. En este sentido, para esta postura los delitos de insolvencia están —sin discusión— para proteger la seguridad de la masa en interés de los acreedores (BOSCH, 2021, "Vor §§ 283"). Esta tesis ha sido la dominante en Alemania y España (Véase por todos en Alemania RADTKE/PETERMANN, 2014, nm 11 y 18; KINDHÄUSER, 2013, «Vor § 283», nm 18; y en España por todos GUTIÉRREZ PÉREZ, 2021, p. 107).

En relación con la discusión en el derecho chileno, un sector de la doctrina también se ha sumado a las tesis del derecho de crédito patrimonial del acreedor como bien jurídico en la regulación de estos delitos (Véase recientemente MAYER, 2017, pp. 255 y ss., y anteriormente a ETCHEBERRY, 1997, p. 380). Siguiendo la tesis dominante, Mayer ha señalado en un interesante trabajo de esta materia que las figuras del 463 a 466 del CP (este último actualmente derogado por la ley de delitos económicos) tutelan exclusivamente intereses patrimoniales concretados en las posibilidades del acreedor de hacer efectivos sus créditos en el patrimonio del deudor (MAYER, 2017, p. 255.). Uno de los argumentos señalados por Mayer es la ubicación sistemática de estos delitos en el Código Penal. En efecto, los artículos 463 a 465 se encuentran en el título IX "Crímenes y simples delitos contra la propiedad" y en el párrafo 7 "§7. *De los delitos concursales y de las defraudaciones*" y tal rúbrica no expresaría, según la autora citada, ninguna consideración a un bien jurídico colectivo.

Ciertamente que la ubicación en el título noveno debiera ser entendida como un argumento a favor de la tesis que lo protegido es el derecho de crédito de los acreedores, pues el legislador no ha realizado ninguna modificación en el sentido de incluir una expresión referida a delitos contra bienes colectivos o contra el orden socioeconómico como sí se hizo en su momento en el Código Penal español vigente cuando introdujo delitos económicos. Otro de los argumento que sostiene Mayer dice relación con la titularidad de la acción penal en estos delitos. Al respecto señala que estas figuras están consagradas como figuras de acción penal pública previa instancia particular y respecto de las cuales procede la celebración de acuerdos reparatorios de conformidad al artículo 241 y siguientes del CPP. Tal situación, de acuerdo con esta autora, entrega otro argumento en favor de la tutela de intereses patrimoniales (individuales).

2. El "orden socio económico"

Una postura diametralmente opuesta a la que se acaba de señalar es aquella que entiende que los delitos de concurso protegen un bien jurídico supra individual que radica en el *orden socio económico*. De acuerdo con esta postura, todos los delitos de insolvencia tienen un bien jurídico de carácter supraindividual que radica en este elemento sistémico. Bustos Ramírez ha defendido esta postura señalando que estos delitos atacan la institución del crédito sobre la cual se fundamentaba todo el sistema económico por tanto lo protegido sería "el correcto funcionamiento del sistema económico crediticio (Bustos, 1990, p. 45). Caballero Brun entiende en un sentido similar propone que el bien jurídico en los delitos concursales es uno de carácter socioeconómico que radica en la "funcionalidad del crédito" (Caballero Brun, 2018, p. 185.). En general, hasta donde alcanzo a ver, la tesis del "orden socio económico" o de sus múltiples formas de propuestas como único bien jurídico no es seguida actualmente por ningún autor. La tesis de la existencia de un bien jurídico colectivo que radique en un llamado *correcto funcionamiento del sistema económico crediticio* en los delitos concursales no puede ser compartida.

La idea del sistema económico crediticio está concebida en términos tan laxos y confusos que impide determinar exactamente qué se pone en peligro o se lesiona y queda entregada a una amplísima interpretación sin posibilidades encontrar elementos normativo que permitan identificar el peligro o lesión del orden económico. A decir verdad, eeste concepto de buen funcionamiento del sistema económico parece ser más bien un mero reflejo de protección y se confunde con lo que podría ser el motivo de la creación de estos delitos (Hefendehl, 2007, p. 184). Me parece que, tal y como ha planteado Feijoo Sánchez, la relevancia que ha adquirido la idea del sistema económico crediticio o del mercado como supuesto bien jurídico dice relación no con un bien jurídico, sino que más bien con la función general de estabilización normativa que el Derecho penal realiza en cada subsistema económico (Feijoo Sánchez, 2009, p. 208 y 209).

En efecto, la idea del sistema económico no tendría ninguna operatividad ni capacidad práctica en la mayoría de los hechos constitutivos de delito de insolvencia, pues la insolvencia o la disminución injustificada de pequeñas empresas o deudores no tienen idoneidad alguna para ni siquiera poner en peligro la economía crediticia o al propio *sistema*. Lleva razón Hefendehl cuando argumenta en esta materia que en los delitos de insolvencia la dimensión de la lesión del bien jurídico no altera la cualidad del propio bien jurídico (Hefendhel, 2007, p. 184). Por otor lado, hay que recordar que lo que se conoce como sistema económico crediticio es tan amplio en términos normativos que parece especialmente difícil afirmar en un caso concreto la existencia de una conducta que siquiera pudiera ponerlo en peligro. Por el contrario, si quisiera hacerse en este sentido, se tendría que recurrir a la técnica de los delitos de acumulación como ocurre en otros ámbitos aunque aun así me parece que ni acumulando innumerables conductas de pequeños deudores podría llegarse a concluir la potencialidad de poner en peligro el sistema económico crediticio.

Los conceptos como el de buen funcionamiento del sistema económico suelen generar inseguridad jurídica y representa en mi opinión un peligro para la determinación de la antijuridicidad material de las conductas típicas. Esto no implica rechazar por completo la posibilidad de que algunos delitos como los económicos efectivamente protejan intereses económicos generales como sí ocurre con los delitos contra el mercado de valores o el de colusión. En ellos parece evidente que las conductas tipificadas tienen la idoneidad de poner en peligro o afectar un aspecto inmaterial o supraindividual. Por el contrario, el legislador penal chileno en ningún caso ha regulado conductas de las cuales pueda desprenderse que tengan la idoneidad para afectar el correcto funcionamiento del sistema económico crediticio.

Sin perjuicio del rechazo a las tesis del orden socio económico como bien jurídico exclusivo de los delitos de insolvencia, se puede observar una postura mixta en la cual un sector de la doctrina ha entendido que el sistema económico crediticio sería una protección *paralela* o *mediata* en relación con el derecho de crédito del acreedor que sería el bien jurídico *inmediato* (Tiedemann, 1985 p. 24; Martínez-Buján, 2015, pp. 47; Souto García, 2009, p. 120). Sin embargo, a pesar del loable esfuerzo de estos autores, esta postura mixta tal cual ha sido planteada no parece ser correcta. En primer lugar, la idea de un bien jurídico *mediato* sencillamente no tiene operatividad a efectos del rol que cumple el concepto de bien jurídico en materia interpretativa del tipo. Concluir que existe un bien supraindividual *mediato* parece más bien una forma de buscar algun acomodo al aspecto colectivo. Este bien mediato no cumpliría ninguna función dogmática, sino más bien una justificación político criminal que esta por tanto fuera de todo elemento del tipo en su aspecto material e incluso formal de su descripción. En resumen, la existencia de un bien mediato no posee ninguna función en el ámbito de la aplicación de los tipos penales de insolvencia punible (Destacando el escaso aporte hermenéutico de esta postura véase GUTIÉRREZ PÉREZ, 2021, p. 79).

Desde una óptica mixta se pronuncia también entre nosotros Vargas Pinto quien concluye que la nueva regulación a partir de la ley 20.720 introduce un aspecto de protección colectiva. Sin embargo, en el planteamiento de esta autora no queda claramente establecido si ese aspecto se refiere a algun elemento específico como el proceso concursal o el sistema económico crediticio (VARGAS PINTO, 2016, p. 200).

En el derecho chileno no ha tenido cabida la postura del sistema económico crediticio como único objeto jurídico de protección. En realidad, desde la anterior regulación de estas figuras se ha señalado que serían delitos que ponen en peligro los intereses del acreedor en cuanto dice relación con la imposibilidad de recuperar sus créditos (GARRIDO, 2008, p. 299).

Ahora bien, la tesis del derecho de crédito como único bien jurídico cobra sentido en la anterior regulación de manera general. Sin embargo, la nueva configuración de los tipos penales y su relación valorativa con la política criminal que los crea no permite mantener la misma tesis patrimonial como único y exclusivo interés a proteger. En efecto, la postura del derecho de crédito como bien jurídico único y para todos los delitos que conforman las insolvencias punibles no explica ni fundamenta una serie de cuestiones en la nueva configuración de estos delitos.

De acuerdo con los argumentos que se señalarán aquí y que se he sostenido en otros trabajos, en los nuevos delitos de insolvencia coexisten dos intereses de protección. Por un lado un bien jurídico individual que sigue siendo el derecho de crédito de los acreedores pero por otro uno de características supraindividuales y que se enmarca en la protección del proceso concursal. En efecto, si el derecho de crédito de los acreedores es el único bien jurídico común a todas estas figuras, el deudor sería el único sujeto cualificado para realizar todas cada conducta prohibida. Sin embargo, las disposiciones penales de los artículos en la nueva regulación disponen que, además del deudor, también existen otros sujetos activos a los cuales se dirigen algunas normas penales. Se trata de aquellos delitos establecidos en los artículos 464 y 464 bis en los cuales aparecen como autores el liquidador y el veedor. Estos dos sujetos no forman parte de la relación jurídica originaria entre acreedor y deudor que da origen al vínculo obligacional que es presupuesto de un delito bajo una comprensión del derecho de crédito como único bien jurídico protegido.

Cuando se analiza sistemáticamente todo el conjunto de normas que comprenden este grupo de figuras, resulta que derecho de crédito como bien jurídico tiene todo el sentido de ser el interés protegido en relación con los delitos de los artículos 463; y 463 bis 1° (antes de la reforma de 2023 también habría que incluir al art. 466). Sin embargo, el derecho de crédito es un elemento insuficiente para fundamentar la protección que brindan los delitos del 463 bis 2°; 463 ter; 463 quater; 464; 464 bis. Los artículo 463 y 463 bis 1° consisten en figuras en las cuales existe una afectación inmediata y directa del patrimonio del acreedor a través de infracción de deberes de diligencia en la gestión de los propios negocios o de ocultación respectivamente. Por el contrario, los delitos 463 bis 2°; 463 ter; 464 y 464 bis se dirigen y permiten respectivamente a sancionar conductas que atentan contra el resultado de los procesos de reorganización o liquidación.

Por otro lado, desde un punto de vista procesal, no es solo el acreedor quien tiene legitimidad activa para perseguir estos delitos, sino que también lo es el liquidador y veedor del proceso concursal respectivo. Si únicamente se tratara de una afectación al derecho de crédito, entonces sólo podría tener legitimación activa el acreedor. Estos elementos demuestran que junto con la afectación al derecho de crédito, existe otro interés necesario de protección y que radica en el proceso concursal de liquidación o de reorganización.

Me parece importante tener presente que en la ley 20.720 -en la cual se establecen el nuevo derecho concursal cumplen una función esencial para la política criminal que inspira esta reforma. Este objetivo es establecer un procedimiento ágil para *"permitir a los emprendedores que puedan resurgir cuando algún proyecto fracasa"* a fin de *"eliminar la carga negativa de un negocio fallido"*. Pues bien, resulta que estos delitos no pueden estar ajenos a las valoraciones que se realizan por el orden primario del Derecho, menos aun cuando éste último origina un cambio en las normas penales. En este tipo de caso se debe tener en cuenta el concepto de *accesoriedad asimétrica* (FEIJOO SÁNCHEZ, 2019, p. 145.) Este concepto consiste en la necesidad de que el derecho penal incorpore valoraciones del orden primario al momento de interpretar el sentido y alcance de las normas penales desde su propia función como orden secundario. Es lógico y coherente que a los tipos penales se les asigne un sentido en coherencia con lo dispuesto en otras áreas del derecho, especialmente cuando en el orden primario existe una fuerte regulación normativa.

Por otro lado, si el patrimonio individual fuese el único bien jurídico que se busca proteger con la nueva regulación de los delitos de insolvencia punible, ello sólo tendría sentido si el deudor fuese el único sujeto activo en todos los tipos penales. Tal situación no es así, pues también pueden cometer delitos de concursales los liquidadores o veedores (art. 464; 464 bis) que no tienen cabida en la relación jurídica patrimonial previa que vincula al acreedor con el deudor. Por otro lado, no es sólo el patrimonio lo que resulta afectado por alguna de las conductas típicas, pues algunas de ellas dicen relación con la obstaculización del proceso concursal o con la administración del mismo proceso. Así se desprende por ejemplo de los artículos 463 ter 2°; 464 1° y 3° y 464 bis. En el primer caso, el injusto típico no es una lesión al derecho de crédito, sino la infracción del deber de llevar contabilidad mercantil en consideración a la utilidad que tendrá para el proceso concursal y su correcto funcionamiento. En el caso del 464 1° y 3°, el injusto dice relación con comportamientos cercano a la administración desleal y al favorecimiento de acreedores respectivamente. Ambas situaciones son relevantes sólo cuando el patrimonio del deudor se encuentra sometido a las reglas del proceso concursal. Lo mismo cabe sostener en relación con el delito del artículo 464 bis.

3. El proceso concursal como bien jurídico protegido

Como se ha podido observar la determinación del bien jurídico protegido en los delitos concursales o de insolvencia es un asunto de intensa discusión en el derecho comparado. Las razones principales de ello se deben entre otras medidas a los constantes cambios que introduce el legislador en referencia a la realidad social que regulan estos tipos penales pero también a la propia redacción de los mismos tipos penales. Así, por ejemplo el derecho penal alemán que distingue entre tipos penales de insolvencia en *sentido estricto* y tipos penales *acompañantes*. De acuerdo con el StGB, los primeros serían los parágrafos 283 a 283 d y los segundos se encuentran específicamente en el parágrafo del 266 a referido a la ocultación de bienes (BRETEL/SCHNEIDER, 2020, p. 230). Igualmente dentro de los primeros distingue tipos de bancarrota en sentido estricto (283 y 283 a) y delitos referidos a la mera infracción de deberes contables (283 b). Esta diferencia se manifiesta también en las distinta naturaleza del delitos al ser algunos de resultados (los casos de delitos de bancarrota del 283 y 283 a) y otros de peligro abstracto como el delito del 283 b del StGB. Otra de las razones que dificulta encuadrar a todos estos delitos bajo una misma estructura típica y bajo un mismo bien jurídico radica en la cantidad de conductas descritas en innumerable tipos penales. En el caso del derecho penal chileno hay además un argumento importante para tener en cuenta que dice relación con que todas las conductas de estos delitos solo tienen relevancia penal cuando el deudor se encuentra en concurso de acreedores ya sea por estar en un proceso de liquidación o de reorganización. Esa idea cobra mayor fuerza con la reforma de 2023 que deroga el art. 466, único delito que no exigía la existencia de un proceso concursal.

Sin perjuicio de las importantes contribuciones de la doctrina comparada, se debe tenerse en consideración la propia redacción de los tipos penales y especialmente la orientación de ellos en relación con los distintos intereses que surgen y que pueden observarse en la discusión comparada. Los bienes jurídicos no son entelequias que están en un mundo ideal esperando ser elegidos a libre voluntad del intérprete para fundamentar un tipo penal. La determinación del bien jurídico debe construirse a partir de las propias realidades que conforman las descripciones abstractas que hace el legislador en los enunciados jurídico-penales en consideración a los intereses que se desprenden de la propia configuración de los delitos. Así, es evidente que un aspecto relevante será el vínculo entre los sujetos que dan lugar al presupuesto previo de todo delito de insolvencia o de concurso como es la relación del acreedor y deudor.

Como se observó, el trabajo reciente de Mayer adhiere a la tesis del patrimonio como único bien jurídico protegido por todo el conjunto de delitos del nuevo derecho penal de la insolvencia. A pesar de los argumentos señalados por esta autora, existen buenas razones para discernir de esta postura. Lo primero que cabe decir es que efectivamente las rúbricas no entregan certeza sobre el fundamento de los tipos penales que contienen y, si bien entregan indicios, estos pueden desvirtuarse con argumentos de orden teleológicos, sistemáticos, y hasta de la propia redacción de los tipos penales. A decir verdad, si el patrimonio individual fuese el único bien jurídico que se busca proteger con la nueva regulación de los delitos de insolvencia punible, ello sólo tendría sentido si el deudor fuese el único sujeto activo que aparece cualificado para afectar a los acreedores. Dicha situación no es así, pues también pueden cometer delitos de concursales los liquidadores o veedores y otros sujetos que no tengan esa condición tal y como establece el art. 464. Lo relevante de esto último, es que se trata de sujetos que no tienen cabida en la relación jurídica patrimonial previa que vincula al acreedor con el deudor.

Por su parte el mismo artículo 465 establece que la instancia previa particular para perseguir estos delitos la puede iniciar no sólo los acreedores, sino que también el liquidador o veedor del proceso concursal. Si sólo se trata de delitos de afectación al patrimonio individual del acreedor, la norma habría reducido únicamente la titularidad de la acción penal a los acreedores. Sin embargo, entrega dicha facultad a un sujeto que no ha visto afectado sus intereses patrimoniales, (veedor o liquidador), sino que ha visto afectado el funcionamiento del proceso concursal. En efecto, la única relación que tienen tanto el liquidador como el veedor con el acreedor es que los primeros tienen un deber de gestionar correctamente los procesos concursales. Ante esta situación cabe concluir que buscando el correcto funcionamiento del proceso de reorganización o liquidación el legislador ha establecido un refuerzo punitivo tipificando como delitos las conductas que le afecten.

Adicionalmente, una precisión importante que cabe hacer contra las tesis patrimonialistas puras dice relación con que el acreedor no tiene derecho al "patrimonio" del deudor, sino que tiene derecho a que se le pague con el *resultado del procedimiento de liquidación*. Tanto el patrimonio como el proceso de pago al titular del patrimonio afectado toman entonces una especial importancia a la hora de determinar la antijuricidad material, pues si bien el Derecho ha establecido una expectativa de cobro, ella sólo se realizará como resultado de un proceso institucionalizado y colectivo que radica en el procedimiento de liquidación o de reorganización. De lo contrario, cada acreedor podría iniciar su propio procedimiento de cumplimiento por equivalencia, por eso aquí lleva razón Puga Vial cuando señala que, de acuerdo con artículo 2469 del Código Civil, el acreedor no tiene derecho a los bienes del deudor, sino a exigir que se vendan esos bienes para que con el producto se satisfaga sus créditos (PUGA VIAL 2016, p. 56).

Un elemento importante en cuanto a la concreción del bien jurídico en los delitos del CP chileno, es el hecho que se han establecido una serie de conductas típicas que puede realizar ya no el propio deudor, sino que también los sujetos responsables de llevar a cabo la reorganización o la liquidación del patrimonio del deudor. Eso implica que existe un sujeto fuera de la relación jurídica acreedor-deudor que tiene la capacidad para afectar el bien jurídico. Ante tal realidad, toma más sentido entender que no sólo sea el patrimonio lo afectado, pues en principio, éste sólo puede ser afectado por el deudor de ese patrimonio dada la rigidez normativa de la relación contractual acreedor-deudor. Así, la existencia de delitos susceptibles de ser cometidos por los quienes son encargados de velar por el procedimiento y por el futuro de los bienes del deudor entrega un argumento importante para reconocer que, junto con el elemento patrimonial, acompaña también un bien jurídico de naturaleza supraindividual anclado en la correcta administración del proceso concursal de reorganización o liquidación (Véase en particular los delitos de los artículos 464.1; 464.2). Un último argumento viene dado por el propio sentido de la Ley 20.720 que estableció estos nuevos delitos derogando además la antigua Ley Concursal. La ley 20.720 tiene un sentido de favorecer los procesos de reorganización y liquidación como dos de los principales instrumentos del nuevo derecho concursal chileno.

La política criminal que está detrás de esta ley es evitar que los casos de la antigua quiebra sean traumáticos para los deudores y puede continuar con la iniciativa empresarial bajo una nueva reorganización de bienes o, en su caso, cuando no haya más opciones se proceda a la liquidación. El propio artículo 1 de la Ley señala que su ámbito de aplicación son los procedimientos concursales destinados para reorganizar y/o liquidar los pasivos y activos de una empresa deudora y a repactar los pasivos y/o liquidar los activos de una persona deudora. Por otro lado, existe un importante efecto jurídico que proviene del artículo 136 de la ley 20.720. En ella se establece que una vez dictada la resolución de liquidación todas las obligaciones dinerarias se entenderán vencidas y exigibles. Esto implica que el deudor no puede alegar la inexigibilidad de una deuda cuando por ejemplo, habiendo realizado actos o contratos o habiendo ocultado bienes la deuda que posea tenga una fecha de vencimiento un periodo de tiempo posterior (meses o incluso años). El tiempo que jugaba a favor del deudor se extingue dada la conducta peligrosa que realiza el deudor en su propio patrimonio.

Puede observarse en la historia de la ley 20.720, en su mensaje presidencial se señala que el objetivo de esta ley es "permitir a los emprendedores que puedan resurgir cuando algún proyecto fracasa" y, agrega "eliminar la carga negativa de un negocio fallido". Así mismo destaca que el fundamento político sea "permitir que el emprendedor pueda rápidamente iniciar nuevos negocios". Además, sostiene que "un procedimiento concursal" más ágil y eficiente permite utilizar los recursos que quedan desaprovechados en esa empresa fallida en otras actividades" para señalar por último que "la reorganización y salvataje del deudor no son el propósito de la antigua Ley de Quiebras"[1]. Pues bien, resulta que la política criminal que inspira

---

[1]   Mensaje presidencial número 081-360 de 15 de mayo de 2012.

esta Ley 20.720 y la respectiva ley 21.595 es la de reforzar penalmente el correcto funcionamiento de los procesos concursales al entender que éstos cumplen una función fundamental para la economía como para la propia normativa extra-penal. Esta función es asegurar el correcto desarrollo del proceso de liquidación o reorganización. De la propia Ley 20.720 se puede observar la intención del legislador de establecer un refuerzo punitivo para las conductas que distorsionen o que obstaculicen el correcto funcionamiento del proceso concursal. En este sentido, cabe tener en cuenta el concepto de *accesoriedad asimétrica* acuñado por la doctrina según el cual se obliga al derecho penal a importar las valoraciones básicas del orden primario ya sea para ser revaloradas o consideras de acuerdo con las propias funciones del derecho penal. Esto implica que los tipos penales y su interpretación tengan coherencia con aquellas materias que ya tienen una fuerte regulación por parte de otras ramas primarias del derecho como el derecho civil, comercial, administrativo, tributario, etc. (FEIJOO SÁNCHEZ, 2019, p. 145).

También en el derecho comparado, en particular en el derecho penal de la bancarrota de los EEUU, se puede observar que los delitos de concurso de acreedores cometidos por el deudor buscan proteger la eficacia de los procesos concursales. En particular la doctrina norteamericana ha señalado que estos delitos socavan *los objetivos del proceso concursal*, pues la ocultación de bienes afecta la equitativa distribución de los bienes del deudor a los acreedores (Así HESTON. 1998, p. 389). En este sentido, el conjunto de delitos de quiebra o bancarrota están diseñados para asegurar la integridad de la quiebra y proceso ya sea porque ya haya comenzado uno o porque era previsible que éste comenzara (OGIER/WILLIAMS, 1998, p. 355). Hay que señalar que si el derecho concursal es una herramienta fundamental para conservar el tejido empresarial y el empleo, la sanción penal estar dirigidas también a las conductas de desestabilización de la institucionalidad concursal frente a las cuales cabe reaccionar. Las expectativas sociales de los destinatarios de las normas que establecen el proceso concursales radican en el éxito de éste como forma de solución de la defraudación de expectativas normativas del deudor frente al acreedor.

En nuestro derecho positivo el postulado de las tesis del patrimonio individual o derecho de crédito como bien jurídico tiene sentido en relación con los delitos de los artículos 463; 463 bis 1° debido al peligro que generan esas conductas para el derecho de crédito del acreedor y para el éxito del proceso concursal. Sin embargo, esta postura resulta insuficiente para fundamentar la protección penal que brindan los delitos del 463 bis 2°; 463 ter; 463 quater; 464; 464 bis. En efecto, las primeras figuras (463;

463 bis 1°) corresponden a delitos donde existe una afectación inmediata y directa del patrimonio del acreedor. Sin embargo, los otros delitos (463 bis 2°; 463 ter; 463 quater; 464 y 464 bis) apuntan a sancionar conductas que pongan en peligro, obstaculicen o afecten no ya el derecho de crédito, sino que el resultado de los procesos concursales establecidos la ley 20.720. Respecto a estas últimas figuras se puede sostener que apuntan a una *protección mediata del patrimonio* de los acreedores a través de la *protección inmediata del proceso* concursal. Es cierto que se podrían formular las mismas críticas que se señalaron respecto a la tesis del orden socioeconómico como protección mediata. Sin embargo, ello no es correcto por cuanto el proceso concursal no representa un bien intangible ni imposible de toda concreción. Por el contrario, la propia regulación penal establece claramente las formas de afectación que tiene el proceso concursal evitando así caer en la ambigüedad en que sí cae la postura del orden económico.

La existencia de un bien que trasciende al derecho de crédito aparece claramente de la propia regulación de los tipos penales y el sentido teleológico que surge de la actual configuración normativa. Así, cabe tener en cuenta que el 463 bis 2° se refiere a conductas realizadas por el deudor *después de dictada la resolución de liquidación* (percibir y aplicar a sus propios usos o de terceros bienes que deban ser objeto del procedimiento concursal de liquidación) por lo que ya no podría ser la protección al derecho de crédito un bien jurídico único de protección, pues él *ya ha sido afectado*. Por otro lado, en el caso del 463 bis 2° el patrimonio del deudor (objeto de pretensión del derecho de crédito del acreedor) hay que recordar que éste está bajo custodia de un *cuasi* funcionario (el liquidador) que busca ejercer una labor de auxiliar de la administración de justicia, en concreto, llevar a cabo el proceso de liquidación. En este sentido me parece que se debe considerar que el veedor o liquidador actúan como verdaderos empleados públicos, pues por ejemplo el CP los entiende como destinatarios del delito de fraude al fisco tipificado en el artículo 240 del CP. Esta última figura se encuentra regulado en el título quinto que sanciona crímenes y simples delitos cometidos por empleados públicos el desempeño de sus cargos. No representa un delito, cuya norma de conducta vaya dirigida a particulares, sino a funcionarios o particulares que ejercen una función de esa naturaleza. Conforme con ello y dada la condición de empleado público delegada que tienen los veedores y liquidadores, no cabe sino considerarlos funcionarios para efectos de su posible responsabilidad y por tanto encargados del éxito del proceso concursal de liquidación o reorganización.

Bajo una visión sistemática y de acuerdo con la redacción de los tipos penales se debe entender que en la actual regulación existe una pretensión de proteger *dos bienes jurídicos distintos* que encuentran detrás de las normas de los artículo 463 y siguientes. Un primer bien jurídico penal es de carácter supraindividual (el proceso concursal de liquidación o reorganización) aunque mediatizado en el derecho de crédito del acreedor. No es de extrañar que algunos autores destaquen que el real interés protegido en los delitos de insolvencia sea la garantía de la masa concursal que ingresa al proceso en interés de todos los acreedores (WABNITZ *et al* 2007, p. 356). Bajo esta premisa, la protección del acreedor cede como pretensión principal pasando a ser secundaria y surge un bien jurídico distinto y autónomo como es el proceso concursal.

Otro argumento a favor de la tesis del proceso concursal como bien jurídico protegido es aquel que dice relación con un criterio temporal y cualitativo del objeto afectado. Los tipos penales de los artículos 463 y 463 bis 1° sancionan conductas previas a la resolución de liquidación o reorganización, pues están previstas para conductas que disminuyan injustificadamente el patrimonio del deudor o lo encaminen a una insolvencia a través de la ocultación de bienes. Sin embargo el resto de las conductas que se encuentran entre los artículos 463 bis 2° y 3°, art. 463 ter; 464 bis y 464 ter son realizadas en el marco de un proceso en el cual el patrimonio del deudor ya ha sido afectado por conductas anteriores que llevaron a la situación procesal de liquidación o reorganización. En estricto rigor, antes de la existencia de un proceso concursal las conductas los artículos 463 bis a 464 ter no tienen ninguna relevancia penal, pues falta la condición objetiva de punibilidad de la resolución respectiva.

El injusto de las conductas señaladas en el párrafo anterior podrían calificarse jurídico-penalmente de acuerdo con diversas otras figuras genéricas como la apropiación indebida o la falsedad documental. Así, por ejemplo una vez dictada la resolución de liquidación, el art. 463 bis 2° prohíbe bajo pena la conducta del deudor art. 463 bis 2° de "percibir o aplicar a sus propios usos o de terceros bienes que deban ser objeto del procedimiento concursal de liquidación" no presenta mayores problemas en ser entendida como apropiación indebida del 470.1°, pues en el fondo se trata de una apropiación de bienes o efectos en perjuicio de la masa de acreedores y que se encuentra en depósito del deudor a raíz de la propia resolución de liquidación. Sin embargo, el legislador la ha establecido como un tipo penal autónomo con una pena específica y dado que no dice relación con un único y estricto perjuicio a patrimonio del acreedor, toma sentido entonces entender que el objeto jurídico de protección es el buen funcionamiento del proceso de liquidación que se ve afectado.

Situación similar ocurre con el delito de omisión propia de no llevar la contabilidad en los términos que dispone el art. 463 ter 2°. Fíjese que aquí el derecho de crédito no se observa como el principal bien afectado de manera inmediata, pues si fuera el derecho de crédito el único bien jurídico, bastaría que la omisión de lleva libros de contabilidad se realizara en cualquier momento y lugar, sin considerar la existencia o no de un proceso concursal. Más bien, da la impresión que la conducta relevante del artículo 463 ter 2° tendrá una consecuencia directa en el éxito del buen funcionamiento del procedimiento concursal e indirecta en el patrimonio del deudor.

Como se ve, todas las conductas de este título tienen especial relevancia cuando se realizan en el marco de un proceso concursal. ¿Por qué no tienen relevancia penal si no es iniciado un proceso concursal? Pues parece que no tienen la idoneidad de afectar al derecho crédito del acreedor con la lesividad suficiente (que ya ha sido afectado inmediatamente), sino que a otro bien jurídico como es el proceso concursal de liquidación o reorganización. Nótese que además, desde la *ultima ratio* hay que recordar que existen diversas herramientas civiles para dejar sin efecto los actos de ocultación de patrimonio en fraude de ley o de acreedores. Pero además de esto, hay otro elemento fundamental para tener en cuenta y que dice relación con la titularidad del ejercicio de la acción penal que, tal como se señaló, corresponde también a los responsables del proceso concursal, esto es, al veedor o liquidador y no sólo a los acreedores. Si el bien jurídico afectado fuere el contenido patrimonial del derecho de crédito de los acreedores, lo lógico sería haberles entregado a ellos la exclusividad de la acción penal. Sin embargo, el legislador se la otorgó también a los encargados del proceso. Por lo demás, cabe hacer presente que actualmente existe un proyecto de Ley en curso en virtud del cual se busca que la persecución penal de los delitos concursales podrá iniciarse también previa instancia particular de la Super Intendencia de reemprendimiento y reorganización (Boletín 12.802-03 de noviembre de 2020).

Ahora bien, a diferencia de la tesis supra individual del orden económico como bien colectivo, la propuesta que aquí se hace no presenta la ambigüedad ni lo difuso de tesis como la señalada. La tesis del proceso concursal como fundamento se puede valorar y acreditar cuando se realizan una serie de conductas descritas que por tener una gravedad en su valoración, alteran su correcto funcionamiento. El proceso no es un elemento difuso como el orden económico ni tampoco se diluye en el concepto de "administración de justicia" (Véase CABALLERO BRUN, 2008, p. 162), sino que es posible concretar las formas materiales de afectación conforme a las descripciones que entregan los tipos penales.

Por último, las materias regulada por estos delitos poseen también un refuerzo previo en materia civil. Si estos delitos sólo otorgaran una protección al crédito del acreedor, tendría sentido exigir agotar la vía civil como cuestión judicial previa a la vía penal. Desde una óptica de los principios limitadores del *ius puniendi*, en especial del principio de *ultima ratio* el juez podría estar en posición de que antes de dar curso a la vía legal se resuelva una cuestión judicial previa conforme al art. 252 letra a) del CPP. Sin embargo, esta idea del recurso *prima ratio* al derecho civil o procesal civil se desvanece si entendemos que junto al derecho de crédito, existe una protección penal supraindividual que recae en el buen funcionamiento del proceso concursal. Esta misma comprensión del proceso concursal permite además sortear la crítica que se hace a las posturas supraindividuales como la tesis que propugna al sistema económico crediticio como el bien jurídico. Resulta que el pequeño deudor que comete alguno de estos actos no pone en peligro ni lesiona al sistema económico. No obstante, el pequeño deudor sí posee la capacidad de afectar el correcto funcionamiento del proceso concursal. Así, a pesar de tratarse de una comprensión colectiva, no cae en el problema de otras posturas similares como la del sistema económico crediticio en las cuales no puede observarse la posibilidad de que el sujeto activo afecta de alguna forma el bien protegido.

III. DELITOS CONCURSALES

1. El delito de gestión económica peligrosa (art. 463)

La LDE deja con la siguiente redacción el art. 463 del CP chileno:

"Artículo 463.—Será castigado con la pena de presidio menor en cualquiera de sus grados el que dentro de los dos años anteriores a la dictación de la resolución de liquidación a la que se refiere la ley N° 20.720, que Sustituye el régimen concursal vigente por una ley de reorganización y liquidación de empresas y personas, y perfecciona el rol de la superintendencia del ramo, o durante el tiempo que medie entre la notificación de la demanda de liquidación forzosa y la dictación de la respectiva resolución, conociendo el mal estado de sus negocios:

1.° Redujere considerablemente su patrimonio destruyendo, dañando, inutilizando o dilapidando, activos o valores o renunciando sin razón a créditos.

2.° Dispusiere de sumas relevantes en consideración a su patrimonio aplicándolas en juegos o apuestas o en negocios inusualmente riesgosos en relación con su actividad económica normal.

3.° Diere créditos sin las garantías habituales en atención a su monto, o se desprendiere de garantías sin que se hubieran satisfecho los créditos caucionados.

4.° Realizare otro acto manifiestamente contrario a las exigencias de una administración racional del patrimonio.

Tratándose de una empresa deudora en el sentido de la ley N° 20.720, la pena señalada en el inciso anterior se impondrá también al que hubiere actuado con ignorancia inexcusable del mal estado de sus negocios.

En el caso del número 4.° del inciso primero, las penas no serán impuestas si el hecho no hubiere contribuido relevantemente a ocasionar la insolvencia del deudor".

Como se observa existe una cláusula general establecida en el numeral 4° y representa el tipo base o genérico de este nuevo 463. En este numeral, dada su amplia redacción, puede abarcar sin problemas las conductas redactadas en los numerales 1 a 3. Al respecto, como se planteó en el primer capítulo del tomo de la parte general de esta obra, se trata de un caso de suprainclusión, característica propia que se observa en los delitos económicos.

El art. 463 número 4° sanciona al deudor por "*realizar otro acto manifiestamente contrario a las exigencias de una administración racional del patrimonio*". Como se señaló, el legislador penal chileno de 2023 ha optado por seguir el modelo alemán del §283 en materia de insolvencias punibles. En el StGB existe un listado taxativos de conductas (del 1 al 7 del § 283 (1)) que, sumado a una cláusula general —con ciertas dudas respecto al principio de legalidad penal y la exigencia de determinación expresa de la conducta punible— posee una función de recogida pudiendo abarcar un sin número de situaciones con tal que se infrinjan determinados deberes de gestión económicos.

De hecho, el numeral 4° es una norma de conducta que opera con una clara función de recogida de los comportamientos que no sean subsumibles en los numerales 1 a 3. Es la misma función que cumple el 283. (1).8 del StGB (Véase KÜHL/HEGER, 2018, §283/21). En efecto, la cláusula del numeral 4 del nuevo 463, sigue al pie de la letra la estructura establecida en el Código Penal Alemán que en su parágrafo §283 (1) 8 donde se castiga al deudor que "en caso de endeudamiento excesivo o cuando le amenace una incapacidad de pago *disminuya el estado de su patrimonio en una manera que contradiga gravemente las exigencias de una economía ordenada u oculte o encubra la real situación de sus negocios*".

La norma del StGB indica lo siguiente:

§ 283. Bancarrota

(1) Será castigado con pena privativa de la libertad hasta cinco años o con multa, quien en caso de endeudamiento excesivo o cuando amenace o se presente incapacidad de pago:

8. De otra manera, disminuya el estado de su patrimonio, en una forma que contradiga gravemente las exigencias de una economía ordenada.

Tal y como plantea la doctrina alemana, el numeral 8 del § 283 (1) es un cláusula de recogida de todas las conductas que, previamente descritas en los numerales 1 a 7 del § 283 (1), no puedan ser subsumibles en cada preciso supuesto de hecho (DANNECKER/KNIERIM, 2018, p. 379). Ahora bien, lo que está detrás de esta modalidad de esta técnica legislativa es una normativización del injusto en el sentido de establecer reglas que aplicables al deudor para que las actuaciones sobre su patrimonio sean conforme a lo que se esperaría de un deudor prudente o racional. Se observa una tendencia en el derecho penal económico de establecer tipos penales abiertos, con conductas poco definidas, donde el injusto radica en el cumplimiento de determinados deberes o reglas de gestión económica tal y como se aprecia en el delito de administración desleal o en el delito de enriquecimiento ilícito. En el caso de los delitos concursales, a través de estas cláusulas generales y particularmente amplias, se busca evitar que el deudor —o quien actúe en su nombre— abuse de la libertad de disposición que tiene sobre su propio patrimonio que le otorga el derecho civil.

Lo que sí está bastante claro, es que en todos estos casos, tanto en la norma del CP chileno, del alemán y del español habrá que recurrir a criterios económicos o a las reglas propias de diligencia de subsistemas económicos para determinar la relevancia típica de las múltiples conductas posibles. No se debe olvidar que estamos ante conductas que están previamente reguladas por normas reglamentarias, por la costumbre mercantil y en general por el derecho privado comercial de tal forma que la teoría del delito no alcanza a concretar o distinguir de manera precisa si la conducta realizada genera un riesgo económicamente aceptado o si por el contrario se trata de una conducta típica.

En ambos casos, tanto en la norma alemana como en la chilena, se trata de un delito con múltiples modalidades de acción y se estructura como delito de peligro abstracto, pues la realización de algunas de esas conductas o de cualquier otra contraria a las exigencias de una gestión racional del patrimonio, ponen en peligro el patrimonio de los acreedores y el correcto desarrollo del proceso concursal respectivo. Como se observa, en la nueva regulación chilena de 2023 y, al igual que en la alemana, no se exige ningún resultado para esta cláusula general.

Sin perjuicio de indicar que se trata de un avance en la técnica legislativa si la comparados con las anteriores redacciones de este tipo penal, me parece que sigue se debe analizar el hecho de vincular temporal o cronológicamente los actos anteriores a resolución de apertura del proceso de liquidación sin considerar la situación concreta al momento de realizar la conducta que se juzga. De alguna manera, se podría afirmar que la actual redacción inhibe la realización de actuaciones que puedan ser catalogadas posteriormente como "negocios de riesgo", pues es posible que en el futuro se abra un proceso concursal pero no por esa actuación, sino por causas totalmente distintas a la conducta realizada de ese negocio de riesgo, pudiendo llegar a concluir que ese negocio o actuación sea considerada dentro de alguna modalidad de las conductas típicas. O, incluso se le incluya como una de las inimaginables modalidades que abarca la cláusula general del 463.4° afirmando que su realización —hasta dos años antes— infringió las exigencias de una administración racional del patrimonio.

> Imagínese al sujeto que financió la primera vez a los jóvenes que formaron Google. Si al tiempo después ese deudor era declarado en concurso y finalmente no había obtenido todavía los retornos de la inversión realizada, ese acto de inversión (en una empresa que tenía como sede un garaje) podría ser considerado como un hecho típico a la luz de la nueva redacción del 463.2°. ¿Qué pasa si con posterioridad a la apertura del proceso obtiene los beneficios? Pues únicamente puede considerarse una atenuante de reparación del daño causado del art. 11.7 del CP.

A decir vedad, me parece más adecuada la técnica de CP alemán que la que utiliza el legislador chileno de 2023, pues en el primero la conducta del deudor tiene relevancia penal únicamente cuando el deudor se encuentra en una situación de crisis económica como la incapacidad de pago. Solo entonces, cualquier conducta contraria a la gestión económica racional será peligrosa para los bienes jurídicos en juego. De esta manera, será también fácil de advertir para todo deudor, de tal modo que el mensaje normativo y la capacidad de motivación de las normas penales podrá operar con mayor énfasis. Así, sobre la base de una crisis económica o incapacidad de pago, la cláusula de recogida del 463.4° en el modelo chileno, tendrá pleno sentido para el destinatario de la norma, pues no habrá duda que cualquier conducta contraria a una gestión económica racional tendrán la capacidad de afectar al patrimonio del deudor y de perjudicar a los acreedores y/o al proceso concursal respectivo.

> Se puede poner como ejemplo que en un deudor, al comienzo del año 1 realiza una serie de negocios y pide diversos créditos (endeudamiento excesivo) pero realiza una serie de inversiones que objetivamente darán frutos en el año 2 o con posterioridad a él. Sin embargo, si se presenta una crisis por algo totalmente ajeno a él y entra en un proceso concursal, se podrá incluso señalar que las conductas arriesgadas del año uno, son constitutivas de delito. De alguna forma, aquí hay que comprender esta estructura con la interrupción del curso de imputación en los casos de imputación objetiva del resultado.

Cuando el resultado de produce pero lo hace por un riesgo 2 (R2) entonces la conducta del riesgo 1 (R1) no debe cargar con la imputación penal completa, sino sólo con una pena atenuada o diversa si es que efectivamente la política criminal desea castigar este aspecto.

Me parece que la técnica del StGB plantea un sistema que otorga mayor seguridad jurídica que el chileno. Ningún deudor puede decir que no sabía que era peligroso realizar conductas de riesgo cuando se encontraba en incapacidad de pago o en una situación económica de crisis. Por el contrario, un deudor que opere, por ejemplo, en un sistema financiero o de aversión al riesgo, no podrá entender que una situación normal (sin crisis económica) no pueda realizar negocios de riesgo cuando eso es justamente lo usual para ese ámbito de negocio. Al respecto, estimo que puede existir un problema de previsibilidad en los sistema que conectan conductas previa en situaciones económicas normales del deudor, con resultados posteriores que no se pueden conectar normativamente con conductas anteriores. Lo contrario, parece hacer revivir una especie de *versari in re ilicita* pero a la inversa cuando el deudor es sometido a un procedimiento concursal y se busca hacerle responder por aquellas conductas del pasado en las cuales no existía crisis.

¿Qué había antes de la reforma de 2023? La redacción anterior del art. 463 —establecida con la ley 20.720— lo configuraba como un delito de resultado, pues no se sancionaba únicamente la realización de una acción peligrosa, sino que se exigía que el acto o contrato que se llevaba a cabo por el deudor produjera el resultado de disminuir el activo o de aumentar del pasivo de deudor. La nueva configuración no exige ningún resultado por lo que establece un delito de peligro abstracto. Lo que hace la regulación establecida en la ley de delitos económicos de 2023 es establecer que todas las conductas enumeradas en el art 463 son en sí mismas peligrosas y por tanto constitutivas de este delito de gestión económica peligrosa bajo cualquier de sus modalidades expresas (1° a 3°) o genérica (4°).

Con todo, cabe destacar el propósito del legislador de establecer un modelo donde toma especial relevancia para la tipicidad el cumplimiento de deberes de gestión económica razonable (*Wirtschaftsordnung* como lo llama la doctrina alemana), pues tiene una capacidad de rendimiento significativamente superior al del modelo de imputación basado en elementos subjetivos que regía en la estructura de los antiguos delitos de quiebra. El modelo de imputación que exige infracción de deberes de gestión económica del propio patrimonio entrega un elemento dinámico, respetuoso del orden jurídico primario y del propio ámbito económico y de las reglas que allí rigen en la medida que estas se tengan en consideración por el juez al momento de valorar cada conducta en concreto. Ciertamente, permite una mejor y más justa valoración que el modelo de los ánimos o intenciones del deudor de perjudicar que destacan algunos autores como criterio para determinar la tipicidad de las conductas del deudor.

Conforme a este modelo de imputación para los delitos concursales, sólo será típica a efectos del artículo 463 la realización de actos que no tengan un sentido económico. Habrá que considerar criterios de gestión racional de la ciencia económica para así no resolver con una antinomia normativa en que una conducta está prohibida por el derecho penal pero tolerada por el subsistema económico. Para llegar a esta conclusión habrá que valorar las exigencias de una gestión razonable o prudente del propio patrimonio en el contexto realizado y, como apunta Feijoo Sánchez, habrá que considerar todos los aspectos relevantes del negocio, las consecuencias a corto y largo plazo, el valor estratégico o el marco global de la situación patrimonial del deudor (FEIJOO, 2016, p. 131).

Esto implica analizar por ejemplo, si el contrato de inversión en el cual se haya traspasado parte del patrimonio de una empresa (disminuido su activo) ha consistido en una inversión real, un negocio serio (y no aventurado) basado en cálculos razonables y objetivos de inversión y rentabilidad positiva presente o futura. Como se aprecia, en principio se quedan en un segundo plano las "intenciones" del deudor o los elementos subjetivos sobre los cuales una buena parte de la doctrina y jurisprudencia hacían descansar el juicio de tipicidad del comportamiento del deudor. En efecto, ahora con este modelo tendrá —primero que todo— mayor relevancia la seriedad y razonabilidad del negocio que llevó a cabo el deudor. En otras palabras, la actuación del deudor que consista en una disposición del propio patrimonio bajo los parámetros de una gestión económica ordenada no constituye una disminución del patrimonio típica a la luz del artículo 463, pues dichas actuaciones representan un ejercicio de la libertad del deudor jurídicamente garantizada.

Por el contrario, aquellas conductas que no respondan a actuaciones razonables o con algún sentido económico, que produzcan una disminución de la capacidad patrimonial y, por tanto, la disminución de la capacidad de cumplimiento del deudor respecto a sus acreedores, constituyen actuaciones contrarias al principio de una gestión económica ordenada (Con más desarrollo véase NAVAS, 2015, pp. 202 y ss; KINDHÄUSER, 2013, nm. 75). A contrario sensu, aquellas conductas del deudor que no respondan a actuaciones razonables o con algún sentido económico o jurídico podrán ser consideradas contrarias al principio de una gestión económica ordenada pudiendo representar así un peligro para los acreedores.

> Un ejemplo común de lo que podría ser un caso del artículo 463 es aquel en que una sociedad A, que atraviesa por dificultades económicas, traspasa un bien inmueble a una sociedad B a cambio de una parte de la participación social de esa nueva sociedad señalando que el valor de mercado de esa parti-

cipación corresponde al valor del inmueble aportado. Frente a esta situación habrá que analizar si la empresa B es una sociedad real, con movimientos y negocios económicos, flujo de caja, balances positivos o si, por el contrario, resulta ser una sociedad pantalla creada simplemente para proteger los activos de A. El juicio de tipicidad deberá concluir que el contrato firmado de A con B en que la primera traspasaba su bien inmueble no tiene en realidad ninguna justificación económica dada la realidad y condición de la empresa B. Se trata por tanto de una actuación que supera el riesgo permitido debiendo imputarse objetiva y subjetivamente dicha actuación en virtud del art. 463.

Cabe destacar que también la jurisprudencia española ha fallado en diversas ocasiones recurriendo a un criterio equivalente haciendo referencia por ejemplo a la insolvencia producida de una manera *verdaderamente injustificable desde el punto de vista de la racionalidad mercantil* (Sentencia del Tribunal Supremo Español 452/2022, de 15 de marzo) o a la idea de actos injustificados desde una *conducción comercial cuidadosa en los negocios* (Sentencia Tribunal Supremo Español 1105/2006, de 20 de noviembre).

La nueva redacción del art. 463 contiene entre los numerales 1° a 3° diversas conductas que tienen entre si una misma característica: todas ellas caben el numeral 4° del mismo artículo. En la regulación anterior a 2023, se establecía como conducta típica de este art. ejecutar "*actos o contratos*" que tuvieran el efecto de disminuir el activo o aumentar el pasivo del deudor por lo cual cabían como formas de conducta sólo medios jurídicos de realización del resultado de disminución del patrimonio. Esto implicaba que cualquier otra forma de disminución del patrimonio no será considerada típica al menos por el 463 de la época. El mejor ejemplo de esto sería la ocultación física de bienes que estaría abarcada por el artículo 463 bis pero no por el 466 en la anterior regulación. La expresión *acto* era entendida como *acto jurídico* (como la donación de dinero) pues trata de realización de actos jurídicos en el sentido civil de la expresión al igual que la expresión *contrato*. Dada la amplitud de la descripción del CP cabe entender que es cualquier acto o contrato con o sin formalidades propias del derecho civil como la inscripción en algún registro (Vargas Pinto, 2016, p. 207.).

Por otro lado, a la luz anterior art. 463 no tenía ningún encaje en el supuesto de hecho la destrucción de bienes o la disminución del valor de un bien. Llama la atención que el legislador de 2014 haya dejado fuera situaciones como la destrucción, la inutilización o el abandono de bienes que por falta de cuidado disminuyan su valor económico y que provoquen el efecto de disminuir el patrimonio del deudor cuando parece que es justamente aquello que se quiere evitar. Probablemente, todos estos aspectos hicieron que la LDE de 2023 estableciera un catálogo de tres numerales en que el primero de ellos sí incluye las disminución de activos o valores a través de: a) destrucción b) daños c) inutilización d) dilapidación. Ahora el nuevo art. 463 tiene contiene un delito de peligro concreto (art. 463.1°) y el resto que son de peligro abstracto. En el primer caso se exige un resultado: que se reduzca el patrimonio del deudor pero siendo de relevancia penal sólo si esto se produce por alguna de las siguientes formas de acción: destruyendo, dañando, inutilizando o dilapidando

> A propósito de la posibilidad de considerar la omisión como forma de comportamiento punible, ello es posible a través de la destrucción omisiva del patrimonio. Así, por ejemplo, el propietario de un inmueble que pasivamente, sin tomar medidas de conservación, permite sea ocupado ilegalmente por terceros y finalmente destruido puede conseguir el mismo resultado de disminución de su patrimonio sin haber realizado un acto o un contrato. Habrá que determinar entonces las posibilidades de configurar una posición de garante que permita atribuir alguna relevancia penal a su pasividad ahora considerando que la no adopción de medidas constituye una infracción de normas de conductas de gestión racional del patrimonio (Véase al respecto NAVAS, 2015, p. 263 y ss.).

Mas complejo resulta la posibilidad de considerar como típicas las conductas que dan lugar a multas o a responsabilidad extracontractual del deudor que afectan su patrimonio. En principio, sí parece quedar es la disminución del patrimonio por situaciones derivadas de responsabilidad extracontractual. Así, una empresa que haya sido condenada al pago de una cuantiosa suma por causar daño a un tercero al no haber tomado medidas de seguridad en, por ejemplo, una obra de construcción que realizaba no parece que sea posible perseguir una responsabilidad penal en virtud del 463 a pesar de la disminución del patrimonio. En todo caso, se tratará de un caso de suprainclusión, pues esta misma conducta podrá dar lugar a un delito de administración desleal.

Sin perjuicio de lo anterior, el verdadero desafío para la nueva redacción del 463 y, en general, para cualquier tipo penal en el que se establezca un injusto conforme a la infracción de deberes de gestión económica es determinar cuándo tales actuaciones superan el riesgo permitido y concurre por tanto imputación objetiva del comportamiento y del resultado ¿Cómo determinar la tipicidad de la celebración de un acto o contrato que produjo una disminución del patrimonio del deudor o un aumento de su pasivo? Esta pregunta es elemental para entender el sentido y alcance del precepto. En general, en el derecho comparado existe un importante problema en el que se intenta determinar la tipicidad de la conducta conforme a un criterio subjetivo de "intención de perjudicar" a los acreedores en vez de establecer algunos parámetros objetivos de actuación conforme, por ejemplo, a los avances que ha introducido la teoría de la imputación objetiva. Así, por ejemplo para la doctrina penal de los EEUU el elemento central de la determinación típica de la conducta es la concurrencia de un elemento subjetivo de los tipo. Tanto así que la doctrina norteamericana señala que el elemento más difícil de establecer en un delito de quiebra es la intención consciente y deliberada del sujeto activo de defraudar las disposiciones del Código de Quiebras (OGIER, 1998, p. 341).

En el sentido contrario, la doctrina alemana, en consonancia con la descripción típica del StGB, menciona la necesidad de apreciar que la realización de conductas implica una contradicción de una gestión económica ordenada. Se trata de un concepto que requiere de un proceso de análisis como el que se realiza en la determinación del riesgo permitido para el resto de los delitos (Véase al respecto BOSCH, 2021, "Vor §283 ff", nm 15). Esta modalidad implica reducir el espacio interpretativo que era dominado por elementos subjetivos. En el derecho penal chileno la cuestión del criterio objetivo o subjetivo ha tenido escaso debate y lo que se aprecia en la práctica es más bien una importante valoración de indicios con los cuales la jurisprudencia intenta construir una intención del deudor de perjudicar a sus acreedores para que, a través de una sobrevaloración de los elementos subjetivos, concluya la tipicidad de la conducta.

> Como ejemplo de lo anterior se puede apreciar la SCA de Santiago en causa Rol 13359 de 2006 que, analizando la antigua configuración típica, entiende que la quiebra fraudulenta (dolosa en la actual regulación) "es aquella en la cual hay una intención dolosa del deudor de perjudicar los bienes de la masa en perjuicio de los acreedores, de manera que por definición, para calificar de fraudulenta la quiebra, resulta indispensable que el fallido haya querido perjudicar a los acreedores para lo cual debe haber intencionalmente desplegado alguna de las conductas que a continuación señala la misma norma".

En relación con la tipicidad subjetiva de estos delitos es necesario recordar que la antigua regulación de quiebras distinguía una quiebra fraudulenta (dolosa) y una culpable (culposa o imprudente). Por su parte, la regulación de 2014 había derogado la imprudencia (culpa) como forma de comisión en estos delitos. Sin embargo, la nueva regulación de la LDE de 2023 ha introducido un cambio particularmente problemático al volver a tipificar ha eliminado la insolvencia imprudente y en el caso del art. 463 pero reducido a casos en que sea una empresa deudora de acuerdo con la definición de empresa deudora que entrega la ley 20.720. En la discusión doctrinal, se observa cómo la intención del deudor sigue jugando un rol tal y como sostiene una parte de la doctrina.

Por último, en relación a considerar elementos subjetivos para la comprensión de esta nueva redacción, hay que destacar que el texto de 2023 no habla de intenciones, ánimos u otros elementos subjetivos adicionales al dolo, sino que se refiere claramente a que la conducta realizada sea objetivamente contraria a las reglas de la gestión económica. En este sentido, sí cabe reducción el ámbito del dolo a únicamente dolo directo en el delito de ocultación de patrimonio del artículo 463 bis. A decir verdad, el patrimonio del deudor está constantemente sometido a riesgos propios de disminución o pérdida de valor.

2. *Ocultación de bienes y favorecimiento de acreedores (art. 463 bis)*

La ocultación de bienes ha representado el paradigma de la conducta punible de todos los delitos relativos a la insolvencia. Una rápida mirada al derecho chileno y comparado hace llegar a esta conclusión. Así, en el derecho francés, una de las modalidades de conducta sancionadas como quiebra fraudulenta es la "ocultación de la totalidad o parte de los bienes del deudor (PEACOCK, 1996, p. 88). En el derecho penal de los EE.UU. se establece explícitamente en el Código Penal Federal en cuyo título 18, capítulo 9 tipifica los delitos de bancarrota señalando en su numeral (1) que es punible la conducta de una persona que: "*Oculta a sabiendas y de manera fraudulenta a un custodio, síndico, alguacil u otro funcionario del tribunal encargado del control o la custodia de bienes o, en relación con un caso conforme al título 11, a los acreedores o al Síndico de los Estados Unidos, cualquier bien que pertenezca a la herencia de un deudor*".

El concepto ocultación se encuentra también presente en la regulación alemana y española. En el primer caso, el StGB establece en su primera modalidad de conducta tipificada la sanción del §283 a quien "1. *Ponga de lado u oculte o destruya o dañe, o inutilice en una forma que contradiga las exigencias de una economía ordenada, partes de su patrimonio que en caso de abrir concurso de acreedores pertenezcan a la masa del concurso*". Hay que indicar que esta conducta sólo será punible cumplida la condición según la cual se haya abierto un concurso de acreedores o el deudor haya suspendido sus pagos. Tiene sentido tal exigencia, pues la exigencia de la apertura del concurso es la prueba de la peligrosidad de las acciones realizadas por el deudor. La misma situación se observa en el derecho penal español a propósito del delito de alzamiento de bienes y de la causación de la insolvencia en los cuales la ocultación de bienes consiste en una de las múltiples formas de ejecución de las innumerables modalidades típicas del art. 257 y representa el núcleo del delito establecido en el primer numeral del ar. 259 del CP Español.

Siguiendo esta tendencia, el derecho penal chileno contiene el delito de ocultación de bienes en el art. 463 bis, cuya última modificación ha sido producto de la LDE de 2023. Sin perjuicio de ello, esta modificación ha consistido en ampliar la ocultación de bienes del deudor agregando ahora otro comportamiento típico que corresponde al delio de favorecimiento de uno o más acreedores. Para un análisis y seguimiento del art. 463 bis comenzaré por referirme a la regulación que surge en 2014 y luego a los cambios de 2023. Pues bien, resulta que la ley 20.720 de 2014 incluía la conducta punible de ocultación para el caso del deudor que era sido sometido a un proceso de reorganización o liquidación. Así, en el actual art. 463 se establece la pena es de presidio menor en su grado medio a presidio mayor en su grado máximo (pena de crimen) y sanciona al deudor que realizare alguna de las siguientes conductas:

1. *Si dentro de los dos años anteriores a la resolución de reorganización o liquidación, ocultare total o parcialmente sus bienes o sus haberes.*

2. *Si después de la resolución de liquidación percibiere y aplicare a sus propios usos o de terceros, bienes que deban ser objeto del procedimiento concursal de liquidación.*

3. *Si después de la resolución de liquidación, realizare actos de disposición de bienes de su patrimonio, reales o simulados, o si constituyere prenda, hipoteca u otro gravamen sobre los mismos*

Este delito poseía tres modalidades de conducta típica respecto a los bienes del deudor que son objeto de un proceso concursal: 1) *La ocultación* 2) *Percibir y aplicar a usos propios* y 3) *Realización de actos de disposición de bienes.* Estas tres modalidades de conducta se mantienen en la reforma de 2023. En todos estos casos, la pena por el delito del art. 463 bis es la más alta en relación al resto de figuras que conforman el catálogo de delitos concursales e insolvencias punibles, llegando a contemplar la pena de crimen de cinco años un día a diez años. Debido a esta importante diferencia penológica, entre otras razones, es necesario construir elementos que permitan distinguir las conductas de ocultación de este artículo de las conductas propias que tipifica el delito del art. 463.

La razón de la mayor pena del art. 463 puede explicarse por un mayor disvalor del injusto, pues en el 463 se someten a valoración actos propios del tráfico económico que fueron realizados infringiendo las exigencias de una gestión económica razonable del propio patrimonio del deudor. En cambio, en el art. 463 bis, se tipifican conductas que no tienen espacio de justificación económica o jurídica, sino que son realizadas con el único propósito de sustraer bienes al proceso concursal o, en caso de la segunda modalidad, de darle usos propios a bienes que son objeto de la liquidación. De lo anterior se sigue que el art. 463 admite una imputación subjetiva por dolo eventual, en cambio la conducta del 463 bis sólo se podrá cometer por dolo directo.

Del análisis del texto cabe señalar que el delito del art. 463 bis es un delito que posee modalidades de conductas sancionables distinguiendo si se ha dictado resolución de liquidación y reorganización (numerales 1 y 4) o sólo respecto a la resolución de liquidación (numerales 2 y 3) se puede cometer durante los dos años anteriores al periodo de una resolución tanto de liquidación como de reorganización. Esta es una importante diferencia con el art. 463 que únicamente permite sancionar el comportamiento del deudor respecto a una resolución de liquidación.

A) Favorecimiento de acreedores.

La modificación de la LDE de 2023 ha incluido un delito que no se contempló en la anterior reforma de 2014 y que consiste en el favorecimiento de acreedores por parte del deudor.

> "Artículo 463 bis.—Será castigado con la pena de presidio menor en su grado medio a presidio mayor en su grado mínimo, el deudor que realizare alguna de las siguientes conductas:
>
> 1.° Favorecer a uno o más acreedores en desmedro de otro pagando deudas que no fueren actualmente exigibles u otorgando garantías para deudas contraídas previamente sin garantía, dentro de los dos años anteriores a la resolución de reorganización o liquidación o durante el tiempo que medie entre la notificación de la demanda de liquidación forzosa y la dictación de la respectiva resolución.

Este delito viene a llenar una laguna de punibilidad que existía en nuestro ordenamiento jurídico, pues era posible que el deudor realizara pagos o estableciera reconocimientos de deuda a sujetos que no tenían derecho a ello (normalmente personas relacionadas o utilización de "palos blancos" para evitar que sus bienes terminaran en el proceso de liquidación pagando las verdaderas deudas exigibles). Sin perjuicio de ello, es verdad que se puede discutir la existencia de este delito frente a los principios de *ultima ratio* del derecho penal, pues existen mecanismos civiles como la acción de rescisión o revocatoria que podrían conseguir el efecto de revocar los actos o contratos que impliquen favorecer a acreedores en desmedro de otros. Un sector de la doctrina ha afirmado categóricamente que este delito no cumple con la fragmentariedad que debe regir en el derecho penal (GUTIÉRREZ PÉREZ, 2021, p. 579).

El favorecimiento de acreedores contiene un elemento de frustración del proceso de liquidación o reorganización, pues impide que a través de él se pueda realizar con éxito uno u otro proceso concursal. Esta figura contiene elementos de engaño, de ocultación y de entorpecimiento del proceso concursal que afecta indirectamente al patrimonio del acreedor y sus legítimas expectativas de satisfacción (para el caso de la liquidación) y directamente al proceso concursal. Por eso, el bien jurídico protegido no puede ser únicamente uno de carácter patrimonial individual, sino que en este caso se trata de un bien jurídico que radica en la *par conditio procesal*, esto es, en la correcta y ordenada realización del proceso. Directamente relacionado con este elemento se encuentra el principio de igualdad procesal en relación con el derecho de satisfacción ordenada de los créditos. Aunque este elemento no representa el bien jurídico inmediato, si constituye una necesidad de protección mediata. Así, la realización del proceso de liquidación o reorganización basada en una desigualdad de posiciones jurídicas debido a las maniobras del deudor que radican en otorgar mejoras a uno en desmedro de otro acreedor, implica que el proceso ve viciado su finalidad última o, se realiza pero bajo un presupuesto fraudulento como es la posición procesal mejorada mediante engaño de unos acreedores por sobre otros.

En relación a la conducta, el favorecimiento implica en términos generales el pago de la deuda o una parte de ella a uno o más acreedores que no tenían derecho a ese pago en el momento en que se realiza. Las modalidades de la conducta son dos: a) pagar deudas aun no exigibles y b) otorgar garantías no contradas en un inicio. En ambos casos aparece una ventaja que se obtiene de un acreedor y que afecta la situación jurídica del resto de acreedores. Como se puede inferir, este delitos parte de la base de la existencia de varios sujetos acreedores y no se puede configurar cuando se trata de un solo sujeto que ostenta la posición jurídica de acreedor.

El pago de deudas vencidas y exigibles antes anteriores a la resolución de reorganización o liquidación o durante el tiempo que medie entre la notificación de la demanda de liquidación forzosa y la dictación de la respectiva resolución no puede ser considerado delito de ninguna forma, pues esta norma no establece una tipificación penal de la violación de normas relativas a la prelación de créditos, sino una forma más de ocultación de bienes y afectación del proceso concursal respectivo. Uno de los problemas que se presentará en este nuevo delito será el caso de constitución de garantías a aquellas obligaciones que no las tenían en un inicio en el marco cronológico de los dos años anteriores a la dictación de una resolución de reorganización o liquidación o durante el tiempo que medie entre la notificación de la demanda de liquidación forzosa y la dictación de la respectiva resolución.

> Ejemplo: La empresa A obtiene un préstamo de dinero de la empresa B. Pasado un año, dado el incierto panorama económico, decide constituir una garantía real del inmueble que representa parte importante de su patrimonio. Este hecho pone en mejor posición a ese acreedor que se ve favorecido frente al resto de acreedores que mantienen sus créditos sin garantías específicas o adicionales.

De manera similar a la estructura de la gestión económica peligrosa, en este delito de favorecimiento de acreedores se tiene en cuenta y se sanciona la constitución de garantías sin justificación o en las cuales la única explicación racional sea favorecer a un acreedor en desmedro de los otros. Esta conclusión será todavía más clara y evidente si el acreedor favorecido es, por ejemplo, una empresa en la que el deudor tiene algún grado de interés económico o de participación tanto él o personas relacionadas (parientes, socios, etc.).

La ocultación de bienes puede ser materia, jurídica o incluso, como señala un sector de la doctrina, podría tratarse de una ocultación documental (Puga Vial, 2016, p. 114). En efecto, el ocultamiento de bienes puede ser documental o contable si a través de un *maquillaje contable* o alguna maniobra se consigue dejar fuera del proceso de liquidación o reorganización uno o más bienes del deudor.

B) Percibir, apropiarse y distracción de bienes

> "Artículo 463 bis.—Será castigado con la pena de presidio menor en su grado medio a presidio mayor en su grado mínimo, el deudor que realizare alguna de las siguientes conductas:
>
> 2.° Percibir, apropiarse o distraer bienes que deban ser objeto de cualquier clase de procedimiento concursal de liquidación, después de dictada la resolución de liquidación.

La segunda modalidad típica del art. 463 bis descrita en el numeral dos castiga las conductas de percibir, apropiarse o distraer bienes que deban ser objeto de cualquier clase de procedimiento concursal de liquidación, después de dictada la resolución de liquidación. Esta conducta no es de ocultación, sino más bien una modalidad de distracción que no guarda relación con conductas generadores a una situación de crisis económica o insolvencia del deudor, sino que una sustracción de bienes que son objeto del proceso concursal. Esta modalidad tiene una larga historia ya en nuestro derecho penal concursal, pues se encontraba presente en el antiguo art. 220 número 5 que disponía la sanción por quiebra fraudulenta cuando con posterioridad a la quiebra, el deudor hubiere percibido y aplicado a sus propios usos, bienes de la masa. Como destaca Puga, se trata de una conducta pos-apertura (Puga Vial, 2016, p.118). Lo que contribuye al argumento de que le patrimonio del deudor, que ya es objeto de un proceso, no es el único bien jurídico protegido, sino que también lo es el propio proceso concursal.

En principio, existe un concurso aparente de normas penales entre el delito de apropiación indebida del art. 470.1 y esta norma del 463 bis.2° que se resuelve por esta última en virtud del principio de especialidad. El delito del art. 463 bis 2° contiene un elemento especial que radica en la calidad de deudor del sujeto actio (o su traspaso a través de las cláusulas de actuar en lugar de otro) y que no se encuentra en el de apropiación indebida.

C) Actos de disposición o constitución de gravámenes

Por último, el art. 463 número 3 sanciona dos conductas distintas.

> "Artículo 463 bis.—Será castigado con la pena de presidio menor en su grado medio a presidio mayor en su grado mínimo, el deudor que realizare alguna de las siguientes conductas:
>
> 3°. Realizar actos de disposición de bienes de su patrimonio, reales o simulados, o constituir prenda, hipoteca u otro gravamen sobre ellos, después de la resolución de liquidación

La primera es la "realización de actos de disposición" reales o simulados sobre los bienes del deudor y, la segunda es la constitución de prenda, hipoteca u otro gravamen sobre los mismos. Como se puede apreciar, las diversas conductas de este tipo poco tienen que ver con la realización de negocios de riesgo. La acción de constituir un gravamen sobre los bienes encaja en las modalidades de acción que obstaculizan o afectan artificialmente el proceso concursal.

Una primera modalidad se debe comprender bajo la idea de realización de actos *jurídicos* de disposición y que consiste en la realización de contratos o actos jurídicos que trasladen parte o todo el patrimonio del deudor hacia terceros de tal manera que se ocultan bienes deberían integrar la masa del concurso. Esa primera situación de actos de disposición en nada se diferencia de la ocultación descrita en el numeral 4 que sanciona la ocultación, pues esta última se realiza también a través de actos que suponen una disposición de patrimonio. Los actos jurídicos de disposición suelen tener la característica de contratos simulados (o actos simulados, por ejemplo, una donación) en los que, dado el principio de especialidad del concurso aparente de normas penales, deberá aplicarse este delito y no el de contrato simulado en perjuicio de tercero del art. 471.2°. Los actos de disposición reales consisten en la ocultación física de bienes o activos del deudor, por ejemplo, traslado de bienes de un lugar a otro de tal forma que no son hallados para ser incluidos en el proceso de liquidación

Es perfectamente posible que una misma conducta pueda encuadrarse bajo diversas modalidades típicas descritas entre el 463 y el 463 bis. En efecto, por ejemplo, si antes de la resolución de liquidación se establece un gravamen del bien y se gasta la contraprestación en pagos inexistentes o irracionales, estaríamos ante un caso posible de subsumir ya sea en el art. 463 o en el 463 bis 1° como modalidad de favorecimiento de acreedores.

IV. LA REFORMA DE 2023.
UN ÚNICO SISTEMA PUNITIVO PARA DEUDORES

Una de las principales modificaciones en materia de delitos de insolvencia ha sido la derogación del delito de alzamiento de bienes e insolvencia punible que estaba establecido hasta antes de agosto de 2023 en el art. 466. Esta norma ha sido derogada por la LDE. El delito de alzamiento de bienes —de amplia aplicación en el derecho comparado— no ha tenido casi aplicación en el derecho penal chileno a pesar de que se trataba de un delito de, en principios, mucho menos exigencias de procesabilidad que los delitos cometidos por quien era sometido a un concurso de liquidación o reorganización.

Haciendo un análisis de estas modificaciones se puede sostener que el cambio más importante en este nuevo paradigma de sujeto activo es el relativo a la restricción del sujeto activo en el delito de alzamiento de bienes. A decir verdad, con anterioridad a la Ley 20.720 de 2014 el artículo 466 tenía como sujeto activo simplemente al deudor "no dedicado al comercio"

Con la reforma de 2014 el sujeto activo no se define al deudor no dedicado al comercio, sino que se habla de la persona no comprendida como "Empresa Deudora", esto es la persona deudora natural no comprendida como contribuyente de primera categoría o dentro del número 2) del art.

42 de la Ley de Impuesto a la Renta por remisión del art. 2 número 13) de la Ley 20.720.

A primera vista las consecuencias de este cambio puede que no se aprecien demasiado. Sin embargo, hay un elemento importante que tendrá una consecuencia en la efectiva aplicación del artículo 466, pues dada la amplitud del deudor comprendido como "Empresa Deudora" el sujeto activo del artículo 466 ha quedado reducido a tal nivel que, si se aplica correctamente la estrategia de defesa, casi no habrá posibilidades de aplicación de las conductas del artículo 466.

Las estadísticas existentes desde la entrada en vigor de la reforma a los delitos de insolvencia hasta el 2020 dan cuenta que durante estos últimos cinco años apenas existen 19 sentencias condenatorias por el delito del art. 466. Ellas representan 3,8 sentencias por año entre 2015 a 2020.

Sentencias definitivas condenatoria art. 466

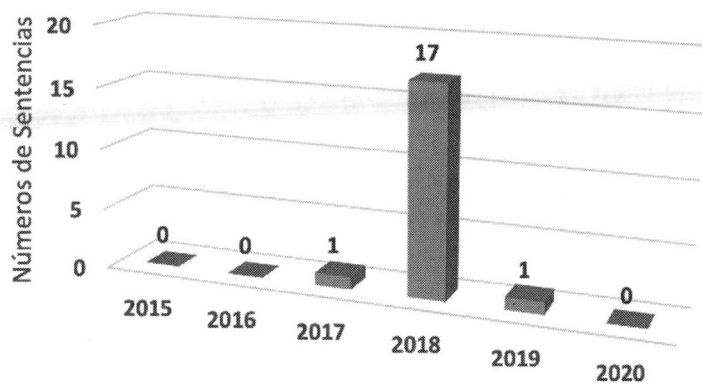

Estos datos contrastan con la realidad criminógena en la cual de acuerdo con las cifras de la Superintendencia de Insolvencia y Reemprendimiento, se han producido en total 19.515 procesos de liquidación. En efecto, en términos generales se ha pasado de tener 5.300 quiebras durante 34 años de vigencia del régimen concursal anterior, esto es, del que regía con la Ley 18.175, a tener más de 23.000 procedimientos en 5 años y medio bajo la Ley N° 20.720 entre 2014 y 2020. Entre procesos de liquidación de empresas y de personas de este último periodo, se han realizado 19.515 proceso de liquidación de activos de personas deudoras versus los 7.922 procesos de liquidación de empresas deudoras. Estos datos indican que los procesos de liquidación de personas naturales son significativamente mas comunes que los de empresas.

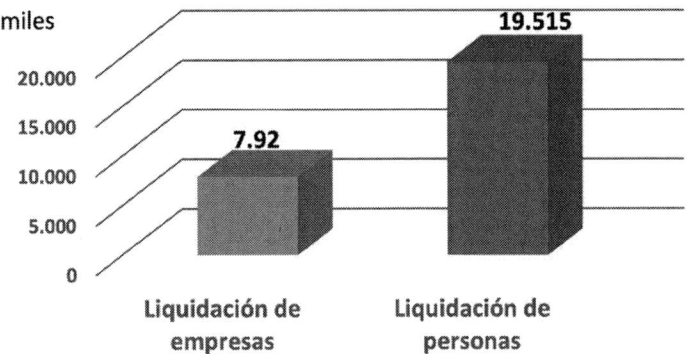

Liquidación de activos 2014-2020 Ley 20.720 Chile

Estas estadísticas no debiesen sorprender, pues esta situación es similar a la revisada en los EEUU. En este país, el número de bancarrotas de personas en virtud del Capítulo 7 es considerablemente mayor a las bancarrotas de las empresas a quienes les rige el Capítulo 13 de la Ley de los EEUU. Lo que refleja esta información es que en la práctica existe una mayor liquidación de bienes de deudores como personas deudoras que como empresas deudoras que es justamente el escenario criminógeno más propicio para que se llevan a cabo alzamiento de bienes y ocultaciones de patrimonio como las que sancionaba la norma del 466 del CP. Por eso, una primera cuestión que llama poderosamente la atención es que con la reforma de 2014 se hayan elevado las exigencias para que fuera aplicado el delito de alzamiento de bienes lo que quizás haya llevado a la necesidad de plantearse su derogación tal y como se materializó con la LDE en agosto de 2023 estableciendo ahora un único régimen punitivo para los deudores sin distinguir entre deudores calificado y deudores simples. Sin embargo, tal cambio merece especial atención.

Lo que sí parece claro es que con el cambio de 2014 la denominada "persona deudora" y su definición conforme a la ley 20.720 se redujo las pasividades de aplicación. En efecto, las razones de esta afirmación pasan por entender que el contexto en que suceden estos delitos es aquel donde participan las personas como agentes económicos, en un ámbito de negocios y comercio. Esta característica de los operadores económicos como posibles sujetos activos hará muy compleja la situación de encontrar un deudor que no pueda calificar como Empres Deudora de acuerdo con el concepto que entregaba la ley 20.720. Empresa deudora abarca a todos los sujetos contribuyentes de primera categoría o que obtengan ingresos provenientes de profesiones liberales o cualquier otra ocupación lucrativa, cabe plantear quien es el destinatario de la norma del art. 466. Puga Vial ha señalado que dada la extensión del concepto de empresa deudora, la persona deudora quedará básicamente reducido para el deudor consumidor. Sin embargo, basta que el deudor consumidor reciba, por ejemplo, una renta del capital (fondo mutuo, ahorro, alquiler de un bien inmueble, etc.) o que ejerza una profesión liberal para que pueda ser considerado Empresa Deudora.

La razón de esta hipótesis pasa por entender dos elementos. El primero es la amplitud del concepto de Empresa Deudora que entregaba la redacción anterior de 2023 del art. 463. Me refiero a la posible situación en la cual una "persona deudora" de las que hablaba el hoy derogado artículo 466 podía ser fácilmente calificada como "empresa deudora" debido a la amplitud de este último concepto. Esto puede suceder porque, por ejemplo, bastaba que recibiera rentas del capital por alguna de las innumerables situaciones que señala la Ley de impuesto a la Renta para los contribuyentes de primera categoría o, porque simplemente se encuentra bajo alguno de los supuestos del art. 42.2° de la misma Ley para alegar que su condición es justamente la de empresa deudora.

Esta situación ya se puedo advertir en la práctica y jurisprudencia de nuestro Tribunales durante la vigencia de la regulación entre 2014 y 2023 para el alzamiento de bienes. Así con fecha 19 de marzo de 2015 en Causa Rol N° 126-2015 la ilustrísima Corte de Apelaciones de Concepción resuelve un recurso de nulidad rechazando la solicitud de aplicar el delito del artículo 466 a una persona por que concluye que ella tiene la calidad de comerciante y que, a lo que a efectos de la ley 20.720, debe ser catalogada como empresa deudora siendo aplicables por lo tanto los otros delitos previstos.

Extracto resolución SCA Concepción:

"La historia comercial expuesta en la audiencia, que según se dijo, consta en la investigación del Ministerio Público, nos lleva a concluir que se trata de una sociedad comercial, que aun cuando podría dársele el carácter de deudora, no es el sujeto activo exigido por el tipo, como tampoco se avizora que existan conductas susceptibles de encuadrarse en el inciso segundo de la norma, que castiga al que "otorgare, en perjuicio de dichos acreedores, contratos simulados". De esta forma, no queda lugar a dudas sobre la vital relevancia de la calidad de deudor del sujeto activo en la comisión de estas conductas punibles, al ser considerados delitos especiales propios, y cómo éste ha sido el criterio de aplicación que nuestros Tribunales han aplicado al momento de juzgar estos hechos".

¿Qué tiene de problemático que la persona deudora haya podido ser considerada tan fácilmente empresa deudora? La importancia es que con la regulación de 2014, no se podrá aplica el artículo 466, sino que solamente algunos de los delitos del 463 o siguientes que exigían la existencia de un proceso concursal. Ahora bien, la pregunta anterior sigue vigente ¿Qué importancia tiene esto? Pues bien, al menos podían observarse dos aspectos claves en relación con la persecución penal y la calificación jurídica. El primero, es relativo a que el artículo 466 no exigía la existencia de un proceso concursal, en concreto, no contiene la condición objetiva de punibilidad de que se haya dictado la resolución de liquidación o reorganización contra el deudor. Esto implicaba que era más complejo para el Ministerio Público o querellante poder iniciar un proceso penal por el artículo 466, pues deberá recurrir a la vía civil a que se dicte la respectiva resolución. Por otro lado, el segundo es un criterio cronológico. Precisamente para el sujeto activo calificado como "Empresa Deudora" solo tendrá relevancia penal las conductas realizadas solo dos años antes de la resolución de liquidación o reorganización. En cambio, si fuese investigado por el delito de 466 ese plazo de amplia hasta cinco años que corresponde al tiempo de prescripción de la acción penal. Como se observa, no cabe duda que resulta más beneficioso para el deudor ser considerado Empresa Deudora que Persona Deudora a la luz del tiempo durante el cual serán analizadas su conductas y por la pena posible de ser aplicada.

Toda distinción y efectos tal y como se han señalado ha quedado reducido a un único régimen común para todos los deudores sin distinción con la reforma que introdujo a estas figuras la LDE en agosto de 2023. Ya no se distingue entre empresa deudora o persona deudora o lo que era lo mismo: deudor calificado y deudor simple. En términos prácticos, las conductas propias de lo que era el alzamiento de bienes pasan a estar abarcadas por los nuevos tipos penales del art. 463 y 463 bis. A decir verdad, no se trata que ahora haya impunidad para los deudores, sino que los actos de alzamiento que eran anteriormente equivalentes a una ocultación de bienes así como la insolvencia por ocultación son absorbidos por el 463 bis 4°. Por otro lado, la insolvencia punible cometida por dilapidación de bienes queda abarcadas por el numeral 2° del art. 463 y la insolvencia punible a través de la enajenación maliciosa encuentra cabida en la cláusula de recogida del numeral 4° del art. 463 en la nueva regulación a partir de 2023.

Ahora bien, sin perjuicio de su derogación, los elementos del antiguo art. 466 del CP contienen elementos sumamente valiosos para la comprensión general de los delitos relativos a la insolvencias punibles. Así, basta por nombrar que el desarrollo del concepto de ocultación —válido para el resto de los delitos de insolvencia— ha sido desarrollado a partir del concepto de alzamiento (Véase MUÑOZ CONDE, 1999 y NAVAS, 2014, pp. 139 y ss.). En este sentido, se ha pretendido incluir un breve análisis del alzamiento de bienes y de la insolvencia a pesar de estar desde agosto de 2023 derogadas, pues seguirán teniendo valor comparativo del resto de delitos y por otro lado, seguirán aplicándose hasta que pase el tiempo de cinco años que establece la prescripción para el delito del art. 466.

1. Alzamiento de bienes

El hoy derogado artículo 466 tipificaba el delito de alzamiento de bienes y el de causación de la insolvencia. Este último podía cometerse únicamente por medio de tres modalidades de acción que ha determinado el legislador: a) por ocultación, 2) dilapidación 3) enajenación maliciosa de bienes. No exigía que el deudor se encontrare sometido a un procedimiento de liquidación o reorganización por lo que no existe condición objetiva de punibilidad como ocurre con todas las otras figuras típicas cometidas por el deudor o por los veedores o liquidadores del parágrafo 7 "De los delitos concursales y de las defraudaciones",

> Etcheberry sostenía que a pesar que el tipo penal del art. 466 no exige un proceso (en ese entonces de quiebra), sí había que entender que tal requisito estaba implícito en el alzamiento de bienes. La razón principal que daba es que el tipo penal hablaba en plural de "acreedores" y por tanto sólo se podía producir un perjuicio a todos los acreedores cuando existía una quiebra (Etcheberry, 1997, p. 386). Sin embargo, esta tesis debe ser rechaza. La conducta típica puede realizar respecto a uno o a varios acreedores, siendo en todo caso un solo delito. Por otro lado, exigir un proceso implicaría desbordar la descripción típica y vulnerar el principio de legalidad. Por último, la actual remisión normativa a la ley 20.720 deja claro que se trata de una persona deudora que no está sometida a un procedimiento concursal.

La primera parte del art. 466 contenía al delito de alzamiento de bienes sancionando con presidio menor en cualquiera de sus grados al deudor señalado en el número 25) del artículo 2° de la Ley 20.720 que *"se alzare con sus bienes en perjuicio de sus acreedores"*. En relación con la estructura del tipo de alzamiento de bienes cabe señalar que se trata de un delito especial propio, pues sólo el deudor puede cometerlo no existiendo otra figura residual a la cual recurrir en caso que quien realice la conducta sea un sujeto *extraneus*. Aquí habrá que recurrir a las reglas de comunicabilidad del título de imputación para los delitos especiales.

En relación a la estructura típica, el alzamiento de bienes ha sido calificado por la doctrina como un delito de peligro, pues no sería necesario que se afecte realmente el patrimonio de los titulares del derecho de crédito (GARRIDO MONTT 2021, p. 300). Ahora bien, en los delitos de peligro suele estar presente en la misma descripción del tipo la puesta en peligro cuestión que no aparece en la redacción del tipo de alzamiento de bienes por lo que existen serias dudas que aquella sea la calificación correcta. Por otro lado, considerar como delitos de peligro al alzamiento y/o a la insolvencia punible del art. 466 tiene efectos ampliatorios de la responsabilidad penal a casos en los cuales en estricto rigor no se configura ningún delito. Si se quiere proteger los derechos del acreedor, debe buscarse una estrategia que no adelante en exceso la protección del crédito, pues puede producir el efecto negativo en actividad económica trasladando todo el riesgo a conductas del deudor que son propias de la actividad económica.

Tomando como correcta la postura del peligro, imaginemos que un deudor que pide un crédito a un Banco de un monto importante con tres o seis meses de gracia para comenzar a pagarlo y que al día siguiente del crédito transfiere todo ese dinero a una cuenta en el extranjero. Podría pensarse por el acreedor que se ha cometido un delito de alzamiento dado que el deudor ha realizado una conducta que pone en peligro su derecho de crédito. Al respecto, para dar protección al derecho de crédito del acreedor que se enfrenta a este tipo de situaciones me parece que lo adecuado es recurrir a las acciones procesales como las medidas precautorias o conservativas que dispone el acreedor y que están establecidas en el Libro II, Título V, del Código de Procedimiento Civil (artículos 290 y siguientes del CPC). Así, se cumple también adecuadamente con el principio de *ultima ratio* del derecho penal., pues entender el alzamiento de bienes como delito de peligro y recurrir a él ante cualquier conducta de disposición del bienes del deudor que no le haya colocado en una situación de insolvencia sería transformar el derecho penal en *prima ratio*.

Un aspecto que se discutía en Chile y en el derecho comparado a propósito del alzamiento y del delito de insolvencia es el estado de la obligación o la vencibilidad de ella para exigir su cumplimiento y constatar el perjuicio al bien jurídico protegido -esto incluso vale para el resto de las figuras que exigen la existencia de una relación civil como presupuesto típico intrínseco-. Este debate viene dado por la necesidad de establecer el momento consumativo. Un sector de la doctrina entiende que mientras la obligación que da lugar al derecho de crédito no se encuentre vencida, no hay afectación al bien jurídico (MARTÍNEZ-BUJÁN PÉREZ, p. 45; SOUTO GARCÍA, 2009, pp. 311 y ss.). Este tema está conectado justamente con la consideración de la estructura del tipo (peligro o lesión; mera actividad o resultado)

Sin perjuicio de lo hasta ahora señalado, si parece correcto señalar que en los casos de conductas contrarias a toda gestión económica racional por parte del deudor sobre sus bienes habría que considerar al alzamiento como delito de peligro. Tales supuestos requieren comprender el alzamiento de bienes como un delito en el cual tiene aplicación el criterio de la gestión económica ordenada o razonable al igual que se aplica en los delitos de los deudores calificados o ahora llamados empresa deudora. Así, ante una conducta irracional del deudor no cualificado (persona deudora) que infrinja todo deber de gestión económica ordenada cabria afirmar que estamos entonces ante un caso de peligro para el bien jurídico protegido sin necesidad de que exista una insolvencia o un tiempo que esperar a exigir una obligación. Ante la realización de conductas irracionales del deudor el vencimiento se anticipa dejando de operar el plazo que beneficiaba al deudor. Ante comportamientos abiertamente irracionales o sin ningún tipo de justificación económica o jurídica tampoco podrían operar las medidas precautorias que otorga el derecho procesal civil. En estos casos habría que afirmar que las conductas del deudor requieren un reestabilización normativa más intensa, propia del derecho penal, que aquellas que entrega *prima facie* el derecho procesal.

> En casos de comportamientos injustificados del deudor o irracionales tiene plena aplicación la norma del art. 1496 del Código Civil que declara extinto el plazo de las obligaciones cuando el deudor se encuentre en notoria insolvencia. De otra forma, con la remisión a esta norma habilitante, puede operar sin el impedimento del plazo, la reestabilización normativa de carácter penal y seguir respetando así el criterio de la *ultima ratio*.

En relación con el concepto de alzamiento de bienes, no existe una definición legal por lo que su sentido y alcance ha sido objeto de desarrollo de la doctrina. Entre nosotros, un sector de la doctrina compuesto por Garrido Montt y Etcheberry, ha entendido que por alzamiento de bienes la "fuga o huida del deudor". Comprenden que se trata de una conducta ocultamiento de bienes con la exigencia de la fuga u ocultamiento de la persona del deudor (ETCHEBERRY, 1998, p. 388; GARRIDO MONTT, 2008, p. 300). Este concepto, derivada por una parte de los aportes de los clásicos italianos que desarrollaron respecto al *reati fallimentari* (delito de quiebra) para dese la época medieval para los casos en que el comerciante huía del lugar cuando no podía pagar sus deudas y por otras, por la ideas de Pacheco que en su comentarios al CP español señalaba que a "alzarse es huir llevándose todo lo que pertenece a los acreedores; o por lo menos, *ocultar* universalmente los bienes para que aquellos no los pudieran encontrar" (PACHECO, 1888, p. 338). Actualmente, la moderna comprensión de estos delitos no tiene ninguna relación con la idea de *fuga* o de *huida del deudor*, sino que guardan relación con la ocultación de bienes a las acciones procesales del acreedor mediante múltiples formas de acción.

Hoy en día el concepto de alzamiento equivale al de ocultación de bienes o del patrimonio del alcance de las acciones que emprenden los acreedores para evitar que se ejecute el derecho de prenda general que tiene todo acreedor. En el derecho penal moderno, desde tiempos de von Liszt se entiende que la «bancarrota es la lesión o peligro de los derechos de crédito del acreedor por parte del deudor a través de la disminución dolosa o imprudente del propio patrimonio o a través de la ocultación de activos patrimoniales» (VON LISZT, 1919, p. 447).

Alzamiento de bienes es entendido por la doctrina dominante como ocultación y se suele hacer referencia en un sentido amplio a que puede implicar cualquier forma de apartar bienes del conocimiento del acreedor (WEYAND/DIVERSY, 2010, p. 74). La doctrina española también ha seguido desarrollando la idea de ocultación como equivalente al de alzamiento bajo la idea de que «alzarse con sus bienes equivale a ocultarse con sus bienes, a "insolventarse" (MUÑOZ CONDE, 1999, p. 113). Desde el punto de partida del concepto de ocultación, cabe señalar que existen dos formas de que ésta se realice y que tienen plena aplicación por ejemplo para lo dispuesto en el art. 463 bis 4°. Una es la ocultación física de los bienes y la otra la ocultación jurídica. En los casos de ocultación física los bienes siguen estando jurídicamente en el patrimonio del acreedor, esto es, permanecen en su esfera jurídica. Sin embargo, lo que en estos casos sucede es que los acreedores no conocen el paradero de los bienes para ejercer las acciones correspondientes sobre ellos.

Los ejemplos de esta forma de ocultación pueden ser innumerables. Puede pensarse en el traslado que hace una empresa deudora de sus mercancías desde la bodega donde estaban almacenadas a un sitio donde los acreedores no puedan ejercer su derecho de satisfacción mediante el proceso ejecutivo correspondiente. El traslado de varios vehículos que se tenían como garantía de cumplimiento de los derechos de créditos a una nave industrial o incluso a otro país. La ocultación de maquinaria de una empresa deudora con la cual el acreedor pensaba hacerse pago en caso de incumplimiento de la deuda, etc.

La segunda modalidad de ocultación denominada ocultación jurídica es aquella que se realiza generalmente a través distintas operaciones jurídicas, como contratos de compraventa, donaciones, o cualquier forma jurídica que transfiera la propiedad de los bienes a un tercero ya sea éste persona natural o persona jurídica. La ocultación jurídica se empleará en particular cuando se traten de sacar del patrimonio bienes inmuebles. A través de tales actos jurídicos se intenta dotar de legalidad una actuación que constituye la sustracción del patrimonio del deudor para no hacer frente a las consecuencias del incumplimiento de éste. Las modalidades de la ocultación jurídica son normalmente la enajenación de bienes sin la contraprestación económica correspondiente, la constitución de hipotecas o gravámenes y la donación de patrimonio a terceros. En general, cualquier contrato simulado que suponga la salida de bienes con el objetivo de evitar que en ellos satisfagan los acreedores sus derechos de crédito. Se trata de todas aquellas conductas por medio de las cuales el deudor busca aparecer insolvente frente a sus acreedores.

El punto a destacar aquí, desde la perspectiva de la tipicidad de esta forma de ocultación, es que la contraprestación económica que supone una enajenación o transferencia de los bienes no ingresa en la esfera jurídica-patrimonial del deudor. De tal forma el acreedor al intentar cobrar en el patrimonio del deudor no encuentra bienes suficientes porque éstos han sido transferidos a un tercero. Lo fraudulento de esta disposición patrimonial viene dado por la inexistencia de la contraprestación económica. De ello deriva que el único sentido posible al interpretar tal operación jurídica sea el de defraudar las expectativas de cobro del acreedor sacando los bienes del patrimonio. Asimismo, también es posible que el precio fijado en la venta sea escandalosamente bajo en relación a un precio de mercado y aun cuando exista esa contraprestación que ingresa en la esfera patrimonial del deudor de todas formas el sentido de tal operación sea el de defraudar al acreedor.

Algunos autores hacen referencia a un fraude o engaño que estaría radicado en un *abuso de confianza* (GARRIDO MONTT, p. 301). Esta tesis debe ser rechazada. Si bien el alzamiento de bienes es un delito de relación como la estafa (exige una actuación de un sujeto para constituirse en acreedor), no requiere engaño. A decir verdad, no existe por parte del deudor (sujeto activo) un ánimo fraudulento *ex ante* del a la relación obligacional que da lugar a las figuras de acreedor y deudor, sino que solo guarda relación con la ocultación de bienes posterior que impedirá al acreedor hacerse pago en un proceso judicial.

2. Insolvencia punible (art. 466)

En el mismo antiguo y hoy derogado artículo 466 del CP chileno se sancionaba con presidio menor en cualquiera de sus grados a la persona deudora definida en el número 25) del artículo 2° de la Ley 20.720 que "se constituya en insolvencia por ocultación, dilapidación o enajenación maliciosa de sus bienes". La causación de la insolvencia es por lo general un delito que en el derecho comparado tiene múltiples modalidades de acción (véase el art. 259.2 del CP español). No obstante, de las múltiples formas o modalidades que se pueden imaginar para conseguir una situación de insolvencia, sólo tendrá relevancia penal si ella se causa por alguna de las siguientes modalidades: 1) ocultación, 2) dilapidación o 3) enajenación maliciosa de bienes. Si bien en principio parece quedar reducida a tres formas, la amplitud de ellas implica que casi toda situación de traspaso patrimonial del deudor a terceros puede tener relevancia penal a través de la clasificación de esa actuación como ocultación.

Respecto a la insolvencia por ocultación, primero que todo cabre hay que señalar que la redacción del art. 466 es el fiel reflejo de la confusión que existe en torno a estas figuras. Por un lado se tipifica el alzamiento que es entendido como ocultación de bienes por la doctrina absolutamente dominante, por otro, se tipifica la insolvencia realizada por ocultación. Sin embargo, lo curioso es que no parece haber diferencia entre el alzamiento de bienes y la insolvencia por ocultación cuando el tipo penal nada dice si la insolvencia requiere ser declarada o no por resolución de un Tribunal. Ni siquiera con la nueva regulación de la ley 20.720 se hace alguna referencia a la insolvencia declarada en el proceso concursal. El problema que se presenta es la relación de concurso de delitos que existe entre el alzamiento de bienes y la insolvencia.

La cuestión tiene importancia por cuanto no se puede sancionar por alzamiento de bienes y a la vez por insolvencia si es que la conducta del alzamiento provoca posteriormente una situación calificada como insolvencia. La razón de ello es la prohibición del *non bis in idem*. Castigar dos veces por el 466 no procede en razón del principio de prohibición de doble incriminación y/o sanción. Por tanto, habrá que recurrir a las reglas de concurso de delitos para solucionar este aspecto que concurrirá especialmente en los casos de insolvencia por ocultación. La causación de la insolvencia por dilapidación y enajenación maliciosa no entrará en conflicto con la conducta de alzamiento, pues ésta última queda reducida a los casos de ocultación de bienes y la dilapidación y la enajenación maliciosa dicen relación con comportamientos del deudor contrarios a un deber de gestión económica razonable tal y como opera la cláusula del art. 463 que exige una justificación económica o jurídica de los actos o contratos que realiza la empresa deudora. Conforme a lo que se acaba se señalar, la insolvencia por ocultación responderá a casos en los cuales el deudor sustrae bienes de su patrimonio de manera aparente. Por ejemplo, pocos días antes de ser notificado de un procedimiento ejecutivo, el deudor transmite la propiedad del inmueble (que representa el total de su patrimonio) a nombre de su cónyuge o personas cercanas como parientes.

A decir verdad, la existencia de una insolvencia por ocultación y, en general, un delito de insolvencia sin que exista en nuestra legislación un concepto normativo de insolvencia genera importante problemas interpretativos. Por ejemplo, se puede discutir si la insolvencia del art. 466 debe ser declarada por un juez o es simplemente una situación de hecho referida a la ausencia de patrimonio con que hacer frente a las acciones ejecutivas de los acreedores. La conclusión que cabe al respecto es que no es necesario en ningún caso para el art. 466 la exigencia de una declaración de concurso o que se haya iniciado un juicio ejecutivo. El principio de legalidad exige que se aplique e interprete lo que dispone expresamente el legislado y si la exigencia de concurso o insolvencia no aparece expresamente ni en un sentido lógico, no parece posible incorporar un elemento del tipo que no ha sido declarado por el legislador. Ahora bien, existe un problema de concurso de delitos entre al alzamiento de bienes y la insolvencia punible del mismo artículo. En efecto, lo problemático es que producto de las conductas de alzamiento el deudor queda en la misma condición de ausencia de patrimonio que queda en el caso de la insolvencia por ocultación, es decir, el alzamiento de bienes es en muchos casos la causa de la insolvencia. Dado que la ocultación de la forma de alzarse, estamos en un caso que refleja la inoperancia de la distinción entre alzamiento de bienes e insolvencia punible del art. 466.

Para entender de manera coherente, la insolvencia del 466 deberá ser aquella situación en la cual el deudor ha dejado de cumplir con sus obligaciones exigibles y lo ha hecho producto de la ocultación de su patrimonio. Por el contrario, en el alzamiento de bienes no parece exigir una situación de insolvencia, esto es, de un estado de incumplimiento de las obligaciones exigibles del deudor. Si se observa, el alzamiento es la conducta previa de la insolvencia. Si embargo, el delito de insolvencia punible cometido por ocultación exige que la insolvencia sea consecuencia de la ocultación de bienes. En estricto rigor, no hay diferencia entre el tipo penal de alzamiento de bienes con la insolvencia por ocultación a no ser que se pueda establecer un concepto de insolvencia como presupuesto de la segunda modalidad (insolvencia por ocultación).

Insolvencia por dilapidación se entendía para aquellos casos en que el deudor asume gastos sin justificación o gastos que no son acordes con su nivel económico de ingresos y que le ocasionan la insolvencia. Actualmente, esta idea de la dilapidación es útil para entender la nueva descripción del art. 463.2° que dejó la LDE en la cual sanciona una forma de dilapidación bajo la descripción de: "*Dispusiere de sumas relevantes en consideración a su patrimonio aplicándolas en juegos o apuestas o en negocios inusualmente riesgosos en relación con su actividad económica normal*". Para el caso del antiguo 466 era importante destacar que el deudor haya resultado en insolvencia, esto es, en el incumplimiento de sus obligaciones exigibles de manera regular. De lo contrario, un endeudamiento excesivo podría ser considerado típico como tentativa de insolvencia por dilapidación lo que parece a todas luces desproporcionado y completamente disfuncional a un sistema económico que se estructura con base en el crédito, inversión y endeudamiento. Me parece posible de aplicar la idea de la gestión económica racional u ordenada respecto del concepto de dilapidación, pues permite hacer un análisis objetivo frente a un intento de subjetivizar esta modalidad típica. Por el contrario, en el numeral 2° del nuevo art. 463 no es necesario que se haya causado una insolvencia contable, sino que se haya dictado la resolución de liquidación que es un equivalente a una situación de insolvencia. La conclusión es que todas estas conductas anteriores a la reforma de 2023 podían ser perseguidas y sancionadas sin consideración alguna a un proceso concursal. El legislador de 2023 ha querido que todo comportamiento del deudor tenga relevancia penal únicamente cuando existe un procedimiento concursal. Puede entenderse así la importancia que toma el proceso concursal en el régimen de punibilidad de los deudores por el ejercicio de su libertad sobre su propio patrimonio.

Por último, la insolvencia por enajenación es también fiel reflejo de lo confuso que es el conjunto y modalidades de todas estas disposiciones del art. 466. Resulta que la ocultación del alzamiento puede también realizarse de una forma jurídica, a través de contratos o por medio de, por ejemplo, una enajenación lo cual nuevamente nos presenta el problema de distinguir entre el alzamiento de la insolvencia por enajenación maliciosa. Un criterio de distinción que me parece importante de señalar es que la insolvencia por enajenación maliciosa debe ser aquella enajenación de bienes realizada con dolo directo, esto es, con el propósito de causar el resultado de insolvencia. Por ejemplo, una venta de bien inmueble sin recibir la contraprestación económica respectiva o recibiendo una mínima fuera de toda racionalidad económica en relación con el valor del bien.

En general todas las modalidades de la insolvencia punible del 466 son la causa del resultado de insolvencia. Así, esta segunda parte del 466 tipifica un delito de resultado: la insolvencia. Al contrario, en los delitos concursales del 463 y 463 bis parece que no se exige un resultado, sino que la declaración de liquidación o reorganización que es una condición objetiva de punibilidad pero no un elemento del tipo penal como lo es la insolvencia respecto al art. 466.

V. AUTORÍA Y PARTICIPACIÓN.

La hipótesis del proceso concursal como bien jurídico posee un argumento adicional que radica en la nueva configuración del sujeto activo de estos delitos. Como se verá a continuación, con la nueva regulación de 2023 se ha terminado con la distinción entre deudor calificado (empresa deudora) y deudor común (persona deudora). Cabe recordar que el único delito que podía cometer la antigua persona deudora era el alzamiento de bienes o insolvencia del hoy derogado art. 466.

En el derecho penal chileno los antiguos delitos de quiebra estaban regulados en el título XIII, Libro IV del Código de Comercio, específicamente en los artículo 218 y siguientes y distinguían al deudor dedicado al comercio y al que no. El primero era aquel que ejercía una actividad comercial, industrial minera o agrícola como señalaba expresamente el artículo 41 de la Ley de Quiebras N° 18.175. Junto con el deudor, existían también otros sujetos que podían responder sólo como cómplices de la quiebra fraudulenta. El artículo 221 del CCo regulaba taxativamente las conductas que se calificaban como formas de cooperación bajo la comprensión de complicidad en la quiebra del deudor. No deja de ser curioso que se tipificara una forma de complicidad específica en vez de recurrir para todas las situaciones a las normas del artículo 16 del CP. Quizás esto demuestra lo amplio que resulta la descripción del cómplice del art. 16 del CP y lo poco que confió el legislador cuando redacto la ley 18.175.

Señalado lo anterior, durante la vigencia de la ley de quiebras existían dos regímenes jurídico-penales para los deudores. Uno para los deudores dedicados al comercio —a quienes se les aplicaban los tipos penales del Código de Comercio referidos a la quiebra fraudulenta o culpable— y otro, para los deudores no dedicados al comercio -en el cual podía tener aplicación la figura residual del alzamiento de bienes del artículo 466 del CP-.

En relación con la posibilidad de persecución penal a través del antiguo delito de alzamiento de bienes llama notablemente la atención que no haya tenido aplicación en nuestro Tribunales de Justicia. Hay argumentos importantes para entender que la escasísima aplicación no pasa por la inexistencia de hechos que se enmarquen en la descripción típica, sino se puede entender por dos razones. Una primera basada en que el sistema procesal que mantiene buena parte de sus procesos en salidas alternativas al juicio oral y otra también por cierto desconocimiento de los elementos y configuración de este delito por parte de los operadores jurídicos.

Este último argumento toma sentido cuando hasta hace muy pocos años (2014) todo el sistema penal de sanción a la conductas del deudor se daba en el ámbito de la quiebra. Sin embargo, es importante destacar que el derogado delito de alzamiento de bienes del 466, posee una redacción casi idéntica al artículo 257 del código penal español y justamente en este país dicha figura ha tenido una abundante jurisprudencia[2].

Uno de los aspectos que cabe destacar a propósito de la reforma de 2014 es el relativo a la condición exigida para el sujeto activo. La regulación que incorporó la ley 20.720 no sólo implicaba un cambio en algunas de las conductas reguladas, sino también en los destinatarios de las normas de conducta en la cual distinguía entre empresa deudora y persona deudora (distinción que quedó derogada con la LDE de 2023). Esta distinción no era sólo nominal, sino que tenía profundas repercusiones dogmática y especialmente práctica a nivel de dejar sin posibilidades de aplicación el alzamiento de bienes y la insolvencia de quien sea calificado como persona deudora[3].

La regulación de 2014 que establecía la distinción entre deudores, dejaba al delito de alzamiento de bienes e insolvencia del art. 466 como una figura completamente residual, simbólica, cuya aplicación real había sido completamente imposible (De la misma opinión Puga Vial, 2016, p. 73). Con la LDE estos delitos solo son perseguibles una vez dictada una resolución que abre un proceso concursal de los establecidos en la ley 20.720. Este cambio de 2023 hace suyo las ideas de los comentaristas clásicos de estas figuras penales. Así, cabe recordar que el origen de la configuración histórica los delitos de insolvencia punible han sido figuras que buscaban sancionar conductas de quienes se dedican principalmente al comercio. CARRARA planteaba que quienes caían en quiebra por especulación o simulación debían recibir una represión penal únicamente si eran comerciantes, pues para el caso de los particulares cabía recurrir al derecho civil. La existencia de delitos específicos de quiebra para los comerciantes se jus-

---

[2]   Véase las Sentencias del Tribunal Supremo español números: 424/2012; 1117/2007 2219/2001; 1230/2001; 875/2000; 2002/1717; 732/2000; 989/2003; 1943/2002; 1757/2002.

[3]   Sobre las características de la antigua regulación penal véase PUGA VIAL, Derecho concursal. Los delitos de quiebra, 2° ed., 2004.

tificaba históricamente dada la dañosidad social que causaba las conductas fraudulentas de estos (Carrara, 1964, pp. 54 y ss.).

En alguna medida, este planteamiento estaba vigente con los cambios de 2014 en los cuales al marco penal que arriesgan los deudores calificados como empresa deudora (anterior artículo 463 y 463 bis del CP por ejemplo) eran más gravosos en pena respecto a quienes sean únicamente deudores particulares o persona deudora (antiguo artículo 466 del CP). En efecto, en la regulación que rigió desde 2014 hasta agosto de 2023 la pena para el alzamiento de bienes partía en presidio menor en su grado mínimo, mientras que para los delitos cometidos por deudores sometidos a un proceso concursal, comienzan en presidio menor en su grado medio pudiendo llegar a pena de crimen de presidio mayor en su grado mínimo para el caso de ocultación de bienes del deudor en el supuesto del art. 463 bis. Este privilegio de una pena menos rigurosa para el deudor que actúa fuera del proceso concursal puede justificarse por que existe un mayor desvalor de acción respecto a quienes se dedican al comercio. Este tendencia se ha acentuado con la reforma de 2023 en la cual no es posible configurar ninguno de estos delitos sino es a través de la existencia un proceso concursal.

Con la regulación de 2014 y su distinción de dos clases de deudores, seguía vigente la crítica de si no era mejor tener un único sistema penal para los deudores, pues como se analiza a continuación, no parecen existir argumentos importantes que justifiquen un tratamiento penal diferenciado. La reforma de 2014 y el establecimiento de un deudor denominado "persona deudora" que equivalía a un deudor no dedicado al comercio hizo que el artículo 466 pasara a ser una figura residual dentro del sistema de delitos cometidos por deudores. En efecto, las razones de esta afirmación pasan por entender que el contexto en que suceden estos delitos es aquel donde participan las personas como agentes económicos, en un ámbito de negocios y comercio. Esta característica de los operadores económicos como posibles sujetos activos hará muy compleja la situación de encontrar un deudor que no pueda calificar como Empres Deudora. Bastaba con entender que el deudor "empresa deudora" abarca a todos los sujetos contribuyentes de primera categoría o que obtengan ingresos provenientes de profesiones liberales o cualquier otra ocupación lucrativa. Al respecto, era totalmente válida la pregunta de quién resultaba finalmente el destinatario de la norma del hoy derogado art. 466.

A decir verdad, con la anterior regulación a 2023, dada la extensión del concepto de empresa deudora, la persona deudora quedará básicamente reducido para el deudor consumidor. No obstante, era particularmente simple que este deudor que aparentemente era el sujeto activo del antiguo 466 se transformara en un deudor calificado como "empresa deudora" y le fuera por tanto aplicable las normas que exigían un proceso concursal. Bastaba que el deudor consumidor recibiera, por ejemplo, una renta del capital (fondo mutuo, ahorro, alquiler de un bien inmueble, etc.) o que ejerza una profesión liberal para que pueda ser considerado Empresa Deudora.

La importancia de analizar profundamente la condición de deudor establecido en el antiguo 466 radicaba en las enormes consecuencias prácticas que implica, pues si ya en el pasado la norma del 466 no tuvo mayor relevancia práctica para los Tribunales, en la actualidad no tendrá casi ninguna posibilidad de ser aplicada. La razón de esta hipótesis pasa por entender dos elementos. El primero es la amplitud del concepto de Empresa Deudora. Me refiero a la posible situación en la cual una "persona deudora" de las que habla el artículo 466 puede ser fácilmente calificada como empresa deudora. Esto puede suceder porque, por ejemplo, recibe rentas del capital por alguna de las innumerables situaciones que señala la Ley de impuesto a la Renta para los contribuyentes de primera categoría o, porque simplemente se encuentra bajo alguno de los supuestos del art. 42.2° de la misma Ley para alegar que su condición es la de empresa deudora.

Esta situación ya se puede advertir en la práctica y jurisprudencia de nuestro Tribunales. Así con fecha 19 de marzo de 2015 en Causa Rol N° 126-2015 la ilustrísima Corte de Apelaciones de Concepción resuelve un recurso de nulidad rechazando la solicitud de aplicar el delito del artículo 466 a una persona por que concluye que ella tiene la calidad de comerciante y que, a lo que a efectos de la ley 20.720, debe ser catalogada como empresa deudora siendo aplicables por lo tanto los otros delitos previstos.

Extracto resolución SCA Concepción:

> "La historia comercial expuesta en la audiencia, que según se dijo, consta en la investigación del Ministerio Público, nos lleva a concluir que se trata de una sociedad comercial, que aun cuando podría dársele el carácter de deudora, no es el sujeto activo exigido por el tipo, como tampoco se avizora que existan conductas susceptibles de encuadrarse en el inciso segundo de la norma, que castiga al que "otorgare, en perjuicio de dichos acreedores, contratos simulados". De esta forma, no queda lugar a dudas sobre la vital relevancia de la calidad de deudor del sujeto activo en la comisión de estas conductas punibles, al ser considerados delitos especiales propios, y cómo éste ha sido el criterio de aplicación que nuestros Tribunales han aplicado al momento de juzgar estos hechos".

¿Qué tiene de problemático o de relevante que la persona deudora pueda ser considerada tan fácilmente empresa deudora? La importancia es que en tal caso no se podrá aplica el artículo 466, sino que solamente algunos de los delitos del 463 o siguiente. Ahora bien, la pregunta anterior sigue vigente ¿Qué importancia tiene esto? Pues bien, al menos pueden observarse dos aspectos claves en relación con la persecución penal y la calificación jurídica. El primero, es relativo a que el artículo 466 no exige la existencia de un proceso concursal, en concreto, no contiene la condición objetiva de punibilidad de que se haya dictado la resolución de liquidación o reorganización contra el deudor. Esto implica que será más complejo para el querellante poder iniciar un proceso penal por el artículo 466, pues deberá recurrir a la vía civil a que se dicte la respectiva resolución. Por otro lado, el segundo es un criterio cronológico. Precisamente para el sujeto activo calificado como "Empresa Deudora" solo tendrá relevancia penal las conductas realizadas solo dos años antes de la resolución de liquidación o reorganización. En cambio, si fuese investigado por el delito de 466 ese plazo de amplia hasta cinco años que corresponde al tiempo de prescripción de la acción penal. Como se observa, no cabe duda que resulta más beneficioso para el deudor ser considerado Empresa Deudora que Persona Deudora a la luz del tiempo durante el cual serán analizadas su conductas y por la pena posible de ser aplicada.

De acuerdo con la remisión a la ley 20.720 que se hacía en la regulación anterior a 2023, empresa deudora es toda persona jurídica privada, con o sin fines de lucro, y toda persona natural contribuyente de primera categoría o del número 2) del artículo 42 del decreto ley N° 824, del Ministerio de Hacienda, de 1974, que aprueba la ley sobre impuesto a la renta. El deudor al que hace mención el artículo 466 es la persona deudora definido como toda persona natural no comprendida en la definición de Empresa Deudora. Haciendo un análisis de estas modificaciones se puede sostener que el cambio más importante en este nuevo paradigma de sujeto activo es el relativo a la restricción del sujeto activo en el delito de alzamiento de bienes. A decir verdad, con anterioridad a la Ley 20.720 de 2014 el artículo 466 tenía como sujeto activo simplemente al deudor civil "no dedicado al comercio" que era en la práctica un sujeto reducido y que tuvo escasa aplicación.

A primera vista las consecuencias del cambio de 2014 puede que no se aprecien demasiado. Sin embargo, hay un elemento importante que tuvo una consecuencia en la efectiva aplicación del artículo 466, pues dada la amplitud del deudor comprendido como "Empresa Deudora" (art. 463 y 463 bis) el sujeto activo del artículo 466 ha quedado reducido a tal nivel que, si se aplica correctamente la estrategia de defensa, casi no habrá posibilidades de aplicación de las conductas del artículo 466. Era perfectamente posible que se alegara una errónea aplicación del derecho dado que el sujeto activo debía ser entendido como empresa deudora y por tanto era necesario la existencia de un proceso concursal. Sin ese proceso concursal, no podía atribuirse responsabilidad penal a no ser que se quisiera caer en una analogía prohibida por el principio de legalidad.

2. *Actuar en lugar de otro y autoría mediata con instrumento cualificado*

En relación con su estructura y los problemas de autoría y participación, los tipos penales del parágrafo VII se estructuran como delitos especiales propios. Esta es una tendencia generalizada en el derecho comparado y por cierto en el derecho penal chileno donde el presupuesto de esta especialidad para el sujeto activo en los tipos penales relativos a la insolvencia es la de la condición de deudor.

A pesar que en algunos delitos como el tipificado en el art. 463 las normas penales comienzan la redacción con la expresión de "el que" -técnica legislativa usada para los delitos comunes-, el sujeto activo es uno cualificado por la condición de deudor. Si bien se ha señalado que son delitos especiales propios por no existir otro delito común al cual recurrir en caso de no darse la condición de deudor, no es descartable que algunas de las conductas puedan tener cabida en otras figuras similares como en el delito de contrato simulado del art. 471.2° o en el de incendio si por ejemplo se trata de una conducta de destrucción de patrimonio a través de ese medio. En todo caso, ha de recurrirse al principio de especialidad para el concurso aparente de normas penales. En concreto, se requiere la calidad de deudor en los delitos de los artículos 463; 463 bis; 463 ter. Por el contrario, los delitos donde el destinatario de la norma es el veedor y liquidador corresponde al artículos 464, 464 bis.

Ahora bien, ¿es posible que quien no tenga ninguna de esas calidades (deudor, liquidador o veedor) pueda ser hecho responsable por estos delitos? La respuesta es afirmativa en virtud de la norma del art. 463 quater y 464 bis y 464 ter que operan como cláusula de actuar en lugar de otro y como cláusula de autoría mediata con instrumento doloso cualificado respectivamente.

> Art. 463 quáter.—Será castigado como autor de los delitos contemplados en los artículos 463, 463 bis y 463 ter quien, en la dirección o administración de los negocios del deudor, sometido a un procedimiento concursal de reorganización a un procedimiento concursal de reorganización simplificada, a un procedimiento concursal de liquidación o a un procedimiento concursal de

liquidación simplificada, hubiese ejecutado alguno de los actos o incurrido en alguna de las omisiones allí señalados, o hubiese autorizado expresamente dichos actos u omisiones.

En la parte general del CP chileno no existe una cláusula general de actuar en lugar de otro que resuelva los problemas de la participación del *extraneus* en un delito especial propio. La tendencia del legislador chileno ha sido la de incorporar normas expresas en distintos cuerpos normativos para solucionar estos problemas. En el caso de los delitos de insolvencia se incorporan los arts. 463 quater, 464 bis y 464 ter como reglas de extensión de la autoría. Una primera que se debe denominar cláusula de actuar en lugar de otro (art. 463 quater) en virtud de la cual se hace responsable a quien no tenga la calidad de deudor y haya realizado determinadas conductas que lo requieran y, las otras dos que permiten sancionar los casos de utilización de instrumento que actúa en error (464 bis y 464 ter).

La norma del 463 quater habla de quien haya estado en la dirección o administración de los negocios del deudor. Esta redacción amplia permite incluir al sujeto conocido como "administrador de hecho", esto es, a quien sin estar nombrado formalmente en algún cargo de dirección de la empresa (gerente, representante legal, director, etc.) tenía las facultades y poder de mando para tomar las decisiones de realización de los actos y contratos o tenía la facultad para que se omitieran las acciones que se exigen como en el 463 ter número 2° o, como se señala, hubiese autorizado expresamente esos actos u omisiones.

La otra cláusula de extensión de la autoría es la prevista en el nuevo art. 464 bis y 464 ter:

> Art 464 bis.—El deudor, veedor, liquidador, o aquellos a los que se refiere el artículo 463 quáter, que se valiere de quien no tuviere esa calidad para perpetrar cualquiera de los delitos previstos en los artículos precedentes de este Párrafo será castigado como autor del respectivo delito. El que sin tener alguna de las calidades señaladas en el inciso precedente interviniere en la perpetración del delito será castigado como inductor o cómplice según las circunstancias.

> Art. 464 ter.—El que mediante engaño determinare a un deudor, veedor, liquidador, o aquellos a los que se refiere el artículo 463 quáter, a incurrir en cualquiera de los hechos previstos en los artículos precedentes de este Párrafo, será castigado con las mismas penas en ellos señalada.

En el caso del art. 464 ter se presenta una situación al revés que en art. 463 quater, pues permite sancionar al que sin tener alguna de las calidad de deudor o los otros equivalentes del art. 463 (en concreto se refiere a quienes hayan estado a cargo de la dirección o administración de los negocios del deudor), determine mediante engaño al *intranei* a cometer algunos de los delitos del párrafo 7. La referencia al "engaño" debe ser comprendida como instrumentalización de quien sí posee la condición cualificado, esto es, una autoría mediata del *extranei* al *intranei*. Así, por ejemplo, un abogado que antes de proceder a solicitar la liquidación de su cliente, le convenza de pedir todos los préstamos de consumo posible para así pagarle la mitad a él y que el resto sea depositado en una cuenta a nombre de terceros podría ser hecho responsable en virtud del 463 bis a través de la regla del art. 464 ter. En este caso, puede surgir la interrogante de en qué condición actúa el *intranei*, pues el error podría ser de tipo o de prohibición. Ante estos casos, lo normal será entender que el sujeto cualificado no pueda haber advertido que su conducta es penalmente ilícita, pues si el consejo legal se lo da, por ejemplo, un abogado, podrá alegar que desconocía que tal actuación era constitutiva de un delito concursal o que, dada la asesoría que buscó, se le dijo que tal comportamiento era conforme a la ley. Así, el sujeto cualificado normalmente actúa en error de prohibición, cuya vencibilidad deberá ser determinada conforme a las reglas generales (Véase Navas, 2022, p. 216 y ss.)

Bibliografía

BASCUÑÁN RODRÍGUEZ Antonio: "La reforma del derecho penal concursal chileno", en Náquira/Rosenblut (editores), *Estudios de derecho penal económico chileno* (2018), Ediciones UC, 2019.

BOSCH, Nikolaus (2021): "§283", en: Satzger/Schluckebiers (ed), *StGB Kommentar*, Köln, Carl Heymanns, 2299-2213.

BRETEL Hauke/SCHNEIDER Hendrik, *Wirtschaftsstrafrecht*, 3° ed., Nomos, Baden-Baden, 2020

BUSTOS RAMÍREZ Juan, «Política criminal y bien jurídico en el delito de quiebra», *ADPCP*, 1990.

CARRARA Francesco, *Programa de derecho criminal. Parte especial*, vol. VII, 1964, p. 54 y ss.

CABALLERO BRUN Felipe: *Insolvencias Punibles*, Iustel, 2018.

DANNECKER Gerhard / KNIERIM Thomas: *Insolvenzstrafrecht*, 3° ed., 2018, C.H. Müller, Heidelberg.

ETCHEBERRY, Alfredo: *Derecho penal. Parte especial*, tomo II, Editorial Jurídica, 1997.

FEIJOO SÁNCHEZ Bernardo: *Orden socioeconómico y delito*, B de F, 2016,

GARRIDO MONTT Mario: *Derecho penal. Parte especial*, tomo IV, Editorial Jurídica, 2008.

HEFENDEHL, Roland: "El bien jurídico como eje material de la norma penal", en Hefendehl (editor), *La teoría del bien jurídico*, Marcial Pons, 2007.

GUTIÉRREZ PÉREZ, Elena: *El Derecho penal frente a la insolvencia*, Editorial Aranzadi, Pamplona, 2021.

KINDHÄUSER, Urs: *Nomos Kommentar*, 4ª ed., t. 3, en Kindhäuser/Neumann/Paeffgen (eds.), Nomos, Baden-Baden, 2013.

KRAUSE Daniel-Marcus, Ordnungsgemäßes wirtschaften und erlaubtes risiko. grund- und einzelfragen des bankrotts (§ 283 stgb)- zugleich ein beitrag zur dogmatik des konkursstrafrechts, Dunker & Humblot, Berlin, 1995.

KÜHL Kristian / HEGER Martin, "§283" en *Strafgesetzbuch Kommentar*, 29° ed., C.H. Beck, München.

MARTINEZ – BUJÁN PEREZ, Carlos: *Derecho penal económico y de la empresa*. Parte especial., Editorial Tiran lo Blanch, 2015.

MAYER LUX, Laura: "El bien jurídico protegidos en los delitos concursales", *Revista de Derecho de la Pontificia Universidad Católica de Valparaíso* [online], 2017, n.49, pp. 255-281.

MUÑOZ CONDE Francisco: *El delito de alzamiento de bienes*, 2° ed.,Bosch, Barcelona, 1999.

NAVAS, Iván: *Insolvencias Punibles. Fundamentos y límites*, Marcial Pons, 2015.

NAVAS Iván: "La política criminal en el nuevo derecho penal de la insolvencia chileno a la luz del derecho penal de los EE. UU., alemán y español", en Política Criminal, Vol. 17, N°35, pp. 314-351.

NAVAS Iván: *Lecciones de derecho penal. Parte general*, 2° ed., Tirant lo Blanch, 2022.

PACHECO Francisco: *El código penal. Comentado y concordado*, 6ª ed., t. III, Imprenta y fundición de Manuel Tello, Madrid, 1888.

PEACOCK, David "France: Criminal Liability for Fraudulent Bankruptcy", *Journal of Financial Crime*, 4, no. 1, 88-90, 1996.

PUGA VIAL, Juan Esteban: Los delitos concursales, 3° edición, Editorial Jurídica de Chile, 2016.

RADTKE Henning /PETERMANN, Stefan (2014): "§283", en Hefendehl/Hohmann (edit.), *Münchener Kommentar zum strafgesetzbuch*, München, C.H. Beck.

SOUTO GARCÍA, Eva, *Los delitos de alzamiento de bienes en el código penal de 2015*, Tirant lo Blanch, 2009.

VARGAS PINTO, Tatiana: "Nuevo régimen punitivo concursal y sus principales desafíos", en Jequier Lehuede (editor), *Estudios de Derecho Concursal*, Thomson Reuters, 2016.

VON LISZT Franz, *Lehrbuch des Deutschen Strafrecht*, 22ª ed., Walter de Gruyter, Berlin, 1919.

WABNITZ, Heinz-Bernd/JANOVSKY Thomas (Hrsg.), *Handbuch des Wirtschafts- und Steuerstrafrechts*, C.H. Beck Verlag München, 3. neu bearbeitete Auflage 2007.

WEYAND Raimund/DIVERSY Judith, *Insolvenzdelikte: Unternehmenszusammenbruch und Strafrecht*, 8ª ed., Verlag Erich Schmidt, Berlin, 2010.

Capítulo XIII

El delito de fraude de subvenciones (art. 470 Nº 8)

Laura Mayer Lux[*]
Doctora en Derecho
Profesora de Derecho penal
Pontificia Universidad Católica de Valparaíso

I. CONSIDERACIONES GENERALES

1.1. Ubicación sistemática

El fraude o la estafa de subvenciones, delito que también se denomina obtención fraudulenta de prestaciones estatales, se encuentra regulado en el artículo 470 N° 8 CP. Este ilícito penal fue incluido en el Párrafo 8° del Título IX del Libro II CP, en virtud del D.L. N° 3.443 de 2 de julio de 1980. A través suyo, se castiga *"[a] los que fraudulentamente obtuvieren del Fisco, de las municipalidades, de las Cajas de Previsión y de las instituciones centralizadas o descentralizadas del Estado, prestaciones improcedentes, tales como remuneraciones, bonificaciones, subsidios, pensiones, jubilaciones, asignaciones, devoluciones o imputaciones indebidas"*. A fin de simplificar su análisis, se aludirá indistintamente a prestación estatal (improcedente), subvención o a un término análogo para referir el objeto material del comportamiento incriminado. No obstante, debe reconocerse que, en el contexto de la normativa chilena, el primero de dichos términos es el más exacto de los indicados, pues, como veremos, la conducta delictiva puede recaer en prestaciones estatales de diversa naturaleza, no sólo en aquellas obtenidas a título gratuito ni constitutivas de subvenciones (*stricto sensu*). Con todo, la referencia a las subvenciones en el título de este comentario, así como en el resto del texto puede justificarse atendido su uso en el Derecho y la doctrina comparados, por ejemplo, en el ámbito español (que suele aludir a fraude de subvenciones) o en el contexto alemán (que utiliza la expresión estafa de

[*] La autora agradece al abogado Joaquín Torres Oyaneder y al profesor Jaime Vera Vega por sus valiosas observaciones para la elaboración del presente texto.

subvenciones), a propósito de un delito que tiene puntos de contacto con el que ahora nos ocupa.

El supuesto de fraude de subvenciones que se regula en el artículo 470 N° 8 CP no es el único que se prevé en la legislación chilena. Antes bien, son muchos y variados los casos específicos de ese delito que se tipifican en la normativa penal especial. Así, por ejemplo, el artículo 11 de la Ley N° 18.020 de 17 de agosto de 1981, que *establece un subsidio familiar para personas de escasos recursos*, indica que *"[t]odo aquél que percibiere indebidamente el subsidio, ocultando datos, proporcionando antecedentes falsos o contraviniendo lo dispuesto en el artículo 8°, será sancionado conforme al artículo 467 del Código Penal"*. Por su parte, el artículo 27 de la Ley N° 19.728 de 14 de mayo de 2001, que *establece un seguro de desempleo*, dispone que *"[l]as personas que obtuvieren mediante simulación o engaño prestaciones con cargo al Fondo de Cesantía Solidario y quienes de igual forma obtuvieren un beneficio mayor al que les corresponda, serán sancionadas con reclusión menor en sus grados mínimo a medio"*.

Considerando que existen diversos supuestos específicos de fraude de subvenciones, dispersos en la normativa penal descodificada, puede afirmarse que el tipo del artículo 470 N° 8 CP constituye una figura genérica y de aplicación subsidiaria, cuyo castigo debe imponerse siempre que no exista una hipótesis especial de obtención fraudulenta de prestaciones estatales. Por lo tanto, frente a la hipótesis de estafa de subvenciones que se regula en el CP, las restantes corresponden a supuestos particulares de fraude de subvenciones, que prefieren y desplazan al tipo genérico por razones de especialidad.

La ubicación sistemática del delito que nos ocupa es relevante para efectos interpretativos. Justamente, que él se tipifique entre los *Crímenes y simples delitos contra la propiedad* (y, por ende, fuera de los *Crímenes y simples delitos contra las personas*), constituye un primer indicio para excluir su castigo a título culposo. Si a ello se añade la manera en que se encuentra redactado el tipo y, en especial, el carácter fraudulento del delito, podrá concluirse que la sanción a título de imprudencia ha de quedar descartada. Volveremos sobre ello *infra*.

1.2. Características principales

Si consideramos algunas de las principales clasificaciones de los tipos penales, es posible sostener que el tipo de obtención fraudulenta de prestaciones estatales tiene las siguientes características:

En primer lugar, se trata de un delito de hipótesis simple -en oposición a uno de hipótesis compuesta-, ya que el comportamiento típico se describe a través de una sola conducta o verbo rector, a saber, "obtener". Como veremos, dicho comportamiento no se comprende si no es interpretado junto a la expresión "fraudulentamente", que es la que lo califica y que explica su ubicación sistemática en el ámbito de las estafas.

En segundo lugar, el fraude de subvenciones constituye un tipo penal de acción, ya que el verbo rector corresponde a un comportamiento positivo prohibido por la ley, que ha de ejecutarse para infringir la norma jurídico-penal. No obstante, examinaremos *infra* algunas situaciones que podrían generar dudas a este respecto y que se vinculan con la omisión de ciertos antecedentes relevantes para el otorgamiento de una subvención en un caso concreto.

En tercer lugar, el delito de fraude de subvenciones es instantáneo, lo que implica que su ejecución no se prolonga en el tiempo, como ocurre en los delitos permanentes. Dicha característica tiene importancia, fundamentalmente, en materia de prescripción.

En cuarto lugar, se trata de un delito de resultado, pues se perfecciona con el perjuicio patrimonial del Estado, que se encuentra implicado en la obtención fraudulenta de una prestación estatal. Desde otro punto de vista, se trata de un fraude por engaño, que justamente requiere la producción de un perjuicio para el patrimonio estatal con cargo al cual se otorga la subvención respectiva. Dicho perjuicio corresponde al resultado (material) del delito y debe estar unido a la conducta fraudulenta a través de un vínculo causal. Sin embargo, al examinar el *iter criminis*, veremos que lo dicho constituye la regla de aplicación general, toda vez que existen supuestos específicos del delito que analizamos que, excepcionalmente, se perfeccionan con la sola realización de un engaño.

En quinto lugar, la obtención fraudulenta de prestaciones estatales constituye un delito de lesión para el patrimonio público. Consiguientemente, el tipo penal requiere de un (efectivo) menoscabo para dicho interés.

En sexto lugar, el delito de fraude de subvenciones es de sujeto común o indiferente, ya que puede ser cometido por cualquier persona, lo que es sin perjuicio de que la normativa legal o reglamentaria establezca requisitos particulares que debe cumplir quien pretenda acceder a una determinada prestación estatal. Tal característica -o sea, la de que el tipo sea de sujeto común o indiferente- tiene importancia, principalmente, en materia de autoría y participación.

En séptimo lugar, se trata de un delito doloso, que no puede cometerse con culpa, por razones tanto sistemáticas -esto es, por la ubicación del delito en el Párrafo 8° del Título IX del Libro II- como relacionadas, principalmente, con la redacción del tipo delictivo y con la exigencia de un comportamiento fraudulento de parte del agente.

En octavo lugar, el tipo de estafa de subvenciones es de acción penal pública, toda vez que a él no se aplica alguna regla especial relativa al ejercicio de la acción respectiva (como ocurre en los delitos de acción penal pública "previa instancia particular" o en los delitos de acción penal privada).

Finalmente, la obtención fraudulenta de prestaciones estatales del artículo 470 N° 8 CP corresponde a un simple delito, ya que ella se encuentra conminada, de forma general, con una pena que, dependiendo del monto del perjuicio, puede ir desde el presidio menor en su grado mínimo hasta el presidio menor en su grado máximo, en lo que respecta a la pena privativa de la libertad (artículo 470 en relación con el artículo 467 CP). No obstante, también es posible sancionar dicho comportamiento a título de falta, de acuerdo con lo que establece el artículo 494 N° 19 CP. Tales características tienen relevancia en materia de prescripción, respecto del procedimiento penal aplicable, etc.

1.3. Bien jurídico protegido

Atendido a que el fraude de subvenciones del artículo 470 N° 8 CP constituye una especie dentro del género de las estafas, a él resultan aplicables los distintos planteamientos relativos al bien jurídico que ha desarrollado la doctrina respecto de este último delito. En esa línea, es posible sostener que el tipo penal consagrado en el artículo 470 N° 8 CP afecta al patrimonio, concepto a propósito del cual ha existido una intensa discusión tanto doctrinal como jurisprudencial.

En esta materia cabe distinguir, en el siguiente orden, la teoría jurídica, la económica, la jurídico-económica o mixta, la personal y la funcional del patrimonio. Sin embargo, es la tesis mixta la que más adhesión ha concitado entre los autores y -en menor medida- entre los fallos nacionales (por todos, BASCUÑÁN, 2004, pp. 292-293; Sentencia de la Excelentísima Corte Suprema, 03.04.2017, Rol N° 8498-2017). Antes de revisar brevemente dichas teorías, se advertirá que resulta preferible aludir a "intereses patrimoniales" y no a "patrimonio" como bien jurídico conculcado por el fraude de subvenciones, ya que el patrimonio está conformado por un activo y un pasivo, y de lo que se trata es de afectar el activo del patrimonio público a través de la obtención fraudulenta de una prestación estatal.

Según la teoría jurídica del patrimonio, que suele atribuirse a BINDING, éste se integra por el conjunto de derechos (y obligaciones) de contenido patrimonial de un individuo (1902, pp. 237-238). Por consiguiente, desde una perspectiva penal, el bien jurídico de los delitos contra el patrimonio se identificaría con los derechos subjetivos, de acuerdo con el alcance que el Derecho privado le asigna a ese concepto, idea que buscaría asegurar una unidad valorativa al interior del ordenamiento jurídico.

La tesis jurídica del patrimonio ha sido criticada, con razón, tanto por su estrechez como por su amplitud, pues, por una parte, excluye de la tutela penal a intereses de significación patrimonial que no tienen el carácter de derechos subjetivos (por ejemplo, la posesión o las expectativas); y, por otra parte, admite una tutela de objetos sobre los que existe un derecho subjetivo, pero que carecen de valoración económica; siendo esta última posibilidad incompatible con la regla de penalidad establecida en el artículo 467 CP -y que es aplicable al delito que nos ocupa-, de acuerdo con la cual, el castigo depende del monto (económico) del fraude provocado.

Para la teoría económica del patrimonio, cuyos orígenes se sitúan en la jurisprudencia del Tribunal del Imperio alemán (RGSt), aquel se compone por el conjunto de entidades con valor económico que están bajo el poder fáctico de una persona. Consiguientemente, en comparación con la tesis jurídica, esta sí posibilita la protección penal de intereses de contenido patrimonial que no correspondan a derechos subjetivos, supuesto que tengan valoración pecuniaria.

No obstante, la teoría económica del patrimonio también ha sido blanco de críticas, principalmente, porque puede ocasionar contradicciones insalvables al interior del ordenamiento jurídico. En esa línea, dicha tesis permitiría una tutela penal de realidades (apreciables pecuniariamente) que el Derecho (privado o público) reprueba; así como sostener la configuración, *v. gr.*, de una estafa, si el ladrón, a través de un engaño, "birla a su compinche parte del botín obtenido en un hurto" (POLITOFF/MATUS/ RAMÍREZ, 2011, p. 415).

Los defectos y excesos de las tesis jurídica y económica puras del patrimonio han llevado a desarrollar tesis jurídico-económicas o mixtas, entre las que es posible identificar diversas variantes (SCHLACK, 2008, pp. 278-279), y que resumidamente pueden exponerse como sigue: por un lado, están quienes consideran que el patrimonio es el conjunto de entidades con valor económico en relación con las cuales se tiene un vínculo jurídicamente reconocido; por otro lado, están quienes estiman que el patrimonio es el conjunto de entidades con valor económico respecto de las cuales se tiene un vínculo que no está expresamente rechazado por el ordenamiento jurídico.

Como podrá advertirse, las variantes señaladas de la teoría mixta comparten que los objetos (económicamente apreciables) que provienen de actividades delictivas, como el tráfico de drogas, no integran el patrimonio y, por lo tanto, no pueden recibir protección del Derecho penal. Los elementos que las distinguen surgen en una zona más bien gris, en la que el posible rechazo del ordenamiento jurídico respecto de una determinada actividad negocial, de la que provienen entidades económicamente apreciables, es menos evidente. Ejemplo paradigmático en esa línea es el de las estafas que se verifican en el contexto de servicios sexuales remunerados.

De manera más reciente, se han planteado otras tesis en relación con el concepto de patrimonio, a saber, la teoría personal y la funcional. Según la primera de ellas, el patrimonio es una unidad personalmente estructurada que asegura el desarrollo del individuo en el ámbito de los objetos (Otto, 2005, p. 243). Por su parte, de acuerdo con la tesis funcional, el patrimonio es el poder de disposición de una persona sobre el conjunto de los bienes transferibles (valorables pecuniariamente) que le están adscritos desde un punto de vista jurídico (Mañalich, 2018, p. 176). Sin perjuicio de las particularidades que presentan dichas teorías, a ambas se les critica por su tendencia al subjetivismo y por no dar suficiente relevancia al precio de mercado como criterio objetivo para avaluar los bienes que integran el patrimonio (Hernández, 2008, pp. 195 y ss.).

Ahora bien, el fraude de subvenciones afecta específicamente al patrimonio público o estatal (Sentencia de la Ilustrísima Corte de Apelaciones de Puerto Montt, 26.07.2017, Rol N° 344-2017), circunstancia que lleva a precisar y a matizar algunas de las consideraciones generales efectuadas *supra*. En ese sentido, esa clase de patrimonio encaja sin mayores problemas en las tesis mixtas que siguen la doctrina y jurisprudencia mayoritarias. En efecto, fuera de conformarse por entidades apreciables económicamente, estas se encuentran reconocidas por el ordenamiento jurídico, de modo que las discusiones que se plantean a propósito de las tesis jurídica o económica puras tienen una relevancia marginal en el supuesto que analizamos. De otro lado, cabe considerar que el patrimonio público, a diferencia del patrimonio privado, es un bien jurídico colectivo, o sea, un interés que es de titularidad o sirve a la generalidad de las personas que integran el cuerpo social.

El carácter supraindividual del bien jurídico permite explicar, al menos en parte, que el fraude de subvenciones suela considerarse parte integrante de la criminalidad económica. Al mismo tiempo, por tratarse de un delito que afecta al patrimonio público, tiene puntos de contacto con otros ilícitos que inciden negativamente en ese interés, como es el caso de los delitos tributarios y de los delitos aduaneros. Sin embargo, la obtención fraudulenta de prestaciones estatales tiene de particular, en comparación con otros ilícitos que atentan contra el patrimonio estatal, que tal afectación se proyecta, específicamente, en el sistema de subvenciones (*lato sensu*) públicas (con matices, Sentencia de la Ilustrísima Corte de Apelaciones de Temuco, 27.05.2016, Rol N° 415-2016). A su turno, dicho sistema se caracteriza por sus pretensiones distributivas, así como de fomento de ciertas actividades o sectores, de acuerdo con objetivos de política económica, social y cultural (pre)establecidos institucionalmente (MAYER, 2009, p. 293).

Igualmente, la connotación colectiva del objeto de tutela del fraude de subvenciones provoca que el bien jurídico sea indisponible, lo cual tiene consecuencias en relación con el consentimiento del titular, que en el delito que examinamos no permite eximir de responsabilidad penal al agente de la conducta incriminada. Esta circunstancia distingue al fraude de subvenciones del tipo penal de estafa, cuyo bien jurídico —el patrimonio individual— es esencialmente disponible para su titular.

Por tratarse de un delito que afecta a un bien jurídico patrimonial, pero indisponible, no se cumplen las dos condiciones que establece el artículo 241 CPP para la procedencia de acuerdos reparatorios. Además, la comisión del fraude de subvenciones puede suponer una pena superior a la establecida en el límite del artículo 237 CPP, sobre suspensión condicional del procedimiento (que, concretamente, exceda los tres años de privación de la libertad), en cuyo caso no podría aplicarse dicha alternativa.

En otro orden de cosas, desde el punto de vista del bien jurídico afectado por la conducta delictiva, es posible afirmar que la estafa de subvenciones es un delito eminentemente patrimonial. En la línea de lo señalado *supra*, no debe perderse de vista que dicho ilícito es una especie dentro del género de las estafas y que estas constituyen uno de los casos más paradigmáticos de delito contra intereses patrimoniales al interior de la Parte Especial. Ello se relaciona, de manera directa, con el desarrollo dogmático que ha experimentado el concepto penal de patrimonio, el cual se ha verificado, como se indicó, especialmente a propósito del tipo penal de estafa.

No obstante, también es posible sostener que el fraude de subvenciones constituye un delito económico. De afirmarse lo señalado, dicho ilícito pasaría a integrar la criminalidad económica, o sea, aquel conjunto de delitos contrarios al orden público económico; lo que, a su turno, implicaría diferenciar entre la delincuencia patrimonial clásica, por un lado, y la delincuencia económica, por el otro.

El carácter de delito económico que tendría la obtención fraudulenta de prestaciones estatales se ha visto reforzado por la regulación contemplada en la nueva ley de delitos económicos. En efecto, dicho cuerpo legal establece cuatro categorías de delitos económicos, incluyéndose las figuras del artículo 470 CP dentro de la segunda categoría. A su turno, dicha segunda categoría considera como delitos económicos a un extenso listado de tipos penales, siempre que el hecho en ellos descrito *"fuere perpetrado en ejercicio de un cargo, función o posición en una empresa, o cuando lo fuera en beneficio económico o de otra naturaleza para una empresa"* (artículo 2° inciso primero, Ley N° 21.595).

El orden económico, en tanto bien jurídico subyacente a los delitos económicos, puede ser definido en términos restringidos o amplios. Desde un punto de vista restringido, él constituye "el conjunto de normas jurídico-penales que protegen la actividad interventora y reguladora del Estado en la economía"; mientras que, desde una perspectiva amplia, el orden económico se identifica con "la regulación jurídica de las actividades de producción, distribución y consumo de bienes y servicios" (RODRÍGUEZ/ OSSANDÓN, 2010, p. 78).

Pues bien, una subvención, concepto con el que puede describirse genéricamente al objeto material del delito del artículo 470 N° 8 CP, constituye una herramienta que utiliza el Estado para apoyar económicamente a una persona o institución por razones de interés general. Por lo tanto, ella puede considerarse como un mecanismo de (re)distribución del patrimonio público, lo que coincide con la dimensión amplia del concepto de orden público económico. En todo caso, no puede descartarse que el fraude de subvenciones integre la criminalidad económica en sentido estricto, si se parte de la base de que el otorgamiento de subvenciones, al menos en ciertos casos, puede involucrar una actividad interventora y reguladora del Estado en la economía. Tales consideraciones pueden hacerse extensivas, con más o menos matices, a los diversos objetos materiales que aparecen especificados en el artículo 470 N° 8 CP, pues a todos ellos podría aplicarse la idea de (re)distribución del patrimonio público, antes referida.

II. TIPO OBJETIVO

2.1. Sujetos

De acuerdo con lo señalado *supra*, sujeto activo del delito tipificado en el artículo 470 N° 8 CP puede ser cualquiera, pues se sanciona "a los que" obtuvieren fraudulentamente una subvención estatal, sin establecer requisitos especiales que, necesariamente, deba cumplir el agente. Desde este punto de vista, nos encontramos ante un delito de sujeto activo indiferente o común.

Ello no obsta a que el legislador precise, en mayor o menor medida, los requisitos que ha de cumplir el autor del delito para ser un posible beneficiario de la subvención pública. Pero, lo dicho no altera la naturaleza jurídica del ilícito, que sigue siendo de sujeto activo indiferente o común. Con todo, si llegara a regularse un fraude de subvenciones con un sujeto calificado o especial en la legislación penal, este correspondería a la categoría de los delitos especiales impropios, lo que permitiría recurrir al tipo genérico del artículo 470 N° 8 CP para sancionar al partícipe *extraneus*, si lo hubiere. En otras palabras, respecto del tipo del artículo 470 N° 8 CP no se presenta el tradicional problema relativo al castigo penal del *extraneus* cuando la calidad especial exigida por el tipo constituye el fundamento de la ilicitud (delitos especiales propios).

Ya que el delito es de sujeto activo indiferente o común, la obtención fraudulenta de prestaciones estatales puede ser llevada a cabo tanto por un particular como por un funcionario público, cuestión que también ha sido reconocida por nuestra jurisprudencia (Sentencia de la Ilustrísima Corte de Apelaciones de Puerto Montt, 26.07.2017, Rol N° 344-2017). En el evento de que el delito sea perpetrado por un empleado público, podría aplicarse la agravante del artículo 12 N° 8 CP, siempre que aquel, al llevarlo a cabo, se prevalga de su carácter de tal.

La posibilidad de incluir al funcionario público como posible agente del comportamiento se sustenta, en primer lugar, en el tenor literal del propio artículo 470 N° 8 CP, que establece que el ilícito puede ser cometido por cualquier persona. Pero, también es posible fundamentar esa interpretación en la inexistencia de un tipo específico que fuera aplicable al empleado público (en ese sentido, Sentencia de la Ilustrísima Corte de Apelaciones de Puerto Montt, 26.07.2017, Rol N° 344-2017), como ocurre en relación con el fraude al Fisco (artículo 239 CP) en tanto figura especial de administración desleal (artículo 470 N° 11 CP) (BALMACEDA, 2012, p. 52; MATTHEI/ROJAS, 2019, pp. 142-147).

La participación en una estafa de subvenciones es posible hasta el mismo momento que en una estafa común, o sea, hasta que se produce el perjuicio patrimonial (Politoff/Matus/Ramírez, 2011, p. 443), en este caso, para el Estado. Como el momento en que se lleva a cabo la disposición patrimonial es el momento en que se determina la existencia del perjuicio (en esa línea, Hernández, 2003, p. 173; Rojas, 2011, p. 421), puede haber participación delictiva hasta que se realiza la disposición patrimonial perjudicial.

En virtud de lo establecido en el artículo 50 de la nueva ley de delitos económicos, ahora una persona jurídica también puede ser responsabilizada por el fraude de subvenciones, decisión que resulta esperable en atención al sentido colectivo, supraindividual o macrosocial del injusto subyacente al comportamiento incriminado.

Sujeto pasivo o víctima del delito puede ser el Fisco, una municipalidad, una Caja de Previsión, o bien, una institución centralizada o descentralizada del Estado. En ese orden de ideas, a diferencia de lo que ocurre con el sujeto activo del delito, las instituciones de las que es posible obtener una prestación improcedente sólo pueden ser aquellas que taxativamente señala la ley. Todas ellas corresponden a instituciones de índole estatal, lo que excluye a instituciones del ámbito privado. Estas últimas no pueden ser víctimas del delito regulado en el artículo 470 N° 8 CP, lo que no se opone a que lo sean de alguna de las restantes hipótesis de estafa y, muy especialmente, de sus figuras genéricas (de los artículos 467, 468 o 473 CP), en la medida en que se verifiquen sus requisitos típicos.

2.2. *Conducta típica*

El delito que analizamos constituye una forma especial de estafa, cuestión que se deduce, entre otras cosas, de la manera en que está descrito el comportamiento típico. En esa línea, se trata de un delito que exige un engaño (Sentencia de la Ilustrísima Corte de Apelaciones de Concepción, 01.10.2007, Rol N° 14-2006), un error, una disposición patrimonial, un perjuicio patrimonial y un vínculo causal entre todos esos elementos. Su especialidad viene dada tanto por el contexto delictivo en el que debe verificarse (el otorgamiento de una prestación estatal) como por el bien jurídico que lesiona, que no es el patrimonio individual (como en la mayoría de las estafas), sino que, como se dijo, el patrimonio público o estatal (por todos, Sentencia de la Ilustrísima Corte de Apelaciones de Puerto Montt, 26.07.2017, Rol N° 344-2017; con matices, Sentencia de la Ilustrísima Corte de Apelaciones de Temuco, 27.05.2016, Rol N° 415-2016).

La estructura típica del delito de estafa y, por ende, del fraude de subvenciones, se vincula con dos de las características fundamentales de aquel ilícito, y que son aplicables a la figura que nos ocupa.

Por una parte, la estafa de subvenciones es un delito de autolesión, ya que es el propio disponente quien realiza un comportamiento lesivo para el patrimonio público. Como indica MERA, "[e]n la estafa existe una colaboración involuntaria de la víctima del engaño, que desconoce el alcance perjudicial que tiene la disposición patrimonial que efectúa, debido a la equivocada representación que tiene de la realidad, la cual ha sido creada por la acción fraudulenta del agente" (2005, p. 18). Debido a la realización de un engaño, se le imputa al hechor el resultado lesivo ocasionado por el propio disponente del patrimonio, atendida la instrumentalización que de él llevó a cabo el agente de aquel comportamiento. Precisamente, es el error aquello "que justifica por qué es el autor el que debe responder por un hecho voluntario que en principio sólo es de incumbencia y responsabilidad de quien lo realiza" (HERNÁNDEZ, 2010, p. 36).

Mientras que la estafa de subvenciones del artículo 470 N° 8 CP es un delito de autolesión, cuyo objeto material se obtiene con el consentimiento viciado del disponente del patrimonio público, ilícitos como el hurto o el robo son de heterolesión, ya que en ellos la cosa se apropia sin o contra el consentimiento del afectado. De ahí que se sostenga que "[h]urta o roba el que toma; estafa el que recibe la cosa y se la apropia" (LABATUT, 2012, p. 225). Desde una perspectiva algo diversa, puede decirse que en el fraude de subvenciones se requiere de una conducta del disponente del patrimonio público para consumarlo; en cambio, en el hurto o el robo, así como en todos los tipos penales de heterolesión, no se requiere conducta alguna del afectado por el delito para su perfección.

Ahora bien, un aspecto que diferencia al fraude de subvenciones de las estafas genéricas, es que el primero de dichos delitos supone, necesariamente, que el sujeto que incurre en error y que realiza la disposición patrimonial (perjudicial) sea una persona natural que actúa en representación de la entidad estatal que concede la subvención (*lato sensu*). Dicha situación es meramente contingente en las estafas genéricas, en las que puede existir una coincidencia entre el engañado y quien sufre el perjuicio patrimonial. Incluso más, salvo que la víctima sea una persona jurídica (que necesariamente será representada por una persona natural que sufrirá el error), lo usual será que, en las estafas genéricas, quien experimente el error sea, asimismo, quien sufra la merma en sus intereses patrimoniales.

Por otra parte, la estafa de subvenciones es un delito de comunicación, pues implica un intercambio de información típicamente relevante entre dos sujetos: el autor del engaño y el disponente del patrimonio público (o sea, la persona natural que incurre en el error y que representa a la entidad estatal que otorga la prestación de que se trate).

El concepto de delito de comunicación es análogo al de delito de expresión, con el que normalmente se caracteriza a aquellos ilícitos cuya ejecución se basa en el uso del lenguaje escrito, oral o gestual (*v. gr.*, amenazas, falso testimonio, injurias, etc.). Sin embargo, la idea de "comunicación" implica una interacción entre dos sujetos (agente y disponente del patrimonio), mientras que la de "expresión" se centra, sino exclusiva, al menos principalmente, en el emisor del mensaje en cuestión.

Que la obtención fraudulenta de prestaciones estatales sea un delito de comunicación no supone solamente la emisión de un mensaje comunicativo -exigencia que es común a todos los delitos de expresión-; por el contrario, ello importa, asimismo, una reacción concreta de parte del destinatario del mensaje (la disposición patrimonial perjudicial determinada por error), como consecuencia de la recepción de dicho mensaje y de la interpretación de la información que aquel contiene. Según podrá advertirse, esa reacción del disponente del patrimonio público excede la sola recepción e interpretación de un mensaje comunicativo -cuestión que podría considerarse fáctica o normativamente implícita en todos los delitos de expresión-. Dicho de otro modo, quien se enfrenta a una amenaza, a un falso testimonio o a una injuria, también recibe e interpreta un mensaje comunicativo. En cambio, en la estafa de subvenciones, la decisión relativa a disponer o no (perjudicialmente) del patrimonio público, a causa del error que provocó el engaño, depende del contenido de dicho mensaje. Por lo mismo, ya que no se demanda una disposición patrimonial (perjudicial) determinada por error en esos otros ilícitos, ellos pueden ser calificados como delitos de expresión, e incluso de comunicación, pero no como tipos penales que, de forma copulativa, suponen tanto una "comunicación" como una "autolesión" (a propósito de la estafa, Mayer, 2022, pp. 401-402).

En términos más específicos, el tipo del artículo 470 N° 8 CP exige que el agente obtenga, mediante engaño, una prestación estatal improcedente. La obtención (indebida) cumple el papel de disposición patrimonial perjudicial para el Estado, la que a su turno ha sido provocada por el error de la persona natural que lo representa. De ahí que pueda sostenerse que el fraude de subvenciones demanda las exigencias comunes a toda estafa, en la línea de lo señalado *supra*. Mientras que el agente lleva a cabo el engaño típico, es la persona natural, que actúa a nombre del Estado, quien efectúa la disposición patrimonial perjudicial determinada por error (MAYER, 2022, p. 451).

A diferencia de lo que se establece respecto de la estafa de seguros (artículo 470 N° 10 CP), en el fraude de subvenciones no se alude explícitamente a la posibilidad de que la prestación improcedente se obtenga para un tercero. Lo dicho resulta llamativo si se tiene en cuenta que la descripción típica de ambos ilícitos tiene varios puntos en común. Frente a ello, es posible plantear dos interpretaciones: en primer lugar, que, si en el fraude de subvenciones la ley no distingue, la prestación estatal improcedente podría obtenerse para quien lleva a cabo el engaño, o bien, para un tercero. La segunda alternativa interpretativa pasa por entender que sólo en la estafa de seguros puede obtenerse el pago indebido del seguro para sí o para un tercero, mientras que en el fraude de subvenciones tendría que ser el propio agente quien obtenga, para sí, la prestación estatal improcedente. Esta segunda interpretación evita que la precisión realizada únicamente en el tipo del artículo 470 N° 10 se torne superflua y supone elegir, entre dos interpretaciones posibles, la más restrictiva y menos perjudicial para el hechor (MAYER/CARVAJAL, 2015, p. 293).

Como la estafa de subvenciones es un fraude por engaño, es este último comportamiento el medio necesario para provocar una merma del patrimonio público. Tal calificación se vincula con una de las sistematizaciones más difundidas respecto de los delitos contra intereses patrimoniales *lato sensu*, según la cual, estos pueden clasificarse en delitos de apropiación y delitos de destrucción. Los primeros suponen un desplazamiento patrimonial de hecho de la cosa que es su objeto material, mientras que los segundos implican un atentado contra la integridad de la cosa.

Dentro del conjunto de delitos de apropiación, es común que se subdistinga entre aquellos que se realizan por medios materiales, que son los que demandan un despliegue de energía física (por ejemplo, el hurto, el robo o la usurpación); y aquellos que se realizan por medios inmateriales, que son los que requieren mecanismos preferentemente intelectuales de comisión, normalmente identificados con la idea de fraude o defraudación (*v. gr.*, las estafas o la apropiación indebida).

Estos últimos suelen sistematizarse en fraudes por engaño, fraudes por abuso de confianza, fraudes impropios (o realizados por medios diversos del engaño o del abuso de confianza), fraudes regulados en leyes especiales, etc. En todos ellos, los términos fraude y defraudación son intercambiables, de modo que también puede aludirse a defraudaciones por engaño, defraudaciones por abuso de confianza, entre otras; todo lo cual es aplicable a la estafa de subvenciones, en los términos señalados *supra*; correspondiendo el delito del artículo 470 N° 8 CP a la categoría de los fraudes o defraudaciones por engaño.

Pese a que puede discutirse la punibilidad de un engaño omisivo respecto de la obtención fraudulenta de prestaciones estatales (por ejemplo, si el agente se presenta ante la entidad estatal que confiere la subvención y omite información relevante para obtenerla), esa posibilidad tendría que sortear las dificultades que implica sancionar una estafa omisiva en el Derecho chileno. Como es sabido, nuestro ordenamiento jurídico carece de una cláusula general que sustente el castigo de supuestos de omisión impropia o de comisión por omisión, por lo que sancionar una estafa de subvenciones a ese título podría constituir una vulneración al principio de legalidad. Para evitar tales dificultades, es posible afirmar que quien, al solicitar la prestación (sea por primera vez o en oportunidades sucesivas), omite información relevante, comete un engaño activo, ya que afirma que cumple los requisitos establecidos para la misma, a pesar de que ello no es efectivo (MAYER, 2022, p. 451).

Existe una relación de causalidad entre el engaño y el error del funcionario que actúa a nombre del Estado, si el primero provoca una falsa representación de la realidad que no existía o mantiene un error del que iba a salir quien se hallaba en él. Por ello, se sostiene que el engaño típico puede provocar o mantener una falsa representación de la realidad (LABATUT, 2012, p. 225; en un sentido similar, Sentencia de la Ilustrísima Corte de Apelaciones de San Miguel, 04.08.2014, Rol N° 1145-2014).

Por el contrario, no existe un nexo causal entre el engaño y el error -ni puede verificarse una estafa de subvenciones- si un sujeto (sin tener el deber de sacar al disponente de su falsa representación de la realidad) simplemente se aprovecha del error ajeno (ETCHEBERRY, 2010, p. 397). Consiguientemente, si una persona recibe una subvención del todo improcedente o mayor que la que correspondía, producto de la equivocación en la que se encontraba el representante de una repartición pública, no comete fraude de subvenciones, con independencia del destino que se dé a la prestación así obtenida. En un caso como el señalado, no existe un engaño que *provoque* una falsa representación de la realidad, sino que, a lo sumo, el aprovechamiento de un error en el que se hallaba el disponente del patrimonio (Sentencia de la Ilustrísima Corte de Apelaciones de Concepción, 01.10.2007, Rol N° 14-2006).

De acuerdo con la doctrina, la estafa de subvenciones reconoce explícitamente dos formas de disposición patrimonial: la entrega efectiva (que se verifica si se obtienen fraudulentamente las prestaciones improcedentes) y la renuncia al cobro (que tiene lugar si se llevan a cabo fraudulentamente imputaciones indebidas) (POLITOFF/MATUS/RAMÍREZ, 2011, p. 448). Ambas posibilidades deben implicar un perjuicio para intereses patrimoniales públicos, a consecuencia del engaño que, a su vez, provocó el error en la persona natural que, representando al Estado, interactuó con el agente del comportamiento incriminado.

La disposición patrimonial perjudicial o, en otros términos, la obtención fraudulenta que implica una merma para el patrimonio público o estatal, no se identifica con una exigencia de enriquecimiento (ya sea para el agente o para un tercero). Este último no forma parte de las exigencias típicas, razón por la cual no se precisa que concurra para entender que el delito se ha perfeccionado (Sentencia de la Ilustrísima Corte de Apelaciones de Temuco, 27.05.2016, Rol N° 415-2016). Volveremos sobre este asunto al abordar el aspecto subjetivo y el *iter criminis* del delito en comento.

2.3. Objeto material

Según lo que establece el artículo 470 N° 8 CP, las prestaciones improcedentes, que constituyen objeto material del delito de fraude de subvenciones, están descritas a través de un listado no taxativo, pudiendo identificarse, por ejemplo, con remuneraciones, bonificaciones, subsidios, pensiones, jubilaciones, asignaciones, devoluciones o imputaciones indebidas.

De acuerdo con ETCHEBERRY, "prestación" es una suma de dinero, un bien de otra clase o un servicio que las instituciones respectivas otorgan a personas que cumplen determinados requisitos. Entre las posibles prestaciones se señala una remuneración, que corresponde al pago de una deuda del Estado por un servicio que se le ha proporcionado o por un bien que ha adquirido. También pueden ser objeto material del delito las bonificaciones y los subsidios, que constituyen "ayudas económicas especiales que el Estado otorga a los particulares que aspiran a determinados beneficios, en cumplimiento de sus políticas sociales", y "pueden ser a título gratuito o con cargo a reembolso a plazo". Asimismo, el comportamiento puede referirse a jubilaciones, que son entendidas como una especie dentro del género de las pensiones, siendo estas últimas definidas como "pagos periódicos, generalmente vitalicios, que se otorgan por haber prestado servicios durante un determinado período de años, o ser cónyuge o pariente de un funcionario público fallecido". Por último, el delito puede recaer en asignaciones, que tienen como caso más común el de las denominadas asignaciones familiares, o sea, el "pago de una suma de dinero por cada persona (cónyuge o hijos menores) que el beneficiario debe mantener". A ellas, se agregan las que implican una compensación por realizar tareas riesgosas o que suponen habilidades técnicas calificadas o de otra índole (2010, pp. 419-420).

La prestación es improcedente si el (supuesto) beneficiado con ella no tiene derecho a obtenerla (en esa línea, Sentencia de la Ilustrísima Corte de Apelaciones de Rancagua, 17.07.2007, Rol N° 125-2006), o bien, lo tiene, pero en una modalidad o cantidad diversa de aquella en la que recibe la prestación. Como podrá notarse, se trata de hipótesis que pueden involucrar una afectación bastante disímil del patrimonio público, no pudiendo descartarse casos en los que la conducta sea derechamente irrelevante desde una perspectiva penal (como cuando la mera variación de la modalidad no incide negativamente en dicho interés).

III. TIPO SUBJETIVO

La ubicación sistemática de la obtención fraudulenta de prestaciones estatales es relevante para efectos interpretativos y, muy especialmente, en lo que respecta al examen de su aspecto subjetivo. En esa línea, que la figura genérica y de aplicación subsidiaria de ese ilícito (artículo 470 N° 8 CP) se regule entre los *Delitos contra la propiedad* (*lato sensu*), refuerza su carácter de delito patrimonial por antonomasia, así como la exclusión de su castigo a título culposo. En relación con esto último, cabe destacar, que como los *Delitos contra la propiedad* se encuentran tipificados fuera del Título VIII del Libro II CP (*Crímenes y simples delitos contra las personas*) y como el comportamiento engañoso o fraudulento es incompatible con la culpa, la sanción a ese título ha de quedar descartada.

En lo que atañe al dolo, sabido es que, en relación con las estafas en general, respecto de las cuales el fraude de subvenciones es una especie, se discute si el delito ha de cometerse, necesariamente, con dolo directo o si, en cambio, cabría su perpetración con dolo eventual.

Tanto la doctrina dominante (por todos, Etcheberry, 2010, p. 405) como la jurisprudencia (Sentencia de la Excelentísima Corte Suprema, 27.04.2000, Rol N° 1203-2000; en un sentido similar, Sentencia de la Ilustrísima Corte de Apelaciones de Copiapó, 20.11.2008, Rol N° 211-2008), plantean que el delito de estafa sólo puede cometerse con dolo directo, con lo cual, el fraude de subvenciones también tendría que perpetrarse con esa clase de dolo. Las razones que se indican para sostener que la estafa debe cometerse con dolo directo se vinculan, fundamentalmente, con las características que tradicionalmente la doctrina le ha atribuido al engaño típico. En ese sentido, si se asume que la estafa requiere una puesta en escena o una maquinación mendaz tendiente a que la víctima, producto de un error, lleve a cabo una disposición patrimonial perjudicial, únicamente podría perpetrarse dicho delito con dolo directo, no resultando suficiente el dolo eventual (en esa línea, GARRIDO, 2011, p. 351). Relacionado con ello, se indica que el dolo eventual no sería suficiente en un delito, como la estafa, que supone un vínculo de medio a fin entre el engaño típico y el perjuicio patrimonial (Sentencia de la Excelentísima Corte Suprema, 14.05.1998, Rol N° 709-1996). Adicionalmente se señala que, si se asume que la estafa requiere un elemento subjetivo del tipo o del injusto, como es el ánimo de lucro, tendría que descartarse su perpetración con dolo eventual (en ese sentido, BULLEMORE/MACKINNON, 2018, p. 93), ya que esa clase de dolo sería incompatible con tales elementos subjetivos.

Otro sector de la doctrina, al que aquí se adhiere, plantea que no puede excluirse la realización de una estafa con dolo eventual, principalmente porque no existen elementos en las disposiciones que la consagran que se opongan a esa especie de dolo (POLITOFF/MATUS/RAMÍREZ, 2011, p. 440). Es más, la tipificación de la estafa de seguros del artículo 470 N° 10 CP, en virtud de la Ley N° 20.667 de 9 de mayo de 2013, permite añadir un argumento de texto a este planteamiento, pues ella constituye el único delito del Párrafo 8° del Título IX del Libro II CP que, inequívocamente, establece un reforzamiento del elemento subjetivo, al exigir que el comportamiento engañoso se lleve a cabo "maliciosamente". Por lo tanto, en las demás defraudaciones consagradas en esa sección del Código, entre las que se encuentra la estafa de subvenciones, bastaría que el engaño típico fuese realizado con dolo eventual.

Como sea, el dolo en la obtención fraudulenta de prestaciones estatales ha de referirse a todos los elementos objetivos del tipo, o sea, al engaño, al error, a la disposición patrimonial, al perjuicio patrimonial y al vínculo de causalidad entre todos esos elementos. Además, él debe concurrir en el momento en que se lleva a cabo la afirmación falsa, que provoca la disposición patrimonial perjudicial determinada por el error en el que se hallaba la persona natural que actuaba como representante de la institución pública otorgante de la prestación estatal.

En cuanto a la eventual demanda de ánimo de lucro, sabido es que tradicionalmente ha existido una discusión doctrinal y jurisprudencial relativa a si dicho elemento subjetivo resulta o no exigible en materia de estafa, discusión que a su turno podría proyectarse al fraude de subvenciones.

Con anterioridad a la publicación de la nueva ley de delitos económicos era posible distinguir dos planteamientos en esta materia. Según una primera teoría, el tipo penal de estafa no requeriría la concurrencia de ánimo de lucro, fundamentalmente, porque las normas que lo regulan -y, muy especialmente, las estafas genéricas de los artículos 468 y 473- no consagran expresamente esa exigencia (Politoff/Matus/Ramírez, 2011, p. 419), a diferencia de otros delitos, como el hurto o el robo, que contemplan explícitamente ese requisito (artículo 432 CP).

En cambio, de acuerdo con un segundo planteamiento, que aquí se sigue, la estafa sí supone la concurrencia de ánimo de lucro (Sentencia de la Ilustrísima Corte de Apelaciones de Concepción, 13.11.2007, Rol N° 601-2006), tesis que ha sido favorecida por diversos autores a nivel doctrinal (por todos, Hernández, 2003, pp. 188-189). Dicho planteamiento, que entiende que el ánimo de lucro sería un elemento implícito en el tipo de estafa, se sustenta, de forma particular, en el sentido apropiatorio (*lato sensu*) que tendrían los distintos supuestos de estafa; a lo que puede agregarse lo dispuesto en el artículo 157 CP que, al regular una hipótesis de exacción ilegal del empleado público, asume que las estafas, en términos generales, implican ánimo de lucro en quien ejecuta la conducta incriminada (Mayer, 2014, pp. 304-309).

La Ley N° 21.595 agregó una nueva figura de estafa al artículo 467 CP, que contiene lo que podríamos denominar una hipótesis paradigmática de estafa a nivel doctrinal. Dicho precepto castiga *"[a]l que para obtener provecho patrimonial para sí o para un tercero mediante engaño provocare un error en otro, haciéndolo incurrir en una disposición patrimonial consistente en ejecutar, omitir o tolerar alguna acción en perjuicio suyo o de un tercero"*. Pues bien, en relación con el fraude de subvenciones podría sostenerse que el nuevo tipo de estafa del artículo 467 CP es el único supuesto de fraude por engaño que expresamente establece una exigencia de ánimo de lucro, lo que permitiría concluir que los demás casos de estafa no demandan ese requisito. Otra posible interpretación pasa por sostener que en el artículo 467 CP simplemente se explicitó una exigencia que se encuentra implícita en las estafas que no la regulan expresamente, y que se vincula con los dos argumentos esgrimidos -el sentido apropiatorio (*lato sensu*) del tipo y lo dispuesto en el artículo 157 CP-, pero también con el hecho de que la estafa, tradicionalmente, ha sido ubicaba entre los delitos de enriquecimiento o lucro, en oposición a los delitos de mero daño o perjuicio.

En efecto, si se tiene en cuenta la sistematización de los delitos contra intereses patrimoniales que se centra en lo que el agente busca con la comisión de la conducta delictiva, es evidente que la estafa -y, por ende, el fraude de subvenciones- constituye un delito de enriquecimiento o lucro y no un tipo de mero perjuicio. Como es sabido, en los delitos de enriquecimiento o lucro el agente persigue obtener un beneficio económico para sí o para un tercero, mientras que en los delitos de mero perjuicio aquel no pretende dicha ventaja, sino que el solo menoscabo de la cosa que es objeto material del comportamiento incriminado. En la estafa de subvenciones, quien realiza el engaño típico no busca la mera lesión de intereses patrimoniales públicos, sino que conseguir un enriquecimiento o lucro ilegítimo (*lato sensu*) a costa del patrimonio estatal.

Como podrá notarse, tal clasificación se centra en lo que el hechor persigue y no en lo que efectivamente logra al ejecutar la conducta delictiva. Consiguientemente, no altera el carácter de delito de enriquecimiento o lucro, propio del fraude de subvenciones, el hecho de que el autor del engaño no consiga, de parte de la entidad pública de que se trate, la ventaja patrimonial que pretendía.

IV. *ITER CRIMINIS*

Como se adelantó, la obtención fraudulenta de prestaciones estatales constituye un delito de resultado, cuya estructura está compuesta por el engaño, el perjuicio para el patrimonio público y la relación de causalidad entre ese comportamiento y ese resultado. En el mismo sentido, el fraude de subvenciones es un delito que implica la provocación de un resultado espaciotemporalmente diferenciable de la conducta y unido a ella por un vínculo causal.

Por otro lado, ya que la conducta engañosa es fraccionable, es posible cometer una estafa de subvenciones tentada; a lo que se añade que también puede castigarse dicho ilícito a título de frustración, atendido su carácter de delito de resultado material. Así, por ejemplo, habría un fraude de subvenciones tentado si el solicitante de una subvención completa un formulario establecido para esos efectos, indicando una serie de mendacidades, pero faltando su firma al final de aquel o su entrega al funcionario respectivo. En cambio, el hecho de estampar la firma y entregar el formulario a quien corresponda pueden considerarse como los elementos que complementan el engaño típico y que permiten sostener que este ya se ha realizado íntegramente, faltando solamente la disposición patrimonial perjudicial determinada por error para que el delito esté consumado. En ambos casos, o sea, tanto para que exista un fraude de subvenciones tentado como para que tenga lugar uno frustrado, resulta indispensable que el principio de la ejecución de la afirmación falsa (tentativa) o su completa realización (frustración) tengan lugar en el marco de una interacción comunicativa que se verifica entre el agente y quien representa a la repartición pública que confiere la prestación. Por lo mismo, el simple hecho de llenar un formulario con mendacidades, sin que exista tal interacción, constituye un acto preparatorio que, como tal, carece de relevancia penal.

Lo dicho es completamente aplicable al fraude de subvenciones regulado en el artículo 470 N° 8 CP, así como a la mayoría de los tipos penales que regulan hipótesis específicas de ese delito. Sin embargo, en la legislación especial se prevén tipos particulares de fraude de subvenciones, que no siempre presentan la estructura del delito del artículo 470 N° 8 CP, cuestión que deberá analizarse caso a caso. Así, por ejemplo, el artículo 24 de la Ley N° 15.720 de 1° de octubre de 1964, que crea la denominada Junta Nacional de Auxilio Escolar y Becas, indica que *"[e]l que proporcionare datos falsos u ocultare maliciosamente datos verdaderos para obtener cualquier beneficio de los señalados en la presente ley para sí o para un tercero sufrirá la pena de prisión en su grado máximo a presidio menor en su grado mínimo"*. Como podrá advertirse, la estructura de dicho ilícito es distinta a la del tipo del artículo 470 N° 8 CP, toda vez que aquel se limita a castigar un engaño, sin demandar un daño en el patrimonio (en virtud de una disposición patrimonial determinada por error), para entender consumado el delito (POLITOFF/ MATUS/RAMÍREZ, 2011, p. 449, n. 77).

El tipo de obtención fraudulenta de prestaciones estatales del artículo 470 N° 8 CP se encontrará consumado o perfecto cuando se verifique la disposición patrimonial perjudicial o, en otras palabras, la obtención fraudulenta que envuelve un daño para el patrimonio público o estatal. Por lo mismo, el enriquecimiento (efectivo) del agente, que pudiera conllevar aquella obtención, integra la fase de agotamiento del delito.

V. PENALIDAD

La obtención fraudulenta de prestaciones estatales del artículo 470 N° 8 CP, supuesto que corresponde a un simple delito, se encuentra sancionada con las penas privativas de la libertad del artículo 467 CP y con una multa de la mitad al tanto de la defraudación (artículo 470 inciso final CP). Cabe destacar que con la ley de delitos económicos se modificó la conducta, pero no la penalidad establecida en el artículo 467 CP, que sigue aplicándose respecto del fraude de subvenciones en los mismos términos que con anterioridad a la publicación de la Ley N° 21.595.

La pena aplicable a la estafa de subvenciones fue alterada por la Ley N° 21.121 de 20 de noviembre de 2018. Concretamente, dicha normativa modificó el encabezado del artículo 470 CP, que antes se remitía genéricamente a las "penas" del artículo 467, pero ahora lo hace a las "penas privativas de libertad" de esa disposición. La multa aplicable, por su parte, tiene una regulación especial: ella puede ir, como se dijo, de la mitad al tanto de la defraudación (artículo 470 inciso final CP).

En cambio, los fraudes cuya multa se rige por lo establecido en el artículo 467 CP consagran tramos de penalidad según el monto del fraude, así como un máximo a aplicar si el perjuicio excede de cuatrocientas U.T.M., a saber, treinta U.T.M. Esta regulación puede generar diferencias punitivas entre el fraude de subvenciones y aquellos delitos a los que se les aplica la regla del artículo 467 CP, que en algunos casos implicarán una mayor penalidad para la estafa de subvenciones, pero en otros supondrán una pena más baja para dicho delito. La verdad es que resulta difícil comprender la *ratio* que subyace a tales diferenciaciones, sobre todo si se considera que el estatuto descrito no siempre importa, para la obtención fraudulenta de prestaciones estatales, un castigo mayor.

Además, ya que la Ley N° 21.121 no varió la pena de otros fraudes de subvenciones, existen supuestos que mantuvieron su sanción, como el tipo del artículo 11 de la Ley N° 18.020 de 17 de agosto de 1981, que, al regular un subsidio familiar para personas de escasos recursos, castiga al agente *"conforme al artículo 467"*. De este modo, se genera nuevamente un distinto tratamiento penológico, sin que se divisen razones que lo justifiquen.

La sanción aplicable al fraude de subvenciones no se determina de la misma manera que la pena de la estafa de seguros (470 N° 10 CP), que fija su castigo según el monto de lo indebidamente solicitado. Ello resulta llamativo, pues, como se dijo, la estructura típica de ambos delitos es similar, lo que podría haberse tenido en cuenta para consagrar una sanción en términos también análogos.

En cuanto a la penalidad aplicable a los intervinientes en el hecho, normalmente se aplicarán las reglas generales, con lo cual, el cómplice tendrá una pena equivalente a la del autor rebajada en un grado, mientras que el encubridor recibirá la sanción prevista para el autor reducida en dos grados. Una excepción a dicha regla se contiene en el artículo 27 de la Ley N° 19.728, ya referido, que establece un seguro de desempleo, el cual impone una pena de reclusión menor en sus grados mínimo a medio a quienes *"obtuvieren mediante simulación o engaño prestaciones con cargo al Fondo de Cesantía Solidario y quienes de igual forma obtuvieren un beneficio mayor al que les corresponda"*, así como a quienes *"faciliten los medios para la comisión de tales delitos"*. Con ello, la norma indicada equipara penológicamente al cómplice y al autor, diferenciándose con ello, nuevamente, de la regla del artículo 467 (a la cual se remite el artículo 470 CP) en relación con los artículos 50 y ss. CP.

Fuera de los supuestos de estafa de subvenciones constitutivos de simple delito, a los cuales se aplican las reglas indicadas *supra*, el legislador prevé la posibilidad de castigar dicho ilícito a título de falta. En efecto, el artículo 494 N° 19 CP dispone que *"[s]ufrirán la pena de multa de una a cuatro unidades tributarias mensuales"* los que ejecutaren los hechos penados en el artículo 470, *"siempre que el delito se refiera a valores que no excedan de una unidad tributaria mensual"*. Por tratarse de una falta, ella sólo se castigará si se encuentra en grado de consumada, no así en casos de tentativa o frustración (artículo 7° CP).

Finalmente, siendo el tipo de fraude de subvenciones un delito de resultado y de lesión del patrimonio ajeno es posible aplicar lo dispuesto en el artículo 472 ter CP, de acuerdo con el cual, *"[e]n los casos en que alguno de los hechos previstos en este Párrafo [8° del Título IX del Libro II CP] irrogare un perjuicio que exceda de ochenta mil unidades tributarias mensuales o afecte a un número considerable de personas, se podrá imponer la pena superior en un grado a la señalada por la ley"*. En ese orden de ideas, si bien debe descartarse la aplicación del precepto citado en caso de afectación de un número considerable de víctimas, pues siempre se perjudica al Estado, sí pueden concebirse supuestos en los que se irrogue un perjuicio cuantioso, en los términos ya señalados, en cuyo evento podrá imponerse la pena superior en un grado a la prevista en el artículo 467 en relación con el artículo 470 CP. Dicha hipótesis alude a lo que doctrinalmente se conoce como "delito masa" (más en detalle, *v. gr.*, LÓPEZ, 2018, p. 48).

VI. CUESTIONES CONCURSALES

Atendido a que el fraude de subvenciones constituye una estafa especial, se genera entre él y las estafas genéricas un concurso de leyes, que ha de resolverse a favor del delito del artículo 470 N° 8 CP, justamente, por su mayor especificidad. Lo mismo ocurre entre dicho supuesto general de estafa de subvenciones y otras hipótesis de dicho delito reguladas en leyes especiales, que deben aplicarse preferentemente, desplazando al tipo del artículo 470 N° 8 CP, también por razones de especialidad.

Además, es posible que se genere un concurso de leyes entre la obtención indebida de prestaciones estatales, del artículo 470 N° 8 CP, y el delito del artículo 97 N° 4 inciso tercero del Código Tributario, que castiga *"con la pena de presidio menor en su grado máximo a presidio mayor en su grado medio y con multa del cien por ciento al cuatrocientos por ciento de lo defraudado"* al *"que, simulando una operación tributaria o mediante cualquiera otra maniobra fraudulenta, obtuviere devoluciones de impuesto que no le correspondan"*. Esta última norma debe ser aplicada, según el texto expreso de la ley, cuando se obtengan devoluciones indebidas de impuestos (MAYER, 2009, p. 319; véase también, Sentencia de la Ilustrísima Corte de Apelaciones de Valparaíso, 03.02.2015, Rol N° 2008-2014), debido a su mayor especificidad. Refuerza esta idea el hecho de que el delito tributario indicado tenga, comparativamente, una pena más alta que el fraude de subvenciones del artículo 470 N° 8 CP.

Por otra parte, como nos encontramos ante un delito que afecta intereses patrimoniales, no resulta sorprendente que la jurisprudencia chilena haya planteado que, respecto de la estafa de subvenciones, es posible apreciar un delito continuado, siempre que se cumplan los requisitos de unidad de propósito, sujetos, medio y contexto comisivo (Sentencia de la Ilustrísima Corte de Apelaciones de Rancagua, 17.07.2007, Rol N° 125-2006).

Bibliografía

BALMACEDA, Gustavo: "Comunicabilidad de la calidad del sujeto activo en los delitos contra la función pública. Especial referencia a la malversación de caudales públicos y al fraude al Fisco", *Revista de Derecho de la Universidad Católica del Norte*, N° 2, 2012.

BASCUÑÁN, Antonio: "Delitos contra intereses instrumentales", *Revista de Derecho de la Universidad Adolfo Ibáñez*, N° 1, 2004.

BINDING, Karl: *Lehrbuch des Gemeinen Deutschen Strafrechts, Besonderer Teil, Tomo I* (2ª ed.), Wilhelm Engelmann, 1902.

BULLEMORE, Vivian / MACKINNON, John: *Curso de Derecho Penal, Parte Especial, Tomo IV* (4ª ed.), Ediciones Jurídicas de Santiago, 2018.

ETCHEBERRY, Alfredo: *Derecho Penal, Parte Especial, Tomo III* (reimpresión de la 3ª ed.), Editorial Jurídica de Chile, 2010.

GARRIDO, Mario: *Derecho Penal, Parte Especial, Tomo IV* (reimpresión de la 4ª ed.), Editorial Jurídica de Chile, 2011.

HERNÁNDEZ, Héctor: "Aproximación a la problemática de la estafa", en *Problemas actuales de Derecho penal*, Universidad Católica de Temuco, 2003.

HERNÁNDEZ, Héctor: "Por qué no puede prescindirse de la exigencia de error en la estafa", *Revista Doctrina y Jurisprudencia Penal*, N° 1, 2010.

HERNÁNDEZ, Héctor: "Frustración de fines y perjuicio patrimonial en el Derecho Penal chileno", en Fernández (coord.), *Estudios de Ciencias Penales. Hacia una Racionalización del Derecho Penal, IV Jornadas Nacionales de Derecho Penal y Ciencias Penales, Valdivia, 2007*, Legal Publishing, 2008.

LABATUT, Gustavo: *Derecho Penal, Tomo II* (reimpresión de la 7ª ed. actualizada por el profesor Julio Zenteno), Editorial Jurídica de Chile, 2012.

LÓPEZ, Beatriz: "El delito de estafa cometido a través de las redes sociales: problemas de investigación y enjuiciamiento", *Revista de Internet, Derecho y Política*, N° 27, 2018.

MAÑALICH, Juan Pablo: "Apropiación y distracción indebidas. Una propuesta de reconstrucción unificadoramente dualista del art. 470 N° 1 del Código Penal", *Revista de Derecho de la Universidad Católica del Norte*, N° 1, 2018.

MATTHEI, Elisabeth / ROJAS, Luis Emilio: "Caso 'MOP-GATE'", en Vargas Pinto (dir.), *Casos destacados, Derecho Penal, Parte especial*, DER Ediciones, 2019.

MAYER, Laura: "El ánimo de lucro en los delitos contra intereses patrimoniales", *Revista de Derecho de la Pontificia Universidad Católica de Valparaíso*, Vol. XLII, 2014.

MAYER, Laura: "Capítulo X: Delitos contra intereses patrimoniales", en Rodríguez (dir.), *Derecho Penal, Parte Especial, Vol. II*, Tirant lo blanch, 2022.

MAYER, Laura: "Obtención fraudulenta de prestaciones estatales", *Revista de Derecho de la Pontificia Universidad Católica de Valparaíso*, Vol. XXXII, 2009.

MAYER, Laura / CARVAJAL, Lorena: "El nuevo fraude de seguros", *Revista de Derecho de la Universidad Católica del Norte*, N° 2, 2015.

MERA, Jorge: *Fraude civil y penal. El delito de entrega fraudulenta* (reimpresión de la 3ª ed.), LegalPublishing, 2005.

OTTO, Harro: *Grundkurs Strafrecht: Die einzelnen Delikte* (7ª ed.), De Gruyter, 2005.

POLITOFF, Sergio / Matus, Jean Pierre / Ramírez, María Cecilia: *Lecciones de Derecho Penal Chileno, Parte Especial* (reimpresión de la 2ª ed.), Editorial Jurídica de Chile, 2011.

RODRÍGUEZ, Luis / Ossandón, Magdalena: *Delitos aduaneros*, Editorial Jurídica de Chile, 2010.

ROJAS, Luis: "Perjuicio patrimonial e imputación objetiva", *Revista de Derecho de la Pontificia Universidad Católica de Valparaíso*, Vol. XXXVII, 2011.

SCHLACK, Andrés: "El concepto de patrimonio y su contenido en el delito de estafa", *Revista Chilena de Derecho*, Vol. 35, N° 2, 2008.

Jurisprudencia citada

Sentencia de la Excelentísima Corte Suprema, 03.04.2017, Rol N° 8498-2017.

Sentencia de la Excelentísima Corte Suprema, 27.04.2000, Rol N° 1203-2000.

Sentencia de la Excelentísima Corte Suprema, 14.05.1998, Rol N° 709-1996.

Sentencia de la Ilustrísima Corte de Apelaciones de Puerto Montt, 26.07.2017, Rol N° 344-2017.

Sentencia de la Ilustrísima Corte de Apelaciones de Temuco, 27.05.2016, Rol N° 415-2016.

Sentencia de la Ilustrísima Corte de Apelaciones de San Miguel, 04.08.2014, Rol N° 1145-2014.

Sentencia de la Ilustrísima Corte de Apelaciones de Copiapó, 20.11.2008, Rol N° 211-2008.

Sentencia de la Ilustrísima Corte de Apelaciones de Concepción, 13.11.2007, Rol N° 601-2006.

Sentencia de la Ilustrísima Corte de Apelaciones de Concepción, 01.10.2007, Rol N° 14-2006.

Sentencia de la Ilustrísima Corte de Apelaciones de Rancagua, 17.07.2007, Rol N° 125-2006.

Sentencia de la Ilustrísima Corte de Apelaciones de Valparaíso, 03.02.2015, Rol N° 2008-2014.

Capítulo XIV

Usura y explotación
(arts. 472 y 472 bis)

Laura Mayer Lux*

Doctora en Derecho
Profesora de Derecho Penal
Pontificia Universidad Católica de Valparaíso

1. EL DELITO DE USURA

1.1. *Ubicación sistemática*

El delito de usura se encuentra regulado en el artículo 472 CP, precepto que castiga, en su inciso primero *"[a]l que suministre valores, de cualquiera manera que sea, a un interés que exceda del máximo que la ley permita estipular"*. A dicho supuesto, que podemos denominar "usura básica", se añadió otro de "usura calificada", a través de la ley de delitos económicos, N° 21.595. En efecto, este último cuerpo legal incorporó un nuevo inciso segundo al artículo 472 CP (pasando los incisos segundo, tercero y cuarto a ser, respectivamente, incisos tercero, cuarto y quinto), del siguiente tenor: *"Se impondrá el grado máximo de la pena establecida en el inciso anterior cuando la conducta que allí se sanciona se realice simulando, de cualquier forma, que se suministran los valores a un interés permitido por la ley"*.

Desde un punto de vista sistemático, el delito de usura se encuentra ubicado en el Párrafo 8° del Título IX del Libro II CP, denominado *Estafas y otros engaños*, decisión legislativa que ha sido criticada a nivel doctrinal (por todos, Labatut, 2012, p. 237), pues, sabido es que en dicho párrafo no sólo se consagran supuestos de estafa o delitos que requieren un engaño. Ello se ve confirmado, justamente, por el hecho de que la usura se encuentre regulada en esta sección del CP.

La ubicación sistemática de la usura es relevante para efectos interpretativos. Que ella se tipifique entre los *Crímenes y simples delitos contra la pro-*

* La autora agradece al abogado Joaquín Torres Oyaneder y al profesor Jaime Vera Vega por sus valiosas observaciones para la elaboración del presente texto.

piedad (y, por ende, fuera de los *Crímenes y simples delitos contra las personas*), constituye un primer indicio para excluir su castigo a título culposo. Si a ello se añade que la nueva hipótesis agravada de usura (artículo 472 inciso segundo) exige simulación, comportamiento que es incompatible con la imprudencia, la sanción a dicho título ha de quedar descartada. Volveremos sobre ello *infra*.

1.2. Características principales

Si consideramos algunas de las principales clasificaciones de los tipos penales, es posible sostener que el delito de usura tiene las siguientes características:

En primer lugar, se trata de un delito de hipótesis simple -en oposición a uno de hipótesis compuesta-, ya que el comportamiento típico se describe a través de una sola conducta o verbo rector, a saber, "suministrar" (valores a un interés que exceda del máximo que la ley permite estipular).

En segundo lugar, la usura constituye un tipo de acción, ya que el verbo rector corresponde a un comportamiento positivo prohibido por la ley ("suministrar"), que ha de ejecutarse para infringir la norma jurídico-penal.

En tercer lugar, el delito de usura es instantáneo, lo que implica que su ejecución no se prolonga en el tiempo, como ocurre en los delitos permanentes. Dicha característica tiene importancia, fundamentalmente, en materia de prescripción.

En cuarto lugar, se trata de un delito de mera actividad, pues se perfecciona por el solo suministro de valores a un interés que excede el máximo legal, sin demandar, para su consumación, la existencia de un perjuicio (como resultado material) ni la percepción o cobro de los intereses pactados de esa manera (Sentencia de la Excelentísima Corte Suprema, 30.07.2007, Rol N° 948-2006; Sentencia de la Excelentísima Corte Suprema, 14.01.2011, Rol N° 1365-2009).

En quinto lugar, la usura constituye un delito de peligro abstracto desde el punto de vista del patrimonio de la víctima (KINDHÄUSER, 2017, p. 1243). De ello se sigue que no se requiere una lesión o un menoscabo para dicho interés, ni tampoco que se acredite un peligro efectivo (concreto) para el bien jurídico. Adicionalmente, la usura corresponde a un delito de lesión del orden público económico, concretamente, del mercado del crédito, cuyo normal funcionamiento se ve perturbado o alterado a través de la conducta típica.

En sexto lugar, el delito de usura es de sujeto común o indiferente, ya que puede ser cometido por cualquier persona natural (GARRIDO, 2011, p. 403), sin perjuicio de las diferencias que se establecen a nivel penológico según si el agente es nacional o extranjero. Tal característica —o sea, la de que el tipo sea de sujeto común o indiferente— tiene importancia, principalmente, en materia de autoría y participación.

En séptimo lugar, se trata de un delito doloso, que no puede cometerse con culpa, por razones tanto sistemáticas como relacionadas, principalmente, con la descripción del tipo penal. En ese sentido, fuera de que no se prevé expresamente una hipótesis culposa, la usura agravada exige explícitamente una simulación, cuestión que confirma el carácter doloso de dicho delito.

En octavo lugar, el tipo de usura es de acción penal pública, toda vez que a él no se aplica alguna regla especial relativa al ejercicio de la acción respectiva (como ocurre en los delitos de acción penal pública "previa instancia particular" o en los delitos de acción penal privada).

Finalmente, la usura corresponde a un simple delito, ya que se encuentra conminada, en su hipótesis básica, con la pena de presidio o reclusión menores en cualquiera de sus grados (artículo 472 inciso primero CP). Lo mismo puede afirmarse en relación con la figura agravada (artículo 472 inciso segundo CP), que hace aplicable el grado máximo de la pena señalada, esto es, presidio o reclusión menores en su grado máximo. Dicha característica tiene relevancia en materia de prescripción, respecto del procedimiento penal aplicable, etc.

1.3. Bien jurídico protegido

En relación con el bien jurídico que resulta afectado por el delito de usura, no existe acuerdo al interior de la doctrina chilena. En ese orden de ideas, se han desarrollado diversas teorías a este respecto que, no obstante, suelen coincidir en algunos puntos. Para efectos de simplificar la sistematización de los diversos planteamientos, se expondrán cinco posibles aproximaciones teóricas al bien jurídico que resultaría afectado por el tipo penal de usura.

Pese a que la ubicación sistemática del delito podría llevar a pensar que él impacta, exclusivamente, en intereses de índole patrimonial, la doctrina chilena, con razón, se aleja de dicho planteamiento, pues entiende que el injusto de la usura tendría un sentido distinto y claramente diverso al de los delitos que (sólo) afectan dicho bien jurídico. Ello conduce a que los autores nacionales, en general, sostengan que lo tutelado por el delito no es el patrimonio, sino que el orden económico (o algún interés análogo).

En términos más específicos, se afirma, en primer lugar, que el delito de usura afecta al comercio y a la economía (ETCHEBERRY, 2010, III, p. 458), lo que permitiría aseverar que él constituye un delito económico o contra el orden público económico. Entre los argumentos que se señalan para postular esta tesis, está el hecho de que el consentimiento de la víctima no opera como una eximente de responsabilidad (que excluya la tipicidad o la antijuridicidad), lo que sugiere que no puede ser un bien jurídico disponible aquello que resulte conculcado.

Para otro sector de la doctrina, el delito de usura compromete el acceso igualitario al mercado del crédito (BULLEMORE/MACKINNON, 2018, p. 130). En esa línea, su punición buscaría castigar los abusos que se generan al interior de ese mercado y procuraría equiparar lo más posible la posición del débil con la del poderoso.

Desde otro punto de vista, se postula que el tipo penal de usura envuelve una afectación de la libertad de quien acepta un préstamo en condiciones abusivas, la que se vería constreñida por el comportamiento del prestamista (GARRIDO, 2011, p. 402).

En fin, un último planteamiento (que, en parte, presenta elementos de las dos últimas teorías) sostiene que la usura vulnera la libertad de contratación (en ese sentido, HORVITZ, 2016, pp. 932-933; también, Sentencia del Tribunal de Juicio Oral en lo Penal de Puerto Montt, 13.08.2018, Rit N° 69-2018). Esta teoría, que ha sido defendida por un importante sector de la doctrina alemana (KINDHÄUSER, 2017, p. 1243), asume que en materia económica debe garantizarse, por un lado, una cierta igualdad de oportunidades y, por otro lado, una justa distribución de los bienes, elementos que se verían afectados por el abuso de la debilidad económica de la víctima del delito de usura.

Como sea, tradicionalmente el tipo penal de usura ha sido concebido como un delito económico (en esa línea, ETCHEBERRY, III, 2010, pp. 458-459; MATUS/RAMÍREZ, 2021, p. 618; con matices, TIEDEMANN, 2011, p. 166), justamente, por su estrecha relación con el mercado del crédito, que resultaría lesionado, esto es, perturbado o alterado con su comisión. Con todo, si algún sentido patrimonial cabe darle, que explique su regulación al interior del Párrafo 8° del Título IX del Libro II CP, sería como delito de peligro abstracto respecto de los intereses patrimoniales del ofendido (KINDHÄUSER, 2017, p. 1243). Sobre esa base, puede concluirse que el delito de usura es pluriofensivo, pues afecta tanto el mercado del crédito como los intereses patrimoniales de la víctima.

El carácter de delito económico que tendría la usura se ha visto reforzado por la regulación prevista en la nueva ley de delitos económicos. En efecto, dicho cuerpo legal establece cuatro categorías de delitos económicos, incluyéndose las figuras del artículo 472 CP dentro de la segunda categoría. A su turno, dicha segunda categoría considera como delitos económicos a un extenso listado de tipos penales, siempre que el hecho en ellos descrito *"fuere perpetrado en ejercicio de un cargo, función o posición en una empresa, o cuando lo fuera en beneficio económico o de otra naturaleza para una empresa"* (artículo 2° inciso primero, Ley N° 21.595).

El sentido y alcance, tanto del concepto de patrimonio como del de orden económico son definidos en el capítulo XIII de esta misma obra dedicado al fraude de subvenciones, al cual nos remitimos. Por otra parte, hasta antes de la dictación de la ley de delitos económicos se discutía si el tipo penal de usura implicaba un abuso de la situación de necesidad y debilidad económica de la víctima (MAYER, 2022, p. 561). Más allá de que pueda debatirse si dicho abuso constituía o no (ROSENBLUT, 2011, p. 190) una exigencia típica -al menos implícita- del delito de usura o si, en cambio, se identificaba con la *ratio legis* de dicho ilícito penal, las modificaciones introducidas por la Ley N° 21.595 permiten ahora afirmar que el tipo de usura no requiere de tal abuso. Por el contrario, el aprovechamiento de la situación de la víctima constituye una exigencia que ha sido establecida de modo expreso únicamente en el delito de explotación (artículo 472 bis CP), que está regulado a continuación del tipo de usura, y cuyos vínculos con este último hacen conveniente un tratamiento conjunto de ambas figuras. En todo caso, sigue siendo posible sostener que el abuso o aprovechamiento subyace al fundamento del castigo del delito de usura y en parte explica la razón de su sanción punitiva.

En ese orden de ideas, no debe perderse de vista que, en una economía de (libre) mercado, el precio de los bienes -en este caso, del dinero- se determina por las leyes de la oferta y de la demanda (GARRIDO, 2011, p. 400). Además, cabe recordar que la legislación civil permite pactar precios desproporcionados en contratos que recaigan sobre bienes muebles, como lo es el dinero (a diferencia de aquellos que tienen por objeto bienes raíces, respecto de los cuales la legislación, para ciertos contratos, consagra instituciones como la lesión enorme).

Por lo tanto, no puede ser el mero hecho objetivo de establecer un interés por sobre el máximo permitido por la ley aquello que explique el castigo penal. Antes bien, resulta indispensable identificar elementos que expresen el desvalor de la conducta y le confieran el sentido y la gravedad propios de los comportamientos penalmente relevantes. Esos elementos pueden relacionarse, precisamente, con las condiciones desfavorables e incluso abusivas en las que un número muy importante de personas -normalmente las más vulnerables en términos económicos- suelen acceder al mercado del crédito.

En todo caso, debe reconocerse que nos encontramos en un plano problemático desde la perspectiva de los fines de la pena, en el que no queda claro hasta qué punto se sancionan penalmente inmoralidades ni si acaso es posible sostener que el comportamiento delictivo realmente ha empeorado un estado de cosas determinado, cuyo restablecimiento es posible a través del recurso al Derecho penal.

1.4. *Tipo objetivo de usura*

1.4.1. Sujetos

Agente de la conducta del delito de usura es el sujeto (cualquiera) que suministra valores a un interés que exceda del máximo que la ley permita estipular. En virtud de lo establecido en el artículo 50 de la nueva ley de delitos económicos, ahora una persona jurídica también puede ser responsabilizada por el delito de usura, decisión que debe celebrarse si se considera que dicho ilícito, normalmente, se verificará en el contexto de un contrato de mutuo, operación que suele celebrarse entre una persona jurídica (banco u otra institución financiera) y la víctima de la conducta delictiva. Lo señalado es sin perjuicio de que la ley establezca diferencias según el carácter de nacional o de extranjero del agente del comportamiento incriminado, según veremos *infra*.

Por su parte, el sujeto pasivo del delito de usura es la persona (cualquiera) a quien se suministran tales valores en los términos señalados. En todo caso, debe tenerse presente que, si se parte de la base de que lo afectado es (al menos en parte) un bien jurídico colectivo, supraindividual o macrosocial (como el mercado del crédito), podría resultar complejo aludir a la "víctima" del delito.

Aunque la ley no establece explícitamente alguna exigencia respecto del ofendido por el tipo de usura, si se asume que su castigo e injusto se basan, de alguna manera, en el abuso de la situación de necesidad y debilidad económica de la víctima, será entonces menester que ese supuesto se verifique en la práctica. Por lo mismo, puede haber usura si los valores son suministrados a un empresario que, en una situación de necesidad apremiante para su empresa, solicita un crédito usurario para salvarla y pagar su deuda (Horvitz, 2016, p. 933). Tampoco se advierten obstáculos para entender que se ha verificado un supuesto de usura típica en el caso de un jugador que obtiene un préstamo para seguir apostando, pues justamente en esa hipótesis podría concurrir la situación de necesidad a la que ya nos hemos referido (de otra opinión, Garrido, 2011, p. 403, quien parece descartar la configuración del delito en ese caso, sin distinción).

En cambio, mucho más dudosa es la relevancia penal de la conducta de quien suministra valores a un sujeto que, sin encontrarse en una situación de necesidad y debilidad económica, los recibe para aumentar el giro de sus negocios (véase el ejemplo en Garrido, 2011, p. 403). Si bien se trata de un caso difícil de imaginar en la práctica pues, probablemente, ese sujeto esté en condiciones de negociar intereses mucho más convenientes desde un punto de vista económico, el hecho de que no esté presente el fundamento del castigo lleva a poner en duda la necesidad de su sanción penal.

1.4.2. Conducta típica

El comportamiento corresponde a "suministrar" valores a un interés mayor al permitido por la ley. Consiguientemente, de lo que se trata es de dar, proveer, conferir o entregar (Sentencia de la Excelentísima Corte Suprema, 30.07.2007, Rol N° 948-2006; Rosenblut, 2011, p. 188) valores a un interés excesivo, lo que sugiere la existencia de alguna clase de acuerdo (más o menos libre) entre quien los da y quien los recibe. En todo caso, según se adelantó, a nivel doctrinal se plantea que el consentimiento del afectado no excluye el delito (ni su tipicidad ni su antijuridicidad), cuestión que es coherente con el sentido económico del tipo (en esa línea, Mitsch, 2001, p. 348).

Como plantea Labatut, normalmente el delito se cometerá en el contexto de un mutuo, sin embargo, en tanto la ley no lo limita a él, es posible que se verifique una usura respecto de alguna otra clase de contrato en el que se pacten intereses, como podría ser el caso de una compraventa o de una prenda (2012, p. 238). Ello se ve confirmado por el propio tenor del artículo 472 CP, que castiga a quien "suministra" y no a quien "presta" valores.

La expresión "de cualquiera manera que sea" refuerza la misma idea, en el sentido de que resulta indiferente la forma jurídica que asuma el vínculo negocial en cuyo contexto se suministren valores con intereses excesivos. A modo ejemplar, el delito podría configurarse mediante un cobro anticipado de intereses, o a través de un abultamiento ficticio del capital, o en una compra con retroventa, etc. (Etcheberry, III, 2010, p. 459). En esa línea, basta un acuerdo de voluntades entre quien suministra y quien recibe los valores (Garrido, 2011, p. 402), acuerdo que muchas veces no será completamente libre desde el punto de vista del prestatario, justamente, por la posición de necesidad y debilidad económica en la que se encuentra.

Por lo anterior, es posible que el pacto adolezca de un vicio civil (por ejemplo, de objeto ilícito), circunstancia que no obsta a la configuración del delito, precisamente, porque los valores pueden suministrarse de cualquier forma imaginable, sin exigirse un vínculo jurídicamente válido. Además, debe tenerse presente que, tanto la doctrina civilista como la jurisprudencia mayoritaria sostienen que la nulidad no opera de pleno derecho, por lo que, mientras no sea declarada judicialmente, el acto jurídico respectivo producirá todos sus efectos (Alessandri, 2010, pp. 317-320).

Con todo, no debe perderse de vista que aquello que debe cobrarse en exceso han de ser intereses, lo que puede generar que la amplitud de dicha cláusula termine siendo más aparente que efectiva. Volveremos *infra* sobre algunos supuestos problemáticos y su eventual solución a través de la nueva ley de delitos económicos.

1.4.3. Objeto material

El objeto material del delito corresponde a "valores", término que es interpretado ampliamente por la doctrina, como comprensivo de toda clase de bienes -y no sólo de dinero-, que sean económicamente apreciables o tengan un valor de cambio o precio y puedan prestarse a interés (Garrido, 2011, p. 403; Labatut, 2012, p. 238). Por tanto, si bien la conducta usuraria normalmente tendrá como objeto material al dinero, también podría recaer en otra clase de cosas, como los títulos-valores.

El concepto de "valores" referido es tan amplio, que no se advierten inconvenientes conceptuales para incluir en el mismo, por ejemplo, a las criptomonedas, lo que es sin perjuicio de su reconocimiento como monedas de curso legal o de la posibilidad de pactar intereses en relación con las operaciones en las que ellas se suministren o entreguen.

1.4.4. Exigencia de un "Interés que exceda del máximo que la ley permita estipular"

El tipo de usura está regulado como una ley penal en blanco (impropia), que obliga a recurrir a la normativa extra-penal que establece el interés máximo que por ley puede estipularse, a fin de complementar lo que aquel dispone. Esa regulación es, fundamentalmente, la Ley N° 18.010, de 27 de junio de 1981, sobre operaciones de crédito y otras obligaciones de dinero (Politoff/Matus/Ramírez, 2011, p. 463).

Específicamente, el artículo 6° de dicha ley, en su inciso cuarto (tras la reforma de la Ley N° 20.715, de 13 de diciembre de 2013), señala que *"[n]o podrá estipularse un interés que exceda el producto del capital respectivo y la cifra mayor entre: 1) 1,5 veces la tasa de interés corriente que rija al momento de la convención, según determine la Comisión [para el Mercado Financiero] para cada tipo de operación de crédito de dinero, y 2) la tasa de interés corriente que rija al momento de la convención incrementada en 2 puntos porcentuales anuales, ya sea que se pacte tasa fija o variable"*, junto con aclarar que el referido límite se denomina *"interés máximo convencional"*. Asimismo, tratándose de mutuos de cosas fungibles distintas del dinero, tiene aplicación el artículo 2.206 CC, según el cual, *"[e]l interés convencional no tiene más límites que los que fueren designados por ley especial; salvo que, no limitándolo la ley, exceda en una mitad al que se probare haber sido interés corriente al tiempo de la convención, en cuyo caso será reducido por el juez a dicho interés corriente"*.

Como es sabido, los intereses son la renta que produce un capital o, desde otro punto de vista, el valor que tiene el dinero. La Ley N° 18.010 indica, en su artículo 2°, que constituye interés *"toda suma que recibe o tiene derecho a recibir el acreedor, a cualquier título, por sobre el capital"*, o *"por sobre el capital reajustado"*, en caso de que la operación de crédito de dinero sea reajustable.

Según la forma en que se fija su tasa, los intereses se clasifican en legales, corrientes y convencionales, correspondiendo estos últimos a los fijados por las partes de común acuerdo, siendo ellos los que se encuentran sujetos al límite señalado *supra*. Para determinar el interés máximo convencional, se recurre a una fórmula matemática que utiliza como factor al interés corriente, que es aquel *"que se cobra habitualmente en los negocios de una plaza determinada"* (Abeliuk, 2009, p. 395).

Pese a que podría criticarse el hecho de regular el delito a través de una ley penal en blanco, cuyo complemento además debe encontrarse en una norma extra-penal, dicha técnica legislativa tiene la ventaja de posibilitar cambios normativos en torno a cuál será el interés máximo convencional, sin necesidad de modificar la descripción típica del delito. Justamente es eso lo que se ha verificado en la práctica, como lo demuestran las variadas reformas que ha sufrido el establecimiento del "interés máximo convencional" a lo largo de los años. De esta forma, es posible que el delito se vaya ajustando a las circunstancias económicas, que suelen sufrir variaciones.

1.4.5. Supuestos problemáticos y su eventual solución a través de la nueva ley de delitos económicos

Desde una perspectiva político-criminal, se ha criticado la tipificación del delito de usura, pues este se encuentra limitado básicamente a "*la forma más burda y obvia de usura, esto es, aquella en que se celebra un mutuo concordando un interés superior al máximo que autoriza la ley*" (Horvitz, 2016, p. 930). Al centrarse la norma en dicho supuesto, también conocido como usura simple, se deja sin castigo penal a una serie de mecanismos, más o menos sofisticados, destinados al cobro de intereses excesivos, varios de ellos incluso expresamente permitidos por nuestra legislación. Dicha circunstancia ha provocado que, en la práctica, existan pocas condenas por el delito de usura, siendo una excepción destacable a dicha regla la sentencia que dictó la Excelentísima Corte Suprema en el denominado "Caso Eurolatina" (30.04.2013, Rol N° 12553-2011).

En esa situación podría encontrarse, en primer lugar, el cobro de comisiones u otros cargos por servicios, de carácter excesivo, que hoy resultan atípicos si es que no se verifica la exigencia formal tantas veces aludida. Un ámbito concreto en el que suelen generarse tales cobros es el de las operaciones que se realizan mediante tarjetas de crédito, como las compraventas a crédito o los denominados "avances en efectivo" (véase, sobre el problema de la determinación de un interés excesivo en esos supuestos, Rosenblut, 2011, pp. 185 y siguientes). Un problema que enfrenta la sanción penal de dicho supuesto es el de la necesaria coherencia que ha de existir entre la normativa penal y la normativa extra-penal, en el sentido de que aquello que se permite en la segunda no puede estar prohibido en la primera (principio de unidad del ordenamiento jurídico).

Sin perjuicio de lo señalado, tales comisiones o cargos por servicios podrían quedar captados por la modalidad agravada de usura, introducida gracias a la Ley N° 21.595, de acuerdo con la cual, se castigará con una pena mayor a la de la usura básica a quien realice la conducta tipificada en el artículo 472 inciso primero, "*simulando, de cualquier forma, que se suministran los valores a un interés permitido por la ley*". Con ello, podrían resultar castigados supuestos en los que se encubre un cobro de intereses usurarios por la vía de pactar comisiones o alguna otra partida que termine impactando en el costo final del crédito respectivo. Pero, para lograrlo, tendría que concurrir una simulación, en los términos referidos, conducta que, junto con expresar un desvalor de conducta de cierta entidad, permite sortear la eventual crítica sobre criminalización de comportamientos permitidos en el Derecho extra-penal.

Algo parecido podría decirse, en segundo lugar, respecto de la denominada reprogramación de créditos, que hoy se encontraría fuera de la órbita típica de la usura básica (artículo 472 inciso primero), siempre que se trate de intereses vencidos y de capital adeudado pactado y vigente. En cambio, cuando estos aún no han sido devengados y existe una capitalización a su respecto, sí sería posible afirmar la concurrencia del tipo penal artículo 472 inciso primero CP. Eso es, justamente, lo que resolvió la Excelentísima Corte Suprema en el "Caso Eurolatina", al señalar, entre otras cosas, que "*(…) la capitalización de intereses no devengados en una reprogramación de crédito constituyó una de las formas de exceder el interés máximo convencional (…)*". En su fallo, el máximo tribunal entendió que se trataba de una forma de operar que era "*contraria al espíritu de la legislación y, en exceso, al anatocismo permitido*", por lo que resultaba constitutiva de usura en los términos del artículo 472 CP (Sentencia de la Excelentísima Corte Suprema, 30.04.2013, Rol N° 12553-2011).

En todo caso, debe reconocerse que, en dicho fallo, la Excelentísima Corte Suprema desarrolló un concepto jurídico penal de interés más amplio que el que postula la doctrina mercantil (MATUS/RAMÍREZ, 2021, p. 676), interpretación que se explica por la acotada descripción legal que tenía el artículo 472 CP antes de la publicación de la ley de delitos económicos. En ese sentido, como plantea KRAUSE, la Corte en el fondo estimó que reviste ese carácter "todo cobro o descuento indebido que se efectúe por quien suministra valores, cualquiera sea el nombre con que se lo denomine" (2013, p. 253). Gracias a ello, fue posible comprender, dentro de la noción de intereses, no sólo a aquellos "no devengados que fueron capitalizados en las sucesivas reprogramaciones de los créditos", a los que ya se hizo mención, sino que incluso a "las sumas descontadas del capital por concepto de gastos no efectuados, o realizados a precios inusuales" (KRAUSE, 2013, p. 253). Frente a ellos, los gastos necesarios e inherentes a una operación de crédito no constituyen interés (Sentencia de la Excelentísima Corte Suprema, 30.07.2007, Rol N° 948-2006) y, por ende, no pueden dar lugar a la configuración del tipo (básico) de usura.

En relación con el ya referido anatocismo, conviene detenerse a su respecto con algo más de detalle, a fin comprender cómo dicho fenómeno se relaciona con la tipicidad objetiva del tipo penal de usura. Ese supuesto, también conocido como "interés sobre interés" o "interés de los intereses", es definido por MEZA como aquel caso en el que "los intereses se capitalizan o agregan al capital para producir nuevos intereses" (2010, p. 32). Se trata de una institución que ha sufrido importantes cambios en las últimas décadas, los cuales pueden resumirse como sigue:

Antes de la entrada en vigor de la Ley N° 18.010, el artículo 2.210 CC establecía, en materia de mutuo o préstamo de consumo civil, que "*se prohíbe estipular intereses de intereses*". De esta forma, se encontraba expresamente proscrito el anatocismo en todos aquellos casos que pudieran quedar captados por el supuesto descrito en dicha norma. Por su parte, a propósito de las obligaciones dinerarias, el artículo 1559 N° 3 del mismo cuerpo legal (aún vigente), dispone, respecto de la indemnización de perjuicios por la mora, que "*los intereses atrasados no producen interés*". Frente a ello, la legislación comercial sí aceptó el anatocismo, por ejemplo, en materia de mutuo mercantil (artículo 804 CCO), cuenta corriente mercantil (artículo 617 CCO), etc.

No obstante, el artículo 28 de la Ley N° 18.010, de 27 de junio de 1981, derogó, entre otras normas, el ya citado artículo 2210 CC. En términos opuestos a la legislación que remplazó, el artículo 9° de la ley estableció que, en las operaciones de crédito de dinero, "*podrá estipularse el pago de intereses sobre intereses, capitalizándolos en cada vencimiento o renovación*". Mientras que, el inciso tercero de dicho precepto establece, en relación con el caso específico de los intereses penales, una regla contraria a la del artículo 1559 N° 3 CC, al disponer que "*los intereses correspondientes a una operación vencida que no hubiesen sido pagados se incorporarán a ella, a menos que se establezca expresamente lo contrario*".

En suma, a partir de lo dispuesto en el artículo 9° de la Ley N° 18.010, hoy es perfectamente lícito estipular cláusulas de anatocismo en operaciones de crédito de dinero, respetando los límites impuestos por la propia ley. De ahí que, por razones de mínima coherencia al interior del ordenamiento jurídico, dicha conducta no pueda ser constitutiva de usura, toda vez que se encuentra expresamente permitida por la ley extra-penal.

Justamente en relación con el cobro de intereses sobre intereses, es que se ha propuesto un proyecto de ley (Boletín 14.059-03, refundido con los Boletines 13.067-03 y 13.150-03) que, entre otras cosas, busca prohibir y sancionar penalmente el anatocismo en las operaciones de crédito de dinero.

Por otra parte, como se exige el suministro de valores "*a un interés que exceda del máximo que la ley permita estipular*", no quedan incluidos supuestos en los que dicho pacto no se verifique en los términos indicados, como podría acontecer respecto de rentas de arrendamiento que no estén directamente asociadas al cobro de intereses (sin perjuicio de que puedan dar lugar a la comisión del tipo penal de explotación, como veremos *infra*) o con el acuerdo de intereses moratorios que excedan el interés máximo que la ley permite estipular mediante una cláusula penal.

En relación con el último supuesto referido, NOVOA ha planteado, en un comentario referente a la jurisprudencia de la Excelentísima Corte Suprema, que la conducta contenida en el artículo 472 CP "está aludiendo, sin duda, al interés en su acepción de remuneración por el uso del capital y no a pagos generados por aplicación de la multa civil"; a lo que agrega que, en caso de que se convenga una multa excesiva o cláusula penal enorme en el mutuo (la cual se expresa mediante intereses moratorios), el juez podrá rebajarla en los términos del artículo 1544 CC (2011, pp. 203-204).

1.5. Tipo subjetivo de usura

Desde un punto de vista subjetivo, que la usura se regule entre los *Crímenes y simples delitos contra la propiedad* (y, por ende, fuera de los *Crímenes y simples delitos contra las personas*), constituye un primer indicio para excluir su castigo a título culposo. Además, es posible advertir que el delito no contiene una modalidad imprudente que, como sabemos -al menos más allá de los delitos contra las personas- requiere de texto expreso (ETCHEBERRY, 2010, I, p. 321).

Con ello, sólo se ha aclarado que el delito de usura es doloso, pero no se ha indicado qué clase específica de dolo exige el comportamiento incriminado. Una interpretación sistemática del delito, que tenga en cuenta las diversas figuras delictivas que se consagran en el Párrafo 8º del Título IX del Libro II CP, podría llevar a concluir que la usura puede cometerse con dolo eventual, no siendo necesaria, por consiguiente, una actuación con dolo directo (de otra opinión, BALMACEDA, 2018, p. 448; GARRIDO, 2011, p. 403). Ello es así, ya que entre los diversos delitos que se tipifican en esa sección del Código, el único que inequívocamente contiene un reforzamiento del elemento subjetivo es el tipo de fraude o estafa de seguros, que expresamente demanda que el agente actúe "*maliciosamente*". En ese sentido, el hecho de no consagrar alguna exigencia subjetiva que apunte, necesariamente, al dolo directo, como la referida, permite sustentar la sanción penal de la usura incluso con dolo eventual, justamente, porque en la descripción del artículo 472 no se contendría un requisito igual o similar al del artículo 470 N° 10 CP.

A mayor abundamiento, si bien hasta antes de la publicación de la Ley N° 21.595 podía defenderse una exigencia de dolo directo basada en el abuso subyacente al tipo de usura, *supra* se ha señalado que hoy ese requisito sólo se establece explícitamente respecto del tipo penal de explotación (artículo 472 bis), no así en relación con el delito del artículo 472 CP.

Por otra parte, a propósito de la modalidad calificada de usura, que exige una simulación de parte del agente, si se parte de la base de que dicho comportamiento necesariamente implica dolo directo, no sería suficiente que el delito se perpetre con dolo eventual. No obstante, el término simulación puede interpretarse como sinónimo de engaño, comportamiento que no siempre es incompatible con el dolo eventual (Mayer, 2022, p. 429), como cuando el sujeto activo se representa como probable que está afirmando algo falso, no obstante lo cual persiste en la ejecución del tipo penal.

Más allá de la exigencia de dolo, la descripción del delito de usura no contiene alguna otra exigencia de índole subjetiva, como podría ser un elemento subjetivo del tipo o del injusto (por ejemplo, la norma no exige ánimo de lucro por parte del hechor) (Mitsch, 2001, p. 361).

1.6. *Iter criminis en la usura*

Como se destacó *supra*, el delito de usura es de mera actividad (Politoff/Matus/Ramírez, 2011, p. 464), por lo que basta con la ejecución de la conducta consistente en suministrar valores a un interés que exceda el máximo legal para que aquel se vea consumado. Desde otro punto de vista, no es necesaria la verificación de un resultado material que sea provocado por el comportamiento para que el delito se perfeccione, como podría ser la generación de un perjuicio económico para la víctima; y tampoco se demanda alguna clase de desplazamiento patrimonial, como podría ser el pago de los valores o la (efectiva) percepción de los intereses pactados de esa forma. Lo mismo vale para la hipótesis calificada de usura (artículo 472 inciso segundo), que sólo añade a la conducta básica un modo particular de comisión, a saber, *"simulando, de cualquier forma, que se suministran los valores a un interés permitido por la ley"*.

Lo anterior resulta fundamental para efectos de determinar el momento en que debe evaluarse la existencia de un interés superior al máximo que permite la ley. En efecto, la Excelentísima Corte Suprema ha señalado que el instante en que se configura el delito es al "*convenir el crédito en el cual se estipulan intereses excesivos no autorizados por la ley, sin que sea necesario que aquellos intereses usurarios se perciban y mucho menos que se cobren*" (Sentencia de la Excelentísima Corte Suprema, 14.01.2011, Rol N° 1365-2009). Con todo, es posible que la referencia que hace la Corte a "convenir" resulte equívoca, ya que puede ser interpretada como un comportamiento distinto y previo al de la entrega de los valores (con lo cual, tendría que ubicarse en la fase de tentativa del delito). Por lo mismo, es preferible emplear en este contexto alguna expresión que de forma más clara aluda a la idea de suministrar (los valores) a un interés superior al permitido.

Por su parte, comportamientos que se ubican más allá del suministro de los valores respectivos, como podría ser la liquidación de lo adeudado, tendrían que ser calificados como supuestos de agotamiento del delito de usura.

Ya que la usura es un tipo penal de mera actividad, no cabe una usura frustrada, pero sí es posible que dicho ilícito se castigue a título de tentativa (GARRIDO, 2011, p. 404), al ser fragmentable la conducta incriminada. Tal situación podría darse si, por ejemplo, existe un mero ofrecimiento de un crédito con intereses superiores a los que autoriza la ley y, en general, en todo comportamiento que implique dar principio a la ejecución de la conducta consistente en suministrar los valores respectivos, bajo tales condiciones. Igualmente, podría haber tentativa, en relación con la hipótesis calificada (artículo 472 inciso segundo) si únicamente existe una simulación relativa a los alcances del pacto respectivo, pero sin que todavía pueda hablarse de un suministro de valores a un interés superior que el legalmente permitido.

1.7. Penalidad de la usura

El artículo 472 CP, en su inciso primero, establece lo que podríamos denominar una pena de aplicación general para el tipo básico de usura, que corresponde a presidio o reclusión menores en cualquiera de sus grados. Esta regla se aparta de aquella que es de común aplicación en el Párrafo 8° del Título IX del Libro II CP y que hace depender el castigo del monto del perjuicio patrimonial irrogado (artículo 467 CP), lo que no resulta sorprendente si se considera que el delito de usura es de mera actividad y de peligro (abstracto) respecto del patrimonio.

Tratándose de la usura calificada, del artículo 472 inciso segundo CP, *"[s]e impondrá el grado máximo de la pena establecida"* para la modalidad básica de usura. Por lo tanto, verificándose la simulación a la que se hizo referencia *supra*, el juez se encuentra obligado a imponer el grado máximo de la sanción prevista para la figura del artículo 472 inciso primero CP, lo cual se desprende de la referencia a "se impondrá" (y no se podrá imponer u otra análoga).

A dichas penas se agregan otras sanciones, que se regulan específicamente en los incisos tercero y cuarto del precepto aludido. Efectivamente, tratándose de ciudadanos extranjeros que son condenados por el delito de usura, se impondrá, además, la expulsión del país; mientras que, si el condenado es un nacionalizado reincidente, se aplicará, también, la cancelación de la nacionalización y la expulsión del país. En todo caso, el legislador aclara que la expulsión del país se impondrá después de cumplida la pena, lo que lleva a que la doctrina califique dicho castigo -al igual que la cancelación de la carta de nacionalización del extranjero- como una sanción administrativa (Guzmán, 2008, p. 89). Los autores destacan, asimismo, la especial gravedad que reviste la sanción de expulsión del país (Etcheberry, 2010, III, p. 460; Garrido, 2011, p. 405), a lo que puede agregarse su carácter extraordinario en el sistema de delitos de la Parte Especial.

El tipo penal de usura, en cualquiera de sus modalidades, sólo se encuentra sancionado como simple delito, no existiendo una figura de usura (o vinculada con ella) en el Libro III, *De Las Faltas*. Esto provoca que el tipo de usura se distancie de aquellos comportamientos del Párrafo 8° del Título IX del Libro II CP que sí pueden castigarse a título de falta, como ocurre con las conductas penadas en los artículos 467, 469 y 470 CP, según dispone el artículo 494 N° 19 CP.

Por otra parte, a propósito del tipo penal de usura cabe tener en cuenta lo dispuesto en el artículo 472 ter CP, de acuerdo con el cual, *"[e]n los casos en que alguno de los hechos previstos en este Párrafo [8° del Título IX del Libro II CP] irrogare un perjuicio que exceda de ochenta mil unidades tributarias mensuales o afecte a un número considerable de personas, se podrá imponer la pena superior en un grado a la señalada por la ley"*; siendo en particular aplicable la referencia a la afectación de un número considerable de víctimas, a quienes en este caso se suministran valores a un interés que exceda del máximo que la ley permita estipular. Dicha hipótesis alude a lo que doctrinalmente se conoce como "delito masa" (más en detalle, *v. gr.*, López, 2018, p. 48).

El delito de usura cierra su regulación con una norma de carácter procesal, contenida en el inciso final del artículo 472 CP, según la cual, en la sustanciación y fallo de los procesos instruidos para la investigación de dicho delito, el tribunal apreciará la prueba en conciencia. La regla indicada ha de entenderse tácitamente derogada por las normas que rigen la prueba en el CPP, en especial, por su artículo 297, cuyo inciso primero dispone que *"[l]os tribunales apreciarán la prueba con libertad, pero no podrán contradecir los principios de la lógica, las máximas de la experiencia y los conocimientos científicamente afianzados"*.

2. EL NUEVO DELITO DE EXPLOTACIÓN

2.1. *Ubicación sistemática y antecedentes*

La Ley N° 21.595 reguló una hipótesis de "explotación", relacionada con el ámbito laboral y habitacional (Historia de la Ley N° 21.595, p. 158), en virtud de la cual, *"[e]l que con abuso grave de una situación de necesidad, de la inexperiencia o de la incapacidad de discernimiento de otra persona, le pagare una remuneración manifiestamente desproporcionada e inferior al ingreso mínimo mensual previsto por la ley o le diere en arrendamiento un inmueble como morada recibiendo una contraprestación manifiestamente desproporcionada, será castigado con la pena de presidio o reclusión menor en cualquiera de sus grados".*

Desde un punto de vista sistemático, el delito de explotación, al igual que la usura, se encuentra ubicado en el Párrafo 8° del Título IX del Libro II CP. Dicha ubicación sistemática es relevante para efectos interpretativos. En efecto, que ella se regule entre los *Crímenes y simples delitos contra la propiedad* (y, por ende, fuera de los *Crímenes y simples delitos contra las personas*), constituye un primer indicio para excluir su castigo a título culposo. Adicionalmente, el comportamiento supone un abuso grave de la situación en la que se encuentra la víctima, lo que refuerza que la sanción a título culposo deba quedar descartada. Volveremos sobre ello *infra*.

El delito de explotación responde a la idea de regular, ya sea junto con el delito de usura o como una modalidad de este último ilícito, figuras delictivas relacionadas con el grave abuso económico que un sujeto lleva a cabo en contra de otro. Hay, en ese sentido, un aprovechamiento de la víctima, que es utilizada por parte del agente del comportamiento incriminado (KINDHÄUSER, 2017, p. 1245).

En esa dirección se ubica el tipo penal de usura del § 291 del CP alemán, que se centra en sancionar a quien explote la situación de necesidad, la inexperiencia, la falta de juicio o la considerable debilidad de la voluntad de otro, a fin de que se le prometan o garanticen al agente o a un tercero, beneficios económicos que estén en una notoria desproporción con un servicio o su intermediación. Además, dicha conducta puede verificarse en una serie de contextos jurídicos que, además de considerar el otorgamiento de un crédito (cuestión que se vincularía más con el tipo del artículo 472 CP), abarcan el arriendo de habitaciones para vivienda (incluyendo sus gastos asociados), otra clase de servicios, o bien, la intermediación relativa a una de las prestaciones ya señaladas.

En la misma línea se encuentra la usura regulada en la legislación argentina, en la que el artículo 175 bis de su CP sanciona al "*que, aprovechando la necesidad, la ligereza o la inexperiencia de una persona le hiciere dar o prometer, en cualquier forma, para sí o para otro, intereses u otras ventajas pecuniarias evidentemente desproporcionadas con su prestación, u otorgar recaudos o garantías de carácter extorsivo*". Junto con ello, se sanciona "*al que a sabiendas adquiriere, transfiriere o hiciere valer un crédito usurario*", sin embargo, este último concepto no se hace depender explícitamente del cobro de un interés determinado en la operación que se verifica entre el agente y la víctima.

Como podrá advertirse, ni la norma alemana ni la disposición argentina hacen referencia a un interés máximo que la ley permite lícitamente pactar, sino que atienden a la manifiesta desproporción asociada a la conducta constitutiva de abuso. Gracias a ello, es posible castigar supuestos que exceden de la mera usura simple, así como hipótesis que, sin implicar el cobro de un interés que supere el máximo permitido por la ley, de todos modos, envuelven una desproporción como la señalada.

La nueva ley de delitos económicos, en sintonía con las legislaciones citadas, viene a complementar el tipo penal de usura (artículo 472) mediante una figura de explotación (artículo 472 bis), aunque circunscrita a dos situaciones específicas: el pago de una remuneración o la entrega de un inmueble en arrendamiento, bajo determinadas circunstancias. En todo caso, se trata de delitos que tienen muchos puntos en común, lo que justifica un tratamiento conjunto en este comentario.

2.2. *Características principales*

En lo que respecta a sus características fundamentales, el tipo de explotación corresponde a un delito de hipótesis compuesta alternativa, toda vez que castiga a quien "pagare" una remuneración o "diere en arrendamiento" un inmueble bajo determinados supuestos. De ello se sigue que basta que se verifique cualquiera de dichos comportamientos para que se realice el tipo penal del artículo 472 bis CP.

Además, se trata de un tipo penal de acción, ya que el verbo rector corresponde a un comportamiento positivo prohibido por la ley ("pagar" o "dar en arrendamiento"), que ha de ejecutarse para infringir la norma jurídico-penal.

El delito de explotación corresponde a un tipo penal de ejecución instantánea, lo que implica que aquella no se prolonga en el tiempo, como ocurre en los delitos permanentes. Dicha característica tiene importancia, fundamentalmente, en materia de prescripción.

Junto con ello, el tipo penal de explotación constituye una figura de mera actividad, pues se perfecciona por el solo hecho de pagar una remuneración o dar en arrendamiento un inmueble, cumpliéndose determinadas exigencias, sin demandar, para su consumación, la existencia de un perjuicio (como resultado material) ni la efectiva realización del trabajo, o bien, el cobro, el pago o la percepción de la renta manifiestamente desproporcionada.

El delito de explotación corresponde a un tipo de peligro abstracto desde el punto de vista del patrimonio de la víctima. De ello se sigue que no se requiere una lesión o un menoscabo para dicho interés, ni tampoco que se acredite un peligro efectivo (concreto) para el bien jurídico. Adicionalmente, el delito de explotación constituye un tipo de lesión del orden público económico, concretamente, del mercado laboral o del mercado del arrendamiento de inmuebles, cuyo normal funcionamiento se ve perturbado o alterado a través de la conducta típica.

Asimismo, el delito de explotación es especial propio, pues debe ser cometido por alguien que paga una remuneración a otro (sea que cumpla, técnicamente, el papel de empleador, o no), o bien, que da en arrendamiento un inmueble y desempeña, en ese sentido, la función de arrendador de otro.

Igualmente, el delito de explotación corresponde a un tipo penal doloso, que no puede cometerse con culpa, por razones tanto sistemáticas como relacionadas con la exigencia de un "abuso grave". Justamente, esta última cuestión permitirá concluir *infra* que la explotación, más específicamente, demanda dolo directo en el agente del comportamiento incriminado.

El tipo penal de explotación, además, es de acción penal pública, toda vez que a él no se aplica regla especial alguna relativa al ejercicio de la acción respectiva (como ocurre en los delitos de acción penal pública "previa instancia particular" o en los delitos de acción penal privada).

Finalmente, el tipo de explotación corresponde a un simple delito, ya que se encuentra conminado con la pena de presidio o reclusión menores en cualquiera de sus grados (artículo 472 bis CP). Dicha característica tiene relevancia en materia de prescripción, respecto del procedimiento penal aplicable, etc.

2.3. *Bien jurídico protegido*

Varias de las consideraciones efectuadas a propósito del bien jurídico afectado por el tipo penal de usura son aplicables, *mutatis mutandi*, al delito de explotación. En esa línea, nos encontramos ante una figura de peligro abstracto respecto del patrimonio de la víctima y de lesión del orden público económico. Desde esta perspectiva, el tipo penal del artículo 472 bis CP es pluriofensivo, pues afecta a los dos intereses antes mencionados.

Ahora bien, el sentido económico del tipo de explotación no se proyecta en el mercado del crédito -como la usura-, sino que en el mercado laboral o en el mercado del arrendamiento de inmuebles, dependiendo de la modalidad que se lleve a cabo. En todo caso, las dos hipótesis de explotación se vinculan con el abuso de personas que, en algún sentido, se encuentran en una posición de vulnerabilidad. Ello se desprende de la propia descripción legal, de acuerdo con la cual, la víctima ha de hallarse en situación de necesidad, de inexperiencia o de incapacidad de discernimiento, de la cual abusa gravemente el agente.

En términos más específicos, tratándose de la explotación laboral, la desproporción en las prestaciones que subyace a un vínculo de esa naturaleza debe determinar un pago inferior al ingreso mínimo mensual que prevé la ley, por ende, la persona que sufre explotación es un trabajador que se encuentra en una condición económicamente precaria desde el punto de vista de su salario. Pese a que no es posible limitar la aplicación de la figura a ninguna de las tres hipótesis de vulnerabilidad antes referidas, es claro que la situación de necesidad desempeñará un papel fundamental en la práctica.

Por su parte, en el caso de la explotación relacionada con el arrendamiento de inmuebles, la desproporción en las prestaciones se verifica respecto de una de las vías que actualmente permite que personas vulnerables accedan a una vivienda. Incluso más, una situación económica, como la actual, en que las probabilidades de obtener un crédito para la adquisición de un inmueble se han vuelto cada vez más bajas (sea por las altas tasas de interés, por la exigencia de un pie elevado para obtener financiamiento, etc.) provoca que un sector importante de la población tenga que optar a la celebración de un contrato de arrendamiento con escasas o nulas posibilidades de negociación. Nuevamente, en este supuesto la situación de necesidad tendrá una importante relevancia práctica, en comparación con la relativa a la inexperiencia o a la incapacidad de discernimiento del ofendido.

El carácter de delito económico que tendría el tipo penal de explotación se ha visto reforzado por la regulación que para él prevé la nueva ley de delitos económicos. Como se señaló respecto de la usura, dicho cuerpo legal establece cuatro categorías de delitos económicos, incluyéndose las hipótesis del artículo 472 bis CP dentro de la segunda categoría. A su turno, dicha segunda categoría considera como delitos económicos a un extenso listado de tipos penales, siempre que el hecho en ellos descrito *"fuere perpetrado en ejercicio de un cargo, función o posición en una empresa, o cuando lo fuera en beneficio económico o de otra naturaleza para una empresa"* (artículo 2° inciso primero, Ley N° 21.595).

2.4. *Tipo objetivo de explotación*

2.4.1. Sujetos

Agente del tipo penal de explotación sólo puede ser el sujeto que efectúa el pago de una remuneración o da en arrendamiento un inmueble, concurriendo las exigencias que establece el artículo 472 bis CP. Ello convierte a la figura en comento en un delito especial propio, en que la calidad exigida por el tipo fundamenta la ilicitud.

También respecto del delito de explotación es posible que surja responsabilidad penal para una persona jurídica, en virtud de lo que establece el artículo 50 de la Ley N° 21.595, sobre delitos económicos.

Por su parte, víctima del delito de explotación sólo puede ser la persona que se encuentra en una situación de necesidad, de inexperiencia o de incapacidad de discernimiento, de la cual abusa gravemente el agente a la hora de efectuar el pago de una remuneración o de dar en arrendamiento un inmueble en los términos que indica la ley.

En ese orden de ideas, sujeto activo y sujeto pasivo del delito corresponden a las partes de un contrato, ya sea de índole laboral (*lato sensu*) o de arrendamiento de un inmueble, que se celebra y ejecuta en condiciones de explotación para el segundo.

2.4.2. Conducta típica

El tipo penal de explotación se encuentra estructurado sobre la base de dos verbos rectores.

En primer lugar, se regula el hecho de pagar una remuneración bajo determinadas circunstancias. Como es sabido, el CC define el pago como "la prestación de lo que se debe" (artículo 1568 CC), definición que coincide con el sentido natural y obvio de dicha expresión, según el cual, pagar es dar a otra persona o satisfacer lo que se le debe (RAE). Consiguientemente, de lo que se trata es de cumplir con la obligación de pago de la remuneración respectiva, cumplimiento que a su turno opera extinguiendo dicha obligación.

Por su parte, la segunda figura de explotación prevista en el artículo 472 bis CP regula un supuesto similar al anterior, consistente en dar en arrendamiento un inmueble en determinadas circunstancias. En efecto, dar en arrendamiento dicho objeto implica conceder su goce (artículo 1915 CC), esto es, entregarlo en virtud de un título de mera tenencia, a cambio del pago de una renta. Por ende, la entrega en arrendamiento cumple la misma función que el pago de una remuneración desde la perspectiva del arrendador.

Consiguientemente, nos encontramos ante conductas que son análogas a las reguladas en el tipo de usura que, como se dijo, implica "suministrar" valores a un interés mayor al permitido por la ley, verbo que es interpretado como sinónimo, justamente, de dar, proveer, conferir o entregar.

Como se señaló a propósito de la usura, es posible que el pacto efectuado en los términos del artículo 472 bis CP adolezca de un vicio civil (por ejemplo, de objeto ilícito), circunstancia que no obsta a la configuración del delito, que no demanda -ni podría exigir- un vínculo jurídicamente válido. Además, debe considerarse que, tanto la doctrina civilista como la jurisprudencia mayoritaria afirman que la nulidad no opera de pleno derecho, por lo que, mientras no sea declarada judicialmente, el acto jurídico respectivo producirá todos sus efectos (Alessandri, 2010, pp. 317-320).

2.4.3. Objeto material

La primera hipótesis del delito tiene como objeto material una "remuneración". Según la normativa prevista en el Código del Trabajo, ella corresponde a una contraprestación en dinero y a las adicionales en especie avaluables en dinero que debe percibir el trabajador del empleador a causa del contrato de trabajo (artículo 41 CT). Según el DRAE, remuneración es la acción y efecto de remunerar, mientras que remunerar es retribuir, recompensar o pagar, en este caso, a otra persona por el trabajo que ha prestado. Esta segunda definición, más amplia que la primera, es la que debe considerarse a propósito del delito de explotación, que puede aplicarse a cualquier vínculo laboral que implique el pago de una remuneración, sin que sea necesaria la existencia de un contrato de trabajo.

El segundo supuesto de explotación ha de recaer en un inmueble, concepto que si bien cuenta, asimismo, con una definición en la normativa extrapenal (concretamente, en el artículo 568 del CC), en el contexto de la regulación de los delitos contra la propiedad (*lato sensu*) es empleado de acuerdo con su sentido natural y obvio. En ese orden de ideas, un inmueble corresponde, simplemente, a un bien que no puede transportarse de un lugar a otro (sin detrimento), abarcando casas, edificios, terrenos, entre otros (RAE). Por lo tanto, en los delitos contra la propiedad (*lato sensu*) y, consiguientemente, en materia de explotación, será aplicable el concepto civil de inmueble por naturaleza (así, respecto del delito de usurpación, OLIVER, 2022, p. 352), que es coincidente con la definición de inmueble contenida en el DRAE.

2.4.4. Exigencia de un abuso grave

El delito de explotación requiere expresamente un "abuso grave", concepto que apunta a una instrumentalización particularmente intensa de la víctima del comportamiento incriminado.

Dicho abuso grave debe referirse a una situación que no es creada por el agente, sino que se caracteriza por preexistir a la comisión del delito (MITSCH, 2001, p. 349). Es decir, el ofendido debe encontrarse previamente en una situación de necesidad, de inexperiencia o de incapacidad de discernimiento, que es aprovechada por su contraparte en la relación contractual de índole laboral o atingente al arrendamiento de un inmueble.

2.4.5. Exigencia de una situación de necesidad, de inexperiencia o de incapacidad de discernimiento de la víctima

Los requisitos relativos a una situación de necesidad, a la inexperiencia o a la incapacidad de discernimiento del ofendido también se encuentran presentes en el tipo alemán del § 291 del StGB. Todos esos supuestos provocan que el margen de decisión de la víctima sea escaso o nulo (MITSCH, 2001, p. 351), lo que a su turno es aprovechado por el agente del comportamiento típico.

De acuerdo con la doctrina que ha comentado dicha normativa, una situación de necesidad involucra una carencia económica urgente, sin que se requiera que esta llegue a poner en riesgo la existencia misma de la víctima (HEINRICH, 2009, pp. 729-730).

Inexperiencia en este contexto alude a una falta del conocimiento promedio que se necesita para interactuar en el tráfico jurídico, carencia que se extiende a aspectos tanto económicos como relacionados con la vida en sociedad (KINDHÄUSER, 2017, p. 1245).

Incapacidad de discernimiento, en fin, apunta a una deficiencia general de obrar por motivos razonables y de evaluar correctamente las prestaciones involucradas en el negocio de que se trate, así como las consecuencias económicas del mismo (Heinrich, 2009, p. 731). En el delito regulado en el artículo 472 bis CP dicha incapacidad de discernimiento debe proyectarse, específicamente, al alcance de la relación laboral o atingente al arrendamiento de un inmueble, incluidas las obligaciones que en cada una de ellas se originen. En todo caso, se plantea que no es necesario que tal incapacidad de discernimiento llegue a los niveles requeridos para declarar a una persona como inimputable (Kindhäuser, 2017, p. 1245).

2.4.6. Exigencia de una manifiesta desproporción

Los dos supuestos de explotación, regulados en el artículo 472 bis CP, hacen referencia a una manifiesta desproporción, que en un caso ha de estar vinculada con el pago de una remuneración y en otro caso con la entrega de un inmueble en arrendamiento, bajo determinadas circunstancias. Tratándose de la primera hipótesis indicada se establece, además, una exigencia copulativa en orden a que la remuneración que se paga, junto con ser manifiestamente desproporcionada, debe ser inferior al ingreso mínimo mensual previsto por la ley, cláusula cuyo sentido y alcance debe precisarse recurriendo a la normativa laboral que rige dicha materia. Esta última exigencia permite confirmar que la manifiesta desproporción debe ser negativa para la víctima, cuestión que respecto de la hipótesis que requiere dar un inmueble en arrendamiento puede deducirse del sentido del comportamiento incriminado y, especialmente, de su carácter abusivo.

En la regulación alemana relativa a la usura se prevé una cláusula análoga a la que ahora nos ocupa, de modo que podemos recurrir a la doctrina que la ha analizado para precisar su sentido. En efecto, se sostiene que la desproporción es manifiesta si salta a la vista, así como que cuando ella tiene lugar el excedente para el autor es particularmente desmesurado (Kindhäuser, 2017, p. 1246), cuestión que depende de la clase de negocio que se lleve a cabo (Heinrich, 2009, p. 732). A fin de establecer dicho desequilibrio en las prestaciones debe considerarse la diferencia que exhibe una de ellas en relación con el precio de mercado, siendo decisivo aquello que habría podido obtener la víctima como contraprestación y no, en cambio, si el precio es o no justo (Kindhäuser, 2017, p. 1246).

2.5. Tipo subjetivo de explotación

Tanto por razones sistemáticas como vinculadas con el carácter abusivo del comportamiento delictivo, debe excluirse el castigo del delito de explotación a título imprudente, pero también con dolo eventual. En esa línea, el tipo demanda expresamente el "abuso grave de una situación de necesidad, de la inexperiencia o de la incapacidad de discernimiento de otra persona", cláusula que hace exigible el dolo directo y provoca -junto con el sentido económico del delito- que el consentimiento de la víctima carezca de relevancia jurídica (básicamente, como eximente de responsabilidad penal). En esta materia, cobra relevancia la exigencia en orden a que exista un abuso "grave", requisito que da cuenta de una instrumentalización particularmente intensa del ofendido, incompatible con una voluntad válida, capaz de eximir de responsabilidad penal al agente del comportamiento delictivo.

Más allá de la exigencia de dolo directo, la descripción del delito de explotación no contiene alguna otra exigencia de índole subjetiva, como podría ser un elemento subjetivo del tipo o del injusto (por ejemplo, la norma no exige ánimo de lucro por parte del hechor) (MITSCH, 2001, p. 361).

2.6. Iter criminis en la explotación

Como se indicó *supra*, el delito de explotación es una figura de mera actividad, por lo que basta con la ejecución de la conducta consistente en pagar una remuneración o dar en arrendamiento un inmueble, cumpliéndose los demás requisitos que establece la ley, para que el delito se encuentre consumado. Desde otro punto de vista, no es necesaria la verificación de un resultado material que sea provocado por el comportamiento para que el delito se perfeccione, como podría ser la generación de un perjuicio económico para la víctima; y tampoco se demanda alguna clase de desplazamiento patrimonial, *v. gr.*, el pago de la renta manifiestamente desproporcionada.

Ya que la explotación es un tipo penal de mera actividad, no cabe el delito frustrado, pero sí es posible que dicho ilícito se castigue a título de tentativa, atendido a que la conducta es fragmentable. Tal situación podría darse si, por ejemplo, existe un mero ofrecimiento del pago de una remuneración o de la entrega de un inmueble en arrendamiento en los términos manifiestamente desproporcionados que indica el artículo 472 bis CP.

2.7. Penalidad de la explotación

El artículo 472 bis CP establece una pena que coincide con la sanción general de la usura (artículo 472 inciso primero CP), y que corresponde a presidio o reclusión menor en cualquiera de sus grados. Esta regla se aparta de aquella que es de común aplicación en el Párrafo 8° del Título IX del Libro II CP y que hace depender el castigo del monto del perjuicio patrimonial irrogado (artículo 467 CP), lo que no resulta sorprendente si se considera que el delito de explotación es de mera actividad y de peligro (abstracto) respecto del patrimonio. Las otras sanciones previstas en el delito de usura (artículo 472 incisos tercero y cuarto) no son aplicables al tipo de explotación.

El tipo penal de explotación sólo se encuentra sancionado como simple delito, no existiendo una figura de explotación (o vinculada con ella) en el Libro III, *De Las Faltas*. Esto provoca que el tipo de explotación se distancie de aquellos comportamientos del Párrafo 8° del Título IX del Libro II CP que sí pueden castigarse a título de falta, como ocurre con las conductas penadas en los artículos 467, 469 y 470 CP, según dispone el artículo 494 N° 19 CP.

Por otra parte, la pena del tipo penal de explotación no puede ser agravada en virtud de la circunstancia incorporada por la Ley N° 21.483, de 24 de agosto de 2022, que puede denominarse agravante de vulnerabilidad. En efecto, dicha circunstancia permite aumentar el castigo aplicable si se comete el delito *"contra una víctima menor de 18 años, un adulto mayor o una persona con discapacidad, en los términos de la ley N° 20.422, que establece normas sobre igualdad de oportunidades e inclusión social de personas con discapacidad"*. Pues bien, la agravante referida no puede aplicarse respecto del tipo penal de explotación, pues comparte su fundamento, de modo que una consideración de aquella en este contexto envolvería una infracción del principio *non bis in ídem*.

Lo señalado es sin perjuicio de lo que establece la actual redacción del artículo 69 CP que, tras una modificación también efectuada por la Ley N° 21.483, establece que *"[d]entro de los límites de cada grado el tribunal determinará la cuantía de la pena en atención al número y entidad de las circunstancias atenuantes y agravantes y a la mayor o menor extensión del mal producido por el delito, teniendo en especial consideración la circunstancia de ser la víctima un menor de 18 años, un adulto mayor, según lo dispuesto por la ley N° 19.828, o una persona con discapacidad en los términos de la ley N° 20.422"*.

Además, dependiendo de la cantidad de pagos manifiestamente desproporcionados que tengan lugar (sea en el marco de una relación laboral *lato sensu* o del arrendamiento de un inmueble), será la extensión del mal producido por el delito. En esa línea, este último debe considerarse para efectos de determinar la pena exacta a imponer y, por ende, aplicar, *v. gr.*, el grado superior, en virtud de la extensión del mal causado por el tipo penal de explotación (artículo 69 CP).

Finalmente, a propósito del tipo de explotación cabe considerar lo establecido en el artículo 472 ter CP, de acuerdo con el cual, *"[e]n los casos en que alguno de los hechos previstos en este Párrafo [8° del Título IX del Libro II CP] irrogare un perjuicio que exceda de ochenta mil unidades tributarias mensuales o afecte a un número considerable de personas, se podrá imponer la pena superior en un grado a la señalada por la ley"*; siendo en particular aplicable la referencia a la afectación de un número considerable de víctimas, que en este caso son explotadas, ya sea laboralmente o en relación con el arrendamiento de un inmueble, en los términos del artículo 472 bis CP. Nuevamente, nos encontramos ante un caso de lo que doctrinalmente se conoce como "delito masa" (más en detalle, *v. gr.*, LÓPEZ, 2018, p. 48).

Bibliografía

ABELIUK, René: *Las Obligaciones, Tomo I* (4ª ed.), Editorial Jurídica de Chile, 2009.

ALESSANDRI, Arturo: *La Nulidad y la Rescisión en el Derecho Civil Chileno, Tomo II* (3ª ed.), Editorial Jurídica de Chile, 2010.

BALMACEDA, Gustavo: *Manual de Derecho Penal, Parte Especial* (3ª ed.), Librotecnia, 2018.

BULLEMORE, Vivian / MACKINNON, John: *Curso de Derecho Penal, Parte Especial, Tomo IV* (4ª ed.), Ediciones Jurídicas de Santiago, 2018.

ETCHEBERRY, Alfredo: *Derecho Penal, Parte General, Tomo I* (reimpresión de la 3ª ed.), Editorial Jurídica de Chile, 2010.

ETCHEBERRY, Alfredo: *Derecho Penal, Parte Especial, Tomo III* (reimpresión de la 3ª ed.), Editorial Jurídica de Chile, 2010.

GARRIDO, Mario: *Derecho Penal, Parte Especial, Tomo IV* (reimpresión de la 4ª ed.), Editorial Jurídica de Chile, 2011.

GUZMÁN, José Luis: *La pena y la extinción de la responsabilidad penal*, Legal Publishing, 2008.

HEINRICH, Bernd: "§ 24 Wucher (insbesondere § 291), Glücksspiel (§§ 284 ff.) und Verweis auf sonstige Fälle 'strafbaren Eigennutzes'", en *Arzt/Weber/Heinrich/Hilgendorf, Strafrecht Besonderer Teil, Lehrbuch* (2ª ed.), Gieseking.

HORVITZ, María Inés: "El delito de usura. A propósito del caso Eurolatina", en Cárdenas / Ferdman (coords.), *El Derecho penal como teoría y como práctica, Libro en homenaje a Alfredo Etcheberry Orthusteguy*, Thomson Reuters, 2016.

KINDHÄUSER, Urs: *Strafgesetzbuch, Lehr— und Praxiskommentar* (7ª ed.), Nomos, 2017.

KRAUSE, María Soledad: "Algunas notas sobre la sentencia del Caso Eurolatina", *Revista Chilena de Derecho y Ciencias Penales*, Vol. 2, N° 3, 2013.

LABATUT, Gustavo: *Derecho Penal, Tomo II* (reimpresión de la 7ª ed. actualizada por el profesor Julio Zenteno), Editorial Jurídica de Chile, 2012.

LÓPEZ, Beatriz: "El delito de estafa cometido a través de las redes sociales: problemas de investigación y enjuiciamiento", *Revista de Internet, Derecho y Política*, N° 27, 2018.

MATUS, Jean Pierre / Ramírez, María Cecilia: *Manual de Derecho Penal Chileno, Parte Especial* (4ª ed.), Tirant lo blanch, 2021.

MAYER, Laura: "Capítulo X: Delitos contra intereses patrimoniales", en Rodríguez (dir.), *Derecho Penal, Parte Especial, Tomo II*, Tirant lo blanch, 2022.

MEZA, Ramón: *Manual de Derecho Civil: De las Fuentes de las Obligaciones, Tomo II* (10ª ed.), Editorial Jurídica de Chile, 2010.

MITSCH, Wolfgang: *Strafrecht Besonderer Teil 2, Vermögensdelikte (Randbereich) / Teilband 2*, Springer, 2001.

NOVOA, Eduardo: "Delito de usura. Cláusula penal de intereses moratorios – Amparo acogido", en Verdugo (dir.), *Doctrinas Esenciales, Gaceta Jurídica, Derecho Penal, Tomo II*, Legal Publishing, 2011.

OLIVER, Guillermo: "Capítulo IX: Delitos contra la propiedad", en Rodríguez (dir.), *Derecho Penal, Parte Especial, Tomo II*, Tirant lo blanch, 2022.

POLITOFF, Sergio / MATUS, Jean Pierre / RAMÍREZ, María Cecilia: *Lecciones de Derecho Penal Chileno, Parte Especial* (reimpresión de la 2ª ed.), Editorial Jurídica de Chile, 2011.

ROSENBLUT, Verónica: "Calificación jurídica del cobro de intereses excesivos en operaciones realizadas con cargo a tarjetas de crédito de casas comerciales", *Revista Jurídica del Ministerio Público*, N° 48, 2011.

TIEDEMANN, Klaus: *Wirtschaftsstrafrecht Besonderer Teil* (3ª ed.), Vahlen.

Jurisprudencia citada

Sentencia de la Excelentísima Corte Suprema, 30.04.2013, Rol N° 12553-2011.

Sentencia de la Excelentísima Corte Suprema, 14.01.2011, Rol N° 1365-2009.

Sentencia de la Excelentísima Corte Suprema, 30.07.2007, Rol N° 948-2006.

Sentencia del Tribunal de Juicio Oral en lo Penal de Puerto Montt, 13.08.2018, Rit N° 69-2018.

Capítulo XV

El delito de lavado de dinero

Marcos Contreras Enos
Abogado.
Doctor (c) en Derecho, LL.M Universidad de Bonn.
Profesor de Derecho Penal. Universidad de Santiago de Chile

1. ASPECTOS GENERALES

1.1. *El modelo de regulación*

Históricamente, el contexto de aparición de la tipificación del lavado de dinero es el capitalismo financiero y la creciente internacionalización de las transacciones. El lavado de dinero es un delito propio de los tiempos que vivimos. La sofisticación y el enrevesamiento propios del sistema financiero y legal ofrecen condiciones de posibilidad idóneas para disfrazar ganancias ilícitas como lícitas. Eso, a su vez, presenta un riesgo para el mismo sistema económico y legal e incluso para la democracia, ya que la acumulación de capitales adquiridos producto de actividades delictivas genera una mayor potencia de la entidad que los genera y, de ese modo, una mayor capacidad para seguir delinquiendo e infiltrar al sistema estatal. De este modo, el sistema financiero sobre el que, en buena parte, se erige el sistema económico es su talón de Aquiles. Esa es la razón por la que se suele concebir al lavado como una especie de terrorismo encubierto, una guerrilla financiera y por la que, tendencialmente, se le atribuye un potencial desestabilizador de la economía y del orden estatal, lo que está a la base de buena parte del discurso ideológico que informa la retórica sobre el lavado de dinero.

Lo anterior explica que el lavado sea un delito cuya tipificación ostenta una vocación omnicomprensiva, en el que las exigencias dogmáticas usuales ceden ante la presión política de establecer un tipo penal que sea eficaz para evitar el aprovechamiento de las utilidades obtenidas por la comisión de determinados delitos, compensando el déficit de persecución y sanción de las organizaciones criminales (cfr., Hernández, 2008, p. 495; Pérez Manzano, 2009, p. 170). Es por eso, que en la regulación de los tipos de lavado se han ido sucediendo reformas legales tendientes a ampliar el ámbito de lo punible como forma de evitar supuestas lagunas de punición (Cfr., Pérez Manzano, 2009, p. 170).

1.2. Terminología y concepto

En cuanto a la terminología, el legislador chileno se ha decantado por utilizar la expresión "lavado de dinero", tal como lo han hecho, entre otros, el legislador norteamericano (*money laundering*) y el alemán (*Geldwäsche*) a diferencia de otros modelos que utilizan una terminología más amplia ("blanqueo de capitales" en España, *"reciclaggio de danaro"* en Italia). Tal denominación no es una expresión técnica, sino que pertenece a la jerga propia de la criminalidad económica con la que se alude a un dinero sucio, que se lava, o a un dinero negro, que se blanquea. El dinero negro es aquel obtenido ilícitamente y que se sustrae del control de las haciendas públicas y, por lo tanto, del deber de contribución a los gastos públicos, implicando una elusión del sistema fiscal. Para el titular de dicho dinero lo anterior funge como una ventaja de la obtención de dinero negro frente al dinero obtenido legalmente. Sin embargo, como desventaja, se presenta la imposibilidad de someterlo a derecho sin poder ser utilizado en la actividad ordinaria legal, debiendo discurrir por el fango de la marginalidad. Frente a ello, al titular de este dinero obtenido ilícitamente, para efectos de su utilización plena, se le plantea la opción de confesar el ilícito de la riqueza y responder por el mismo o blanquear, lavar o reciclar el dinero.

Las definiciones del lavado son múltiples. La UAF lo ha definido como el "proceso mediante el cual se tiende a dar apariencia de legalidad a bienes de origen delictivo o ilícito", mientras que Blanco Cordero lo concibe como el "proceso en virtud del cual los bienes de origen delictivo se integran en el sistema económico legal con apariencia de haber sido obtenidos de forma lícita" (Blanco Cordero, 2012, p. 92). Las definiciones —tal como las transcritas— normalmente contemplan los siguientes elementos subyacentes: a) la presencia de una ganancia económica por la realización de actividades ilícitas; b) la necesidad de introducirla al circuito monetario para justificar su procedencia, y c) el propósito de ocultar la identidad del verdadero propietario para dificultar la persecución y asegurar la impunidad.

Las definiciones que se basan en estos elementos —y desde luego la de la UAF— son insuficientes desde una perspectiva legislativa. En efecto, tanto en la legislación comparada como en la nacional el lavado de dinero no se limita a la ocultación de bienes provenientes de un delito, sino que se extiende también al mero contacto consciente que se tenga con ellos, dando pie, respectivamente, a los tipos de ocultación y contacto.

2. PANORAMA TÍPICO E ITINERARIO

El art. 27 de la Ley 19.913 contempla dos figuras de lavado. En la letra a) se tipifica el lavado por ocultación o disimulación del origen ilícito de determinados bienes o de los bienes mismos, a sabiendas de tal origen (en adelante, "tipo de ocultación"). En la letra b), en tanto, se tipifica la figura de adquisición, posesión tenencia o uso de esos bienes, con conocimiento de su origen ilícito y con ánimo de lucro. (en adelante, "tipo de contacto o aislamiento). Respecto de ambas figuras se contempla la comisión culposa (art. 27 inc. 4 en relación con el inciso primero). A continuación, y, en primer lugar, se abordará la cuestión del bien jurídico protegido por las normas de comportamiento de los tipos de lavado. En segundo lugar, se analizará los aspectos comunes a las figuras de lavado por ocultación y contacto. En tercer y cuarto lugar, se analizará, respectivamente, la figura de ocultación dolosa y la figura de contacto dolosa. En quinto lugar, se tratará el lavado imprudente y, finalmente, se abordará la penalidad asignada a los tipos de lavado.

3. BIEN JURÍDICO

Una de las preguntas más urgentes en relación con el análisis dogmático del lavado de dinero es la pregunta por el bien jurídico protegido. Eso debiera llamar la atención. No se trata aquí —como en otros delitos— de discutir cuáles son los contornos conceptuales de un determinado bien jurídico sobre el que existe relativo consenso, sino que, por el contrario, de precisar, en primer término, cuál es el bien jurídico protegido por las normas de comportamiento subyacentes a los tipos delitos de lavado de dinero. Esto podría ser una alerta en torno a la necesidad de pena desde la perspectiva del principio de *ultima ratio*: si no existe claridad en torno a qué es lo que se va a proteger (el bien jurídico) no debiera procederse a la criminalización de la conducta respectiva. Primero hay que determinar la especificidad de la dañosidad de una conducta y solo una vez definido ello proceder a incriminarla. En torno a cuál sea el bien jurídico protegido por las normas de comportamiento de los tipos de lavado las opiniones abundan, tal como revisaremos a continuación.

3.1. El bien jurídico protegido por el delito previo

Un sector de la doctrina señala que el objeto jurídico de protección del lavado de activos es el mismo bien jurídico protegido por la norma de comportamiento del delito previo o base. Esta concepción se presenta en una variante retrospectiva y en una variante prospectiva. Según la primera variante —la retrospectiva— las normas de comportamiento de los tipos de lavado protegen el mismo bien jurídico ya afectado por el hecho constitutivo del delito precedente. La vulneración de las normas de comportamiento de los tipos de lavado, por lo tanto, implicarían una profundización del menoscabo ocasionado por la conducta típica y antijurídica que satisface el supuesto de hecho del delito previo. Esta era la aproximación imperante en doctrina nacional hasta de la promulgación de la Ley 19.913, cuando el delito de lavado se encontraba contemplado en la entonces ley de drogas (Ley 19.936) y solo respecto de los delitos relativos al tráfico ilícito de estupefacientes, marco en el que se sostenía que la norma de comportamiento del tipo de lavado protegía la salud pública. Esta es una tesis poco defendida en doctrina. En España, esta es la postura que han adoptado Bajo y Bacigalupo (Bajo/Bacigalupo, 2001, p. 684) Conforme a esta aproximación, entonces, el lavado se criminalizaría como medio para reforzar la protección penal de un bien jurídico previamente vulnerado por el delito del que proceden los bienes.

Desde esta perspectiva, a pesar de que la norma de comportamiento del lavado tiene como destinatario a quien oculta el origen delictivo de un bien o entra en contacto con él, en realidad está referida al autor del delito previo ya que se pretende hacerle desistir de su propósito delictivo al disminuir sus posibilidades de disfrutar de los bienes que se originaren. Se pretende la evitación del delito previo mediante la represión de comportamientos posteriores a este. (cfr., BLANCO CORDERO, 2012, p. 197). De este modo, las normas de comportamiento de los tipos de lavado prestarían una protección sistemáticamente anómala al bien jurídico ya menoscabado por el delito previo, ya que, salvo que el lavado se impute al mismo autor del delito previo (el autolavado), se operativiza mediante la imposición de una pena en contra un sujeto distinto al que cometió el delito previo.

Esta postura es objeto de una acertada crítica, pues, exceptuado el caso de autolavado, se hace recaer una pena sobre un sujeto distinto de aquel cuyo comportamiento se pretende evitar, modo de proceder que es altamente discutible, y que incluso puede ser contrario al principio de personalidad de las penas (BLANCO CORDERO, 2012, p. 197). En definitiva, no se estaría tratando al destinatario de la norma de comportamiento subyacente al tipo de lavado como un fin en sí mismo, sino como un medio, vulnerando el mandato de dignidad kantiano.

En la segunda variante —la prospectiva— ya no se trata de la profundización en la afectación del bien jurídico previo afectado por el hecho constitutivo del delito base en concreto, sino que de la prevención a futuro de nuevas vulneraciones de tal bien jurídico. Acá es donde el discurso de justificación de la incriminación del lavado normalmente se imbrica con el discurso sobre de la lucha la criminalidad organizada. El lavado sería una herramienta para luchar contra la criminalidad organizada, en cuya agenda se encuentra la comisión de aquellos delitos que forman parte del catálogo. Ahora bien, una profundización de esta consideración lógicamente lleva a sostener que el bien jurídico no es solo aquel protegido por el delito previo, sino que cualquiera que pudiera resultar menoscabado en el marco de la actividad propia de la criminalidad organizada. Ese giro determina que se trate menos de la persecución de delitos previos que del impedimento y prevención de delitos futuros y del retiro de utilidades delictivas (KÖRNER/DACH, 1994, p. 13), por lo que ya no se considera que los bienes jurídicos protegidos por las normas de comportamiento de los tipos de lavado sean los afectados por la criminalidad organizada sino, más en general, el objeto de protección de tales normas es la seguridad interior del Estado, la que se vería afectada por el quehacer de dicha forma criminalidad. Dicha aproximación será analizada a continuación.

3.2. *La seguridad interior del estado*

Según otra aproximación, el bien jurídico protegido por las normas de comportamiento de los tipos de lavado —normalmente junto a otros bienes— sería la seguridad interior del Estado. Conforme a ello, los bienes jurídicos no serían aquellos que resultan afectados por el delito precedente, sino aquellos que, por el crecimiento de las estructuras mafiosas y el capital asociado a ellas, fueren puestos potencialmente en riesgo con posterioridad. El objeto de protección del lavado estaría constituido por los bienes que serían puestos en peligro por la actividad de la criminalidad organizada y, con ello, la seguridad interior del Estado fungiría como bien jurídico protegido (BARTON, 1993, p. 160; SPISKE, 1998, p. 97; KÖRNER/DACH, 1994, p. 13, SCHMIDT/KRAUSE, 2010, n.marg. 4). En Chile esta tesis es defendida por PRAMBS que, al respecto, señala que con la "tipificación se pretende impedir la corrupción al interior de la estructura estatal, corrupción que pone en peligro la existencia y eficacia misma del Estado" (PRAMBS, 2005, p. 73).

Más allá de que resulte dudoso si el bien jurídico así descrito se encuentra suficientemente concretizado desde una perspectiva constitucional (cfr., NEUHEUSER, 2012, n. marg. 11), en todo caso, el catálogo de hechos típicos contenido en el art. 27 de la ley 19.333 ha cancelado todo intento de fundar la punibilidad del lavado de dinero en relación con las estructuras de la criminalidad organizada.[1] Esa opinión, por lo tanto, apenas puede compaginarse con el tenor literal del artículo 27. En efecto, la circunstancia de que el hecho constitutivo de un delito previo del catálogo sea realizado en el marco del quehacer de una organización criminal no es un elemento del tipo, por lo que el delito puede ser cometido, como de hecho lo es, por sujetos actuando individualmente o actuando conjuntamente al alero de una agrupación que no se deja caracterizar como una "organización criminal". Es más, hay varios delitos del catálogo que no necesariamente —y ni siquiera de forma usual— generan grandes sumas de dinero y que, por lo mismo, no son delitos que se cometan típicamente en el marco de la criminalidad organizada.

3.3. El orden socioeconómico. en especial, la integridad del circuito económico y financiero

Para un sector de la doctrina, el bien jurídico protegido es alguna dimensión del orden socioeconómico. Como instancias de tal dimensión vienen en consideración la transparencia del sistema financiero, la seguridad del tráfico comercial, la licitud de los bienes del mercado y la libre competencia. En ese sentido se ha señalado que el bien jurídico protegido sería la "confianza en la solidez del sistema financiero y económico legal" (VOGEL, 1997, p. 351) o los "requisitos de funcionamiento de una competencia propia de una economía de mercado." (BOTTKE, 1995, p. 124). En España, un importante sector doctrinal sostiene esa postura (vid. por todos, BLANCO CORDERO, 2012 p, 205 y ss.). Esta es, además, la postura sustentada por el Tribunal Constitucional chileno[2] que, refiriéndose a la cuestión del bien jurídico protegido, señaló que "el factor determinante lo constituye la distorsión del mercado financiero y la afectación del orden público económico como elementos garantes de la estabilidad económica y el derecho de todos los partícipes como sujetos en dicho mercado."

---

[1] Cfr., en relación con el derecho alemán, que también tiene un catálogo cerrado de delitos previos: KARGL, NJ, 2001, p. 60; LEIP, 1995, p. 49; SCHRÖDER/BERGMANN, p. 45.

[2] En sentencia dictada en requerimiento de inaplicabilidad por inconstitucionalidad Rol N° 3630-17-INA, de 17 de mayo de 2018.

Dentro de esa concepción, en la doctrina española, la dimensión del orden socioeconómico que más recurrentemente es identificada como bien jurídico protegido es la de la integridad del circuito financiero o legal o la circulación lícita de los bienes en el mercado (*vid.*, con múltiples referencias, MOLINA, 2009, p. 111). Lo mismo ocurre en la literatura alemana. Conforme a dicha lectura, a la base de los objetivos legislativos del tipo penal de blanqueo de capitales —combate a la criminalidad organizada a través del impedimento de la acumulación de capital que será utilizado posteriormente con fines legales o ilegales— se encuentra el circuito financiero y económico legal como bien jurídico protegido, el que debe ser salvaguardado frente a la mezcla con valores patrimoniales ilegales (SCHITTENHELM, 1998, p. 528; MAIWALD, 1999, p. 633; LAMPE, 1994, p. 125). Esta es justamente la comprensión que se encontraba a la base de la Directiva 91/308CEE, del Consejo de las Comunidades Europeas de 10 de junio de 1991, relativa a la prevención de la utilización del sistema financiero para el blanqueo de capitales. Es también la concepción del Convenio de Viena, que se refiere al socavamiento de las economías lícitas a través del crimen organizado.

Esta aproximación debe ser rechazada. La perspectiva según la cual las normas de comportamiento de los tipos de lavado protegen la economía nacional de la corrupción no tiene respaldo en la ley. En efecto, el tipo del art. 27 de la Ley 19.913 no se restringe a casos de reintegro por parte de una organización criminal de valores patrimoniales delictivos ni a delitos precedentes que, desde una perspectiva cuantitativa, exhiban un correspondiente potencial de amenaza, o sea, que produzcan una cantidad de dinero sucio particularmente elevada (cfr., LEIP, 1995, p. 46; KARGL, 2001, p. 60; PRITTWITZ, 1993, p. 499). De otro lado, si es que el bien jurídico es la circulación lícita de los bienes en el mercado no resulta justificado limitar el carácter delictivo de la conducta a la introducción de dinero proveniente de ciertos delitos y no, más en general, de cualquier delito o, incluso, de cualquier fuente ilícita (cfr. MOLINA, 2009, p. 111 y 112). Lo mismo cabría señalar respecto de la libre competencia. Esta se vería afectada tanto si los bienes provienen de la realización de hechos típicos constitutivos de los delitos del catálogo como si provienen de la realización de otros delitos o, incluso, si provienen de hechos antijurídicos mas no típicos. En todos esos casos, quien se prodiga bienes ilícitos tendría ventajas ilegítimas frente al competidor que solo se prodiga bienes de forma legal. Por lo demás, en el derecho penal chileno, dado el devenir histórico que ha experimentado la punibilidad de la colusión sería al menos extraño sostener que desde el año 2003 (año de promulgación de la ley 19.913) hasta el año 2016 (año de publicación de la ley 20.945, que tipifica el delito de colusión) la libre competencia solo se protegía mediante las normas de comportamiento de los tipos de lavado, restando impune, en cambio, el ilícito anticompetitivo paradigmático, a saber, la colusión.

3.4. La administración de justicia y el bien jurídico menoscabado a través del delito previo

La consideración de la administración de justicia y el bien jurídico menoscabado por la comisión del delito previo en cuanto objetos jurídicos de protección del tipo de lavado es la comprensión dominante en Alemania. Según la respectiva fundamentación legislativa, el bien jurídico protegido por el § 261 I StGB (tipo de ocultación) es el "cometido de la Administración de Justicia estatal consistente en erradicar los efectos de los delitos" (BT-Drs. 12/989, p. 27). Esa comprensión es aprobada por la doctrina mayoritaria (Wessels/Hillenkamp., 2013, § 24, nm. 891; Lackner, 2011, nm. 1; Otto, 2005, § 96, nm. 28; Fernandez/Heinrich, 2014, p. 394). En relación con el § 261 II StGB (tipo de aislamiento) se señaló en la misma fundamentación que "[d]e modo similar al encubrimiento, se considera que el bien jurídico es tanto aquel que es lesionado por el delito previo como también la administración de justicia." (BT-Drs. 12/3533, p. 13). Dicha aseveración también es suscrita por la doctrina dominante (Jahn, 2009, n.marg. 6; Jahn/Ebner, 2009, p. 597; Wessels/Hillenkamp, 2013, § 24, nm. 894; Mitsch, 2001, § 5, nm. 3, Neuheuser, 2012, n. marg. 7; Dietmeier, 2013, n. marg. 2). Por lo demás, se señala que la ubicación sistemática del § 261 StGB da cuenta de su bien jurídico. Conforme a ello, el bien jurídico lesionado por el delito precedente sólo es protegido de forma contigua a la administración de justicia en la medida que el § 261 II (tipo de contacto) sofoca el incentivo a la comisión del delito precedente a través del aislamiento del autor (Schröder/Bergmann, 2013, p. 40).

3.5. Una fundamentación diferenciada de los tipos de lavado

3.5.1. Hacia una semántica de fines

Como ya se señaló, la consideración de la seguridad interior del Estado o de la integridad del circuito financiero y económico como bienes jurídicos protegidos no son compaginables con el tenor literal del art. 27 de la ley 19.913. Tales intereses no pueden contar como bienes jurídicos sino solamente como fines político-criminales de la regulación. En el discurso sobre el bien jurídico por las normas de comportamiento de los tipos de lavado esto habitualmente se confunde. En efecto, tanto en la legislación nacional, en las legislaciones comparadas, como en las convenciones internacionales pertinentes, usualmente el objetivo declarado de la normativa antilavado es proteger a la economía de las distorsiones generadas por la circulación de dinero sucio y/o proteger al Estado frente a la criminalidad organizada. Sin embargo, que esos sean los objetivos político-criminales de la regulación no quiere decir que ellos sean o siquiera *puedan ser* el bien jurídico protegido por el tipo penal. La pregunta por el bien jurídico busca identificar el interés social directamente protegido por una norma de comportamiento subyacente a un tipo penal y no los objetivos que de modo ulterior y a modo de externalidades positivas de la criminalización de una conducta se busca alcanzar. Normalmente el logro de dichos objetivos forma parte del fundamento político-retórico de la incriminación de una conducta, pero no constituye el bien jurídico protegido por la respectiva norma de comportamiento.

3.5.2. La administración de justicia como bien jurídico del lavado por ocultación

La indagación del injusto del lavado debe partir del dato de la similitud estructural entre el tipo de ocultación con la figura de encubrimiento, específicamente la de la variante de favorecimiento real.[3] En ambos casos se realiza una conducta sobre bienes relacionados con un delito previo con el objeto de obstaculizar o impedir la averiguación de su comisión. Ello es un requisito típico en el caso del encubrimiento por favorecimiento real ("para impedir su descubrimiento [de la perpetración del crimen o simple delito]") y un lugar común en la definición de la conducta propia del tipo de lavado por ocultación, la que se define justamente como una conducta que consiste en alejar al sujeto autor del delito previo del bien ilícito, poniendo capas jurídicas entre esos dos extremos para efectos de dificultar la averiguación del delito previo. Esa forma de conceptualizar la conducta típica implica afirmar implícitamente que el bien jurídico protegido es la administración de justicia: quien realiza una conducta de ocultación está

---

[3]　Art. 17 N° 2. Son encubridores los que con conocimiento de la perpetración de un crimen o de un simple delito o de los actos ejecutados para llevarlo a cabo, sin haber tenido participación en él como autores ni como cómplices, intervienen, con posterioridad a su ejecución, de alguno de los modos siguientes: 2.° Ocultando o inutilizando el cuerpo, los efectos o instrumentos del crimen o simple delito para impedir su descubrimiento.

dificultando la constatación, comprobación y condena de la comisión del delito previo.

Constatada la similitud estructural entre lavado por ocultación y el encubrimiento por favorecimiento real cabe preguntarse sobre el por qué de una regulación diferenciada, es decir, el por qué de la tipificación del lavado por ocultación como una figura diferente al encubrimiento. Entre las diferencias de los dos estatutos se cuentan: i) la relación que ha de existir entre el delito previo y los bienes sobre los que recae la respectiva conducta: mientas que en el encubrimiento siempre ha de tratarse del cuerpo, los efectos o instrumentos del delito que provengan directamente del delito previo, en el lavado, en cambio, se trata de cualquier bien que provenga directa o *indirectamente* de la comisión de uno de los hechos típicos del catálogo y no necesariamente en la forma de cuerpo, efectos o instrumentos del delito previo; ii) el posible autor de delito: en el caso del lavado, a diferencia del encubrimiento, se contempla la posibilidad de que sea el mismo autor del delito previo el que pueda realizar la conducta de lavado por ocultación; iii) el lugar de comisión del delito previo: en el lavado, a diferencia del encubrimiento, se admite que el delito previo pueda ser cometido en el extranjero; iv) los posibles delitos previos: mientras que en el encubrimiento este puede ser cualquier delito, en el lavado se establece un catálogo exhaustivo a ese respecto; v) la imputación subjetiva: el lavado, a diferencia del encubrimiento, admite la comisión culposa, y vi) la penalidad asignada: el lavado doloso se conmina con una pena de presidio mayor en sus grados mínimo o a medio, mientras que el encubrimiento se conmina con la pena inferior en dos grados a la que la ley señala para el delito encubierto.

La respuesta a la pregunta sobre la necesidad de una regulación especial del lavado por ocultación en relación con el encubrimiento puede ser explicada del siguiente modo. El encubrimiento, por su raigambre decimonónica, es un delito concebido para captar, en primera línea, conductas materiales sobre la cosa (típicamente esconder una cosa robada, enterrar el cadáver, etc.). La peculiaridad del lavado, en cambio, consiste en que la ocultación o disimulación respectiva se hace utilizando el sistema legal, es decir, a través de operaciones jurídicas. El lavado se tipifica en el marco de un sistema legal, económico y financiero mucho más sofisticado que el contexto de tipificación del encubrimiento. Por eso se regula de forma específica, pero ello no quiere decir que el bien jurídico protegido por ambos delitos sea distinto. La mayor penalidad del lavado se explica porque la utilización del sistema legal y la apariencia de legalidad con la que se reviste a la conducta de ocultación o disimulación hace que ella sea más apta objetivamente y *ex ante* —la mirada del legislador— para efectos de dificultar la averiguación del delito previo. El lavado puede ser concebido como un acto de prestidigitación legal: quien lava dinero lo hace al amparo (formal) de la legalidad, distrayendo la atención de aquello que realmente está haciendo. Nada de eso puede predicarse del encubrimiento, que se satisface con una mera acción material de ocultación y, por lo tanto, clandestina. En este punto se puede entender la justificación de la introducción del epígrafe de esta contribución: la conducta típica a título de lavado por ocultación es una herejía (la ocultación o disimulación jurídica) que, por confundirse con la ortodoxia (la legalidad), es más temida por el legislador que la herejía (ocultación material) que, por clandestina, no se confunde con la ortodoxia (la legalidad).

Ahora bien, aunque sea cierto que la utilización del sistema legal económico o financiero genera efectos indeseados en el mismo, lo que resulta afectado por dicha utilización, esto es, la integridad del circuito económico legal o la libre competencia, no pueden considerarse como el bien jurídico protegido. El modo de comisión, determinado por el contexto de comisión, es lo que determina estas afectaciones adicionales. Pero esas afectaciones no cuentan como menoscabos al bien jurídico protegido. Lo relevante para estos efectos es que usa un sistema sofisticado para esconder bienes y eso es lo que determina que el legislador establezca penas más altas para efectos de ser más enfático en la prohibición.

Una vez sentado que la administración de justicia es el bien jurídico protegido por las normas de comportamiento de los tipos de lavado, cabe señalar que ella no es un estado, sino que constituye la actividad de las autoridades de justicia (BURR, 1995, p. 22; SCHRÖDER/BERGMANN, 2013, p. 38). En esa línea es que, por lo tanto, ha de indagarse qué se quiere decir, precisamente, con "administración de justicia". Ella se refiere a la protección de los intereses de elucidación, investigación y aseguramiento de la administración de justicia penal en relación con todo lo que provenga de los delitos precedentes (SCHRÖDER/BERGMANN, 2013, p. 46). El art. 27 a) de la Ley 19.913 sirve a dichos intereses porque ellos se ven puestos en entredicho a través de la ocultación o disimulación del origen de los bienes provenientes del delito.

En cuanto bien jurídico institucional, para una correcta comprensión del bien jurídico administración de justicia, hay que detenerse en su modo de menoscabo, a saber, el peligro abstracto. Hay bienes que no se presentan como tales de modo sustancial, sino que son generados permanentemente de modo institucional. Tales bienes, que al momento del hecho ni siquiera existen, sino que recién entonces deben ser generados, no pueden ser razonablemente protegidos —o en todo caso no exclusivamente— frente a lesiones. Antes bien, ellos se garantizan, en primera línea, por el expediente de asegurar suficientemente las condiciones bajo las cuales son generados. En otras palabras, debe evitarse que la generación del bien sea frustrada u obstaculizada. A este respecto resulta paradigmática la protección de la administración de justicia (cfr. Kindhäuser, 2010, p. 265). En el caso de ese preciso bien jurídico generado institucionalmente este consiste, de un lado, en una actividad y su resultado, el bien jurídico, y, de otro, en el conjunto de condiciones bajo las cuales dicho bien puede ser generado. Un ejemplo al respecto es la protección de la administración de justicia en el marco de los delitos de declaración falsa. En esa constelación, es tarea de la administración de justicia resolver conflictos jurídicos correctamente (Kindhäuser, 2010, p. 266). Resultado de dicha actividad es la sentencia jurídicamente correcta. La seguridad de que los testigos y peritos observen su deber de decir la verdad pertenece a las condiciones marco que deben ser cumplidas para que el tribunal pueda dictar una sentencia jurídicamente correcta. En esa medida, la seguridad así garantizada no es un reflejo de la protección de un bien jurídico a través de una prohibición de lesión sino una condición para que el bien jurídico de la sentencia jurídicamente correcta pueda ser generado. Los delitos de declaración falsa son, por lo tanto, un típico ejemplo de la aplicación práctica, razonable y necesaria de la prohibición de delitos de peligro abstracto. (Kindhäuser, 2010, p. 267).

En el marco de la protección de la administración de justicia por las normas de comportamiento del art. 27 de la Ley 19.913, la correspondiente actividad que crea el bien jurídico es la actividad de esclarecimiento, investigación y aseguramiento de las autoridades investigativas jurídicamente conforme y adecuada a la verdad. Resultado de dicha actividad es la correcta realización de la pretensión punitiva estatal. A las condiciones marco que deben ser cumplidas para que el Estado pueda realizar tal pretensión pertenece la disponibilidad de la evidencia (Cfr., Contreras, 2018, p. 32). Obviamente, la vulneración de las normas de comportamiento del art. 27 de la Ley 19.913 obstaculiza la satisfacción de dicha condición.

Esa prohibición de peligros abstractos por medio del aseguramiento de la disposición sobre bienes, asegurando la labor exenta de peligros de las autoridades investigativas, cede a favor del individuo (*vid.*, Kindhäuser, 1989, p. 310). El comportamiento principal cuya ejecución despreocupada debe ser asegurada es la actividad de las autoridades de persecución penal. La incapacidad de las autoridades investigativas para prevenir un daño que necesita compensación normativa concierne a la evitación de errores en la reconstrucción del correspondiente supuesto de hecho. Se trata del objetivo del aseguramiento de una reconstrucción verídica de la hipótesis fáctica relevante para la decisión. (Cfr. Contreras, 2018, p. 32 y 33; Kindhäuser, 1989, p. 310).

3.5.3. La administración de justicia y el bien jurídico del delito previo como objeto de protección de la norma de comportamiento del tipo de contacto

La norma de comportamiento del tipo de lavado por contacto también brinda protección a la administración de justicia. En efecto, como se señaló, con administración de justicia en este contexto se alude a determinadas actividades de las autoridades estatales y, con ello, a la protección de los intereses de elucidación, investigación y aseguramiento de la administración de justicia penal en relación con todo lo que provenga de los delitos precedentes señalados en el art. 27 a). Pues bien, el art. 27 b) (tipo de contacto) sirve a dichos intereses porque ellos se ven puestos en entredicho a través del traslado de los beneficios del delito a otros (Schröder/Bergmann, 2013, pp. 46 s.). La inobservancia de la prohibición de contacto del art. 27 b) podría, por lo tanto, dificultar o frustrar la realización de la pretensión punitiva estatal. En tal medida el aislamiento del autor del delito precedente es una condición para que el bien jurídico de la correcta realización de la pretensión punitiva estatal pueda ser generado (Contreras, 2018, p. 32).

Ahora bien, ese no es el único bien jurídico protegido por la norma de comportamiento del tipo de contacto. Adicionalmente, también se protege el bien jurídico resguardado por la norma de comportamiento del delito previo. Sin embargo, con la mera enunciación de eso no queda claro cómo la norma de comportamiento del lavado por contacto puede aspirar a proteger —legítimamente— el bien jurídico del delito previo. La respuesta a dicha cuestión exige un breve rodeo.

En derecho alemán, según la fundamentación legislativa, la introducción del tipo de contacto se basa en la idea de que el autor del delito previo debe ser aislado de su ambiente y los objetos contaminados deben ser prácticamente convertidos en incomerciables (BT-Drs. 12/89, p. 27) La doctrina dominante —correctamente— aprueba la fundamentación legislativa. Según ella, los fines específicos del § 261 II StGB son el aislamiento del autor y la incomerciabilidad de los objetos contaminados (*vid.* Contreras, 2018, p. 5).[4] Ello se lograría prohibiendo el contacto con el autor del delito

---

4   Incluso aquellos autores que le atribuyen al § 261 II otros fines, suscriben esa opinión. Ellos no designan esas metas adicionales como objetivos autónomos, sino

previo a través de la prohibición de procurarse un bien contaminado, de guardarlo y de usarlo (Körner/Dach, 1994, p, 11). En definitiva, se busca dificultar al autor del delito previo la reducción de los bienes.

Lo anterior es plenamente replicable respecto del tipo penal de contacto chileno. Sin embargo, esta justificación podría dar a entender que la norma de comportamiento del lavado por contacto se aplica a un sujeto (al que toma contacto con un bien) para desincentivar a otro (el autor del delito previo). Lo anterior no es aceptable. Si se sanciona a un sujeto en virtud del tipo de contacto para que el autor delito previo no delinca se está instrumentalizando al primero y —lo que es importante para esta sección— no se está dando cuenta de cuál es el desvalor *intrínseco* de su conducta. El injusto de un delito debe ser apreciado en sus propios términos. El reproche penal debe ser autosuficiente.

La respuesta a esta cuestión se puede encontrar echando mano a los desarrollos elaborados respecto de algunos de los delitos pertenecientes a una subclase de los delitos de posesión, a saber, los delitos de posesión con estructura post delictiva, subclase a la que pertenece el lavado. En efecto, es respecto de la incriminación de la posesión de pornografía infantil que más recientemente se ha discutido sobre el injusto de una conducta consistente en la mera tenencia o posesión de un bien proveniente de una actividad delictiva. A este respecto hay varias aproximaciones que no resultan de recibo. Así, por ejemplo, se ha sostenido que la posesión constituiría una aportación mediata a la producción del material prohibido, pero el poseedor no puede intervenir en un hecho previo ya consumado. También se ha aseverado que la posesión del material pornográfico implica el peligro que el poseedor cometa en el futuro delitos sexuales, pero eso no es más que una sospecha, insuficiente en cuanto tal para fundamentar el castigo. Asimismo, se ha señalado que el castigo de tal posesión es un medio para castigar al productor cuya intervención en los delitos previos no ha podido ser probada, pero ello no es sino un indicio (no inequívoco) de intervención. La justificación más convincente, en cambio, es aquella en virtud de la cual se sostiene que el poseedor de pornografía infantil ayudaría al autor del delito previo a sacar provecho de su delito (cfr., Pastor, 2016, p. 121 y 122). De este modo, tal como se sostiene en ese ámbito y en el de la receptación, se puede señalar que la creación de estímulos para llevar a cabo delitos no debe quedar impune si ella se verifica en una convergencia colusiva con

---

más bien recurren a ellas para determinar los contornos de la finalidad de aislamiento. (Contreras, 2018, p. 5)

un autor previo (Roxin, 2016, p 158). El fundamento de la punición de estos delitos de estructura post consumativa (y, por lo tanto, del lavado por contacto), entonces, radica en una suerte de contribución post delictiva a la persistencia de un mercado que se abastece de bienes provenientes de hechos delictivos (cfr., Silva Sánchez, 2016, p. 19).

Esta forma de plantear la cuestión tiene el mérito de fundamentar el reproche de la conducta propia del lavado por contacto en sus propios términos, respetando el principio de responsabilidad propia, según el cual cada uno debe orientar su comportamiento, en principio, solo a que él por sí mismo no menoscabe bienes jurídicos, no, sin embargo, a que otros no lo hagan (cfr., Roxin, 2016, p. 158).

4. LAVADO POR OCULTACIÓN Y POR CONTACTO. ASPECTOS COMUNES

4.1. Sujeto activo. En especial el autolavado

El lavado de dinero es un delito común por lo que no requiere que el autor ostente alguna calidad especial, de modo que cualquiera puede cometerlo. Incluso puede hacerlo el propio autor del delito previo, por disposición expresa del art. 27 inc. 6 de la Ley 19.913.[5] Esta hipótesis, es decir, la comisión del delito de lavado por el mismo sujeto que cometió el delito base, se denomina autolavado. Su introducción, extendida también en derecho comparado dadas las recomendaciones internacionales al respecto, ha generado polémica, llegando incluso a aseverarse su inconstitucionalidad.

Para el análisis de la legitimidad de la figura de autolavado conviene analizar diferenciadamente el autolavado por ocultación y el autolavado por contacto. Respecto del autolavado por ocultación, salta a la vista su similitud fenomenológica con el autoencubrimiento, el que es impune. Sin embargo, dado el estatus meramente legal de la impunidad del autoencubrimiento, dicha constatación no lleva necesariamente a afirmar la ilegitimidad constitucional del autolavado por ocultación. Para llegar a dicha conclusión necesariamente habrá de afirmarse el rango constitucional de la impunidad del autofavorecimiento. Precisamente esa cuestión, tuvo que

---

[5] "Si el que participó como autor o cómplice del hecho que originó tales bienes incurre, además, en la figura penal contemplada en este artículo, será también sancionado conforme a ésta."

responderla el Estado alemán en el marco del reporte de evaluación mutua del GAFI,[6] de 19 de febrero de 2010, por la circunstancia de no haber contemplado en la tipificación de los delitos de lavado de dinero la hipótesis del autolavado. El GAFI exige que la impunidad del autolavado se base en principios fundamentales del derecho interno, entendiéndose como tales aquellos que se encuentran establecidos en la Constitución, pero también aquellos que son configurados por la jurisprudencia de los tribunales superiores en la interpretación del derecho interno. En ese contexto, el Ministerio de Justicia alemán encargó un informe a dos especialistas, cuya conclusión fue que, si bien no existía una disposición constitucional que impidiera la tipificación del autolavado, por cuanto no existe un principio uniforme de la impunidad del autofavorecimiento, sí existen principios dogmáticos y constitucionales que forman parte del ordenamiento jurídico alemán y que impiden la criminalización del autolavado. Ellos son la prohibición de doble valoración, el principio de culpabilidad y el principio del Estado de derecho (Schröder/Bergmann, 2013, p. 70).

Más polémica aun es la posibilidad de autolavado respecto del tipo de contacto, ya que, a diferencia del autolavado por ocultación, en principio, no se requiere un comportamiento diferenciado al propio de la conducta del delito base. En efecto, si un sujeto comete un delito previo, por ejemplo, la comercialización ilícita de estupefacientes realiza la conducta de contacto (adquirir, tener, poseer o usar) por el solo hecho de recibir o tener en su poder el dinero obtenido por la transacción. Es la mera circunstancia de la comisión del delito previo la que pondrá al autor inmediatamente en la situación de realización del tipo de lavado por contacto. A este respecto puede señalarse, en primer lugar, que la introducción de esta figura puede ser criticada por no respetar el principio de lesividad, toda vez que no se ve de qué forma se afecta la administración de justicia por el solo hecho de que el autor del delito previo tenga en su poder el objeto material o la ganancia de tal delito. En segundo lugar, se puede objetar que el sujeto que comete el delito previo es puesto por la ley en una situación tal que, para no cometer lavado por contacto, prácticamente solo tendría la alternativa de autodenunciarse. En efecto, si se consideran todas las hipótesis del art. 27 b) (adquirir, poseer, tener, usar) y, además, se considera que, bajo la descripción del art. 27 a) también es punible la ocultación del bien mismo, al autor del delito previo prácticamente no le quedaría más que entregar a las autoridades aquello obtuvo o tiene en virtud de la comisión del delito

---

[6]   Grupo de Acción Financiera Internacional, gremio de Estados y organizaciones creado para la lucha del lavado de dinero y el financiamiento del terrorismo.

previo. Lo anterior podría ser objetado a nivel constitucional por la infracción al principio de culpabilidad que implicaría.

En Chile, el Tribunal Constitucional recientemente ha tenido la oportunidad de pronunciarse[7] sobre la constitucionalidad de la punibilidad del autolavado a propósito de un requerimiento de inaplicabilidad por inconstitucionalidad del art. 27 de la Ley 19.913 que, al contemplar el autolavado, implicaría —según el requirente— una infracción al principio de *non bis in ídem*. En tribunal rechazó el requerimiento bajo el argumento de que el lavado es un delito de conexión y que, por lo tanto, la realización del tipo del delito base y la realización del tipo del tipo de lavado son dos conductas distintas.

4.2. *Objeto material de la conducta: bienes de origen ilícito*

Las conductas típicas de ocultación o de contacto han de recaer sobre bienes que tengan un origen ilícito específico, a saber, que provengan directa o indirectamente de la perpetración de alguno de los hechos constitutivos de los delitos base señalados por la ley.

Los bienes de origen ilícito pueden ser de cualquier naturaleza, ya sean muebles o inmuebles, materiales o inmateriales, de especie o de género, además de los instrumentos o documentos legales que acrediten propiedad u otros derechos sobre los bienes, según expresa la misma ley 19.913 en su artículo 27 a), siguiendo la normativa internacional a este respecto. De este modo, estos bienes pueden ser el producto de un delito, el beneficio, la utilidad o la ganancia, la recompensa, etc. Cualquier bien que se haya generado o traspasado a propósito de la comisión de un delito previo, en principio, puede ser objeto idóneo de la conducta. La única limitación al respecto es que los bienes deben ser apreciables en dinero, aunque no existe un límite legal de valor bajo el cual la conducta sea atípica.

Ahora bien, como señala la ley, los bienes pueden provenir *directa o indirectamente* de uno de los delitos del catálogo. Lo que caracteriza a los tipos de lavado de dinero y lo diferencia en gran medida de otras figuras denominadas de intervención post delictiva, como la receptación o el encubrimiento por aprovechamiento, es que el lavado de dinero permite afirmar conducta típica no solo para el caso de que la acción recaiga sobre el bien que proviene *directamente* del delito precedente sino también cuando la acción recae sobre un bien que proviene *indirectamente* del delito previo. Con

---

[7]   Sentencia dictada en requerimiento de inaplicabilidad por inconstitucionalidad Rol Nº 3630-17-INA, de 17 de mayo de 2018.

ello se alude a lo que en doctrina se denomina el lavado sustitutivo que, a su turno, da pie al —así llamado— efecto expansivo del lavado. Con esto último se alude a la circunstancia consistente en que en cada transacción u operación en que se utilice un bien de origen delictivo también pasarán a revestir carácter ilícito aquellos bienes que sean contraprestación en la transacción u operación, operando una transformación del bien originalmente ilícito, lo que genera un efecto multiplicador.

El problema que se suscita con el lavado sustitutivo y su efecto expansivo es que genera un riesgo de que una gran parte de los bienes del mercado resulten contaminados, sin que exista ninguna limitación al respecto. Incluso bienes que han sufrido múltiples transformaciones o sustituciones podrían seguir siendo objeto idóneo de las conductas propias de los tipos de lavado (cfr. Hernández, 2008, p. 498). Si a lo anterior se suma el hecho de que la atribución subjetiva no solo se verifica cuando el sujeto ha conocido el origen ilícito de los bienes, sino también cuando no lo ha conocido por negligencia inexcusable, se torna evidente que surge la necesidad de erigir límites objetivos al efecto contaminante del delito.

En la doctrina española y, principalmente, en la alemana, se han propuesto situaciones en las que se limitaría el efecto contaminante de los bienes provenientes de la comisión de un delito base. Dentro de ellas —y de la mano de Hernández (Hernández, 2008, p. 501 y ss.)— se pueden señalar las siguientes: a) La mezcla de los bienes ilícitos con bienes de carácter lícito considerablemente más cuantiosos; b) La posterior transformación (especificación) del objeto ilícito como resultado de una acción tan relevante sobre el mismo que lo transforme valorativamente en otro; c) La pérdida total del valor del objeto; d) La prescripción o desincriminación del delito base; e) La adquisición del bien mediante una operación comercialmente estándar, normal o habitual.

Si bien el problema podría parecer estrictamente teórico, pues no parece razonable suponer que se persiga a sujetos por conductas realizadas sobre bienes muy alejados de algún delito base, no es razonable dejar a las autoridades investigativas y judiciales la determinación del alcance del tipo penal (Hernández, 2008, p. 499). Sin la existencia de criterios o la indicación de situaciones que limiten el alcance del efecto contaminante del lavado, los ciudadanos se enfrentan a la regulación con un grado de incertidumbre inaceptable.

4.3. Los delitos base

El origen de los bienes sobre los que ha de recaer la respectiva conducta típica es la previa comisión de un hecho típico y antijurídico que se encuentra contemplado en la ley. Los sistemas de establecimiento de delitos base son variopintos. Hay legislaciones que solo contemplan como delito base al tráfico de drogas (como la legislación chilena bajo la ley 19.936), otros sistemas legales establecen que cualquier delito puede ser base (Alemania, Argentina, México, Holanda, Reino Unido), otros establecen un sistema de catálogo indirecto en virtud del cual solo los delitos graves —delitos cuya comisión se encuentra conminada con una penalidad que satisface cierto umbral— pueden ser base (Australia, Austria, Suiza, Turquía y Venezuela) y, finalmente, existen sistemas de catálogo directo, en virtud del cual se establece un listado exhaustivo de delitos base. Este último es el sistema adoptado por la legislación chilena: los delitos base que dan lugar a la ilicitud de los bienes son parte de un catálogo exhaustivo que cada vez es más extenso. Solo mediante la comisión de alguno de estos delitos es que puede tener lugar la aseveración del carácter ilícito de los bienes conectados con tales conductas.

El catálogo de la Ley 19.913 empezó con unas cuantas figuras típicas para ir incrementándose progresivamente a la luz de sucesivas modificaciones, hasta llegar hoy al centenar de figuras típicas que fungen como delitos base. La extensión del catálogo hace que en el sistema chileno no sea posible reconocer un criterio uniforme que haya guiado el establecimiento de los delitos base sino, a lo sumo, un añadido de criterios que no siempre se aplican consistentemente. El catálogo, de este modo, se conforma con delitos que normalmente se encuentran asociados al crimen organizado, delitos con una penalidad alta, delitos susceptibles de generar grandes sumas de dinero y otros delitos que no necesariamente son reconducibles a las categorías anteriores.

En cuanto a la instancia de comprobación del delito base, este no requiere estar acreditado por medio de una sentencia condenatoria previa y ni siquiera requiere un proceso previo en marcha a ese respecto, sino que basta con que se tenga por comprobado en el mismo proceso en el que se discute la configuración del delito de lavado. Ello se ha regulado de ese modo con la finalidad de facilitar la persecución del delito de lavado de activos, sin que sea un obstáculo el estado procesal en el que se encuentra la investigación del delito base (*cfr.* ALBERTZ, 2020, p. 28).

En lo que respecta al lugar de comisión del delito base la situación más obvia es que esta tenga lugar en territorio nacional. Sin embargo, es posible que los hechos constitutivos del delito base se lleven a cabo en el extranjero, para que con posterioridad los bienes ilícitos provenientes del delito cometido fuera del territorio nacional sean objeto de alguna de las hipótesis de ocultación o contacto en territorio chileno. Así lo dispone el art. 27 inc. 2° de la ley N°19.913 que establece que también se comete el delito de lavado de activos en Chile cuando los bienes de origen ilícito provienen de un delito cometido en el extranjero, con la condición de que ese delito sea punible en su lugar de comisión y que, además, sea constitutivo de alguno de los delitos base del catálogo de la letra a) del artículo 27.

Finalmente, en cuanto a los requisitos de la conducta constitutiva del delito previo para efectos de ser susceptible de generar bienes que sean objeto idóneo de las conductas de lavado, el legislador nacional adscribió al sistema de la accesoriedad media, según lo dispone el inc. 2° del art. 27 de la Ley 19.913. Conforme a ello, no se requiere que la conducta realizada por el autor del delito base sea culpable, sino que basta con que se trate de un hecho típico y antijurídico.

5. TIPO DE OCULTACIÓN DOLOSO

5.1. Tipo objetivo

El art. 27 a) contempla la denominada figura de lavado por ocultación, conminando con pena al que oculte o disimule los bienes indicados en la letra a) del art. 27, esto es, los que provengan directa o indirectamente de algunos de los hechos típicos o antijurídicos del catálogo.

El tipo de ocultación se dirige al que oculte o disimule el origen ilícito de determinados bienes a sabiendas de que provienen, directa o indirectamente, de la perpetración de ciertos delitos y al que a sabiendas de dicho origen oculte o disimule estos bienes, en ambos casos "de cualquier forma" (art. 27 a). En su primera variante la ocultación o disimulación se predica respecto del origen ilícito de los bienes. En esta variante la ocultación es siempre jurídica, ya que el origen de un bien se oculta o disimula mediante la realización de un acto jurídico (creación de una sociedad de fachada, uso de un testaferro, etc.) mediante el cual se aleja el bien maculado del autor del hecho del cual proviene.

En su segunda variante (ocultación o disimulación de los bienes mismos) no se trata de ocultar o disimular el origen de los bienes, sino los bienes mismos, hipótesis respecto de la cual no se justifica una regulación especial en relación con el encubrimiento. En esa línea Del Carpio ha señalado que la ocultación o disimulación del bien no afecta al bien jurídico, si se tiene en cuenta que el delito de lavado intenta evitar que bienes de origen ilícito ingresen en el tráfico económico, lo que no ocurriría en este caso, ya que el bien en cuestión se encuentra inmovilizado (Segovia, 2011, p. 172).

Dicha variante del lavado por ocultación resulta injustificable. Si es que la regulación especial del lavado de dinero frente al encubrimiento tiene alguna justificación debe referirse a la ocultación jurídica, no a la ocultación material. No se ve la razón que justifique que si alguien ha enterrado el botín obtenido el botín de un robo cometido por otro cometa encubrimiento, pero quien entierra el dinero obtenido producto de la venta de acciones en uso de información privilegiada de otro, cometa lavado. Como se señaló, lo que diferencia al lavado del encubrimiento y justifica su regulación especial es el modo de ocultación que se lleva a cabo, a saber, mediante la utilización del sistema económico legal, aparentando, por lo tanto, legalidad.

Adicionalmente, el origen del bien o el bien mismo puede ocultarse o disimularse. La dualidad de verbos utilizado por el legislador no debiera generar mayor complicación. Lo anterior tanto si se considera que ambos términos son sinónimos y que, por lo tanto, cualquier acción que pueda camuflar o esconder el origen del bien será típica (Aránguez, 2000, p. 238), como si se considera que son conductas distintas en términos tales que la ocultación es la conducta base o residual y la disimulación exige un plus consistente en el engaño o la astucia (Prambs, 2005, p. 101; Albertz, 2020, p. 24). Lo que sí debe quedar meridianamente claro es que cuando la ocultación o la disimulación tienen por objeto el origen del bien, estamos frente a conductas constitutivas de actos jurídicos y, en esa medida, intelectuales, por lo que no resulta de recibo distinguir entre una conducta material (ocultación) y una conducta intelectual (disimulación).[8]

5.2. *Tipo subjetivo*

El elemento subjetivo en el lavado por ocultación doloso es doble. De un lado, exige —como en todo delito doloso— el conocimiento de las circunstancias y consecuencias que configuran la realización de la conducta típica. De otro, el conocimiento del origen ilícito de los bienes cuyo origen se oculta o que resultan ellos mismos ocultados.

5.2.1. Conocimiento de las circunstancias y consecuencias de la realización

Esta exigencia del tipo subjetivo se refiere al conocimiento de la idoneidad de la conducta para ocultar o disimular ya sea el origen del bien o el bien mismo (Cfr. Albertz, 2020, p. 26).

---

[8]   Como, por el contrario, se sostiene en Albertz, 2020, p. 24.

5.2.2. Conocimiento del origen ilícito

En cuanto al conocimiento del origen ilícito de los bienes la pregunta más importante que se plantea es la de si, a ese respecto, se requiere dolo directo o si basta con dolo eventual. En este punto el art. 27 a) de la Ley 19.913 exige actuar "a sabiendas" de que los bienes "provienen, directa o indirectamente, de la perpetración de hechos constitutivos de alguno de los delitos [del catálogo]". Según la historia legislativa, la discusión sobre la inclusión de esa cláusula en reemplazo de la original ("sabiendo") versaba sobre la conveniencia de restringir la figura de ocultación a su comisión con dolo directo.[9] Al incluirse el "a sabiendas", por lo tanto, se estaría exigiendo dolo directo.

Si bien hay quienes suscriben ese entendimiento (Manríquez, 2005, p. 327), la mayor parte de la doctrina entiende la cláusula de otro modo, ya sea como indicativa del aspecto cognitivo del dolo (Prambs, 2005, p. 415) del desconocimiento de la antijuridicidad (Martorell, 2003, p. 9) o de la necesidad de que el dolo se pruebe (Albertz, 2020, p. 27). Todas esas aproximaciones llevan a la conclusión de la admisibilidad de la comisión de la figura de ocultación mediante dolo eventual.

La conclusión ha de ser suscrita. Aun tomando en cuenta el tenor de la discusión legislativa, puede haber otros criterios interpretativos que contribuyan a reducir el peso específico de un argumento exclusivamente fundado en la historia de la ley (cfr. Mañalich, 2005, p. 399). Como uno de tales criterios viene en consideración el sistemático. Y es que excluir la comisión con dolo eventual respecto de la figura de ocultación del art. 27 a) llevaría a una situación anómala si se considera que, a su vez, el inciso 4º del mismo artículo sanciona la comisión culposa (por desconocimiento

---

[9]   "La indicación Nº 37, del Honorable Senador señor Espina, exige el conocimiento del origen de los bienes, es decir, el dolo directo, respecto de los verbos rectores contemplados al inicio y al final de esta letra. Para ello, sugiere castigar al 'que de cualquier forma oculte o disimule el origen ilícito de determinados bienes, a sabiendas de que provienen, directa o indirectamente, de la perpetración de hechos constitutivos de alguno de los delitos' que se mencionan, 'o bien, a sabiendas de dicho origen, oculte o disimule estos bienes'.
Las Comisiones Unidas estimaron que, habida consideración de la gravedad de la sanción, de cinco años y un día a quince años, debe exigirse el conocimiento del origen de los bienes. Si bien, en el primer caso, ya se emplea la forma verbal "sabiendo", prefirieron cambiarla por la propuesta en la indicación, cuyo uso ha sido más homogéneo en la legislación." (Historia de la Ley 19.913, p. 203, Informe de la Comisión del Senado).

del origen de los bienes por negligencia inexcusable). Con ello se estaría conminando con pena la comisión del tipo de ocultación con dolo directo y con culpa, pero no su comisión con dolo eventual[10] (en el mismo sentido, Segovia, 2011, p. 183; Albertz, 2020, p. 26 y 27). Por lo demás, también resultaría inconsistente la exclusión del dolo eventual respecto de la figura de ocultación —el tipo paradigmático de lavado— con la inclusión de dicha forma de imputación subjetiva en el tipo de contacto (que solo exige conocimiento), siendo que respecto de ambas figuras se contempla la misma penalidad.

El desaguisado que se suscitaría de seguir la interpretación histórica es fruto de una recurrente técnica legislativa deficitaria consistente en tratar de restringir la excesiva amplitud de un tipo objetivo con supuestas exigencias intensificadas a nivel de tipo subjetivo. Si se tiene consciencia de la extensión desmesurada de un tipo penal lo que correspondería es proceder rigurosa y detalladamente en la descripción de las exigencias objetivas del mismo y no tratar de compensar la desmesura objetiva con mayores exigencias subjetivas. Por lo demás, este es un ejemplo de por qué no hay que recurrir a la voluntad del legislador como instrumento de interpretación como palabra final. Las intenciones del legislador no siempre pueden zanjar un debate interpretativo. Por de pronto ello no ocurrirá cuando a una expresión lingüística se le confiera un contenido que resulta disruptivo en el marco de la sistemática del tipo penal.

En cuanto al momento del conocimiento, este ha de tener lugar, como es común, al momento de la realización de la conducta típica. El conocimiento adquirido con posterioridad es irrelevante para efectos del dolo. (cfr., Blanco Cordero, 1999, p. 254; Albertz, 2020, p. 26).

5.2.3. El error de tipo en el lavado

La contracara del dolo es el error de tipo, esto es, el desconocimiento o el conocimiento deficitario de las circunstancias del tipo objetivo. A este

---

[10] A este respecto no cabría considerar comprendida la comisión con dolo eventual en la figura culposa, toda vez que la diferencia entre dolo (eventual) y culpa (consciente) no es gradual sino categorial. Estas formas de atribución se diferencian por el contenido de la representación atribuible al potencial autor. (Cfr., Mañalich, 2020, p. 14). Si no existe una representación que permita evitar la realización del tipo, sino solo una situación de exigibilidad de adoptar ciertos deberes de cuidado para estar en la posición de evitar por haber conocido, no puede venir en consideración el dolo (eventual).

respecto cabe situarse en algunas hipótesis que podrían generar dudas. En primer lugar y obviamente, si se desconoce el origen ilícito de los bienes, estaremos frente a una hipótesis de error de tipo que excluye el dolo. De igual modo, si alguien conoce el origen ilícito de un bien, pero se ha representado erróneamente que los bienes provienen de un delito que no se encuentra en el catálogo, también habrá de afirmarse error de tipo (cfr., Durrieu, 2017, p. 395), toda vez que a nivel de tipo subjetivo se requiere conocimiento de la procedencia de los bienes de uno de los delitos del catálogo. Distinta es la circunstancia de quien se representa que el origen del bien se encuentra en un delito del catálogo distinto del que proviene en realidad, caso en el que no es posible afirmar error de tipo (cfr, Durrieu, 2017, p. 396), ya que se tiene conocimiento del origen ilícito exigido por la ley. Finalmente, también cabría representarse la posibilidad de un error sobre el vínculo específico entre el bien y el delito porque, por ejemplo, el sujeto, con consciencia del origen ilícito, no ha tenido, sin embargo, cabal conocimiento de las conversiones o transformaciones que ha experimentado el bien, caso en el que se niega error de tipo, ya que el agente ha conocido, de todos modos, aquello que debe conocer, esto es, que los bienes tenían el origen ilícito exigido por la ley (cfr. Durrieu, 2017, p. 397).

5.2.4. Prueba del conocimiento. Los indicios

Como es normal en todo delito doloso, el conocimiento rara vez se prueba de forma directa, sino a partir de las circunstancias que rodean al hecho. A pesar de lo trivial de dicha constatación, en materia de lavado existe una recurrente referencia en las respectivas regulaciones a la admisibilidad de la prueba de indicios, circunstancial o indirecta para efectos de probar el conocimiento del origen ilícito del bien. En efecto, múltiples regulaciones internacionales[11] como comparadas[12] hacen referencia a ello. Más interesante que la constatación de la admisibilidad de la prueba de indicios es referir a situaciones que podrían ser indiciarias del conocimiento del origen ilícito de los bienes. Entre ellas se pueden nombrar el contexto general del caso, la perpetración sistemática y repetitiva de actos de *smurfing*,[13] el uso abusivo y reiterado de corporaciones *off-shore* domiciliadas en

---

[11]   Por ejemplo, el art. 3.3. de la Convención de Viena, el art. 6.2.c de la Convención de Estrasburgo, la Directiva de la Comunidad Europea 2005/60/CE y el Convenio de Varsovia.

[12]   Por ejemplo, Argentina, Canadá, España, Holanda y Austria.

[13]   El *smurfing* o —en español— el pitufeo, consiste en depositar sumas de dinero menores en distintas cuentas corrientes.

paraísos fiscales, la existencia de movimientos contables injustificados y la administración y uso de los bienes directa o indirectamente vinculados con la comisión de un delito (Durrieu, 2017, p. 399).

6. EL TIPO DE CONTACTO DOLOSO

6.1. Tipo objetivo

El art. 27 b) contempla la denominada figura de lavado por contacto o aislamiento, conminando con pena al que adquiera, posea, tenga o use los bienes indicados en la letra a) del art. 27, esto es, aquellos que provengan directa o indirectamente de la perpetración de alguno de los hechos típicos del catálogo.

Con el establecimiento de los verbos "adquirir", "poseer", "tener", "usar" se incluye un amplio espectro de contactos conscientes con bienes maculados. La redacción es notablemente amplia.

6.2. Tipo subjetivo

El tipo subjetivo del delito de lavado de activos en la modalidad de contacto dolosa supone el conocimiento de que se están adquiriendo, poseyendo, teniendo o usando los bienes respectivos y el conocimiento del origen ilícito de los bienes. Adicionalmente se requiere ánimo de lucro.

6.2.1. Conocimiento de las circunstancias y consecuencias de la conducta realizada

Como en todo delito también en el lavado por contacto doloso se requiere conocimiento de las circunstancias y consecuencias de la conducta que se está realizando. Esto se traduce simplemente en el conocimiento de que se está adquiriendo, poseyendo, teniendo o usando.

6.2.2. Conocimiento del origen ilícito

A este respecto se remite al lector a la sección en la que se abordó el conocimiento del origen ilícito en relación con el tipo subjetivo del tipo de ocultación.[14] El conocimiento del origen ilícito de los bienes consiste en

---

[14]   *Vid., supra*, 5.2.2.

un elemento subjetivo de la mano del cual se requiere que quien adquiera, posea, tenga o use los bienes de origen ilícito sepa que provienen de la comisión de uno de los delitos base del catálogo de la letra a) del artículo 27 de la ley N°19.913. Este conocimiento debe existir al momento de la recepción de los bienes, lo que es exigido explícitamente por el legislador ("cuando al momento de recibirlos ha conocido el origen"), de modo tal que, si el conocimiento se adquiere con posterioridad al primer contacto con el bien, este requisito típico no se verifica.

6.2.3. Ánimo de lucro

El ánimo de lucro es un elemento subjetivo del tipo que supone que el sujeto que comete el delito de lavado de dinero en la hipótesis de contacto debe tener la intención de obtener algún beneficio, ventaja, utilidad o satisfacción económica por la conducta de contacto. No es necesario, por lo tanto, que quien cometa el delito obtenga efectivamente tal beneficio, ventaja, utilidad o satisfacción, bastando la sola intención de obtenerlo. (Prambs, 2005, p. 473).

Si bien buena parte de la doctrina (por ejemplo, Albertz, 2020, p. 34) señala —haciéndose eco de una comprensión generalizada en la interpretación de los tipos de hurto y robo— que el ánimo de lucro puede ser para sí o para un tercero (Albertz, 2020, p. 34), Prambs se opone a ello alegando que el beneficio buscado solo debe ceder en favor del propio sujeto que realiza la respectiva conducta de contacto. Lo anterior se sostiene en base a una interpretación literal no fundamentada ulteriormente (*vid.* Prambs, 2005, p. 472 y 473).

También de forma solitaria, Prambs señala que hay que diferenciar el ánimo de lucro del ánimo de hacerse pago, sosteniendo que no comete lavado por contacto, por falta de ánimo de lucro, quien recibe bienes de origen ilícito como contraprestación de servicios ya realizados, en la medida que no se trate de una maniobra de ocultación o disimulación (Prambs, 2005, p. 474).

7. OCULTACIÓN Y CONTACTO CULPOSO

El tratamiento de esta cuestión exige una precisión terminológica previa. El así llamado lavado culposo no se refiere a la realización de una conducta de ocultación o de contacto imprudente. Es decir, no se refiere a la situación en la que se encuentra quien no sabe que está realizando una conducta apta para ocultar, disimular o para entrar en contacto con un bien respecto del cual conoce su origen ilícito. Antes bien, se refiere exclusivamente al desconocimiento imputable del origen ilícito de los bienes. Así, y a pesar de su denominación, el lavado imprudente es doloso en relación con la realización de la conducta de ocultación o contacto, es decir, se ha tener conocimiento respecto de la aptitud de la conducta realizada, pero es imprudente en relación con el conocimiento del origen ilícito de los bienes sobre los que recae la conducta típica. La explicación de la terminología podría radicar en que la cuestión del conocimiento más relevante radica en el conocimiento del origen ilícito de los bienes.

En Chile, hasta antes de la reforma de febrero de 2015,[15] el lavado imprudente solo podía serlo por ocultación.[16] A partir de dicha reforma se pasó a conminar con pena —también— al lavado por contacto imprudente. En efecto, el art. 27 de la Ley 19.913, en su inciso cuarto, establece una penalidad morigerada para la circunstancia consistente en que "el autor de alguna de las conductas descritas en las letras a) [ocultación] o b) [contacto] no ha conocido el origen por negligencia inexcusable […]." Esta figura tiene lugar cuando el sujeto activo no tiene conocimiento respecto del origen ilícito de los bienes, pero de modo tal que ese desconocimiento le es imputable por no haberse prodigado la información que le hubiera permitido estar en condiciones de evitar la realización del hecho punible.

7.1. *Sujeto activo*

Se ha planteado la pregunta sobre si la norma de comportamiento del lavado imprudente solo puede ser imputable a los sujetos obligados a reportar operaciones sospechosas señalados en el art. 3 de la Ley 19.913, o si, por el contrario, puede ser imputada a cualquiera.

Quienes sostienen que se trata de delitos que solo pueden ser cometidos por algunos sujetos determinados fundamentan su postura bajo el argumento consistente en que solo puede ser autor aquel que tiene el deber de velar por la transparencia del mercado o del orden público económico, viniendo en consideración principalmente a este respecto, los sujetos obligados a reportar operaciones sospechosas (Manríquez, 2005, p. 17). De

---

[15]   Ley 20.818.

[16]   Al respecto se señaló en la historia de la ley que "[l]a comisión aceptó aprobar la sanción a la negligencia inexcusable, pero limitada a los casos de mayor gravedad, como son las conductas de la letra a)" (Primer informe de la Comisión de Constitución...del Senado).

otro lado, se ha señalado que exigir un deber de conocimiento más allá de los sujetos obligados, esto es, a todos los ciudadanos, implicaría exigirles a ellos y no solo a aquellos que están en una especial situación de resguardo, ciertos deberes especiales en orden a que el sistema económico no sea utilizado por blanqueadores (Albertz, 2020, p 37).

Dichos argumentos no resultan de recibo. El razonamiento consistente en que solo algunos sujetos y no todos los ciudadanos tienen un deber relevante a este respecto es circular. Es justamente la cuestión de la existencia o inexistencia de un deber lo que se debe responder. A este respecto bien podría sostenerse que la norma que tipifica el lavado imprudente no se limita a establecer una sanción penal que se aplica accesoriamente a quienes haya infringido algún deber extrapenal (los sujetos obligados a reportar) sino que, por el contrario, ha establecido una norma de comportamiento (no ocultar, disimular o entrar en contacto con bienes de origen ilícito cuando no se ha conocido dicho origen por negligencia inexcusable) que tiene como destinatario a cualquier sujeto. Es dicha disposición la que establecería (al modo de una norma constitutiva) la obligación —en principio para todos— de adoptar los mínimos resguardos para cuando se realiza alguna de las conductas descritas en el tipo penal en relación con bienes de origen ilícito. Desde esta perspectiva se podría argumentar que efectivamente la norma establece un deber de nuevo cuño para todos los ciudadanos, lo que al intérprete no le cabe sino constatar. De otro lado, hay que distinguir claramente cuestiones de legitimación o conveniencia de la regulación —que puede tener lugar en el marco de un discurso de *lege ferenda*— con el análisis dogmático del tipo penal —un discurso de *lege lata*—.

Sin embargo y más allá de las divergencias en cuanto a la fundamentación, la conclusión de la tesis restrictiva es correcta. La negligencia inexcusable solo se predica respecto de sujetos que desempeñan cierto rol y no respecto de cualquier ciudadano en cuanto tal. El argumento para sostener aquello radica en la elección del vocablo utilizado por legislador para referir la culpa, a saber, "negligencia". En contraposición con parte de la doctrina, que equipara los conceptos de imprudencia y negligencia (Cury, p. 345; Garrido, p. 226), cabe señalar ello no es correcto. Como convincentemente muestra Reyes, a partir de un detallado análisis de todas las disposiciones pertinentes del Código penal, "la negligencia se refiere a contextos en donde existen exigencias especiales de conducta para un grupo preciso de sujeto, y la imprudencia a contextos en donde sólo existen exigencias generales" (Reyes, 2016, p. 260 y ss.). En el caso de la negligencia, por lo tanto, "los estándares de cuidado están definidos en función al desempeño de determinados roles" (Mañalich, 2005, p. 416). En otros términos, la voz "negligencia" alude a "la falta de un deber específico de cuidado en relación a la actividad o función propia de [l]a persona." (Bustos, 2006, p. 49 y 50). De este modo, solo quienes desempeñen un rol que les imponga la averiguación en relación con el origen ilícito de los bienes pueden cometer el delito del lavado negligente. Entre ellos vienen en consideración, en primera línea, los sujetos obligados a reportar operaciones sospechosas, pero caso a caso podría aseverarse que un sujeto distinto a ellos, en función de su rol, pudiera verse alcanzado por el deber de averiguación que impone la norma.

Ahora bien, el tratamiento de esta cuestión ha adolecido de un defecto, de planteamiento, a saber, el de formular pregunta como una cuestión de la naturaleza del tipo objetivo, es decir, de si se trata de un delito especial o de un delito común (como lo hacen Segovia, 2009, p. 206; Torres, 2013, p. 212, y Albertz, 2020, p. 35). Dicho planteamiento es incorrecto. Como señala Reyes la cuestión de si un delito es especial, lo que viene dado por el quebrantamiento de una norma especial (*id. est*: que solo tiene como destinatarios a sujetos que ostentan un determinado estatus), es parte del análisis de la tipicidad objetiva, esto es, de la norma prohibitiva o de mandato. Es en la descripción de dicha norma (tipo objetivo) que se exige que la conducta respectiva pueda ser realizada por determinados sujetos. Las disposiciones que autorizan la punibilidad de normas de falta de cuidado, en cambio, no pueden entenderse como normas de comportamiento adicionales sino como criterios de imputación (del quebrantamiento de una norma de comportamiento) y no, por lo tanto, como normas de comportamiento, por lo que no forman parte de la tipicidad objetiva (cfr., Reyes, 2016, p. 263 y 264). De este modo, el recurso a la noción de negligencia en el marco del tipo de lavado culposo no indica que la norma de comportamiento solo vaya dirigida a determinados sujetos (especiales) sino solo que la configuración de la exigencia de cuidado toma en consideración el estatus del sujeto (cfr. Reyes, 2016, p. 264).

De otro lado, e independiente de lo anterior, es difícilmente concebible que esta hipótesis pueda ser cometida por el autor del delito previo, esto es, en la hipótesis de autolavado, toda vez que quien comete el delito previo tiene conocimiento del origen de los bienes (cfr., Albertz, 2020, p. 35). El dolo del delito base implicaría, por lo tanto, el conocimiento del origen de los bienes.

7.2. El estándar de cuidado

La culpa alude "a la comprobación de que, si bien un sujeto no estaba capacitado para evitar una conducta que satisface la descripción típica, sí estaba capacitado para evitar tal situación de incapacidad" (Reyes, 2016, p. 246). El reproche por lavado culposo, por lo tanto, se concreta en no haber realizado actividades de averiguación del origen ilícito del bien sobre el que recae la conducta típica. La fórmula utilizada por el legislador consiste en la alusión a la "negligencia inexcusable". Como respecto de todo delito culposo la pregunta crucial radica en la determinación de los deberes de cuidado cuya infracción da lugar a la comisión imprudente. La primera cuestión en este punto es la del grado de intensidad de la infracción deber de cuidado exigido por la norma. Como se sabe, el legislador chileno distingue fundamentalmente entre dos clases de culpa, a saber, la mera imprudencia o negligencia, de un lado, y la imprudencia temeraria o inexcusable, de otro. El último par de la distinción corresponde a la inobservancia de las precauciones más básicas y elementales en el ámbito del que se trate. Más específicamente —y en lo relevante para esta contribución— el término "inexcusable" alude a los criterios de negligencia que implican exigencias especiales de cuidado, refiriendo al quebrantamiento de una exigencia básica de cuidado por parte de quienes que están especialmente vinculados a ella (cfr., Reyes, 2016, p. 275).

Respecto de los sujetos obligados a reportar operaciones sospechosas, justamente el concepto de tal operación ofrece un parámetro para apreciar que el sujeto está en situación de realizar alguna averiguación (cfr. Torres, 2013, p. 209). A este respecto cabe señalar que la expresión "operación sospechosa" se define en el art. 3 de la Ley 19.913 como "todo acto, operación o transacción que, de acuerdo con los usos y costumbres de la actividad de que se trate, resulte inusual o carente de justificación económica o jurídica aparente [...]." Adicionalmente, la Unidad de Análisis Financiero, para ciertos sectores económicos en los que se desempeñan las sujetos obligados a reportar, ha dictado instructivos que establecen deberes de cuidado. Pues bien, cuando uno de dichos sujetos haya omitido las averiguaciones más básicas que el deber de cuidado le impone dada su situación, estaríamos frente a la posibilidad de aseverar negligencia inexcusable.

7.3. ¿Razonabilidad de la tipificación del lavado culposo?

La figura del lavado culposo ha sido objeto de críticas. En esa línea se ha dicho que no respeta el principio de *ultima ratio* del Derecho penal, ya que se podría hacer frente a la conducta del lavado culposo por vías menos severas de control estatal tal como, por ejemplo, ocurre en Argentina, jurisdicción en la que el lavado culposo se sanciona en el marco del sistema preventivo-regulatorio antilavado. De la mano de lo anterior, se ha señalado que el tipo de lavado culposo obedece a un mero afán de condenar más fácil ante la dificultad probatoria que enfrenta la acusación en la prueba del conocimiento del origen ilícito de los bienes (*vid.*, por todos, Durrieu, p. 400 y ss.).

8. PENALIDAD

La regulación del lavado en Chile establece una penalidad equivalente para el lavado por ocultación y para el lavado por contacto, decisión que ciertamente puede ser cuestionada dada la menor afectación al bien jurídico que implica la segunda respecto de la primera. El legislador sí distingue, como resulta natural, entre el lavado doloso y el lavado imprudente.

Así, las figuras de lavado por ocultación y contacto dolosos están conminadas con una pena de presidio mayor en sus grados mínimo a medio y multa de 200 a 1.000 UTM (art. 27 inc. 1). Las figuras por ocultación y contacto imprudentes, en tanto, están conminadas con una pena rebajada en dos grados respecto del lavado doloso (art. 27 inc. 4).

Una cláusula peculiar a la luz de la regulación comparada es la que establece el inciso final del art. 27 de la Ley 19.913, según el cual "[e]n todo caso, la pena privativa de libertad aplicable en los casos de las letras a) y b) no podrá exceder la pena mayor que la ley asigna al autor del crimen o simple delito del cual provienen los bienes objeto del delito contemplado en este artículo." Dicha disposición tuvo el objetivo, declarado por parte del Ministerio Público en la discusión legislativa de la Ley 20.818, de aumentar el número de condenas por lavado.[17]

9. EL LAVADO DE DINERO COMO DELITO ECONÓMICO

La ley 21.595, Ley de Delitos Económicos (en adelante, "LDE"), establece un sistema de consecuencias jurídicas para los delitos económicos y modifica sustancialmente el régimen de responsabilidad penal de la persona jurídica. En relación con lo primero, la LDE establece: a) un nuevo sistema de determinación de penas, con atenuantes y agravantes especialmente pensadas para este tipo de criminalidad; b) un nuevo régimen de penas sustitutivas, que elimina la aplicación de la libertad vigilada intensiva para estos delitos lo que, sumado a otros factores, implicará un mayor

---

[17] Historia de la Ley 20.818, pp. 193-194; 265-267.

cumplimiento efectivo de las penas impuestas; c) un nuevo régimen de determinación de multas, que adopta el sistema de días-multa, d) un nuevo régimen del comiso, y e) un nuevo régimen de inhabilitaciones. Junto con ello, la LDE también amplía considerablemente el catálogo de delitos que pueden ser cometidos por una persona jurídica y modifica, a ese respecto, los presupuestos de imputación a la persona jurídica, así como las consecuencias jurídicas aplicables.

Para efectos de la determinación de qué cuenta como delito económico, la LDE establece cuatro categorías. La primera categoría se conforma por delitos que siempre serán considerados como económicos (art. 1 LDE), tratándose, por lo tanto, de delitos absoluta o incondicionalmente económicos. Las categorías segunda y tercera, en tanto, se conforman por delitos relativa o condicionalmente económicos. Se trata de delitos que, por sí solos, no son económicos a menos que se verifique un factor de conexión con una empresa. Así, la segunda categoría la integran delitos que se considerarán como económicos siempre que el hecho fuere perpetrado en ejercicio de un cargo, función o posición en una empresa, o cuando lo fuere en beneficio económico o de otra naturaleza para una empresa (art. 2 LDE). La tercera categoría, en tanto, la conforman delitos funcionarios que se considerarán como económicos siempre que en la perpetración del hecho hubiere intervenido alguien en ejercicio de un cargo, función o posición en una empresa, o cuando el hecho fuere perpetrado en beneficio económico o de otra naturaleza para una empresa. (art. 3 LDE). La cuarta categoría, en fin, se integra por los delitos de receptación y lavado de dinero.

El lavado será considerado como delito económico bajo dos hipótesis que comparten un supuesto común, a saber, que el delito del cual provienen los bienes integre tanto el catálogo de delitos base del art. 27 de la Ley 19.913 como el catálogo de los artículos 1, 2 y 3 de la LDE. Ahora bien, considerando lo anterior, el lavado puede ser accesoriamente económico o relativamente económico para la LDE. El lavado será *accesoriamente económico* cuando los bienes que son objeto de algunas de las conductas de lavado provienen de la perpetración de un hecho *considerado como económico* conforme a las categorías primera, segunda o tercera de la LDE (art. 4 Nºs 1 y 2 LDE). El lavado será *relativamente económico*, en tanto, cuando los bienes que son objeto de alguna de las conductas de lavado provienen de un hecho constitutivo de alguno de los delitos de la segunda o tercera categoría pero que *no es considerado económico* conforme a la LDE, siempre que —como se verá— se verifique un factor de conexión del lavado con una empresa. La circunstancia de que un hecho sea constitutivo de alguno de los de los delitos de la segunda o tercera categorías pero que, sin embargo, no sea considerado económico puede tener lugar en dos casos. Primero, cuando el hecho constitutivo de alguno de los delitos de la segunda o tercera categoría se perpetró sin que existiera un factor de conexión con una empresa. Segundo, cuando dicho hecho se perpetró en el contexto o en beneficio de una empresa de aquellas que resultan excluidas de la aplicación de la LDE, a saber, micro o pequeñas empresas conforme al artículo segundo de la Ley N° 20.416" (art. 6 LDE). Ahora bien, como en esta tesitura el delito de lavado es relativamente económico se requiere un factor de conexión del lavado con una empresa de aquellas a las que se aplica esta ley (las que no sea micro o pequeñas empresas), el que viene dado porque el lavado mismo se perpetra ya sea en ejercicio de un cargo, función o posición en una empresa, ya sea en beneficio de la empresa (art. 4 N° 3 LDE).

Bibliografía

ALBERTZ, Pablo, *Delito de lavado de activos y deberes positivos*, segunda edición, DER Ediciones, 2020.

ARÁNGUEZ, Carlos, *El delito de blanqueo de capitales*, Marcial Pons, 200Bajo, Miguel/ Bacigalupo, Silvina, *Derecho penal económico*, Centro de Estudios Ramón Areces, 2001.

BARTON, Stephan, "Sozial übliche Geschäftstätigkeit und Geldwäsche (§ 261 StGB)", en *Strafverteidiger*, 1993.

BLANCO CORDERO, Isidro, *El delito de blanqueo de capitales*, 3ª ed., Thomson Reuters ARANZADI, 2012.

BOTTKE, Wilfried, "Teleologie und Effektivität der Normen gegen Geldwäsche", en *Zeitschrift für Wirtschafts— und Steuerstrafrecht*, 1995.Burr, Christian, *Geldwäsche. Eine Untersuchung zu § 261 StGB*, Republica Verlag, 1995.

BUSTOS, Juan, *El delito culposo Editorial Jurídica*, 2006.

CONTRERAS, Marcos, "Blanqueo de capitales y honorarios del defensor en el Derecho alemán", en *Indret*, 3/2018.

CURY, Enrique, *Derecho penal, parte general*, 7ª ed., Ediciones Universidad Católica, 2005.

DIETMEIER, Frank, "Geldwäsche, Verschleierung unrechtmäßig erlangter Vermögenswerte", en Matt *et al.* (eds.), *Strafgesetzbuch Kommentar*, Verlag Franz Vahlen, 2013.

DURRIEU, Roberto, *La ganancia económica del delito. Lavado de dinero, decomiso y financiamiento del crimen organizado y del terrorismo*, Marcial Pons, 2017.

FERNANDEZ, Lovell /HEINRICH, Bernd, "Die Strafbarkeit des Strafverteidigers wegen Geldwäsche durch Annahme des Honorars nach südafrikanischem und deutschem Recht", en *Zeitschrift für die gesamte Strafrechtswissenschaft*, (126), t. II, 2014.

GARRIDO, Mario, *Derecho Penal. Parte Especial*, 4ª ed., Santiago, Editorial Jurídica de Chile, 2005.

HERNÁNDEZ, Héctor, "Límites del tipo objetivo de lavado de dinero", en RODRÍGUEZ COLLAO, Luis (coord.), *Delito, Pena y Proceso. Libro homenaje a la memoria del profesor Tito Solari Peralta*, Editorial Jurídica de Chile, 2008.

JAHN, Matthias, "§ 261", en Satzger *et al*, *SSW-StGB*, 2009.

JAHN, Matthias /EBNER, Markus, "Die Anschlussdelikte – Geldwäsche (§§ 261-262 StGB)", *JuS*, 2009.

KARGL, Walter, "Probleme des Tatbestands der Geldwäsche (§ 261 StGB)", en *Neue Justiz*, 2001.

KINDHÄUSER, Urs, *Gefährdung als Straftat*, Vittorio Klostermann, 1989.

KINDHÄUSER, Urs, "Rechtsgüterschutz durch Gefährdungsdelikte", en AMELUNG *et al*. (eds.), *Festschrift für Volker Krey zum 70. Geburtstag*, W. Kohlhammer, 2010.

KÖRNER, Harald Hans/DACH, Eberhard, *Geldwäsche. Ein Leitfaden zum geltenden Recht*, Verlag C.H. Beck, 1994.

LACKNER, Karl, "§ 261 Geldwäsche; Verschleierung unrechtmäßig erlangter Vermögenswertes", en Lackner *et al*, *Strafgeseztbuch Kommentar*, C.H. Beck, 2011.

LAMPE, Ernst-Joachim, "Der neue Tatbestand der Geldwäsche (§ 261 StGB)", en *Juristen Zeitung*, 1994.

LEIP, Carsten, *Der Straftatbestand der Geldwäsche. Zur Auslegung des § 261 StGB*, Nomos Verlagsgesellschaft, 1995.

NEUHEUSER, Stephan, "§ 261 Geldwäsche; Verschleierung unrechtmäßig erlangter Vermögenswerte," en JOECKS *et al*., *Münchener Kommentar Strafgesetzbuch*, t. IV, C.H. Beck, 2012.

MAIWALD, Manfred, "Auslegungsprobleme im Tatbestand der Geldwäsche»", en WEIGEND *et al*. (eds.), *Festschrift für Hans Joachim Hirsch zum 70. Geburtstag am 11*, Walter de Gruyter, 1999.

MANRÍQUEZ, Juan Carlos, "Delito de blanqueo y lavado de activos, en el marco de operaciones sospechosas. Notas sobre la Ley N° 19.913, que crea la Unidad de Análisis Financiero (UAF)", en *Revista Escuela de Derecho Universidad del Mar*, 2005.

MAÑALICH, Juan Pablo, "Condiciones generales de la punibilidad", en *Revista de Derecho de la Universidad Adolfo Ibáñez*, N° 2, 2005.

MAÑALICH, Juan Pablo, "El dolo como creencia predictiva", en *Revista de Ciencias Penales*, Sexta Época, Vol. XLVII, 1er Semestre (2020).

MARTORELL, Daniel, "Comentarios sobre la Ley N° 19.913, que crea la Unidad de Análisis Financiero y sanciona el blanqueo de activos", en *Revista de Derecho Consejo de Defensa del Estado*, N ° 10, 2003.

MATUS, Jean Pierre, "Informe sobre Algunos Aspectos Sustantivos y Procesales del Delito de Lavado de Dinero del Art. 12 de la Ley 19.936" en *Revista Ius et Praxis*, Año 10, N° 2, 2004.

MEHLHORN, Sven, *Der Strafverteidiger als Geldwäscher*, Nomos Verlagsgesellschaft, 2004.

MITSCH, Wolfgang, *Strafrecht Besonderer Teil 2 (Vermögensdelikte [Randbereich]/Teilband 2)*, Springer-Verlag, 2001.

MOLINA, Fernando: "¿Qué se protege en el delito de blanqueo de capitales?: Reflexiones sobre un bien jurídico problemático y a la vez aproximación a la 'participación' en el delito", en Bajo/Bacigalupo, *Política criminal y blanqueo de capitales,* Marcial Pons, 2009.

OTTO, Harro, *Grundkurs Strafrecht. Die einzelnen Delikte,* 7ª ed., De Gruyter Recht, 2005.

PASTOR, Nuria, "Aproximación a los delitos de posesión y a los delitos de pertenencia", en SCHRODER *et al* (coord.), *Delitos de posesión y tenencia,* Ad-Hoc, 2016.

PÉREZ MANZANO, Mercedes, "Neutralidad delictiva y blanqueo de capitales: el ejercicio de la abogacía y la tipicidad del delito de blanqueo de capitales", en BAJO/BACIGALUPO, *Política criminal y blanqueo de capitales,* Marcial Pons, 2009.

PRITTWITZ, Cornelius, "Die Geldwäsche und ihre strafrechtliche Bekämpfung – oder: Zum Einzug des Lobbyismus in die Kriminalpolitik", en *Strafverteidiger*, 1993.

REYES, Ítalo, "Una aproximación a la imputación a título de imprudencia en el Código penal chileno", en *Revista de Derecho de la Pontificia Universidad Católica de Valparaíso*, XVLII, 2º semestre de 2016.

ROXIN, Claus, "Los delitos de tenencia", en SCHRODER *et al* (coord..), *Delitos de posesión y tenencia,* Ad-Hoc, 2016.

SEGOVIA, Antonio, "Absolución por el delito de lavado culposo contenido y límites del concepto de 'negligencia inexcusable', en *Revista Jurídica del Ministerio Público,* Nº 39, 2009.

SEGOVIA, Antonio, "La figura de ocultamiento en el delito de lavado de dinero", en *Revista Jurídica del Ministerio Público,* Nº 46, 2011.

SCHITTENHELM, Ulrike, "Alte und neue Probleme der Anschlußdelikte im Lichte der Geldwäsche", en ESER, Albin *et al.* (eds.), *Festschrift für Theodor Lenckner,* C.H. Beck`sche Verlagsbuchhandlung, 1998.

SCHMIDT, Wilhelm/KRAUSE, Juliane, "§ 261 Geldwäsche; Verschleierung unrechtmäßig erlangter Vermögenswerte", en LAUFHÜTTE *et al.* (eds.), *Leipziger Kommentar StGB,* t. VIII, De Gruyter, 2010.

SCHRÖDER, Christian / BERGMANN, Marcus, *Warum die Selbstgeldwäsche straffrei bleiben muss,* BMV, 2013.

SPISKE, Wolfgang, "*Pecunia olet? Der neue Geldwäschetatbestand § 261 StGB im Verhältnis zu den §§ 257, 258, 259 StGB, insbesondere zur straflosen Ersatzhehlerei*", Peter Lang, 1998.

STRUENSEE, Eberhard, "Los delitos de tenencia", en SCHRODER *et al* (coord.), *Delitos de posesión y tenencia,* Ad-Hoc, 2016.

TORRES, Angélica, "Algunas consideraciones sobre el delito de lavado de dinero cometido con negligencia inexcusable", en *Revista Jurídica del Ministerio Público,* Nº 57, diciembre de 2013.

VOGEL, JOACHIM, "Geldwäsche – ein europaweit harmonisierter Straftatbestand?", *Zeitschrift für die gesamte Strafrechtswissenschaft* (109), t. II, 1997.

WESSELS Johannes/HILLENKAMP, Thomas, *Strafrecht Besonderer Teil 2. Straftaten gegen Vermögenswerte,* 36ª ed., C.F. Müller, 2013.

Capítulo XVI
Los delitos tributarios y contables

Marcelo Hadwa Issa
Doctor en Derecho. Abogado

I. UBICACIÓN SISTEMÁTICA

A diferencia de legislaciones comparadas que por lo general contienen un número reducido de figuras penales tributarias (generalmente menos de cuatro), la nuestra ha sido en exceso prolífica e imaginativa a la hora de su tipificación. A su multiplicidad, y excesivo casuismo, se suma el uso de formulaciones técnicas muchas veces poco claras, sobreabundantes e incluso repartidas en distintos cuerpos normativos, como el Código Tributario (CT), La Ley del Impuesto a la Renta (LIR), la Ley de Herencia y Donaciones (LHyD), La Ley Sobre Impuesto a las Ventas y Servicios (Ley del IVA), al igual que en leyes misceláneas. Pero por su representatividad e incidencia en la *praxis*, aquí solo se analizarán las figuras penales contenidas en los incisos 1°, 2° y 3° del art. 97 N° 4 CT y en el art. 97 N° 5 CT, que se encuentran dentro del Título denominado "De las infracciones y sanciones, Párrafo 1° "De los contribuyentes u otros obligados", de dicho texto legal.

Sin perjuicio de que al momento de analizar cada una de esas figuras en forma particular se puedan realizar mayores precisiones, matizaciones y desarrollos, por consideraciones de orden se hará a continuación una referencia a las notas comunes y al bien jurídico protegido de los delitos tributarios.

II. NOTAS COMUNES

(a) *Delitos tributarios como delitos económicos.* Los delitos tributarios han sido apuntados por la doctrina como el paradigma de lo que debemos entender por delito económico. Por otro lado, parte de los delitos de carácter fiscal que contempla nuestro ordenamiento jurídico (especialmente aquellos de gran relevancia práctica y político criminal) fueron considerados como delitos económicos e incorporados a la clasificación designada como

"Segunda Categoría", en el art. 2 de la Ley 21.595, denominada Ley de Delitos Económicos (LDE), que fue publicada el 17 de agosto de 2023. Estos delitos, de acuerdo al art. 2 N° 2 de dicha ley, son aquellos tipificados en el inc. 4° del art. 8 ter; en los números 4, 5, 8, 9, 12, 13, 14, 18, 22, 23, 24, 25 y 26 del art. 97, y en el art. 100, todos del Código Tributario.

(b) *Delitos tributarios como normas penales en blanco.* Que una figura penal tributaria sea una norma penal en blanco supone que para complementarse se hace preciso recurrir a la normativa fiscal genérica correspondiente, en tanto, que aquella no describe todos los elementos que integran la conducta que se reprime. La norma tributaria extrapenal de complemento es la que establece el hecho imponible, las obligaciones fiscales y el tributo asociado al mismo, y que en definitiva permite contemplar la total conceptualización del tipo penal.

(c) *De la relación jurídica tributaria.* De lo señalado anteriormente se desprende que la nota común que diferencia a los delitos tributarios de otros delitos económicos, es la necesaria existencia de una *relación jurídico-tributaria* que vincula obligacionalmente al contribuyente u obligado tributario con la Hacienda Pública. Esta relación, que constituye uno de los presupuestos típicos del delito, surge —aunque no exclusivamente— como consecuencia de la realización de un determinado supuesto de hecho, comúnmente denominado por la doctrina y la legislación tributaria como *hecho gravado*. Y que no es otra cosa que la tipificación o descripción que realiza el legislador fiscal de los hechos o actos jurídicos cuya materialización o generación traen asociados el deber de cumplir determinadas obligaciones por parte del contribuyente. Este tipo de obligaciones han sido dividas por la doctrina fiscal entre *principales* y *accesorias*.

Las primeras se refieren al deber de pagar los impuestos, en tanto que las segundas, instrumentales a las primeras, dicen relación con la obligación de cumplir determinadas formalidades que permiten a la Hacienda Pública determinar, fiscalizar y recaudar los impuestos (por ejemplo, realizar el trámite de inicio de actividades ante el Servicio de Impuestos Internos (SII), llevar contabilidad completa o simplificada, según sea el caso, emitir boletas o facturas y declarar los impuestos, entre muchas otras). El cumplimiento de las obligaciones tributarias se traduce, en definitiva, en la necesidad de que el contribuyente u obligado tributario coopere en una operación de *registro* (mantener la información contable necesaria para permitir fiscalizar su situación tributaria), de *calificación* (qué impuesto se aplica/tipo de impuesto), de *cuantificación* (el monto total que debe pagar el contribuyente como resultado del proceso de autoliquidación del impuesto) y de *declaración y pago* (generalmente simultáneo) del impuesto al cual se encuentra sujeto el contribuyente según su actividad económica.

III. EL BIEN JURÍDICO PROTEGIDO

En el intento por localizar al bien jurídico protegido por los delitos tributarios, la doctrina se ha enredado en una encendida e incombustible discusión que no hace más que revelar la dificultad de la tarea. Para nuestra doctrina más tradicional, nos encontraríamos frente a un delito pluriofensivo. El bien jurídico protegido estaría integrado por el patrimonio fiscal, al igual que por el orden público económico (UGALDE/ESCOBAR, 2005, p. 3; VIVEROS/RAMÍREZ, 1997, p. 34), e incluso algunos agregan a *la buena fe* como objeto de protección (Así, KOGAN ROSENBLUT/FIGUEROA ARAYA, 2001, p. 9). Hoy en día, en cambio, son tres las tesis que han polarizado la discusión sobre del bien jurídico protegido: (i) las patrimonialistas, (ii) las funcionales y (iii) las eclécticas.

Las tesis patrimonialistas se construyen bajo la idea de intereses económicos supraindividuales. El bien jurídico protegido en los delitos tributarios sería el interés patrimonial de la Hacienda Pública, que para su variante estricta (que es minoritaria dentro de las tesis patrimonialistas) el resultado típico recaería exclusivamente en el perjuicio económico. De esta manera, existiría una total equiparación entre el delito fiscal y los demás delitos contra la propiedad y el patrimonio individual, con la única salvedad de que el titular del patrimonio es el Estado. Otras corrientes patrimonialistas —tal vez las mayoritarias—, no tan puristas, destacan que la protección del patrimonio estatal supone también la protección de "la actividad que ejercen los entes públicos tendiente a la obtención de ingresos y la realización de gastos para la satisfacción de necesidades colectivas" (MAYER, 2007, p. 231).

Las tesis funcionales, en cambio, tienen como punto de partida el rechazo de las corrientes que cifran el bien jurídico de los delitos tributarios en el patrimonio estatal o que defienden una configuración patrimonial del bien jurídico. El perjuicio al Erario o la afectación de meros derechos de carácter pecuniarios —se sostiene— no puede alzarse como un verdadero eje de relevancia penal. Para asegurar este tipo de derechos o intereses pecuniarios —se afirma— se ha dotado al Estado de mecanismos y medios coercitivos reforzados de naturaleza administrativa e incluso judicial (sistemas especiales de fiscalización, cobro y ejecución) que no poseen los particulares para la defensa de la misma clase de intereses, lo que quitaría toda justificación al empleo del arma penal. Por otro lado, se plantea que sería muy difícil que un determinado ilícito tributario pudiera efectivamente dañar un patrimonio de la entidad del patrimonio público, por lo que aceptar que la protección penal recae sobre tal bien jurídico equivaldría a considerar a los delitos tributarios como meras infracciones de bagatela, lo que, a su vez, llevaría a dejar huérfana de justificación la tipificación de este tipo de conductas.

Las tesis funcionales, con mayores o menores matices, centran el bien jurídico protegido en la actividad tributaria del Estado, y en concreto en la función recaudadora de tributos. Así, se afirma que el bien jurídico de protección está definitivo por la propia *función tributaria*, la cual es conceptualizada como la actividad de la Administración tributaria ordenada a gestionar el sistema tributario a través de un procedimiento preestablecido (PÉREZ ROYO, 1988, p. 64). Para otros autores, dentro de esta misma corriente, el bien jurídico protegido sería el sistema de financiación del Erario, que se instrumenta a través de la obligación fiscal unilateral, que es el tributo (ARROYO ZAPATERO, 1987, p. 93). Se afirma también —dentro de esta misma corriente— que el bien jurídico protegido resultaría de la *integración* de las funciones patrimonial, de justicia y político económica del tributo, o más específicamente como "la efectiva realización de las previsiones de recaudación tributaria de acuerdo con la normativa reguladora de cada tributo individual (GRACIA MARTÍN, 1988, p. 278).

A las tesis funcionales se les achaca que no serían más que una reedición de la ya superada tesis que identificaba el bien jurídico con ciertos deberes de lealtad del ciudadano hacia el Estado. Y es que —se sostiene— en un orden democrático el mero incumplimiento de obligaciones formales no puede constituirse en el contenido del injusto penal. Igualmente, se les objeta a estas tesis que llegan a definiciones de bienes jurídicos vagos y de contornos poco precisos que se transforman en fuente de inseguridad interpretativa.

Por último, encontramos a las tesis eclécticas —que en los últimos años han sumado cada vez más adeptos—, las cuales si bien, por un lado, arrancan reconociendo a *las funciones que el tributo está llamado a cumplir* como un bien jurídico, por el otro, subrayan que en realidad este es un bien jurídico de carácter *mediato*; esto es, solo la razón de la criminalización o *ratio legis* que aporta legitimidad a la intervención penal. Se trataría así de un bien jurídico muy amplio y carente de suficiente concreción, por lo que difícilmente podría ser lesionado o puesto en peligro por el comportamiento típico descrito en los delitos tributarios (de ahí que se habla aquí se lesividad abstracta). En cambio, el bien jurídico directamente tutelado por los tipos penales tributarios, esto es, el bien jurídico *inmediato*, de carácter técnico, que efectivamente puede ser vulnerado (lesividad concreta) a través de su puesta en peligro o lesión, y, por tanto, necesariamente captado por el dolo del agente, sería el "interés patrimonial de la Hacienda Pública; pero siempre que se reconozca que ese bien se concreta en la necesidad de obtener recursos públicos tributarios y, más aún, en la fase de liquidación de los tributos" (MARTÍNEZ-BUJÁN, 2019, p. 663). Es decir, se protege en forma directa el patrimonio público pero concebido funcionalmente. En otros términos, el bien jurídico mediato de naturaleza supraindividual se cifraría en las funciones que cumple el tributo, en tanto que el bien jurídico inmediato, sería el patrimonio de la Hacienda Pública en su dimensión recaudatoria.

Esta última forma de contemplar el bien jurídico inmediatamente protegido por los delitos tributarios me parece correcta, especialmente a la luz de nuestra regulación penal tributaria donde el elemento patrimonial se muestra especialmente marcado. Algunas muestras: *Primero*, como veremos más adelante, los tipos penales tributarios más significativos tienen su raíz en la figura del fraude. *Segundo*, si bien la mayoría de los tipos penales tributarios no exigen un perjuicio económico efectivo, aquellos de mayor trascendencia práctica traen asociadas penas de multas definidas en relación al impuesto eludido o que se trata de eludir (art. 97 N° 4, incisos 1°, 2° y 3° y art. 97 N° 5). *Tercero*, en el ámbito de los delitos tributarios existe una regulación especial en materia de prisión preventiva que se relaciona directamente con el perjuicio económico causado por los delitos tributarios, con lo que se da cuenta de una definición del bien jurídico afectado de carácter eminentemente patrimonialista. En efecto, el art. 163 del CT dispone que para efectos de determinar la suficiencia de la caución para substituir dicha medida por otra medida cautelar personal de menor intensidad el tribunal deberá tomar en consideración especialmente, entre otras cosas, "el monto actualizado, conforme al artículo 53 de este Código, de lo evadido o indebidamente obtenido...". Asimismo, el art. 111 del mismo código, dispone una atenuante que procede *solo* en el evento de que el delito "no haya acarreado perjuicio al interés fiscal, como también el haberse pagado el impuesto debido, sus intereses y sanciones pecuniarias". *Cuarto*, el art. 111 bis del CT establece como condición para la procedencia de los acuerdos reparatorios en causas criminales por delitos tributarios el pago de a lo menos el 50% del monto del impuesto adeudado, debidamente reajustado a la fecha del pago".

Sin embargo, el bien jurídico *inmediato* a que aluden generalmente las tesis ecléticas requiere de mayor concreción y precisión. En primer término, no todo interés patrimonial interesa a los delitos fiscales, sino que solo aquel relacionado con los tributos, lo que se extrae de la propia estructura típica de esta clase de delitos. Por otro lado, y a diferencia de otros delitos que afectan el patrimonio, la realización del delito fiscal no supone, salvo excepciones, un desplazamiento patrimonial desde la Hacienda Pública al sujeto activo. En efecto, en virtud de todo un sistema de gestión tributario creado para la fijación, información y recaudación del impuesto, el contribuyente, sujeto pasivo de las obligaciones tributarias, se ve sometido al deber de colaborar activamente para que este proceso sea eficiente, lo que implica registrar a través de un sistema contable la información relativa al hecho gravado, realizar el cálculo del impuesto que adeuda y luego enterarlo en arcas fiscales. De esta manera, en mi opinión, y siguiendo a OCTAVIO DE TOLEDO Y UBIETO (OCTAVIO DE TOLEDO Y UBIETO, 2009, p. 691), el bien jurídico protegido (*aquel de carácter inmediato*) por los delitos tributarios debe ser cifrado más bien en la efectividad del derecho al crédito, esto es, en la completa y oportuna liquidación del impuesto (o su satisfacción), por un lado, y, por el otro, en el proceso de conformación de aquel derecho al crédito, esto es, toda aquella etapa del sistema tributario que permite registrar y fijar las bases impositivas (de ahí que, por ejemplo, la figura del art. 97 N° 4° inc. 1°, parte final se refiera tanto al empleo de otros procedimientos dolosos encaminados a (i) *ocultar* o *desfigurar el verdadero monto de las operaciones realizadas* y/o (ii) a burlar el impuesto).

La efectividad del derecho al crédito tributario y el proceso de conformación del derecho al crédito se hallan vinculados por una relación de condicionamiento de la primera por la segunda y de progresión de la segunda hacia la primera, denotada por las respectivas conductas típicas contenidas en la primera conducta establecida en el art. 97 N° 4 inc. 1° y 97 N° 5, por un lado, y, por el otro, por las restantes figuras del inc. 1° del art. 97 N° 4 y la contemplada en el inc. 2° del mismo artículo (y otras figuras penales contable-tributarias) (Así, OCTAVIO DE TOLEDO Y UBIETO, 2009, pp. 692 Y 693, haciendo alusión, claro está, a la legislación española). De esta forma, los delitos tributarios propiamente tales afectan *la efectividad del derecho al crédito,* en tanto los delitos contables-tributarios, afectan *el proceso de conformación del crédito,* pero todo entendido como parte de un mismo bien jurídico.

IV. DELITOS TRIBUTARIOS Y CONTABLES CONTEMPLADOS EN LOS ARTÍCULOS 97 N.° 4 INCISOS 1°, 2°, 3° Y 97 N.° 5 DEL CÓDIGO TRIBUTARIO

4.1. *Delitos del artículo 97 N.° 4 inc. 1° del CT*

Este tipo penal establece un listado de enunciados ejemplificativos de las conductas activas y omisivas aptas para afectar el bien jurídico de protección. Lo primero que llama la atención de la descripción típica es la combinación de conductas que constituyen delitos tributarios (esto es, la contenida en la primera figura de las hipótesis delictivas) con delitos tributarios-contables (como son todas las restante figuras con excepción de la final o residual), lo que normalmente es regulado en la legislación comparada, por razones de orden sistemático, en tipos penales distintos.

Todas las figuras penales que se establecen en este tipo penal tienen incorporadas dentro de su configuración típica el incumplimiento de una obligación tributaria que pesa sobre el contribuyente/obligado tributario a favor de la Hacienda Pública, lo que da pie a dos salidas interpretativas. De acuerdo con la primera, para la verificación del tipo objetivo no sería necesario un componente defraudatorio, sino que bastaría con el mero incumplimiento de dicha clase de obligaciones (teoría de la infracción de deber extra-penal). Para la segunda línea interpretativa, en tanto, la realización del delito exige que además medie un engaño que envuelva y califique tal incumplimiento (necesidad de un componente defraudatorio). Para alguna doctrina, si bien, en principio, las inveracidades de los particulares no son punibles, esto cambiaría —aunque no se haya producido perjuicio patrimonial, ni de otro género— en aquellos casos en los que el ordenamiento jurídico ha establecido deberes especiales-institucionalizados— que recaen sobre algunos e incluso sobre todos los ciudadanos. Y este sería, se afirma, precisamente el caso de los delitos tributarios y contables, que se separarían del *modelo de estafa* (en el sentido que no se exigiría un cierto nivel de engaño como condición típica) y donde al deber de veracidad se le añadirían deberes de declaración y otros deberes positivos. Así bastaría para la tipicidad un *minus* de injerencia en la esfera jurídica ajena, lo que se justificaría en la concurrencia de instituciones que deben ser protegidas (SILVA SÁNCHEZ, 1999, p. 138 y ss.).

Dentro de este contexto de posiciones especiales, y a diferencia del modelo de la estafa que arranca de una relativa igualdad de deberes/derechos entre las partes, existiría un desnivel entre las posiciones jurídicas del sujeto activo y el pasivo en las defraudaciones que tienen como destinatario a la

Hacienda Pública. Esto se traduciría en que aquella poseería una posición de superioridad frente a los ciudadanos que llevaría a prescindir de cualquier consideración del incumplimiento de los deberes de autoprotección del sujeto pasivo con fines de exoneración del sujeto activo. Con ello, la noción de defraudación tributaria se ampliaría a los supuestos de una mera infracción de deberes tributarios formales; o a la infracción de deberes de colaboración, que en realidad expresan una concepción de los ciudadanos como garantes de la Hacienda Pública (SILVA SÁNCHEZ, 1999, pp. 140 y 141).

Ahora bien, lo cierto es que aunque los delitos tributarios presupongan la infracción de un deber extrapenal fiscal, ello no significa que el *deber* sea en sí mismo el objeto de protección, sino más bien la vía a través de la cual se produce la lesión al bien jurídico (AYALA, 2004, p. 107). Pero más allá de esto, lo cierto es que todo demuestra que el legislador nacional al momento de establecer el sistema penal tributario sancionador se inclinó por un modelo inspirado, al menos, en cierta medida, en la estructura de la estafa. Así, el mero incumplimiento del pago de los impuestos adeudados ni el simple incumplimiento del resto de las obligaciones tributarias constituyen delitos tributarios, más bien el núcleo del tipo objetivo de las figuras penales previstas en el 97 N° 4 inc. 1° del CT está conformado por el incumplimiento de un modo *fraudulento* de las obligaciones fiscales. Esto es, un incumplimiento acompañado de un engaño, el cual no se configura como una simple mentira (pues eso supondría una ampliación del ámbito de la punibilidad al quedar comprendidas las infracciones tributarias no defraudatorias), sino que requiere de algo más. Y este algo más no se trata de la versión extrema del engaño de la *mise en scène*, sino de uno con aptitud suficiente para distorsionar la realidad fiscal del contribuyente, sea falseando la información tributaria relevante o simulando u ocultando hechos imponibles, de manera que la Administración fiscal quede impedida de acceder y conocer con exactitud la información necesaria para determinar la deuda tributaria del contribúyete.

La forma en que se realiza la descripción típica de las conductas que contiene el inc. 1° del art. 97 N° 4 CT es, en cierto sentido, similar a la *estafa calificada por la clase del engaño* del art. 468 CP. En ambos casos se describen distintos ardides orientados a simular o encubrir realidades con el objeto de generar un error en el sujeto pasivo del delito. Y en ambas figuras penales se contempla una cláusula de cierre/residual/analógica diseñada para impedir vacíos de punibilidad. Ahora, si bien la norma del art. 97 N° 4 inc. 1° no emplea explícitamente el verbo defraudar, sí lo hace implícitamente, toda vez que su *cláusula de cierre/residual/analógica* despeja toda duda al aclararnos que todas las hipótesis delictivas anteriores constituyen procedimientos de carácter simulatorio orientados a dejar en la ignorancia a la Administración respecto de la realidad fiscal del contribuyente: "o el empleo de *otros* procedimientos dolosos encaminados a *ocultar* o *desfigurar* el verdadero monto de las operaciones realizadas o a burlar el impuesto" (fórmula que se repite en el tipo penal del inc. 2° de esta norma, al hablar de la realización maliciosa de "cualquiera maniobra tendiente a...". Lo que remata además el art. 97 N°1° al emplear el vocablo "eludido" cuando se refiere al monto de la pena de multa que tiene asociada la figura penal (*con multa del cincuenta por ciento al trescientos por ciento del valor del tributo eludido*) junto a la privativa de libertad.

En efecto, de una lectura completa de la norma, el término *eludido* debe ser entendido aquí no como el resultado del mero incumplimiento de una obligación tributaria (ni tampoco como sinónimo de fraude de ley tributaria), sino en el sentido de incumplirla utilizando algún artificio con el fin de esquivar las barreras de control y fiscalización de la Administración tributaria, de manera de dejarla ciega respecto de la verdadera situación fiscal del contribuyente. Y ello especialmente si tentemos en consideración el significado que hoy le da el Diccionario de la RAE al término eludir: "Evitar con *astucia* una dificultad o una obligación", por ejemplo, "Eludir el problema. Eludir impuestos".

También la historia de ley nos muestra que para la elaboración de los delitos tributarios en comento se optó por el sentido técnico del concepto de defraudación, en tanto que —tal como ya se señaló— el mero incumplimiento de los deberes tributarios no es el portador por sí mismo del desvalor típico de la acción, ya que a este incumplimiento debe agregárseles un *plus* de idoneidad para inducir a error a la Administración tributaria. En efecto, la base de gran parte de lo que constituye el actual sistema penal tributario surge con la dictación de la Ley 13.305 de 1959, que "Reajusta las remuneraciones de todos los empleados que prestan servicios en Chile, suplementa el presupuesto de la nación, establece nueva unidad monetaria, concede facultades extraordinarias al Presidente de la República y modifica las leyes que señala", la cual establecía en su art. 151 letra a) lo que hoy —con pocas modificaciones— es el art. 97 N° 4 inc. 1° CT. Aquella norma disponía lo siguiente:

"Artículo 151. Las infracciones que más adelante se enumeran serán sancionadas con las siguientes penas corporales: a) Sin perjuicio de las sanciones de otra naturaleza establecidas en las leyes tributarias vigentes, la omisión maliciosa en los libros de contabilidad de los asientos relativos a las mercaderías adquiridas vendidas o permutadas, las presentaciones de una declaración maliciosamente falsa que pueda inducir a la liquidación de un impuesto inferior al que corresponda, o el empleo de cualquier otro procedimiento doloso encaminado a ocultar o desfigurar el verdadero monto de las operaciones realizadas o a burlar el impuesto, se sancionará con las penas de presidio establecidas en el artículo 467 CP, en relación al monto del impuesto defraudado".

Ahora bien, como ya se habrá observado este precepto remitía a las penas establecidas en el Código Penal para el delito de estafa y otros engaños, en relación con el monto defraudado, con lo que queda en evidencia que desde el inicio este delito tributario fue consagrado como una suerte de fraude que atenta contra el patrimonio (VIVEROS VERGARA, 2007, p. 76). Posteriormente, cuando esta norma fue incorporada al DFL N° 190 del año 1960 (esto es, el antiguo Código Tributario) se modificó la referencia a las penas del art. 467 CP, estableciéndose en su lugar una estructura de penalidad similar a la establecida para la estafa residual contenida en el art. 473 CP (pero con una pena de multa calculada en relación con el tributo eludido). Sin embargo, y a pesar de este cambio, el legislador seguía teniendo en mente para la tipificación del art. 97 N° 4 inc. 1° la estructura del fraude, pues la Comisión Redactora del Código Tributario, en su Sesión N° 30 de 31 de agosto de 1959, junto con crear una Subcomisión para el estudio de la normativa sobre infracciones tributarias, le fijó, entre otras, la siguiente pauta general:

"...b) Reducir el ámbito de aplicación de las penas corporales a los casos de **fraude** fiscal en que no pudiere o no procediere aplicarse el apremio; c) Establecer los delitos tributarios con penas corporales sólo en los casos en que la naturaleza de la infracción cometida no dé lugar a la posibilidad de cumplir en forma extemporánea y el daño ocasionado a los intereses fiscales sea irreparable" (énfasis añadido).

Posteriormente, al momento de emitir su informe sobre la materia, dicha Subcomisión también consideró que estos delitos se identificaban con el fraude, al dejar constancia de que:

"...se procuró eliminar, en lo posible, las penas corporales, sustituyéndolas por apremio personal, excepto en los **casos de fraude** y otros en el que el apremio ya no puede sanear el delito cometido"(énfasis añadido).

En síntesis, tanto para la Comisión Redactora como para la Subcomisión resultaba evidente que tratándose de delitos tributarios amenazados con pena corporal, se estaba tipificando una figura asociada a los fraudes patrimoniales. Con posterioridad, el art. 97 N° 4 inc. 1° del nuevo Código Tributario (D.L. N° 830 de 1974) mantendría hasta el día de hoy el mismo tenor, salvo pequeñas modificaciones (VIVEROS VERGARA, 2007, p. 76).

Ahora bien, y sin perjuicio de lo hasta aquí señalado, las diferencias entre el delito del art. 97 N° 4 inc. 1° con la estafa son claras. En este delito fiscal el engaño no está dirigido a generar un error que provoque una disposición patrimonial. Más bien, el engaño aquí se traduce en un comportamiento dirigido a (i) distorsionar la realidad contable del sujeto activo o (ii) a ocultar un hecho gravado o desfigurar el monto del impuesto que el contribuyente debe pagar a raíz de la generación de un hecho gravado. Dicho de otra manera, se trata de un engaño que sea capaz de dificultar o burlar seriamente los procesos de fiscalización de un organismo técnico (y con muchas herramientas de fiscalización y control) como lo es la Administración tributaria. Por otro lado, y en el mismo sentido, a diferencia de los fraudes por engaño que se consuman, por lo general, cuando se produce el desplazamiento del patrimonio ajeno que causa el consiguiente perjuicio, los delitos tributarios se consuman cuando los impuestos adeudados aún no ingresan al patrimonio de la Hacienda Pública (esta es, más bien, titular de un derecho a crédito *ex lege* sobre los mismos como consecuencia de la generación de un hecho gravado). Asimismo, no es necesario para la configuración del delito tributario en cuestión que el sujeto pasivo del delito efectivamente incurra en un error producto del engaño del agente, solo basta que el artificio desplegado sea *apto* para ocultar la información necesaria para determinar el hecho gravado o su verdadera magnitud frente al SII.

Las conductas engañosas que se tipifican en el art. 97 N° 4 inc. 1°, y que estudiaremos a continuación, son las siguientes:

   a.   *Las declaraciones maliciosamente incompletas o falsas que puedan inducir a la liquidación de un impuesto inferior al que corresponda;*

   b.   La *omisión maliciosa en los libros de contabilidad de los asientos relativos a las mercaderías adquiridas, enajenadas o permutadas o de las demás operaciones gravadas;*

   c.   *La adulteración de balances o de inventarios o la presentación de estos dolosamente falseados;*

   d.   El uso de boletas, notas de débito, notas de crédito o facturas ya utilizadas en operaciones anteriores; y,

   e.   *El empleo de otros procedimientos dolosos encaminados a ocultar o desfigurar el verdadero monto de las operaciones realizadas o a burlar el impuesto.*

4.1.1. Las declaraciones maliciosamente incompletas o falsas que puedan inducir a la liquidación de un impuesto inferior al que corresponda

A diferencia del resto del listado de las conductas sancionadas en el inc. 1° del art. 97 N° 4 del CT (descontado el señalado en la letra e) precedente), la que estudiamos ahora corresponde a un delito tributario en sentido estricto y no a uno contable. Y esto pues protege el derecho al crédito tributario del que es titular —entre otros derechos económicos— la Hacienda Pública.

A) *Tipo objetivo*

a) Sujeto activo

En primer término, el sujeto activo de este delito tributario es aquel obligado a realizar declaraciones de impuestos exigidas por la normativa tributaria. Pero no respecto de cualquier declaración, sino que solo aquellas que digan relación con la información necesaria relativa al hecho gravado y su cuantía.

No obstante lo anterior, una espinosa discusión que se da a menudo en relación con los delitos tributarios, y que amerita tratarla aquí, versa sobre si estos constituyen delitos comunes, delitos especiales propios o delitos de infracción de deber. Según un sector de la doctrina (aunque minoritaria) los delitos tributarios serían delitos comunes (esto es, de sujeto activo indiferente). De este modo, no solo el obligado tributario o contribuyente podría realizar el delito fiscal a título de autor, sino que cualquier sujeto. Esta posición ha sido sustentada en consideraciones de orden político criminales, relacionadas con la idea de evitar lagunas de punibilidad (Así, Aparicio Pérez, 1997, p. 64), al igual que en argumentos de orden gramatical, atendido el hecho de que, en la mayoría de los casos, la descripción típica de los delitos tributarios no exigen *expresamente* alguna condición o cualidad específica que restrinja la autoría a un círculo determinado de sujetos, como sería la de contribuyente (Así, Dumay, 1970, p. 97; Vallejos Castro, 1988, pp. 105 y ss.; Pérez Royo,1986, p. 81; Rancaño Marín, 1997, pp. 47 y 48).

Sin embargo, esta posición no es de recibo, pues de una interpretación sistemática y teleológica, al igual que de la propia configuración típica, es posible extraer la existencia de un sujeto activo cualificado, al menos, en parte importante de los delitos tributarios. Un ejemplo de ello se observa precisamente en relación al delito que ahora estudiamos (presentar declaraciones tributarias maliciosamente falsas), ya que a pesar de que este tipo penal no menciona expresamente a un sujeto cualificado (tampoco emplea la expresión "el que") solo aquellas personas obligadas a presentar las declaraciones tributarias (esto es, el contribuyente u obligado tributario) están en condiciones de acceder al bien jurídico y ejecutar, por tanto, el comportamiento típico. Por esto, es que la doctrina ampliamente mayoritaria estima que el delito fiscal sería más bien uno de carácter *especial propio* (Así, Martínez-Buján Pérez, 2019, pp. 680 y 681; Ayala, 1988, p. 243 y ss.), por cuanto el círculo de posibles autores se cierra a partir de la existencia de una relación jurídico-tributaria: solo el sujeto pasivo de esta relación, esto es, el contribuyente u obligado tributario al que la ley fiscal le ha impuesto un deber extrapenal específico de carácter fiscal, puede ser autor o coautor en estos delitos.

Ahora bien, y no obstante lo recién señalado, es importante aclarar que no todos los tipos penales contemplados en las leyes tributarias constituyen delitos especiales; esto es, que solo pueden ser cometidos a título de autor por círculo restringido de sujetos. En efecto, son muchas las figuras que no comparten la nota característica de los delitos tributarios consistente —tal como se señaló más arriba— en la existencia de una relación jurídica tributaria subyacente como parte integrante del tipo. Así, por ejemplo, no serían delitos tributarios *propiamente tales* aquellos contemplados en el art. 97 N° 12 CT (consistente en "[l]a reapertura de un establecimiento comercial o industrial o de la sección que corresponda, con violación de una clausura impuesta por el Servicio"), en el art. 97 N° 13 CT (consistente en "[l]a destrucción o alteración de los sellos o cerraduras puestos por el Servicio"), o en el art. 97 N° 16 (consistente en "[l]a venta o abastecimiento clandestinos de gas natural comprimido o gas licuado de petróleo para consumo vehicular, entendiéndose por tal aquellas realizadas por personas que no cuenten con las autorizaciones establecidas en el inc. 4° del art. 2° de la Ley No 18.502). Pero lo cierto es que los delitos tributarios de mayor incidencia práctica son, en su mayor parte, delitos *especiales propios*, esto es, de sujeto activo cualificado, en razón de la ya mencionada relación jurídica tributaria que lo vincula.

Respecto de esta última clase de delitos se presenta, a su vez, la importante discusión sobre cómo abordar el problema relativo a la participación del sujeto que sin tener las cualidades, relaciones o propiedades exigidas por el tipo penal interviene en su realización: esto es, si su conducta debe ser castigada o quedar impune. Así, para la jurisprudencia más reciente y para nuestra doctrina mayoritaria frente a un delito *especial impropio* (esto es, aquellos que cuentan con un tipo común paralelo, como el parricidio cuyo correlato es el homicidio) operaría, al no existir un único hecho total, la ruptura o divisibilidad del título de imputación (incomunicabilidad limitada) del partícipe no cualificado respecto del autor cualificado: el *extraneus* no responde por el delito especial impropio sino por el delito común paralelo al que le es ajena la agravación, atendida la falta de la cualidad personal exigida por el tipo (Así, Grisolía, 1975, pp. 22 y ss.; Bunster, 1948, pp. 33 y 34; en la jurisprudencia SCS de 3 de mayo de 2023, Rol N° 59.856-2022; SCS de 16 de abril de 2015, Rol N° 13.823-14; SCS de 8 de octubre de 2015, Rol N° 29.891-14; SCA de Santiago de 20 de octubre de 2020, Rol: 4.691-2020). En cambio, si se trata de un delito especial propio, que como sabemos son aquellos que no cuentan con un tipo penal paralelo o común en que todo es igual salvo la exigencia de un sujeto cualificado, la alternativa que se plantea a nivel doctrina y jurisprudencia es del todo o nada: se rechaza la comunicabilidad resultando en la impunidad del *extraneus* o, tal como lo estima la jurisprudencia y la doctrina mayoritaria, se mantiene la unidad o indivisibilidad del título de imputación del partícipe no cualificado respecto del autor cualificado, lo que lleva a sancionar al *extraneus* por el único delito en juego (Así, SCS de 1° de julio de 2008, Rol N° 638-2008; SCA San Miguel 1° de septiembre de 2011, Rol N° 244-2011 (este último fallo, sobre el delito tributario contemplado en el art. 97 N° 4 inc. 2° CT); en la doctrina: Novoa, 2005, pp. 208 y ss.; Etcheberry, 1997, p. 84; Ugalde Prieto/García Escobar, 2005, p. 80; en sentido contrario, esto es, en favor de la impunidad del *extraneus*: Guzmán Dalbora, pp. 393 y 394).

Ahora bien, en los últimos años, la doctrina ha manifestado su rechazo a esta fórmula empleada para resolver las cuestiones relativas a la intervención del *extraneus* en los delitos especiales y que atiende a si se trata de un delito especial propio o impropio. En definitiva se achaca, y con toda razón, que se trataría de un criterio meramente formal o clasificatorio que no da cuenta valorativamente, y entre otras cosas, de las razones por las cuales en los delitos especiales propios, *solo* bajo la consideración de la inexistencia de un delito común básico o paralelo (que es algo que nada quita o aporta al contenido del injusto), se pone sobre los hombros del partícipe no cualificado las condiciones, cualidades o relaciones personales que fundamentan el ilícito (y la pena) del autor. En otras palabras, no se responde a la pregunta de cuáles serían las verdaderas razones (materiales) por las que el partícipe del delito especial propio responde de una forma más gravosa frente a su participación en uno de carácter impropio.

De ahí que los esfuerzos de la doctrina se han estado orientando a la búsqueda de criterios materiales que expliquen las razones que justifican el motivo de la restricción del círculo de posibles autores que caracterizan a esta clase de delitos. Lo que implica, como consecuencia, la elaboración de criterios valorativos que respondan la pregunta de si el *extraneus* que participa en un delito especial debe responder penalmente, y, de ser afirmativa la respuesta, si este debe responder con la misma pena que el *intraneus* o si esta debe ser atenuada.

Para alcanzar este objetivo, la doctrina se ha enfocado en determinar la esencia misma de cada delito especial en consideración a sus propias particularidades. Y para ello ha recurrido a la distinción entre *delitos de dominio* y *delitos de infracción de deber*. Recordemos que de acuerdo a la *teoría del dominio del hecho* autor es quien en la realización del delito aparece como figura clave, como personaje central por su influencia determinante o decisiva en el acontecimiento (Roxin, 2014, pp. 75 y ss.). Por su lado, la categoría de los *delitos de infracción de deber* fue introducida por Roxin en su obra *Täterschaft und Tatherrschaft* en 1963, para resolver, entre otras cosas, aquella constelación de casos prácticos en que la *teoría del dominio del hecho* no mostraba rendimiento para fundar la autoría (por ejemplo, en el caso intervención de un instrumento doloso no cualificado). Si bien fue Roxin quien da origen al estudio de los *delitos de infracción de deber*, el desarrollo que hoy ha alcanzado se lo debemos a Jakobs, y algunos de sus discípulos como Sánchez-Vera Gómez-Trelles.

Para Jakobs, la distinción entre delitos de dominio y delitos de *infracción de deber* precisa ser leída bajo el criterio de la *competencia* del autor, la cual explicaría *el fundamento de la responsabilidad penal*. Los delitos de dominio —o de competencias por organización, en la terminología de Jakobs— son aquellos que fundamentan la responsabilidad penal en el deber *negativo*, y más general, que incumbe a toda persona —en igualdad de condiciones y sin excepciones— de configurar su esfera de libertad sin lesionar los bienes ajenos (*nemin laedere*/ *"no* mates, *no* lesiones, *no robes, etc."*). Es decir, el sujeto debe abstenerse de organizar su ámbito de competencias de forma que dañe o ponga en riesgo bienes jurídicos ajenos. En los delitos de infracción de deber (o de competencia institucional, también según la terminología empleada por Jakobs), en cambio, el fundamento de la responsabilidad penal no se cifra exclusivamente en el deber negativo de no dañar bienes ajenos, sino que, además, en una competencia de carácter institucional. Un ámbito de competencia de este tipo implicaría que quien se encuentra inmerso en determinadas instituciones sociales debe organizar su propia esfera de competencias más allá del simple no dañar al resto (o más precisamente a la institución), lo que se concreta en una vinculación de la persona mediante un haz de deberes (positivos) de protección y fomento hacia estas instituciones (ejemplos de estas instituciones, según Jakobs, serían la relación paterno-filial y sus sustitutos, la confianza especial, las relaciones estatales de poder, la función "policial" de velar por la seguridad básica (Jakobs, 2004, p. 134)). En definitiva, no es la estructura del tipo lo que nos informa si un delito es de infracción de deber o no, sino más bien el origen institucional del deber que incumple el sujeto que ostenta la calidad de garante institucional.

Este rol del *obligado especial institucional o garante institucional* que, como vimos, se traduciría en una relación interna entre el obligado positivo y el bien o institución que lo vincula (la persona es competente, es decir, responsable, de que el bien jurídico no sea lesionado, debiendo actuar cuando sea necesario para garantizar su conservación), trae como consecuencia que la accesoriedad en la participación no desempeñará función alguna. El obligado especial responderá por su intervención en el ilícito *siempre* a título de autor (nunca como partícipe), sin importar cuánto haya contribuido al hecho o quién haya tenido el dominio del hecho en la lesión del bien jurídico, pues la lesión del deber no es cuantificable; cualquier comportamiento del obligado institucional que implique una lesión para los bienes que debe proteger es lo que lo que cualifica al autor como único criterio del injusto. Por lo mismo no puede haber coautoría (salvo participación de dos obligados especiales) ni autoría mediata, pues la lesión del deber es personalísima, solo atañe al sujeto especialmente obligado con la institución porque la lesión del deber es personal e independiente.

Explicado con un ejemplo: Cuando la madre o el padre entrega un cuchillo a su amante para que mate a su hijo que los descubre en la infidelidad se verifica un delito de infracción de deber, razón por la cual responderá a título de *autor(a)*, independientemente que no haya materialmente producido la muerte (que no haya tenido dominio del hecho). Y esto sería así, de acuerdo a la teoría de los *delitos de infracción de deber*, por mediar la institución positiva de la patria potestad, la cual vincula a los padres con los hijos mediante un conjunto de deberes que van más allá del no dañarlos; más bien son deberes de cuidado y protección a favor de los intereses de estos últimos.

Ahora bien, una vez reconocido que el *extraneus* nunca puede ser autor de un delito de *infracción de deber* por su falta de vinculación con la institución social en juego, la duda que surge es si este puede, en cambio, ser sancionado como partícipe. Parte de la doctrina estima que no procede mantener el mismo título de imputación, en tanto que el partícipe no se encuentra vinculado personalmente a una institución social de la cual surgen deberes de protección y fomento hacia ella (así, RODRÍGUEZ/OSSANDÓN, 2005, p. 135; ROBLES PLANAS, 2003, pp. 243; PEÑARANDA RAMOS, 2008, p. 1429; HADWA, 2007, p. 14.), salvo que el legislador expresamente disponga la sanción para el *extraneus*. Hoy, sin embargo, es mayoritaria la posición que estima que sí es posible afirmar la punibilidad de la intervención de un *extraneus* en un delito de infracción de deber (Así, Sánchez-Vera, 2002, pp. 215 y ss; FALCONE, 2020, pp. 224 y 225), pero reconociendo la necesidad de una rebaja en la penalidad de aquel (así, GÓMEZ MARTÍN, 2014, p. 202).

Para parte de la doctrina los delitos tributarios constituirían *delitos de infracción de deber*. Entre nosotros, asume esta posición OSSANDÓN WIDOW, para quien los bienes jurídicos que hay detrás de estos delitos no pueden ser suficientemente protegidos mediante la imposición de deberes negativos de no lesionar. Los contribuyentes por mandato legal serían parte de un engranaje del sistema tributario cuya vigencia depende, en gran parte, de su colaboración. Con ello, el fundamento de la imputación estaría en la infracción del deber (defraudación de una expectativa) que surge de la vinculación entre las esferas de organización del individuo —sobre el cual ha sido depositada una confianza especial, necesaria para que el sistema tributario funcione adecuadamente— y la del Estado, en virtud de la relación jurídico-tributaria (OSSANDÓN WIDOW, 2007, pp. 173, 174 y 179/ En contra de esta posición SCS de 1° de julio de 2008, Rol N° 638-2008, Considerando 8°; VAN WEEZEL, 2007, pp. 117 y 118).

La idea de que los delitos tributarios son delitos de infracción de deber, y por consiguiente, que el obligado tributario se encuentra ligado a la Hacienda Pública o el sistema de recaudación, mediante un conjunto de deberes de fomento y protección que, por tanto, van más allá del no dañar a otros, podría ser una de las razones que explican por qué el legislador estableció una regla especial de determinación de responsabilidad criminal respecto de los delitos tributarios (los verdaderos delitos tributarios) en en el art. 99 del CT o los motivos para haber, por ejemplo, establecido una pena considerablemente más alta para la figura penal del art. 97 N° 4 inc. 3° (la cual posee una estructura propia de la estafa), y que reprime la obtención de devoluciones fraudulentas de impuestos, frente a la contemplada en el art. 470 N° 8 del CP que también sanciona, entre otros comportamientos, la obtención de devoluciones indebidas desde el Estado. En efecto, si acepta que los delitos de infracción de deber contienen o portan un *plus* de reproche penal en relación a los delitos de dominio, en consideración al quebrantamiento de los deberes positivos o especiales de contribución hacia el bien jurídico que emanan del estatus personal institucional, parecería razonable sostener que dicho *plus* se debe ver reflejado en una diferencia penológica frente a un delito de dominio.

Sin embargo, y aunque la tesis no es del todo descartable, son varios los argumentos que parecieran ir contra de una interpretación institucional de los delitos tributarios, y que, por el contrario, favorecen el reconocimiento de que la fundamentación del deber que recae sobre el obligado tributario se encuentra en realidad más bien determinado por competencias por organización. *Primero*, el deber extrapenal tributario que pesa sobre el contribuyente no pareciera surgir de una vinculación personalísima de carácter institucional con la Hacienda Pública. Más bien, se trata de un deber de carácter general, uno de carácter básico que afecta a todos los ciudadanos por igual (todos somos contribuyentes/art. 19 N° 20 inc. 1° CPR); solo cambia el nivel de aporte a las arcas fiscales en razón del principio de proporcionalidad y progresión tributaria (pagan más quienes mayores ingresos obtienen). *Segundo*, resulta difícil de aceptar que la cualidad de obligado especial institucional y, por tanto, los deberes personalísimos que -de acuerdo a la teoría de los delitos de infracción de deber- de allí surgen, puedan ser delegados o transferidos a cualquiera persona sin desvirtuar la esencia misma de dicha clase de delitos (en contra: García Cavero, 1999, p. 197; Ossandón Widow, 2007, p. 176). No obstante ello, en el ámbito tributario es posible que el obligado fiscal delegue a su arbitro su posición de tal —*algo que sucede con frecuencia dentro del ámbito de las organizaciones societarias*—, lo que pareciera dar cuenta de que el elemento objetivo de la autoría no es personalísimo e institucionalizado. En efecto, los delitos de infracción de deber "incorporan elementos personales de autoría no accesibles al dominio de un extraño y respecto de los cuales no cabe la delegación, la actuación a nombre de otro" (Choclán Montalvo, 2003, p. 173). *Tercero*, por otro lado, la consagración expresa de delitos tributarios de *omisión* (art. 97 N° 5 CT) pareciera chocar con las premisas básicas de la teoría de los *delitos de infracción de deber*, en los cuales la vinculación de la persona con la institución positiva se traduce, como se dijo, en un conjunto de deberes de solidaridad, protección y fomento de la primera hacia la segunda, que termina por quitar todo sentido dogmático a la distinción entre delitos de acción y omisión. En efecto, los *delitos de infracción de deber* se verifican siempre que el comportamiento del garante institucional sea desleal con la institución social a la cual se encuentra ligado, sin importar la forma en que ello se verifica.

Así, para la configuración del delito de parricidio (donde media la institución de la patria-potestad) dará exactamente lo mismo si el padre empuja a su hijo pequeño a un pozo profundo o si simplemente se mantiene a la distancia apreciando como el menor camina desprevenidamente directo al pozo sin proceder a tomar las acciones necesarias de salvataje que habrían evitado la muerte. En este mismo orden de ideas, también resulta muy difícil hacer compatibilizar la categoría de los *delitos de infracción de deber* con la regulación contenida en el art. 99 CT, la cual exige condiciones fácticas especiales para atribuir responsabilidad penal a título de autor. En efecto, y como vimos, de acuerdo a la construcción dogmática de la categoría de los *delitos de infracción de deber*, el *cuanto* haya contribuido a la consumación hecho o quien haya tenido el dominio del hecho en la lesión del bien jurídico no es lo que determina la autoría (la lesión del deber no es cuantificable), contrariamente a lo que parece exigir dicha norma. *Cuarto*, cabe recordar que el art. 162 inc. 2° CT permite los acuerdos reparatorios como salida alternativa respecto de los delitos tributarios. Y más allá de que el Código Procesal Penal, en su art. 241 inc. 2°, establezca que "[l]os acuerdos reparatorios sólo podrán referirse a hechos investigados que afectaren bienes jurídicos disponibles de carácter patrimonial, consistieren en lesiones menos graves o constituyeren delitos culposos", tal como señala Van Weezel, esto "sitúa a estos delitos en la cercanía de los que atentan contra bienes jurídicos `disponibles 'de carácter patrimonial", [p]or lo que no se trata siempre, por tanto de intereses inviolables del Estado como comunidad políticamente organizada en cuanto tal" (Van Weezel, 2007, p. 118). *Quinto*, si bien se señaló que la diferencia penológica entre la conducta del art. 97 N° 4 inc. 3 en relación a la establecida en el art. 470 N° 8 del CP podría constituir un indicio de que nos encontramos ante un delito de infracción de deber, lo cierto es que la misma ley tributaria sanciona con la misma pena a delitos tributarios propiamente tales que a delitos comunes. En efecto, la única explicación que se podría extraer del hecho de que la pena corporal asignada a los delitos de sujeto activo cualificado contemplados en el inc. 1° del N° 4 art. 97 CT y en el art. 97 N° 5 CT, ambos relativos al incumplimiento de obligaciones tributarias, sea la misma que le asignada al delito —*de sujeto activo indiferente/delito común*— contenido en el inc. final del 97 N° 4 CT, consistente en la confección, venta o facilitación de documentos tributarios con el objeto de cometer o posibilitar la comisión de determinados delitos tributarios, es que en realidad se trata de delitos sobre los que no reposan deberes especiales de carácter institucional.

En mi opinión los delitos tributarios son delitos especiales de posición. Esta categoría es destacada por Robles Planas, quien distingue entre dos clases de delitos especiales: los delitos especiales de deber y los delitos de posición. Para este autor, no todos los delitos que exigen una determinada cualificación en el sujeto activo sin existir correspondencia con un delito común son, por ello, delitos especiales en el sentido tradicional. Más bien debe distinguirse entre los delitos especiales en los que la infracción de un deber es el núcleo de la conducta típica (delitos especiales de deber), de aquellos delitos que la restricción a ciertos sujetos activos obedece a que se hallan en una posición idónea para lesionar el bien jurídico (Robles Planas, 2003, pp 240 y 241). Los únicos delitos especiales en sentido estricto, para este autor, serían aquellos que para la constitución del tipo es necesaria la presencia de un deber especial, que no sería otra cosa que una restricción de las normas que pueden dar lugar al establecimiento de un tipo penal. En estos delitos lo que se pretendería castigar es la infracción de normas muy específicas, cuyo ejemplo paradigmático —y tal vez el único— sería las que establecen deberes especiales de lealtad frente a la Administración Pública (delitos funcionarios).

La imputación en los delitos especiales de deber sería así bastante restrictiva, de manera de que si quien interviene en ellos no ostenta la cualificación especial resultará impune, en tanto que al *extraneus* no le alcanza la norma de conducta presupuesta en el tipo (Robles Planas, 2003, p. 242). En los delitos de posición, en cambio, la restricción a ciertos sujetos activos obedece a que se hallan en una posición idónea para lesionar el bien jurídico. La única particularidad de estos delitos frente a los delitos comunes es la concurrencia del sujeto activo en la posición especial de que se trate, aunque la presencia de la posición especial de afectación al bien jurídico no determina, *per se*, la autoría. Si bien, por regla general, será autor quien ostente u ocupe la posición especial, también puede suceder que quien aporta la posición especial (sin la cual no hay siquiera un hecho penalmente relevante) no sea el que configure en mayor medida el hecho típico, y pueda ser sancionado a título de autor (Robles Planas, 2003, pp. 240 y 241). Esto podría ocurrir cuando el *extraneus* "configura todo el injusto al valerse del error del titular de la posición colocándose en ella para lesionar el bien jurídico, esto es, autoría mediata al haber instrumentalizado al poseedor formal de la posición (supuestos de *usurpación* de la posición)" (Robles Planas, 2007, p. 132). Para Robles Planas, un ejemplo de delito de posición sería el delito fiscal, por lo que el asesor fiscal que engaña a su cliente haciéndole creer que la declaración de impuestos es correcta es autor del delito fiscal, pese a que la posición especial concurre en el contribuyente que obra en error (Robles Planas, 2003, p. 241).

Si bien comparto en varios aspectos de la teoría de Robles Planas, no creo que todos los delitos de posición sean, en definitiva, delitos comunes como este autor pareciera insinuar al plantear la idea de que el *extraneus* puede convertirse en el *intraeus* al "usurpar" la posición típica, pues se elimina la nota característica de los delitos especiales, esto es, la circunstancia de que solo el *intranei* puede ser autor ontológico del delito (Gómez Martín, 2014, p. 183). Esto lo puedo explicar utilizando también como ejemplo los delitos fiscales (delitos tributarios verdaderos, esto es aquellos en su construcción típica subyace una obligación tributaria). Como vimos, la configuración típica de estos delitos se alza sobre la existencia de una relación jurídica tributaria que obliga al contribuyente (sujeto pasivo de la obligación) a la realización de determinas actuaciones tributarias para la determinación y el pago del impuesto. Luego, siendo de la esencia de este delito la conexión personal entre el contribuyente y su deber de cumplir con las obligaciones tributarias, mal podría un *extraneus* acceder al bien jurídico protegido por estos delitos mediante la mera instrumentalización del *intraneus* (un *intraneus* en error no incumple efectivamente el deber tributario de acuerdo al sentido del tipo), aunque ello suponga la impunidad del *extraneus* que instrumentaliza al *instraneus*. La única forma de que un tercero ajeno pueda acceder y asumir la posición de obligado tributario (que en estos delitos es la verdadera posición típica) sería mediante una cláusula de transferencia de responsabilidad expresamente establecida por el legislador.

Por otro lado, es importante destacar que, al menos en nuestra legislación, la identificación del sujeto activo del delito tributario no solo se extrae de la propia configuración típica de esta clase de infracciones (en que la calidad del sujeto activo obligado tributario se muestra autoevidente aunque no se le nombre expresamente), sino que, además, la ley penal tributaria expresamente cierra el cículo de quienes son los destinatarios de la norma de sanción cuando se trata de los delitos tributarios verdaderos, esto es, y como ya se dijo, aquellos que tienen como presupuesto típico la existencia de una relación tributaria de la cual surgen obligaciones que pesan sobre el contribuyente a favor de la Hacienda Pública (y que, por lo demás, son los de mayor aplicación práctica). En efecto, de acuerdo al art. 99 del CT "[l]as sanciones corporales y los apremios, en su caso, se aplicarán a quien debió cumplir la obligación y, tratándose de personas jurídicas, a los gerentes, administradores o a quienes hagan las veces de éstos y a los socios a quienes corresponda dicho cumplimiento, pero sólo en el caso que hayan personalmente incurrido en las infracciones". Con arreglo a esta norma, entonces, solo podrá responder a título de autor (descartándose la autoría mediata del *extraneus* que instrumentaliza el error del intraneus) el *intraneus* obligado tributario, pero si el contribuyente es una persona jurídica, las cuales son las verdaderas obligadas tributarias cuando incurren en un hecho gravado, el art. 99 establece un cláusula de transferencia de la condición de *intraneus* (se transfiere el vínculo obligacional que surge de la relación jurídica tributaria) a los sujetos que allí señala, incluyendo, además, al *administrador de hecho* (esto es, quien ejerce efectivamente el poder de decisión y gestión dentro de la empresa, más allá de que en los estatutos sociales estos poderes se encuentren conferidos a otra u otras personas). En definitiva, la posición de administrador sea *de hecho* o *de derecho*, de acuerdo a lo establecido en esta norma, es la condición necesaria para poder atribuir responsabilidad penal a título de autor en los delitos tributarios a los cuales subyace el deber de cumplir una obligación fiscal.

Cabe llamar la atención que esta norma al ser recientemente modificada por la Ley 21.210 de 2020, con el evidente propósito de clarificar o delinear con mayor precisión quiénes deben responder por el delito tributario relacionado con *el incumplimiento de una obligación fiscal*, dispuso que las sanciones corporales y los apremios, en su caso, se aplicarán a los sujetos que ella singulariza, pero "sólo en el caso que hayan personalmente incurrido en las infracciones", agregando, como fórmula de precisión, que "[s]e entenderá que incurren personalmente en las infracciones quienes hayan tomado parte en la ejecución del hecho, sea de una manera inmediata y directa, sea impidiendo o procurando impedir que se evite, o quienes, concertados para su ejecución, facilitan los medios con que se lleva a efecto el hecho o lo presencian sin tomar parte inmediata en él". Luego, y como ya se habrá observado, esta norma pareciera cerrar en demasía el círculo de los posibles intervinientes de los delitos tributarios relacionados con obligaciones tributarias (los verdaderos delitos tributarios) pudiendo dar lugar a importantes espacios de impunidad. Pues, después de todo, se estaría dejando fuera a quienes no tomaron parte en el hecho de forma *personal, inmediata* y *directa*, como podría ser el caso del inductor o el autor mediato que también tengan la cualidad exigida por el tipo (sobre todo en esta clase de delitos donde lo normal es que la declaración de impuesto no sea realizada materialmente o de propia mano por el obligado tributario sino por un subalterno), o de quien teniendo a su cargo también la gestión del cumplimiento de las obligaciones fiscales asume una posición pasiva frente a los hechos.

Asimismo, cabe mencionar que si bien la nueva Ley de Delitos Económicos (Ley 21595/LDE) dispone en su art. 8, que "[s]on responsables de los delitos económicos: 2. Las personas penalmente responsables conforme a las reglas generales por un hecho considerado como delito económico según los artículos 2 y 3 y los números 2 y 3 del art. 4, que al momento de su intervención hubieren tenido conocimiento de la concurrencia de las circunstancias a que esos artículos se refieren", esta norma en mi concepto no deroga tácitamente lo dispuesto en el art. 99 CT, y no solo por la falta de claridad o vaguedad de la redacción de aquella, sino por el carácter especial de la contenida en el Código Tributario frente a la anterior, y porque además, también es posible sostener que dentro de la legislación penal tributaria, el art. 99 establece la *regla general* de determinación de responsabilidad para los delitos tributarios que sancionan el incumplimiento de una obligación tributaria. Recordemos, por los demás, que los delitos tributarios considerados como *delitos económicos* por la LDE son solo aquellos señalados en el número 2 de su art. 2, siempre que no se encuentren excluidos además por la regla de inaplicabilidad establecida en el art. 6 de la misma ley (esto es, que sean perpetrados los delitos dentro o en beneficio de una empresa que tenga el carácter de micro o pequeña empresa según el art. 2º de la Ley Nº 20.416), con lo que de aceptarse que operó una derogación tácita de dicha norma, habría que aceptar a su turno que habría operado una derogación tácita de carácter parcial del artículo 99, esto es, solo para delitos tributarios considerados como delitos económicos en los términos recién expuesto, lo que parece un sin sentido.

En definitiva, el delito del art. 97 Nº 4 inc. 1º CT, al igual que todos los delitos objeto de este trabajo, en tanto se construyen típicamente sobre la base de un relación jurídica tributaria, son delitos especiales de posición, con las implicancias en materia de autoría y participación ya apuntadas. Ello, sin perjuicio que más adelante se realicen algunas precisiones o complementaciones respectos de alguno de los delitos que se analizarán más adelante.

b) Modalidad de comisión/conducta típica

La modalidad de comisión de este delito es una acción, que se traduce en la presentación de declaraciones —maliciosamente— incompletas o falsas sobre hechos de relevancia tributaria. De esto se deduce, como ya vimos, que para la realización del delito se requiere la existencia de una obligación que pesa sobre el contribuyente u obligado tributario de presentar una declaración tributaria. Pero no cualquier declaración tributaria satisface el tipo, sino solo aquellas capaces de incidir en la determinación y pago de un impuesto. Por otro lado, si bien el tipo penal utiliza el plural (declaraciones), lo cierto es que basta con la presentación de solo una declaración incompleta o falsa —además de los restantes requisitos típicos— para la consumación del tipo penal.

Las declaraciones para efectos de la realización del delito pueden ser (i) *incompletas* o (ii) *falsas*, lo que se traduce, en ambos casos, en que al momento de ser presentadas no suministran en forma completa y fidedigna toda la información contable y tributaria que la ley exige para la construcción y el cálculo de la base imponible del impuesto. Es decir, aquellas que mediante un engaño se agrega información falsa o se esconde parte de la información necesaria para determinar el verdadero monto del tributo que debe pagar el contribuyente en un periodo tributario en específico. Y este engaño será idóneo, y, por tanto, cumplirá las exigencias típicas, cuando la Administración tributaria, la cual posee por lo demás un robusto arsenal de herramientas legales para determinar la existencia del hecho imponible y su cuantía, no queda en condiciones de acceder por sí misma a los fundamentos del hecho imponible del sujeto declarante (Martínez-Buján Pérez, 2019, p. 668). Y, para determinar cuáles son los hechos que eran fiscalmente relevantes es necesario recurrir a la ley tributaria específica relativa a la materia.

La forma en que se encuentra redactada esta figura penal no se ajusta plenamente al actual modelo determinación impositiva, pues si bien se refiere a declaraciones "que puedan inducir a la liquidación de un impuesto inferior al que corresponda", lo cierto es que nuestro sistema tributario rige un sistema de autogestión o auto-liquidación (determinación de la renta líquida imponible) y declaración del tributo (art. 29 y ss. CT, art. 65 y ss. DL N° 824 de la Ley de la Renta, art. 64 y ss. DL. N° 825 del Impuesto al Valor Agregado, etc.). Esto quiere decir que no es el órgano administrativo tributario el que liquida el impuesto de cada contribuyente, sino que cada uno de los contribuyentes u obligados tributarios deben, siguiendo los métodos que establece la ley tributaria, en conjunto con las instrucciones que en la materia imparte el SII, determinar los efectos del hecho gravado (proceso de calificación, esto es: qué impuesto se aplica), calcular el monto exacto del impuesto que debe pagar (proceso de cuantificación, esto es: determinar la base imponible sobre la cual se aplica el impuesto), declararlo e ingresar la deuda tributaria a las arcas fiscales. Luego, y en forma excepcional, y muchas veces en forma aleatoria, el SII procederá a realizar un procedimiento de comprobación e inspección del resultado comunicado por el contribuyente. Y es seguramente por esta misma razón que el legislador al introducir recientemente tipos penales que también sancionan la entrega maliciosa de información tributaria no hacen referencia alguna a una supuesta *inducción* a una liquidación de impuestos inferior de la que corresponda (Ver, por ejemplo: art. 12, el inc. 2° del N° 12 del inc. 4° del art. 31 y el N° 6 del art. 41E, todos de la LIR).

Para parte de la doctrina, no sería necesario que se trate de una declaración exigida por las leyes tributarias para la determinación o liquidación de un impuesto, sino que bastaría para colmar el tipo penal la presentación de cualquier declaración ante el SII que tenga la aptitud de inducir a una liquidación inferior a la que corresponda. (Así, Dumay, 1970, p. 162; Viveros/Ramírez, 1997, p. 176, también así Manual del SII, V. V, párrafo 5730.12). Sin embargo, esto parece dudoso, ya que aquel que podríamos denominar tipo penal espejo de esta conducta, esto es el contenido en el art. 97 N° 5 CT, relativo a la omisión maliciosa de declaraciones de impuestos, expresamente señala que debe tratarse de declaraciones exigidas por las leyes tributarias para la determinación o liquidación de un impuesto. Por lo que valorativamente no habría justificación alguna para ampliar el tipo penal de la primera conducta del art. 97 N° 4 inc. 1° a declaraciones que no sean exigidas por la ley tributaria.

Han surgido dudas sobre si estamos frente a un delito de peligro o de lesión. En apariencia se podría sostener que se trata de una figura penal de peligro, pues en lugar de expresar que se sanciona la presentación de declaraciones que *inducen* a una liquidación inferior a la que corresponda, dispone que se sanciona la presentación de declaraciones espurias que *puedan* inducir a una liquidación inferior a la que corresponda. A lo que se debe agregar que la cláusula de cierre/genérica/analógica del tipo penal, sanciona, en un sentido similar, no a otros procedimientos dolosos que *oculten* o *desfiguren* el verdadero monto de las operaciones realizadas o que burlen un impuesto, sino que a aquellos procedimientos dolosos "*encaminados* a ocultar o desfigurar el verdadero monto de las operaciones realizadas o a burlar el impuesto". Sin embargo, también se podría sostener que estamos ante un delito de lesión, siempre que se acepte que el bien jurídico protegido es, como aquí se sostiene, la *efectividad del derecho al crédito tributario de la Hacienda* Pública y *el proceso de conformación del crédito.* Por otro lado, es necesario tener en cuenta que las declaraciones de impuestos pueden ser verdaderas o falsas (o "incompletas o falsas" como dice la ley), y al ser declaraciones con pago simultáneo del impuesto —es decir al mismo momento que se declara se paga el impuesto— la declaración falsa e incompleta —de acuerdo con el sentido del tipo— produce necesariamente una afectación a dicho crédito tributario.

Como se señaló más arriba, nos rige un sistema de auto determinación y liquidación del impuesto, en el sentido de que es el propio contribuyente y no la Autoridad administrativa tributaria el que realiza el cálculo de la deuda tributaria y la informa. Por tanto, cuando la ley se refiere a declaraciones incompletas o falsas que "puedan inducir" a la liquidación de un impuesto inferior al que corresponde, debería entenderse más bien como un mero error de redacción de la norma. Esto podría dar también respuesta al motivo por el cual la multa asociada a los delitos contemplados en esta norma se calcula de acuerdo con el *impuesto eludido.* La multa está así dirigida exclusivamente a las conductas descritas en el tipo penal que requieren un perjuicio patrimonial efectivo para su consumación. Lo que parece ser del todo razonable, pues la mayoría de las conductas descritas en la norma constituyen delitos contables cuya realización no traen aparejado la afectación inmediata del patrimonio fiscal, sino que esta afectación se generará en el momento en que el contribuyente no declare correctamente y no pague el impuesto correspondiente en la fecha límite que ordene la ley tributaria o las directrices del SII.

B) *Tipicidad subjetiva*

Sobre la tipicidad subjetiva en los delitos tributarios no existe acuerdo unánime si resulta suficiente para la comisión de estos el dolo eventual. Las dudas y discusiones se generan, principalmente, a raíz del significado que el intérprete debe atribuirle al adverbio *maliciosamente* que emplea esta figura al igual que parte importante de los tipos penales más representativos dentro del ámbito penal fiscal. Nuestra jurisprudencia ha asumido dos criterios sobre el significado de ese adverbio en el orden penal tributario. Algunos fallos han equiparado la expresión maliciosamente al *dolus malus*, esto es, el dolo enriquecido con el conocimiento de la antijuricidad del hecho: "el dolo, reconocido con la expresión maliciosamente, concurre con el conocimiento efectivo o real de la ilicitud de la conducta" (SCS de 17 de marzo de 2011, Rol N°: 1880-2010, Considerando 5°). Otras sentencias, en tanto, y en forma al parecer mayoritaria, afirman que la expresión maliciosamente constituye una exigencia de dolo directo, que excluye, por tanto, la comisión del delito tributario con dolo eventual (SCS de 6 de diciembre de 2005, Rol N° 3.766-2003, Considerando 7°; SCS de 3 de octubre de 2006, Rol N° 4.912-2004 Considerando 8°; SCS 7 de marzo de 2018, Rol N° 1.524-2018, Considerando 2°).

Si bien parte importante de la doctrina (Así, Cury Urzúa, 2011, p. 306) de una manera bastante convincente nos ha advertido que la palabra malicia fue empleada por los redactores del Código Penal de una forma bien imprecisa e incluso utilizándola para significar distintas ideas (incluso Novoa Monreal hace extensiva esta crítica a lo que considera las excesivas e imprecisas referencias a la malicia, al dolo y a la intención, en el artículo 151 de la Ley N° 13.305 (que es la norma que describió en su tiempo parte de los delitos que hoy contiene nuestro actual Código Tributario) Novoa Monreal, 2005, p. 472)), lo cierto es que también la doctrina, a la hora de estudiar en la Parte Especial los tipos penales que contienen el adverbio maliciosamente/maliciosa, en forma absolutamente mayoritaria (y que por su abundancia no es necesario citarlas) considera que es una expresión de la exigencia de dolo directo para apreciar el delito, descartando su comisión por medio de dolo eventual.

Por su parte, la doctrina que se ha encargado del estudio de los delitos tributarios tiene enfoques muy dispares sobre el significado de la expresión maliciosamente en el contexto de estas infracciones. Así, para DUMAY, este término "implica la volición de algo malo, la elección de los medios encaminados a conseguirlos y la valoración consciente de la maldad" (DU-MAY, 1997, p. 177), con lo que implícitamente se decanta por la exigencia dolo directo —aunque un dolo, además, enriquecido con el conocimiento de la antijuricidad— para la realización del tipo. Por su parte, para UGAL-DE y GARCÍA el maliciosamente se traduce en que se "debe haber incurrido [el delito tributario] con el propósito definido de privar al Fisco de percibir los impuestos que corresponden", y con ello, "si no existe el *ánimo preconcebido* de evadir impuestos, *no* estaremos en presencia de un delito tributario" (UGALDE PRIETO/GARCÍA ESCOBAR, 2005, pp. 12 y 13), con lo cual también se decantan por la exigencia de dolo directo (en esta línea, también, (MATUS ACUÑA, 2014, pp. 267 y 268). Por su parte, y con un enfoque novedoso, y para nada descartable (aunque habría que analizar cómo compatibiliza su tesis con lo dispuesto en el art. 110 del CT (relativo al tratamiento del error en el ámbito tributario, que por razones de espacio no es posible hacerlo aquí)), REYES ROMERO, asumiendo una tesis expuesta por MAÑALICH, en relación al delito de aborto (Ver: MAÑALICH, 2012/ *passim*) estima que la expresión *maliciosamente* utilizada en el ámbito de los delitos tributarios debe ser entendida como la necesaria presencia de un dolo enriquecido por el conocimiento de la antijuricidad de la conducta.

El fundamento estaría en que este tipo de infracciones se ubicarían dentro de un ámbito del Derecho penal que está lejos de ser autoevidente para el ciudadano, como uno de los casos prototípicos de delitos *mala in prohibita*, o sea, "malos" en atención a una prohibición específica (en oposición a *mala in se*, o sea "malos" en sí mismos). Por ello, resultaría muy probable que el sujeto al momento de desplegar conductas subsumibles en el tipo objetivo del delito no tenga conciencia de la contrariedad al ordenamiento jurídico de la misma. Como resultado de esto, el legislador estaría exigiendo explícitamente, en esta clase de delitos, que la parte acusadora del proceso penal demuestre que el sujeto activo tenía conocimiento de la antijuricidad del hecho (REYES ROMERO, 2015, pp. 190 y 191). A su turno, VAN WEEZEL se ha opuesto a interpretaciones subjetivistas del término maliciosamente. Para este autor expresiones como doloso, malicia o a sabiendas no establecerían un requisito adicional en el tipo penal en que se encuentran; se trataría "solo del dolo del hecho, aunque semánticamente reforzado en los casos en los que la conducta en sí misma parece no revestir tanta gravedad".

Así, destaca, que la expresión maliciosamente se encontraría en contextos bastante específicos, esto es, en aquellas figuras en las que el elemento fraudulento en el sentido de "engañoso con el fin de perjudicar" parece estar especialmente presente en la representación del legislador; como es lo que ocurriría con los tipos penales de los números 4, 5, 22, 23 y 24 del art. 97, que consistirían todas ellas en maquinaciones o artificios engañosos para perjudicar. De ahí, extrae este autor, que maliciosamente (al igual que dolosamente) no significaría "otra cosa que el reforzamiento semántico de esta idea en las figuras en las que la conducta misma, sin ese trasfondo, `aparecería a la vista´ como menos grave o menos relevante". Agrega VAN WEEZEL, que, en tal sentido, esto sucede en casi todas estas figuras de delitos de mera actividad, aspecto que la ley pareciera querer compensar reforzando sistemáticamente el desvalor de acción. Y por estas mismas razones, es que el CT no utilizaría este tipo de expresiones —maliciosamente o dolosas— cuando se trata, por ejemplo, de la adulteración de balances o inventarios, ya que la voz "adulterar" introduciría por sí misma la idea de un contexto delictivo de carácter fraudulento, pero sí lo hace cuando se trata de sancionar la presentación de balances (en el sentido de `no acordes con la realidad´), donde exige que éstos hayan sido dolosamente —en el sentido explicado— falseados (VAN WEEZEL, 2007, pp. 66 y 67 (una crítica a la posición de VAN WEEZEL, ver en MATUS RAMÍREZ, 2014, pp. 267 y 268)).

Ahora bien, y más allá de los argumentos históricos relativos al significado del término malicioso en la elaboración de nuestro actual Código Penal, lo cierto es que el legislador moderno ha seguido utilizando la misma expresión en diversas y muy abundantes normas penales (el art. 7 de la Ley 19.913, incorporado por la Ley 20.119 de 2006, los actuales artículos 460 y 470 N° 10 del CP, introducidos por la Ley 20.720 de 2014, entre otros), pero, especialmente, y con especial insistencia, cuando se trata precisamente de los delitos tributarios. En efecto, desde el establecimiento de los delitos fiscales en el Código Tributario de 1974, el legislador penal tributario constantemente ha estado incorporando nuevas figuras penales, donde se destaca precisamente el acentuado empleo del adverbio maliciosamente: (i) el actual inc. 2° del art. 97, introducido por el DL 3.443 de 1980, (ii) el tipo penal del inc. final del art. 97 N° 4, incorporado por la Ley 19.738 de 2001, (iii) el tipo penal del art. 31 N° 12 inc. 2 de la LIR, incorporado también por la Ley 19738 de 2001, (iv) el tipo del inc. final del art. 90 de la LIR, introducido por la Ley 20.026 de 2005, (v) el tipo penal del art. 41 letra E N° 6, de la LIR, incorporado por la Ley 21.210 de 2020 y (vi) el tipo penal del art. 41 letra E N° 7 inc. 4 de la LIR, también incorporado por la Ley 21.210 de 2020, entre varios otros.

Lo anterior podría llevar a sostener que entre maliciosamente y dolo hay algo más que una —por lo demás, sin sentido— relación de sinonimia. Es cierto que el legislador fue bastante errático en el pasado en el empleo de ambos términos, y que incluso el Código Tributario pareciera en alguna oportunidad llegar a tal identificación, tal como ocurre con los dispuesto en el inc. 2° del art. 100, incorporado por el DL 3443 de 1980 ("Salvo prueba en contrario, no se considerará *dolosa o maliciosa* la intervención del contador, si…"). Sin embargo, no parece posible descartar que el adverbio maliciosamente es empleado por el legislador en los delitos tributarios para restringir la realización del tipo penal solo a los casos en que media dolo directo. Sobre todo considerando que los delitos tributarios de mayor aplicación práctica, esto es, los contenidos el art. 97 N° 4 inc. 1° e inc. 2°, corresponden en esencia a figuras fraudulentas, a procedimientos "dolosos" (como dice la norma) *encaminados*, esto es dirigidos hacia un determinado fin o propósito: desfigurar o burlar un impuesto. Es decir, aquí el contribuyente u obligado tributario dirige su acción con la específica intención de desfigurar la realidad mediante determinados artificios.

La conclusión a la que arriba VAN WEEZEL, en cuanto a que el maliciosamente constituye un mero juego de reforzamiento semántico legislativo para aparentar mayor gravedad respecto de figuras que en realidad no lo son tanto, no pareciera ser de recibo. No creo que el proceso de interpretación de la ley pueda realizarse tratando de buscar segundas intenciones del legislador (que por lo demás de ser ciertas sería un método legislativo bastante objetable). Tampoco puede compartirse la afirmación de este autor, en cuanto a que en el mejor de los casos cabría sostener lo planteado por POLITOFF, en el sentido de "que mediante estas expresiones la ley otorga de modo enfático el beneficio de la duda sobre la existencia del dolo" (Van WEEZEL, 2007, p. 67). Y esto pues en un sistema procesal penal regido por el principio de presunción de inocencia, el dolo solo puede ser demostrado dentro del parámetro de la exigencia del estándar del más allá de toda duda razonable, por lo que en caso de duda se debe afirmar siempre la falta de dolo, con lo cual la expresión maliciosamente en este contexto resultaría superflua.

En definitiva, si se acepta, como aquí, que el delito tributario del inc. 1° art. 97 N° 4 debe ser cometido a título de dolo directo, significa que el contribuyente u obligado tributario debe saber que está presentando una declaración incompleta o falsa, en el sentido de que esta aporta información falsa u oculta información relevante para la determinación de un impuesto a pagar y que, por tanto, la misma arroja un impuesto inferior al que corresponde de adicionarse la información veraz y completa. Por otro lado, el sujeto debe conocer la existencia de la obligación tributaria de la cual surge su deber de declarar (sin que sea necesario que conozca detenidamente los fundamentos de esta pretensión tributaria), al igual que la capacidad de su acción para frustrar la efectividad del derecho al crédito fiscal (Así, GARCÍA CAVERO, 2007, p. 639). Asimismo, el agente debe obrar con una voluntad dirigida a la realización del hecho típico, lo que implica que debe querer presentar la declaración fraudulenta con la finalidad de evadir el pago de un impuesto.

C) *Consumación*

Este delito se consuma al momento de ser presentada la declaración maliciosamente falsa o incompleta. El plazo para la presentación de las declaraciones de impuesto lo fija la ley o las instrucciones del SII, el cual varía dependiendo del tipo de tributo; algunos son de declaración mensual (como el IVA) y otros anual (como el Impuesto a La Renta).

4.1.2. La omisión maliciosa en los libros de contabilidad de los asientos relativos a las mercaderías adquiridas, enajenadas o permutadas o de las demás operaciones gravadas

Estamos en presencia de un delito tributario-contable, ya que tiene como objeto de protección el proceso de conformación del impuesto. La contabilidad constituye uno de los vehículos de información más importantes para conocer la realidad financiera y tributaria de un contribuyente. Por ello, la obligación de llevar libros de contabilidad implica la de mantenerlos de una manera que refleje fielmente (art. 17 inc. 1° CT) y en forma clara y completa el movimiento y el resultado del ejercicio del contribuyente (arts. 16 inc. 1° y 4° CT). La contabilidad pasa así a transformarse en un sistema de control estandarizado que permite a la Autoridad administrativa realizar los procesos de fiscalización y revisión, y en su caso, de determinación del impuesto que debe ser cobrado al contribuyente. Aquí es donde juega un papel fundamental lo dispuesto en inc. 1° el art. 21 del CT, que dispone que "[c]orresponde al contribuyente probar con los documentos, libros de contabilidad u otros medios que la ley establezca, en cuanto sean necesarios u obligatorios para él, la verdad de sus declaraciones o la naturaleza de los antecedentes y monto de las operaciones que deban servir para el cálculo del impuesto". En efecto, el sistema opera sobre la base de la confianza del sistema hacia el contribuyente (en realidad no existe otra alternativa, en vista de la enorme cantidad de contribuyentes que requieren ser fiscalizados). De ahí, según lo dispuesto en el inc. 2° del art. 21 del CT, el Servicio "no podrá prescindir de las declaraciones y los antecedentes presentados por el contribuyente y liquidar otro impuesto que el de ellos resulte, a menos que esas declaraciones, documentos, libros o antecedentes no sean fidedignos...".

A) *Tipo objetivo*

a) Sujeto activo

Estamos frente a un delito especial, de posición, en los términos expuestos más arriba. El comportamiento típico está determinado por una cualificación especial del sujeto activo del delito en virtud de su obligación de llevar contabilidad. Pero no se trata solo de la obligación de llevar la contabilidad emanada del art. 25 del Código de Comercio, sino que debemos remitirnos a las normas fiscales atingentes relativas a la llevanza de libros registrales contables, como las contenidas en el art. 16 y siguientes del CT.

b) Modalidad de comisión/conducta típica

Estamos frente a un delito de omisión. El tipo no exige que los documentos sean además presentados ante la Autoridad fiscal. El comportamiento negativo se traduce en una adulteración *ideológica* del material contable, consistente en dejar de anotar en los *asientos relativos a las mercaderías adquiridas, enajenadas o permutadas o de las demás operaciones gravadas* hechos de relevancia tributaria con el objeto ocultar o disimular la información necesaria para la determinación de la base imponible del impuesto.

La doctrina ha formulado críticas a la tipificación penal de los delitos contables, aduciendo que estamos frente a delitos de peligro o que estos suponen un exagerado adelantamiento de la intervención penal, que en algunos casos ni siquiera alcanzarían el carácter de actos preparatorios. Esta crítica puede desestimarse si, y como aquí, se acepta la tesis de que el bien jurídico protegido en los delitos tributarios es el derecho al crédito fiscal y el proceso de conformación de aquel derecho al crédito, puesto que una conducta como la que estamos analizando lesiona este proceso de conformación del crédito.

Se trata de un delito de mera actividad y de lesión. De mera actividad, pues el tipo no requiere que la acción vaya seguida de la causación de un resultado *separable* espacio-temporalmente de la conducta, más bien se consuma con la sola omisión de la información contable. Y, por otro lado, es de lesión pues la conducta descrita en el tipo penal afecta, como se dijo, el proceso de conformación del derecho al crédito mediante maniobras contables fraudulentas que desvirtúan la realidad tributaria de la sociedad e impiden y obstaculizan el proceso de control de la Administración tributaria. De ello se advierte que no cualquier retraso u omisión en los libros de contabilidad implica la realización del delito, sino solo aquellas que tengan por objeto precisamente lograr una obstrucción del proceso de conformación del crédito fiscal.

B) *Tipicidad subjetiva*

Esta figura ha querido evitar que se sancione estas conductas cometidas accidentalmente o por mera negligencia, y aún con dolo eventual, toda vez que se trata de omisiones "encaminadas a ocultar o desfigurar el verdadero monto de las operaciones", de acuerdo a la cláusula analógica establecida en la parte final o de cierre del art. 97 N° 4 inc. 1°. El tipo exige, por tanto, dolo directo.

El dolo en este delito debe referirse a los elementos objetivos del tipo. El sujeto debe conocer y querer la realización del hecho típico. En cuanto a su conocimiento, supone que el sujeto activo debe saber de la existencia de una obligación tributaria contable, y que su incumplimiento está dirigido a obstruir el proceso de conformación del crédito y a dejar ciega a la Autoridad administrativa respecto de parte de la información tributaria sensible desde el punto de vista de la determinación de un impuesto en específico. En cuanto a la voluntad, el sujeto debe querer omitir parte de la información tributaria contable para generar el efecto obstructivo recién señalado.

C) *Consumación*

La consumación se produce en el momento mismo en que se omite algún dato en los libros de contabilidad de los asientos relativos a las mercaderías adquiridas, enajenadas o permutadas o de las demás operaciones gravadas, que puedan tener relevancia para efectos de ocultar el hecho imponible o desfigurar el mismo o el impuesto final a pagar.

4.1.3. La adulteración de balances o de inventarios o la presentación de estos dolosamente falseados

Al igual que la conducta anterior, estamos en presencia de un delito tributario-contable, por cuanto tiene como finalidad alterar el proceso de conformación de derecho al crédito, y que en progresión afecta el derecho al crédito fiscal.

A) *Tipo objetivo*

a) Sujeto activo

Es un delito especial; de posición, en los términos expuestos más arriba. El sujeto activo es cualificado por la obligación de cumplir determinadas obligaciones accesorias de carácter contable: llevar balance e inventarios, de acuerdo a las normas tributarias.

b) Modalidad de comisión/conducta típica

La falsedad contable descrita en este tipo penal define dos modalidades distintas de acción: (i) la adulteración de balances o de inventarios y (ii) la presentación de estos adulterados.

(i) *La adulteración de balances o de inventarios.* Se trata de una manipulación material de estos documentos contables, esto es, reescribirlos, contrahacer los asientos y en general toda alteración de los mismos, en el sentido de falsificación material (VARELA VENTURA, 2011, p. 115).

El balance es el instrumento clave de la contabilidad de un contribuyente, a la vez que una herramienta determinante para que la Autoridad fiscal pueda, a través de un conocimiento preciso de la situación económica tributaria del contribuyente, ejercer una actividad de control, fiscalización y, en su caso, de liquidación de un impuesto. Por ello, el deber de llevar los balances y los inventarios trae implícito la necesidad de que estos sean mantenidos en forma efectiva. Esto es, de acuerdo con las exigencias impuestas por las leyes tributarias y las instrucciones emanadas de la Autoridad tributaria.

En todo caso, los delitos tributarios, como ya se señaló, no sancionan el mero incumplimiento de una obligación tributaria. Esta figura lo que reprime es la alteración fraudulenta de los libros de contabilidad mediante la modificación de los datos del balance o del inventario que resultaban necesarios determinar la renta líquida imponible (el impuesto final a pagar);

todo con el propósito de obstruir el proceso de formación del crédito fiscal y las funciones de comprobación y fiscalización de la Administración tributaria. Que el mero incumplimiento del deber llevar balances o inventarios no constituye un delito tributario, cuando ello no va acompañado de una conducta fraudulenta, queda claro al dar una lectura al art. 97 N° 7 CT, el cual ni siquiera sanciona con multa el no llevar contabilidad *por completo*. La sanción, administrativa de multa, procede solamente, cuando el contribuyente, una vez descubierto en esta omisión, no da cumplimiento a dicha obligación dentro del plazo que el Servicio de Impuestos Internos le ordene (que no podrá ser inferior a 10 días). Otra cosa distinta es la "pérdida" o la inutilización de los libros de los libros de contabilidad o documentos que sirvan para acreditar las anotaciones contables o que estén relacionadas con actividades afectas a cualquier impuesto, como parte de un procedimiento encaminado a ocultar o desfigurar el verdadero monto de las operaciones realizadas o a burlar el impuesto, ya que esto sí se encuentra tipificado expresamente como delito en el inc. 3° del art. 16 del CT.

(ii) *La presentación de balances o inventarios dolosamente falseados*. Podría pensarse que esta figura es redundante, pues si la simple adulteración de balances o inventarios es portadora del disvalor de acción, nada agregaría el hecho de que estos sean, además, presentados o puestos a disposición de la Autoridad tributaria. Una posibilidad interpretativa podría ser que el legislador quiso hacer frente a casos de doble contabilidad, en los cuales, si bien el contribuyente mantiene un balance o un inventario conforme a las exigencias legales y reglamentarias, lo hace solo para sí (para efectos de llevar su propio registro), pero frente a la solicitud de la Administración tributaria de que se le exhiba este material contable con fines de fiscalización, aquel acompaña otros distintos a los originales, con el objetivo de tergiversar su realidad fiscal.

Se trata de un delito de mera actividad, toda vez que el delito se consuma con la sola realización de la adulteración del balance o inventario, o la presentación de estos falseados. Por otro lado, se puede afirmar que se trata de un delito de lesión por cuanto se afecta el proceso de conformación de aquel derecho al crédito, y en progresión también el derecho al crédito que posee la hacienda sobre los impuestos.

B) *Tipicidad subjetiva*

Al igual que las anteriores, esta figura exige dolo directo, toda vez que pertenece a la familia de condutas "encaminadas a ocultar o desfigurar el verdadero monto de las operaciones", de acuerdo con la cláusula analógica establecida en la parte final o de cierre del art. 97 N° 4 inc. 1°. El agente debe advertir que su conducta implica la realización de maniobras fraudulentas sobre los balances o inventarios o que los está presentando adulterados. Y además debe tener la voluntad de falsearlos o presentarlos falseados ante la Autoridad fiscal con el propósito de esconder su verdadera realidad tributaria.

C) Consumación

Como ya se señaló, al tratarse de un delito de mera actividad se consuma al momento mismo de adulterar el balance o el inventario o al momento de ser presentados estos ante la Autoridad administrativas adulterados o falseados.

4.1.4. El uso de boletas, notas de débito, notas de crédito o facturas ya utilizadas en operaciones anteriores

Nuevamente nos encontramos en presencia de un delito tributario-contable, por cuanto tiene como finalidad alterar el proceso de conformación del derecho al crédito fiscal, y en progresión afectar el derecho al crédito fiscal cuyo titular es la Hacienda Pública. Las boletas, las notas de débitos, las notas de crédito y las facturas son documentos o comprobantes de carácter contable tributarios que cumplen la función de registrar determinados movimientos comerciales del contribuyente (compraventas de productos o servicios, traslados de mercaderías, etc.).

A) Tipo objetivo

a) Sujeto activo

Se trata de un delito especial, de posición, en los términos analizados más arriba. El sujeto activo de este delito solo puede ser un contribuyente afecto a un régimen de registro contable que requiera emplear los documentos señalados en el tipo penal como método de control y de determinación del resultado tributario del negocio.

b) Modalidad de comisión/conducta típica

Estamos frente a un delito de acción. El verbo rector es *usar* (determinados tipos de comprobantes contables). Para comprender esta figura penal hay que tomar en consideración la época en que fue establecida en nuestra legislación: mediante el Decreto con Fuerza de Ley 190, del 5 de abril de

1960, que aprueba el Código Tributario. En aquellos años la forma más certera de fiscalización por parte de la Administración tributaria era mediante el control de las boletas y facturas (sea a través su timbraje o revisión) que debían emitir los contribuyentes.

El empleo de estos documentos tributarios en más de una ocasión permite, por ejemplo, esconder una compraventa. Se trata sin duda de una forma de evasión bastante rústica pero que en aquellos años al representar la actividad al menudeo una fuente importante de recaudación tributaria el daño al patrimonio fiscal podría ser muy elevado. Hoy con la masificación de las facturas electrónicas y otros documentos tributarios electrónicos, o el empleo de tarjetas de crédito o de débito en el comercio (las que, de forma automática, por disposición del SII, registran las compraventas), se hace más difícil emplear estos sistemas evasivos.

Al igual que la conducta anterior, y por las mismas razones, nos encontramos frente a un delito de mera actividad y de lesión.

B) Tipicidad subjetiva

Esta figura requiere dolo directo, puesto que el contribuyente debe usar las boletas, las notas de débito, las notas de crédito o facturas ya utilizadas en operaciones anteriores, dentro del contexto de un proceso *encaminado* (dirigido) a ocultar o desfigurar el verdadero monto de las operaciones (ello de acuerdo a la cláusula analógica establecida en la parte final o de cierre del art. 97 N° 4 inc. 1°). En cuanto al conocimiento del agente, este debe advertir al desplegar su conducta que realiza todas las exigencias del tipo penal, y las consecuencias de su conducta: esto es, que mediante el uso fraudulento de los documentos tributarios en cuestión distorsionará la verdadera realidad tributaria de la empresa. Por su parte, la voluntad del agente debe ir en el mismo sentido, usar los documentos contables que señala el tipo con el propósito de disfrazar la realidad tributaria o de simular un resultado contable distinto, pero perjudicial para los intereses fiscales.

C) Consumación

Al ser un delito de mera actividad, este se consuma en el momento mismo en que se emplean los mencionados documentos contables utilizados en operaciones anteriores.

4.1.5. El empleo de otros procedimientos dolosos encaminados a ocultar o desfigurar el verdadero monto de las operaciones realizadas o a burlar el impuesto

A) Tipo objetivo

Según la doctrina, estaríamos frente a una figura residual o genérica (Así, UGALDE PRIETO/GARCÍA ESCOBAR, 2005, p. 18; KOGAN ROSENBLUT/FIGUEROA ARAYA, s/a, p. 111) que fue tipificada con el fin de reprimir todas aquellas conductas defraudatorias que el legislador no las pudo tener en mente al momento de la elaboración del resto de los comportamientos descritos en la norma, y que podrían surgir del inagotable ingenio del sujeto activo, especialmente cuando se trata del ámbito tributario, donde la complejidad misma de este sistema puede dar lugar a inimaginables formas de defraudar a la Hacienda Pública (Así, KOGAN ROSENBLUT/FIGUEROA ARAYA, s/a, p. 111; UGALDE PRIETO/GARCÍA ESCOBAR, 2005, p. 18, también en este sentido: Manual del Servicio de Impuestos Internos, Volumen V, párrafo 5730.12).

La aparente amplitud de la descripción típica que contiene esta conducta ha llevado a alguna doctrina a afirmar que nos encontramos en presencia de una norma inconstitucional por falta de determinación de la ley penal (así, UGALDE PRIETO/GARCÍA ESCOBAR, 2005 p. 19). Sin embargo, lo cierto es que el precepto no adolece de un vicio de tal naturaleza, más bien, estamos en presencia de una variante similar de una fórmula que ha sido acogida por el sistema penal sin mayores cuestionamientos, tal como lo ilustra el art. 473 CP o la figura residual del art. 468 CP, y donde "está definido el fin del precepto y se ha hecho una enumeración de conductas que sirve de parámetro confiable para interpretar la cláusula" (VAN WEEZEL, 2007, p. 54). Con ello, el operador jurídico para efectos de afirmar que un determinado proceso defraudatorio tributario puede subsumirse dentro de la figura establecida en la parte final del art. 97 N° 4 inc. 1° CT, deberá ceñirse estrictamente a los abundantes patrones y parámetros descritos en los ejemplos reglas que lo anteceden en el mismo precepto, y, por tanto, al fin de protección de la norma, entendiéndolos siempre y sin perder de vista (pues se trata de algo que incorpora la propia figura final) que deben tratarse necesariamente de comportamientos dirigidos a "ocultar o desfigurar el verdadero monto de las operaciones realizadas o a burlar el impuesto".

a) El sujeto activo

Estamos frente a un sujeto cualificado. Y esto se desprende pues el tipo penal reprime las conductas destinadas a ocultar el verdadero monto de las operaciones realizadas o a burlar el impuesto. Es decir, que se trata de casos donde se realizaron operaciones gravadas, que dieron, por tanto, origen a obligaciones tributarias principales o accesorias, lo que por defecto implica la existencia de un contribuyente u obligado tributario.

b) Modalidad de comisión/conducta típica

En vista que estamos frente a una cláusula analógica que debe servirse para su interpretación de los anteriores ejemplos o hipótesis que se reprimen en el mismo inc. 1° del art. 97 N° 4, se podría afirmar que se sancionan tanto conductas activas como omisivas. Sin embargo, a ello se podría oponer que la norma se refiere al "empleo de otros procedimientos", donde el verbo *emplear* como la expresión *procedimientos* dicen relación más bien con conductas activas.

Se trata de un delito de mera actividad y de lesión. Es de mera actividad pues la simple realización del procedimiento doloso supone la realización del tipo penal. Y es de lesión, pues se trata de conductas que afectan el proceso de conformación del crédito (ocultar o desfigurar el verdadero monto de las operaciones realizadas), y, por defecto, el derecho al crédito tributario estatal (burlar el impuesto).

Una duda podría surgir respecto al significado que cabría atribuirle al adjetivo "dolosos" con que en esta figura se califica a los procedimientos que trata de reprimir la norma. De entrada, resulta más o menos evidente que sería superflua una alusión expresa al dolo como categoría del tipo subjetivo en la descripción típica de la norma tributaria, pues como sabemos nuestro sistema penal establece como regla general que todas las conductas son dolosas, y que sanciona a modo de excepción, y bajo un sistema cerrado o de *numerus clausus,* los hechos imprudentes. De ahí que sea necesario buscarle un sentido al vocablo en cuestión. Y para ello es importante tener en consideración que aquel es empleado por varias normas penales tributarias —incluso en el mismo art. 97 N° 4 inc. 1° al hablar de la presentación de balances e inventarios dolosamente falseados—. Así, por ejemplo:

> (i) el inc. 2° letra b) de la letra b) del N° 16 art. 97 CT dispone que "La pérdida o inutilización de los libros de contabilidad o documentos mencionados en el inciso primero materializada como *procedimiento doloso* encaminado a ocultar o desfigurar el verdadero monto de las operaciones realizadas o a burlar el impuesto, será sancionada conforme a lo dispuesto en el inciso del N° 4° del artículo 97 del Código Tributario"; (ii) el artículo 27 bis inc. 5 del DL 825, dispone que "La infracción consistente en utilizar cualquier *procedimiento doloso* encaminado a efectuar imputaciones y obtener devoluciones

improcedentes o superiores a las que realmente corresponda, se sancionará con…"; y (iii) El art. 64 inciso 1° de la Ley de Herencia y Donaciones: "Las personas que figuren como partes en los actos o contratos a que se refieren los artículos precedentes de este capítulo, a quienes se les compruebe una *actuación dolosa* encaminada a burlar el impuesto y aquellas que, a sabiendas, se *aprovechen del dolo*, serán sancionadas de acuerdo con el N° 4 del artículo 97 del Código Tributario".

En todas estas figuras penales, al igual que la contemplada en la hipótesis final o de cierre del art. 97 N° 4 inciso 1°, pareciera utilizarse las expresiones *procedimientos o actuaciones* unidas al término *dolosas* o dolo como equivalentes a actos fraudulentos destinados a adulterar la información contable o a simular o encubrir la existencia del hecho gravado. El primer caso, recién trascrito, esto es el del inciso 2 letra b) de la letra b) del N° 16 del art. 97 CT, nos habla de procedimientos dolosos como una forma de *materializar* la pérdida o inutilización de la inutilización de la contabilidad. Por su parte, los artículos que preceden al art. 64 de la Ley de Herencia y Donaciones, se refieren a actos de ocultación de bienes, de elusión de impuestos y a la simulación de actos o contratos para eludir el impuesto a la Herencia y Donaciones, por lo que la expresión *actuación dolosa* de este último artículo debe ser entendida también en el sentido recién apuntado. Esto es, como la materialización de dichos actos simulatorios destinados a ocultar la existencia de un hecho gravado. Por último, y en este mismo sentido, no se debe perder de vista que la figura de cierre, residual o cláusula analógica (o como se la quiera denominar) en comento constituye un equivalente a los ejemplos regla que la preceden dentro del tipo del art. 97 N° 4 inc. 1° (por eso habla de "*otros* procedimientos dolosos"), y resulta que esos ejemplos regla responden al modelo de las defraudaciones, por lo que no cabría otra cosa sino atribuírsele tal significado al adjetivo *dolosos*.

En definitiva, el tipo objetivo de esta conducta consiste en maquinaciones que sean verdaderamente evasivas, entendiéndose por aquellas las que supongan una verdadera ocultación total o parcial la realidad tributaria del contribuyente (como lo serían la ocultación o alteración de otros antecedentes contables no previstos en los ejemplos anteriores) y así burlar la efectividad del derecho al crédito sobre el impuesto (como lo serían actos simulatorios tendientes a evitar que la Administración fiscal tenga noticia del hecho gravado). Conforme a esto, afirma el SII que si el procedimiento doloso seguido por el contribuyente u obligado tributario resultare insuficiente para lograr el objetivo mencionado la infracción no se configuraría (Manual del SII, V. 5, párrafo 5730.12).

B) Tipicidad subjetiva

Al igual que las anteriores figuras estudiadas, el tipo penal se configura solo con dolo directo, lo que queda en evidencia cuando este señala que los procedimientos que se buscan reprimir deben estar "*encaminados*" *a ocultar o desfigurar el verdadero monto de las operaciones realizadas o a burlar el impuesto.* Es decir, deben estar voluntariamente dirigidos a la consecución de dicha finalidad, lo que descarta absolutamente la comisión vía dolo eventual. Por otro lado, el sujeto activo debe conocer que los actos o los procedimientos simulatorios o fraudulentos que realizan tienen la aptitud para ocultar o desfigurar las operaciones realizadas afectas a impuesto u ocultar o desfigurar el verdadero monto de la carga fiscal que de estas resultaren.

4.1.6. Maniobras tendientes a aumentar el verdadero monto de los crédito o imputaciones a favor del contribuyente afectos al IVA o sujetos a otros impuestos de retención y recargo: Art. 97 N° 4 inc. 2° CT

Sin duda alguna este es el tipo penal tributario de mayor aplicación en la *praxis.* Asimismo, es el que tiene asociada la segunda pena más alta (después de la establecida para el delito contemplado en el inc. 3° del 97 N° 4) entre todos los delitos tributarios.

A) Tipo objetivo

a) El sujeto activo

El sujeto activo de este delito no es cualquier contribuyente u obligado tributario, sino que solo aquel afecto al IVA (definito en el art. 3° de la Ley del IVA) o a otros impuestos sujetos a retención o recargo (como el Impuesto Adicional). De hecho, este es el único delito tributario, al menos entre los que estamos estudiando, en el cual el legislador establece expresamente quién puede ser objeto de la sanción que allí se establece ("Los contribuyentes afectos al Impuesto a las Ventas y Servicios u otros impuestos sujetos a retención o recargo (…) serán sancionados con la pena de …"). Con ello, de acuerdo a Van Weezel, opinión que aquí se comparte, es posible afirmar que el *extraneus* que participa en la comisión de este delito "no puede ser contado entre los que el artículo 15 del Código Penal dice que `se consideran autores´, porque para hacerlo habría que prescindir por completo del hecho de que la norma especial de conducta —el tipo del artículo 97 N° 4 inciso 2° CT— precisamente limita el alcance que, en relación con ese delito, es posible acordar al precepto general del artículo

15 CP", en tanto que "es justamente el `principio de especialidad´ el llamado a resolver el aparente conflicto entre el artículo 15 y la norma de comportamiento contenida en el tipo". Con ello, la intervención del *extraneus*, "en la medida en que configura efectivamente la realización de tipo, solo puede subsumirse en la norma dictada para aquellos `que, no hallándose comprendido en el artículo anterior, cooperan a la ejecución del hecho por actos anteriores o simultáneos´, esto es, en el artículo 16 del CP". (Van Weezel, 2008, p. 1.166).

b) Modalidad de comisión/conducta típica

Estamos en presencia de un tipo de acción. La conducta descrita constituye un procedimiento destinado a manipular y alterar los registros de IVA u otros impuestos de sujetos a retención o recargo, referente al crédito fiscal al que tiene derecho el contribuyente. Como se observa la norma recurre a una cláusula analógica para definir la conducta incriminada ("cualquier maniobra tendiente a aumentar el verdadero monto de los créditos o imputaciones"). Si bien la norma no define lo que debemos entender por *maniobra*, "la enumeración de conductas del inciso 1° [del art. 97] sirve de marco para la interpretación de lo que debemos entender por [esta]" (Van Weezel, 2007, p. 54).

Para comprender qué significa aumentar el verdadero monto de los créditos o imputaciones que tengan derecho a hacer valer, en relación con las cantidades que deban pagar, a modo ilustrativo se hace útil recurrir al término doctrinal tributario de "efecto cascada", el cual hace alusión a aquellas regulaciones fiscales que no permiten deducir el impuesto pagado durante una etapa anterior del proceso productivo, acumulándose impuesto sobre impuesto. Ahora bien, la regulación legal del IVA en nuestra legislación, al igual que el resto de los impuestos sujetos a retención o recargo, permiten neutralizar dicho efecto, descontando el impuesto soportado en operaciones anteriores (ver art. 20 y 23 Ley del IVA). Lo explico utilizando como ejemplo a un productor de muebles de madera. Para construir una unidad el empresario necesita comprar madera, clavos y otros insumos. Al pagar las compras de estos materiales se le recargará el impuesto al IVA (el cual él deberá pagar). Ahora bien, una vez que nuestro productor decide vender sus productos también deberá emitir la correspondiente factura de IVA por un determinado porcentaje de la venta, y al mes siguiente realizar la correspondiente declaración de este impuesto y pagarlo. Sin embargo, y con esto se evita el "efecto cascada", la ley autoriza al contribuyente a deducir o descontar de su IVA final (el que corresponde recargar en la factura por la venta final del producto) todo el IVA que pagó al comprar los materiales (que es lo que se denomina crédito fiscal).

Ahora bien, lo que en definitiva reprime el tipo penal en comento, es el falseamiento o aumento ficticio del verdadero crédito fiscal que posee el contribuyente para descontarlo del impuesto final. Hecho que, generalmente, en la práctica ocurre —aunque ello no es absolutamente necesario para la realización del tipo— mediante la incorporación en los registros contables pertinentes (aquel donde se registra el crédito fiscal) de facturas afectas al IVA material o ideológicamente falsas.

Se trata de un delito de mera actividad y de lesión. De mera actividad, pues el tipo no requiere que la acción vaya seguida de la causación de un resultado *separable* espacio-temporalmente de la conducta, más bien se consuma con la sola alteración (aumento ficticio) del registro contable relativo al crédito fiscal. Y es de lesión porque la conducta descrita en el tipo penal afecta, como se dijo, el proceso de conformación del derecho al crédito mediante maniobras contables fraudulentas que desvirtúan la realidad tributaria del contribuyente, impidiendo u obstaculizando el proceso de control de la Administración tributaria.

B) *Tipicidad subjetiva*

Este delito exige dolo directo. Y ello no solamente por el empleo del adverbio "maliciosamente", sino porque además el tipo se refiere a la existencia de maniobras *tendientes*, esto es, dirigidas a aumentar el verdadero monto de los crédito o imputaciones a favor del contribuyente. Aquí el agente debe saber que con su comportamiento está aumentado ficticiamente el verdadero monto de los créditos que más adelante podrá deducir de un impuesto de retención y recargo. En cuanto al elemento volitivo, el contribuyente debe querer realizar las maniobras fraudulentas para lograr el falso incremento del crédito fiscal que utilizará para deducirlo de su débito fiscal.

C) *Consumación*

El delito se consuma en el mismo momento en el que el contribuyente u obligado fiscal altera o aumenta ficticiamente el crédito fiscal a su favor. Esto supone realizar anotaciones falsas en el registro contable correspondiente en tal sentido. Actualmente este registro lo lleva principalmente el SII en su sitio web, lo que ha significado una barrera para el uso, al menos, de facturas *mate-*

rialmente falsas como método para aumentar ficticiamente el crédito fiscal, no así, en cambio, para el uso de facturas ideológicamente falsas.

4.1.7. Concursos

Uno de los problemas que se da con mayor frecuencia en la *praxis* dice relación con la imputación conjunta de los delitos contemplados en el art. 97 N° 4 inc. 2 con la primera hipótesis del art. 97 N° 4 inc. 1° ("las declaraciones maliciosamente incompletas o falas que…"). Esto ocurre porque, generalmente, el contribuyente que realiza la maniobra fraudulenta para aumentar indebidamente el crédito fiscal del IVA emplea para tal propósito facturas falsas. Sin embargo, estas facturas junto con aumentar falsamente el crédito fiscal al mismo tiempo pueden terminar afectando otro impuesto: el de la Renta. Y esto, por cuanto el supuesto desembolso que realiza el contribuyente para pagar la supuesta compra asociada a la factura falsa podría a su vez ser utilizado para *llevarlo a gasto* (un falso gasto), el cual se deduciría de la base imponible del impuesto a la Renta, el cual es de declaración anual. Así, y a modo de ejemplo, un contribuyente introduce facturas falsas en el mes de junio de 2022 con el objeto de aumentar el crédito fiscal IVA (con lo que se consuma en ese momento el delito del art. 97 N° 4 inc. 2°), pero luego, al momento de declarar el Impuesto a la Renta durante el mes de abril del año siguiente, aquel declara una renta inferior a lo que corresponde producto de haber llevado la factura ideológica o materialmente falsa a gasto (haberla deducido de sus utilidades reales bajo el concepto gasto).

En la *praxis*, el servicio acostumbra a calificar el juego de estas conductas delictivas como concurso real de delitos. Según nuestra jurisprudencia mayoritaria, en cambio, nos encontramos ante un concurso aparente de leyes penales (Así, SCS de 29 de enero de 2014, Rol N° 6075/2013, Considerando 5°), en el que por aplicación del principio *non bis in idem* y de especialidad se debería sancionar solo por la conducta del art. 97 N° 4 inc. 2° (ley especial). La escasa doctrina que se ha ocupado sobre el asunto estima que aquí regiría el principio de subsidiariedad, pues los artículos 97 N° 4 inc. 1°, 2° y 3° del CT mostrarían cierta progresividad en cuanto a la gravedad o afectación del bien jurídico. Con ello, si un contribuyente realiza dos o tres de estos delitos, la solución más plausible sería entenderlos en relación de subsidiariedad progresiva en el cual el inciso 3° desplaza al inciso 2°, y este a su vez desplaza al inciso 1° (Varela Ventura, 2012, pp. 137 y 138). Y en el caso del ejemplo que acabamos de ofrecer, los supuestos de hecho de cada tipo penal serían distintos: en el inciso 1° el contribuyente pretende disminuir la base imponible, esto es pagar menos impuesto o no pagar impuesto, mientras que en el inciso 2° el contribuyente crea o aumenta un crédito de parte del Fisco a su favor.

Antes de tomar posición sobre este asunto, es necesario realizar una pequeña precisión. Entre la adulteración del crédito fiscal de un impuesto de sujeción y recargo, a través, por ejemplo, de una factura falsa, y la declaración maliciosamente falsa e incompleta del Impuesto a la Renta, por haberse llevado además esa factura a gasto para deducirlo de este impuesto anual, media otra conducta que en forma independiente podría ser sancionada penalmente. En efecto, como vimos, el contribuyente cuando altera el crédito fiscal del impuesto de retención o recargo, valiéndose para ello, por ejemplo, de facturas falsas, realiza la conducta típica del art. 97 N° 4 inc. 2°. Sin embargo, y a pesar de que este impuesto es uno de aquellos de declaración y pago mensual, resulta bastante obvio que el sujeto que altera su crédito fiscal (lo que constituye un delito en sí mismo) no lo hará para luego, y a los pocos días, realizar una declaración de impuestos de IVA por el monto verdadero. Y ello, no obstante, que en términos concretos esto último puede subsumirse formalmente en otro delito: aquel del 97 N° 4 inc. 1°, primera parte, en tanto es una declaración maliciosamente incompleta o falsa del impuesto al IVA.

Para evitar confusiones: una cosa es aumentar falsamente, en los registros de contabilidad el crédito fiscal de un impuesto a retención y recargo como el IVA (por ejemplo, a través de una factura falsa), lo cual tiene su propia sanción (97 N° 4 inc. 2°), otra cosa distinta es presentar en forma incompleta o falsa la declaración *mensual* en que se alteró el crédito fiscal, el total del IVA (u otro impuesto a sujeción y recargo), lo que también tiene su propia sanción (97 N° 4 inc. 1°) y otra distinta es la declaración maliciosamente falsa o incompleta de impuesto a la Renta, de declaración y pago anual (también sancionado por el 97 N° 4 inc. 1°).

Ahora bien, resulta más o menos evidente que la declaración maliciosamente falsa e incompleta del IVA es inherente a la adulteración del crédito fiscal (pues resultaría absurdo alterar este crédito fiscal para pagar en definitiva el impuesto que corresponde), pero ¿podría decirse lo mismo respecto de la declaración maliciosamente incompleta del Impuesto a la Renta que se declara al año siguiente deduciendo como gasto aquella factura? La respuesta parece ser afirmativa. La razón por la cual el art. 97 N° 4 inc. 2 contiene una pena mayor que los delitos que lo preceden —entre los cuales también se reprimen adulteraciones—, pareciera estar en que el legislador estimó que el disvalor de acción de esta conducta incorporaba aquel propio del art. 97 N° 4 inc. 1°. Sobre todo si se toma en consideración que la contabilidad tributaria constituye un sistema cerrado que al ser alterado genera distintos efectos en los resultados finales de distintos impuestos. De ahí que el concurso aparente se muestra evidente, sea por principio de especialidad, subsidieriedad o consunción, tal como aquí se estima. Por otro lado, si se acepta, como aquí, que el bien jurídico de los delitos tributarios es (i) la efectividad del derecho al crédito y (ii) el proceso de conformación de aquel derecho al crédito, también debe aceptarse que ambos están vinculados por una relación de condicionamiento de la primera por la segunda y de progresión de la segunda hacia la primera, por lo que todas las conductas terminan siendo abarcas por el art. 97 N° 4 inc. 2°, que es la que tiene mayor penalidad.

4.1.8. Obtención fraudulenta de devoluciones de impuestos. Artículo 97 N° 4 inc. 3 CT

Una de las discusiones que se ha planteado en la doctrina extranjera en relación con este delito, se refiere a la pregunta si estamos frente a un verdadero delito tributario o un delito de sujeto indiferente (un delito común) de fraude al fisco. Para parte de la doctrina, este no constituye en esencia o en sentido técnico un delito tributario, en tanto no subyacería a este una relación jurídica tributaria de la cual emanan obligaciones hacia el contribuyente (en este sentido: SÁNCHEZ PEDROCHE, 2007, p. 175; MARTÍNEZ-ALDAMA, 2015, p. 284). Esta posición se podría sostener bajo el argumento de que si bien el tipo penal habla de obtención de *devolución de impuestos,* esto no se trataría más que de una impropiedad en su redacción (como comúnmente ocurre, por lo demás, con los delitos tributarios en nuestra legislación), pues para obtener que estos sean devueltos, ontológicamente sería necesario que previamente el sujeto los haya pagado, lo que en este caso, y para la configuración del delito, no sería requisito que aquello se haya verificado. Para explicar esta posible interpretación del tipo, recurriré al llamado IVA exportador. Como el IVA es considerado como uno de aquellos tributos que grava el consumo interno del país, todo este impuesto que debió soportar, por ejemplo, el productor/exportador para la elaboración de sus bienes exportables le podría ser devuelto por la Hacienda Pública (ver art. 27 bis de la Ley del IVA) una vez materializada la exportación (venta al exterior) de los mismos (pues, se consumirán en el extranjero). Para la procedencia de dicha devolución del impuesto, el contribuyente-exportador debe acreditar las operaciones gravadas con IVA que debió soportar (las compras afectas a IVA que realizó) para la elaboración de los productos que exportó, mediante las correspondientes facturas de compraventa de productos o servicios que le fueron emitidas por sus proveedores con el recargo de este impuesto. Ahora bien, un sujeto —incluso es posible imaginar que falsifica su calidad de contribuyente— podría emplear facturas ideológica o materialmente falsas, al igual que un arsenal de documentos tributarios falsos, que den cuenta de operaciones inexistentes, de manera de engañar al fisco para que proceda a realizarle la "devolución" de los remantes de este impuesto que supuestamente habría soportado (en realidad nunca pago impuesto alguno) a la hora de la ficticia producción de sus bienes exportados. Es decir, y como se observa del ejemplo, aquí el delito lo podría, aparentemente, cometer cualquiera, incluso un no contribuyente, pues se simula todo.

Lo anterior nos lleva a deducir que las particularidades propias del caso concreto es lo que nos podrá señalar si, frente a una devolución improcedente de impuestos, estamos en realidad ante a un delito de carácter tributario o a otro tipo de delito. En efecto, el delito de obtención fraudulenta de devoluciones de impuestos del art. 97 N° 4 inc. 3° fue incorporado al Código Tributario mediante el Decreto Ley N° 3.443 de 1980, en consideración a que, según se afirmó durante su trámite legislativo, en aquella época se había "detectado numerosos fraudes al Fisco y una fuerte evasión tributaria, [lo que hacía] necesario aumentar las sanciones para evitarlo" (Reservado N° 6583/130). Sin embargo, esta misma norma que incorporó a nuestra legislación el delito en comento, simultáneamente estableció el delito contemplado en el N° 8 del art. 470 CP, el cual tipifica la obtención fraudulenta de prestaciones estatales. Si bien, se podría a primeras cuestionar la necesidad de haber establecido la figura que ahora estudiamos, pues el desvalor de acción de la obtención o disfrute indebido en una y otra figura se mostrarían como similares, al igual que afectarían el mismo bien jurídico, todo pareciera indicar que ello no es así.

La mayor penalidad atribuida al delito tributario del art. 97 N° 4 inc. 3 CT (*presidio menor en su grado máximo a presidio mayor en su grado medio y con multa del cien por ciento al cuatrocientos por ciento de lo defraudad*) frente a la del art. 470 N° 8 CP (*que en su tramo más alto es de presidio menor en su grado máximo y multa de veintiuna a treinta unidades tributarias mensuales*), sumado precisamente al hecho de que el legislador estableció ambos delitos en forma simultánea, pareciera ser un claro indicador de que hay algo en la primera de estas figuras ausente en la segunda. Y ese algo o criterio diferenciador, de carácter fáctico y jurídico, que nos permite saber si en el caso concreto nos encontramos frente a una estafa al fisco o frente a un delito tributario, es la afirmación o la negación de la existencia de una relación jurídica tributaria de la cual surgen obligaciones fiscales en contra del contribuyente (Así, Ayala, 2005, p. 16; Ossandón, 2007, pp. 183 y 184). En efecto, y tal como se expresó más arriba, es perfectamente posible que la obtención/devolución fraudulenta de impuestos la obtenga un sujeto que no estaba conectado, sea directa o indirectamente, a una relación jurídica tributaria que nace de un hecho gravado. En otras palabras, aquí la simulación es total, y se produce al margen de una relación jurídica tributaria, el sujeto finge que se trata de un contribuyente, que en tal calidad, por ejemplo, tenía un remanente de crédito fiscal, sea porque supuestamente se le recargó un impuesto por la compra de productos que eran necesarios para generar una exportación o porque habría adquirido bienes corporales muebles o inmuebles destinados a formar parte de su activo fijo (ver art. 27 bis Ley del IVA); todo con el objeto de solicitar la "devolución" de dicho remanente. Aquí, en definitiva, se produce un desplazamiento patrimonial desde la Hacienda al sujeto activo desvinculado de toda actividad recaudatoria previa. De ahí es que cuando el inc. 3° del N° 4 del art. 97, habla de "devolución de impuestos", no está incurriendo en un error de redacción, pues la norma está dirigida a motivar al sujeto que efectivamente había pagado previamente los impuestos. Por ello, si quien logra fraudulentamente que la Hacienda le entregue dineros a título de devolución de impuestos que en la realidad nunca fueron pagados con anterioridad, pues se simuló la relación jurídica tributaria y el cumplimiento de las obligaciones fiscales que de ella emanan, no habrá realizado el delito tributario, sino que por aplicación del principio de especialidad, habrá incurrido en la hipótesis del art. 470 N° 8 CP, consistente en la obtención fraudulenta del Fisco *devoluciones* indebidas, pues lo que se lesiona no es el interés de la recaudación tributaria, sino que derechamente el patrimonio fiscal en general, lo que califica esta conducta como un supuesto de mera estafa al fisco. Y por el contrario, si el contribuyente efectivamente pagó impuestos que luego fraudulentamente (es decir, fuera de las hipótesis que permiten las leyes tributarias) obtuvo su devolución incurre en el delito tributario en comento.

En definitiva, estamos frente al delito contemplado en el inc. 3° del art. 97 N° 4 CT, cuando, *habiéndose generado previa y efectivamente una relación jurídica tributaria y satisfechas las obligaciones fiscales que de ella surgen*, el contribuyente fraudulentamente bajo el falso título de poseer alguna clase de remanente o crédito fiscal a su favor o de haber pagado por error o en exceso un impuesto, logra recibir a un *devolución impuestos* que era improcedente. Es decir, el reembolso monetario a favor del contribuyente se verifica dentro del circuito tributario que surge a raíz del nacimiento real de un hecho gravado que da origen a obligaciones fiscales.

A) *El bien jurídico protegido*

a) Bien jurídico

El bien jurídico protegido por este delito tiene un connotación patrimonial más marcada que los restantes delitos tributarios antes estudiados. Mediante su realización no solo se afecta el proceso de la efectividad del derecho al crédito tributario y el proceso de conformación del mismo (pues al solicitar la devolución fraudulenta requiere alterar la información contable y desdibujar el efectivo derecho al crédito del cual es titular la Hacienda Pública), sino que, además, en forma directa afecta el patrimonio fiscal, en tanto su configuración supone un efectivo desembolso dinerario, bajo el concepto de devolución de impuesto, desde las arcas fiscales a las manos del contribuyente u obligado tributario que realiza el acto simulatorio fraudulento que genera la disposición patrimonial. Aquí hay un traslado patrimonial, entonces, desde la Hacienda Pública al contribuyente, que no se verifica en ningún otro delito tributario.

B) *Tipicidad objetiva*

a) El sujeto activo

Este delito exige la concurrencia de un sujeto cualificado. Esto es, un contribuyente u obligado tributario que ha realizado pagos de impuestos como consecuencia de las obligaciones fiscales que surgen por la generación de hechos gravados, y respecto de los cuales solicita fraudulentamente (esto es, empelando falso título de derecho de reembolso) la devolución de los mismos.

b) Modalidad de comisión/conducta típica

Se trata de un delito simple, en el que se describe un solo verbo rector: "obtener". Este verbo se conjuga con la expresión "fraudulentamente". Y su estructura se identifica con la de la estafa, pero con el añadido que el tipo penal exige, además, para su concurrencia la existencia previa de una relación jurídica tributaria real que vinculó al sujeto activo del delito con la Hacienda pública, y que dio origen a un pago de impuesto (el mismo cuya devolución bajo engaño se solicita que sea devuelto). En definitiva, la realización del delito requiere que se haya verificado una relación jurídica tributaria real y efectiva que culmina en el pago de un impuesto, junto con todas las notas típicas que caracterizan al delito de estafa (i) un engaño,

(ii) un error, (iii) una disposición patrimonial, (iv) un perjuicio y (v) un encadenamiento causal entre todas las anteriores.

En cuanto al engaño, este debe ir dirigido a la Autoridad administrativa tributaria. Respecto a su intensidad, la simple mentira o mera afirmación mendaz no tiene la relevancia suficiente como para colmar la exigencia típica del engaño. Este debe consistir en actos externos simulatorios o disimulatorios capaces de inducir a error o a una falsa representación de la realidad a una persona en concreto, atendidas las circunstancias individuales. Y en este caso, el engaño debe tener la aptitud suficiente para abrir una brecha en las barreras de control y fiscalización de la Administración tributaria que la lleva a caer en el error de estimar positivamente que se verifican las hipótesis legales para la procedencia de la devolución de impuestos previamente ingresados en arcas fiscales o pagados en exceso (según sea el caso) por parte del contribuyente. Por su lado, la disposición patrimonial debe ser consecuencia directa o resultado del error al que es inducido el sujeto pasivo del delito. Y a su turno, el perjuicio se debe traducir en un daño o menoscabo en el patrimonio resultante de un desembolso dinerario improcedente a favor del agente.

Como se observa, estamos frente a un delito de resultado: en tanto requiere de la producción de un efecto separado espacio-temporalmente de la conducta.

C) *Tipicidad subjetiva*

El tipo subjetivo requiere dolo, y más bien dolo directo, pues finalmente estamos ante un delito que tiene dentro de su estructura todas las notas características propias de la estafa, que según la doctrina mayoritaria exige dolo directo (Así, ETCHEBERRY, 1997 p. 405). En efecto, la exigencia de dolo directo se deduce de la actividad subjetiva consistente en "querer realizar la maquinación mendaz, con el objetivo de que la víctima por error lleve a cabo un acto de disposición que provoque un perjuicio en su patrimonio" (GARRIDO, 2008, p. 351). Aquí el dolo debe abarcar todas las notas típicas de este fraude (engaño, error, disposición patrimonial, perjuicio (perjuicio pues se trata de un delito de resultado) y la relación causal entre todas ellas), al igual que el conocimiento de la existencia de la relación tributaria que surgió de la verificación del hecho gravado y que obligó al contribuyente a realizar el pago del impuesto que luego fraudulentamente solicita que le sea restituido o devuelto por la Hacienda Pública. Asimismo, el sujeto debe actuar movido por un ánimo de lucro (Así, BALMACEDA, 2012, pp. 62 y 63/ MAYER, 2018, p. 91). Es decir, por la búsqueda de un provecho económico que surge como contrapartida al perjuicio económico sufrido por el sujeto pasivo.

D) *Consumación e **Iter criminis***

El delito se consuma cuando se verifica la disposición patrimonial y el perjuicio asociado a la víctima, que en este caso es la Hacienda Pública. Y esto se produce en el momento mismo en que el sujeto activo toma posesión de los fondos que la Tesorería General de la República le transfiere o deposita en su cuenta bancaria por orden del SII. Si esto no se alcanza a producir el delito podrá quedar en estado de tentativa o de frustración, según sea el grado de desarrollo que alcanzó el delito.

4.1.9. La omisión maliciosa de declaraciones exigidas por las leyes tributarias. El tipo penal del artículo 97 N° 5 del CT

Esta norma sanciona "[l]a omisión maliciosa de declaraciones exigidas por las leyes tributarias para la determinación o liquidación de un impuesto, en que incurran el contribuyente o su representante, y los gerentes y administradores de personas jurídicas o los socios que tengan el uso de la razón social…". Aquí también nos encontramos frente a un delito tributario en sentido estricto, pues lo que protege es la efectividad del derecho al crédito cuyo titular es la Hacienda Pública en relación con los impuestos devengados.

A) *Tipicidad Objetiva*

a) Sujeto activo

El art. 97 N° 5 requiere de un sujeto activo cualificado. Y de acuerdo al mismo precepto, aquel está restringido al "contribuyente o su representante, y los gerentes y administradores de personas jurídicas o los socios que tengan el uso de la razón social". Aquí podría surgir la discusión sobre si por el simple hecho de contar con alguna de dichas posiciones dentro de la empresa, el sujeto, *en una suerte de responsabilidad objetiva, esto es, independientemente de la efectiva concurrencia o aporte a la realización del delito*, se hace merecedor de la pena contenida en art. 97 N° 5, como consecuencia de la omisión de la declaración de un impuesto. En este sentido, si aplicáramos la postura mantenida por el SII a través de la Circular N° 54 de agosto de 1980, que afirma la existencia de una posición de garante en virtud del cargo, la respuesta debería ser afirmativa.

Así, por ejemplo, quien aparece en los estatutos sociales de una determinada sociedad como uno de los administradores, con independencia de si ejerce efectivamente el cargo o no y, más aún, aunque no haya concurrido con su aporte a la materialización del delito, debería ser de igual forma objeto de atribución de responsabilidad criminal. Sin embargo, esta posición debe ser descartada, pues la especial referencia a los autores consignada en el art. 97 N° 5 debe leerse en forma armónica con otras normas relativas a esta materia, y que exigen, en definitiva, una efectiva contribución al delito por parte del sujeto activo como requisito para ser merecedor de alguna sanción. Y la norma fundamental en esta materia está en el inc. 1° del art. 99 del CT, con arreglo al cual "[l]as sanciones corporales y los apremios, en su caso, se aplicarán a quién debió cumplir con la obligación y, tratándose de personas jurídicas, a los gerentes, administradores o a quienes hagan las veces de éstos y a los socios a quienes corresponda dicho cumplimiento, pero *solo* en el caso que hayan personalmente incurrido en las infracciones", agregando en su inc. 2°, expresamente, lo que debe entender por "incurrir personalmente en las infracciones". Asimismo, lo anterior debe ser leído integrándolo también con la regla contenida en el art. 58 inc. 2° CP, ("[p]or las personas jurídicas responden quienes hubieren intervenido en el acto punible") que en definitiva establece el principio según el cual no es posible hablar de una competencia general —en razón del cargo— de los altos directivos en relación a los delitos que surjan en el seno de la empresa (VAN WEEZEL, 2007, pp. 121 y siguientes; en este sentido también, y en relación a un delito tributario, SCS de 24 junio de 2014, Rol N° 3.644-2014).

B) *Modalidad de comisión*

La modalidad de comisión de este delito es una omisión. Esto se traduce en la no presentación de una declaración fiscal, a la que estaba obligado el contribuyente, dentro de los plazos establecidos por la legislación y las instrucciones que en la materia imparte el SII. Y cuyo efecto es dejar a aquel organismo sin el único medio del que dispone para nutrirse de información necesaria sobre el nacimiento del hecho imponible y la cuantía del tributo a pagar.

La tipificación expresa del delito de omisión de declaraciones parece del todo atendible si se considera que son demasiados los tributos en nuestro sistema fiscal que llevan asociada la obligación de autoliquidar y declarar el impuesto (con pago simultáneo). Se trata sin duda de una norma que entra en juego y se complementa para la protección del bien jurídico con la primera figura contemplada en el art. 97 N° 4 inc. 1 (relativa la presentación de declaraciones maliciosamente incompletas o falsas), y que su expresa tipificación disipa dudas interpretativas —tal como ha ocurrido en otros ordenamientos jurídicos— en cuanto a la posibilidad de cometer por omisión un delito tributario.

No cualquier omisión de una declaración tributaria implicará la realización del tipo, sino solo aquellas exigidas por las normas fiscales y que, además, tengan incidencia en la determinación de un impuesto. Pero tampoco este delito se agota con la mera infracción de un deber formal extrapenal de declarar, ya que en este caso resulta suficiente la aplicación de una sanción administrativa (se aplicaría la sanción dispuesta en el art. 97 N° 2 CT, cuando el contribuyente incurra en el mero "*retardo* u *omisión* en la presentación de declaraciones o informes, que constituyan la base inmediata para la determinación o liquidación de un impuesto...*"). Para poder justificar desde el punto de vista del principio de lesividad la pena de presidio por el incumplimiento de un deber extrapenal tributario se hace necesario dotar al delito de suficiente contenido de injusto.

La pregunta es cuál es ese *plus*, ese mínimo de lesividad para el bien jurídico, que cualifica la conducta omisiva del contribuyente u obligado tributario que sea considerada delito. Se podría afirmar que la nota diferenciadora entre la infracción administrativa del art. 97 N° 2 (consistente en el "[r]etardo u omisión en la presentación de declaraciones...") y la penal del 97 N° 5, estaría en que esta última, a diferencia de la primera, trae incorporado el término maliciosamente. Es decir, que solo las conductas realizadas con dolo pueden ser subsumidas por el art. 97 N° 5 (así parece entenderlo Matus Acuña, 2014, p. 267). Sin embargo lo anterior, esto llevaría a conceptualizar el delito como una simple infracción de deberes extrapenales, por lo que es preciso dotar el contenido del injusto de algo más. Y ese algo más no es otra cosa que el rasgo mínimo común que deben compartir todas las conductas verdaderamente *evasivas* de impuesto: que medie un engaño de por medio. Es decir, el tipo objetivo se verifica solo cuando concurre algo más que una simple mentira (esto es, un no declaro porque no hay nada que declarar). Para efectos interpretativos es necesario leer esta norma sin perder de vista la ya señalada conexión con el tipo penal del art. 97 N° 4 inc. 1°, primera hipótesis delictiva (de hecho, ambas fueron tipificadas por primera vez como parte de las hipótesis delictivas del art. 151 de la Ley 13.305, en las letras a y b respectivamente), que también consagra una conducta que tiene como base el incumplimiento del deber declarar impuestos, pero un incumplimiento fraudulento.

Ahora bien, el criterio general que debe servir como principio rector "impone la restricción de que el resultado puede imputarse objetivamente a la omisión únicamente cuando la inactividad del agente deja a los órganos competentes de la Administración tributaria en el desconocimiento de los hechos que fundamentan la obligación de tributar" (MARTÍNEZ-BUJÁN, 2019, p. 671). Con ello, no se verificaría el delito, por ejemplo, cuando una persona natural omite declarar su resultado tributario y la utilidad que le reportó la venta de un inmueble realizada antes de cumplirse un año desde su adquisición. Y esto en consideración a que este incumplimiento no viene acompañado de un artificio del sujeto pasivo de la obligación tributaria: la conducta no tiene el potencial de engañar a la Administración tributaria.

En efecto, en dicho caso no se priva a la Administración tributaria de toda información relativa al nacimiento y conformación del impuesto de una obligación tributaria, puesto que toda autorización notarial de una escritura pública de compraventa y su respectiva inscripción en el respectivo Conservador de Bienes Raíces, debe ir acompañada de un ejemplar del formulario tributario 2890 de declaración sobre Enajenación e Inscripción de Biens Raíces, que se envía obligatoriamente al SII (con lo cual se hace perfectamente conocedor del hecho gravado), y en el cual se consigna, entre otras cosas, el nombre de las partes que concurrieron a la compraventa, el valor que se le asignó al bien y la forma en que se pagó (esto es, de contado o a plazo). Así, la mera omisión de declarar unos hechos cuyo desconocimiento para la Administración tributaria proviene de su propia inactividad o decidida (por ejemplo, porque todos los datos se encontraban disponibles y accesibles a ella) solo puede generar responsabilidad administrativa para el contribuyente, pues el derecho penal no puede entrar a intervenir en los supuestos en que la Administración tributaria puede autotutelarse (el SII está facultado expresamente por el art. 22 del CT para practicar, con los antecedentes que posee, la declaración tributaria de un contribuyente, cuando este, estando obligado a presentarla, no lo hiciere). Por tanto, distinto es lo que ocurre cuando la falta de actuación del sujeto pasivo de la relación jurídica tributaria (por ejemplo, omitiendo deliberadamente la firma del formulario 2890) es la que impide a los órganos tributarios el cruce de información y, en definitiva, conocer los hechos que fundamentan la obligación de tributar, pues ahí, si además el contribuyente omite la declaración de la renta respectiva, sí estaremos ante esa omisión relevante penalmente (Así, DE LA MATA BLANCO, 2018, pp. 541 y 542).

En cuanto al momento de consumación, este tiene lugar cuando termina el último momento hábil para la declaración del impuesto correspondiente. El vencimiento de este periodo debe estar fijado por la ley tributaria o por los dictámenes del SII. Y generalmente este plazo dependerá del tipo de impuesto asociado a la declaración, pues algunos son de declaración y pago anual (como el Impuesto a la Renta), en tanto que otros de declaración y pago mensual (como el IVA).

C) Tipicidad subjetiva

En cuanto a la tipicidad subjetiva, estamos en presencia de una conducta maliciosa, lo que, como ya vimos *supra*, exige dolo directo (MAYER, 2007, p. 209; UGALDE PRIETO/GARCÍA ESCOBAR, 2005, p. 37). El sujeto mediante su comportamiento omisivo debe buscar dejar al SII en total desconocimiento de la situación tributaria del contribuyente. Por otro lado, el agente debe saber (i) que en el periodo tributario en relación al cual omite declarar se han generado utilidades o aumentos patrimoniales que son objeto de declaración y tributación y (ii) que la información relativa al hecho gravado no es posible que la obtenga el SII sin que medie la declaración tributaria de por medio.

Bibliografía

APARICIO PÉREZ, José, *El delito fiscal a través de la jurisprudencia*, Aranzadi, 1997.

ARROYO ZAPATERO, Luis, *Delitos contra la hacienda pública en materia de subvenciones*, Ministerio de Justicia, Centro de Publicaciones, 1987.

AYALA GÓMEZ, Ignacio, *Delito de defraudación tributaria: artículo 349 del Código Penal*, Civitas, 1988.

— *Delito de defraudación tributaria y prescripción de la facultad de exigir el pago de la deuda*, en "Libro Homenaje a Ruiz Antón", Valencia, 2004.

— Obtención indebida de devoluciones a través de medios fraudulentos: ¿Delito fiscal o estafa?, Revista de derecho penal, procesal y penitenciario, Nº 17, 2005, pp. 5-16.

BALMACEDA HOYOS, Gustavo, *El delito de estafa. Doctrina y jurisprudencia*, AbeledoPerrot-Thomson Reuters, 2012.

BUNSTER BRICEÑO, Álvaro, *La malversación de caudales públicos*, Memoria de prueba para optar al grado de licenciado en la Facultad de Ciencias Jurídicas y Sociales de la Universidad de Chile, 1948.

CURY URZÚA, Enrique, *Derecho penal, Parte general*, Ediciones Universidad Católica de Chile, Décima edición, 2011.

CHOCLÁN MONTALVO, José Antonio, *Responsabilidad de auditories de cuentas y asesores fiscales*, Bosch, 2003.

DÍAS Y GARCÍA CONLLEDO, Miguel, *La autoría en Derecho penal*, Ppu Barcelona, 1991.

DUMAY PEÑA, Alejandro, *El delito tributario*, Ediciones Samver, S/f.

ETCHEBERRY, Alfredo, *Derecho penal, Parte Especial,* t. II y III, Editorial Jurídica, 1997.

FALCONE, Andrés, ¿Delitos especiales? Reducción del "círculo de autores" en delitos de infracción de un deber de fomento, Indret, 2020, N° 1, pp. 201-253.

GARCÍA CAVERO, Percy, *La responsabilidad penal del administrador de hecho de la empresa: criterios de imputación,* José María Bosh Editor, 1999.

— *Derecho penal económico. Parte especial,* tomo II, Grijley, 2007.

GARRIDO MONTT, Mario, *Derecho penal, parte especial,* Tomo IV, Editorial Jurídica de Chile, 2008.

GÓMEZ MARTÍN, Víctor, Los delitos especiales y el art. 65.3 del Código Penal español, En: La responsabilidad en los `delitos especiales´. En: El debate doctrinal en la actualidad, B de F, 2014, pp. 100-229.

GRACIA MARTÍN, Luis, "La configuración del tipo objetivo del delito de evasión fiscal en el Derecho penal español. Critica de la regulación vigente y propuestas de reforma Civitas", *Revista española de derecho financiero,* N° 58, 1988, pp. 267-292.

GRISOLÍA, Francisco, La comunicabilidad en los delitos de malversación y fraude, Revista de Ciencias Penales, N° 34, 1975, pp. 2-47.

GUZMÁN DALBORA, José Luis, "La malversación de caudales públicos en el Código Penal chileno", en: el mismo, *Estudios y defensas penales,* 2a ed., Santiago: LexisNexis, 2007.

HADWA ISSA, Marcelo, El sujeto activo en los delitos tributarios, y los problemas relativos a la participación criminal, Política Criminal, N° 3, 2007, pp. 1-18.

JAKOBS, Günther. *Dogmática de Derecho Penal y la Configuración Normativa de la Sociedad,* Thomson Civitas, 2004, p. 134.

MAÑALICH RAFFO, Juan Pablo, "Sobre la conexión funcional entre el dolo y la consciencia de la antijuridicidad en el derecho penal chileno", *Revista de estudios de la justicia,* N°. 16, 2012, págs. 15-30.

MARTÍNEZ-BUJÁN PÉREZ, Carlos, *Derecho penal económico y de la empresa,* Tirant lo blanch, 2019.

MATUS ACUÑA, Jean Pierre, "Aspectos penales de la reforma tributaria", Revista de Derecho-Escuela de Postgrado, N° 6, 2014, pp. 261-268.

MAYER LUZ, Laura, *Delitos económicos de estafa y otras defraudaciones,* Der Ediciones, 2018.

DE LA MATA BLANCO Norberto, *Delitos contra la Hacienda pública y la seguridad social, en Derecho penal económico y de la empresa,* Madrid, Editorial Dykinson, 2018.

NOVOA MONREAL, Eduardo, *Curso de Derecho penal chileno, Parte General,* t. I, Editorial Jurídica de Chile, 2005.

— *Curso de Derecho penal chileno, Parte General,* t. II, Editorial Jurídica de Chile, 2005.

OCTAVIO DE TOLEDO Y UBIETO, Emilio, Los objetos de protección en los delitos contra las Haciendas Públicas, en: Estudos em homenagem ao Prof. Doutor Jorge de Figueiredo Dias / coord. por Manuel da Costa Andrade, Maria João Antunes, Susana Aires de Sousa, Vol. 3, 2009 (Direito Penal (Cont.)), pp. 669-714.

OSSANDÓN WIDOW, María Magdalena, "El sujeto activo en los delitos tributarios", *Revista de Derecho de la Pontificia Universidad Católica de Valparaíso*, N° XXVIII, Semestre de 2007, pp. 155-187.

KOGAN ROSENBLÜT, Olga; FIGUEROA ARAYA, Jaime, *El delito tributario. En la legislación y en la jurisprudencia*, Imprenta Chile, Sin fecha de edición.

MARTÍNEZ-ALDAMA, Cristóbal, "Responsabilidad del asesor fiscal en el fraude fiscal", *Revista electrónica de Derecho de la Universidad de La Rioja*, N° 13, 2015.

PEÑARANDA RAMOS, Enrique, "Sobre el alcance del art. 65.3 del Código Penal. Al mismo tiempo: una contribución a la crítica de la teoría de los delitos de infracción de deber", en *Estudios penales en homenaje a Enrique Gimbernat*, t. II, Edisofer, 2008, pp. 1419-1452.

PÉREZ ROYO, Fernando, *Los delitos y las infracciones tributarias*, Instituto de Estudios Fiscales, 1986.

RANCAÑO MARTÍN, M.ª Asunción, El delito de defraudación tributaria, Marcial Pons, 1997.

REYES ROMERO, Ítalo, "Dolo y consciencia de la antijuridicidad. A propósito de la sentencia de la Corte Suprema CS-31392-2014", *Revista de Ciencias Penales*, Sexta Época, Vol. XLII, N° 4, 2015, pp. 187-202.

ROBLES PLANAS Ricardo, *La participación en el delito. Fundamentos y límites*, Marcial Pons, 2003.

— *GARANTES Y CÓMPLICES, La intervención por omisión en los delitos especiales*, Atelier, 2007.

ROXIN, Claus, *Derecho penal, Parte General*, tomo II, 2014.

SÁNCHEZ-VERA GÓMEZ-TRELLES, Javier, *Delito de infracción de deber y participación delictiva*, Marcial Pons, 2002.

SÁNCHEZ PEDROCHE, José Andrés, R*esponsabilidad penal, civil y administrativa del asesor fiscal*, CEF, 2007

SILVA SÁNCHEZ, Jesús María, "Inveracidades de los particulares ante el Derecho penal", en: Corderch Salvador, Pablo/ Silva Sánchez, Jesús María, *Simulación de deberes de veracidad. Derecho civil y derecho penal: dos estudios de dogmática jurídica*, Cívitas 1999, 75-145.

UGALDE PRIETO Rodrigo; GARCÍA ESCOBAR, Jaime, *Cuso Sobre delitos e infracciones tributarias*, Santiago, LexisNexis, 2005.

VARELA VENTURA, LUIS, "Delito del artículo 97 N° 4 del Código Tributario constituye un comportamiento antijurídico específico. Principio de especialidad y de non bis in idem" *Revista de Ciencias Penales*, Sexta Época, Vol. XLII, N° 4 (2015), Páginas 135–144.

— "El efecto Al Capone de los delitos contables tributarios", *Revista de Derecho* N° 57, 2001, pp. 101-131.

VIVEROS, MARCELA Y RAMÍREZ, Edmundo, *Delito tributario, análisis jurídico, doctrina y jurisprudencia*, Santiago, Ediciones Jurídicas Congreso, 1997.

VIVEROS VERGARA, Miguel, "Algunas precisiones sobre el delito descrito por el artículo 97 N° 4, inciso primero, del Código Tributario2, *Gaceta Jurídica*, Año 2007 No. 320, pp. 74-80.

VALLEJOS CASTRO, Eduardo. *La Prueba en el Delito Tributario*. Santiago: Editorial Jurídico, 1988.

VAN WEEZEL, Alex, *Delitos tributarios*, Editorial Jurídica de Chile, 2007.

— "El sujeto activo del delito previsto en el artículo 97 N° 4 inciso 2° del Código Tributario", *Jurisprudencia al día*, 2008, pp. 1.165-1.168.

Sentencias

SCS de 6 de diciembre de 2005, Rol N° 3766-2003.

SCS de 3 de octubre de 2006, Rol N° 4912-2004.

SCS de 1° de julio de 2008, Rol N° 638-2008.

SCS de 17 de marzo de 2011, Rol N° 1880-2010.

SCS de 29 de enero de 2014, Rol N° 6075-2013.

SCS de 16 de abril de 2015, Rol N° 13.823-14.

SCS de 8 de octubre de 2015, Rol N° 29.891-14.

SCS de 24 junio de 2014, Rol N° 3.644-2014).

SCS 7 de marzo de 2018, Rol N° 1.524-2018.

SCS de 3 de mayo de 2023, Rol 59.856-2022.

SCA San Miguel 1° de septiembre de 2011, Rol N° 244-2011.

SCA de Santiago de 20 de octubre de 2020, Rol N° 4.691-2020.